2009
中国保税区出口加工区年鉴

CHINA FREE TRADE ZONE AND EXPORT PROCESSING ZONE YEARBOOK

中国保税区出口加工区协会◎编

中国海关出版社

图书在版编目（CIP）数据

中国保税区出口加工区年鉴．2009/中国保税区出口加工区协会编．—北京：中国海关出版社，2009.9
ISBN 978-7-80165-664-3

Ⅰ.中…　Ⅱ.中…　Ⅲ.①保税区—中国—2008—年鉴②出口加工区—中国—2008—年鉴　Ⅳ.F752-54

中国版本图书馆 CIP 数据核字（2009）第 162987 号

中国保税区出口加工区年鉴（2009）

ZHONGGUO BAOSHUIQU CHUKOU JIAGONGQU NIANJIAN（2009）

作　　者：中国保税区出口加工区协会
责任编辑：普娜　左桂月
责任校对：刘娱
出版发行：中国海关出版社
社　　址：北京市朝阳区东土城路 14 号　　邮政编码：100013
网　　址：www.hgcbs.com.cn
编 辑 部：010-85271536（电话）　　010-85271536（传真）
发 行 部：010-85271608/09/10（电话）　　010-85271611（传真）
社办书店：北京市建国门内大街 6 号海关总署东配楼一层
　　　　　010-65195616（电话）　　010-65195127（传真）
印　　刷：廊坊农林印刷厂印制　　经　　销：新华书店
开　　本：787mm×1092mm　1/16
印　　张：32.25　　字　　数：765 千字
版　　次：2009 年 9 月第 1 版
印　　次：2009 年 9 月第 1 次印刷
书　　号：ISBN 978-7-80165-664-3
定　　价：280.00 元

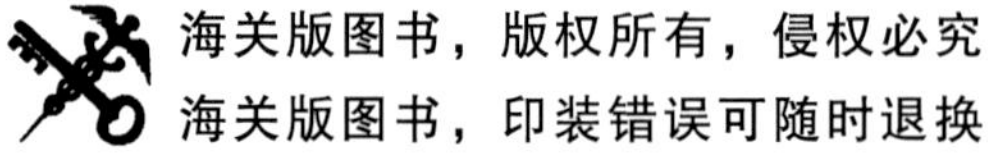

《中国保税区出口加工区年鉴（2009）》
编委会

编写人员名单

（以姓氏笔划为序）

于秋杰　马春芳　马悦波　王　津　王　清　王　磊　王守浩　王振涛

尤　芳　邓慧玲　冯宇群　卢春生　叶　红　叶明辉　申　艳　纪　丽

闫　勇　刘　晖　刘忠芳　刘海波　向　军　孙　佳　孙　嵩　朱　莎

牟　兰　何　莹　吴国英　余雄亮　张　红　张　剑　张　楠　张四前

张志强　李　刚　李　宇　李定国　李明哲　李海露　李斯塔　杨　颖

杨卓群　沈　霓　苏飞雪　陆雅君　陈　兰　陈一洁　陈燕家　周　芸

金　妹　施一玉　俞　镝　姚　巍　宣黎芳　宦　潇　查宇飞　洪秀文

胡孟影　胡惠丽　赵苏峰　唐顺德　宾　勇　涂　楠　袁　璐　盛　瑞

黄　磊　梁丽娜　彭晓梅　谢　丽　谢　炜　谢　嘉　裘振宇　熊观淮

蔡　锋　滕　飞

编辑部成员

CFEA

大连保税区

2008年，大连保税区深入贯彻落实科学发展观，沉着应对金融危机严峻挑战，抢抓战略机遇，拓展发展空间，加快推进大连国际航运中心核心功能区建设，主要经济指标保持了较快增长态势，各项事业实现了又好又快发展。

大窑湾保税港区政策功能有效发挥，各项功能全面实现，保税业务货值翻一番。油品基地初具规模，大连国家战略石油储备基地一期完成主体施工。大连中石油国际储运项目建成投产，投资超百亿元的大连液化天然气(LNG)接收站陆域工程基本完成。汽车整车项目洽谈有序推进，汽车4S店集群项目开始启动，19个汽车品牌、12家4S店进驻汽车物流园区。发展空间逐步拓展，成功辟建保税港区二十里堡产业区。招商引资成果显著，实际利用外资5亿美元，全年新批外资项目170个，内资项目497个。重点工程进展顺利，大连国际航运大厦基本竣工。现代物流快速发展，物流企业实现营业收入75亿元。市场集群不断壮大，大连石油交易所试运行取得明显成效，实现燃料油、沥青的网上电子交易。保税区全年完成市场交易额645亿元。大连保税区汽车交易市场被评为“中国改革开放30年中国汽车流通行业最具影响力十大汽车交易市场”。财政

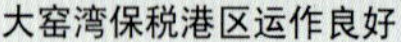
大窑湾保税港区运作良好

大连汽车

实力持续增长，发展环境日益优化，为大连保税区站在新历史起点上实现新的发展奠定了坚实基础。

当前及今后一个时期，大连保税区将紧紧抓住辽宁沿海经济带上升为国家战略的重大历史机遇，当好龙头、扩大开放，着力推进保税区由政策功能区向产业经济区转型发展，努力建设一个区域（即大连国际航运中心的核心功能区）和两大基地（即石油储运、分拨、交易、结算及其制品产业化基地，汽车及零部件生产、销售、贸易等产业化基地）。努力打造中国北方以出口为主导的汽车城，加快建设东北亚重要的国际能源港，奋力开创大连国际航运中心核心功能区建设新局面，为大连率先实现全面振兴和辽宁沿海经济带开发开放作出新的更大的贡献。

保税区鸟瞰图

保税区风光

大连液化天然气项目正式开工

大连保税区顺利通过ISO9000和ISO14000认证

大连保税区与大连银行签署战略合作协议

大连保税区与奇瑞汽车签署整车项目合作协议

大连保税区斯巴鲁4S店正式开业

物流园区

青岛保税区于1992年11月经国务院批准设立，规划面积2.5平方公里，是沿黄流域九省区唯一的保税区。保税区集国际贸易、出口加工、保税物流、商品展示等功能于一体，是具有“境内关外”特性的特殊经济区域。2008年，全区每平方公里实

港口

现国内生产总值26.5亿元，外贸进出口额12.6亿美元，各项税收8.6亿元，单位面积产出率继续位居全省前列。目前，青岛保税区已与40个国家和地区建立了经贸关系，引进世界500强企业28家。

2000年以来，青岛保税区坚持在竞争中求生存，在改革中谋发展，在创新中寻突破，取得了一系列新成就。在全国率先提出保税区实施区港联动、向自由贸易港区转型，被列入国家试点并顺利通过验收；大力发展专业市场，建成全球首家己内酰胺交易市场、全国首家采用“美元挂牌、保税交易”模式的国际橡胶交易市场、国内唯一的矿权交易市场；大力发展高端产业，构筑起以高新技术产业为带动、以国家级研发中心和国家级检测中心为支撑的产业体系；创新实施区区联动，搭建内外联动、互利共赢的开放型经济平台。

2008年9月7日，经国务院批准，青岛保税区成功转型升级为保税港区，开创了区域转型发展新的历史。作为全国第一家由保税区、保税物流园区整合临近港口转型升级设立的保税港区，青岛保税港区将着眼于建设国内一流保税港区、打造国际水准自由贸易口岸的目标，坚持高起点规划、高标准建设、高水平管理，为山东建设半岛蓝色经济区、加快环渤海经济圈“大（连）青（岛）天（津）”支撑发展、促进泛黄海经济新区竞合发展增创新的优势。

青岛前湾保税港区分期封关示意图

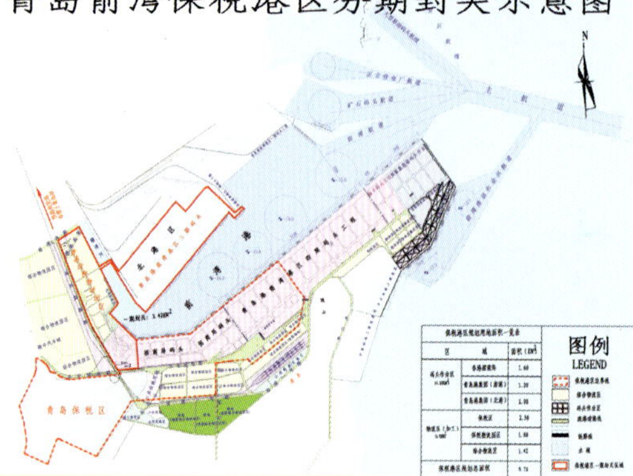

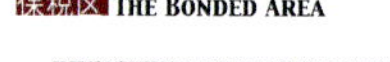

宁波保税区（出口加工区）

福建宁波出口加工区

宁波国际软件园

保税物流

宁波保税区、宁波出口加工区和宁波保税物流园区紧邻宁波港区，规划面积6.25平方公里，其中：宁波保税区1992年11月设立，规划面积2.3平方公里；宁波出口加工区2002年6月设立，规划面积3平方公里；宁波保税物流园区2004年8月设立，规划面积0.95平方公里。3个园区具有国际贸易、进出口加工、保税仓储及国际中转、国际采购、国际配送等功能，享有“免证、免税、保税”等特殊政策。经宁波市政府授权，三区由宁波保税区管委会统一管理。

截至2008年年底，全区历年累计引进各类企业7000多家，注册资本56.7亿美元，其中外资企业963家，投资总额57.8亿美元，合同利用外资37.2亿美元，实际利用外资17亿美元；完成固定资产投资171亿元，每平方公里投资强度27亿元。2008年，实现生产总值135.6亿元，工业产值533.4亿元，进出口113.6亿美元，财政收入20.4亿元。2008年每平方公里实现生产总值26亿元、工业产值103亿元、外贸进出口额22亿美元、财政收入4亿元。

宁波保税物流园区

技嘉科技有限公司笔记本电脑生产线

液晶显示

建区以来，充分发挥保税物流、出口加工、国际贸易三大功能，整合国内国际两类资源，抢抓境外产业转移机遇，开展产业链招商，促进了区域产业结构完善和竞争力提升，成为宁波市和浙江省外向型经济发展核心区。

先进制造业：目前累计引进电子信息类项目200多个，总投资34亿美元，其中千万美元以上项目80多个，形成了液晶光电、集成电路、计算机三大主体产业群及较为完善的配套产业链，园区获批为全国首批5个国家级集成电路产业园区之一和宁波市液晶光电产业基地。依托国家级留学人员创业园、国际软件园等国家级创新平台，引进100多家留学生企业和60多家软件企业，建起区域性博士后科研工作站等3个人才培养基地、6个市级以上工程技术中心，成为自主创新示范区。

宁波保税区行政中心

比亚迪半导体晶圆测试线

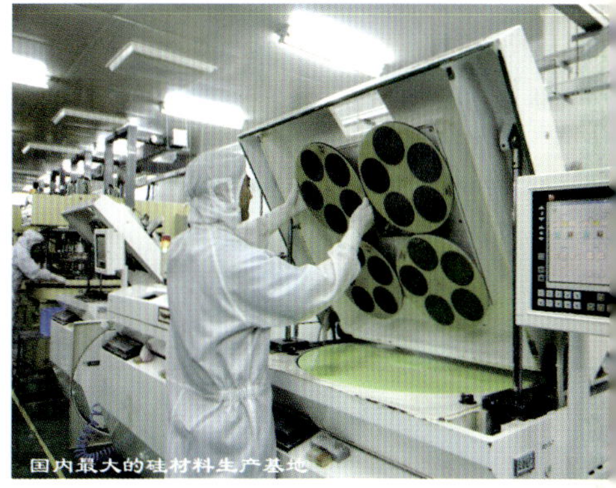
国内最大的硅材料生产基地

国际贸易业：区内集聚3000余家国际贸易企业，2008年进出口额分别占全市、全省的17.2%、5.7%，加工贸易进出口额分别占全市、全省的42.2%、16%，成为全省国际贸易基地。以仓储物流为主体的进口贸易完成19.8亿美元，同比增长22.6%；保税专业市场交易规模超百亿元，会员企业410余家，业务覆盖全国10多个省市。

现代物流业：区内一批企业转型为集进出口贸易、物流分拨、仓储服务于一体的现代物流企业，2008年完成进出仓总值22.1亿美元。依托加工区拓展物流等功能试点，引进10多家国内外知名专业物流企业，物流配送、“一日游”和检测维修等业务顺利开展，区内光电产品检测中心获批为国家重点实验室。依托保税物流园区功能平台，2008年实现进出区货运值16亿美元，全年采购配送值突破1亿美元。目前区域已成为长三角南翼大宗货物分拨基地。

中国张家港保税区

2008年，张家港保税区实现国内生产总值182.67亿元，同比增长29%；业务总收入1870亿元，增长23%；工业开票销售收入529.46亿元，增长32%；进出口贸易额86.18亿美元，增长26%。全年引进注册外资7.86亿美元，实际利用外资3.41亿美元。张家港保税物流园区全年完成进出货运总量800万吨，货值93亿美元，海关征收税款36亿元。

江苏省张家港保税区于1992年10月经国务院批准设立，规划面积4.1平方公里，是全国唯一的内河港型保税区，唯一的区港合一的保税区。张家港保税区具有通江达海的区位优势和优越的港口条件、发达的交通网络、广阔的内陆经济腹地、灵活的优惠政策及特殊的功能优势。它辐射和带动江苏乃至整个长江流域的国际化，为中国企业进入国际市场、国外企业进入中国市场服务。张家港保税区管委会参照国际惯例，提供精简高效的管理和优质的服务，努力为国内外工商企业营造最有利的软硬投资环境，使张家港保税区发展成为中国对外经济的重要连结点。

张家港保税区已进入全方位快速发展阶段，区内各项基础设施完善，一个集出口加工、保税仓储、国际贸易和商品展示于一身的自由贸易区已经形成，成为出口加工基地和口岸货物集散中心，正显示出强劲的发展态势。

张家港保税区以友好、真诚、合作的精神，竭诚欢迎海内外客商前来考察、投资、发展。

上海外高桥保税区

现代化工业园区俯瞰图

园区企业德尔福

外高桥集团党委书记、总经理舒榕斌

上海外高桥保税区于1990年6月经国务院批准设立，是全国启动最早、规模最大的保税区。园区内集国际贸易、出口加工、物流仓储及保税商品展示交易等多种经济功能于一体，规划面积10平方公里，是上海市重要的现代物流产业、进出口贸易基地和上海市微电子产业带的重要组成部分。园区濒临长江入海口，地处黄金水道和黄金岸线的交汇点，紧靠外高桥港区，是目前国内经济总量最大的保税区。

截至2008年年底，有90多个国家和地区在保税区内投资，投资总额达到159亿美元，合同外资73亿美元。区内累计引进项目数达到1万多个，有沃尔玛、通用汽车、埃克森美孚、壳牌石油、英国石油、IBM、HP等127家世界500强企业落户，并同171个国家和地区建立了贸易联系。区内就业人员达到19万人，其中外籍员工超过9000人。

发展迅速的园区企业药明康德

从国际贸易、出口加工到现代物流，保税区的三大产业走过了一条从先行先试的探索到成为区域核心功能的成功发展之路。依托保税和非保税贸易结合所形成的产业链优势，外高桥保税区的跨国贸易企业将其功能提升为中国区乃至亚太区的营运中心和销售总部已成为发展趋势。

嘉里物流

随着“区港联动”的实施和上海建设国际航运中心步伐的加快，外高桥保税区的物流产业将在全国乃至全球范围内的物流供应链中发挥重要作用，成为跨国公司在我国及亚太地区的采购中心、配送中心及物流中心的主要聚集地之一；近年来，保税区形成了与长三角地区相配套的较为完整的加工制造链和产业体系，未来将实现从单纯的加工制造向发展现代制造业和承接国际服务外包并举的转变，并成为跨国公司跨地区加工制造的订单中心、技术服务中心和研发中心。

将历史文化融入现代工业园区——詣德会所

现代化的园区写字楼

北京天竺综合保税区

2008年7月23日，北京天竺综合保税区获得国务院批复（国函[2008]64号），成为全国首家依托空港口岸设立的综合保税区，也是我国“政策最优惠、功能最强大、管理最先进、手续最简化”的海关特殊监管区域。2009年7月28日，北京天竺综合保税区一期顺利通过国家十部委联合验收，北京市委书记刘淇、海关总署署长盛光祖为北京天竺综合保税区揭牌，标志着北京天竺综合保税区成为我国建设周期最短、验收通过最早、最先具备封关运营条件的空港型综合保税区。

保税区总体规划面积5.944平方公里，一期总用地面积3.495平方公里（包括围网面积3.177平方公里，配套服务设施用地面积0.318平方公里），分为口岸操作区和保税功能区。具体情况如下：

一、区域概况

北京天竺综合保税区位于首都国际机场北侧和西侧，与机场卸货平台“无缝对接”，是北京临空经济区的核心区，周边紧邻新国展、花博会场馆、现代汽车基地和奥运水上公园，地铁M15号线设有站点，中高档别墅、公寓依区而建；距北京市中心仅25公里，距天津海港只有1.5小时车程。

二、主要功能

北京天竺综合保税区具有口岸、贸易、展示、物流、加工、维修、研发等主要功能，可以开展以下业务：仓储物流，对外贸易，国际采购、分销和配送，国际中转，检测和售后维修，商品展示，研发、加工、制造，港口作业以及经海关批准的其他业务。

三、发展特点

根据综合保税区有关政策功能，并结合首都发展实际，北京天竺综合保税区具有以下六大特点：

（一）具有与首都国际机场无缝对接的区位优势，全面实现真正意义的“区港联动”，是全国唯一一家与机场口岸无缝对接的海关特殊监管区域；（二）具有路网发达的交通优势，往来北京城区、天津港口、环渤海地区都能顺畅便捷，是北京唯一一家海关特殊监管区域；（三）具有“空海陆铁”四位一体的联程优势，使大通关理念得以充分体现，是国际国内航线最密集的空港型海关监管区域；（四）具有实现“保税”与“非保税”、贸易与展览展示有机结合的地理优势，便于企业开展多元化经营；（五）具有与北京市六大高端产业功能区发展的互补优势，切实成为完善城市功能、提升首都4个服务水平的重要战略性基础设施；（六）具有坐拥顺义新城完善的服务设施的配套优势，成为优化发展环境、壮大首都临空经济的重要支撑，是周边配套最为齐全的联动型综合保税区。

四、重点产业

北京天竺综合保税区以首都临空经济为依托，以海关、税务、检验检疫、外汇、外贸等部门赋予的开放政策为基础，率先发展以口岸物流和保税物流为重点的现代物流业，大力发展国际贸易，积极推动加工贸易转型升级，鼓励建立高新技术研发中心、产品售后检测维修服务中心，加快发展保税展览，创新发展以飞机租赁为突破口的特色金融，使北京天竺综合保税区成为连结国际国内两个市场，带动周边产业结构调整，促进区域经济发展的核心区域。

苏州工业园综合保税区

综合保税区主卡口

综合保税区办公楼

P5规划图

苏州工业园综合保税区规划总面积为5.28平方公里，分为东、西两个围网区，东区面积3.88平方公里，西区1.4平方公里。2007年8月28日，综合保税区首期4.2平方公里通过海关总署等国家九部委的联合验收；2009年4月22日，综合保税区二期0.66平方公里也通过了南京海关验收小组验收。目前苏州工业园综合保税区封关总面积达到了4.86平方公里。

根据国务院批复（国函〔2006〕128号），综合保税区“有关税收、外汇政策将按照《国务院关于设立洋山保税港区的批复》的有关规定执行。海关比照保税港区的监管办法对其实施监管”。这意味着综合保税区除享受“国外货物入区保税、国内货物入区退税、区内交易免税”的政策外，还适用各项保税港区的优惠政策，可以充分发挥区位和政策优势，拓展相关功能。

目前，综合保税区内可以从事的业务包括：存储进出口货物和其他未办结海关手续的货物；对外贸易，包括国际转口贸易；国际采购、分销和配送；国际中转；检测和售后服务维修；商品展示；研发、加工、制造；港口作业；经海关批准的其他业务。

截至目前，综合保税区内各类基础设施及基建投入已超过40亿元，建成保税仓库20万平方米，厂房80万平方米，区外周边建成普通仓库40万平方米，商业办公设施10万平方米，已初步形成设施先进、配套完善、交通便利，集保税加工、保税物流和进出口贸易为一体的综合性功能区域，为园区进一步发展创造了新的增长点。

综合保税区目前共有注册企业167家，其中生产企业98家，物流企业32家，贸易公司37家。区内初步形成以汽车飞机零部件为主的精密机械、以笔记本电脑为主的电子信息产业保税加工体系；区内的UPS、KWE(日本近铁)、中外运、大田等知名物流企业为全国2000多家生产企业提供保税物流服务。该区域已成为华东地区重要的精密机械制造基地和电子产品集散中心。

综合保税区正努力实现制造业与物流业的联动发展，并将以虚拟口岸为依托，以商贸和物流两大产业为支柱，以综合保税区5.28平方公里围网区为特殊政策享受区，以8.18平方公里的物流园区为集聚区，积极打造具有国际先进水平的物流高度发达、贸易繁荣、商业配套设施完善、人才集聚的“商贸物流运营中心示范区”。

一站式服务大厅

仓库群

筹建中的福州保税港

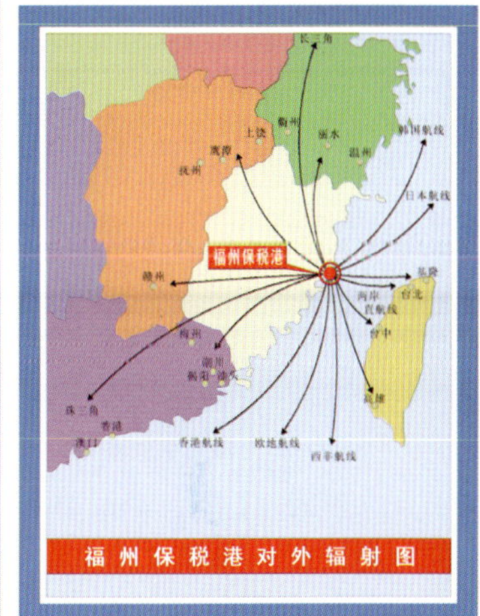

福州保税港对外辐射图

筹建中的福州保税港，是福州市为适应现代物流发展需要，将福州保税物流园区、福清出口加工区、福州新港1～9#泊位、铁路物流园区等特殊区域进行整合而设立的集港口作业、物流和加工为一体的特殊经济区域，是我国目前开放层次最高、政策最优惠、功能最齐全的特殊经济区域之一。

福州保税港（筹）位于福清市江阴半岛，东临台湾海峡，距台湾主要港口台中仅100海里、基隆仅150海里，西有向莆铁路连接赣、湘、鄂等省，又处于长三角、珠三角两大经济圈汇集中心。总规划面积9.2平方公里，共分为临港加工区、国际物流区、铁路物流区和港口集散区4个区域。

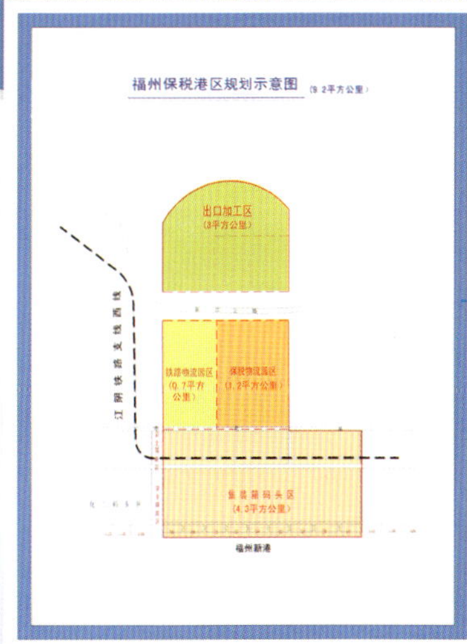

1

临港加工区：面积3平方公里，充分利用临港及对台优势，积极承接台湾产业转移，开辟专门制造、加工、装配出口商品的特殊功能园区，打造海峡西岸经济区先进临港工业基地。重点发展化工、轻工、纺织、机械、电子、建材等加工贸易型支柱产业。

2

国际物流区：面积1.2平方公里，充分发挥保税港政策和功能优势，依托港口资源，引进国际知名航运公司、国际物流企业和面向全球市场的采购、中转、分拨、配送等物流企业入驻园区，建设有特色的现代化、产业化、信息化大物流系统枢纽，打造集现代物流企业、物流信息、物流设施于一体的国际物流基地。区内重点发展贸易、海运、海运代理、货代、仓储、商展、金融等业务，为进出口贸易、国际转口贸易提供便利、优质和低成本的物流服务。

3

铁路物流区：面积0.7平方公里， 以向莆铁路大动脉为依托，致力于打造成为辐射东南亚、服务我国东部沿海的以国际集装箱铁路、海路和公路等多式联运为主体的综合性物流枢纽口岸。重点开展集装箱的海铁联运和散货运输。

4

港口集散区：面积4.3平方公里，充分利用港口区位交通优势，建设以物流园区、物流基地、物流企业为依托的现代化港口物流商品集散基地。区内重点开展主要港口货物装卸、理货、船舶代理、货运代理、仓储保税、港口服务、海陆运输、贸易、信息技术等相关业务和集装场站及配套服务。

深圳保税区

2009年6月深圳前海湾保税港区顺利通过预验收

深圳保税区所辖园区总面积3.79平方公里，其中围网内运作区面积3.36平方公里，配套生活区0.43平方公里。

沙头角保税区。1991年5月经国务院批准设立，是创办时间最早、土地面积最小的保税区。其位于深圳经济特区东部的盐田中心区，背靠梧桐山，面临大鹏湾。围网内面积0.2平方公里，配套生活用地0.1平方公里。

福田保税区。1991年5月经国务院批准设立，总面积1.68平方公里，其中围网内面积1.35平方公里，配套生活区0.33平方公里。福田保税区地理位置优越，北靠福田中心区，南部与香港为界、临深圳河。建有日通车能力4000辆次的一号专用通道，经落马洲大桥与香港直接连通。

盐田港保税区。1996年9月经国务院批准设立，总面积0.85平方公里，位于盐田港中部，以盐田港大道为界分南北两片，其中南片区0.17平方公里，北片区0.68平方公里，南北片区靠全封闭高架专用通道连接。

盐田港保税物流园区。在原盐田港保税区土地上置换建成，2005年12月正式通过国家联合验收小组的验收，面积0.96平方公里。

坚持“一高三中心”（即高新技术、物流中心、研发中心和采购中心）的经济发展战略，实现园区经济又好又快发展。重点引进与完善大型高科技项目的“产业配套链”和“高端项目群”，推动区内企业自主创新发展。利用“区港联动”试点与保税区产业结构调整的机遇，引进国际物流巨头，大力发展服务外包业务，重点扶持附加值大、资源消耗低、环境污染少、国际化水平高等特点的加工服务项目。坚持人本理念，引导驻区企业和谐发展。坚持绿色发展道路，建设资源节约、环境友好的生态园区。

深圳保税区经过18年的快速发展，已成为全市开放型经济发展的重要基地。2001年以来连续7年实现经济高速发展，在全国保税区和全市经济中占有较高地位。2008年工业总产值占全国保税区的24.9%，占全市的5.44%；工业增加值占全市的4.05%；实现进出口总额占全国保税区的34.44%，占全市的15.65%，外贸出口连续8年位居全国保税区榜首；实现税收总额52亿元；全区涌现出产值超5亿元企业16家，进出口额超3亿美元企业34家，共有36家世界500强在区内设立42家企业。在受到国际金融危机严重冲击下，盐田港保税物流园区逆势飘红，进出口总额同比取得两位数的增长，税收总额同比更是增长391.79%。

2008年10月，国务院正式批准设立深圳前海湾保税港区，规划面积3.71平方公里，首期规划面积1.176平方公里。2009年6月港区完成了国家各部委封关验收，正式投入运作，将为前海深港现代服务业合作示范区和深圳市新一轮经济发展作出应有的贡献。

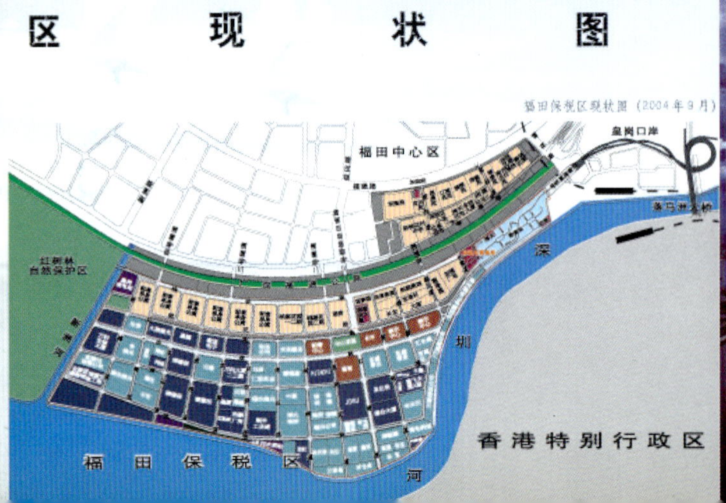

海口综合保税区

海口综合保税区新闻发布会现场

海关总署盛光祖署长考察海口保税区企业

韩国三星光通信生产车间

海口综合保税区于2008年12月22日经国务院批准设立，是继国务院批准设立洋浦保税港区后，海南又一个由海关监管的开放层次最高、政策最优惠、功能最齐全、手续最便捷的特殊经济区域。

海口综合保税区是在海口保税区区位调整的基础上进行转型升级的。1992年10月，海口保税区获国务院批准设立，经过10多年的发展，区域已形成了以生物制药、汽车制造、电子信息和机电加工为支柱的四大产业群，带动了海口市的产业结构调整，促进了海口市及海南省的经济发展。随着城市建设的发展，为解决园区功能定位与城市发展规划的矛盾、区港分离和发展空间不足的三大问题，经海南省政府报请国务院批准，海口保税区区位调整至海南老城经济开发区并转型为海口综合保税区。海口综合保税区的设立，将成为海南省打造进一步扩大对外开放，发展外向型经济的又一重要平台。

综合保税区以虚拟港口为依托，设立在特定区域，参照保税港区管理办法管理，被称为“内陆保税港区”。其功能包括仓储物流，对外贸易，国际采购，分销和配送，国际中转，售后服务，商品展示，以及出口加工、研发、制造、口岸作业等。

海口综合保税区选址在海南老城经济开发区，位处泛珠三角经济带、环北部湾经济圈、东盟自由贸易区前沿，背靠大西南，易于生产要素的聚集；处于太平洋与印度洋间海上经济走廊交通线上，南北连接台湾、香港及东南亚，利于发展加工贸易，区位优势明显。海口综合保税区面积1.93平方公里，北部紧靠国家一类对外开放口岸——马村港，有利于实现区港联动；东部依托省会城市——海口市。海口综合保税区的功能、政策优势和老城经济开发区丰富的土地资源、完善的基础设施及产业链互应，是中外投资者发展物流、出口加工产业的最佳选择。

根据综合保税区的功能定位，海口综合保税区将发挥依托省会城市及海口市被批准为全国加工贸易梯度转移的重点承接城市的优势，重点发展具有海南特色的、轻型的外向型加工业、物流业，为海南旅游业、航空航天产业、热带高效农业、水（海）产品出口加工业服务配套的专业园区，形成以口岸为依托的高度开放的加工贸易和现代物流运营区。

海口综合保税区联检大楼效果图

汕头保税区

广东华美油脂有限公司　万顺包装材料股份有限公司　威尔信动力设备有限公司　保税区专用码头

汕头保税区位于广东省汕头市南区，面积2.34 平方公里。1993年1月经国务院批准设立，同年12月监管设施通过海关总署验收开关运作。现有功能是出口加工、仓储物流、国际贸易和商品展示。

汕头保税区外部环境依托汕头市发达的海、陆、空交通运输网络，交通便利。区内硬环境建设日臻完善，自开发建设以来，实现区域的“五通一平”，配套建设一个11万伏变电站和一个1万伏开关站，建成一个移动通讯基地站，区内路、水、电、通讯等基础设施齐备。建成40多万平方米各类厂房、仓库。1999年5月，海关总署批复同意将广澳深水港码头作为保税区专用码头，该港口规划建设2至30万吨泊位39个。目前已建成一个3万吨级专用码头，一个5万吨级码头。区内园林绿化率达36%以上，区域环境优美，具备了良好的投资硬环境。

汕头保税区管委会是汕头市人民政府的派出机构，行使市一级管理权限，实行“精简、高效”的管理机制，逐步与国际惯例接轨。管委会下设5个职能部门，与海关、检验检疫、工商、税务、公安等驻区机构集中办公；实行简便、快捷、优质、高效的“一站式”管理，提供全程、全方位“一条龙”服务，凡客商投资一应事务均能在区内“一站”办妥，是海内外投资者投资兴业的理想场所。

目前，汕头保税区以跨国公司为主体的仓储物流产业正在扩大规模加快发展；以高等院校、科研机构为依托，以民营企业为载体，以生物医药工程技术和人工合成氟金云母新材料为主的产、学、研一体化高科技产业正逐步深化发展；以外资、民资为主体的食用油脂、覆铜板、化纤纺织、高级包装材料等大型企业正在追加投资滚动发展。

汕头保税区新一轮发展的总体思路是：以科学发展观统领全局，以加快发展为主线，以提高经济发展质量和效益为中心，以转型升级为动力，以创建综合保税区为突破口，推进区港联动、工贸物流一体化，加快仓储物流业、高新技术产业和生产资料交易市场建设，努力推进新一轮的发展，把保税区建成汕头临港工业、现代物流业的核心功能区，为汕头的崛起和振兴作出应有的贡献。

汕头保税区管理委员会

地址：汕头市濠江广澳片区汕头保税区管委大楼　电话：0754-83590278、83590271　电子邮箱：xmtzk@163.com

邮编：515071　传真：0754-83590224、83590127　网址：http://www.stftz.gov.cn

珠海保税区

珠澳跨境工业区珠海园区

珠海保税区于1996年11月经国务院批准设立，面积3平方公里，预留发展用地2.89平方公里；珠澳跨境工业区于2003年12月经国务院批准设立，占地面积0.4平方公里。目前两园区共有注册公司200多家，总投资额20多亿美元。其中外商投资企业150多家，外资来源主要为德国、日本、美国、法国以及中国香港、中国澳门、中国台湾等10多个国家和地区，其中世界500强跨国公司有6家。区内已形成了航空维修与培训、精密加工、电子原器件制造、医药及医疗器械、现代物流、展览展销等支柱产业。

目前，珠海保税区正以《珠江三角洲地区改革发展规划纲要》为契机，加快保税区和跨境区的产业调整和转型升级，重点发展现代服务业，着力引进国内外大型企业，积极打造现代物流基地，培育国际采购、国际分销和国际配送中心，构建高档消费品、高端设备展示展销贸易平台，辐射和带动周边地区经济发展，形成特殊监管区域功能政策“放大”效应，把保税区和跨境区打造成国内重要的保税商务基地之一。

厦门象屿保税区

建设中的厦门国际物流中心

保税区二期堆场

保税区东大门夜景

新创建码头

9平方公里现代物流园区规划图

2005年厦门市决定建设厦门现代物流园区，由象屿保税区、保税物流园区、东渡港区、航空港工业与物流园区等部分组成，面积约9平方公里，由保税区管委会管理。园区依托厦门东渡港、高崎国际航空港的便利条件以及保税区、保税物流园区的特殊政策优势，实现海陆空联动，发展保税与非保税物流，国际物流与区域物流互动的现代物流产业，园区以进口配送和出口集拼为主的国际物流产业具备相当规模，成为我国东南沿海重要的国际物流中心，不仅是厦门乃至福建现代物流产业发展的龙头和标兵，也是全国保税区拓展保税物流的典型。

厦门现代物流园区开发建设简要情况：

象屿保税区。1992年10月15日国务院批准设立，面积0.63平方公里。累计设立企业1100家，引进外资8亿美元，实现进出口贸易总额超200亿美元，地方财政收入15亿元。区内企业主要从事保税仓储、分拨、配送和国际贸易、转口贸易业务，保税物流的业务量始终占保税区业务总量的90%以上，其比重居全国15个保税区之首。

保税物流园区。2004年8月，国务院批准厦门设立保税物流园区，面积为0.7平方公里，一期0.3平方公里于2005年12月21日验收，2006年3月正式运营。园区与港区联动运作，可开展“国际采购、国际配送、国际贸易、国际中转”等业务，实行境外货物“入区保税”、国内货物“入区退税”政策。已有全球物流、中外运、裕利、YCH、以星、东方海外、越海等数十家企业入区运作，进出区货值达80亿美元。

东渡港区。岸线长约5公里，目前有生产性深水泊位20个，正兴建的泊位8个。2007年集装箱吞吐量达241万标箱，货物吞吐量2868万吨，是中国东南沿海的主力港口和海峡两岸直航口岸之一。

保税区二期工程。面积1.55平方公里系填海造地而成，2007年底，园区市政、通讯等基础设施，仓库、堆场及国贸码头21号泊位等经营设施竣工投入使用，产生良好经济效益和社会效益。现代码头、港务码头、闽台中心渔港已于2008年建成投入使用。园区主要开展非保税物流，城市物流配送，对台农、水产品仓储、交易等业务。

航空港工业与物流园区。位于厦门航空城北片区，规划面积3平方公里。园区依托厦门国际机场，主要开展城市配送、高附加值产品的国内外中转、国际物流、航空产品生产、航空维修业务等。目前正在抓紧推进建设。

广州保税区
广州出口加工区
广州保税物流园区

广州保税区

广州保税区位于广州市东部，面积为2平方公里。1992年5月13日经国务院正式批准设立，1993年5月正式封关营运。主要开展加工贸易、保税仓储、物流配送、国际服务贸易及商品展示业务。

经过17年的开发建设，广州保税区已建成报关大楼、专用码头、保税仓库、通用厂房、露天堆场、展示厅、海关货检场等设施，形成了电脑及其零配件系统产品、生物医药、模具钢材加工、食用油加工、珠宝加工为主导行业的支柱产业。2002年6月广州保税区与广州开发区、广州高新区、广州出口加工区合并，实行"四区合一"的管理体制，通过整合资源，四区实现了优势互补、互动发展，成为全国保税物流功能和业务形态最丰富的保税区域。

广州出口加工区

广州出口加工区位于广州开发区东区内，2000年4月27日经国家批准成立，规划总面积3.05平方公里，首期0.9平方公里于2001年3月通过海关总署封关验收，现已建成完善的监管设施和配套设施。广州出口加工区毗邻港口和国际空港，交通便捷。

2002年11月，本田汽车（中国）有限公司进驻广州出口加工区，成为全国第一个和最大的整车全部出口的汽车产业基地，生产规模为年产量30万辆，成为广州汽车工业发展整体战略的重要组成部分。

广州保税物流园区

2007年12月3日经国务院批准设立，规划面积为0.5平方公里。2008年9月24日通过了海关总署等国家八部委的联合验收，12月底开始试运作，2009年3月全面运作。广州保税物流园区是新类型的国家级经济功能区，运作以来形势良好，业务量逐月大幅度增加。园区注册企业35家，进出园区的货物种类涉及液晶显示屏、激光打印机、电子线路板、光学镜片、电子产品、纺织品等，为广州和珠三角地区的近千家企业提供高效、快捷、优质的保税物流服务。

广州开发区保税业务管理局

地址：广州开发区管理委员会大楼东座4楼
电话：020-82112050 82112051 82112052 82112053
传真：020-82112070
网址：www.get.gov.cn

上海松江出口加工区

在建工程

主卡口进出区车辆

上海松江出口加工区A区于2000年4月27日经国务院批准设立，规划面积2.98平方公里，于2001年初封关运作，现已全部开发完毕。B区于2003年3月14日经国务院批准设立，规划面积2.98平方公里，分二期开发，2003年11月一期1.33平方公里封关运作。

上海松江出口加工区地理位置优越，距上海虹桥国际机场20公里；距上海浦东国际机场42公里；周边沪杭高速、同三国道、嘉金高速、松闵公路、沪松公路等构成了便捷的公路交通网络。

2007年，上海松江出口加工区被国务院批准为全国7个试点出口加工区之一，在原先的保税加工功能之外，拓展了保税物流功能。目前，物流、研发、测试和维修等新业务已全面推开，使

上海松江出口加工区A区全貌

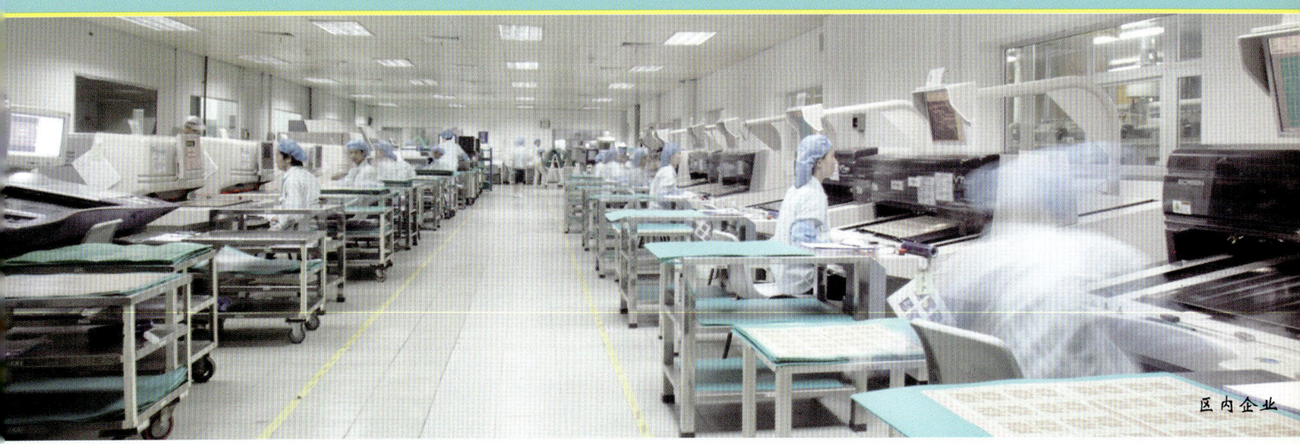
区内企业

得上海松江出口加工区的企业能够享受到更加完善的政策配套，为企业打通上下游、形成完整的产业链提供了政策支持。

作为全国最早的出口加工区之一，上海松江出口加工区经历8年的快速发展，基础设施配套完善，管理机构运作娴熟，各类服务措施齐全。区内电子信息技术产业链日趋完善，目前，区内货物进出口的通关物流时间只需4小时，达到先进国家水平。同时，随着出口加工区功能的拓展，上海松江出口加工区集研发、生产、检测、维修及保税物流功能于一体，已成为功能最完善、配套最齐全、服务最优化、发展最稳健的出口加工区，是中外客商的投资宝地。

区内企业

辽宁大连出口加工区

辽宁大连出口加工区是2000年4月经国务院批准设立的全国首批15个出口加工区试点之一。批准面积2.95平方公里，其中A区1.5平方公里，2001年5月，通过国家验收后封关运作；大连出口加工区B区面积1.45平方公里，2007年6月通过国家正式验收。

一、经济发展

2008年出口加工区企业实现增加值13.7亿元，同比增长23.5%；工业总产值52.6亿元，工业商品销售额52.2亿元，工业企业利润总额6000万元。实现进出口总额9.9亿美元，同比增长8.9%，出口73916万美元，同比增长20.5%，进口24915万美元，同比增长54.3%。完成固定资产投资26.8亿元，实现就业10600人。

二、投资环境

辽宁大连出口加工区位于大连经济技术开发区，毗临大窑湾国际深水港八大港群，具有得天独厚的口岸资源优势和集疏运体系，拥有大连和大连开发区雄厚的石油化工、半导体、装备制造等雄厚的产业基础，是中国东北地区利用两种资源、两个市场承接国际产业转移的重要平台和载体。

大连三面环海，具有海洋性气候特点，冬无酷暑、夏无严寒，生活设施齐备，具有国际水准的外商居住区、中高档楼盘，购物中心、酒店、餐饮、医院、国际学校一应俱全，得到在连外籍人员的高度认可。随着对外开放事业的不断深入，辽宁大连出口加工区已形成了一站式服务和保姆式服务等高效政府服务体系，为海内外投资者提供了良好的产业环境、生活环境。

三、招商引资

截至2008年年底，辽宁大连出口加工区吸引来自美国、日本、韩国、法国、加拿大、香港、台湾等国家和地区的投资项目89个，累计完成合同外资14.9亿美元，实际利用外资4.6亿美元，其中外资项目数55个。

四、工业产业

2008年，区内工业总产值排前10名的重点企业有大连爱丽思生活用品有限公司、大连海尔空调器有限公司、大连海尔电冰箱有限公司、大连道氏硅业有限公司、大连菱星汽车配件有限公司、大连千代田空调机器有限公司、光洋轴承（大连）有限公司、山口制作（大连）有限公司、大连三希电机有限公司、大连鑫洋食品有限公司。主导产业有IT、家电、生活用品、高新材料等。

大连英特尔芯片是目前我国单体外商独资最大的项目项目，2007年落户，大连出口加工区B区，一期投资25亿美元，生产12英寸芯片组，预计年产值200亿元，计划2010年投产。英特尔利用已捐赠的8英寸生产线，与大连理工大学共同设立的大连半导体技术学院，将为大连及中国其他地区提供强有力的半导体人力资源的支撑。

五、发展趋势

辽宁大连出口加工区在振兴东北老工业基地、东北亚重要航运中心建设中肩负着不可替代的历史使命。全区将通过半导体产业、高端加工制造业培育和发展，促进国际间的要素流动，提升对外开放的辐射功能。

辽宁大连出口加工区将以国际化的视野，创新思维，科学统筹，迎接新一轮世界经济全球化浪潮带来的机遇和挑战。

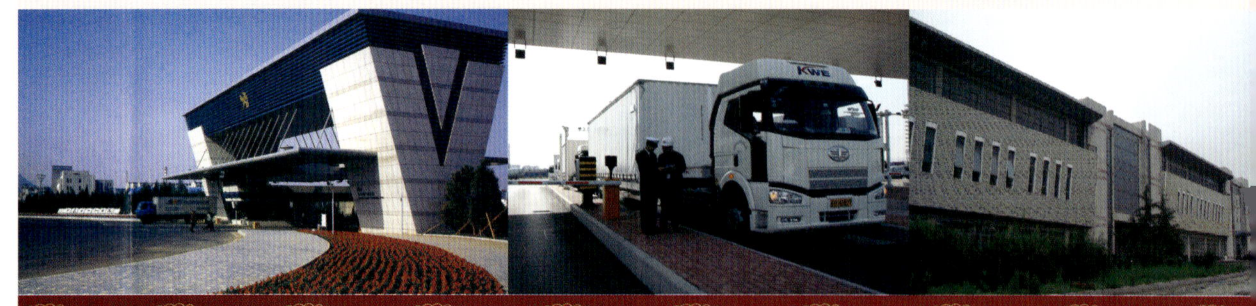

招商及管理部门
电　话：0411-87615838　传　真：0411-87614959
大连经济技术开发区经济贸易局出口加工区管理局

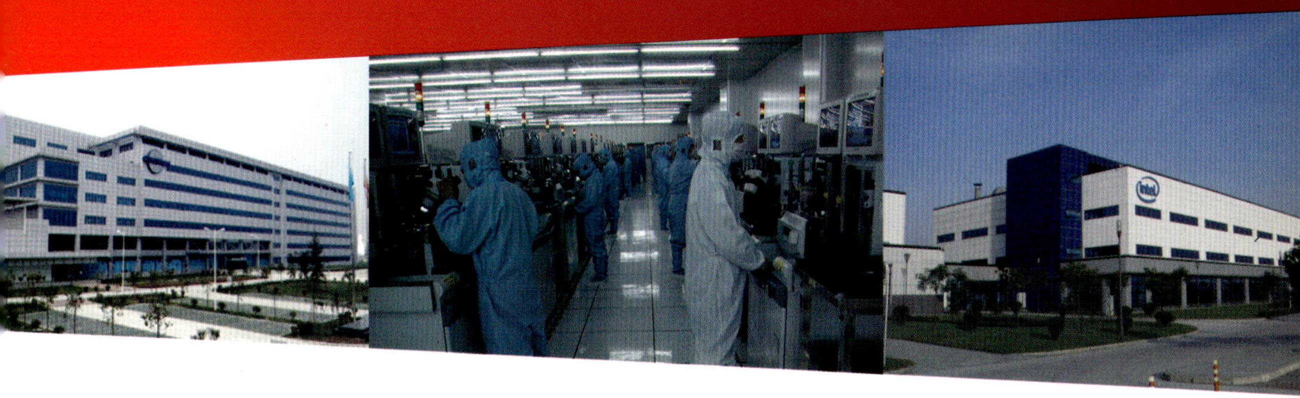

四川成都出口加工区

四川成都出口加工区2000年4月经国务院批准设立，规划面积3平方公里，已建成并通过国家验收面积2.2平方公里，位于成都高新技术产业开发区西部园区，紧邻成灌高速公路，距火车北站8公里，距成都双流国际机场22公里，交通便捷，区位优越。

区内基础设施已实现“七通一平”，周边市政及生活配套设施齐全。成都海关、四川出入境检验检疫局、出口加工区管委会等职能部门均设立驻区机构，并建立了完善的信息化政务服务体系。金融、物流、仓储等配套服务体系也已建成，企业在加工区生产经营十分便利。

截至2008年12月31日，四川成都出口加工区已批准入区企业23家，其中外商投资企业18家，入区企业投资总额14.3亿美元，其中外资项目投资总额13.4亿美元。英特尔、中芯国际、成芯半导体、友尼森、莫仕、芯源系统等一批知名企业纷纷入驻，集成电路产业加速聚集，产业链已初步形成。2008年，成都出口加工区实现进出口总额47.5亿美元，同比增长101.3%，其中，出口17.4亿美元，同比增长91.2%；进口30.1亿美元，同比增长107%。进出口总额排名全国出口加工区第八位，中西部出口加工区第一。

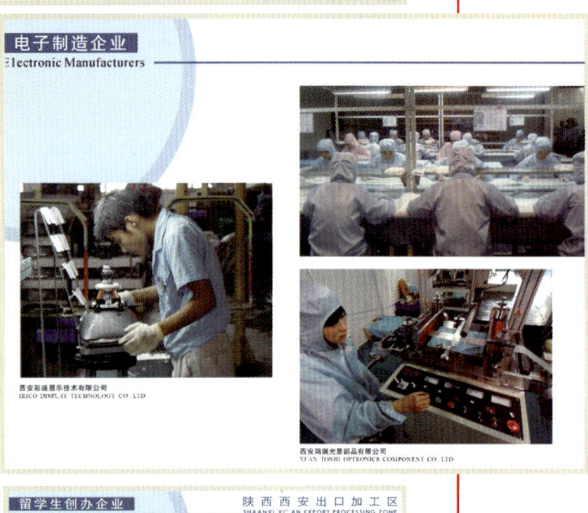

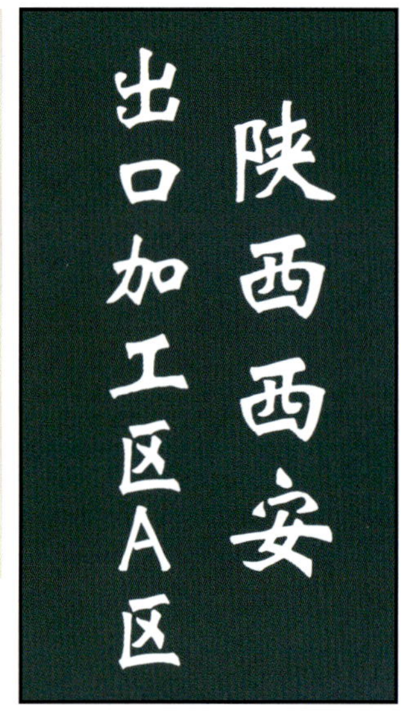

留学生创办企业

航空机械制造企业

陕西西安出口加工区A区于2002年6月由国务院批准设立，2004年4月封关运行，隶属于西安经济技术开发区管委会。作为西北地区首家国家级出口加工区，2006年12月底，成为全国7个拓展保税物流等功能试点的出口加工区之一。

陕西西安出口加工区A区引进世界500强企业英国BP、法国ALSTOM、美国通用电气、英国罗尔斯罗易斯，世界知名企业美国TIFFANY、英国航材供应商AMS、新加坡佳晟物流公司以及国内知名企业西航集团、西飞集团、中航技进出口公司、庆安集团、远东集团，及彩虹集团、北车集团、世纪互联等40个项目入区，初步形成航空、机械、电子、新材料四大产业。

截至2008年年底，陕西西安出口加工区A区累计实现进出口总额15亿美元，2009年进出口货值有望突破10亿美元，预计到2010年，进出口总额将达15亿美元。2008年上半年，陕西西安出口加工区A区在全国出口加工区综合评价体系评比中，运行绩效排名全国第五，综合指标名列第六。

陕西西安出口加工区A区将依托陕西及西安地区的产业优势，积极发挥保税物流功能对周边省区的辐射带动效应，在全国范围内着力打造最具航空产业特色的出口加工区。

江嘉盛汽车部件制造有限公司
品：汽车传动轴

嘉兴出口加工区标准厂房

嘉兴国安金属制品有限公司
产品：钢制办公家具等

浙江嘉兴出口加工区

浙江嘉兴出口加工区是嘉兴市目前唯一的国家级对外开放平台，紧靠国家一类开放口岸嘉兴港(乍浦港)，总规划面积2.98平方公里。区内配套基础设施建设完善，道路、雨污水管网、电力、通讯、供水、天然气、蒸汽等都已配套到位。

浙江嘉兴出口加工区区位条件优越，已形成铁路、公路、港口、内河、航空等各种运输方式组成的综合交通网络，已成为“长三角”沪、苏、杭、甬地区的一个重要交通枢纽。

浙江嘉兴出口加工区作为嘉兴新一轮经济发展的平台，浙江省接轨上海的桥头堡，正积极打造保税物流中心和医药研发服务外包两个中心。

浙江嘉兴出口加工区综合服务楼

湖北武汉出口加工区

HuBei Wuhan Export Processing Zone

湖北武汉出口加工区，于2000年4月27日经国务院批准设立，是全国首批15家试点之一，也是中部地区唯一一家出口加工区，占地2.7平方公里。首期开发的0.3平方公里，已于2001年通过国家八部委验收并封关运作。建有近4000平方米海关监管楼、7万平方米标准厂房、8000平方米仓储、1.2万平方米查验场地及卡口车辆自动识别系统、80吨电子地磅系统、围网红外线报警及闭路电视监控系统等基础设施建设，已完成固定资产投资近2亿元。区内基础设施完善，已形成双水源供水、双回路供电，煤气、蒸气、通讯、道路、铁路、排水等基础设施一应俱全。

加工区交通便捷，东邻长江黄金水道，上海至拉萨的318国道横穿东西，北京至珠海的高速公路纵贯南北，公路网络四通八达；区内湖泊环绕，景色秀美。

加工区产业特色鲜明，形成了以电子信息制造业为主的产业导向，以东风汽车公司与法国雪铁龙公司合资的年产30万辆轿车项目为龙头，重点发展汽车零部件制造、食品饮料、机械、医药、生物工程等多元化产业。入区企业可方便、快捷的办理完一切进出口手续和业务。竭诚为入驻企业提供优质、高效服务，热忱欢迎海内外客商入区投资办厂！

招商电话：86-27-84297672　84297401　　地址：武汉经济技术开发区海关大楼

办公大楼

江苏扬州出口加工区

JIANGSU YANGZHOU EXPORT PROCESSING ZONE

江苏扬州出口加工区于2005年6月经国务院批准设立，批准规划面积3平方公里，一期已建成1.47平方公里，二期0.72平方公里已经启动，并于2006年10月封关运作。

截至2008年年底，江苏扬州出口加工区已有12个项目注册进区，总投资34518万美元，注册资本23700万美元。在江苏省14个出口加工区中，江苏扬州出口加工区投资总额在同期批准的5家出口加工区中居第一位，全省居第五位。2008年实现进出口总额10220万美元，增幅在全省出口加工区居第三位（850%）。全年完成工业总产值4.9亿元。

标准厂房　凯发　易倍得　报检大厅

【投资环境】 千年名邑扬州距今已有近2500年的历史，地处江苏省中部长江下游北岸东近上海，西通南京，南临长江，北接淮水，中贯京杭大运河，素有苏北门户之称。位于中国最具活力的“长江三角洲”经济圈内，是上海经济圈和南京都市圈的节点城市，与南京、镇江构成“宁镇扬都市圈”。

江苏扬州出口加工区紧靠国家一类开放口岸扬州港，与港口物流实行联动，使区内企业可以大幅度降低物流成本。充分依托开发区建区多年形成的基础设施，客商投资所需有关人力资源、信息服务、研发协作等要素完备，配套条件十分优越。

加工区内基础设施配套完备，区内已实现“九通一平”，即通路、通电、通水、通污水处理、通蒸汽、通燃气、通讯、通广电、通港口、区内土地平整。

加工区建有标准厂房9.5万平方米，单栋面积14000~15000平方米，加工区建有完善的生活配套区,总建筑面积15万平方米,目前已建成8000平方米,酒店、购物中心、超级市场、商务服务等各类生活服务一条街逐步建成。

【招商引资】 加工区重点发展太阳能光伏、LED电子产业。截至2008年年底，已有易倍得船用电子、新加坡凯发高科技水处理等5个项目投产，另有尚德太阳能、香港晋皇科技光盘、顺大太阳能组件3个项目开工。尚德太阳能项目一期总投资9800万美元，晋皇科技项目总投资4980万美元，2009年初建成投产。顺大太阳能组件项目也正在筹建中，建成后产能将达200兆瓦。

随着加工区保税物流功能拓展，逐步形成太阳能光伏、电子为主导的产业集聚。预计2009年，协议利用外资不低于1.5亿美元，实际到账外资不低于1.2亿美元，项目总投资累计达5亿美元以上，开工、投产项目达10个以上，进出口额在2008年1亿美元基础上翻两番。

【机构设置与管委会领导】 江苏扬州出口加工区管委会与扬州经济技术开发区管委会实行“一套班子，两块牌子”的管理模式。管委会下设管理局，内设招商部、规划建设部、经济管理部、综合部。江苏扬州出口加工区管委会主任、扬州经济技术开发区管委会主任季允丰、出口加工区管理局局长吴正旗。

卡口

江苏扬州出口加工区招商部
电话：0514-87529088
传真：0514-87529080

青岛西海岸出口加工区

Qingdao West-coast
Export Processing Zone

招商热线：0532—86987228
0532—83157001
0532—83157002
邮箱：xihaian2006@163.com
网址：http://www.qwepz.gov.cn

青岛西海岸出口加工区于2006年5月8日经国务院批准设立，规划面积2平方公里，2007年7月18日通过国家验收，同年12月区内首批货物出口。截至2008年12月底，西海岸出口加工区已引进项目6个，总投资1.5亿美元，注册资本金7945万美元，到账外资3190万美元，实现工业总产值3.1亿元，税收总额401.5万元，进出口总额1328万美元。

青岛西海岸出口加工区重点发展以电子信息、精密机械、新型能源为主的高科技、低能耗、低排放、出口型先进制造业；发展汽车、船舶零配件出口产业；发展航空制造产业集群；配套产业区重点发展为出口加工区生产上游配套产品的生产性企业和金融、法律、物流、中介等服务及生活配套服务产业。

管委领导深入园区视察项目建设进度

通过国家九部委联合验收

深入学习实践科学发展观活动动员大会

青岛成霖科技工业有限公司

青岛海利直升机制造有限公司飞机下线

青岛中韩国际物流有限公司

拓展保税物流新闻发布会隆重举行

山东济南出口加工区

出口加工区一期标准厂房

出口加工区二期标准厂房

山东省交通科研所

山东济南出口加工区是2003年3月经国务院正式批准，2005年8月封关运作的国家级出口加工区，一期规划面积3.2平方公里，其中封关面积1.2平方公里。区内实行“境内关外”管理模式，进出货物实行“一次申报，一次审单，一次查验”24小时通关服务。

山东济南出口加工区位于东部新城，京沪、京九铁路纵贯南北，胶济、兖石铁路横跨东西，京福、京沪、济青、济莱、济聊、环城等高速公路相伴交汇，距济南国际机场18公里，距青岛港2.5小时车程，集陆港、空港、铁路交通枢纽于一身，区位交通物流优势明显。

园区基础设施完善，已累计完成基础设施投资6.2亿元，建设完成厂房近16万平方米。截至目前，累计引进企业40余家，投资总额达27.3亿元，外资16个，利用外资5200万美元。已投产企业15家，涉及服装、医药、机械、家居、电子、食品等行业。

2009年4月21日，济南市人民政府召开新闻发布会，正式宣布山东济南出口加工区拓展保税物流功能，并开展研发、检测、维修业务。依托保税物流功能这一载体，山东济南出口加工区将继续完善基础设施、仓储设施、信息网络，逐步构建以信息网络为平台的现代化保税物流体系，整合现有空港、陆港联运资源，把保税物流和现代物流结合起来，逐步发展仓储物流配送、简单加工增值服务、检验检测、进出口贸易和转口贸易、商品展示、国际采购等业务，不断完善区域功能，努力发展成为山东省中西部地区具有较强影响力和辐射带动力的综合保税物流基地。

目前，山东济南出口加工区正紧紧围绕保税物流、国际商务、加工贸易三大功能开展各项工作，全力打造集保税物流、陆路口岸和出口加工贸易为一体的外向型经济示范区。

济南海关驻出口加工区办事处

山东冠世时装有限公司

山东银座物流配送中心

柯达数码影像生产车间一角

威鸿光学无尘生产车间

海拉全自动生产线

厦门出口加工区是国务院批准设立的全国首批15个国家级出口加工区之一，即将合并成为厦门海沧保税港区的重要组成部份。海沧保税港区不仅是海峡西岸经济区对台惟一保税港区，而且是真正具备出口加工区、保税物流区、现代港区“三位一体”的保税港区。

该区独具对台、临港、特区的三重优势，而且完善的基础设施、优美的园区环境、高效的服务体系，赢得中外客商青睐。已有世界知名企业的柯达公司和百得工业公司，世界磁性材料龙头企业美磁科技公司，世界最大汽车继电器供应商海拉公司，全球最大的钨产品企业厦门钨业集团下属的嘉鹭、朋鹭金属有限公司入驻园区，投资上亿美元的建颖科技（厦门）有限公司也已入区开工兴建。园区初步形成电子信息、精密机械、医疗器械、新型材料四大支柱产业，其中，电子信息正在形成产能百亿产业集聚。

该区坚持“凭借区位优势”与“用足用好优惠政策”两轮驱动，推进各项经济指标高速增长，去年仍实现工业产值比增33%、进出口总额比增60%的逆势上扬。今年来，借助出口加工区拓展保税物流等功能和厦门海沧保税港区一期将于“9·8”落成的历史性机遇，力促区内企业掀起增资扩产热潮；精心研制贯彻落实《国务院关于支持福建省加快建设海峡西岸经济区的若干意见》的具体方案，着力打造先进制造业基地和建成连接海峡两岸现代物流中心，形成对台产业深度对接集中区，先行先试探索两岸货运直接“三通”的最方便、最快捷、最省钱的主要通道和平台。

热情欢迎海内外客商垂询洽谈！
服务热线：0592-6892888 6892088

天津出口加工区

天津出口加工区是2000年4月由国务院批准设立的首批15个出口加工区之一，规划面积2.54平方公里。天津出口加工区A区开发1平方公里，位于天津经济技术开发区东北部，于2001年6月通过验收并封关运作。天津出口加工区B区位于天津经济技术开发区西区内，开发面积0.435平方公里，于2007年12月通过验收并封关运作。国务院新近批准的“允许出口加工区拓展保税物流功能和开展研发、检测、维修业务”，更加完善了区域功能。

管委会主任—何树山

天津出口加工区管委会与天津经济技术开发区管委会合署办公。天津出口加工区依托天津经济技术开发区的优势，在基础设施、人力资源、人居环境、政务环境等方面都具备了国内一流条件。同时，作为天津经济技术开发区的最前沿阵地，利用环渤海经济圈中心的地理位置，辐射广大内陆地区，面向东北亚，打造高水平的现代制造业和研发转化基地及国际物流中心，将努力建设成为我国北方对外开放的门户。

电 话：022-25201724　25202367　25202362

传 真：022-25201635

网 址： www.tjepz.com

A区揭牌仪式

A区内环渤海国际物流中心开工仪式

B区验收仪式

天津出口加工区A区卡口

江苏淮安出口加工区

江苏淮安出口加工区是国务院批准设立，于2008年7月通过国家九部委的联合验收并正式封关运作。规划面积1.36平方公里，东至四大沟东岸、西至徐杨中心路、南至海口路、北至深圳路。各项基础设施完善，截至目前，一期60万平方米厂房已于2007年11月8日建成投产，二期90万平方米即将全面封顶，三期正在启动之中。

江苏淮安出口加工区成功引进了总投资超22亿美元的富士康江苏淮安科技城、多元科技（江苏淮安）有限公司投资2988万美元在加工区内“设计、生产、加工印刷电路板”等多个项目。一个以精密模具、电脑接插件、PCB等产品为主的高科技出口加工基地正在形成。

国务院正式发文同意江苏淮安出口加工区叠加保税物流功能。此后，江苏淮安出口加工区入区企业类型将从原来只允许进入加工制造企业，扩大至允许设计研发机构、国际采购、国际配送及国际贸易等企业入区经营；同时，区内企业的经营范围也将从原来只允许销售经生产加工的产品，扩大至允许加工制造企业经营范围内的零配件采购和销售。出口加工区叠加保税物流功能的获准，将吸引更多先进制造业和生产型现代服务业入区发展，从而推动出口加工区更加高效运作。

江苏淮安出口加工区创造了全国一流的速度和效率，实现全国首例当年获批、验收、封关运作，且当年实现加工贸易额超亿美元的出口加工区。不久的将来，江苏淮安出口加工区必将伴随着江苏淮安外向型经济的发展，踊跃跻身全国出口加工区的先进行列。

中共中央政治局委员、中央书记处书记、中央组织部部长李源潮（时任中共江苏省委书记）等为加工区内企业奠基

中共江苏省委书记梁保华等出席区内企业富士康江苏淮安科技城一期竣工典礼并致辞

中共江苏淮安市委书记刘永忠（前左二）、江苏淮安市市长高雪坤（前右一）在加工区内企业调研

江苏淮安出口加工区管委会主任汤正明（右）接受国家九部委联合验收合格证书

江苏淮安出口加工区全景

江苏昆山出口加工区保税物流园

江苏昆山出口加工区（叠加保税物流功能）保税仓库现状图

江苏昆山出口加工区于2000年4月经国务院批准设立，同年10月通过国家验收并封关运作，成为中国大陆首家封关运作的出口加工区。2006年12月经国务院批准，开展拓展保税物流功能和开展研发、检测、维修业务试点，成为全国首批开展拓展功能的7个出口加工区之一。

加工区位于国家级昆山经济技术开发区内，规划建设面积2.86平方公里，基础设施建设已全部完成。目前，已引进注册项目114家，其中工业企业93家，物流企业21家。引进项目总投资19.7亿美元，注册资本9.7亿美元，实际利用外资7.8亿美元。已投产企业95个，其中工业企业80个，物流企业15个，从业人员10万余人。已形成了电子信息、光电、精密机械和保税物流产业集群。

自2007年1月开展拓展保税物流等功能试点以来，出口加工区已建成保税物流园一期3.8万平方米保税仓库和4万平方米物流场站，并已全部投入使用；目前二期11万平方米保税仓库已竣工并已投入使用；三期由5家物流企业自建的17万平方米保税仓库部分已投入使用，全部建成后将拥有32万平方米保税仓库和2万平方米展示馆。自试点工作正式启动以来，运作情况良好。已有16家物流企业开展保税物流业务试点。拓展保税物流功能试点工作的开展，使出口加工区成为具有以保税加工为主，保税物流为辅，研发、检测、维修等业务功能齐全的综合型保税区域。

物 流

物 流

廊坊安科光电股份有限公司生产现场

河北廊坊出口加工区海关报关大厅

海关总署加贸司副司长吕伟红和河北省政府副秘书长宋振华签署《河北廊坊出口加工区验收纪要》

河北廊坊出口加工区卡口通道

河北廊坊出口加工区

河北廊坊出口加工区于2005年6月经国务院批准设立，位于廊坊开发区域内，规划面积0.5平方公里。2007年12月通过海关总署等九部委联合验收，并于2008年8月正式封关运行。

一、投资环境

河北廊坊出口加工区地处京津两大都市之间，位于京津塘高速公路的黄金分割点，京津城际铁路、京津高速复线、京沪高速铁路均临区而过，京廊轻轨的立项、北京新机场的兴建和京沪高铁的开工建设使其交通条件更加便利，“一小时经济圈”的典型特征更加明显。特殊的区位，便捷的交通成为河北廊坊出口加工区科学发展的独特优势。

河北廊坊出口加工区依托廊坊开发区完善的基础设施环境、配套的产业发展环境、丰富的人力资源环境、快捷的通关环境、优质的商务运行环境、与国际惯例接轨的政策体制环境，以建设集保税物流与加工贸易等多功能于一体的现代化园区为目标，积极推进功能拓展，创新服务发展模式，成为现代服务业和加工贸易类企业的理想投资之地。

二、经济发展

截至2008年年底，河北廊坊出口加工区实现工业总产值4520万元，工业产品销售额2877万元，进出口总值1000万美元（其中封关运作后进入出口加工区关区53万美元），实现了出口加工区建设的良好开局。

三、招商引资

根据自身区位和发展资源优势，河北廊坊出口加工区坚持把功能拓展作为主要发展方向，积极探索加工制造与保税物流、研发、检测、售后服务等业务协调发展之路，引进培育辐射带动区域经济发展的保税物流、电子信息、光机电一体化、精密机械等龙头骨干企业，努力构建服务于周边区域外向型企业的供应链体系和技术开发服务体系，为促进区域产业结构调整升级、提升对外贸易与货物流通平台发挥积极作用。

河北廊坊出口加工区管理局、海关、商检综合办公大楼

河北廊坊出口加工区大门外景

四、重点企业

1、廊坊安科光电有限公司：是由美国纳斯达克上市公司投资的外商独资企业，属国家鼓励类高科技环保型企业，租用厂房2400平方米。主要产品为：新型电子元器件和太阳能电池，用于宽带、光纤通讯、卫星传输和太阳能市场，2008年产品已经批量生产。

2、伊拉帕克（廊坊）包装机械有限公司：是瑞士ILAPAK集团拥有100%股权的独资公司。ILAPAK集团始建于1970年，集团总部在瑞士的LUGANO，在三大洲二十个国家设有销售及服务公司，建有5个生产基地。该公司主要研发、生产多功能包装机和自动化包装机械设备，提供相关的售后服务，租用厂房2600平方米。

3、廊坊铭远物流有限公司：由华田投资有限公司（大田集团）和富士康控股的鹏瞻公司合资成立，注册资本1500万元，公司各项注册手续已完成。

五、机构设置

经河北省编委批准，设立河北廊坊出口加工区管理委员会，与廊坊开发区管委会“一套班子，两块牌子”，下设河北廊坊出口加工区管理局，作为日常工作机构。河北廊坊出口加工区管委会主任由河北廊坊开发区工委书记、管委会主任孟繁祥同志兼任。

江苏镇江出口加工区

江苏镇江出口加工区于2003年3月经国务院批准设立，规划面积为2.53平方公里。首期开发0.91平方公里，已封关运作。

江苏镇江出口加工区位于江苏省镇江市东南部，坐落在镇江新区内，地处中国沿海沿江“T”型产业布局的交汇区，同时处于上海经济圈和南京都市圈的交叉辐射范围内，具有“铁、公、水、空”立体大交通的独特优势。出口加工区北临长江，距对外开放的港口——镇江大港约3千米，南接沪宁高速公路、312国道，距沪宁高速出入口约15千米，交通四通八达。江苏省镇江新区比照国家级开发区拥有相应的行政级别和经济审批权，并有专职部门负责按国际惯例为投资者提供全方位优质服务。

图一卡口及办公楼外景

区内企业外景一

江苏镇江出口加工区实行的是“境内关外”的管理模式，实行全封闭的海关监管管理，区内企业不仅享有海关提供的简单、快捷的通关便利，还享有国家级经济技术开发区和出口加工区的各项优惠政策，享有专职部门为落户企业提供的一切便捷的配套服务。

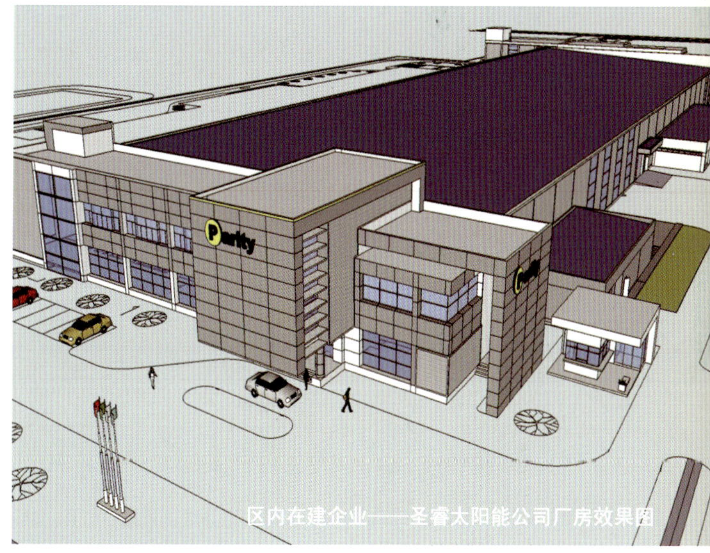
区内在建企业——圣睿太阳能公司厂房效果图

监管仓库内景

江苏镇江出口加工区能源设施齐备、人力资源丰富、运营成本低廉、物流运输便捷，区内建有一流的基础设施和配套设施，区外建有各种生活商务配套，可以满足企业的生产生活需求。

江苏镇江出口加工区重点发展新型能源、新型材料、电子信息、保税物流等产业，现已成为光伏产业重点抚育基地，具有独特的优势，潜力巨大，前景广阔。

热诚欢迎中外投资者前来考察洽谈投资兴业！

区内企业外景二

山东青岛出口加工区

山东青岛出口加工区于2003年3月获国务院正式批准，2004年8月正式封关运作，规划面积2.8平方公里，其功能分区包括加工区、仓储区、保税物流区、办公区和海关监管设施区。

良好的区位优势。山东青岛出口加工区位于环胶州湾中间地带，有着广阔的发展腹地和空间。距青岛流亭国际机场19公里、距青岛港33公里、距前湾港36公里，通过环胶州湾高速公路以及正阳路可与308国道、济青高速公路、青银高速公路相衔接，具有极其便利的海陆空立体交通网络，是内外资企业理想的投资地。

出口加工区职工公寓

山东青岛市城阳区委书记、山东青岛出口加工区工委书记、管委会主任王鲁明同志在青岛润浩甜菊糖高科有限公司开工奠基仪式上致辞

完善的基础设施配套。山东青岛出口加工区基础设施已累计投资17.4亿多元，达到“九通一平”标准，海关监管设施居于国内领先水平。与此同时，为解决区内企业的生产、生活等配套服务，加工区还加快了配套产业区的开发建设步伐，完善了周边区域的城市功能，基础设施达到“七通一平”，为企业落户创造了良好条件。

强劲的招商势头。加工区累计引进内外资项目46个，其中外资项目31个，投资总额5.6亿美元，引进内资项目15个，总投资14.89亿元人民币。已投产企业34家，其中，泰科电子、斯蒂尔动力工具、德国精密医疗器械、奥技科光学、球通轮胎等5个项目产品销量全球第一；由世界同行业最大品牌商德国斯蒂尔集团投资的安德烈斯蒂尔动力工具（青岛）有限公司，是亚洲最大的园林机械生产基地；由加拿大GLG生命科技集团投资2.2亿美元成立的青岛润浩甜菊糖高科有限公司，建成后将成为世界最大的甜菊糖高端产品产业园，年出口值40亿美元；总投资8600万美元的福轮科技项目生产的巨型轮胎(直径达3.95米，重3.4吨，单条售价1.8～2万美元)是目前国内的最大轮胎。

优质高效的服务。2003年市政府赋予山东青岛出口加工区管委会市级外资项目审批权、基建项目立项审批权、外事审批权、工商管理权、环保审批监管权等经济管理权限，实行“一站式”服务，可以为企业提供优质、高效的各类服务。采用“一次申报、一次审单、一次查验”的全新通关模式，节省了产品出口的成本和时间，运行方式更加符合国际惯例。

青岛福轮科技有限公司的巨型轮胎下线

泰科电子（青岛）有限公司生产车间

广西北海出口加工区

广西北海出口加工区是2003年3月经国务院批准设立的，是广西目前唯一的国家级出口加工区，也是我国西部地区唯一临海而且最靠近东盟国家的国家级出口加工区。规划面积1.454平方公里，已封关面积1.135平方公里。加工区距北海港大约1公里，离北海福成机场大约27公里，到北海火车站4公里，交通十分便利。

园区“七通一平”已经完成，80万平方米的标准厂房已建成并投入使用，能容纳3万人的生活配套小区正在建设、完善中。

广西北海出口加工区正在全面贯彻落实科学发展观，紧紧抓住中国—东盟多区域合作、产业转移，以及广西北部湾经济区开放开发带来的新机遇，朝着中国面向东盟自由贸易区的外向型精品园区“桥头堡”的发展目标坚实迈进。

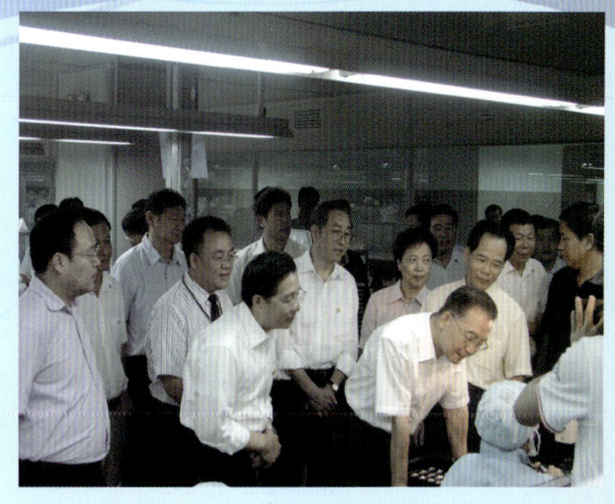

山东烟台出口加工区

山东烟台出口加工区管委主任宋家来

山东烟台出口加工区是2000年4月经国务院批准的首批15个出口加工区之一，是全国唯一实现“区港结合”的加工区，也是国内首批7个拓展保税物流功能试点加工区之一，位于烟台市区北部。

出口加工区自成立运作以来，已有10多个国家和地区的近百家企业投资进驻，形成了以手机部件、石英谐振器为代表的电子加工产业链，以金属配件、仪表为代表的汽车部件加工产业链，以及以保税仓储、物流为代表的保税物流产业链三大产业群。目前，发展态势良好，日渐成为保税物流先导区、出口创汇的重点区和加工贸易的示范区。

山东烟台海关驻出口加工区办事处大楼

山东烟台出口加工区卡口

山东烟台出口加工区卡口

山东烟台出口加工区B区

山东烟台出口加工区B区于2003年9月经国务院批准设立，规划面积2.26平方公里。同年12月成立山东烟台出口加工区B区管理局，为烟台经济技术开发区管委会工作部门，正处级建制。

加工区B区一期围挡1.19平方公里，2005年8月通过国家九部委联合验收。2006年12月经国务院批准叠加保税物流功能首家试点，2009年6月，B区规划调整范围通过国家九部委联合验收，鸿富泰烟台工业园整体划入区内运营。

B区按产业划分为电子、机械、物流等多个功能区，主要吸纳投资额大、技术含量高、附加值高及相关大进大出的项目。截至目前，累计实现固定资产投资24.8亿元，注册运作企业16家，从业人员7万余人，项目总投资6.2亿美元，实现工业总产值530.2亿元、进出口额117.2亿美元，保税物流业务进出区货值59亿美元。

在新形势下，B区以打造功能多样化、产业集群化、管理信息化、服务人性化的现代经济园区为目标，抢抓新的发展机遇，力争以最优惠的政策、最齐全的功能和最高层次的开放程度，迅速壮大成为区域经济腾飞的动力引擎。

于宗萍局长

B区总平面图

山东烟台出口加工区B区海关监管卡口

前来B区办理保税物流业务的车辆

B区中央大道及厂区一角

出口加工区海关正门

出口加工区监管仓库

江西南昌出口加工区

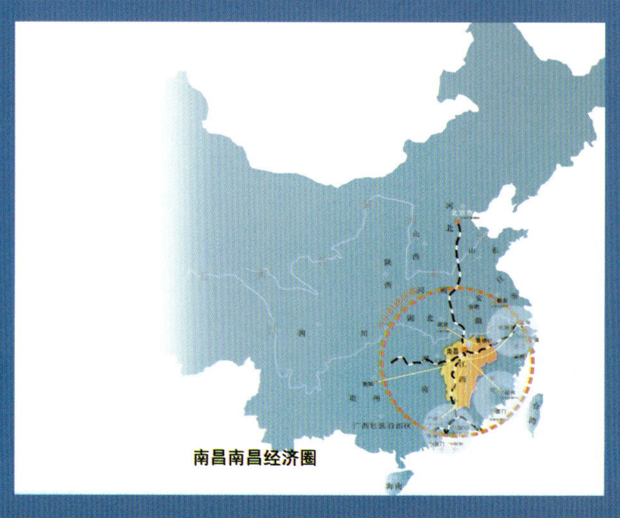

南昌南昌经济圈

江西南昌出口加工区位于南昌高新技术产业开发区内，规划面积1平方公里，首期开发0.31平方公里。南昌高新技术产业开发区1992年11月被国务院批准为江西省唯一的国家级高新技术产业开发区，坐落在南昌市的东大门，北临赣江，内有青山湖、艾溪湖和瑶湖，环境优美。高新区内基础设施完善，配套设施齐全，并通过了ISO14000环境管理体系和ISO9000质量管理体系认证。

南昌高新区经过18年发展，吸引了一大批国内外知名企业来区投资兴业，世界500强美国微软、瑞士ABB、美国科勒、台湾TECO、台湾联志、德国G&D、中兴通讯等品牌企业纷纷落户。现有进区企业1000余家，其中外资企业200余家，高新技术企业212家，软件企业230家，形成了电子信息及应用软件、精密机械制造及光机电一体化、生物医药、新材料四大特色支柱产业，主要经济指标以年均40%的速度持续增长。

江西南昌出口加工区作为南昌高新区的核心区域，地理位置优越，距京福高速公路10公里，距火车站5公里，距长途汽车站7公里，距客运码头10公里，距飞机场25公里，交通运输便利快捷。

自2007年底封关运作以来，江西南昌出口加工区一直致力于打造快捷、优质、高效的投资服务平台，努力为入区企业提供全方位的优质服务。通过一年的努力，江西南昌出口加工区已经初步形成了集海关、检验检疫、外管、银行、保税物流和仓储等功能于一体的一站式服务体系，为企业有效奖励办事程序、提高办事效率提供了极大帮助。

河南郑州出口加工区

加工区综合办公楼外景

河南省省长郭庚茂（右一）莅临加工区视察，郑州市市长赵建才（左二）、加工区管委会主任张延明（右二）陪同

河南省副省长宋璇涛（中）莅临加工区调研，加工区管委会常务副主任刘国正（右一）陪同

河南郑州出口加工区于2002年6月21日经国务院批准设立，规划面积2.7平方公里。A区位于国家郑州经济技术开发区内，2004年6月封关运行，已开发面积0.893平方公里，截至目前，主要建成综合办公楼、8万平方米的标准厂房、1.8万平方米的保税仓库等配套监管设施以及住宅楼、职工公寓等生活配套区；B区位于郑州航空港区，毗邻郑州新郑国际机场，规划占地面积5平方公里，规划有保税物流园区、保税加工区和产业配套区等。

河南郑州出口加工区（A区）位于郑州市东南部，京广、陇海铁路，京珠、连霍高速公路，310、107国道环绕四周。距新郑国际机场22公里，距陇海铁路圃田站3公里，距国家一类铁路口岸——郑州铁路东站1.5公里，距公路货运中心站2.5公里，至天津、青岛、连云港港口铁路运输最多不超过8小时。区内企业还享有省市政府赋予的出口奖励，每出口1美元补助运费0.1元人民币。对一般商品、机电商品和高新技术产品，按出口收汇核销额每美元分别给予0.01元、0.02元和0.04元人民币的奖励。对上述产品超上年基数部分，每美元分别给予0.02元、0.04元和0.08元人民币的奖励，以及免收省内行政事业性收费等更多优惠。

2008年，加工区实现进出口额2.1亿美元，累计进出口总额4.5亿美元，连续两年位列中部出口加工区第一。加工贸易出口额已占郑州市加工贸易出口额的半壁江山。

紧紧围绕“加快培育主导产业，加速产业集聚”的发展目标，紧紧抓住东部加工贸易产业转移的契机，通过以商招商、委托招商等形式，进一步巩固完善项目进区手续“协办”服务，项目建设“跟踪”服务，企业经营“全程”服务三大服务体系，通过实行领导分包联系企业制度，定期召开企业座谈会等方式，全力破解了企业融资、小件货物监管运输、劳动用工保障等一系列影响企业发展的难点问题。截至2009年5月底，全区累计引进项目27个，注册资金11.9亿元；合同利用外资2.1亿美元，实际利用外资2亿美元；工业项目累计完成固定资产投资24亿元。以硕达钻石加工为代表的超硬材料精细加工业，以傲世白板为代表的轻纺业，以晶诚科技半导体制造为代表的电子信息产业等三大主导产业初具雏形。

2008年，经国务院批准，河南郑州出口加工区叠加了保税物流功能，成为河南历史上第一个综合保税区域，为加工区的跨越式发展带来了新的重大历史机遇，为企业构建了一个功能完善、政策齐备、通关快捷的对外开放平台，对推动河南对外开放发展意义深远。

中国保税区出口加工区协会会长甄朴（中）莅临河南郑州出口加工区调研，加工区管委会常务副主任刘国正（左一）陪同

郑州市委书记王文超（中）到加工区现场办公，加工区管委会主任张延明（左二）陪同

晶诚（郑州）科技有限公司晶圆封装测试生产线投产典礼

郑州市市长赵建才（右二）到加工区调研，加工区管委会主任张延明（右一）、常务副主任刘国正（左二）陪同

河南郑州出口加工区晶诚科技公司研发大楼

浙江杭州出口加工区

浙江杭州出口加工区位于国家级杭州经济技术开发区内，是2000年4月经国务院批准设立的首批出口加工区之一。批准面积2.92平方公里，首期封关面积2.007平方公里。2001年5月28日封关运作，截至2008年年底，土地租让面积 87.61万平方米，房屋竣工面积51.43万平方米；引进外资企业26家，总投资4.527亿美元，注册资本1.907亿美元，内资企业2家，注册资本6.9亿元，已形成了以笔记本电脑、汽车配件、家用电器为主的产业结构。

2008年实现工业总产值114.4亿元，进出口总额22.29亿美元，其中出口14.13亿美元，税收总额1.62亿元，其中工商税收9577万元。

2008年浙江杭州出口加工区以“实现转型、再造优势”为目标，以优化园区通关、通检等软环境为抓手，积极推进园区的产业转型、升级，鼓励区内生产制造企业向“微笑曲线”的两端延伸，不断提高企业的综合竞争力，并在原有产业的基础上引进了新能源企业——杭州天裕光能科技有限公司，为园区向产品高端化、技术先进化、产业多元化方向发展奠定了基础。

作为浙江省首个出口加工区，浙江杭州出口加工区率先进行了封闭式保税加工的实践，成为发展海关特殊监管区域的先行示范区域。2008年12月31日，浙江杭州出口加工区拓展保税物流功能获得了国家批准，至此，浙江杭州出口加工区在保税加工的基础上叠加了保税物流功能，弥补了功能上的不足，强化了政策优势，为区域内加工制造业和生产型服务业的发展提供了更为全面的政策平台。

浙江杭州出口加工区内汽车零配件生产企业——杭州矢崎有限公司

浙江杭州出口加工区内笔记本电脑生产企业——东芝信息机器（杭州）有限公司

2008年区内企业发展良好，物流业蓄势待发

杭州市市长蔡奇、副市长佟桂莉在杭州经济技术开发区（出口加工区）党工委书记、管委会主任盛成皿陪同下，到新入驻企业杭州天裕光能科技有限公司施工现场调研

杭州经济技术开发区（出口加工区）党工委书记、管委会主任盛成皿同志

海关为区内企业办理现场业务

加工区报关大厅

浙江杭州出口加工区综合

杭州湾现代服务休闲区

慈溪出口加工区

先进制造业区块

现代服务业区块

预留发展区块

浙江慈溪出口加工区

浙江慈溪出口加工区是长江三角洲经济圈南翼环杭州湾地区上海、杭州、宁波三大都市经济金三角的中心，距宁波70公里，距杭州135公里，距上海148公里，是连接上海、宁波两大都市的“黄金节点”，融入沪、杭、甬2小时交通圈。在加工区2小时的交通圈范围内，有上海港和宁波港大陆两最大海港和上海虹桥、浦东、杭州萧山和宁波栎社四个国际机场；高速公路、铁路与海运航线使加工区功能辐射各大城市。

浙江慈溪出口加工区的综合配套优势十分明显，就近的宁波及慈溪市工业经济非常发达。2008年宁波工业总产值达1301亿美元，拥有世界500强企业37家，包括日本三菱、TOSHIBA、三星、LG、TRW、马斯基和博格华纳等。宁波的优势工业主要分为以下三个：一是纺织服装、家电、机械、汽配、文具、模具等传统优势工业；二是石油化工，造纸，钢铁等临港型大工业；三是电子、新材料、半导体等新兴产业。宁波已成为国内外重要的工业产品生产基地和配套基地，同时被评为是中国最适合外商投资的城市。

同时浙江慈溪出口加工区所在慈溪经济开发区规划控制面积145平方公里，基础配套设施完善。开发区按功能划分为三大区块：中部为65平方公里的工业聚集区；西部为40平方公里的现代服务休闲区；东部为40平方公里的预留区块。截至2008年，

开发区已经引进内外资企业260多家，包括韩国SK、美国库柏、美国ProLogis等在内的世界500强等跨国企业。浙江慈溪经济开发区到2020年将集聚50余万人口，成为环杭州湾地区生态型现代化工业新城，宁波市北部经济中心。

江苏吴江出口加工区主卡口

江苏吴江出口加工区

[经济发展] 截至2008年年底,江苏吴江出口加工区已有6家企业建设投产,累计完成固定资产投资53513万元,实现工业总产值33950万元,建设完成标准厂房70000平方米,仓库2160平方米。全年实现进出口总值6678万美元,其中进口2550万美元,出口4128万美元。

[投资环境] 江苏吴江出口加工区于2005年6月3日由国务院批准设立,首期规划面积1平方公里,经过一年的建设,于2006年12月12通过国家海关总署等九部委联合验收,正式封关运作。

出口加工区内建有高标准的基础设施,出口加工区管理局、海关、商检、金融、报关、货代等机构提供一站式亲商服务,并借助信息化平台电子手段实现网上报关、报检等审批手续。加工区附近还配套建设了服务中心,为企业提供银行、邮政、餐饮、超市等配套服务。

标准厂房　　保税物流功能启动仪式

泰金宝电通(苏州)有限公司

保税物流中心

江苏吴江出口加工区位于吴江市区吴江经济开发区南区,区位优势独特,北依苏州,西濒太湖,东连上海,南靠杭州。交通发达便捷,苏(州)嘉(兴)杭(州)高速公路、227省道、京杭大运河(千年古运河)南北穿区而过,沪(上海)苏(江苏)浙(浙江)高速公路东西依旁而过。货物通过发达便捷的陆路、水路交通,依托大上海,销往世界各地。

[招商引资] 2008年,江苏吴江出口加工区累计引进外资项目14个,外资投资总额13581万美元,合同利用外资5952万美元,实际利用外资1065万美元。

[发展趋势] 江苏吴江出口加工区主导产业以电子信息、精密机械、新型材料、新能源为主,力争形成产业优势。电子信息产业:主要借助开发区电子信息产业密集优势,大力引进配套的终端产品加工制造出口型企业,完善产业链,拓展发展空间。精密机械:主要以汽车零部件、电动工具、精密电机为主,大力引进欧美企业,加快结构调整。新型材料:主要推进光学光电、金属、新型原材料、新型建材的发展。新能源:主要以多晶硅太阳能电池和薄膜太阳能电池加工制造为主,促进新能源产业的发展。2009年,针对出口加工区工作的实际情况,依托吴江经济开发区IT产业的优势,积极探索、逐步形成卫星电视机顶盒生产基地。

江苏吴江出口加工区管委会与吴江经济开发区管委会是两块牌子、一套班子。

[招商部门]
吴学明副局长 电话86-512-66086606
陆虎林副局长 电话86-512-66086600
倪志明部长 电话86-512-66086608
传真86-512-66086607
网址www.wjepz.com

江苏常州出口加工区

JIANGSU CHANGZHOU EXPORT PROCESSING ZONE

2008年，是江苏常州出口加工区正式运作的第二年，同时也是其健康、高效、和谐发展的一年。按照“营造一流环境，引进一流项目，打造一流产业，实现一流发展”的目标，克服优势弱化、政策倒挂、金融危机冲击等不利影响，围绕强化园区平台建设，优化投资服务环境，开拓创新，长远规划，狠抓落实，园区企业全年实现工业产值5.61亿元，同比增长299%；进出口额实现10530万美元，同比增长371%。

江苏常州出口加工区于2005年6月由国务院批准成立，首期规划面积1.66平方公里，位于常州市北部、

国家高新技术产业开发区内。加工区交通便捷，沪宁高速公路沿区而过；距上海国际机场160公里、南京国际机场120公里，距国家一类开放口岸常州长江港8公里，距常州民航机场15公里，距京沪铁路常州站8公里，客货运输便捷。另外，规划中的沪宁高速铁路紧邻出口加工区，交通物流极为便利。

江苏常州市地处江苏省南部、美丽富饶的长江三角洲，位于上海、南京两大城市中间，东距上海163公里，西距南京103公里。常州既是一座具有2500年悠久历史的文化古城，又是一座新兴的现代化工业城市。全市总面积4375平方公里，总人口342万。常州市外向型经济发展迅速，目前已有外商投资企业4500多家，出口企业2000多家。出口商品20大类、2500多个品种，远销180多个国家和地区。加工区截至2008年年底共建成各种不同规格的标准厂房9.5万平方米，以适应更多企业的不同需要，规划有10.07公倾的物流仓储区域，进一步完善了园区市政道路、水利设施以及雨污水管线、路灯、电信等综合管网工程，开展了巡逻通道拓宽工程，实施了园区主干道及标准厂房区整体绿化工程。另外，“青年公社”综合配套服务区A区一期2.5万平方米宿舍楼与食堂工程正全面施工，将于2009年竣工。

江苏常州出口加工区管理局将围绕“推动科学发展，建设北部新城”的目标，全力提高企业服务及园区管理水平，促进优势产业的聚集和发展，完善拓展保税物流等功能的实施，增强良性循环发展能力，将常州出口加工区建设成为常州外向型经济发展新平台。

江苏常州出口加工区管委会与常州国家高新技术产业开发区管委会实行“两块牌子、一套班子”。出口加工区管理局副局长王烨峰主持管理局日常工作。

招商负责人：钱玲青　电话：0519-85169091　传真：0519-85160953

上海漕河泾出口加工区

上海漕河泾出口加工区位于上海市闵行区浦江镇，是国家级的经济技术开发区——漕河泾开发区浦江高科技园的组成部分，地理位置优越，紧邻地铁M8线，交通便捷；临近外环线、徐浦大桥、卢浦大桥，到市区、浦东和虹桥两大机场及周边城市极为便利。

加工区一期0.9平方公里于2004年3月1日正式封关运作。5年来，出口总额始终保持全国出口加工区第三位。2008年全年进出口总额达到148亿美元，其中出口额118.3亿美元，进口额29.7亿美元，实现百亿出口基地目标。

出口加工区一系列税收、外汇管理等优惠政策，有利于入区企业降低成本。同时，货物通关快捷，管理手续简便，极大地提高了企业在国际市场上的竞争力。截至2008年年底，上海漕河泾出口加工区共引进各类高科技企业17家，其中外资企业14家，主要来自欧美、中国香港、中国台湾、日本等国家和地区。园区共计吸引投资总额6.89亿美元，实际利用外资2.46亿美元。引进的17家企业中有15家生产型企业，主要集中在电子信息制造业、医疗器械制造业等领域，目前都已投产运作，且均为年销售收入超过500万元的规模以上企业。区内3家“英氏企业”——英顺达、英业达及英华达连续5年进入上海出口企业200强名录。

经过5年来不断的投入，区内基础设施配套齐全，管理机构运作成熟，各类服务措施到位。道路、供电、供水、排水、排污、供暖、照明、网络通信等基础设施已经完善，区内海关、检验检疫、金融服务、政策咨询、注册服务、报关服务等软环境一应俱全。同时，与加工区毗邻的地块已建成多块高档住宅，大型的商业设施也纷纷落户周边，这些生活辅助设施使得出口加工区的投资环境有了本质的提高。

加工区将继续以“高起点、高规划、高附加值、高产出、高质量”为目标，进一步发扬“漕河泾”品牌，进一步增强服务理念，进一步发挥连接企业与政府的桥梁作用，实现加工区的可持续发展。

招商电话：021-64290000　　**网址**：http://www.chj-pj.com

上海闵行出口加工区

上海闵行出口加工区坐落于上海市工业综合开发区境内，2003年3月经国务院批准设立，并于同年11月经国务院九部委验收合格，正式封关运作。

加工区总规划面积3平方公里，一期启动1.9平方公里，东至环城西路，南至奉浦大道，西距竹港50米，北至大叶公路。周边交通网络健全，主要有A4高速、A30高速，距上海虹桥国际机场24公里，距浦东国际机场60公里，距洋山国际深水港40公里。

在海关、检验检疫局等监管部门及相关业务部门的支持、配合下，上海闵行出口加工区按照“保姆、管家、顾问、政府”的工作定位，紧紧围绕“项目抓落地、企业抓产出、服务抓实效、管理抓长效”的工作方针积极开展各项工作，使得出口加工区综合经济运行状况保持健康、快速、持续的增长势头，在招商引资、企业服务、区域管理等方面取得了明显成效。

上海市政协主席

办公楼全景

办公楼正面

出口加工区大门

云南昆明出口加工区

云南昆明出口加工区于2005年6月经国务院批准设立，位于昆明经济技术开发区内，是云南省唯一的国家级出口加工区，总规划面积6.8平方公里，首期开发面积约2.5平方公里。园区按照国际惯例运作，由海关实行“境内关外”的特殊封闭监管及“一次申报、一次审单、一次查验”，以及24小时监管服务的通关模式。

区位优势

云南昆明出口加工区处于中国－东盟自由贸易和泛珠江经济合作区域两个国际、国内经济圈的有利结合部，东靠新昆明国际机场，西望滇池西山，南接呈贡昆明新城，北接主城建成区，公路、铁路、城市交通系统十分发达，物流通畅，出入便捷，区域位置与环境生态优越。

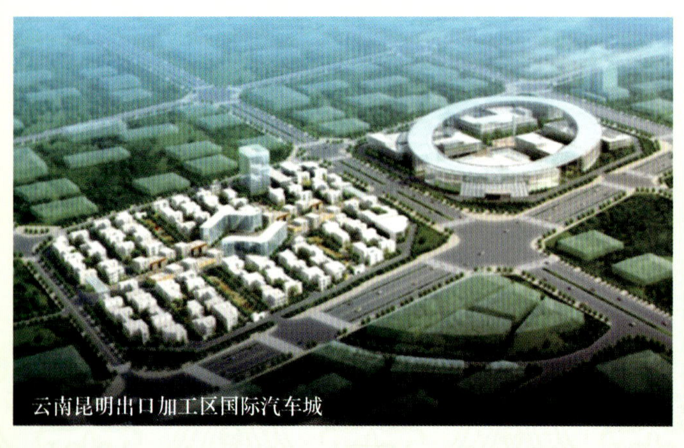
云南昆明出口加工区国际汽车城

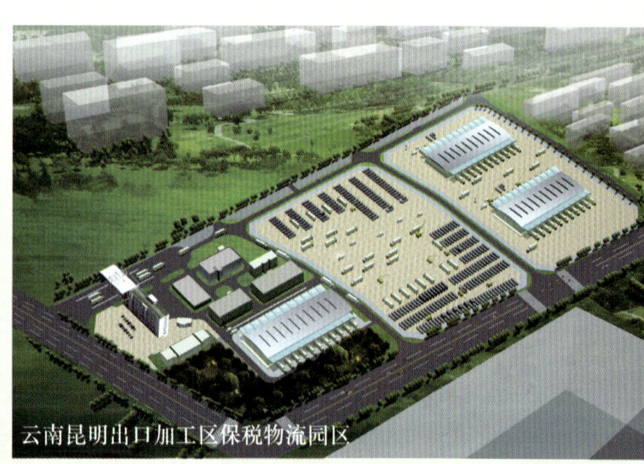
云南昆明出口加工区保税物流园区

云南国资昆明经开区产业开发有限公司

功能分区

园区内规划有围网工业区、总部经济区、保税物流区、国际汽车物流城、国际珠宝城、配套商业区、国际居住社区等七大功能分区。还设有学校、幼儿园、铁路货场、轻轨、公交等较为完善的公共配套设施。

云南昆明出口加工区享受经济技术开发区和出口加工区双重优惠政策，优势凸显，前景广阔，将成为云南省政策最优惠、区位最优越、功能最齐全、通关最快捷、管理最规范、环境最宜人的出工加工工业园区，是昆明乃至全省迈向国际化的产业平台，也必将是西南最具潜力的经济门户。我们真诚地欢迎投资者到昆明出口加工区考察、评估、投资。

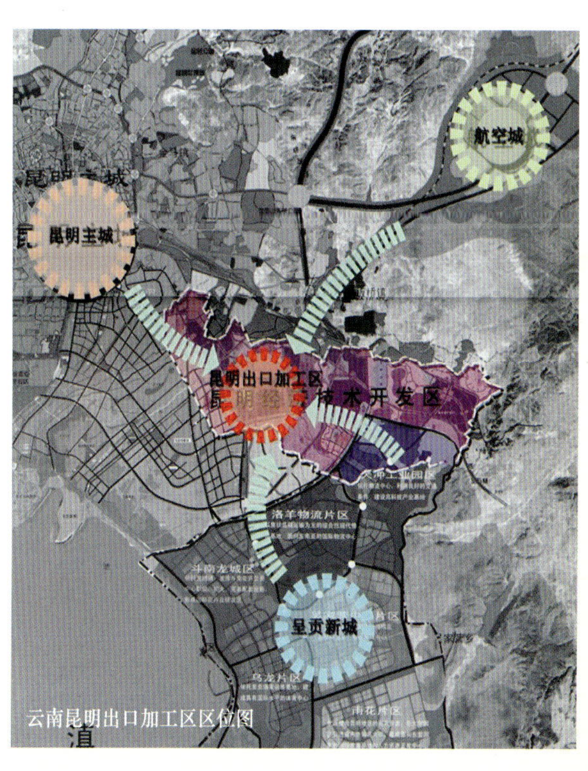

云南昆明出口加工区区位图

云南国资昆明经开区产业开发有限公司

云南国资昆明经开区产业开发有限公司为云南昆明出口加工区的开发、运营商。公司致力于工业园区、特色经济园区开发和建设。公司以园区经济和城区经济相融合的发展理念，通过创新园区运营模式、搭建园区投融资平台，吸引创新型、服务型、科技型、外贸型企业入园发展，致力于将园区打造为集新型工业、现代物流、研发培训、商业娱乐、文化教育、高尚居住等功能为一体的生态型国际化的产业新城。

世博国际汽车城俯瞰图

云南昆明出口加工区功能分区图

广东深圳出口加工区

广东深圳出口加工区是2000年4月经国务院批准成立的首批15家出口加工区之一，规划面积3平方公里，位于深圳市大工业区内。2001年3月通过国家八部委联合验收并封关运作。实行“境内关外”管理，实行“一次报关、一次审单、一次查验”通关管理模式，实现24小时通关服务。

加工区西起深汕路，东至绿荫路，北起丹梓西路，南至金牛西路，是国内唯一在同一海关关区内拥有进出境陆运、海运和空运优势的出口加工区，距深圳宝安国际机场仅60公里，距盐田国际集装箱码头仅25公里，距文锦渡、罗湖、皇岗、深圳湾等陆路口岸仅40公里，车程100分钟内可抵达香港国际机场。

加工区区内企业全部实行EDI联网管理，不实行银行保证金台账制度；免征企业流转环节的增值税和消费税，不实行增值税免、抵、退税政策；外汇管理宽松，不实行结售汇制度；进口设备全额保税，不实行免税额度控制；国内采购的货物视同出口，实行入区退税政策。

深圳市委、市政府高度重视出口加工区的发展，于2000年10月8日审议通过了加工区若干规定，赋予出口加工区管委会市一级的经济管理权限，深圳市市长和3位副市长亲自担任大工业区（出口加工区）开发建设领导小组的正、副组长。

目前，加工区工业主要以高新技术产业和先进制造业为支柱，坚持引进投资规模大、技术含量高、产业关联度强、产品附加值高的重大产业项目，重点发展电子信息业。截至2008年年底，加工区已吸引来自美国、日本、荷兰、英国、新加坡、加拿大、英属维尔京群岛、开曼群岛、萨摩亚、中国香港、中国台湾共12个国家和地区的37家投资企业入区经营，行业主要集中在IT、家电、电子等领域。初步形成以日立环球存储产品（深圳）有限公司为龙头的电脑硬盘产业集群和以主力实业（深圳）有限公司为龙头的家用电器产业集群。

深圳市坪山新区（深圳出口加工区）党工委书记——刘子先

重庆两路寸滩保税港区

2008年12月22日，国务院总理温家宝，中共中央政治局委员、重庆市委书记薄熙来视察保税港区

重庆两路寸滩保税港区于2008年11月经国务院批准设立，12月正式挂牌，并成立重庆两路寸滩保税港区管委会和重庆保税区开发管理有限公司，是我国首个内陆保税港区。

2008年12月18日挂牌仪式

保税港区采取“水港+空港”的模式，即由以寸滩港为依托的水港功能区和以江北国际机场为依托的空港功能区共同组建一个“一区双功能”的保税港区，规划占地8.37平方公里，分三期规划建设。一期工程已于2009年6月正式开工，占地2.67平方公里，总投资约30亿元。

保税港区既有全国保税港区的普惠政策，即“出口退税、进口保税、区内交易不征税”，还有西部大开发的优惠政策。在监管模式上，重庆海关对进出保税港区的货物，采用“提前申报、货到验放”，“属地报关、口岸验放”，“以备代报”，以及简化保税港区与重庆关区其他监管场所之间的转关监管流程；重庆出入境检验检疫局重点打造以科技创新为先导的内陆口岸查验模式，对保税港区货物实行“一线检验、二线检疫”的作业流程。重庆两路寸滩保税港区将以最优惠的条件和周到细致的服务，为入区企业打造一个良好的投资环境。

空港功能区一期围网效果图

寸滩国际集装箱码头（局部）

水港功能区一期围网效果图

南沙保税港区卡口设施

南沙区位图

广州南沙保税港区

全国政协主席贾庆林视察南沙保税港区

海关总署署长盛光祖视察南沙保税港区

南沙保税港区平面图

广州南沙保税港区位于广州市的东南部，是广州唯一出海口，地处珠江三角洲地理几何中心，方圆100公里内聚集着中国经济最活跃的城市群，周边有广州、深圳、珠海、香港、澳门五大国际机场，战略位置突出，具有很强的市场潜力和辐射力。

广州南沙保税港区规划总面积7.06平方公里，其中一期封关运作面积3.7平方公里，包括港口区、物流区、加工区和集中查验区四个部分，是全国第五个、广东省第一个正式封关运作的保税港区。保税港区已建成10个5-10万吨的集装箱码头，拥有国内国际航线近30条，中远、中海、马士基、地中海、达飞、长荣等世界排名前10位的国际班轮公司已进驻，航线覆盖欧洲、美洲、非洲、东南亚等地区，外贸航线船期稳定，内贸航线每周多班。目前，阿布扎比博禄、天运国际集团、日本出光、日立工机等企业已进驻保税港区开展业务。

广州南沙保税港区将充分发挥保税港区的政策功能优势，为外向型企业发展和临港产业发展提供有力的支撑。保税港区完备的保税物流、保税加工功能，可满足跨国公司普遍采用的零库存、即时生产等现代生产方式。广州南沙保税港区将以“区港一体化”统筹保税港区的管理，依托现代化信息科技手段，实现经营、监管、高效一体化管理模式，确保“监管到位、通关高效”，着力吸引国际中转、国际配送、国际采购和临港增值服务的高附加值业务企业进驻保税港区，实现“以区促港，以港兴区”良性互动局面，全面提升南沙港的国际核心竞争力，最终将广州南沙保税港区建设成为国内一流的示范园区。

上海洋山保税港区

上海洋山保税港区是上海国际航运中心建设的核心载体，是国务院批准的国际航运发展综合试验区，她如东海之珠，晶莹剔透，世界闪光。

这里有令人神奇的东方大港，创造追梦的历史；这里有让人惊叹的东海大桥，铭刻世纪的辉煌；这里有使人澎湃的保税园区，书写壮丽的篇章。

轮船靠泊、集装箱装卸

上海洋山保税港区2005年12月正式启用，由小洋山港口区域、芦潮港陆域部分和连接小洋山岛与陆地的东海大桥组成，已封关运作面积8.14平方公里，目前5.6公里长、拥有16个深水泊位的港口作业区，以及拥有2个卡口、30多公里道路的陆域园区的基础设施建设已全部建成。这是上海市和浙江省跨区域合作建设，实行海关封闭监管的特殊功能区域，是我国首家保税港区。

保税港区的芦潮港陆域区域紧邻上海临港新城的主城区、重装备产业区以及大学园区，周边还设有非保税物流园区、铁路中心站、集装箱内河转运区、危险品仓储区等非保税物流运作区。

周边地区已建成完善便捷的集疏运体系，已经开通与外高桥港区之间的“穿梭巴士”式的集装箱驳运系统，内河港池建设正在加速推进中，规划建设中的内河航运系统可沟通“长三角”内河运输网络；紧靠海铁联运的集装箱中心站——上海芦潮港铁路集装箱中心站；距离浦东国际机场30分钟左右车程；可通过A2、A30、A20沟通市内高速路网，方便连接“长三角”跨省市高速路网；还有已经启动在建的轨道交通11号线，将洋山保税港区同市区及周边城市紧密相连形成了水路、铁路、公路和航空多位一体的交通运输格局。

上海洋山保税港区作为国际航运服务、现代物流和先进制造业提供支持和配套服务的连接国内外两个市场的平台，可以开展进出口货物国际中转、采购和配送、进出口贸易和转口贸易、出口加工、保税商品展示、期货交割等各项业务；港区现有的优势政策和监管便利包括免税、退税、保税、免检、免账、结算便利、营业税免征、离岸账户、集中报关分批进出、启运港退税等。

在上海国际航运中心2020年基本建成具有全球航运资源配置能力的总体目标下，洋山保税港区将继续完善港口基础配套设施建设，将完成10多公里深水岸线的建设，形成30多个集装箱泊位、1500万标准箱的吞吐能力；将通过国际航运发展综合试验区的建设，成为具有水水中转特点的进出口集装箱集散地，集拼增值服务和口岸产业集聚，国际航运和现代物流功能特色鲜明，货流、资金流较为集中、国内外两个市场融合度较高，运作政策和监管环境与国际惯例高度接轨，对长江三角洲和长江流域地区经济发展辐射服务作用显著，体现上海国际航运中心发展国际竞争力水平的核心载体区域。

洋山保税港区陆域园区

小洋山港口作业区

洋山保税港区卡口

洋山保税港区二期仓库

夜幕下的东海大桥

天津东疆保税港区

天津港东疆港区总体规划

张爱国主任（右一讲解者） 杨仲强副主任 赵明奎副主任（前排左一）

天津东疆保税港区于2006年8月经国务院正式批准设立，是中国目前功能最全、政策最优惠、开放度最高的特殊经济区，规划面积10平方公里，一期封关运作4平方公里，位于规划面积30平方公里的天津港东疆港区内，是天津滨海新区开发开放的标志区，它叠加了保税区、出口加工区和物流园区的各类功能和政策，具有港区一体化运营的综合优势，是聚集国际航运、物流、贸易、金融与特色临港加工业的资源、要素和项目，建立中国北方国际航运中心和物流中心的核心经济功能区。重点开发国际中转、国际配送、国际采购、国际转口贸易和出口加工五大功能，鼓励国际航运服务、保税物流及加工、国际商品交易市场、金融创新和功能辐射5类项目入区经营。

东疆保税港区发展目标是通过借鉴国际自由港的通行做法，建立符合贸易便利化和国际惯例的航运、税收、信用和监管等创新体系，建设运行高效、政策宽松、环境优美的自由贸易港区。

太平洋国际集装箱码头 联检服务中心大厅 海天、海丰物流库

上海金桥出口加工区（南区）

保税物流会议

金桥管委会

金桥

罗克韦尔

金桥南区半导体基地

金桥南区半导体基地一角

上海金桥出口加工区（南区）是2002年6月经国务院八部委验收并正式封关运行的特殊监管区。位于上海浦东新区东南部，是浦东新区唯一的国家级出口加工区，距上海城市外环线3公里（内环线12公里）、上海浦东国际机场10公里、上海虹桥国际机场30公里、上海外高桥港区19公里、上海洋山深水港50公里，具有得天独厚的地理位置，空运、海运、陆运均极为方便。

由上海市经委命名的上海半导体装备基地也在上海金桥出口加工区（南区）挂牌，以中微半导体为主的具有自主知识产权的半导体装备企业群体在区内得以蓬勃发展，科技研发已成为区域经济发展的一个新亮点，进一步凸显了园区研发产业的优势和特色。随着保税物流功能的拓展和促进深化浦东综合配套改革的试点，加工区将积极推进转变外贸增长方式和加工贸易的转型升级，以“功能集成、提升优势、资源整合、集约优化”为发展目标，积极探索实施功能拓展与创新，以加工制造为主体，进一步拓展保税物流、研发设计、检测维修及配套服务功能，推进上海金桥出口加工区（南区）成为先进制造业与生产性服务业新的集聚区。充分利用靠近空港、海运的区位优势，享受国家级出口加工区的各项优惠政策，营造投资与物流便利化的新机制和内外源经济互动的良好环境，实现区域经济联动的共振效应。

上海嘉定出口加工区

上海嘉定出口加工区于2005年6月3日经国务院批准设立，2008年4月1日正式封关运作。加工区坐落于嘉定工业区的西北板块，总规划面积5.96平方公里，分为出口加工区、发展备用区和配套区3个功能结构分区。加工区围网内规划面积为3平方公里，一期围网面积为0.989平方公里。

上海嘉定出口加工区以汽车零部件、新型材料及电子产业等现代制造业为主导产业，已具备保税物流、研发、检测、维修业务等功能。

2007年7月23日，国土资源部以国土资函〔2007〕604号文批准，上海嘉定出口加工区首期围网内0.989平方公里土地一次性征用转为建设用地，企业落户嘉定出口加工区投资设厂，可以即时获得建设用地供开工建设。

上海嘉定出口加工区设有海关、检验检疫的专门办事机构，为企业的进出口报关、报检业务提供(5+2)×24小时服务。

上海嘉定出口加工区竭诚欢迎中外投资者前来投资考察，并为投资者创造一个优良的投资环境。

外向型企业腾飞的坚实平台

辽宁沈阳(张士)出口加工区对外隆重招商

出口加工区正门

重工标准厂房

沈阳海关领导视察

辽宁沈阳（张士）出口加工区于2005年经国务院批准设立，批准规划面积0.62平方公里，于2007年封关运作。目前，已有5家企业落户加工区，园区具有良好的发展前景。

出口加工区坐落于国家级沈阳经济技术开发区批准规划范围内，位于沈大、沈哈与京沈高速公路交汇处，为辽宁近海经济区的起始端，沈阳地铁一号线从这里经过，距沈阳桃仙国际机场25公里，距营口港150多公里，距大连港370公里。优越的地理位置、便利快捷的交通运输条件是加工贸易企业置业的最佳选择。

出口加工区依据产业定位和发展目标，规划了四大功能分区：（一）重工业区，现有重工标准厂房2万平方米，层高6.8米；（二）轻工业区,5万平方米的厂房正在建设施工中，计划 2009年9月份正式投入使用；（三）专业生产区，预留4.2万平方米的土地可供入区企业使用；（四）保税物流区，正在规划建设1万平方米的保税仓库，同时预留1万平方米土地，可供物流企业建设使用。合理的功能分区，可以满足装备制造、汽车零部件、电子信息、精密机械、轻工产品、保税物流、检测、研发、维修服务等项目入区经营。

辽宁沈阳（张士）出口加工区管委会真诚欢迎有识之士前来投资，我们将秉承“资源共享、优势互补、互利双赢、共同发展”的原则，为企业的腾飞提供力量源泉。

安地电瓷签约

明和蓄电池签约

福建福州出口加工区

FuJian Fuzhou Export Processing Zone

福建福州出口加工区于2005年6月经国务院批准设立，2008年3月正式封关运作，规划面积1.14平方公里，位于国家级福州经济技术开发区内。其地处闽江出海口，与马祖列岛一衣带水，是最早开展对台小额贸易的口岸，也是两岸经贸往来的主要港口城市。有104国道、沈海高速、温福铁路横贯而过，距离市中心、机场、港口都只有20分钟车程，交通便捷，地理位置优越。

园区一期开发面积0.436平方公里，基础设施配套齐全。积极推进招商引资工作，推行一站式无偿代办制，即从企业入区申请到验资、注册、税务登记等全方位服务，解决企业在生产经营、人才招聘、资金融资等方面遇到的问题，以期提高服务效率。2008年全年共完成固定资产投资2.24亿元，实现合同投资总额4260万美元，其中合同利用外资1800万美元。引进项目7个，其中加工项目3个，投产后预计可实现工业产值8亿元，进出口值1亿美元。华昆赛车、邦信网络终端、华顺达工业品等3个加工项目基建工程基本完成。目前还有与华映公司配套的中小尺寸电脑、马来西亚水表及黄铜配料、博能特链具、史博森电子、福日磨具、中药材生产和物流基地，美国加州物流、爱普生物流、华映配套物流中心、日立工机物流、中铝物流等项目正在跟踪洽谈。保税物流业务已引进3家物流企业。

福建福州出口加工区将主动融入海峡西岸经济区建设，进一步完善配套，改进服务，2009年有望实现产值1亿美元，进出口值10亿美元。

招商热线：0591-83691298

海关报关大厅

巡逻道及围网

监控室

园区绿化

山东威海出口加工区

2008年，山东威海出口加工区实现工业产值23亿元，进出口总值10亿美元，税收2000万元。新进项目4个，投资额1323万美元；增资项目4个，增资额2930万美元。

山东威海出口加工区是2000年4月经国务院批准而设立的15家首批试点单位之一。2001年1月通过国务院联合验收组的验收，成为全国第三个封关运作的出口加工区。加工区位于威海经济技术开发区内，规划面积2.6平方公里，实行一次规划、分期封关，一期面积为1.34平方公里，二期面积为1.26平方公里。目前，区内兴建了各类标准厂房10万平方米供投资企业购买或租赁，并为进区企业生产经营提供完善的基础设施及服务设施。

加工区大力发展出口导向型高科技产品制造业，将着重发展电子信息产业、精密机械产业、生物工程、医药工业、新型材料及海产品加工业。

山东潍坊出口加工区

加工区雷力发电设备项目等待出关的产品

加工区卡口等待通关的车队

山东潍坊出口加工区位于潍坊市区东部、山东济青高速公路潍坊东15号路口南侧，于2003年12月经国务院批准设立，总规划面积11平方公里，分“一区八园”。“一区”即网内出口加工区，规划面积3平方公里，分两期建设，一期1.7平方公里于2005年8月通过国家九部委联合验收并封关运行。“八园”即配套区内的8个产业园，在围网出口加工区南侧设立了8平方公里的产业配套区，规划为8个产业园：新能源产业园、生物医药产业园、新材料产业园、精密机械产业园、电子信息产业园、科技研发园、专业物流交易园、商务生活服务园。

加工区重点发展电子信息、新能源、机电一体化、生物医药、精密机械、新材料、农副产品深加工等现代制造业和贸易、物流等现代服务业，重点引进投资规模大、产业链条长、辐射带动力强、科技含量和附加值高、无污染、低能耗的项目。

加工区围网区实行退税、保税、免税等特殊税收、外汇管理政策，是目前我国开放层次高、政策优惠、机制灵活的经济开放先导区。区内通关快捷、手续简便、管理规范、设施完善，实行“特区特管”政策，享有市级经济管理权限。网内监管区一期1.7平方公里，已全部完成“九通一平”基础设施配套；区内有一流的标准厂房，企业注册后也可租赁厂房生产；区内海关、国检、工商、税务、银行、货代、物流、仓储等机构一应俱全，在区内即可办理一切进出口手续，并提供24小时的通关服务。区外8平方公里配套区，已完成水、电、路配套，具备项目开工条件。

山东潍坊出口加工区管委会大力强化“人人是投资环境，事事是信誉形象”的服务理念，全面推行“服务承诺制、项目包靠制、现场工作制、限时办结制、督办考核制”等五制服务管理，全力以赴为企业服务。

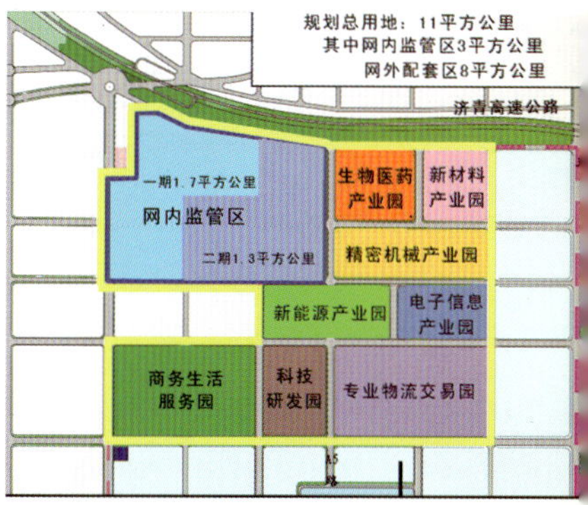

加工区已建成的标准厂房

吴省长与曾前权

市委书记来区视察

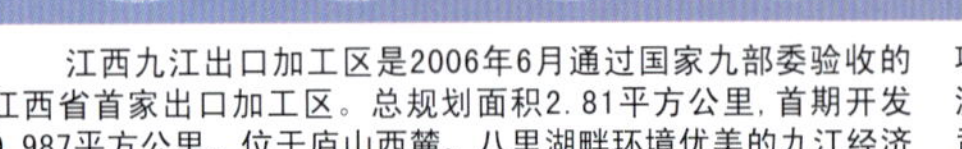

江西九江出口加工区是2006年6月通过国家九部委验收的江西省首家出口加工区。总规划面积2.81平方公里，首期开发0.987平方公里。位于庐山西麓、八里湖畔环境优美的九江经济开发区内，距国家一类外贸码头九江码头15公里、昌北国际机场100公里、九江机场14公里，京九铁路和武九铁路在此交汇，昌九高速公路、105国道从此处经过。

自2006年6月20日封关运行以来，累计完成固定资产投资3.68亿元，其中基础设施投资2.46亿元，企业固定资产投资1.22亿元，相继建成了10万平方米的标准厂房和绿化景观工程及5万平方米生活配套等设施，环境监测站和污水处理厂也即将投入使用。不断完善的基础设施和平台建设为项目入区提供了有力的保障。

区内有台湾上市公司正翰数码集团投资3000万美元兴建的瀚森科技（江西）有限公司，产品为GPS导航仪和追踪器；由上市公司三诺集团（香港）有限公司投资设立的九江三诺电子有限公司，项目总投资12亿元人民币，生产多媒体音箱；由上市公司深圳怡亚通物流供应链股份有限公司投资5000万美元兴建的的九江长怡科技有限公司，生产液晶显示器和液晶平板电视；由中波合资总投资额达5000万欧元设立的九江红鹰飞机制造有限公司，生产直升机和固定翼飞机。另有万利通包材、三慧电子、鸿信辉印务、鸿康泰五金等多家配套企业落户。现有入园工业企业17家，其中物流企业3家，主要以电子行业为主，大力发展电子及相关配套产业。围绕新型材料、新能源、精密机械等着力引进上下游企业。

发挥临港优势，着力扶持发展现代物流业，促进出口加工区加工贸易和现代物流协调发展；围绕创建“中部地区一流出口加工区”的目标，努力打造绿色生态工业园区。

机构设置：江西九江出口加工区和九江经济开发区实行两块牌子、一套人马，江西九江出口加工区管理局作为九江经济开发区管委会的职能部门，承担出口加工区日常管理和服务工作。

联系人：邹莹　电话：0792-8799022　13879257845　邮箱：jepz@163.com

市长参观红鹰飞机

一站式办证服务大厅

监管大楼

江苏无锡出口加工区 JIANGSU WUXI EXPORT PROCESSING ZONE

江苏无锡出口加工区是国务院批准设立的国家级开发区，2002年11月通过国家九部委的联合验收并封关运行，规划面积2.98平方公里。加工区东距上海100公里，西距南京147公里，距无锡机场3公里，交通集铁路、公路、空运、水运于一体，构成了四通八达的水陆空立体网络。

加工区内有海力士－意法半导体有限公司、希捷国际科技（无锡）有限公司、捷普电子（无锡）有限公司等多家大型企业，已投产企业21家，在建项目6个，累计投资总额53亿美元，注册资本24亿美元，到位外资22亿美元，单位面积投资密度31.18亿美元/平方公里。根据海关统计数据综合测评，江苏无锡出口加工区批准企业实际到位投资额、单位面积投资密度、单位面积实现增加值、单位面积综合税收等单项评估指标位列全国第一。

区内市政基础设施、仓储、物流等配套齐全，入驻报关、运输、外贸等各类公司提供齐全、便捷的服务。加工区坚持“率先发展、科学发展、和谐发展”的原则，投资环境继续改善，服务方式推陈出新，保证区内企业平稳发展。实施“5＋2”工作制，保证企业“当日申报、当日通关、当日放行”，实现全年无间断的通关服务。

按照“优化发展”的总体要求，在加工区快速发展的基础上，将江苏无锡出口加工区建设成绿色、和谐、高科技加工区。

地址：江苏无锡市新区高浪东路3号
电话：0510-85201818 85200985
电子邮箱：zhour@wnd.gov.cn

吉林珲春出口加工区

吉林珲春出口加工区是2000年经国务院批准首批设立的全国15个出口加工区之一。近年来，随着图们江区域国际合作开发进程的不断加快，作为其前沿和窗口的珲春正焕发出前所未有的生机与活力，日益成为带动区域经济发展的强力引擎。

截至目前，区内企业达44家，其中韩资企业5家、日资企业4家、中外合资企业4家，美资、俄资和港资企业各1家。2008年实现进出口总额超过1亿美元，同比增长103%，超过封关运行以来前7年的总和。

吉林珲春出口加工区依托珲春市有以下三大比较优势：

（一）区位优势得天独厚。珲春是通向东北亚的窗口，这里中、俄、朝三国交界，中、朝、俄、韩、日五国水路相通，周边分布着俄罗斯的波谢特、扎鲁比诺、海参崴和朝鲜的罗津、清津等众多的天然不冻港，是东北亚国际海陆联运的最佳结合点。珲春拥有国家一类口岸3个，国家二类口岸1个，过货总通关能力达210万吨/年。目前已开通的航线有：珲春—扎鲁比诺（俄）—束草（韩）、延吉—珲春—罗津（朝）—釜山（韩）。

（二）自然资源丰富。珲春煤电、木材、矿产和水利等适合工业发展的自然资源十分丰富。此外，毗邻的俄罗斯和朝鲜也蕴藏着巨大的林木、矿产、水产等天然资源。

（三）政策优惠叠加。加工区享有国家赋予的西部大开发战略、振兴东北地区等老工业基地战略、边疆少数民族地区等多项优惠政策。目前，加工区正在积极地拓展保税物流功能。

吉林珲春出口加工区着力改善投资服务环境，秉承“亲商、安商、扶商、富商”理念，建立了“一个窗口对外，一站式审批，一条龙服务”体系，对引资项目的审批与办证实行全程代理服务，努力营造让投资者投资放心、入驻安心、经营舒心、赚钱开心的投资氛围。

海关、检验检疫联办大厅

联办大楼

中亚食品有限公司中外科研人员

厂房

新疆乌鲁木齐出口加工区

新疆乌鲁木齐出口加工区于2003年3月由国务院批准设立，2005年7月通过国家九部委的联合验收，正式封关运作。出口加工区位于国家级乌鲁木齐经济技术开发区二期开发用地内，总控制规划面积3平方公里，首期规划0.7平方公里，首期围网0.4平方公里。出口加工区紧邻312国道和兰新铁路，北距国际机场2.5公里，西至火车北站（货运）2公里、火车西站（编组站）5公里，公路、铁路、航空联运条件得天独厚，地理位置十分优越。

几年来，出口加工区管委会累计投入近两亿元建设完成了联合办公楼、隔离设施、监管设施、卡口通道设施。园区内建有“九通一平”的基础设施，以及仓储设施和部分标准厂房。

区内企业不仅享有海关提供的通关便捷和国家赋予出口加工区的优惠政策，还享有国家级经济技术开发区的优惠政策。海关、检验检疫、银行、运输、仓储等机构一应俱全，落户企业不出加工区即可办理完一切进出口手续。

出口加工区成功引进了新疆外贸龙头企业三宝实业集团，引进了番茄酱深加工的中亚食品等6家生产企业和1家现代物流企业，项目总投资额8951万美元。项目涉及机械制造、家具制造，葡萄十精加工，绵、山羊肠衣加工，铝制建材、蔬菜干粉、调味酱生产等，产品主要出口到澳大利亚、日本、德国及哈萨克斯坦共和国。

新疆乌鲁木齐出口加工区现已具备加工贸易、保税物流功能，出口加工区将以“致力于为企业创造价值”的服务理念，竭诚为企业提供全方位的服务。

江苏苏州高新区出口加工区

出口加工区监管场站

报关报检中心

卡口

江苏苏州高新区出口加工区位于苏州国家高新区北部，2003年3月经国务院批准设立，规划面积2.7平方公里，并于当年9月实现封关运作；2007年5月，国务院同意调整苏州高新区出口加工区规划范围，设立苏州高新区出口加工区南区，同年9月封关运作。

截至2008年年底，累计投产企业40个，项目总投资22.64亿美元，其中包括名硕电脑、阿特斯太阳能光电等在内的投资额5000万美元(含)以上项目7个，已形成了以电子产业为主导，以新能源、精密机械、汽车零部件生产为支柱的多元化产业格局。

2008年，江苏苏州高新区出口加工区实现进出口总值125亿美元，工业总产值88亿元，销售收入90亿元。区内企业发展态势良好，企业产值、销售收入、利税等均比上年有大幅增长。区内已开发建设标准厂房面积共46万平方米。

随着出口加工区的功能拓展，江苏苏州高新区出口加工区将充分利用政策机遇，建设成为集保税物流、研发、检测、维修等功能于一体，功能完善、服务高效、配套齐全的出口加工区。

加工区A区标准厂房

加工区配套工业园

江苏南通出口加工区

江苏南通出口加工区于2002年6月经国务院批准设立，位于国家级南通经济技术开发区中心区域，规划面积2.98平方公里。

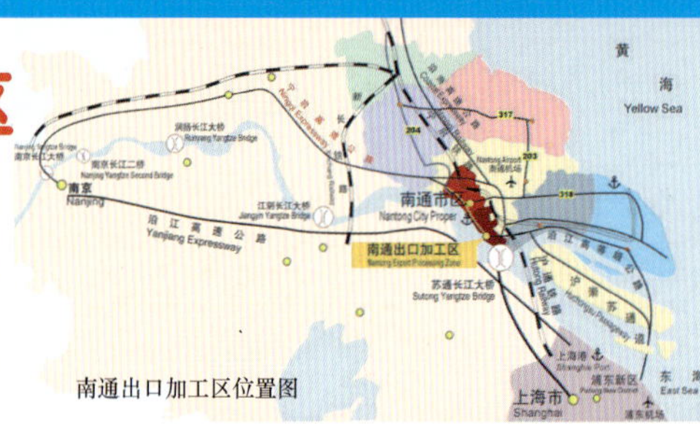

南通出口加工区位置图

出口加工区物流启动剪彩

加工区东接204国道、沿江高速、宁启高速和盐通高速，与沪宁高速、京沪高速、沪嘉浏高速、苏嘉杭高速等贯通。距南通港主港口5公里，距上海洋山港180公里，距上海吴淞港140公里，距上海虹桥国际机场100公里，距浦东国际机场150公里，距南京禄口机场240公里，距南通机场15公里。至上海仅需1小时车程，至上海浦东国际机场1.5小时车程。

江苏南通出口加工区营造亲商服务的投资环境，客户投资兴业所需生产要素完备，基础设施已达到“九通一平一防”；配套条件十分优越，区内建设了多幢标准厂房和保税仓库，区外建设了可容纳2万人的职工（人才）公寓专为出口加工区配套。

出口加工区物流启动揭牌仪式

南通联亚药业有限公司实验室一角

江苏南通出口加工区目前已叠加保税物流功能，具备了出口加工区和保税物流园区双重功能，可开展保税加工、保税仓储、国际采购与配送、国际中转、研发、检测与维修业务。

江苏南通出口加工区鼓励研发机构、现代物流业入区发展，同时鼓励电子信息、电子装配、生物医药等产业的出口加工型企业入区发展。

职工（人才）公寓

江苏南通出口加工区标准厂房

电话：86-0513-85980289
85980139　85925039
网址：http://www.ntepz.com
电子邮箱：jgqglj@ntepz.com

江苏南通出口加工区卡口全景

泉州出口加工区于2005年6月经国务院批准设立，2006年12月通过海关总署等国家九部委封关验收，2009年元月封关运作。位于324国道北侧，磁灶镇与紫帽镇交界处，距离泉州晋江机场15公里、泉三高速公路入口2公里、沈海高速公路入口9公里、最近码头15公里。

园区首期规划面积6000亩（其中围网内4500亩），已投入8亿多元进行开发建设，已建成5栋10.5万平方米标准厂房和3栋3.8万平方米宿舍楼，1560平方米监管仓库、5280平方米验货场地、540平方米验货平台和10层总面积1.2万平米的综合服务大楼，以及高档次智能化的卡口设施、隔离设施等海关监控系统。配套建设加工区供水、供电、通讯、闭路电视、管线管网等基础设施。投入6000多万的资金用于道路建设和园区绿化，完成绿化面积640多亩，目前园区建设已初具规模。

出口加工区以打造航空零部件制造维修特色产业基地为重点，建设与台湾自由贸易区对接的先行区域，主动承接台湾产业梯度转移，实现与台湾的产业、港口、园区对接，辐射带动周边地区发展，构建本地区进出口加工和贸易的承载平台。根据加工区的产业定位和产业布局规划，主要围绕精密机械、电子信息、新型材料、生物制药、贸易物流等资金技术密集型产业。邓禄普太古飞机轮胎项目、太古势必锐复合材料、金鹰印刷三个项目已落户泉州出口加工区。

加工区24小时通关管理模式，区内企业不仅享有出口加工区共有的优惠和便利，还可享受各级政府为"海西"建设提供的配套优惠政策。

天津天保国际物流集团有限公司

Tianjin Tianbao International Logistics Group Co.,LTD.

天津天保国际物流集团有限公司是天津港保税区管委会直属企业天保控股公司的全资子公司。自1993年创建以来，经过两次扩编重组，通过整合贸易、物流相关产业链条，形成了以第三方物流为主业，以贸易及贸易代理、货运代理、报关报检、仓储、运输、简单加工、集运和分拨配送、物流金融服务、物流地产和物流物业服务为载体的供应链体系；形成了国际物流、国际贸易与国际商品展览、展示、展销为主营业务的营运体系。在公司发展上成功地实现了跨国联合，与荷兰、瑞士、瑞典、日本、加拿大等国家的知名企业建立了长期合作关系，成为其中一些大型企业的物流分拨基地。

公司注册资金7436万元人民币，资产总额达11亿元人民币，占有相关地产类资源48万平方米。集团公司下属5家全资子公司，3家控股子公司，4家参股子公司，以及替天保控股代管的3家公司。按照现代企业制度和ISO9000质量标准实现了规范运作，提高了赢利能力和核心竞争力。

天保物流集团具有国际贸易经营、国际货运一级代理、专业报关、报检资质，是天津市首批获得全国“综合服务型4A物流企业”资质的物流企业，具备高新技术企业资质，并成为全国物流税收试点企业。公司连续多年跻身天津市出口企业50强之列，2005年跻身中国进口企业200强。以天保国际物流集团作为承办主体的天津国际汽车贸易展是国内最具鲜明贸易特色的大型国际品牌专业展会，2005年被评为“天津市十大会展品牌”之一。

公司于2001年通过了英国劳氏质量认证有限公司ISO9001质量管理体系认证，以其规范有序的管理、快捷优质的服务赢得了广大客户和相关政府部门的高度赞誉。

坚持“科技领先、安全高效、信守合同、优质服务、顾客满意”的经营方针，通过建设区域性公共物流服务平台，以保税物流服务为特色，以贸易代理、综合物流服务、物流地产、物流金融服务、展览展示等为主要业务，以一流的效率和高度的责任感为客户创造价值，实现共同成长。

公司网址：www.tbwl.cn
联系电话：022-25761697 传真：022-25761125

天保物流承办的天津车展　天津车展盛况　天保物流集团货场一隅

深圳能源物流有限公司

深圳能源物流有限公司是深圳能源集团股份有限公司控股的物流企业，总部位于深圳市福田保税区。作为专业的物流服务商，能源物流致力于供应链管理、进出口贸易和国际货代完整流程的开发与实践，是深圳市重点物流企业，享受市政府企业便利直通车待遇。公司已经荣获了英国BSI公司颁发的ISO9001：2000品质管理系统证书。

在深圳福田保税区、盐田港保税物流园区等地区，能源物流拥有包括多层、钢结构、恒温恒湿等不同业态的仓库80000余平方米，各种功能的跨境及海关监管车辆300多台，营业网点遍及华南、华东、华北、西南等地区的10多个大中城市，为IBM、NEC、CASIO、FUJITSU、GUCCI、NYK、SCHENKER等多家跨国公司提供专业化、规范化、标准化的综合物流服务。

能源物流已形成了一支真诚、敬业、善于创新的员工队伍，一群荣属世界500强企业的客户，一个布局合理的软硬件资源，一块信誉资质优良的品牌，一套成熟的作业程序和一种与客户共同成长的经营理念。这是我们连续多年快速增长的基础。能源物流将一如既往地承担社会责任和义务，促进区域经济的可持续发展；用专业、创新、诚信的企业文化，关怀客户和员工的整体需求，提供个性化的增值服务；以区域化及国际化的思维和视野，善用科技，致力于物流发展，成为业界值得信赖的合作伙伴。

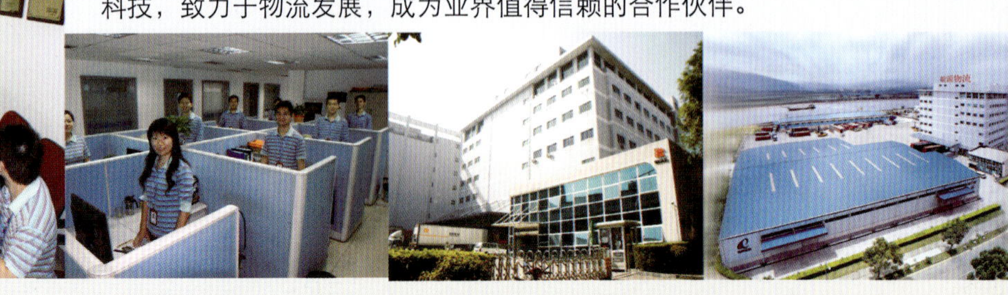

SMC(中国)有限公司

SMC(China)Co.,Ltd.

SMC(中国)有限公司是世界最大的气动元件制造销售的跨国公司——SMC株式会社在中国投资建成的以生产制造为主，同时提供技术服务的海外子公司。自1994年9月成立以来，已经在北京经济技术开发区、北京天竺出口加工区建立了4个现代化工厂、研发中心、职工宿舍。以北京为中心的大型气动元件生产出口基地已初具规模，产品直接出口到全球50多个国家和地区，并以北京、上海为中心建立了覆盖全国主要工业城市的完善技术支持及售后服务体系。投资总额增至480亿日元，员工人数3500名。公司引进了当今世界同行业最精锐的自动化的生产设备，形成了精密铸造 — 精密加工 — 表面处理 — 组装 — 出厂检测，成为了世界气动元件的重要生产出口基地。SMC中国公司在由中国机械工业企业管理协会、世界企业实验室评出的2008年度中国机械行业500强中名列216位。中国机械工业联合会评出的2008年度中国机械工业百强企业中名列78位。

公司先后与清华大学、北京理工大学、哈尔滨工业大学、南京理工大学、上海交通大学、北京航空航天大学、西安交通大学等多所著名学府合作建立了具有世界先进水平的气动技术中心，为我国培养了从学士、硕士到博士的高层次技术人才。2007年在北京成立了SMC全球四大技术中心之一的SMC中国技术中心，进行气动领域前沿技术的研究开发工作。

SMC(中国)有限公司被北京市政府评为首批外商投资高新技术企业、外商投资先进技术企业、出口型生产外资企业、全国外商投资双优企业，多次获北京市政府颁发的北京国际经贸合作奖、北京工业外商投资企业100强企业、工业系统出口50强企业、北京市纳税信誉A级企业；被海关总署评为“红名单”企业。

通过气动技术为工业自动化及社会繁荣作贡献是SMC一贯追求的目标；诚实、正直、勤奋、向上是SMC的企业作风；SMC愿以优良的气动元件为中国及全世界工业自动化的发展作出贡献。

电话：010-67885566　传真：010-67881837
网址：www.smc.com.cn

SMC中国技术中心（北京）

第一工厂（北京经济技术开发区）

第一工厂（北京经济技术开发区）

第三工厂（北京天竺出口加工区）

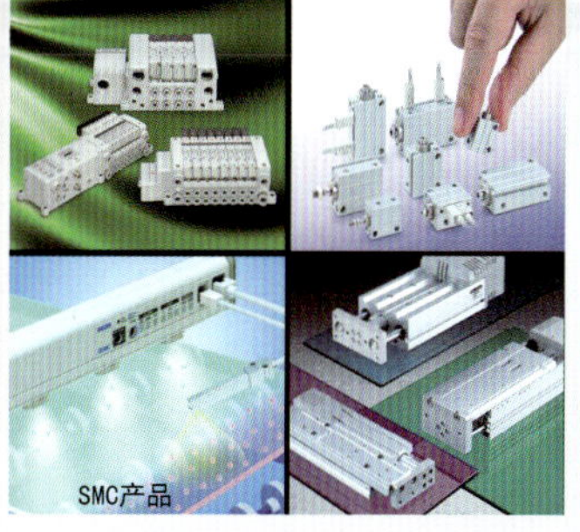

SMC产品

上海分公司（上海闵行紫竹科技园区）

务负责人正积极为客户提供服务

二线卡口

期仓库鸟瞰图

排队等候系统验证的集装箱拖车

忙的保税物流园区业务

繁忙的保税物流园区业务

厦门港务发展股份有限公司

2004年8月经国务院批准，厦门成为全国第二批“区港联动”7个试点城市之一。区港联动一期工程0.26平方公里的厦门保税物流园区于2006年3月正式封关试运行，园区实行“境内关外”的优惠政策，是目前大陆开放度较高、政策功能较优、经济形态较新、运作机制较灵活的特殊海关监管区域。

厦门保税物流园区由厦门港务物流保税有限公司具体负责经营和管理。第一座28000平方米的现代物流仓库已在2007年1月建成并投入使用；园区主要具备国际配送、国际转口贸易、国际采购、国际中转等业务功能。园区作为现代物流供应链管理中的核心环节，在保税仓储和货物拆拼、分拣、综合处理、增值加工、配送等方面发挥着强有力的优势，并已实现了园区直接与海、陆、空等多式联运的互动和结合，提升了公司业务经营层次，也促进厦门及周边地区现代物流产业的进一步发展。

青岛松下电子部品(保税区)有限公司成立于1997年12月，是经国家商务部批准在青岛保税区设立的电子元器件生产型中外合资企业。经营范围：电子元器件及模具部件的制造销售、设计开发、技术咨询；特定电子元器件及同类商品、材料的进出口、批发、佣金代理（拍卖除外）和相关配套业务；承接海外加工贸易、国际贸易、转口贸易。总投资67.5亿日元，注册资本27亿日元。

公司现有固定资产7.5亿元，厂房面积4.3万平方米，各类专业技术人员200多人，技术力量雄厚。拥有齐全的高精度模具加工设备、专业化监测仪器及各种自动化、一贯性的专业生产设备；具备部分产品的自主研发、模具设计加工及大批量生产的能力。

青岛松下电子部品(保税区)有限公司

Panasonic Electronic Devices (Qingdao)CO.,LTD

主要生产销售的电子元器件产品品种达15大类千余个，主要对应业界：AV、移动通讯、家用电器、汽车电装品及IT等行业的世界前列生产商（如：SONY、摩托罗拉、三星，联想、海尔、佳能等)。主要产品有：轻触式微型开关、鼠标球、货币机装置、手机天线、手机开关、TTP(电子玻璃面板或触摸屏)、SU(电池保护器)、遥控器、手机绞轴器及汽车电装开关和导航仪部品等，产品销往世界各地。

公司奉行松下的经营理念，遵循品质第一、客户至上的经营方针，致力于向客户提供能够实现人、机信息交流的元器件。自2000年至今已获得ISO9001国际质量体系、ISO14001环境保护体系、OHSAS18001安全卫生体系及TS16949汽车部品的全球质量体系等认证。

电 话：0532—86957999
传 真：0532—86977566

东芝信息机器（杭州）有限公司是由日本东芝集团全资在杭州设立的IT制造企业，2003年4月正式投产以来，全体员工本着“齐心协力、持续改善、精益求精”的企业精神，致力于笔记本电脑的研发和生产，在短期间内获得了ISO9001、ISO14001、OHSAS18001、中国CCC认证和中国节能认证等。至2008年每年还获得杭州市和杭州经济技术开发区颁发的优秀企业的殊荣，历年出口额度也处于中国50强之列。

进入2009年，公司经过创业以来7年不懈地努力，已确立了体现东芝品牌价值，汇集东芝数码产品的生产基地的地位。在内部推行了Innovation(革新)活动，在研发上，积极开发具有差异化的笔记本电脑商品；此外，还引入了东芝全新网络手机的生产体制，面向海外主力的电信运营商提供中国杭州生产的“东芝手机”。同时，设计部也趁杭州出口加工区功能叠加试点的机会，投资建设了浙江省第一座10米法电波暗室，并取得了美国NVLAP认证认可，可用于对各种信息设备、家电等电子产品的电磁兼容性测试和认证，公司将利用自己的技术优势和有利的政策配合，积极开拓对外检测业务，把其打造成为主要业务支柱之一。

面对多变多彩的市场，公司把提供优良品质的IT产品给全球客户为已任，积极创造更新、更高的东芝品质价值。

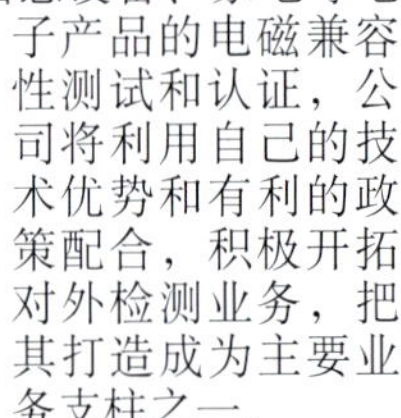

东芝信息机器（杭州）有限公司

TOSHIBA INFORMATION EQUIPMENT（HANGZHOU）Co.,Ltd.

昆山华东信息科技有限公司

昆山华东信息科技有限公司是立足长三角、面向全国的口岸信息和物流信息的软件开发和平台运营公司。目前团队共有230人，其中技术研发80人，平台运行70人，咨询和销售60人。公司研发和运行中心设在昆山，在上海、杭州、南京、北京、成都、重庆、苏州园区、合肥设有分公司和办事处。

2003年成立以来，公司致力于开发物流信息平台以及电子商务和电子政务集成软件，并为华东地区的众多大型跨国企业和全国海关特殊监管区域提供全面物流解决方案。

公司理念：

流畅地进行物流、资金流、信息流的传递，实现电子政务和电子商务的合二为一。

成为保税加工与保税物流IT专家：为全国特殊监管区域提供信息管理平台方案及系统，同时提供物流平台的运营服务；为大型物流商和3PL提供Logistics Hub和VMI Hub的平台建设和运营服务；为跨国公司和进出口企业提供加工贸易联网监管、数据传输和采集、电子报关和通关的专业管理软件。

公司荣誉：

取得中国电子口岸数据中心南京分中心的授权委托：在南京关区实施海关加工贸易计算机联网监管。

获得国家及省政府立项：昆山国际物流公共信息平台于2003年3月被省科技厅列入“江苏省高新科技项目”。

获得国家级立项：苏州园区综合保税区综合信息平台于2007年1月被国务院列入“中国高新科技项目”。

获得海关总署加贸司和科技司的联合授权，在全国范围内推广“出口加工区辅助管理平台”。

2007年度全国优秀民营科技企业《民营科技发展贡献奖》。

中国软件行业认定企业。

江苏省高新技术企业。

苏州市内资研发机构。

2008年江苏省中小企业信息化服务示范单位。

公司致力于发展长期和稳定的战略合作伙伴关系。近年来与下列全球和区域软件供应商、物流商以及地方政府建立了合作伙伴关系：SUN、CISCO、ORACLE、SAP、微软（中国）、用友软件股份有限公司、上海亿通国际股份有限公司、上海美华系统有限公司、上海日电管理咨询有限公司、东方口岸科技有限公司、中国电子口岸数据中心南京分中心、中国电子口岸数据中心南昌分中心、杭州出口加工区综合管理局、重庆国际贸易电子数据交换中心等单位。

卡特彼勒联网监管系统开通仪式

南京海关卡口场站联网监管培训

与广西北海出口加工区签约仪式现场

太仓保税物流中心四部委验收现场

安徽电子口岸一期验收

西海岸加工区辅助管理系统投入试运行

出口加工区信息系统
- 海关物流监管系统
- 国检物流监管系统
- 卡口智能化管理系统
- 海关核查和辅助核销系统
- 生产企业关务和物流管理系统
- 物流企业关务和物流管理系统

两仓系统
- 进口保税仓管理系统
- 出口监管仓管理系统

保税港区/综合保税区系统
- 一站式客户服务平台系统
- 综合数据交换系统
- 区域联动综合系统
- 海关物流辅助管理系统
- H2000数据订阅系统

特殊监管区域
保税监管场所
联网监管
解决方案
3PL
ERP
口岸物流

3PL综合作业管理系统
- 营销管理系统
- 集团营运管理系统
- 报关报检管理系统
- 车队管理系统
- 集团结算管理系统
- 客户服务和自服务系统
- 客户关系管理系统

联网监管系统
- 企业关务管理系统
- 电子帐册系统
- H2000电子化手册系统

口岸物流系统
- 海运通关系统
- 舱单管理系统
- 集装箱货物管理系统
- 空港物流信息平台系统

VMI HUB
- 供应商库存管理系统 VMI
- 客户和服务中心 WOS
- 仓储管理系统 WMS
- 账册和通关管理系统 CDS

■ 解决方案

编辑说明

一、《中国保税区出口加工区年鉴》（以下简称《年鉴》）是由中国保税区出口加工区协会主编，中国海关出版社编辑出版的大型资料性实用工具书，公开向国内外发行。

二、《年鉴》的宗旨是面向海内外政府官员、投资商、研究机构、科技界及各界人士，用翔实的统计数据和文字全面、系统、准确地介绍中国保税区、出口加工区、保税港区（综合保税区）的开发建设历程和成就，介绍其基础条件、投资环境及有关法规和优惠政策等，为各有关机构与单位提供媒介服务，以推动中国保税区、出口加工区、保税港区（综合保税区）经济的协调发展。

三、《年鉴》中的数据已经上海市外高桥保税区统计调查所审核，《年鉴》部分区域经济发展分析中的数据，由于统计口径不同，方法不一，可能出现不一致，应以统计资料篇中的数据为准。

四、《年鉴》中的数据表格“比上年增长（%）”显示为“—”或“-100”的，表示上年同期数据没有或不可比。

五、《年鉴》中的数据表格如“历年招商引资情况表”、“历年外商投资情况表”中的“历年”数据截至2008年年底。

六、《年鉴》中深圳保税区包括福田、盐田港和沙头角3家保税区。

七、《年鉴》在编撰过程中，得到了海关总署领导及各保税区、出口加工区、保税港区（综合保税区）领导和有关人员的关心和支持，在此深表谢意。

八、由于我们水平有限，经验不足，请社会各界对《年鉴》提出宝贵意见。今后我们将充分汇集保税区、出口加工区、保税港区（综合保税区）的信息资料，逐步充实《年鉴》内容，使其发挥更大的作用。

《中国保税区出口加工区年鉴》编辑部

2009年8月

目　录

文献法规篇

文字资料篇

出口加工区

出口加工区

保税港区（综合保税区）

文献法规篇

海关总署关于修改《中华人民共和国海关对加工贸易货物监管办法》的决定

（2008 年 1 月 14 日海关总署令第 168 号公布，自 2008 年 3 月 1 日起施行）

为了适应加工贸易形势的变化，规范加工贸易有关业务，海关总署决定对《中华人民共和国海关对加工贸易货物监管办法》（海关总署令第 113 号发布，以下简称《办法》）作如下修改：

一、《办法》第三条第十一项修改为：

“外发加工，是指经营企业因受自身生产特点和条件限制，经海关批准并办理有关手续，委托承揽企业对加工贸易货物进行加工，在规定期限内将加工后的产品运回本企业并最终复出口的行为。”

同时删除《办法》第三条第十二项。

二、《办法》第二十三条第一款修改为：

“经营企业经海关批准可以开展外发加工业务，并按照外发加工的相关管埋规定办理。”

三、《办法》第二十四条修改为：

“外发加工的成品、剩余料件以及生产过程中产生的边角料、残次品、副产品等加工贸易货物，经经营企业所在地主管海关批准，可以不运回本企业。”

四、删除《办法》第二十五条第（二）项。

五、《办法》第四十二条修改为：

“违反本办法，构成走私行为、违反海关监管规定行为或者其他违反海关法行为的，由海关依照海关法和《中华人民共和国海关行政处罚实施条例》的有关规定予以处理；构成犯罪的，依法追究刑事责任。”

本决定自 2008 年 3 月 1 日起施行。

《中华人民共和国海关对加工贸易货物监管办法》根据本决定作相应的修正，重新公布。

中华人民共和国海关对加工贸易货物监管办法

（2004 年 2 月 26 日海关总署令第 113 号发布，根据 2008 年 1 月 14 日海关总署令第 168 号公布的《海关总署关于修改〈中华人民共和国海关对加工贸易货物监管办法〉的决定》修正）

第一章　总　则

第一条　为了促进加工贸易健康发展，规范海关对加工贸易货物管理，根据《中华人民共和国海关法》及其他有关法律、行政法规，制定本办法。

第二条　本办法适用于办理加工贸易货物备案、进出口报关、加工、监管、核销手续。

加工贸易货物的备案、进出口报关、核销，应当采用纸质单证和电子数据的形式。

第三条　本办法下列用语的含义：

加工贸易，是指经营企业进口全部或者部分原辅材料、零部件、元器件、包装物料（以下简称料件），经加工或者装配后，将制成品复出口的经营活动，包括来料加工和进料加工。

来料加工，是指进口料件由境外企业提供，经营企业不需要付汇进口，按照境外企业的要求进行加工或者装配，只收取加工费，制成品由境外企业销售的经营活动。

进料加工，是指进口料件由经营企业付汇进口，制成品由经营企业外销出口的经营活动。

加工贸易货物，是指加工贸易项下的进口料件、加工成品以及加工过程中产生的边角料、残次品、副产品等。

加工贸易企业，包括经海关注册登记的经营企业和加工企业。

经营企业，是指负责对外签订加工贸易进出口合同的各类进出口企业和外商投资企业，以及经批准获得来料加工经营许可的对外加工装配服务公司。

加工企业，是指接受经营企业委托，负责对进口料件进行加工或者装配，且具有法人资格的生产企业，以及由经营企业设立的虽不具有法人资格，但实行相对独立核算并已经办理工商营业证（执照）的工厂。

单位耗料量，是指加工贸易企业在正常生产条件下加工生产单位出口成品所耗用的进口料件的数量，简称单耗。

深加工结转，是指加工贸易企业将保税进口料件加工的产品转至另一加工贸易企业进一步加工后复出口的经营活动。

承揽企业，是指与经营企业签订加工合同，承接经营企业委托的外发加工业务的生产企业。承揽企业须经海关注册登记，具有相应的加工生产能力。

外发加工，是指经营企业因受自身生产特点和条件限制，经海关批准并办理有关手续，委托承揽企业对加工贸易货物进行加工，在规定期限内将加工后的产品运回本企业并最终复出口的行为。

核销，是指加工贸易经营企业加工复出口或者办理内销等海关手续后，凭规定单证向海关申请解除监管，海关经审查、核查属实且符合有关法律、行政法规、规章的规定，予以办理解除监管手续的行为。

第四条 除国家另有规定外，加工贸易进口料件属于国家对进口有限制性规定的，经营企业免于向海关提交进口许可证件；加工贸易出口制成品属于国家对出口有限制性规定的，经营企业应当向海关提交出口许可证件。

第五条 经海关批准，加工贸易项下进口料件实行保税监管的，待加工成品出口后，海关根据核定的实际加工复出口的数量予以核销；对按照规定进口时先征收税款的，待加工成品出口后，海关根据核定的实际加工复出口的数量退还已征收的税款。

加工贸易项下的出口产品属于应当征收出口关税的，海关按照有关规定征收出口关税。

第六条 海关按照国家规定对加工贸易货物实行担保制度。

第七条 加工贸易货物不得抵押、质押、留置。

第八条 海关根据监管需要，可以对加工贸易企业进行核查，企业应当予以配合。海关核查不得影响企业的正常经营活动。

第九条 加工贸易企业应当根据《中华人民共和国会计法》及国家有关法律、行政法规、规章的规定，设置符合海关监管要求的账簿、报表及其他有关单证，记录与本企业加工贸易货物有关的进口、存储、转让、转移、销售、加工、使用、损耗和出口等情况，凭合法、有效凭证记账并进行核算。

加工贸易企业应当按照规定向海关提交上年度企业生产经营活动的年度报表等资料。

第二章 加工贸易货物备案

第十条 经营企业应当向加工企业所在地主管海关办理加工贸易货物备案手续。

经营企业与加工企业不在同一直属海关管辖的区域范围的，应当按照海关对异地加工贸易的管理规定办理货物备案手续。

第十一条 经营企业办理加工贸易货物备案手续，应当如实申报贸易方式、单耗、进出口口岸，以及进口料件和出口成品的商品名称、商品编号、规格型号、价格和原产地等。

第十二条 经营企业办理加工贸易货物备案手续，应当提交下列单证：

（一）主管部门签发的同意开展加工贸易业务的有效批准文件；

（二）经营企业自身有加工能力的，应当提交主管部门签发的“加工贸易加工企业生产能力证明”；

（三）经营企业委托加工的，应当提交经营企业与加工企业签订的委托加工合同、主管部门签发的加工企业的“加工贸易加工企业生产能力证明”；

（四）经营企业对外签订的合同；

（五）海关认为需要提交的其他证明文件和材料。

第十三条 经海关审核，单证齐全有效，并且符合本办法第十条至第十二条规定的，海关应当自接受企业备案申请之日起5个工作日内予以备案，并核发加工贸易手册。

需要办理担保手续的，经营企业按照规定办理担保手续后，海关核发加工贸易手册。

第十四条 有下列情形之一的，海关不予备案并且书面告知经营企业：

（一）进口料件或者出口成品属于国家禁止进出口的；

（二）加工产品属于国家禁止在我国境内加工生产的；

（三）进口料件属于海关无法实行保税监管的；

（四）经营企业或者加工企业属于国家规定不允许开展加工贸易的；

（五）经营企业未在规定期限内向海关报核已到期的加工贸易手册，又向海关申请备案的。

第十五条 经营企业或者加工企业有下列情形之一的，海关可以在经营企业提供相当于应缴税款金额的保证金或者银行保函后予以备案：

（一）涉嫌走私、违规，已被海关立案调查、侦查，案件未审结的；

（二）因为管理混乱被海关要求整改，在整改期内的。

经营企业或者加工企业有下列情形之一，海关有理由认为其存在较高监管风险的，可以比照前款规定办理，并书面告知有关企业：

（一）租赁厂房或者设备的；

（二）首次开展加工贸易业务的；

（三）加工贸易手册申请两次或者两次以上延期的；

（四）办理加工贸易异地备案的。

第十六条 海关发现经营企业办理加工贸易货物备案手续提交的单证与事实不符的，应当按照下列规定处理：

（一）货物尚未进口的，海关注销其备案；

（二）货物已进口的，企业可以申请退运，也可以向海关提供相当于应缴税款金额的保证金或者银行保函后继续履行合同。

第十七条 已经办理加工贸易货物备案的经营企业可以向海关申领加工贸易手册分册、续册。

第十八条 加工贸易货物备案内容发生变更的，经营企业应当在加工贸易手册有效期内办理变更手续。需要报原审批机关批准的，还应当报原审批机关批准。

第三章 加工贸易货物进出口、加工

第十九条 经营企业进口加工贸易货物，可以从境外或者海关特殊监管区域、保税仓库进口，也可以通过深加工结转方式转入。

经营企业出口加工贸易货物，可以向境外或者海关特殊监管区域、出口监管仓库出口，也可以通过深加工结转方式转出。

第二十条 经营企业应当持加工贸易手册、加工贸易进出口货物专用报关单等有关单证办理加工贸易货物进出口报关手续。

第二十一条 经营企业以加工贸易方式进出口的货物，列入海关统计。

第二十二条 经营企业经主管部门批准，可以开展深加工结转业务，并按照海关对加工贸易货物深加工结转的管理规定办理有关手续。

第二十三条 经营企业经海关批准可以开展外发加工业务，并按照外发加工的相关管理规定办理。

经营企业开展外发加工业务，不得将加工贸易货物转卖给承揽企业。承揽企业不得将加工贸易货物再次外发至其他企业进行加工。

第二十四条 外发加工的成品、剩余料件以及生产过程中产生的边角料、残次品、副产品等加工贸易货物，经经营企业所在地主管海关批准，可以不运回本企业。

第二十五条 有下列情形之一的，海关不予批准外发加工业务：

（一）经营企业或者承揽企业涉嫌走私、违规，已被海关立案调查、侦查，案件未审结的；

（二）经营企业或者承揽企业生产经营管理不符合海关监管要求的。

第二十六条 经营企业和承揽企业应当共同接受海关监管。经营企业应当根据海关要求如实报告外发加工货物的发运、加工、单耗、存储等情况。

第二十七条 因加工出口产品急需，经海关核准，经营企业保税料件与非保税料件之间可以进行串换。

保税料件与非保税料件之间的串换限于同一企业，并应当遵循同品种、同规格、同数量、不牟利的原则。

来料加工保税进口料件不得串换。

第二十八条 经营企业因加工工艺需要，必须使用非保税料件的，应当事先向海关如实申报使用非保税料件的比例、品种、规格、型号、数量，海关核销时在出口成品总耗用量中予以核扣。

第二十九条 经营企业进口料件因质量问题、规格型号与合同不符等原因，需返还原供货商进行退换的，可以直接向口岸海关办理报关手续。已经加工的保税进口料件不得进行退换。

第四章 加工贸易货物核销

第三十条 经营企业应当在规定的期限内将进口料件加工复出口，并自加工贸易手册项下最后一批成品出口或者加工贸易手册到期之日起30日内向海关报核。

经营企业对外签订的合同因故提前终止的，应当自合同终止之日起30日内向海关报核。

第三十一条 经营企业报核时应当向海关如实申报进口料件、出口成品、边角料、剩余料件、残次品、副产品以及单耗等情况，并向海关提交加工贸易手册、加工贸易进出口货物专用报关单以及海关要求提交的其他单证。

第三十二条 经审核单证齐全有效的，海关受理报核；海关不予受理的，应当书面告知企业原因，企业应当按照规定重新报核。

第三十三条 海关核销可以采取纸质单证核销和电子数据核销的方式，必要时可以下厂核查，企业应当予以配合。

海关应当自受理报核之日起30日内予以核销。特殊情况需要延长的，经直属海关关长或者其授权的隶属海关关长批准可延长30日。

第三十四条 加工贸易保税进口料件或者成品因故转为内销的，海关凭主管部门准予内销的有效批准文件，对保税进口料件依法征收税款并加征缓税利息；进口料件属于国家对进口有限制性规定的，经营企业还应当向海关提交进口许可证件。

第三十五条 经营企业因故将加工贸易进口料件退运出境的，海关凭有关退运单证核销。

经海关批准，经营企业放弃加工贸易货物的，按照海关对放弃进口货物的管理规定办理，海关凭接受放弃的有关单证核销。

第三十六条 经营企业在生产过程中产生的边角料、剩余料件、残次品、副产品和受灾保税货物，按照海关对加工贸易边角料、剩余料件、残次品、副产品和受灾保税货物的管理规定办理，海关凭有关单证核销。

第三十七条 经营企业遗失加工贸易手册的，应当及时向海关报告。

海关在按照有关规定处理后对遗失的加工贸易手册予以核销。

第三十八条 对经核销准予结案的加工贸易手册，海关向经营企业签发“核销结案通知书”。

第三十九条 经营企业已经办理担保的，海关在核销结案后按照规定解除担保。

第四十条 加工贸易货物备案和核销单证自加工贸易手册核销结案之日起留存3年。

第四十一条 加工贸易企业出现分立、合并、破产的，应当及时向海关报告，并办结海关手续。

加工贸易货物被人民法院或者有关行政

执法部门封存的，加工贸易企业应当自加工贸易货物被封存之日起5个工作日内向海关报告。

第五章 法律责任

第四十二条 违反本办法，构成走私行为、违反海关监管规定行为或者其他违反海关法行为的，由海关依照海关法和《中华人民共和国海关行政处罚实施条例》的有关规定予以处理；构成犯罪的，依法追究刑事责任。

第六章 附 则

第四十三条 保税工厂开展加工贸易业务，按照海关对加工贸易保税工厂的管理规定办理。

第四十四条 进料加工保税集团开展加工贸易业务，按照海关对进料加工保税集团的管理规定办理。

第四十五条 实施联网监管的加工贸易企业开展加工贸易业务，按照海关对加工贸易企业实施计算机联网监管的管理规定办理。

第四十六条 加工贸易企业在保税区、出口加工区等海关特殊监管区域内开展加工贸易业务，按照海关对保税区、出口加工区等海关特殊监管区域的管理规定办理。

第四十七条 单耗的申报与核定，按照海关对加工贸易单耗的管理规定办理。

第四十八条 海关对加工贸易货物进口时先征收税款出口后予以退税的管理规定另行制定。

第四十九条 本办法由海关总署负责解释。

第五十条 本办法自2004年4月1日起施行。

中华人民共和国海关进出口货物集中申报管理办法

（2008 年 1 月 24 日海关总署令第 169 号公布，自 2008 年 5 月 1 日起施行）

第一条 为了便利进出口货物收发货人办理申报手续，提高进出口货物通关效率，规范对进出口货物的申报管理，根据《中华人民共和国海关法》（简称《海关法》）的有关规定，制定本办法。

第二条 本办法所称的集中申报是指经海关备案，进出口货物收发货人（以下简称收发货人）在同一口岸多批次进出口本办法第三条规定范围内货物，可以先以“中华人民共和国海关进口货物集中申报清单”（见附件 1）或者“中华人民共和国海关出口货物集中申报清单”（见附件 2）（以下统称“集中申报清单”）申报货物进出口，再以报关单集中办理海关手续的特殊通关方式。

进出口货物收发货人可以委托 B 类以上管理类别（含 B 类）的报关企业办理集中申报有关手续。

第三条 经海关备案，下列进出口货物可以适用集中申报通关方式：

（一）图书、报纸、期刊类出版物等时效性较强的货物；

（二）危险品或者鲜活、易腐、易失效等不宜长期保存的货物；

（三）公路口岸进出境的保税货物。

第四条 收发货人应当在货物所在地海关办理集中申报备案手续，加工贸易企业应当在主管地海关办理集中申报备案手续。

第五条 收发货人申请办理集中申报备案手续的，应当向海关提交“适用集中申报通关方式备案表”（以下简称“备案表”，见附件 3），同时提供符合海关要求的担保，担保有效期最短不得少于 3 个月。

海关应当对收发货人提交的“备案表”进行审核。经审核符合本办法有关规定的，核准其备案。

涉嫌走私或者违规，正在被海关立案调查的收发货人、因进出口侵犯知识产权货物被海关依法给予行政处罚的收发货人、适用 C 类或者 D 类管理类别的收发货人进出口本办法第三条所列货物的，不适用集中申报通关方式。

第六条 在备案有效期内，收发货人可以适用集中申报通关方式。备案有效期限按照收发货人提交的担保有效期核定。

申请适用集中申报通关方式的货物、担保情况等发生变更时，收发货人应当向原备案地海关书面申请变更。

备案有效期届满可以延续。收发货人需要继续适用集中申报方式办理通关手续的，应当在备案有效期届满 10 日前向原备案地海关书面申请延期。

第七条 收发货人有下列情形之一的，停止适用集中申报通关方式：

（一）担保情况发生变更，不能继续提供有效担保的；

（二）涉嫌走私或者违规，正在被海关立案调查的；

（三）进出口侵犯知识产权货物，被海关

依法给予行政处罚的；

（四）海关分类管理类别被降为C类或者D类的。

收发货人可以在备案有效期内主动申请终止适用集中申报通关方式。

第八条 收发货人在备案有效期届满前未向原备案地海关申请延期的，“备案表”效力终止。收发货人需要继续按照集中申报方式办理通关手续的，应当重新申请备案。

第九条 依照本办法规定以集中申报通关方式办理海关手续的收发货人，应当在载运进口货物的运输工具申报进境之日起14日内，出口货物在运抵海关监管区后、装货的24小时前填制“集中申报清单”向海关申报。

收货人在运输工具申报进境之日起14日后向海关申报进口的，不适用集中申报通关方式。收货人应当以报关单向海关申报。

第十条 海关审核集中申报清单电子数据时，对保税货物核扣加工贸易手册（账册）或电子账册数据；对一般贸易货物核对集中申报备案数据。

经审核，海关发现集中申报清单电子数据与集中申报备案数据不一致的，应当予以退单。收发货人应当以报关单方式向海关申报。

第十一条 收发货人应当自海关审结集中申报清单电子数据之日起3日内，持“集中申报清单”及随附单证到货物所在地海关办理交单验放手续。属于许可证件管理的，收发货人还应当提交相应的许可证件，海关应当在相关证件上批注并留存复印件。

收发货人未在本条第一款规定期限办理相关海关手续的，海关删除集中申报清单电子数据，收发货人应当重新向海关申报。重新申报日期超过运输工具申报进境之日起14日的，应当以报关单申报。

第十二条 收发货人在清单申报后申请修改或者撤销“集中申报清单”的，比照“中华人民共和国海关报关单修改和撤销管理办法”的相关规定办理。

第十三条 收发货人应当对一个月内以“集中申报清单”申报的数据进行归并，填制进出口货物报关单，一般贸易货物在次月10日之前、保税货物在次月底之前到海关办理集中申报手续。

一般贸易货物集中申报手续不得跨年度办理。

第十四条 “集中申报清单”归并为同一份报关单的，各清单中的进出境口岸、经营单位、境内收发货人、贸易方式（监管方式）、起运国（地区）、装货港、运抵国（地区）、运输方式栏目，以及适用的税率、汇率必须一致。

各清单中本条前款规定项目不一致的，收发货人应当分别归并为不同的报关单进行申报。对确实不能归并的，应当填写单独的报关单进行申报。

各清单归并为同一份报关单时，各清单中载明的商品项在商品编号、商品名称、规格型号、单位、原产国（地区）、单价和币制均一致的情况下可以进行数量和总价的合并。

第十五条 收发货人对“集中申报清单”申报的货物以报关单方式办理海关手续时，应当按照海关规定对涉税的货物办理税款缴纳手续。涉及许可证件管理的，应当提交海关批注过的相应许可证件。

第十六条 对适用集中申报通关方式的货物，海关按照接受清单申报之日实施的税率、汇率计征税费。

第十七条 收发货人办结集中申报海关手续后，海关按集中申报进出口货物报关单签发报关单证明联。“进出口日期”以海关接受报关单申报的日期为准。

第十八条 海关对集中申报的货物以报关单上的“进出口日期”为准列入海关统计。

第十九条 中华人民共和国境内其他地区进出海关特殊监管区域、保税监管场所的货物需要按照集中申报方式办理通关手续的，除海关另有规定以外，比照本办法办理。

第二十条 违反本办法，构成走私行为、违反海关监管规定行为或者其他违反《海关法》行为的，由海关依照《海关法》、《中华人民共和国海关行政处罚实施条例》等有关法律、行政法规的规定予以处理；构成犯罪的，依法追究刑事责任。

第二十一条 本办法由海关总署负责解释。

第二十二条 本办法自2008年5月1日起施行。

附件1 中华人民共和国海关进口货物集中申报清单（略）

附件2 中华人民共和国海关出口货物集中申报清单（略）

附件3 适用集中申报通关方式备案表（略）

中华人民共和国海关企业分类管理办法

（2008年1月30日海关总署令第170号公布，自2008年4月1日起施行）

第一章 总 则

第一条 为了鼓励企业守法自律，提高海关管理效能，保障进出口贸易的安全与便利，根据《中华人民共和国海关法》及其他有关法律、行政法规的规定，制定本办法。

第二条 在海关注册登记的进出口货物收发货人、报关企业的分类管理，适用本办法。

其他企业的分类管理，由海关总署另行规定。

第三条 海关根据企业遵守法律、行政法规、海关规章、相关廉政规定和经营管理状况，以及海关监管、统计记录等，设置AA、A、B、C、D五个管理类别，对有关企业进行评估、分类，并对企业的管理类别予以公开。

第四条 海关总署按照守法便利原则，对适用不同管理类别的企业，制订相应的差别管理措施，其中AA类和A类企业适用相应的通关便利措施，B类企业适用常规管理措施，C类和D类企业适用严密监管措施。

全国海关实行统一的企业分类标准、程序和管理措施。

海关与企业应当加强合作，开展经常性信息交流和业务联系。

第五条 海关总署对企业分类管理工作进行指导、监督；直属海关负责审定、调整本关区企业适用的管理类别。

第二章 管理类别的设定

第一节 进出口货物收发货人

第六条 AA类进出口货物收发货人，应当同时符合下列条件：

（一）已适用A类管理1年以上；

（二）上一年度进出口总值3000万美元（中西部1000万美元）以上；

（三）经海关验证稽查，符合海关管理、企业经营管理和贸易安全的要求；

（四）每年报送《经营管理状况报告》和会计师事务所出具的上一年度审计报告；每半年报送“进出口业务情况表”。

第七条 A类进出口货物收发货人，应当同时符合下列条件：

（一）已适用B类管理1年以上；

（二）连续1年无走私罪、走私行为、违反海关监管规定的行为；

（三）连续1年未因进出口侵犯知识产权货物而被海关行政处罚；

（四）连续1年无拖欠应纳税款、应缴罚没款项情事；

（五）上一年度进出口总值50万美元以上；

（六）上一年度进出口报关差错率3%以下；

（七）会计制度完善，业务记录真实、完整；

（八）主动配合海关管理，及时办理各项海关手续，向海关提供的单据、证件真实、齐全、有效；

（九）每年报送《经营管理状况报告》；

（十）按照规定办理“中华人民共和国海关进出口货物收发货人报关注册登记证书”的换证手续和相关变更手续；

（十一）在商务、人民银行、工商、税务、质检、外汇、监察等行政管理部门和机构无不良记录。

第八条 进出口货物收发货人有下列情形之一的，适用C类管理：

（一）有走私行为的；

（二）1年内有3次以上违反海关监管规定行为，或者1年内因违反海关监管规定被处罚款累计总额人民币50万元以上的；

（三）1年内有2次因进出口侵犯知识产权货物而被海关行政处罚的；

（四）拖欠应纳税款、应缴罚没款项人民币50万元以下的。

第九条 进出口货物收发货人有下列情形之一的，适用D类管理：

（一）有走私罪的；

（二）1年内有2次以上走私行为的；

（三）1年内有3次以上因进出口侵犯知识产权货物而被海关行政处罚的；

（四）拖欠应纳税款、应缴罚没款项人民币50万元以上的。

第十条 进出口货物收发货人未发生本办法第八条和第九条所列情形并符合下列条件之一的，适用B类管理：

（一）首次注册登记的；

（二）首次注册登记后，管理类别未发生调整的；

（三）AA类企业不符合原管理类别适用条件，并且不符合A类管理类别适用条件的；

（四）A类企业不符合原管理类别适用条件的。

第十一条 在海关登记的加工企业，按照进出口货物收发货人实施分类管理。

第二节 报关企业

第十二条 AA类报关企业，应当同时符合下列条件：

（一）已适用A类管理1年以上；

（二）上一年度代理申报的进出口报关单及进出境备案清单总量在2万票（中西部5000票）以上；

（三）经海关验证稽查，符合海关管理、企业经营管理和贸易安全的要求；

（四）每年报送《经营管理状况报告》和会计师事务所出具的上一年度审计报告；每半年报送“报关代理业务情况表”。

第十三条 A类报关企业，应当同时符合下列条件：

（一）已适用B类管理1年以上；

（二）企业以及所属执业报关员连续1年无走私罪、走私行为、违反海关监管规定的行为；

（三）连续1年代理报关的货物未因侵犯知识产权而被海关没收；

（四）连续1年无拖欠应纳税款、应缴罚没款项情事；

（五）上一年度代理申报的进出口报关单及进出境备案清单等总量在3000票以上；

（六）上一年度代理申报的进出口报关差错率在3%以下；

（七）依法建立账簿和营业记录，真实、正确、完整地记录受委托办理报关业务的所有活动；

（八）每年报送《经营管理状况报告》；

（九）按照规定办理注册登记许可延续及“中华人民共和国海关报关企业报关注册登记证书”的换证手续和相关变更手续；

（十）在商务、人民银行、工商、税务、质检、外汇、监察等行政管理部门和机构无不良记录。

第十四条 报关企业有下列情形之一的，适用C类管理：

（一）有走私行为的；

（二）1年内有3次以上违反海关监管规定的行为，或者1年内因违反海关监管规定被处罚款累计总额人民币50万元以上的；

（三）1年内代理报关的货物因侵犯知识产权而被海关没收达3次的；

（四）上一年度代理申报的进出口报关差错率在10%以上的；

（五）拖欠应纳税款、应缴罚没款项人民币50万元以下的；

（六）代理报关的货物涉嫌走私、违反海关监管规定拒不接受或者拒不协助海关进行调查的；

（七）被海关暂停从事报关业务的。

第十五条 报关企业有下列情形之一的，适用D类管理：

（一）有走私罪的；

（二）1年内有2次以上走私行为的；

（三）1年内代理报关的货物因侵犯知识产权而被海关没收达4次以上的；

（四）拖欠应纳税款、应缴罚没款项人民币50万元以上的。

第十六条 报关企业未发生本办法第十四条和第十五条所列情形，并符合下列条件之一的，适用B类管理：

（一）首次注册登记的；

（二）首次注册登记后，管理类别未发生调整的；

（三）AA类企业不符合原管理类别适用条件，并且不符合A类管理类别适用条件的；

（四）A类企业不符合原管理类别适用条件的。

第三章 管理类别的适用与调整

第十七条 企业符合本办法第六条第（一）项、第（二）项或者第十二条第（一）项、第（二）项的规定，可以通过注册地海关向直属海关提出适用AA类管理申请，并提交下列材料：

（一）“适用AA类管理申请书”；

（二）《经营管理状况报告》；

（三）会计师事务所出具的上一年度审计报告。

第十八条 企业符合本办法第七条或者第十三条的规定，可以通过注册地海关向直属海关提出适用A类管理申请，并提交下列材料：

（一）“适用A类管理申请书”；

（二）《经营管理状况报告》。

第十九条 注册地海关接受企业适用AA类、A类管理申请后，经审核企业提交的材料齐全，符合法定形式的，应当当场制发“企业分类管理申请受理决定书”，并报直属海关审定。

对申请AA类的，直属海关应当自受理之日起6个月内作出适用或者不予适用决定。

对申请A类的，直属海关应当自受理之日起3个月内作出适用或者不予适用决定。

第二十条 申请适用AA类、A类管理的企业有下列情形之一的，直属海关对其申请予以退回，并作出不予适用的决定：

（一）申请时不符合本办法所规定的条件的；

（二）审核期间不符合本办法所规定的条件的；

（三）审核期间有涉嫌走私或者违反海关监管规定以及侵犯知识产权的行为尚在侦查或者调查中的。

第二十一条 C类企业自海关作出类别调整决定之日起满1年未再发生本办法第八条或者第十四条所列情形的，经企业申请，海关将其调整为B类。

D类企业自海关作出类别调整决定之日

起满1年未再发生本办法第九条或者第十五条所列情形的，经企业申请，海关将其调整为C类。

第二十二条 C类、D类企业申请调整为B类、C类的，应当通过注册地海关向直属海关提交“企业管理类别调整申请书”。注册地海关经审核，企业提交的材料齐全，符合法定形式的，应当当场制发“企业分类管理申请受理决定书”，并报直属海关审定。

直属海关应当自受理之日起1个月内作出决定。

第二十三条 企业有下列应当降低类别情形之一的，海关发现后根据本办法第二章的规定，重新决定其适用的管理类别：

（一）AA类、A类企业不符合原管理类别适用条件的；

（二）B类企业有C类、D类管理类别情形之一的；

（三）C类企业有D类管理类别情形之一的。

第二十四条 经直属海关决定调整或者不予调整企业管理类别的，由企业注册地海关在决定作出之日起10个工作日内将相关决定送达企业。

自海关作出调整决定之日起，海关按照调整后的管理类别对企业实施相应的管理措施。

第二十五条 AA类或者A类企业涉嫌走私被立案侦查或者调查的，海关暂停其与管理类别相应的管理措施；暂停期内，按照B类企业的管理措施实施管理。

第二十六条 企业仅名称或者海关注册编码发生变化的，其管理类别可以继续适用，但是有下列情形之一的，按照下列方式调整：

（一）企业发生存续分立，分立后的存续企业承继分立前企业的主要权利义务或者债权债务关系的，其管理类别适用分立前企业的管理类别，其余的分立企业视为首次注册企业；

（二）企业发生解散分立，分立企业视为首次注册企业；

（三）企业发生吸收合并，合并企业管理类别适用合并后存续企业的管理类别；

（四）企业发生新设合并，合并企业视为首次注册企业。

第四章 管理措施的实施

第二十七条 报关企业代理进出口货物收发货人开展报关业务，海关按照报关企业和进出口货物收发货人各自适用的管理类别分别实施相应的管理措施。

因企业的管理类别不同导致与应当实施的管理措施抵触的，海关按照下列方式实施：

（一）报关企业或者进出口货物收发货人为C类或者D类的，按照较低的管理类别实施相应的管理措施；

（二）报关企业和进出口货物收发货人均为B类以上管理类别的，按照报关企业的管理类别实施相应的管理措施。

第二十八条 加工贸易经营企业与承接委托加工的生产企业管理类别不一致的，海关对该加工贸易业务按照较低的管理类别实施相应的管理措施。

第五章 附 则

第二十九条 走私罪的时间认定以人民法院刑事判决书生效时间为准。

走私行为、进出口侵犯知识产权货物行为、违反海关监管规定的行为以海关行政处罚决定书生效时间为准。

第三十条 警告以及罚款额在人民币1万元以下的违反海关监管规定行为，不作为企业分类管理评定记录。

第三十一条 本办法下列用语的含义是：

“其他企业”，指在海关注册登记的进出口货物收发货人、报关企业外，海关总署规定的其他从事与进出口活动直接有关的企业。

“中西部”，指除东部地区以外的其他地区。东部地区包括北京市、天津市、上海市、辽宁省、河北省、山东省、江苏省、浙江省、福建省、广东省。

“拖欠应纳税款”，指自缴纳税款期限届满之日起超过3个月仍未缴纳进出口货物、物品应当缴纳的进出口关税、进出口环节海关代征税之和，包括经海关认定违反海关监管规定，除给予处罚外，尚需缴纳的税款。

“拖欠应缴罚没款项”，指自海关行政处罚决定规定的期限届满之日起超过3个月仍未交付海关罚款、没收的违法所得和追缴走私货物、物品等值价款。

“进出口总值”，包括海关贸易统计与单项统计数据，以海关的统计为准，有关数据仅用于海关企业分类管理。

“报关差错率”，指企业上一年度所有报关员记分的总次数除以报关单总数的百分比。

“1年”，指连续的12个月。

“年度”，指1个公历年度。

“以上”，包含本数。

“以下”，不包含本数。

第三十二条 本办法由海关总署负责解释。

第三十三条 本办法自2008年4月1日起施行。1999年3月31日海关总署令第71号公布的《中华人民共和国海关对企业实施分类管理办法》，2001年7月20日海关总署、对外贸易经济合作部令第86号公布的《关于大型高新技术企业适用便捷通关措施的审批规定》同时废止。

中华人民共和国海关监管场所管理办法

（2008 年 1 月 30 日海关总署令第 171 号公布，自 2008 年 3 月 1 日起施行）

第一章　总　则

第一条　为了规范海关对监管场所的管理，根据《中华人民共和国海关法》（以下简称《海关法》）和有关法律、行政法规的规定，制定本办法。

第二条　本办法所称监管场所是指进出境运输工具或者境内承运海关监管货物的运输工具进出、停靠，以及从事进出境货物装卸、储存、交付、发运等活动，办理海关监管业务，符合海关设置标准的特定区域。

第三条　监管场所的设立以及海关对监管场所的监督管理适用本办法。

海关对免税商店的管理另按照有关规定执行。

第四条　海关对监管场所实行统一编码、计算机联网和分类管理。

第五条　监管场所经营企业（以下简称经营企业）或者管理者应当按照《中华人民共和国海关监管场所设置标准》（以下简称《设置标准》，见附件 1）建设监管场所，配备相应设备，并为海关提供查验场地和办公设施。

第二章　监管场所的设立

第六条　申请设立监管场所的企业（以下简称申请企业）应当具备以下条件：

（一）经工商行政管理部门注册登记，具有独立企业法人资格。

（二）注册资本不低于人民币 300 万元。

（三）具有专门储存货物的营业场所，拥有营业场所的土地使用权。租赁他人土地、场所经营的，租期不得少于 5 年。

（四）经营液/气体化工品、易燃易爆危险品等特殊许可货物仓储的，应当持有特殊经营许可批件。

第七条　申请企业应当向直属海关提交以下书面材料：

（一）“中华人民共和国海关监管场所注册登记申请书”（见附件 2）；

（二）企业法人营业执照复印件；

（三）税务登记证复印件；

（四）法定代表人身份证件复印件；

（五）场地所有权或者使用权证明复印件；

（六）存放液/气体化工品、易燃易爆危险品等特殊许可货物的，应当提供特殊经营许可批件的复印件；

（七）场所平面图和建筑设计图。

提交上述材料复印件的，应当同时提供原件供海关验核。

第八条　直属海关依据《中华人民共和国行政许可法》和《中华人民共和国海关实施〈中华人民共和国行政许可法〉办法》的有关规定，受理、审查经营监管场所的申请。

申请企业符合法定条件的，直属海关应当制发“中华人民共和国海关批准设立监管场所决定书”（以下简称“批准设立决定书”，见附件3）；申请企业不符合法定条件的，直属海关应当制发“中华人民共和国海关不予批准设立监管场所决定书”（见附件4），并说明理由。

第九条 申请企业应当自海关制发“批准设立决定书”之日起1年内向直属海关申请验收，直属海关根据《设置标准》规定的条件对监管场所进行验收。申请企业无正当理由逾期未申请验收或者经验收不合格的，“批准设立决定书”自动失效。

监管场所验收合格，经直属海关注册登记并制发“中华人民共和国海关监管场所注册登记证书”（以下简称“注册登记证书”，见附件5）后，可以投入运营，“注册登记证书”自制发之日起有效期为3年。

第十条 本办法施行前已经海关批准设立的监管场所，其经营企业应当自本办法施行之日起1年内向直属海关提交本办法第七条规定的申请材料，申领“批准设立决定书”。

经营企业应当自海关制发“批准设立决定书”之日起1年内向直属海关申请验收。直属海关根据《设置标准》规定的条件对监管场所进行验收。验收合格的，直属海关予以注册登记并制发“注册登记证书”。

经营企业无正当理由逾期没有提交申请材料或者没有申请验收以及验收不合格的，直属海关注销相关企业的监管场所经营资格。

因特殊情况需要申请延期验收的，经营企业应当向直属海关提出延期验收申请，经直属海关同意可以延期验收，但是最长延长期限不得超过1年。

第十一条 经营企业需要变更企业业务范围、监管场所面积等的，应当填写“中华人民共和国海关监管场所变更申请书”（见附件6），向直属海关提出申请，并提交有关材料。

第十二条 经营企业需要延续“注册登记证书”有效期的，应当在“注册登记证书”有效期届满30日前向直属海关提出延续申请，并提交“中华人民共和国海关监管场所延续申请书”（见附件7）。

符合延续条件的，直属海关应当在“注册登记证书”有效期届满前作出准予延续的决定，延续“注册登记证书”有效期3年。

不符合延续条件的，直属海关应当做出不予延续的决定。

第十三条 经营企业终止经营监管场所的，应当向直属海关提出书面申请，并交回“注册登记证书”。

第十四条 直属海关依据《中华人民共和国行政许可法》和《中华人民共和国海关实施〈中华人民共和国行政许可法〉办法》的有关规定，办理监管场所的变更、延续与注销手续。

第三章 海关对监管场所的监督管理

第十五条 海关采取视频监控、实地核查等方式，对进出监管场所的运输工具、货物等实施监管。

第十六条 经营企业应当按照海关规定的样式制作监管场所标志牌（见附件8），悬挂在监管场所入口处显著位置。

第十七条 监管场所内只能存放海关监管货物。

监管场所内液/气体化工品、易燃易爆危险品、有毒及放射性货物应当带有明显标识，并不得与其他类货物一起存放。

第十八条 经营企业应当依据海关监管要求设置相对独立的海关查验场地。

第十九条 经营企业应当按照海关要求发送和接收电子数据。海关有权查阅监管场所的货物进出和存储等情况的纸质单证或者电子账册。

第二十条 根据海关监管需要，经营企业应当在监管场所出入通道设置卡口，派员值守，并配备相应设备，与海关计算机联网。

对集中在同一个封闭区域内分散经营的监管场所，经营企业可以在进出通道设置统一卡口，并设置独立的海关集中查验场地。

海关认为必要时，可以派员实施卡口监管，核实、放行海关监管运输工具、货物。

第二十一条 经营企业应当凭海关纸质放行凭证和电子放行信息放行海关监管的运输工具、货物。

第二十二条 海关检查运输工具或者查验货物时，经营企业应当按照海关要求，将货物移至相应的场地，并应当为海关检查运输工具或者查验货物、提取货样提供条件。

海关径行开验、复验或者提取货样时，经营企业应当派员到场协助，并应当在相关单据上签字。

第二十三条 经营企业应当及时将监管场所内存放超过3个月的货物情况向海关报告，并协助海关办理相关手续。

第二十四条 经营企业终止监管场所经营或者监管场所被海关注销经营资格的，应当按照海关要求对监管场所内存放的海关监管货物作出处置。

第二十五条 经营企业应当建立健全与海关监管有关的人员管理、单证管理、设备管理、安全保卫和值班等制度。

监管场所应当配备相应管理人员，管理人员应当接受海关业务培训，并熟悉海关规定。

除安全保卫人员和值班人员外，其他人员不得在监管场所内居住。

第四章 附 则

第二十六条 违反本办法，构成走私行为、违反海关监管规定行为或者其他违反《海关法》行为的，由海关依照《海关法》和《中华人民共和国海关行政处罚实施条例》的有关规定予以处理；构成犯罪的，依法追究刑事责任。

第二十七条 本办法由海关总署负责解释。

第二十八条 本办法自2008年3月1日起施行。

附件1 中华人民共和国海关监管场所设置标准

附件2 中华人民共和国海关监管场所注册登记申请书（略）

附件3 中华人民共和国海关批准设立监管场所决定书（略）

附件4 中华人民共和国海关不予批准设立监管场所决定书（略）

附件5 中华人民共和国海关监管场所注册登记证书（略）

附件6 中华人民共和国海关监管场所变更申请书（略）

附件7 中华人民共和国海关监管场所延续申请书（略）

附件8 中华人民共和国海关监管场所标志牌样式（略）

附件1

中华人民共和国海关监管场所设置标准

一、码头类监管场所设置标准

（一）一般型码头（如：综合货运码头、集装箱码头、散杂货码头等）设置标准

1. 具有独立的封闭区域；

2. 设立隔离围网（墙），高度不低于2.5

米；

3. 建立通道出入卡口，配置符合海关监管要求的卡口设备（电子栏杆、电子读写设备、电子识别设备、电子监控设备、电子地磅等）并与海关联网；

4. 配备电子计算机管理系统，并与海关电子计算机联网，能按照海关要求的格式实现相关电子数据的传送、交换，海关可进入监管场所电子计算机管理系统查询、统计运输工具、货物的停靠、存储位置及相关处理情况；

5. 安装具有存储功能（存储时间不少于3个月）的视频监控系统，供海关对监管场所进行监控，监管场所灯光及监控系统应当满足海关实施全方位24小时监控需要；

6. 具有专门储存、堆放、装卸海关监管货物的仓库、场地及设施，并设置明显区分标志；

7. 提供满足海关查验货物要求的场地，并配备便于海关实施查验的相关设备；

8. 根据海关需要，提前预留大型集装箱检查设备等所需的场地和设施；

9. 提供存放海关扣留货物的仓库；

10. 为海关提供必要的办公场所，办公场所应具备网络、通讯、取暖、降温、休息和卫生等条件。

（二）专用型码头（如：化工品专用码头、粮油专用码头、煤炭专用码头、散装水泥专用码头、散装矿产品专用码头、船舶修理专用码头等）设置标准

1. 具有独立的封闭区域；

2. 设立隔离围网（墙），高度不低于2.5米；

3. 建立出入通道卡口，配置符合海关监管要求的设备（电子栏杆、电子监控设备、电子地磅等）并与海关联网；

4. 配备电子计算机管理系统，并与海关电子计算机联网，能按照海关要求的格式实现相关电子数据的传送、交换，海关可进入监管场所电子计算机管理系统查询、统计运输工具、货物的停靠、存储位置及相关处理情况；

5. 安装具有存储功能（储存时间不少于3个月）的视频监控系统，供海关对监管场所进行监控，监管场所灯光及监控系统应当满足海关实施全方位24小时监控需要；

6. 具有储存、堆放、装卸海关监管货物的专用设施，并设置明显区分标志；

7. 为海关监管提供相应的安全防护设备；

8. 为海关提供必要的办公场所，办公场所应具备网络、通讯、取暖、降温、休息和卫生等条件。

二、公路转关监管点（如：陆路口岸车检场、直通式监管点、转关车检场、国际物流中心等）设置标准

（一）具有独立的封闭区域；

（二）设立隔离围网（墙），高度不低于2.5米；

（三）建立通道出入卡口，配置符合海关监管要求的卡口设备（电子栏杆、电子读写设备、电子识别设备、电子监控设备、电子地磅等）并与海关联网；

（四）配备电子计算机管理系统，并与海关电子计算机联网，能按照海关要求的格式实现相关电子数据的传送、交换，海关可进入监管场所电子计算机管理系统查询、统计运输工具、货物的停靠、存储位置及相关处理情况；

（五）安装具有存储功能（储存时间不少于3个月）的视频监控系统，供海关对监管场所进行监控，监管场所灯光及监控系统应当满足海关实施全方位24小时监控需要；

（六）具有专门储存、堆放、装卸海关监管货物的仓库、场地及设施，并设置明显区分标志；

（七）提供满足海关查验货物要求的场地，并配备便于海关实施查验的相关设备；

（八）提供存放海关扣留货物的仓库；

（九）根据海关需要，提前预留大型集装箱检查设备等所需的场地和设施；

（十）为海关提供必要的办公场所，办公场所应具备网络、通讯、取暖、降温、休息和卫生等条件。

三、陆路边境口岸监管场所（如：陆路边境口岸车检场、陆路边境口岸海关监管点、陆路边境口岸海关查验场等）设置标准

（一）设立在国家正式批准对外开放的陆路边境口岸海关监管区内，并具有独立的封闭区域；

（二）建立通道出入卡口，配置符合海关监管要求的卡口设备（电子栏杆、电子监控设备、电子地磅等）并与海关联网；

（三）配备电子计算机管理系统，并与海关电子计算机联网，能按照海关要求的格式实现相关电子数据的传送、交换，海关可进入监管场所电子计算机管理系统查询、统计运输工具、货物的停靠、存储位置及相关处理情况；

（四）具有专门储存、堆放、装卸海关监管货物的仓库、场地及设施，并设置明显区分标志；

（五）提供满足海关查验货物要求的场地，并配备便于海关实施查验的相关设备；

（六）根据海关需要，提前预留大型集装箱检查设备等所需的场地和设施；

（七）安装具有存储功能（储存时间不少于3个月）的视频监控系统，供海关对监管场所进行监控，监管场所灯光及监控系统应当满足海关实施全方位24小时监控需要；

（八）提供存放海关扣留货物的仓库；

（九）为海关提供必要的办公场所，办公场所应具备网络、通讯、取暖、降温、休息和卫生等条件。

四、货栈类监管场所设置标准

（一）空运货栈设置标准

1. 具有独立的封闭区域；

2. 设立隔离围网（墙），高度不低于2.5米；

3. 建立通道出入卡口，配置符合海关监管要求的卡口设备（电子栏杆、电子读写设备、电子识别设备、电子监控设备、电子地磅等）并与海关联网；

4. 配备电子计算机管理系统，并与海关电子计算机联网，能按照海关要求的格式实现相关电子数据的传送、交换，海关可进入监管场所电子计算机管理系统查询、统计运输工具、货物的停靠、存储位置及相关处理情况；

5. 安装具有存储功能（储存时间不少于3个月）的视频监控系统，供海关对监管场所进行监控，监管场所灯光及监控系统须满足海关实施全方位24小时监控需要；

6. 具有储存、堆放、装卸海关监管货物的仓库、场地及设施，监管货物按照进口、出口、暂扣、特殊库进行分类存放，不同类别货物应当隔离，并设置明显区分标志；

7. 提供满足海关查验货物要求的场地，并配备便于海关实施查验的相关设备；

8. 为海关提供必要的办公场所，办公场所应具备网络、通讯、取暖、降温、休息和卫生等条件。

（二）铁路货栈设置标准

1. 具有独立的封闭区域；

2. 设立隔离围网（墙），高度不低于2.5米；

3. 建立通道出入卡口，配置符合海关监管要求的设备（电子栏杆、电子监控设备、电子地磅等）并与海关联网；

4. 配备电子计算机管理系统，并与海关

电子计算机联网，能按照海关要求的格式实现相关电子数据的传送、交换，海关可进入监管场所电子计算机管理系统查询、统计运输工具、货物的停靠、存储位置及相关处理情况；

5. 安装具有存储功能（储存时间不少于3个月）的视频监控系统，供海关对监管场所进行监控，监管场所灯光及监控系统应当满足海关实施全方位24小时监控需要；

6. 具有专门储存、堆放、装卸海关监管货物的仓库、场地及设施，并设置明显区分标志；

7. 提供满足海关查验货物要求的场地，并配备便于海关实施查验的相关设备；

8. 根据海关需要，提前预留大型集装箱检查设备等所需的场地和设施；

9. 提供存放海关扣留货物的仓库；

10. 为海关提供必要的办公场所，办公场所应具备网络、通讯、取暖、降温、休息和卫生等条件。

五、堆场类监管场所设置标准

（一）综合性货运堆场（如：集装箱堆场、散杂货堆场等）设置标准

1. 具有独立的封闭区域；

2. 设立隔离围网（墙），高度不低于2.5米；

3. 建立通道出入卡口，配置符合海关监管要求的卡口设备（电子栏杆、电子读写设备、电子识别设备、电子监控设备、电子地磅等）并与海关联网；

4. 配备电子计算机管理系统，并与海关电子计算机联网，能按照海关要求的格式实现相关电子数据的传送、交换，海关可进入监管场所电子计算机管理系统查询、统计运输工具、货物的停靠、存储位置及相关处理情况；

5. 安装具有存储功能（储存时间不少于3个月）的视频监控系统，供海关对监管场所进行监控，监管场所灯光及监控系统应当满足海关实施全方位24小时监控需要；

6. 具有专门储存、堆放、装卸海关监管货物的仓库、场地及设施，并设置明显区分标志；

7. 提供满足海关查验货物要求的场地，并配备便于海关实施查验的相关设备；

8. 提供存放海关扣留货物的仓库；

9. 根据海关需要，提前预留大型集装箱检查设备等所需的场地和设施。自行安装的货物检查设备应与海关联网；

10. 为海关提供必要的办公场所，办公场所应具备网络、通讯、取暖、降温、休息和卫生等条件。

（二）新造集装箱专用堆场设置标准

1. 具有独立的封闭区域；

2. 设立隔离围网（墙），高度不低于2.5米；

3. 建立通道出入卡口，配置符合海关监管要求的卡口设备（电子栏杆、电子监控设备等）并与海关联网；

4. 配备电子计算机管理系统，并与海关电子计算机联网，能按照海关要求的格式实现相关电子数据的传送、交换，海关可进入监管场所电子计算机管理系统查询、统计运输工具、货物的停靠、存储位置及相关处理情况；

5. 安装具有存储功能（储存时间不少于3个月）的视频监控系统，供海关对监管场所进行监控，监管场所灯光及监控系统应当满足海关实施全方位24小时监控需要；

6. 为海关提供必要的办公场所，办公场所应具备网络、通讯、取暖、降温、休息和卫生等条件。

六、仓库类监管场所（如：综合性仓库、航空食品供应库、进口分拨库、出口拼装库、展览品监管仓库等）设置标准

（一）具有独立的封闭区域；

（二）建立通道出入卡口，配置符合海关监管要求的卡口设备（电子栏杆、电子读写设备、电子识别设备、电子监控设备、电子地磅等）并与海关联网；

（三）配备电子计算机管理系统，并与海关电子计算机联网，能按照海关要求的格式实现相关电子数据的传送、交换，海关可进入监管场所电子计算机管理系统查询、统计运输工具、货物的停靠、存储位置及相关处理情况；

（四）安装具有存储功能（储存时间不少于3个月）的视频监控系统，供海关对监管场所进行监控，监管场所灯光及监控系统应当满足海关实施全方位24小时监控需要；

（五）提供满足海关查验货物要求的场地，并配备便于海关实施查验的相关设备；

（六）提供存放海关扣留货物的仓库；

（七）为海关提供必要的办公场所，办公场所应具备网络、通讯、取暖、降温、休息和卫生等条件。

七、储罐类监管场所（如液/气体专用储罐堆场等）设置标准

（一）具有独立的封闭区域；

（二）建立通道出入卡口，配置符合海关监管要求的卡口设备（电子栏杆、电子监控设备等）并与海关联网；

（三）配备电子计算机管理系统，并与海关电子计算机联网，能按照海关要求的格式实现相关电子数据的传送、交换，海关可进入监管场所电子计算机管理系统查询、统计运输工具、货物的停靠、存储位置及相关处理情况；

（四）安装具有存储功能（储存时间不少于3个月）的视频监控系统，供海关对监管场所进行监控，监管场所灯光及监控系统应当满足海关实施全方位24小时监控需要；

（五）储罐应当安装符合海关要求的测量仪器，确保采集数据原始、真实、准确，并与海关联网；

（六）为海关监管提供相应的安全防护设备；

（七）为海关提供必要的办公场所，办公场所应具备网络、通讯、取暖、降温、休息和卫生等条件。

八、快件类监管场所设置标准

（一）具有独立的封闭区域；

（二）建立通道出入卡口，配置符合海关监管要求的设备（电子栏杆、电子读写设备、电子识别设备、电子监控设备、小型电子地磅等）并与海关联网；

（三）配备电子计算机管理系统，并与海关电子计算机联网，能按照海关要求的格式实现相关电子数据的传送、交换，海关可进入监管场所电子计算机管理系统查询、统计运输工具、货物的停靠、存储位置及相关处理情况；

（四）具备自动传输和分拣设备；

（五）安装具有存储功能（储存时间不少于3个月）的视频监控系统，供海关对监管场所进行监控，监管场所灯光及监控系统应当满足海关实施全方位24小时监控需要；

（六）具有专门储存、堆放、装卸海关监管货物的仓库、场地及设施，并设置明显区分标志；

（七）提供满足海关查验货物要求的场地，并配备便于海关实施查验的相关设备；

（八）根据海关需要，提前预留海关监管设备所需的场地和设施；

（九）提供存放海关扣留货物的仓库；

（十）为海关提供必要的办公场所，办公

场所应具备网络、通讯、取暖、降温、休息和卫生等条件。

九、边民互市贸易类监管场所（如：边民互市点、边民互市区、边贸市场等）设置标准

（一）具有明确的界线，建有隔离围网（墙），高度不低于2.5米；

（二）建立通道出入卡口，具备条件时应当配置符合海关监管要求的卡口设备（电子栏杆、电子地磅、电子监控设备等）并与海关联网；

（三）具备条件时应当安装具有存储功能（储存时间不少于3个月）的视频监控系统，供海关对监管场所进行监控，监管场所灯光及监控系统应当满足海关实施全方位24小时监控需要；

（四）为海关提供适当的办公场所和条件，办公场所应当具备网络、通讯、取暖、降温、休息和卫生等条件。

十、台轮停泊点类监管场所设置标准

（一）具有独立的封闭区域；

（二）设立隔离围网（墙），高度不低于2.5米；

（三）建立通道出入卡口，具备条件时应当配置符合海关监管要求的卡口设备（电子栏杆、电子地磅、电子监控设备等）并与海关联网；

（四）具备条件时应当安装具有存储功能（储存时间不少于3个月）的视频监控系统，供海关对监管场所进行监控，监管场所灯光及监控系统应当满足海关实施全方位24小时监控需要；

（五）为海关提供相应的办公场所和条件，办公场所应具备网络、通讯、取暖、降温、休息和卫生等条件。

十一、旅客通关类监管场所（如：出入境旅客陆运、海运、空运港站旅检现场）设置标准

（一）具有独立的封闭区域；

（二）在出境或者入境封闭区域建立出入通道，并分别设置“申报通道”、“无申报通道”、“外交礼遇通道”和“工作人员通道”；

（三）各通道之间相互隔离，符合海关监管要求，各通道内应预留必要的电源、网络接口；

（四）“申报通道”和“无申报通道”纵向划分为申报区、查验区和处理区；

（五）安装具有存储功能（储存时间不少于3个月）的视频监控系统，供海关对监管场所进行监控，监管场所灯光及监控系统应当满足海关实施全方位24小时监控需要；

（六）为海关提供旅客行李查验台、海关法规公告栏（包括电子公告屏），安装海关通道标识及现场隔离设施等；

（七）在出港实行开放式布局，配备具有远程判图和操控的行李系统和五级安检系统，建有相应的网络、设备，实时、准确提供中转旅客电子信息；

（八）为海关提供存放扣留货物、物品的库房；

（九）为海关提供专门开展海关征税、询问、视频监控、毒品检测、印刷品音像制品审查的工作场所及设施，办公场所应当具备网络、通讯、取暖、降温、休息和卫生等条件。

十二、国际邮件类监管场所（如：国际邮件互换局、国际邮件交换站等）设置标准

（一）具有独立的封闭区域；

（二）配备电子计算机管理系统，并与海关电子计算机联网，能按照海关要求的格式实现相关电子数据的传送、交换，海关可进入监管场所电子计算机管理系统查询、统计运输工具、货物的停靠、存储位置及相关处理情况；

（三）安装具有存储功能（储存时间不少于3个月）的视频监控系统，供海关对监管场所进行监控，监管场所灯光及监控系统应当满足海关实施全方位24小时监控需要；

（四）具有专门储存、堆放、装卸海关监管邮件的仓库、场地及设施，并设置明显区分标志；

（五）有满足海关查验邮件要求的场地；

（六）邮件分拣及X光机检查设备应当与海关联网；

（七）根据海关需要，提供海关检查设备所需的场地和设施；

（八）为海关提供存放扣留邮件的库房；

（九）为海关提供接受报关、视频监控、毒品检测、印刷品音像制品审查的工作场所，办公场所应当具备网络、通讯、取暖、降温、休息和卫生等条件。

十三、监管场所内查验场地设置标准

（一）封闭式查验场房。地面高度适合集装箱或者集装箱厢式货车的对接，对接门的尺寸能满足封闭对接需要，方便搬运叉车上下作业。

建设有车辆停靠区、掏箱区、货检X光机检查区，并应当配备相应的装卸设备。

（二）平台式查验场地。查验平台高度适合集装箱车或者集装箱厢式货车的停靠，方便搬运叉车上下作业。

建设有车辆停靠区、掏箱区、货检X光机检查区，并应当配备相应的装卸设备。

中华人民共和国海关保税核查办法

（2008年3月31日海关总署令第173号公布，自2008年6月1日起施行）

第一章 总 则

第一条 为了规范海关保税核查，加强海关对保税业务的监督管理，根据《中华人民共和国海关法》（以下简称《海关法》）以及其他有关法律、行政法规的规定，制定本办法。

第二条 本办法所称的保税核查，是指海关依法对监管期限内的保税加工货物、保税物流货物进行验核查证，检查监督保税加工企业、保税物流企业和海关特殊监管区域、保税监管场所内，保税业务经营行为真实性、合法性的行为。

第三条 保税核查由海关保税监管部门组织实施。

第四条 保税核查应当由两名或者两名以上海关核查人员共同实施。

海关核查人员实施核查时，应当出示海关核查证。海关核查证由海关总署统一制发。

第五条 保税加工企业、保税物流企业以及海关特殊监管区域、保税监管场所经营企业（以下简称被核查人）可以书面向海关提出为其保守商业秘密的要求，并具体列明需要保密的内容。

海关应当按照国家有关规定，妥善保管被核查人提供的涉及商业秘密的资料。

第六条 被核查人应当对保税货物和非保税货物统一记账、分别核算。

被核查人应当按照《中华人民共和国会计法》及有关法律、行政法规的规定，设置规范的财务账簿、报表，记录保税企业的财务状况和有关保税货物的进出口、存储、转移、销售、使用和损耗等情况，如实填写有关单证、账册，凭合法、有效的凭证记账和核算。

被核查人应当在保税货物海关监管期限以及其后3年内保存上述资料。

第七条 海关可以通过数据核实、单证检查、实物盘点、账物核对等形式对被核查人进行实地核查，也可以根据被核查人提交的纸质单证和报送的电子数据进行书面核查。

第二章 保税核查范围

第一节 保税加工业务核查

第八条 海关自保税加工企业向海关申请办理保税加工业务备案手续之日起至海关对保税加工手册核销结案之日止，或者自实施联网监管的保税加工企业电子底账核销周期起始之日起至其电子底账核销周期核销结束之日止，可以对保税加工货物以及相关的保税加工企业开展核查。

第九条 海关对保税加工企业开展核查的，应当核查以下内容：

（一）保税加工企业的厂房、仓库和主要

生产设备，以及法定代表人、主要负责人等企业基本情况与备案资料是否相符；

（二）保税加工企业账册设置是否规范、齐全；

（三）保税加工企业出现分立、合并或者破产等情形的，是否依照规定办理海关手续；

（四）保税加工企业开展深加工结转、外发加工业务的，是否符合海关对深加工结转或者外发加工条件和生产能力的有关规定。

第十条 海关对保税加工货物开展核查的，应当核查以下内容是否与实际情况相符：

（一）保税加工企业申报的进口料件和出口成品的商品名称、商品编码、规格型号、价格、原产地、数量等情况；

（二）保税加工企业申报的单耗情况；

（三）保税加工企业申报的内销保税货物的商品名称、商品编码、规格型号、价格、数量等情况；

（四）保税加工企业申报的深加工结转以及外发加工货物的商品名称、商品编码、规格型号、数量等情况；

（五）保税加工企业申请放弃的保税货物的商品名称、商品编码、规格型号、数量等情况；

（六）保税加工企业申报的受灾保税货物的商品名称、商品编码、规格型号、数量、破损程度以及价值认定等情况；

（七）保税加工企业的不作价设备的名称、数量等情况。

第二节 保税物流业务核查

第十一条 海关自保税物流货物运入海关特殊监管区域、保税监管场所之日起至运出海关特殊监管区域、保税监管场所之日止，可以对保税物流货物以及相关保税物流企业开展核查。

第十二条 海关对保税物流企业进行核查的，应当核查以下内容：

（一）保税物流企业的厂房、仓库以及法定代表人、主要负责人等企业基本情况与备案资料是否相符；

（二）保税物流企业账册设置是否规范、齐全；

（三）保税物流企业出现分立、合并或者破产等情形的，是否依照规定办理海关手续。

第十三条 海关对保税物流货物开展核查的，应当核查以下内容是否与实际情况相符：

（一）保税物流货物的进出、库存、转移、简单加工、使用等情况；

（二）保税物流货物的出售、转让、抵押、质押、留置、移作他用或者进行其他处置情况；

（三）保税物流企业内销保税货物的商品名称、商品编码、规格型号、价格、数量等情况；

（四）保税物流企业申请放弃的保税货物的商品名称、商品编码、规格型号、数量等情况；

（五）保税物流企业申报的受灾保税货物的商品名称、商品编码、规格型号、数量、破损程度以及价值认定等情况。

第三节 海关特殊监管区域、保税监管场所核查

第十四条 海关自海关特殊监管区域、保税监管场所验收合格之日起至其经营期限结束之日止，可以对海关特殊监管区域、保税监管场所管理和经营情况开展核查。

第十五条 海关对海关特殊监管区域开展核查的，应当核查以下内容是否符合有关规定：

（一）海关特殊监管区域隔离设施、监视监控设施情况；

（二）海关特殊监管区域内人员居住和建

立商业性消费设施情况；

（三）海关特殊监管区域管理机构建立计算机公共信息平台情况；

（四）海关特殊监管区域内被核查人应用计算机管理系统情况；

（五）海关特殊监管区域经营企业设置账簿、报表情况。

第十六条 海关应当对保税监管场所开展下列核查：

（一）海关保税监管场所是否专库专用；

（二）海关保税监管场所内被核查人是否应用符合海关监管要求的计算机管理系统，并与海关实行计算机联网；

（三）海关保税监管场所经营企业是否设置符合海关监管要求的账簿、报表等。

第三章 保税核查程序

第一节 核查准备

第十七条 海关实施核查前，应当根据保税企业、保税货物进出口，以及海关特殊监管区域、保税监管场所经营情况，确定被核查人，编制海关核查工作方案。

第十八条 海关实施核查前，应当通知被核查人。

特殊情况下，经海关关长批准，海关可以径行核查。

第十九条 被核查人提供经海关认可的中介机构出具的审计报告，并经海关审核认定的，海关可以对被核查人免于实施保税核查；海关认为必要时，可以委托中介机构参与保税核查。

第二节 核查实施

第二十条 海关核查人员开展核查可以行使下列职权：

（一）查阅、复制被核查人与保税业务有关的合同、发票、单据、账册、业务函电和其他有关资料（以下简称账簿、单证）；

（二）进入被核查人的生产经营场所、货物存放场所，检查与保税业务有关的生产经营情况和货物；

（三）询问被核查人的法定代表人、主要负责人或者其他有关人员与保税业务有关的情况。

第二十一条 被核查人应当接受并配合海关实施保税核查，提供必要的工作条件，如实反映情况，提供海关保税核查需要的有关账簿、单证等纸质资料和电子数据，不得拒绝、拖延、隐瞒。

海关查阅、复制被核查人的有关资料或者进入被核查人的生产经营场所、货物存放场所核查时，被核查人的有关负责人或者其指定的代表应当到场，并按照海关的要求清点账簿、打开货物存放场所、搬移货物或者开启货物包装。

被核查人委托其他机构、人员记账的，被委托人应当与被核查人共同配合海关查阅有关会计资料。

第二十二条 海关在核查过程中提取的有关资料、数据等，应当交由被核查人签字确认。

第二十三条 海关核查结束时，核查人员应当填制“海关保税核查工作记录”（见附件1）并签名。

实地核查的，“海关保税核查工作记录”还应当交由被核查人的有关负责人或者其指定的代表签字或者盖章；拒不签字或者盖章的，海关核查人员应当在“海关保税核查工作记录”上注明。

第三节 核查处理

第二十四条 核查结束后，海关应当对“海关保税核查工作记录”以及相关材料进行归档或者建立电子档案备查。

第二十五条 海关应当在保税核查结束

后15个工作日内作出保税核查结论，并告知被核查人。

发现保税核查结论有错误的，海关应当予以纠正。

第二十六条 海关实施保税核查，发现被核查人存在不符合海关监管要求的，可以采取以下处理方式，并填制“保税核查处理通知书”（见附件2）书面告知被核查人：

（一）责令补办相关手续；

（二）责令限期改正；

（三）责令按照有关规定提供担保。

第二十七条 违反本办法，构成走私行为、违反海关监管规定行为或者其他违反《海关法》行为的，由海关依照《海关法》和《中华人民共和国海关行政处罚实施条例》的有关规定予以处理；构成犯罪的，依法追究刑事责任。

第四章 附 则

第二十八条 本办法下列用语的含义：

“保税企业”，是指经海关备案注册登记，按照保税政策，依法从事保税加工业务、保税物流业务或者经营海关特殊监管区域、保税监管场所的企业。

“保税加工业务”，是指经海关批准，对以来料加工、进料加工或者其他监管方式进出口的保税货物进行研发、加工、装配、制造以及相关配套服务的生产性经营行为。

“保税物流业务”，是指经海关批准，将未办理进口纳税手续或者已办结出口手续的货物在境内流转的服务性经营行为。

第二十九条 本办法由海关总署负责解释。

第三十条 本办法自2008年6月1日起施行。

附件1 海关保税核查工作记录（略）

附件2 保税核查处理通知书（略）

中华人民共和国海关总署公告

2008 年第 1 号

（关于对粮食原粮及其制粉征收出口暂定关税）

经国务院批准，自 2008 年 1 月 1 日至 2008 年 12 月 31 日，对粮食原粮及其制粉征收出口暂定关税，具体税目、税率见附件。

特此公告。

附件　粮食原粮及其制粉出口暂定关税税率表

海关总署

2008 年 1 月 4 日

附件

粮食原粮及其制粉出口暂定关税税率表

序号	税则号列（HS2008）	商品名称	出口暂定关税税率（%）
1	10011000	硬粒小麦	20
2	10019010	种用小麦	20
3	10019090	其他小麦及混合麦	20
4	10020010	种用黑麦	20
5	10020090	其他黑麦	20
6	10030010	种用大麦	20
7	10030090	其他大麦	20
8	10040010	种用燕麦	20
9	10040090	其他燕麦	20
10	10051000	种用玉米	5
11	10059000	其他玉米	5
12	10061011	种用籼米稻谷	5
13	10061019	其他种用稻谷	5
14	10061091	其他籼米稻谷	5
15	10061099	其他稻谷	5
16	10062010	籼米粗米	5
17	10062090	其他糙米	5
18	10063010	籼米精米（不论是否磨光或上光）	5
19	10063090	其他精米（不论是否磨光或上光）	5
20	10064010	籼米碎米	5

续表

序号	税则号列（HS2008）	商品名称	出口暂定关税税率（%）
21	10064090	其他碎米	5
22	10070010	种用食用高粱	5
23	10070090	其他食用高粱	5
24	10081000	荞麦	20
25	10082000	谷子	5
26	10089010	其他种用谷物	5
27	10089090	其他谷物	5
28	11010000	小麦或混合麦的细粉	25
29	11021000	黑麦细粉	25
30	11022000	玉米细粉	10

中华人民共和国海关总署公告

2008 年第 3 号

（关于对粮食出口加征出口关税）

海关总署于今年 1 月 4 日发布 2008 年第 1 号公告，规定自 2008 年 1 月 1 日起至 12 月 31 日止对原粮及其制粉开征出口暂定关税。经国务院批准，上述出口征税政策不适用于出口至香港、澳门和台湾地区自用的原粮及其制粉，对此前已经征收的出口关税准予退还。经商国家发展改革委和商务部，现就具体操作事宜明确如下：

一、如出口原粮及其制粉属配额管理，且其出口许可证“贸易国（地区）”和“目的国（地区）”栏均注明为香港、澳门或台湾地区的，海关不征收出口关税。

对于已经出口至香港、澳门或台湾地区的属配额管理的原粮及其制粉，纳税义务人可以向出口纳税地海关提出退税申请。海关按照前款规定审核确认后办理退税手续。

二、对出口至港澳台地区的不属配额管理的原粮及其制粉，出口企业应向海关提交全额税款保证金或金融机构保函，出口地海关凭保放行货物。

上述出口到港澳台地区的非配额管理的原粮及其制粉不征税和退税操作办法确定后由海关总署另行公告。

特此公告。

海关总署

2008 年 1 月 14 日

中国人民银行、中华人民共和国海关总署公告

2008 年第 3 号

（关于黄金及其制品进入海关特殊监管区域免许可证）

根据《中华人民共和国金银管理条例》（国发〔1983〕95 号文印发）有关规定，现就黄金及其制品进出口准许事宜公告如下：

列入《黄金及其制品进出口管理商品目录》（见附件 1）的货物进出口通关时，海关凭中国人民银行总行或其授权的中国人民银行分支机构签发的“中国人民银行黄金及其制品进出口准许证”（见附件 2），办理验放手续。

保税区、出口加工区及其他海关特殊监管区域、保税监管场所与境外间进出的黄金及其制品，海关特殊监管区域、保税监管场所之间进出的黄金及其制品，免予办理“中国人民银行黄金及其制品进出口准许证”，由海关实施监管。

从保税区、出口加工区及其他海关特殊监管区域、保税监管场所进入境内区外的黄金及其制品，应当办理“中国人民银行黄金及其制品进出口准许证”。

从境内区外进入保税区、出口加工区及其他海关特殊监管区域、保税监管场所的黄金及其制品，应当办理“中国人民银行黄金及其制品进出口准许证”。

本公告自发布之日起执行。

特此公告。

中国人民银行　海关总署

2008 年 1 月 21 日

附件 1　黄金及其制品进出口管理商品目录

附件 2　中国人民银行黄金及其制品进出口准许证

附件 1

黄金及其制品进出口管理商品目录

海关商品编码	商品名称及备注
2843300010	氰化金、氰化金钾（含金 40%）等［（包括氰化亚金（Ⅰ）钾（含金 68.3%）、氰化亚金（Ⅲ）钾（含金 57%）］
2843300090	其他金化合物（不论是否已有化学定义）
7108110000	非货币用金粉
7108120000	非货币用未锻造金（包括镀铂的金）
7108130000	非货币用半制成金（包括镀铂的金）
7108200000	货币用未锻造金（包括镀铂的金）

续表

海关商品编码	商品名称及备注
7112911010	金的废碎料
7113191100	镶嵌钻石的黄金制首饰及其零件（不论是否包、镀其他贵金属）
7113191910	镶嵌濒危物种制品的金首饰及零件（不论是否包、镀其他贵金属）
7113191990	其他黄金制首饰及零件（不论是否包、镀其他贵金属）
7115901020	金制工业、实验室用制品

附件 2

中国人民银行
黄金及其制品进出口准许证

编号：

<table>
<tr><td>企业名称</td><td colspan="5"></td></tr>
<tr><td>进出口事由</td><td colspan="5"></td></tr>
<tr><td>进出口合同号</td><td colspan="2"></td><td>□进境</td><td rowspan="2">口岸</td><td rowspan="2"></td></tr>
<tr><td>增值税票号</td><td colspan="2"></td><td>□出境</td></tr>
<tr><td>品名</td><td>海关商品编码</td><td>件数</td><td>成色（%）</td><td>毛重（克）</td><td>纯重（克）</td></tr>
<tr><td></td><td></td><td></td><td></td><td></td><td></td></tr>
<tr><td></td><td></td><td></td><td></td><td></td><td></td></tr>
<tr><td></td><td></td><td></td><td></td><td></td><td></td></tr>
<tr><td></td><td></td><td></td><td></td><td></td><td></td></tr>
<tr><td></td><td></td><td></td><td></td><td></td><td></td></tr>
<tr><td></td><td></td><td></td><td></td><td></td><td></td></tr>
<tr><td></td><td></td><td></td><td></td><td></td><td></td></tr>
<tr><td></td><td></td><td></td><td></td><td></td><td></td></tr>
<tr><td></td><td></td><td></td><td></td><td></td><td></td></tr>
<tr><td>合计</td><td></td><td></td><td></td><td></td><td></td></tr>
<tr><td>经办人</td><td colspan="3"></td><td colspan="2" rowspan="2">签 发 单 位（盖章）</td></tr>
<tr><td>签发人</td><td colspan="3"></td></tr>
</table>

第一联 海关留存

第二联 签发单位留存

本证有效期限自签发日起至　　年　　月　　日止。

中华人民共和国海关总署公告

2008 年第 17 号

（关于海关特殊监管区域企业双重身份管理问题）

2005 年 5 月 13 日，海关总署印发了 2005 年第 18 号公告（以下简称第 18 号公告），对报关单位的双重身份问题作了规定。考虑到海关特殊监管区域企业（以下称区内企业）的特殊性，为了进一步规范其管理，方便其经营，现就区内企业管理的有关事宜公告如下：

一、今后区内同一企业只拥有一个海关注册登记编码（10 位数）。目前区内企业已经拥有“进出口货物收发货人”和“报关企业”两个编码的，只能从中选择一个作为自己唯一的编码，另一个由海关注销。

二、选择保留“报关企业”编码的，海关保留其“报关企业”登记证书，其可以在区内和区外继续开展代理报关业务，但不得开展自理报关业务；如需跨直属关区开展异地代理报关业务，应当办理跨关区报关注册登记许可手续。

三、选择保留“进出口收发货人”编码的，由海关重新核发新的 10 位数编码，其中第 1 ~6 位号码保持不变，第 7 位统一编号为英文大写字母“K”，颁发新的“报关企业”登记证书，并按照“报关企业”实施分类管理。

对经海关审核完成上述变更后的区内企业，海关视为拥有代理报关和“自理”报关双重功能的报关单位，并按下列规定进行管理：在区内可以同时开展代理和“自理”报关业务；在区外可以开展代理报关业务，但不得开展“自理”报关业务。区外代理报关业务范围和方式同本公告第二条“报关企业”。

四、今后区内无论是首次注册登记的企业，还是已经海关注册登记的企业，申请注册或者变更成为具有代理报关和“自理”报关双重功能报关单位的，海关按照“报关企业”有关规定办理注册或变更登记手续。对此类具有双重功能的报关单位，海关按照本公告第三条规定核发海关编码和报关证书，并进行相应管理。申请变更注册的企业原海关编码和登记证书由海关注销。

五、本公告所称的海关特殊监管区域包括保税区、出口加工区、保税物流园区、保税港区、综合保税区、跨境工业区和国际边境经济合作中心配套区等。

本公告所称的区内企业，是指海关注册登记编码第 5 位为“4”、“5”、“6”、“7”的企业。

在保税物流中心（B 型）开展业务的物流企业，可以比照本公告规定执行。

六、第 18 号公告与本公告规定不一致的，以本公告规定为准。

七、本公告自 2008 年 5 月 1 日起开始施行。

特此公告。

海关总署

2008 年 3 月 12 日

中华人民共和国海关总署公告

2008 年第 21 号

（关于部分进入海关特殊监管区域的产品不征收出口关税）

经国务院批准，国务院关税税则委员会决定，自2008年2月15日起，对部分进入海关特殊监管区域的产品不征收出口关税。现就有关问题公告如下：

一、对境内区外进入所有海关特殊监管区域用于建区和企业厂房基础建设的，属于取消出口退税或加征出口关税的基建物资（以下简称基建物资），入区时不予退税，海关办理登记手续，不征收出口关税。上述基建物资不得离境出口，如在区内未使用完毕的，由海关监管退出区外。

自境外进入区内的基建物资，如运往境内区外的，应按海关对海关特殊监管区域管理的有关规定办理报关纳税手续。

二、对具有保税加工功能的出口加工区、保税港区、综合保税区、珠澳跨境工业区（珠海园区）和中哈霍尔果斯国际边境合作中心（中方配套区域）的区内生产企业在国内（境内区外，下同）采购用于生产出口产品的原材料（清单详见附件，以下简称上述原材料），进区时不征收出口关税。上述原材料未经实质性加工的，不得转让或销售给区内非生产企业（如保税物流、仓储、贸易等企业，下同）、直接出境或以保税方式出区；如出区销往境内区外的，一律照章征收进口关税和进口环节增值税。

以上所称“实质性加工”的标准，按照《中华人民共和国海关关于执行〈非优惠原产地规则中实质性改变标准〉的规定》（海关总署令第122号）执行。

区内非生产企业在境内区外采购进区的上述原材料，不适用上述税收政策。

三、区内生产企业在境内区外采购上述原材料，由区外企业持凭其与区内生产企业签订的原材料正式购销合同，向区内生产企业所在特殊监管区域海关申请办理出口报关手续，并在出口报关单备注栏内注明海关审批可不征收出口关税的证明文书编号，由区内生产企业负责办理进区备案手续。

四、自2008年2月15日至本公告发布之日前，符合本公告规定不征收出口关税的产品，其已征收的出口关税，按照本公告规定补办相关手续后准予退还。

特此公告。

附件　海关特殊监管区内生产企业国内采购入区不征出口关税原材料清单

海关总署

2008年3月31日

附件

海关特殊监管区内生产企业国内采购入区不征出口关税原材料清单

序号	税则号	货品名称（简称）
1	72051000	生铁、镜铁及钢铁颗粒
2	72081000	轧压花纹的热轧卷材
3	72082500	厚度≥4.75mm 其他经酸洗的热轧卷材
4	72082610	屈服强度大于355牛顿/平方毫米，3mm≤厚度<4.75mm 其他经酸洗热轧卷材
5	72082690	其他3mm≤厚度<4.75mm 其他经酸洗热轧卷材
6	72082710	厚度<1.5mm 的其他经酸洗的热轧卷材
7	72082790	其他厚度<3mm 的其他经酸洗的热轧卷材
8	72083600	厚度>10mm 的其他热轧卷材
9	72083700	4.75mm≤厚度≤10mm 的其他热轧卷材
10	72083810	屈服强度大于355牛顿/平方毫米，3mm 厚度<4.75mm 的其他卷材
11	72083890	其他3 mm 厚度<4.75mm 的其他卷材
16	72085120	厚度> 20mm，但不超过50毫米的其他热轧非卷材
17	72085190	其他厚度>10mm 的其他热轧非卷材
18	72085200	4.75mm≤厚度≤10mm 的热轧非卷材
19	72085310	屈服强度大于355牛顿/平方毫米，3mm≤厚度<4.75mm 的热轧非卷材
20	72085390	其他3mm≤厚度<4.75mm 的热轧非卷材
21	72085410	厚度<1.5mm 的热轧非卷材
22	72085490	其他厚度< 3mm 的热轧非卷材
23	72089000	其他热轧铁或非合金钢宽平板轧材
24	72111300	未轧花纹的四面轧制的热轧非卷材
25	72111400	厚度≥4.75mm 的其他热轧板材
31	72122000	电镀锌的铁或非合金钢窄板材
32	72123000	其他镀或涂锌的铁窄板材
33	72124000	涂漆或涂塑的铁或非合金钢窄板材
34	72125000	涂镀其他材料铁或非合金钢窄板材
35	72126000	经包覆的铁或非合金钢窄板材
36	72131000	带有轧制花纹的热轧盘条
37	72132000	其他易切削钢制热轧盘条
38	72139100	直径<14mm 圆截面的其他热轧盘条
39	72139900	其他热轧盘条
40	72142000	热加工带有轧制花纹的条、杆
41	72143000	热加工易切削钢的条、杆
42	72149100	热加工其他矩形截面的条、杆
43	72149900	热加工其他条、杆
44	72151000	冷加工其他易切削钢制条、杆

中华人民共和国商务部、
中华人民共和国海关总署公告

2008 年第 22 号

（关于修订和增补加工贸易禁止类商品目录）

根据2008 年《中华人民共和国进出口税则》和国家宏观调控的要求，商务部和海关总署对已发布的加工贸易禁止类目录进行了修订和增补，现予公布并将有关事项公告如下：

一、2008 年版加工贸易禁止类商品目录共计 1816 个海关商品编码（附件 1），其中包括新增禁止类商品目录 39 个和 2007 年第二批加工贸易禁止类商品目录 598 个（另见附件 2）。

二、新增禁止类目录的商品在 2008 年 5 月 5 日前已经商务主管部门批准的加工贸易业务，允许按规定向海关申请加工贸易备案，并在经审批的合同有效期内执行完毕；以企业为单元管理的联网监管企业允许在 2009 年 4 月 5 日前执行完毕。

上述业务到期仍未执行完毕的不予延期，按加工贸易内销、退运或其他有关规定办理。如需申请内销的，企业须按照《海关总署、财政部、商务部、人民银行、税务总局 2006 年第 52 号公告》第一条第二款规定缴纳缓税利息。

三、本公告也适用于保税区、出口加工区等海关特殊监管区域，但本公告发布之前区内已设立并从事相关商品加工贸易的企业除外。

四、国家已公布的禁止进出口的商品同样适用于加工贸易方式。

五、禁止为种植、养殖等出口产品而进口种子、种苗、种畜、化肥、饲料、添加剂、抗生素等开展加工贸易，禁止开展进口料件属于国家禁止进口商品的加工贸易（如含淫秽内容的废旧书刊，含有害物、放射性物质的工业垃圾等）。

六、按照《中华人民共和国枪支管理法》规定，禁止以加工贸易方式生产、出口仿真枪支。

七、自本公告发布之日起，商务部、海关总署和环保总局 2007 年第 17 号公告和商务部、海关总署 2007 年第 110 号公告所附目录停止执行，过渡期等有关规定按原公告执行。

附件 1　2008 年加工贸易禁止类商品目录

附件 2　2007 年第二批加工贸易禁止类商品目录（禁止出口，2008 年修订）

商务部　海关总署

2008 年 4 月 5 日

附件 1

2008 年加工贸易禁止类商品目录

（含附件 2 所列目录）

序号	商品编码	商品名称	禁止方式		
1	0101101010	改良种用濒危野马	出口		
2	0101102010	改良种用的濒危野驴	出口		
3	0101901010	非改良种用濒危野马	出口		
4	0101909010	非改良种用濒危野驴	出口		
5	0102100010	改良种用濒危野牛	出口		
6	0106191010	其他改良种用濒危野生哺乳动物	出口		
7	0106192010	其他食用濒危野生哺乳动物	出口		
8	0106199010	其他濒危野生哺乳动物	出口		
9	0106391010	其他濒危野生改良种用的鸟	出口		
10	0106392910	其他食用濒危野生鸟	出口		
11	0106399010	其他濒危野生鸟	出口		
12	0106901110	改良种用濒危蛙苗	出口		
13	0106901910	其他改良种用濒危野生动物	出口		
14	0106902010	其他濒危野生食用动物	出口		
15	0106909010	其他濒危野生动物	出口		
16	0205000010	鲜、冷或冻的濒危野马、野驴肉	出口		
17	0207142100	冻的鸡翼		进口	
18	0207142200	冻的鸡爪		进口	
19	0207142900	冻的其他食用鸡杂碎		进口	
20	0207270000	冻的火鸡块及杂碎		进口	
21	0208109010	鲜、冷或冻濒危野兔肉及其食用杂碎	出口		
22	0208909010	其他鲜、冷或冻的濒危野生动物肉	出口		
23	0301100060	观赏用其他濒危鱼	出口		
24	0301921010	花鳗鲡鱼苗			进出口
25	0301921090	其他鳗鱼苗			进出口
26	0301931010	濒危鲤鱼苗	出口		
27	0301939010	活濒危鲤鱼	出口		
28	0301991910	其他濒危鱼苗	出口		
29	0301999910	其他濒危活鱼	出口		
30	0302699010	其他未列名濒危鲜、冷鱼	出口		
31	0302700010	鲜或冷濒危鱼种的肝及鱼卵	出口		
32	0302650010	鲜或冷鲸鲨、噬人鲨、姥鲨（出口加工区、保税区除外，但不得深加工结转和外发加工）		进口	

续表

序号	商品编码	商品名称	禁止方式		
33	0302650090	其他鲜或冷角鲨及其他鲨鱼（出口加工区、保税区除外，但不得结转和外发加工）		进口	
34	0303750010	冻鲸鲨、噬人鲨、姥鲨（出口加工区、保税区除外，但不得结转和外发加工）		进口	
35	0303750090	其他冻角鲨及其他鲨鱼（出口加工区、保税区除外，但不得结转和外发加工）		进口	
36	0303799010	其他未列名濒危冻鱼	出口		
37	0303800010	冻濒危鱼种的肝及鱼卵	出口		
38	0304190010	其他鲜或冷的濒危鱼片及其他鱼肉	出口		
39	0304299010	冻的其他濒危鱼片	出口		
40	0304990010	濒危鱼类其他冻鱼肉	出口		
41	0305200010	干、熏、盐制的濒危鱼种肝、卵	出口		
42	0305300010	干或盐制濒危鱼类的鱼片	出口		
43	0305592010	干鲸鲨、噬人鲨、姥鲨鱼翅（出口加工区、保税区除外，但不得结转和外发加工）		进口	
44	0305592090	其他干鱼翅（出口加工区、保税区除外，但不得深加工结转和外发加工）		进口	
45	0305599010	其他濒危干鱼	出口		
46	0305699010	盐腌及盐渍的其他濒危鱼	出口		
47	0307601010	濒危蜗牛及螺种苗	出口		
48	0307609010	其他濒危蜗牛及螺	出口		
49	0307911010	濒危水生无脊椎动物的种苗	出口		
50	0307919910	其他濒危活、鲜、冷水生无脊椎动物	出口		
51	0307999010	其他冻干盐制濒危水生无脊椎动物	出口		
52	0407001010	种用濒危野禽蛋	出口		
53	0407002910	其他带壳鲜濒危野鸟卵	出口		
54	0407009910	其他腌制或煮过的带壳濒危野鸟卵	出口		
55	0410001000	燕窝（出口加工区、保税区除外，但不得深加工结转和外发加工）		进口	
56	0410009010	其他编号未列名濒危野生动物产品	出口		
57	0502901910	濒危獾毛及其他制刷用濒危兽毛	出口		
58	0502902010	濒危獾毛及其他制刷濒危兽毛废料	出口		
59	0505100010	填充用濒危野生禽类羽毛、羽绒	出口		
60	0505909010	其他濒危野生禽类羽毛、羽绒	出口		
61	0506100000	经酸处理的骨胶原及骨			进出口
62	0506901110	含牛羊成分的骨废料			进出口
63	0506901190	含牛羊成分的骨粉			进出口
64	0506901910	其他骨废料			进出口

续表

序号	商品编码	商品名称	禁止方式		
65	0506901990	其他骨粉			进出口
66	0506909021	已脱胶的豹骨			进出口
67	0506909029	未脱胶的豹骨			进出口
68	0506909031	已脱胶的濒危野生动物的骨及角柱			进出口
69	0506909039	未脱胶的濒危野生动物的骨及角柱			进出口
70	0506909091	已脱胶的其他骨及角柱			进出口
71	0506909099	未脱胶的其他骨及角柱			进出口
72	0507100020	其他濒危野生兽牙、兽牙粉末及废料	出口		
73	0507901000	羚羊角及其粉末和废料			进出口
74	0507902000	鹿茸及其粉末（出口加工区、保税区除外，但不得结转和外发加工）		进口	
75	0507909000	龟壳、鲸须、鲸须毛、鹿角及其他角			进出口
76	0508001010	珊瑚及濒危水产品的粉末、碎料			进出口
77	0508001090	其他水产品壳、骨的粉末及废料			进出口
78	0508009010	珊瑚及濒危水产品的壳、骨			进出口
79	0508009090	其他水产品的壳、骨			进出口
80	0510009010	其他濒危野生动物胆汁及其他产品	出口		
81	0511100010	濒危野生牛的精液	出口		
82	0511911110	濒危鱼的受精卵	出口		
83	0511911910	濒危鱼的非食用产品	出口		
84	0511919010	濒危水生无脊椎动物产品	出口		
85	0511991010	濒危野生动物精液（牛的精液除外）	出口		
86	0511992010	濒危野生动物胚胎	出口		
87	0511999010	其他编号未列名濒危野生动物产品	出口		
88	0601109191	种用休眠其他濒危植物鳞茎等	出口		
89	0601109991	其他休眠濒危植物鳞茎等	出口		
90	0601200091	生长或开花的其他濒危植物鳞茎等	出口		
91	0602100010	濒危植物的无根插枝及接穗	出口		
92	0602909991	其他濒危活植物	出口		
93	0603190010	鲜的濒危植物插花及花蕾	出口		
94	0603900010	干或染色等加工濒危插花及花蕾	出口		
95	0604910010	鲜濒危植物枝、叶或其他部分，草	出口		
96	0604990010	染色或经加工濒危枝、叶、草等	出口		
97	0714909091	含高淀粉或菊粉其他濒危类似根茎	出口		
98	0802903020	鲜或干的其他濒危松子仁	出口		
99	0802909020	鲜或干的其他濒危松子	出口		
100	0811909022	冷冻的其他濒危松子	出口		

续表

序号	商品编码	商品名称	禁止方式		
101	0812900022	暂时保存的其他濒危松子	出口		
102	1211201000	鲜或干的西洋参（出口加工区、保税区除外，但不得结转和外发加工）		进口	
103	1211903500	鲜或干的青蒿			进出口
104	1211903991	其他主要用作药料鲜或干濒危植物	出口		
105	1211905091	主要用作香料的濒危植物	出口		
106	1211909991	其他鲜或干杀虫、杀菌用濒危植物	出口		
107	1212999910	其他供人食用濒危植物产品	出口		
108	1301904010	濒危松科植物的松脂	出口		
109	1301909091	其他濒危植物的天然树胶、树脂	出口		
110	1302199013	供制农药用的濒危植物液汁及浸膏	出口		
111	1302199097	其他濒危植物液汁及浸膏	出口		
112	1302399010	未列名濒危植物胶液及增稠剂	出口		
113	1401200010	濒危藤	出口		
114	1504300010	濒危哺乳动物的油、脂及其分离品	出口		
115	1506000010	其他濒危动物为原料制取的脂肪	出口		
116	1601001010	濒危野生动物肉、杂碎，血制天然肠衣香肠	出口		
117	1601002010	濒危野生动物肉、杂碎，血制其他肠衣香肠	出口		
118	1601003010	用含濒危野生动物成分的香肠制的食品	出口		
119	1602100010	含濒危野生动物成分的均化食品	出口		
120	1602501010	含濒危野牛肉的罐头	出口		
121	1602509010	其他制作或保藏濒危野牛肉、杂碎	出口		
122	1602901010	其他濒危野生动物肉及杂碎罐头	出口		
123	1602909010	制作或保藏其他濒危野生动物肉	出口		
124	1603000010	含濒危野生动物及鱼类成分的肉	出口		
125	1604199010	制作或保藏的濒危鱼类	出口		
126	1604201910	非整条或切块的濒危鱼罐头	出口		
127	1604209910	其他制作或保藏的濒危鱼	出口		
128	1605909010	其他制作或保藏的濒危软体动物	出口		
129	2106903010	含濒危植物成分的蜂王浆制剂	出口		
130	2106909010	含濒危动植物成分的其他编号未列名食品	出口		
131	1703100000	甘蔗糖蜜		进口	
132	1703900000	其他糖蜜		进口	
133	2103901000	味精			进出口
134	2201101000	未加糖及未加味的矿泉水			进出口
135	2201909000	其他水、冰及雪			进出口
136	2202100010	含濒危植物成分加味、加糖或其他甜物质水	出口		

续表

序号	商品编码	商品名称	禁止方式		
137	2202900011	含濒危植物成分散装无酒精饮料	出口		
138	2202900091	含濒危植物成分其他包装无酒精饮料	出口		
139	2207100000	酒精浓度在80%及以上的未改性乙醇			进出口
140	2207200010	任何浓度的改性乙醇			进出口
141	2207200090	任何浓度的其他酒精			进出口
142	2208909021	含濒危野生动植物成分的薯类蒸馏酒	出口		
143	2208909091	含濒危野生动植物成分的其他蒸馏酒及酒精饮料	出口		
144	2501001100	食用盐	出口		
145	2501001900	其他盐	出口		
146	2501002000	纯氯化钠	出口		
147	2502000000	未焙烧的黄铁矿			进出口
148	2503000000	各种硫磺	出口		
149	2504101000	鳞片状天然石墨	出口		
150	2504109000	其他粉末或粉片状天然石墨	出口		
151	2504900000	其他天然石墨	出口		
152	2505100000	硅砂及石英砂（进口加工非7202铁合金产品除外）	出口		
153	2505900010	标准砂	出口		
154	2505900000	其他天然砂	出口		
155	2506100000	石英（天然砂除外）	出口		
156	2506200000	石英岩	出口		
157	2507001000	不论是否煅烧的高岭土	出口		
158	2507009000	不论是否煅烧的其他高岭土类似土	出口		
159	2508100000	膨润土	出口		
160	2508300000	耐火黏土	出口		
161	2508400000	其他黏土	出口		
162	2508500000	红柱石，蓝晶石及硅线石	出口		
163	2508600000	富铝红柱石	出口		
164	2508700010	火泥	出口		
165	2508700090	第纳斯土	出口		
166	2509000000	白垩	出口		
167	2510101000	未碾磨磷灰石			进出口
168	2510109000	其他未碾磨天然磷酸钙（包括天然磷酸铝钙及磷酸盐白垩）			进出口
169	2510201000	已碾磨磷灰石			进出口
170	2510209000	其他已碾磨天然磷酸钙（包括天然磷酸铝钙及磷酸盐白垩）			进出口
171	2511100000	天然硫酸钡（重晶石）	出口		
172	2511200000	天然碳酸钡（毒重石）	出口		

续表

序号	商品编码	商品名称	禁止方式		
173	2512001000	硅藻土	出口		
174	2512009000	其他硅质化石粗粉及类似的硅质土	出口		
175	2513100000	浮石	出口		
176	2513200000	刚玉岩、天然刚玉砂等天然磨料	出口		
177	2514000000	板岩		进口	
178	2515110000	原状或粗加修整的大理石及石灰华	出口		
179	2515120000	矩形大理石及石灰华	出口		
180	2515200000	其他石灰质碑用或建筑用石；蜡石	出口		
181	2516110000	原状或粗加修整花岗岩	出口		
182	2516120000	矩形花岗岩	出口		
183	2516200001	原状或粗加修整砂岩	出口		
184	2516200090	矩形砂岩	出口		
185	2516900000	其他碑用或建筑用石	出口		
186	2517100000	卵石，砾石及碎石，圆石子及燧石		进口	
187	2517410000	大理石碎粒、碎屑及粉末		进口	
188	2517490000	品目 25.15 及 26.16 所列其他石碎粒等		进口	
189	2518100000	未煅烧白云石	出口		
190	2518200000	已煅烧白云石	出口		
191	2518300000	夯混白云石	出口		
192	2519100000	天然碳酸镁（菱镁矿）	出口		
193	2519901000	熔凝镁氧矿	出口		
194	2519902000	烧结镁氧矿（重烧镁）	出口		
195	2519903000	碱烧镁（轻烧镁）	出口		
196	2519909100	化学纯氧化镁	出口		
197	2519909910	其他氧化镁含量在 70% 以上的矿产品	出口		
198	2519909990	其他氧化镁	出口		
199	2520100000	生石膏、硬石膏	出口		
200	2520201000	牙科用熟石膏	出口		
201	2520209000	其他熟石膏	出口		
202	2521000000	石灰石助熔剂，石灰石及其他钙石		进口	
203	2522100000	生石灰		进口	
204	2522200000	熟石灰		进口	
205	2522300000	水硬石灰		进口	
206	2523100000	水泥熟料	出口		
207	2523210000	白水泥，不论是否人工着色	出口		
208	2523290000	其他硅酸盐水泥	出口		

续表

序号	商品编码	商品名称	禁止方式		
209	2523300000	矾土水泥	出口		
210	2523900000	其他水凝水泥	出口		
211	2525100000	原状云母及劈开的云母片	出口		
212	2525200000	云母粉	出口		
213	2525300000	云母废料	出口		
214	2526101000	未破碎及未研粉的天然冻石	出口		
215	2526102000	未破碎及未研粉的滑石	出口		
216	2526201000	已破碎或已研粉的天然冻石	出口		
217	2526202000	已破碎或已研粉的滑石	出口		
218	2528100000	天然硼砂及其精矿	出口		
219	2528900000	其他天然硼酸盐及精矿；天然粗硼酸，含硼酸干重不超 85%	出口		
220	2529100000	长石	出口		
221	2529210000	按重量计氟化钙含量≤97%的萤石	出口		
222	2529220000	按重量计氟化钙含量>97%的萤石	出口		
223	2529300000	白榴石、霞石及霞石正长岩	出口		
224	2530101000	未膨胀的绿泥石	出口		
225	2530102000	未膨胀的蛭石及珍珠岩	出口		
226	2530200000	硫镁矾矿及泻盐矿（天然硫酸镁）	出口		
227	2530901000	矿物性药材	出口		
228	2530902000	稀土金属矿			进出口
229	2530909100	硅灰石	出口		
230	2530909910	废镁砖	出口		
231	2530909920	叶蜡石	出口		
232	2530909901	天青石	出口		
233	2530909990	其他矿产品	出口		
234	2601111000	未烧结铁矿砂及其精矿（非钢铁冶炼行业除外）		进口	
235	2601112000	未烧结铁矿砂及其精矿（非钢铁冶炼行业除外）		进口	
236	2601119000	其他未烧结铁矿砂及其精矿（非钢铁冶炼行业除外）		进口	
237	2601120000	已烧结铁矿砂及其精矿（非钢铁冶炼行业除外）		进口	
238	2601200000	焙烧黄铁矿（非钢铁冶炼行业除外）		进口	
239	2602000000	锰矿砂及其精矿		进口	
240	2603000010	铜矿砂及其精矿		进口	
241	2603000090	铜矿砂及其精矿		进口	
242	2604000001	镍矿砂及其精矿（黄金价值部分）		进口	
243	2604000090	镍矿砂及其精矿（非黄金价值部分）		进口	
244	2605000001	钴矿砂及其精矿（黄金价值部分）		进口	

续表

序号	商品编码	商品名称	禁止方式		
245	2605000090	钴矿砂及其精矿（非黄金价值部分）		进口	
246	2606000000	铝矿砂及其精矿（非电解铝和氧化铝生产除外）		进口	
247	2607000001	铅矿砂及其精矿（黄金价值部分）		进口	
248	2607000090	铅矿砂及其精矿（非黄金价值部分）		进口	
249	2608000001	灰色饲料氧化锌		进口	
250	2608000090	其他锌矿砂及其精矿		进口	
251	2609000000	锡矿砂及其精矿		进口	
252	2610000000	铬矿砂及其精矿		进口	
253	2611000000	钨矿砂及其精矿		进口	
254	2612100000	铀矿砂及其精矿		进口	
255	2612200000	钍矿砂及其精矿		进口	
256	2613100000	已焙烧钼矿砂及其精矿		进口	
257	2613900000	其他钼矿砂及其精矿		进口	
258	2614000000	钛矿砂及其精矿		进口	
259	2615100000	锆矿砂及其精矿		进口	
260	2615901000	水合钽铌原料		进口	
261	2615909010	铌、钽精矿及其矿砂		进口	
262	2615909090	钒矿砂、钒精矿		进口	
263	2616100000	银矿砂及其精矿		进口	
264	2616900001	黄金矿砂		进口	
265	2616900009	其他贵金属矿砂及其精矿		进口	
266	2617101000	生锑（锑精矿、选矿产品）		进口	
267	2617109000	其他锑矿砂及其精矿		进口	
268	2617901000	朱砂、辰砂		进口	
269	2617909000	其他矿砂及其精矿		进口	
270	2618001000	主要含锰的冶炼钢铁产生的粒状熔渣		进口	
271	2618009000	其他的冶炼钢铁产生的粒状熔渣		进口	
272	2619000010	轧钢产生的氧化皮		进口	
273	2619000020	冶炼钢铁所产生的含钒浮渣、熔渣		进口	
274	2619000090	冶炼钢铁产生的其他熔渣、浮渣及其他废料		进口	
275	2620110000	含硬锌的矿灰及残渣		进口	
276	2620190000	含其他锌的矿灰及残渣		进口	
277	2620400000	主要含铝的矿灰及残渣		进口	
278	2620999010	含五氧化二钒 >10% 的矿灰及残渣		进口	
279	2621900000	其他矿渣及矿灰		进口	
280	2701110010	无烟煤			进出口

续表

序号	商品编码	商品名称	禁止方式		
281	2701110090	无烟煤滤料			进出口
282	2701121000	炼焦烟煤			进出口
283	2701129000	其他烟煤			进出口
284	2701190000	其他煤			进出口
285	2701200000	煤砖、煤球及类似用煤制固体燃料			进出口
286	2702100000	褐煤			进出口
287	2702200000	制成型的褐煤			进出口
288	2703000000	泥煤（包括肥料用泥煤）			进出口
289	2704001000	焦炭或半焦炭			进出口
290	2704009000	甑炭			进出口
291	2705000000	煤气、水煤气、炉煤气及类似气体			进出口
292	2706000000	从煤、褐煤、或泥煤蒸馏所得的焦油及矿物焦油			进出口
293	2707100000	粗苯	出口		
294	2707200000	粗甲苯	出口		
295	2707300000	粗二甲苯	出口		
296	2707400000	萘	出口		
297	2707500000	其他芳烃混合物	出口		
298	2707910000	杂酚油	出口		
299	2707991000	酚	出口		
300	2707999000	蒸馏煤焦油所得的其他产品	出口		
301	2708100000	沥青			进出口
302	2708200001	针状沥青焦			进出口
303	2708200090	其他沥青焦			进出口
304	2710111000	车用汽油及航空汽油		进口	
305	2710113000	橡胶溶剂油、油漆溶剂油、抽提溶剂油	出口		
306	2710119101	壬烯	出口		
307	2710119190	其他壬烯	出口		
308	2710119910	异戊烯同分异构体混合物	出口		
309	2710119990	其他轻油及制品	出口		
310	2710191100	航空煤油		进口	
311	2710191200	灯用煤油		进口	
312	2710191910	正构烷烃（C9－C13）	出口		
313	2710192100	轻柴油		进口	
314	2710192200	5－7燃料油			进出口
315	2710192910	蜡油			进出口
316	2710192920	重柴油			进出口

续表

序号	商品编码	商品名称	禁止方式		
317	2710192990	其他柴油及燃料油			进出口
318	2710199900	其他重油，其他重油制品			进出口
319	2710191990	其他煤油馏分的油及制品	出口		
320	2711110000	液化天然气			进出口
321	2711120000	液化丙烷			进出口
322	2711131000	直接灌注香烟打火机等用液化丁烷			进出口
323	2711139000	其他液化丁烷			进出口
324	2711140000	液化的乙烯、丙烯、丁烯及丁二烯			进出口
325	2711191000	其他直接灌注打火机等用液化燃料			进出口
326	2711199000	其他液化石油气及烃类气		进口	
327	2711210000	气态天然气			进出口
328	2711290000	其他气态石油气及烃类气		进口	
329	2713111000	硫的重量百分比小于3%的未煅烧石油焦		进口	
330	2713119000	其他未煅烧石油焦		进口	
331	2713121001	已煅烧针状石油焦		进口	
332	2713121090	其他已煅烧石油焦		进口	
333	2713129000	其他已煅烧石油焦		进口	
334	2713200000	石油沥青		进口	
335	2713900000	其他石油等矿物油类的残渣			进出口
336	2714100000	沥青页岩、油页岩及焦油砂			进出口
337	2714901000	天然沥青（地沥青）			进出口
338	2714902000	乳化沥青			进出口
339	2714909000	沥青岩			进出口
340	2715000000	天然沥青等为基本成分沥青混合物			进出口
341	2801100000	氯	出口		
342	2801200000	碘	出口		
343	2801301000	氟	出口		
344	2801302000	溴	出口		
345	2802000000	升华、沉淀、胶态硫磺	出口		
346	2803000000	碳	出口		
347	2804100000	氢	出口		
348	2804210000	氩	出口		
349	2804290000	其他稀有气体	出口		
350	2804300000	氮	出口		
351	2804400000	氧	出口		
352	2804500010	颗粒 < 500μm 的硼及其合金	出口		

续表

序号	商品编码	商品名称	禁止方式		
353	2804500020	能量密度 >40MJ/kg 的硼浆	出口		
354	2804500090	[illegible]RPG及其他硼	出口		
355	2804690000	其他含硅量 <99.99% 的硅			进出口
356	2804701000	黄磷（白磷）			进出口
357	2804709010	红磷			进出口
358	2804709090	其他磷			进出口
359	2804800000	砷	出口		
360	2804909000	其他硒	出口		
361	2805110000	钠	出口		
362	2805120010	高纯度钙	出口		
363	2805120090	其他钙	出口		
364	2805190000	其他碱金属及碱土金属	出口		
365	2805301100	钕，未相混合或相互熔合	出口		
366	2805301200	镝，未相混合或相互熔合	出口		
367	2805301300	铽	出口		
368	2805301911	金属镧	出口		
369	2805301912	金属镨	出口		
370	2805301913	金属钐	出口		
371	2805301914	金属铕	出口		
372	2805301915	金属钪	出口		
373	2805301916	金属钇	出口		
374	2805301921	颗粒 <500μm 的铈及其合金	出口		
375	2805301929	其他金属铈	出口		
376	2805301990	其他稀土金属	出口		
377	2805302100	电池级稀土金属、钪及钇，已相互混合或熔合	出口		
378	2805302900	其他稀土金属、钪及钇，已相混合或相互熔合	出口		
379	2805400000	汞	出口		
380	2806100000	氯化氢（盐酸）	出口		
381	2806200000	氯磺酸	出口		
382	2807000010	硫酸	出口		
383	2807000090	发烟硫酸	出口		
384	2808000010	红发烟硝酸	出口		
385	2808000090	磺硝酸及其他硝酸	出口		
386	2809100000	五氧化二磷	出口		
387	2809201100	食品级磷酸	出口		
388	2809201900	其他磷酸及偏磷酸、焦磷酸	出口		

续表

序号	商品编码	商品名称	禁止方式		
389	2809209000	其他多磷酸	出口		
390	2810001000	硼的氧化物	出口		
391	2810002000	硼酸	出口		
392	2811110000	氢氟酸	出口		
393	2811191000	氢氰酸	出口		
394	2811199010	氢碘酸	出口		
395	2811199020	砷酸、焦砷酸、偏砷酸	出口		
396	2811199090	其他无机酸	出口		
397	2811210000	二氧化碳	出口		
398	2811220000	二氧化硅	出口		
399	2811290010	三氧化二砷、五氧化二砷	出口		
400	2811290020	四氧化二氮	出口		
401	2811290090	其他非金属无机氧化物	出口		
402	2812103000	碳酰二氯（光气）	出口		
403	2812104100	一氯化硫（氯化硫）	出口		
404	2812104200	二氯化硫	出口		
405	2812104300	三氯化磷	出口		
406	2812104400	三氯化砷	出口		
407	2812104500	五氯化磷	出口		
408	2812104900	其他非金属氯化物	出口		
409	2812109000	其他非金属氯氧化物	出口		
410	2812900010	三氟化氯	出口		
411	2812900020	三氟化砷、三溴化砷、三碘化砷	出口		
412	2812900030	硫酰氟	出口		
413	2812900090	其他非金属卤化物及卤氧化物	出口		
414	2813100000	二硫化碳	出口		
415	2813900010	五硫化二磷	出口		
416	2813900090	其他非金属硫化物、三硫化二磷	出口		
417	2814100000	氨	出口		
418	2814200000	氨水	出口		
419	2815110000	固体氢氧化钠	出口		
420	2815120000	氢氧化钠水溶液、液体烧碱	出口		
421	2815300000	过氧化钠及过氧化钾	出口		
422	2816100000	氢氧化镁及过氧化镁	出口		
423	2816400000	锶或钡的氧化物、氢氧化物	出口		
424	2817001000	氧化锌	出口		

续表

序号	商品编码	商品名称	禁止方式		
425	2817009000	过氧化锌	出口		
426	2818101000	棕刚玉	出口		
427	2818109000	其他人造刚玉	出口		
428	2818200000	氧化铝（非电解铝行业除外）		进口	
429	2818300000	氢氧化铝	出口		
430	2819100000	三氧化铬	出口		
431	2819900000	其他铬的氧化物及氢氧化物	出口		
432	2820100000	二氧化锰	出口		
433	2820900000	其他锰的氧化物	出口		
434	2821100000	铁的氧化物及氢氧化物	出口		
435	2821200000	土色料	出口		
436	2823000000	钛的氧化物	出口		
437	2824100000	一氧化铅（铅黄、黄丹）	出口		
438	2824901000	铅丹及铅橙［四氧化（三）铅］	出口		
439	2824909000	其他铅的氧化物	出口		
440	2825109000	其他肼、胲及其无机盐	出口		
441	2825201000	氢氧化锂	出口		
442	2825209000	锂的氧化物	出口		
443	2825301000	五氧化二钒	出口		
444	2825309000	其他钒的氧化物及氢氧化物	出口		
445	2825400000	镍的氧化物及氢氧化物	出口		
446	2825500000	铜的氧化物及氢氧化物	出口		
447	2825600001	锗的氧化物	出口		
448	2825600090	二氧化锆	出口		
449	2825700000	钼的氧化物及氢氧化物	出口		
450	2825800000	锑的氧化物	出口		
451	2825901100	钨酸	出口		
452	2825901200	三氧化钨	出口		
453	2825901910	蓝色氧化钨	出口		
454	2825901990	其他钨的氧化物及氢氧化物	出口		
455	2825909000	其他金属的氧化物及氢氧化物	出口		
456	2826120000	氟化铝	出口		
457	2826191010	氟化氢铵	出口		
458	2826191090	其他铵的氟化物	出口		
459	2826192010	氟化钠	出口		
460	2826192020	氟化氢钠	出口		

续表

序号	商品编码	商品名称	禁止方式		
461	2826192090	其他钠的氟化物	出口		
462	2826199010	氟化钾	出口		
463	2826199020	氟化氢钾	出口		
464	2826199030	氟化铅、四氟化铅、氟化镉	出口		
465	2826199090	其他氟化物	出口		
466	2826901000	氟硅酸盐	出口		
467	2826909001	六氟磷酸锂	出口		
468	2826909010	氟钽酸钾	出口		
469	2826909090	氟铝酸盐及其他氟络盐	出口		
470	2827101000	肥料用氯化铵	出口		
471	2827109000	非肥料用氯化铵	出口		
472	2827200000	氯化钙	出口		
473	2827310000	氯化镁	出口		
474	2827320000	氯化铝	出口		
475	2827350000	氯化镍	出口		
476	2827391000	氯化锂	出口		
477	2827392000	氯化钡	出口		
478	2827410000	铜的氯氧化物及氢氧基氯化物	出口		
479	2827490000	其他氯氧化物及氢氧基氯化物	出口		
480	2827510000	溴化钠及溴化钾	出口		
481	2827590000	其他溴化物及溴氧化物	出口		
482	2827600000	碘化物及碘氧化物	出口		
483	2828100000	商品次氯酸钙及其他钙的次氯酸盐	出口		
484	2828900000	次溴酸盐、亚氯酸盐、其他次氯酸盐	出口		
485	2829110000	氯酸钠	出口		
486	2829191000	氯酸钾（洋硝）	出口		
487	2829199000	其他氯酸盐	出口		
488	2829900010	颗粒 $<500\mu m$ 的球形高氯酸铵	出口		
489	2829900090	其他高氯酸盐，溴酸盐等	出口		
490	2830101000	硫化钠	出口		
491	2830109000	其他钠的硫化物	出口		
492	2830902000	硫化锑	出口		
493	2830903000	硫化钴	出口		
494	2830909000	其他硫化物、多硫化物	出口		
495	2831101000	钠的连二亚硫酸盐	出口		
496	2831102000	钠的次硫酸盐	出口		

续表

序号	商品编码	商品名称	禁止方式		
497	2831900000	其他连二亚硫酸盐及次硫酸盐	出口		
498	2832100000	钠的亚硫酸盐	出口		
499	2832200000	其他亚硫酸盐	出口		
500	2832300000	硫代硫酸盐	出口		
501	2833110000	硫酸二钠	出口		
502	2833190000	钠的其他硫酸盐	出口		
503	2833210000	硫酸镁	出口		
504	2833220000	硫酸铝	出口		
505	2833240000	镍的硫酸盐	出口		
506	2833250000	铜的硫酸盐	出口		
507	2833270000	硫酸钡	出口		
508	2833291000	硫酸亚铁	出口		
509	2833292000	铬的硫酸盐	出口		
510	2833293000	硫酸锌	出口		
511	2833301000	钾铝矾	出口		
512	2833309000	其他矾	出口		
513	2833400000	过硫酸盐	出口		
514	2834100000	亚硝酸盐	出口		
515	2834211000	肥料用硝酸钾	出口		
516	2834219000	非肥料用硝酸钾	出口		
517	2834291000	硝酸钴	出口		
518	2834299001	硝酸钡	出口		
519	2834299090	其他硝酸盐	出口		
520	2835310000	三磷酸钠（三聚磷酸钠）	出口		
521	2836200000	碳酸钠（纯碱）	出口		
522	2836300000	碳酸氢钠（小苏打）	出口		
523	2836400000	钾的碳酸盐	出口		
524	2836500000	碳酸钙	出口		
525	2836600000	碳酸钡	出口		
526	2836910000	锂的碳酸盐	出口		
527	2836920000	锶的碳酸盐	出口		
528	2836991000	碳酸镁	出口		
529	2836994000	商品碳酸铵及其他铵的碳酸盐	出口		
530	2836999000	其他碳酸盐及过碳酸盐	出口		
531	2837111000	氰化钠	出口		
532	2837112000	氧氰化钠	出口		

续表

序号	商品编码	商品名称	禁止方式		
533	2837191000	氰化钾	出口		
534	2837199011	氰化锌、氰化亚铜、氰化铜	出口		
535	2837199012	氰化镍、氰化钙	出口		
536	2837199013	氰化钡、氰化镉、氰化铅	出口		
537	2837199014	氰化钴	出口		
538	2837199090	其他氰化物及氧氰化物	出口		
539	2837200011	氰化镍钾、氰化钠铜锌	出口		
540	2837200012	氰化亚铜（三）钠、氰化亚铜（三）钾	出口		
541	2837200090	其他氰络合物	出口		
542	2839190000	其他钠盐	出口		
543	2839900010	硅酸铅	出口		
544	2839900090	其他硅酸盐、商品碱金属硅酸盐	出口		
545	2840190000	其他四硼酸钠	出口		
546	2840200000	其他硼酸盐	出口		
547	2840300000	过硼酸盐	出口		
548	2841300000	重铬酸钠	出口		
549	2841500000	其他铬酸盐及重铬酸盐、过铬酸盐	出口		
550	2841610000	高锰酸钾	出口		
551	2841690000	亚锰酸盐、锰酸盐及其他高锰酸盐	出口		
552	2841701000	钼酸铵	出口		
553	2841709000	其他钼酸盐	出口		
554	2841802000	钨酸钠	出口		
555	2841803000	钨酸钙	出口		
556	2841804000	偏钨酸铵	出口		
557	2841801000	仲钨酸铵	出口		
558	2841809000	其他钨酸盐	出口		
559	2841900090	其他金属酸盐及过金属酸盐	出口		
560	2842100000	硅酸复盐及硅酸络盐	出口		
561	2842901000	雷酸盐、氰酸盐及硫氰酸盐	出口		
562	2842909013	亚砷酸钠、亚砷酸钾、亚砷酸钙	出口		
563	2842909014	亚砷酸锶、亚砷酸钡、亚砷酸铁	出口		
564	2842909015	亚砷酸铜、亚砷酸锌、亚砷酸铅	出口		
565	2842909016	亚砷酸锑、砷酸铵、砷酸氢二铵	出口		
566	2842909017	砷酸钠、砷酸氢二钠、砷酸二氢钠	出口		
567	2842909018	砷酸钾、砷酸二氢钾、砷酸镁	出口		
568	2842909019	砷酸钙、砷酸钡、砷酸铁	出口		

续表

序号	商品编码	商品名称	禁止方式		
569	2842909021	砷酸亚铁、砷酸铜、砷酸锌	出口		
570	2842909022	砷酸铅、砷酸锑、偏砷酸钠	出口		
571	2842909023	硒化铅、硒化镉、碲化镉	出口		
572	2842909090	其他无机酸盐及过氧酸盐	出口		
573	2843210000	硝酸银	出口		
574	2843290010	氰化银、氰化银钾、亚砷酸银	出口		
575	2843290090	其他银化合物	出口		
576	2843900010	氯化钯	出口		
577	2843900090	其他贵金属化合物、贵金属汞齐	出口		
578	2844100000	天然铀及其化合物	出口		
579	2844200000	U235 浓缩铀、钚及其化合物	出口		
580	2844300000	U235 贫化铀、钍及其化合物	出口		
581	2844401010	镭 –226 及其化合物	出口		
582	2844401090	其他镭及镭盐	出口		
583	2844402000	放射性钴及放射性钴盐	出口		
584	2844409010	铀 –233 及其化合物	出口		
585	2844409090	其他放射性元素同位素及其化合物	出口		
586	2844500000	核反应堆已耗尽的燃料元件	出口		
587	2845100000	重水（氧化氘）	出口		
588	2845900010	除重水外的氘及氘化物	出口		
589	2845900020	硼 –10 同位素及其化合物、混合物	出口		
590	2845900030	富集锂 –6 同位素及其化合物混合物	出口		
591	2845900090	其他同位素及其他化合物	出口		
592	2846101000	氧化铈	出口		
593	2846102000	氢氧化铈	出口		
594	2846103000	碳酸铈	出口		
595	2846109010	氰化铈	出口		
596	2846109090	铈的其他化合物	出口		
597	2846901100	氧化钇	出口		
598	2846901200	氧化镧	出口		
599	2846901300	氧化钕	出口		
600	2846901400	氧化铕	出口		
601	2846901500	氧化镝	出口		
602	2846901600	氧化铽	出口		
603	2846901920	氧化铒	出口		
604	2846901930	氧化钆	出口		

续表

序号	商品编码	商品名称	禁止方式		
605	2846901940	氧化钐	出口		
606	2846901950	氧化镨	出口		
607	2846901970	氧化镱	出口		
608	2846901980	氧化钪	出口		
609	2846901991	灯用红粉	出口		
610	2846901999	其他氧化稀土	出口		
611	2846902800	混合氯化稀土	出口		
612	2846902900	未混合氯化稀土	出口		
613	2846903000	氟化稀土	出口		
614	2846904800	混合碳酸稀土	出口		
615	2846904900	未混合碳酸稀土	出口		
616	2846909000	稀土金属、钇、钪的其他化合物	出口		
617	2847000000	过氧化氢	出口		
618	2848000010	磷化铝，磷化锌	出口		
619	2848000090	其他磷化物	出口		
620	2849100000	碳化钙	出口		
621	2849200000	碳化硅	出口		
622	2849901000	碳化硼	出口		
623	2849902000	碳化钨	出口		
624	2849909000	其他碳化物	出口		
625	2850000010	砷化氢	出口		
626	2852000000	汞的无机或有机化合物，汞齐除外			进出口
627	2853001000	饮用蒸馏水			进出口
628	2853002000	氯化氰			进出口
629	2853009010	饮用纯净水			进出口
630	2853009020	氰、氰化碘、氰化溴等			进出口
631	2853009030	单氰胺			进出口
632	2853009090	其他无机化合物、压缩空气等			进出口
633	2903491011	一氟二氯甲烷	出口（新增）		
634	2903491012	二氟一氯甲烷	出口（新增）		
635	2903491013	一氟一氯甲烷	出口（新增）		
636	2903491014	一氟四氯乙烷	出口（新增）		

续表

序号	商品编码	商品名称	禁止方式		
637	2903491015	二氟三氯乙烷	出口（新增）		
638	2903491016	1,1,1-三氟-2,2-二氯乙烷	出口（新增）		
639	2903491017	1,1,1,2-四氟-2-氯乙烷	出口（新增）		
640	2903491018	一氟三氯乙烷	出口（新增）		
641	2903491019	二氟二氯乙烷	出口（新增）		
642	2903491021	三氟一氯乙烷	出口（新增）		
643	2903491022	一氟二氯乙烷	出口（新增）		
644	2903491023	1-氟-1,1-二氯乙烷	出口（新增）		
645	2903491024	二氟一氯乙烷	出口（新增）		
646	2903491025	1,1-二氟-1-氯乙烷	出口（新增）		
647	2903491026	一氟一氯乙烷	出口（新增）		
648	2903410000	三氯氟甲烷			进出口
649	2903420000	二氯二氟甲烷			进出口
650	2903430010	三氯三氟乙烷，用于清洗剂除外			进出口
651	2903440010	二氯四氟乙烷			进出口
652	2903440090	氯五氟乙烷			进出口
653	2903451000	氯三氟甲烷			进出口
654	2903510010	林丹			进出口
655	2903510090	1,2,3,4,5,6-六氯环已烷			进出口
656	2903520010	艾氏剂（ISO）及七氯（ISO）			进出口
657	2903520090	氯丹（ISO）			进出口
658	2903590030	灭蚁灵			进出口
659	2903620000	六氯苯及滴滴涕			进出口
660	2906290010	三氯杀螨醇、杀螨醇	出口（新增）		
661	2908110000	五氯苯酚			进出口
662	2908199090	其他仅含卤素取代基的衍生物及盐（非农药生产的除外）			进出口
663	2908910000	地乐酚及其盐和酯			进出口

续表

序号	商品编码	商品名称	禁止方式		
664	2910200000	甲基环氧乙烷（氧化丙烯）	出口		
665	2910300000	1-氯-2,3-环氧丙烷（表氯醇）	出口		
666	2914400010	敌鼠钠	出口（新增）		
667	2918180000	乙酯杀螨醇			进出口
668	2920110000	对硫磷（ISO）及甲基对硫磷（ISO）			进出口
669	2922422000	谷氨酸钠	出口		
670	2922500000	氨基醇酚、氨基酸酚	出口		
671	2924120090	久效磷（ISO）及磷胺（ISO）			进出口
672	2929909012	异柳磷、甲基异柳磷、丙胺氟磷等	出口（新增）		
673	2930500010	甲胺磷（ISO）			进出口
674	2930500020	敌菌丹（ISO）			进出口
675	2930909052	灭多威、涕灭威、乙硫苯威等	出口（新增）		
676	2931000012	氯沙林、氯梭曼			进出口
677	2931000013	2-氯乙烯基二氯胂	出口（新增）		
678	2931000014	二（2-氯乙烯基）氯胂	出口（新增）		
679	2931000015	三（2-氯乙烯基）胂	出口（新增）		
680	2931000022	锆试剂，二甲胂酸等	出口（新增）		
681	2931000023	4-氨基苯胂酸钠，二氯化苯胂	出口（新增）		
682	2931000024	蒽醌-1-胂酸，三环锡（普特丹）等	出口（新增）		
683	2931000028	乙酰亚砷酸铜，二苯（基）胺氯胂	出口（新增）		
684	2931000029	3-硝基-4-羟基苯胂酸	出口（新增）		
685	2931000035	乙基二氯胂、二苯（基）氯胂等	出口（新增）		
686	2931000036	甲（基）胂酸、丙（基）胂酸、二碘化苯胂等	出口（新增）		
687	2931000037	苯胂酸、2-硝基苯胂酸等	出口（新增）		

续表

序号	商品编码	商品名称	禁止方式		
688	2931000038	4-硝基苯胂酸、2-氨基苯胂酸	出口（新增）		
689	2931000039	3-氨基苯胂酸、4-氨基苯胂酸	出口（新增）		
690	2932290011	杀鼠灵、克鼠灵、敌鼠灵、溴鼠灵等	出口（新增）		
691	2932290013	蝇毒磷、茴蒿素、溴敌隆、呋酰胺等	出口（新增）		
692	2932999011	克百威	出口（新增）		
693	2932999091	其他濒危植物提取的仅含氧杂原子的杂环化合物	出口		
694	3001200010	其他濒危野生动物腺体、器官	出口		
695	3001909091	其他濒危动物制品	出口		
696	3002909011	濒危动物血制品	出口		
697	3003909020	含其他未列名濒危动植物混合药品	出口		
698	3004905110	含濒危动植物成分的中药酒	出口		
699	3004905910	含濒危动植物成分的中式成药	出口		
700	3004909020	含紫杉醇成分的药品			进出口
701	3101001100	未经化学处理的鸟粪			进出口
702	3101001900	未经化学处理的其他动植物肥料			进出口
703	3101009010	经化学处理的含动物源性成分（如粪、羽毛等）的动植物肥料			进出口
704	3101009090	经化学处理的其他动植物肥料			进出口
705	3102100001	尿素			进出口
706	3102100090	尿素			进出口
707	3102210000	硫酸铵			进出口
708	3102290000	硫酸铵和硝酸铵的复盐及混合物			进出口
709	3102300000	硝酸铵			进出口
710	3102400000	硝酸铵与碳酸钙等的混合物			进出口
711	3102500000	硝酸钠			进出口
712	3102600000	硝酸钙和硝酸铵的复盐及混合物			进出口
713	3102800000	尿素及硝酸铵混合物的水溶液			进出口
714	3102901000	氰氨化钙			进出口
715	3102909000	其他矿物氮肥及化学氮肥			进出口
716	3103101000	重过磷酸钙			进出口
717	3103109000	其他过磷酸钙			进出口
718	3103900000	其他矿物磷肥或化学磷肥			进出口
719	3104201000	分析纯的氯化钾			进出口

续表

序号	商品编码	商品名称	禁止方式		
720	3104209000	其他氯化钾			进出口
721	3104300000	硫酸钾			进出口
722	3104901000	光卤石、钾盐及其他天然粗钾盐			进出口
723	3104909000	其他矿物钾肥及化学钾肥			进出口
724	3105100010	制成片状或零售包装的硝酸铵			进出口
725	3105100090	制成片状或零售包装的 31 章其他货			进出口
726	3105200001	化学肥料或矿物肥料			进出口
727	3105200090	化学肥料或矿物肥料			进出口
728	3105300001	磷酸氢二铵			进出口
729	3105300090	磷酸氢二铵			进出口
730	3105400000	磷酸二氢铵			进出口
731	3105510000	含有硝酸盐及磷酸盐的肥料			进出口
732	3105590000	其他含氮、磷两种元素肥料			进出口
733	3105600000	含磷、钾两种元素的肥料			进出口
734	3105900000	其他肥料			进出口
735	3201100000	坚木浸膏	出口		
736	3201200000	荆树皮浸膏	出口		
737	3201901010	其他濒危植物鞣料浸膏	出口		
738	3201901090	其他植物鞣料浸膏	出口		
739	3201909000	鞣酸及其盐、醚、酯和其他衍生物	出口		
740	3202100000	有机合成鞣料	出口		
741	3202900000	无机鞣料、鞣料制剂等	出口		
742	3203001100	天然靛蓝及以其为基本成分的制品	出口		
743	3203001910	濒危植物质着色料及制品	出口		
744	3203001990	其他植物质着色料及制品	出口		
745	3204110000	分散染料及以其为基本成分的制成品			进出口
746	3204120000	酸性染料及制品、媒染染料及制品	出口		
747	3204130000	碱性染料及以其为基本成分的制品	出口		
748	3204140000	直接染料及以其为基本成分的制品	出口		
749	3204151000	合成靛蓝（还原靛蓝）	出口		
750	3204159000	其他还原染料及以其为基本成分品	出口		
751	3204160000	活性染料及以其为基本成分的制品	出口		
752	3204170000	颜料及以其为基本成分的制品	出口		
753	3204191100	硫化黑及以其为基本成分的制品	出口		
754	3204191900	其他硫化染料及以其为基本成分品	出口		
755	3204199000	其他着色料组成的混合物	出口		

续表

序号	商品编码	商品名称	禁止方式		
756	3204200000	用作荧光增白剂的有机合成产品	出口		
757	3204901000	生物染色剂及染料指示剂	出口		
758	3204909000	其他用作发光体的有机合成产品	出口		
759	3205000000	色淀及以色淀为基本成分的制品	出口		
760	3206111000	钛白粉	出口		
761	3206119000	其他干量计二氧化钛≥80%的颜料	出口		
762	3206190000	其他二氧化钛为基料的颜料及制品	出口		
763	3206200000	铬化合物为基本成分的颜料及制品	出口		
764	3206410000	群青及以其为基本成分的制品	出口		
765	3206421000	锌钡白	出口		
766	3206429000	其他以硫化锌为基本成分的颜料	出口		
767	3206490000	其他无机着色料及其制品	出口		
768	3206500000	用作发光体的无机产品	出口		
769	3207100000	调制颜料，遮光剂，着色剂及类似品	出口		
770	3207200000	珐琅和釉料、釉底料及类似制品	出口		
771	3207300000	光瓷釉及类似制品	出口		
772	3207400000	呈粉、粒状搪瓷玻璃料及其他玻璃	出口		
773	3208100000	溶于非水介质的聚酯油漆及清漆等	出口		
774	3208201001	分散于或溶于非水介质的光导纤维用涂料	出口		
775	3208201090	其他聚丙烯酸油漆、清漆等	出口		
776	3208202000	溶于非水介质的聚乙烯油漆及清漆	出口		
777	3208901001	分散于或溶于非水介质的光导纤维用涂料	出口		
778	3208901090	其他聚氨酯油漆清漆等	出口		
779	3208909000	溶于非水介质其他油漆、清漆溶液	出口		
780	3209100000	溶于水介质的聚丙烯酸油漆及清漆	出口		
781	3209901000	以环氧树脂为基本成分油漆及清漆	出口		
782	3209902000	以氟树脂为基本成分的油漆及清漆	出口		
783	3209909000	溶于水介质其他聚合物油漆及清漆	出口		
784	3210000000	其他油漆及清漆，皮革用水性颜料	出口		
785	3211000000	配制的催干剂	出口		
786	3212100000	压印箔	出口		
787	3212900000	制漆用颜料及零售包装染料、色料	出口		
788	3213100000	成套的颜料	出口		
789	3213900000	非成套颜料、调色料及类似品	出口		
790	3214100000	安装玻璃用油灰等，漆工用填料	出口		
791	3214900000	非耐火涂面制剂	出口		

续表

序号	商品编码	商品名称	禁止方式		
792	3215110000	黑色印刷油墨	出口		
793	3215190000	其他印刷油墨	出口		
794	3215901000	书写墨水	出口		
795	3215909000	绘图墨水及其他墨类	出口		
796	3301299991	其他非柑橘属濒危植物果实的精油	出口		
797	3301309010	其他濒危植物香膏	出口		
798	3301901010	濒危植物提取的油树脂	出口		
799	3304990091	其他含濒危植物成分美容化妆品	出口		
800	3305100010	含濒危植物成分的洗发剂	出口		
801	3306101010	含濒危植物成分牙膏	出口		
802	3404900000	其他人造蜡及调制蜡	出口		
803	3406000010	含濒危动物成分的蜡烛及类似品	出口		
804	3802100000	活性炭	出口		
805	3802900010	濒危动物炭黑	出口		
806	3802900090	活性天然矿产品，其他动物炭黑	出口		
807	3805100000	松节油	出口		
808	3805901000	以α萜品醇为基本成分的松油	出口		
809	3805909000	粗制二聚戊烯、亚硫酸盐松节油等	出口		
810	3808501010	零售包装的含有一种38章子目注释一所列物质的货品			进出口
811	3808501090	零售包装含多种38章子目注释一所列物质的货品			进出口
812	3808509010	非零售包装的含有一种38章子目注释一所列物质的货品			进出口
813	3808509090	非零售包装含多种38章子目注释一所列物质的货品			进出口
814	3808911100	蚊香			进出口
815	3808911900	零售包装的其他杀虫剂成药			进出口
816	3808919000	非零售包装杀虫剂成药			进出口
817	3808921000	零售包装的杀菌剂成药			进出口
818	3808929010	非零售包装的医用杀菌剂			进出口
819	3808929021	经农药杀菌剂浸渍的纸质水果套袋			进出口
820	3808929029	非零售包装的其他农用杀菌剂成药			进出口
821	3808929090	非零售包装的非农用杀菌剂成药			进出口
822	3808931100	零售包装的除草剂成药			进出口
823	3808931900	非零售包装的除草剂成药			进出口
824	3808939100	零售包装抗萌剂及植物生长调节剂			进出口
825	3808939900	非零售抗萌剂及植物生长调节剂			进出口
826	3808940010	医用消毒剂			进出口
827	3808940090	非医用消毒剂			进出口

续表

序号	商品编码	商品名称	禁止方式		
828	3808991000	零售包装的杀鼠剂及其他农药			进出口
829	3808999000	非零售包装的杀鼠剂及其他农药			进出口
830	3824300010	混合的未烧结金属碳化钨	出口		
831	3824300090	其他混合的未烧结金属碳化物	出口		
832	3824710011	二氯二氟甲烷和二氟乙烷的混合物			进出口
833	3824710012	一氯二氟甲烷和二氯二氟甲烷的混合物			进出口
834	3824710013	一氯二氟甲烷和一氯五氟乙烷的混合物			进出口
835	3824710014	三氟甲烷和一氯三氟甲烷的混合物			进出口
836	3824710015	二氟甲烷和一氯五氟乙烷的混合物			进出口
837	3824710016	二氯二氟甲烷和一氟一氯甲烷的混合物			进出口
838	3824710017	一氟一氯甲烷和二氯四氟乙烷的混合物			进出口
839	3824710018	二氯二氟甲烷和二氯四氟乙烷的混合物			进出口
840	3824710090	其他含甲烷、乙烷或丙烷的全氯氟烃（CFCs）混合物			进出口
841	3824790000	其他含甲烷、乙烷或丙烷的卤化衍生物的混合物			进出口
842	3824909910	粗制碳化硅	出口		
843	3922200010	含濒危动物成分的塑料马桶座圈及盖	出口		
844	4004000090	橡胶废碎料及下脚料及其粉、粒		进口	
845	4101201110	规定重量逆鞣整张生濒危野牛皮		进口	
846	4101201190	规定重量逆鞣处理整张生牛皮		进口	
847	4101201910	规定重量非逆鞣整张濒危生野牛皮		进口	
848	4101201990	规定重量非逆鞣处理整张生牛皮		进口	
849	4101202010	规定重量整张濒危生野马皮		进口	
850	4101202090	规定重量整张生马皮		进口	
851	4101501110	重量 > 16kg 逆鞣整张濒危生野牛皮		进口	
852	4101501190	重量 > 16kg 逆鞣处理整张生牛皮		进口	
853	4101501910	重量 > 16kg 非逆鞣整张濒危生野牛皮		进口	
854	4101501990	重量 > 16kg 非逆鞣处理整张生牛皮		进口	
855	4101502010	重量 > 16kg 整张濒危生野马皮		进口	
856	4101502090	重量 > 16kg 整张生马皮		进口	
857	4101901110	其他逆鞣处理濒危生野牛皮		进口	
858	4101901190	其他逆鞣处理生牛皮		进口	
859	4101901910	其他濒危生野牛皮		进口	
860	4101901990	其他生牛皮		进口	
861	4101902010	其他濒危生野马皮		进口	
862	4101902090	其他生马皮		进口	
863	4102100000	带毛的绵羊或羔羊生皮		进口	

续表

序号	商品编码	商品名称	禁止方式		
864	4102211000	浸酸逆鞣不带毛绵羊或羔羊生皮		进口	
865	4102219000	浸酸非逆鞣不带毛绵羊或羔羊生皮		进口	
866	4102291000	其他不带毛逆鞣绵羊或羔羊生皮		进口	
867	4102299000	其他不带毛非逆鞣绵羊或羔羊生皮		进口	
868	4103200000	爬行动物的生皮		进口	
869	4103300010	生鹿猪、姬猪皮		进口	
870	4103300090	生猪皮		进口	
871	4103901100	逆鞣山羊板皮		进口	
872	4103901900	非逆鞣山羊板皮		进口	
873	4103902100	其他逆鞣山羊或小山羊皮		进口	
874	4103902900	其他非逆鞣山羊或小山羊皮		进口	
875	4103909010	其他濒危野生动物生皮		进口	
876	4103909090	其他生皮		进口	

进口 41.01～41.03 产品直接出口皮革制成品、其他制品或深加工结转 41.04～41.15 的除外，具体按“商产发〔2006〕390”执行

序号	商品编码	商品名称	禁止方式		
877	4104111110	蓝湿濒危野牛皮（全粒面未剖或粒面剖层，经鞣制不带毛）	出口		
878	4104111190	全粒面未剖层或粒面剖层蓝湿牛皮（经鞣制不带毛）	出口		
879	4104111910	湿濒危野牛皮（全粒面未剖或粒面剖层，经鞣制不带毛）	出口		
880	4104111990	全粒面未剖层或粒面剖层湿牛皮（经鞣制不带毛）	出口		
881	4104112010	湿濒危野马皮（全粒面未剖或粒面剖层，经鞣制不带毛）	出口		
882	4104112090	全粒面未剖层或粒面剖层湿马皮（经鞣制不带毛）	出口		
883	4104191110	其他蓝湿濒危野牛皮（经鞣制不带毛）	出口		
884	4104191190	其他蓝湿牛皮（经鞣制不带毛）	出口		
885	4104191910	其他湿濒危野牛皮（经鞣制不带毛）	出口		
886	4104191990	其他湿牛皮（经鞣制不带毛）	出口		
887	4104192010	其他湿濒危野马皮（经鞣制不带毛）	出口		
888	4104192090	其他湿马皮（经鞣制不带毛）	出口		
889	4104410010	濒危野牛马干革（全粒面未剖或粒面剖层，经鞣制不带毛）	出口		
890	4104410090	全粒面未剖层或粒面剖层干革（经鞣制不带毛）	出口		
891	4104491010	其他机器带用濒危野牛马皮革（经鞣制不带毛）	出口		
892	4104491090	其他机器带用牛马皮革（经鞣制不带毛）	出口		
893	4104499010	其他濒危野牛马皮革（经鞣制不带毛）	出口		
894	4104499090	其他牛马皮革（经鞣制不带毛）	出口		
895	4105101000	蓝湿绵羊或羔羊皮（经鞣制不带毛）	出口		
896	4105109000	其他绵羊或羔羊湿革（经鞣制不带毛）	出口		
897	4105300000	绵羊或羔羊干革（经鞣制不带毛）	出口		

续表

序号	商品编码	商品名称	禁止方式		
898	4106210001	蓝湿山羊皮（经鞣制不带毛）	出口		
899	4106210090	其他山羊或小山羊湿革（经鞣制不带毛）	出口		
900	4106220000	山羊或小山羊干革（经鞣制不带毛）	出口		
901	4106311010	蓝湿鹿猪、姬猪皮（经鞣制不带毛）	出口		
902	4106311090	其他蓝湿猪皮（经鞣制不带毛）	出口		
903	4106319010	鹿猪、姬猪湿革（经鞣制不带毛）	出口		
904	4106319090	其他猪湿革（经鞣制不带毛）	出口		
905	4106320010	鹿猪、姬猪干革（经鞣制不带毛）	出口		
906	4106320090	其他猪干革（经鞣制不带毛）	出口		
907	4106400000	爬行动物皮革（经鞣制不带毛）	出口		
908	4106910010	其他濒危野生动物湿革（经鞣制不带毛）	出口		
909	4106910090	其他动物湿革（经鞣制不带毛）	出口		
910	4106920010	濒危其他野生动物干革（经鞣制不带毛）	出口		
911	4106920090	其他动物干革（经鞣制不带毛）	出口		
912	4107111010	全粒面未剖层整张濒危野牛皮	出口		
913	4107111090	全粒面未剖层整张牛皮	出口		
914	4107112010	全粒面未剖层整张濒危野马皮	出口		
915	4107112090	全粒面未剖层整张马皮	出口		
916	4107121010	粒面剖层整张濒危野牛皮	出口		
917	4107121090	粒面剖层整张牛皮	出口		
918	4107122010	粒面剖层整张濒危野马皮	出口		
919	4107122090	粒面剖层整张马皮	出口		
920	4107191010	其他机器带用整张濒危野牛马皮革	出口		
921	4107191090	其他机器带用整张牛马皮革	出口		
922	4107199010	其他整张濒危野牛马皮革	出口		
923	4107199090	其他整张牛马皮革	出口		
924	4107910010	全粒面未剖层非整张濒危野牛马皮	出口		
925	4107910090	全粒面未剖层非整张革	出口		
926	4107920010	粒面剖层非整张濒危野牛马皮革	出口		
927	4107920090	粒面剖层非整张革	出口		
928	4107991010	其他机器带用非整张濒危野牛马皮	出口		
929	4107991090	其他机器带用非整张牛马皮革	出口		
930	4107999010	其他非整张濒危野牛马皮革	出口		
931	4107999090	其他非整张牛马皮革	出口		
932	4112000000	加工的绵羊或羔羊皮革	出口		
933	4113100000	加工的山羊或小山羊皮革	出口		

续表

序号	商品编码	商品名称	禁止方式		
934	4113200010	加工的鹿猪、姬猪皮革	出口		
935	4113200090	加工的猪皮革	出口		
936	4113300000	加工的爬行动物皮革	出口		
937	4113900010	加工的其他濒危野生动物皮革	出口		
938	4113900090	加工的其他动物皮革	出口		
939	4114100010	油鞣其他濒危野生动物皮革	出口		
940	4114100090	油鞣其他动物皮革	出口		
941	4114200000	漆皮及层压漆皮，镀金属皮革	出口		
942	4115100000	再生皮革	出口		
943	4115200010	皮革废渣、灰渣、淤渣及粉末	出口		
944	4115200090	皮革或再生皮革边角料	出口		
进口 41.04～41.06 半成品革以深加工结转方式转出 41.07～41.15 成品革的除外					
945	4201000010	濒危野生动物材料制的鞍具及挽具	出口		
946	4202111010	以含濒危野生动物皮革作面的衣箱	出口		
947	4202119010	以濒危野生动物皮革作面的箱包	出口		
948	4202210010	以濒危野生动物皮革作面的手提包	出口		
949	4202310010	以濒危野生动物皮革作面的钱包等	出口		
950	4202910010	濒危野生动物皮革作面的其他容器	出口		
951	4203100010	濒危野生动物皮革制的衣服	出口		
952	4203210010	濒危野生动物皮革制的运动手套	出口		
953	4203291010	濒危野生动物皮革制的劳保手套	出口		
954	4203299010	濒危野生动物皮革制的其他手套	出口		
955	4203301010	濒危野生动物皮革制的腰带	出口		
956	4203302010	濒危野生动物皮革制的子弹带	出口		
957	4203400010	濒危野生动物皮革制的衣着附件	出口		
958	4205001010	濒危野生动物皮革制的坐具套	出口		
959	4205002010	濒危野生动物皮革制工业用皮革或再生皮革制品	出口		
960	4205009010	濒危野生动物皮革的其他制品	出口		
961	4301100000	整张生水貂皮（不论是否带头、尾或爪经鞣制不带毛）	出口		
962	4301300000	阿斯特拉罕等羔羊的整张生毛皮（还包括喀拉科尔、波斯、印度、中国或蒙古等羔羊）	出口		
963	4301600010	整张濒危生狐皮（不论是否带头、尾或爪）	出口		
964	4301600090	其他整张生狐皮（不论是否带头、尾或爪）	出口		
965	4301801010	整张生濒危野兔皮（不论是否带头、尾或爪）	出口		
966	4301801090	整张生兔皮（不论是否带头、尾或爪）	出口		

续表

序号	商品编码	商品名称	禁止方式		
967	4301809010	整张的其他生濒危野生动物毛皮（不论是否带头、尾或爪，包括整张濒危生海豹皮）	出口		
968	4301809090	整张的其他生毛皮（不论是否带头、尾或爪，包括整张生海豹皮）	出口		
969	4301901000	未鞣制的黄鼠狼尾	出口		
970	4301909010	其他濒危野生动物未鞣头尾（加工皮货用，包括爪及其他块、片）	出口		
971	4301909090	适合加工皮货用的其他未鞣头、尾（包括爪及其他块、片）	出口		
972	4302191010	已鞣未缝制的濒危狐皮	出口		
973	4302191090	已鞣未缝制的其他贵重濒危动物毛皮	出口		
974	4302192010	已鞣未缝制的整张濒危野兔皮	出口		
975	4302199010	已鞣未缝制其他濒危野生动物毛皮	出口		
976	4302200010	已鞣未缝濒危野生动物头、尾、爪等	出口		
977	4302301090	已鞣已缝制的贵重濒危动物毛皮及其块、片	出口		
978	4302309010	已鞣缝的其他整张濒危野生毛皮	出口		
979	4303101010	濒危野生动物毛皮衣服	出口		
980	4303102010	濒危野生动物毛皮衣着附件	出口		
981	4303900010	濒危野生动物毛皮制其他物品	出口		
982	4401100000	薪柴			进出口
983	4401210010	濒危针叶木木片或木粒			进出口
984	4401210090	其他针叶木木片或木粒			进出口
985	4401220010	濒危非针叶木木片或木粒			进出口
986	4401220090	其他非针叶木木片或木粒			进出口
987	4401300000	锯末、木废料及碎片			进出口
988	4402100000	竹炭			进出口
989	4402900010	以木材为原料直接烧制的木炭			进出口
990	4402900090	其他木炭			进出口
991	4403100010	油漆、着色剂等处理濒危树种原木	出口		
992	4403100090	其他油漆、着色剂等处理的原木	出口		
993	4403201010	其他红松原木	出口		
994	4403201090	其他樟子松原木	出口		
995	4403202000	其他白松、云杉和冷杉原木	出口		
996	4403203000	其他辐射松原木	出口		
997	4403204000	其他落叶松原木	出口		
998	4403209010	其他濒危针叶木原木	出口		
999	4403209090	其他针叶木原木	出口		
1000	4403410000	其他红柳桉木原木	出口		
1001	4403491000	其他柚木原木	出口		

续表

序号	商品编码	商品名称	禁止方式		
1002	4403492000	其他奥克曼 OKOUME 原木	出口		
1003	4403493000	其他龙脑香木、克隆原木	出口		
1004	4403494000	其他山樟 Kapur 原木	出口		
1005	4403495000	其他印加木 Intsia spp. 原木	出口		
1006	4403496000	其他大干巴豆 Koompassia spp.	出口		
1007	4403497000	其他异翅香木 Anisopter spp.	出口		
1008	4403499010	其他本章子目注释热带濒危原木	出口		
1009	4403499090	其他本章子目注释所列热带原木	出口		
1010	4403910000	栎木（橡木）原木	出口		
1011	4403920000	山毛榉木原木	出口		
1012	4403991000	楠木原木	出口		
1013	4403992000	樟木原木	出口		
1014	4403993000	红木原木	出口		
1015	4403994000	泡桐木原木	出口		
1016	4403995000	水曲柳原木	出口		
1017	4403996000	北美硬阔叶木原木	出口		
1018	4403998010	其他未列名温带濒危非针叶木原木	出口		
1019	4403998090	其他未列名温带非针叶木原木	出口		
1020	4403999010	其他未列名濒危非针叶原木	出口		
1021	4403999090	其他未列名非针叶原木	出口		
1022	4404100010	濒危针叶木的箍木等及类似品	出口		
1023	4404100090	其他针叶木的箍木等及类似品	出口		
1024	4404200010	濒危非针叶木箍木等	出口		
1025	4404200090	其他非针叶木箍木等	出口		
1026	4405000000	木丝及木粉			进出口
1027	4406100000	未浸渍的铁道及电车道枕木			进出口
1028	4406900010	濒危木已浸渍铁道及电车道枕木			进出口
1029	4406900090	其他已浸渍的铁道及电车道枕木			进出口
1030	4407101011	端部接合的红松厚板材	出口		
1031	4407101019	端部接合的樟子松厚板材	出口		
1032	4407101090	非端部接合的红松和樟子松厚板材	出口		
1033	4407102010	端部接合的白松（云杉冷杉）厚板材	出口		
1034	4407102090	非端部接合白松（云杉冷杉）厚板材	出口		
1035	4407103010	端部接合的辐射松厚板材	出口		
1036	4407103090	非端部接合的辐射松厚板材	出口		
1037	4407104010	端部接合的花旗松厚板材	出口		

续表

序号	商品编码	商品名称	禁止方式		
1038	4407104090	非端部接合的花旗松厚板材	出口		
1039	4407109011	端部接合其他濒危针叶木厚板材	出口		
1040	4407109019	端部接合其他针叶木厚板材	出口		
1041	4407109091	非端部接合其他濒危针叶木厚板材	出口		
1042	4407109099	非端部接合的其他针叶木厚板材	出口		
1043	4407210010	端部接合美洲桃花心木	出口		
1044	4407210090	非端部接合美洲桃花心木	出口		
1045	4407220010	端部接合的苏里南肉豆蔻木、巴西胡桃木及美洲轻木	出口		
1046	4407220090	非端部接合的苏里南肉豆蔻木、巴西胡桃木及美洲轻木	出口		
1047	4407250010	端部接合的红柳桉木板材	出口		
1048	4407250090	非端部接合的红柳桉木板材	出口		
1049	4407260010	端部接合白柳桉其他柳桉木板	出口		
1050	4407260090	非端部接合白柳桉其他柳桉木板材	出口		
1051	4407270010	端部结合的沙比利木板材	出口		
1052	4407270090	非端部结合的沙比利木板材	出口		
1053	4407280010	端部接合的伊罗科木板材	出口		
1054	4407280090	非端部接合的伊罗科木板材	出口		
1055	4407291010	端部接合的柚木板材	出口		
1056	4407291090	非端部接合的柚木板材	出口		
1057	4407292010	端部接合的非洲桃花心木木板材	出口		
1058	4407292090	非端部接合的非洲桃花心木木板	出口		
1059	4407293010	端部接合的波罗格 Merban 板材	出口		
1060	4407293090	非端部接合的波罗格 Merban 板材	出口		
1061	4407299011	端部接合拉敏木厚板材	出口		
1062	4407299012	其他未列名濒危热带木厚板材	出口		
1063	4407299019	端部接合其他未列名热带木厚板材	出口		
1064	4407299091	非端部接合其他未列名濒危热带木板材	出口		
1065	4407299099	非端部接合其他未列名热带木板材	出口		
1066	4407910010	端部接合的栎木（橡木）厚板材	出口		
1067	4407910090	非端部接合的栎木（橡木）厚板材	出口		
1068	4407920010	端部接合的山毛榉木厚板材	出口		
1069	4407920090	非端部接合的山毛榉木厚板材	出口		
1070	4407930010	端部接合的枫木厚板材	出口		
1071	4407930090	非端部接合的枫木厚板材	出口		
1072	4407940010	端部接合的樱桃木厚板材	出口		
1073	4407940090	非端部接合的樱桃木厚板材	出口		

续表

序号	商品编码	商品名称	禁止方式		
1074	4407950010	端部接合的白蜡木厚板材	出口		
1075	4407950090	非端部接合的白蜡木厚板材	出口		
1076	4407991010	端部接合樟木/楠木/红木厚板材	出口		
1077	4407991090	非端部接合樟木/楠木/红木厚板材	出口		
1078	4407992010	端部接合的泡桐木厚板材	出口		
1079	4407992090	非端部接合的泡桐木厚板材	出口		
1080	4407993010	端部接合的北美硬阔叶材厚板材	出口		
1081	4407993090	非端部接合的北美硬阔叶材厚板材	出口		
1082	4407998011	端部接合其他温带濒危非针叶板材	出口		
1083	4407998019	端部接合的其他温带非针叶厚板材	出口		
1084	4407998091	其他温带濒危非针叶厚板材	出口		
1085	4407998099	非端部接合的其他温带非针叶厚板	出口		
1086	4407999012	端部接合的濒危木厚板材	出口		
1087	4407999019	端部接合的其他木厚板材	出口		
1088	4407999091	非端部接合的其他濒危木厚板材	出口		
1089	4407999099	非端部接合的其他木厚板材	出口		
1090	4408101110	胶合板等多层板制濒危针叶木单板	出口		
1091	4408101190	其他胶合板等多层板制针叶木单板	出口		
1092	4408101910	其他饰面濒危针叶木单板	出口		
1093	4408101990	其他饰面针叶木单板	出口		
1094	4408102010	制胶合板用濒危针叶木单板	出口		
1095	4408102090	其他制胶合板用针叶木单板	出口		
1096	4408109010	其他濒危针叶木单板材	出口		
1097	4408109090	其他针叶木单板材	出口		
1098	4408311100	胶合板多层板制饰面红柳桉木单板	出口		
1099	4408311900	其他饰面用红柳桉木单板	出口		
1100	4408312000	红柳桉木制的胶合板用单板	出口		
1101	4408319000	红柳桉木制的其他单板	出口		
1102	4408391110	胶合板多层板制饰面桃花心木单板	出口		
1103	4408391120	胶合板多层板制饰面拉敏木单板	出口		
1104	4408391130	胶合板多层板制饰面濒危木单板	出口		
1105	4408391190	胶合板多层板制饰面热带木单板	出口		
1106	4408391910	其他饰面用桃花心木单板	出口		
1107	4408391920	其他饰面用拉敏木单板	出口		
1108	4408391930	其他饰面用濒危木单板	出口		
1109	4408391990	其他饰面本章子目注释热带木单板	出口		

续表

序号	商品编码	商品名称	禁止方式		
1110	4408392010	其他桃花心木制的胶合板用单板	出口		
1111	4408392020	其他拉敏木制的胶合板用单板	出口		
1112	4408392030	其他濒危木制的胶合板用单板	出口		
1113	4408392090	其他列名热带木制的胶合板用单板	出口		
1114	4408399010	其他桃花心木制的其他单板	出口		
1115	4408399020	其他拉敏木制的其他单板	出口		
1116	4408399030	其他列名濒危热带木制的其他单板	出口		
1117	4408399090	其他列名的热带木制的其他单板	出口		
1118	4408901110	胶合板多层板制饰面拉敏木单板	出口		
1119	4408901190	胶合板多层板制饰面其他木单板	出口		
1120	4408901210	温带濒危非针叶木制饰面用木单板	出口		
1121	4408901290	其他温带非针叶木制饰面用木单板	出口		
1122	4408901911	家具饰面用拉敏木单板	出口		
1123	4408901919	其他家具饰面用单板	出口		
1124	4408901991	其他饰面用拉敏木单板	出口		
1125	4408901999	其他饰面用单板	出口		
1126	4408902110	温带濒危非针叶木制胶合板用单板	出口		
1127	4408902190	其他温带非针叶木制胶合板用单板	出口		
1128	4408902911	其他濒危木制胶合板用旋切单板	出口		
1129	4408902919	其他濒危木制胶合板用其他单板	出口		
1130	4408902991	其他木制胶合板用旋切单板	出口		
1131	4408902999	其他木制胶合板用其他单板	出口		
1132	4408909110	温带濒危非针叶木制其他单板材	出口		
1133	4408909190	温带非针叶木制其他单板材	出口		
1134	4408909910	其他拉敏木制的其他单薄板	出口		
1135	4408909990	其他木材，但针叶木热带木除外	出口		
1136	4409101010	一边或面制成连续形状的濒危针叶木制地板条、块	出口		
1137	4409101090	一边或面制成连续形状的其他针叶木地板条、块	出口		
1138	4409109010	一边或面制成连续形状濒危针叶木材	出口		
1139	4409109090	其他一边或面制成连续形状的针叶木材	出口		
1140	4409211010	一边或面制成连续形状的濒危竹地板条（块）	出口		
1141	4409211090	一边或面制成连续形状的竹地板条（块）	出口		
1142	4409219010	一边或面制成连续形状的其他濒危竹材	出口		
1143	4409219090	一边或面制成连续形状的其他竹材	出口		
1144	4409291010	一边或面制成连续形状的拉敏木地板条、块	出口		
1145	4409291020	一边或面制成连续形状的桃花心木地板条、块	出口		

续表

序号	商品编码	商品名称	禁止方式		
1146	4409291030	一边或面制成连续形状的其他濒危木地板条、块	出口		
1147	4409291090	一边或面制成连续形状的其他非针叶木地板条、块	出口		
1148	4409299010	一边或面制成连续形状的拉敏木	出口		
1149	4409299020	一边或面制成连续形状的桃花心木	出口		
1150	4409299030	一边或面制成连续形状的其他濒危木	出口		
1151	4409299090	一边或面制成连续形状的其他非针叶木材	出口		
上述44.07～44.09产品使用进口木材的除外					
1152	4419003100	木制一次性筷子			进出口
1153	4419003210	酸竹制一次性筷子			进出口
1154	4419003290	其他竹制一次性筷子			进出口
1155	4501100000	未加工或简单加工的天然软木	出口		
1156	4501901000	软木废料	出口		
1157	4501902000	碎的、粒状的或粉状的软木（软木碎、软木粒或软木粉）	出口		
1158	4502000000	块、板、片或条状的天然软木	出口		
1159	4503100000	天然软木塞子		进口	
1160	4503900000	其他天然软木制品		进口	
1161	4504100000	块、板、片及条状压制软木		进口	
1162	4504900000	其他压制软木及其制品		进口	
1163	4701000000	机械木浆	出口		
1164	4702000000	化学木浆，溶解级	出口		
1165	4703110000	未漂白针叶木碱木浆或硫酸盐木浆	出口		
1166	4703190000	未漂白非针叶木碱木浆等	出口		
1167	4703210000	漂白针叶木碱木浆或硫酸盐木浆	出口		
1168	4703290000	漂白非针叶木碱木浆或硫酸盐木浆	出口		
1169	4704110000	未漂白的针叶木亚硫酸盐木浆	出口		
1170	4704190000	未漂白的非针叶木亚硫酸盐木浆	出口		
1171	4704210000	漂白的针叶木亚硫酸盐木浆	出口		
1172	4704290000	漂白的非针叶木亚硫酸盐木浆	出口		
1173	4705000000	机械与化学联合制浆法制的木浆	出口		
1174	4706100000	棉短绒纸浆	出口		
1175	4706200000	从回收纸或纸板提取的纤维浆	出口		
1176	4706300000	其他纤维状纤维素竹浆	出口		
1177	4706910000	其他纤维状纤维素机械浆	出口		
1178	4706920000	其他纤维状纤维素化学浆	出口		
1179	4706930000	其他纤维状纤维素半化学浆	出口		
1180	4707100000	回收（废碎）的未漂白牛皮、瓦楞纸或纸板	出口		

续表

序号	商品编码	商品名称	禁止方式		
1181	4707200000	回收（废碎）的漂白化学木浆制的纸和纸板	出口		
1182	4707300000	回收（废碎）的机械木浆制的纸或纸板	出口		
1183	4707900010	回收（废碎）墙（壁）纸、涂蜡纸、浸蜡纸、复写纸	出口		
1184	4707900090	其他回收纸或纸板	出口		
1185	4801000000	成卷或成张的新闻纸	出口		
1186	4802100000	手工制纸及纸板	出口		
1187	4802201000	照相原纸	出口		
1188	4802209000	其他光、热、电敏纸，纸板的原纸	出口		
1189	4802400000	壁纸原纸	出口		
1190	4802540000	每平方米重＜40g 的书写，印刷等用未涂布薄纸或纸板	出口		
1191	4802550010	成卷 40g≤每平方米重≤150g 的胶版纸	出口		
1192	4802550090	成卷 40g≤每平方米重≤150g 未涂布中厚纸	出口		
1193	4802560010	成张 40g≤每平方米重≤150g 胶版纸	出口		
1194	4802560090	成张 40g≤每平方米重≤150g 未涂布纸	出口		
1195	4802570010	其他 40g≤每平方米重≤150g 的胶版纸	出口		
1196	4802570090	其他 40g≤每平方米重≤150g 未涂布中厚纸	出口		
1197	4802580000	书写、印刷等用未涂布厚纸（板）	出口		
1198	4802611000	成卷新闻纸	出口		
1199	4802619000	其他成卷书写、印刷用未涂布纸	出口		
1200	4802620000	成张书写、印刷用未涂布纸	出口		
1201	4802691000	其他新闻纸	出口		
1202	4802699000	其他书写、印刷用未涂布纸	出口		
1203	4803000000	卫生纸、面巾纸、餐巾纸及类似纸	出口		
1204	4804110010	每平方米重 115～360 克未漂白、成卷或成张未涂布牛皮挂面纸	出口		
1205	4804110090	其他未漂白牛皮挂面纸	出口		
1206	4804190000	漂白的牛皮挂面纸	出口		
1207	4804210000	未漂白的袋用牛皮纸	出口		
1208	4804290000	漂白的袋用牛皮纸	出口		
1209	4804310010	每平方米重 115～150 克未漂白、成卷或成张未涂布其他牛皮纸	出口		
1210	4804310090	其他未漂白的其他薄牛皮纸及纸板	出口		
1211	4804390090	每平方米重量≤150 克的其他牛皮纸及纸板	出口		
1212	4804410010	150 克＜每平方米重＜225 克未漂白、成卷或成张未涂布其他牛皮纸	出口		
1213	4804410090	其他未漂白的其他厚牛皮纸及纸板	出口		
1214	4804420000	本体均匀漂白的中厚牛皮纸及纸板	出口		
1215	4804490000	其他漂白的中厚牛皮纸及纸板	出口		
1216	4804510010	每平方米重 225～360 克未漂白、成卷或成张的未涂布其他牛皮纸	出口		

续表

序号	商品编码	商品名称	禁止方式		
1217	4804510090	其他未漂白的其他厚牛皮纸及纸板	出口		
1218	4804520000	本体均匀漂白的厚牛皮纸及纸板	出口		
1219	4804590000	其他漂白的厚牛皮纸及纸板	出口		
1220	4805110000	半化学的瓦楞原纸	出口		
1221	4805120000	草浆瓦楞原纸	出口		
1222	4805190000	其他瓦楞原纸	出口		
1223	4805240000	强韧箱纸板（再生挂面纸板）	出口		
1224	4805250000	强韧箱纸板（再生挂面纸板）	出口		
1225	4805300000	亚硫酸盐包装纸	出口		
1226	4805400000	滤纸及纸板	出口		
1227	4805500000	毡纸及纸板	出口		
1228	4805911000	电解电容器原纸	出口	进口（新增）	
1229	4805919000	其他未经涂布薄纸及纸板	出口		
1230	4805920000	其他未经涂布中厚纸及纸板	出口		
1231	4805930000	其他未经涂布厚纸及纸板	出口		
1232	4806100000	植物羊皮纸	出口		
1233	4806200000	防油纸	出口		
1234	4806300000	描图纸	出口		
1235	4806400000	高光泽透明或半透明纸	出口		
1236	4807000000	成卷或成张的复合纸及纸板	出口		
1237	4808100000	瓦楞纸及纸板	出口		
1238	4808200000	袋用皱纹牛皮纸	出口		
1239	4808300000	其他皱纹牛皮纸	出口		
1240	4808900000	其他皱纹纸及纸板，压纹纸及纸板	出口		
1241	4809200000	大张（卷）的自印复写纸	出口		
1242	4809900000	其他大张（卷）的拷贝纸或转印纸	出口		
1243	4810130001	成卷的铜版纸	出口		
1244	4810130090	其他书写、印刷或类似用途纸及纸板	出口		
1245	4810140001	成张的铜版纸	出口		
1246	4810140090	其他成张的书写、印刷的纸及纸板	出口		
1247	4810190001	其他铜版纸	出口		
1248	4810190090	其他书写、印刷用途的纸及纸板	出口		
1249	4810220000	书写、印刷用途的轻质涂布纸	出口		
1250	4810290000	其他书写、印刷用途的纸及纸板	出口		
1251	4810310010	白板纸、白卡纸	出口		

续表

序号	商品编码	商品名称	禁止方式		
1252	4810310090	涂无机物的薄漂白牛皮纸及纸板	出口		
1253	4810320010	白板纸、白卡纸	出口		
1254	4810320090	涂无机物的厚漂白牛皮纸及纸板	出口		
1255	4810390000	涂无机物的其他牛皮纸及纸板	出口		
1256	4810920000	其他涂无机物的多层纸及纸板	出口		
1257	4810990000	其他涂无机物的纸及纸板	出口		
1258	4811100000	焦油纸及纸板，沥青纸及纸板	出口		
1259	4811410000	自粘的胶粘纸及纸板	出口		
1260	4811490000	其他胶粘纸及纸板	出口		
1261	4811511000	漂白的彩色相纸用双面涂塑厚纸	出口		
1262	4811519000	漂白的其他涂、浸、盖厚纸及纸板	出口		
1263	4811591000	用塑料浸涂的绝缘纸及纸板	出口		
1264	4811599000	用塑料涂布、浸渍的其他纸及纸板	出口		
1265	4811601000	用蜡或油等涂布的绝缘纸及纸板	出口		
1266	4811609000	用蜡或油等涂布的其他纸及纸板	出口		
1267	4811900000	其他经涂布、浸渍、覆盖的纸及纸	出口		
1268	4812000000	纸浆制的滤块，滤板及滤片	出口		
1269	4813100000	成小本或管状的卷烟纸	出口		
1270	4813200000	宽度≤5cm 成卷的卷烟纸	出口		
1271	4813900000	其他卷烟纸	出口		
1272	4814100000	用木粒或草粒等饰面的壁纸	出口		
1273	4814200000	用塑料涂面或盖面的壁纸及类似品	出口		
1274	4814900000	其他壁纸及类似品，窗用透明纸	出口		
1275	4816200000	小卷（张）自印复写纸	出口		
1276	4816901000	小卷（张）热敏转印纸	出口		
1277	4816909000	小卷（张）胶印版纸及其他拷贝纸	出口		
全部使用进口木浆（47.01～47.06）、生产中不添加国产浆，出口纸及其制品（48.01～48.16）的除外，进口48.01～48.16加工出口（包括深加工结转）48.01～48.16纸制品的除外，进口47.07以深加工结转方式转出48.01～48.16纸制品的除外					
1278	5102110000	未梳喀什米尔山羊绒毛	出口		
1279	5102191010	未梳濒危兔毛	出口		
1280	5102192000	未梳其他山羊绒	出口		
1281	5102193010	未梳濒危野生骆驼科动物毛、绒	出口		
1282	5102199010	未梳的其他濒危野生动物细毛	出口		
1283	5102200010	未梳的濒危野生动物粗毛	出口		
1284	5103109010	其他濒危野生动物细毛的落毛	出口		
1285	5103209010	其他濒危野生动物细毛废料	出口		

续表

序号	商品编码	商品名称	禁止方式		
1286	5103300010	濒危野生动物粗毛废料	出口		
1287	5104009010	其他濒危野生动物细毛	出口		
1288	5105391010	已梳濒危兔毛	出口		
1289	5105400010	其他已梳濒危野生动物粗毛	出口		
1290	5108101100	非供零售用粗梳山羊绒纱线	出口		
1291	5108101910	非供零售用粗梳其他濒危动物细毛纱线	出口		
1292	5108101990	非供零售用粗梳其他动物细毛纱线	出口		
1293	5108109010	非供零售用粗梳其他濒危动物细毛纱线	出口		
1294	5108201100	非供零售用精梳山羊绒纱线	出口		
1295	5108201910	非供零售用精梳其他濒危动物细毛纱线	出口		
1296	5108201990	非供零售用精梳其他动物细毛纱线	出口		
1297	5108209010	非供零售用精梳其他濒危动物细毛纱线	出口		
1298	5110000010	濒危动物粗毛的纱线	出口		
1299	5202100000	废棉纱线		进口	
1300	5202990000	其他废棉		进口	
1301	5505100000	合成纤维废料		进口	
1302	5505200000	人造纤维废料		进口	
1303	6310100010	新的或未使用过的纺织材料制经分拣的碎织物等		进口	
1304	6310100090	其他纺织材料制经分拣的碎织物等		进口	
1305	6310900010	新的或未使用过的纺织材料制其他碎织物等		进口	
1306	6310900090	其他纺织材料制碎织物等		进口	
1307	6402120010	含濒危动物毛皮的橡胶或塑料底及面滑雪靴	出口		
1308	6402190010	含濒危动物毛皮的其他运动鞋靴	出口		
1309	6801000000	长方砌石、路缘石、扁平石	出口		
1310	6802101000	大理石制砖、瓦、方块及类似品	出口		
1311	6802109000	其他石料制砖瓦、方块及类似品	出口		
1312	6802211000	经简单切削或锯开的大理石及制品	出口		
1313	6802219000	经简单切削或锯开的蜡石及制品	出口		
1314	6802230000	经简单切削或锯开的花岗岩及制品	出口		
1315	6802291000	经简单切削或锯开的其他石灰石	出口		
1316	6802290000	经简单切削或锯开的其他石及制品	出口		
68.01～68.02 使用进口石材的除外					
1317	6806200000	页状蛭石、膨胀黏土、泡沫矿渣			进出口
1318	6807100001	聚酯－铜复合胎基改性沥青根阻防水卷材			进出口
1319	6807100090	成卷的沥青或类似原料的制品			进出口
1320	6807900000	其他形状的沥青或类似原料的制品			进出口

续表

序号	商品编码	商品名称	禁止方式		
1321	6815100000	非电器用的石墨或其他碳精制品	出口		
1322	6815200000	泥煤制品			进出口
1323	6902100000	含 >50% 镁、钙、铬耐火砖及类似品	出口		
1324	6902200000	含 >50% 铝、硅耐火砖及类似品	出口		
1325	6902900000	其他耐火砖及耐火陶瓷建材制品	出口		
1326	6903100000	含 >50% 石墨其他耐火陶瓷制品	出口		
1327	6903200000	含 >50% 氧化铝其他耐火陶瓷制品	出口		
1328	7110110000	未锻造或粉末状铂	出口（新增）		
1329	7110191000	板、片状铂	出口（新增）		
1330	7110199000	其他半制成铂	出口		
1331	7110210000	未锻造或粉末状钯	出口		
1332	7110291000	板、片状钯	出口		
1333	7110299000	其他半制成钯	出口		
1334	7110310000	未锻造或粉末状铑	出口		
1335	7110391000	板、片状铑	出口		
1336	7110399000	其他半制成铑	出口		
1337	7110410000	未锻造或粉末状铱、锇、钌	出口		
1338	7110491000	板、片状铱、锇、钌	出口		
1339	7110499000	其他半制成铱、锇、钌	出口		
1340	7113119010	镶嵌濒危物种制品的银首饰及零件	出口		
1341	7113209010	镶嵌濒危物种制品以贱金属为底的包贵金属制首饰	出口		
1342	7114110010	镶嵌濒危物种制品的银器及零件	出口		
1343	7201100000	非合金生铁，按重量计含磷量在 0.5% 及以下（非钢铁冶炼行业除外）		进口	
1344	7201200000	非合金生铁，按重量计含磷量在 0.5% 以上（非钢铁冶炼行业除外）		进口	
1345	7201500010	合金生铁（非钢铁冶炼行业除外）		进口	
1346	7201500090	镜铁（非钢铁冶炼行业除外）		进口	
1347	7202110000	锰铁，含碳量在 2% 以上	出口		
1348	7202190000	锰铁，含碳量不超过 2%	出口		
1349	7202210000	硅铁，含硅量在 55% 以上	出口		
1350	7202290000	硅铁，含硅量不超过 55%	出口		
1351	7202300000	硅锰铁	出口		
1352	7202410000	铬铁，含碳量在 4% 以上	出口		
1353	7202490000	铬铁，含碳量不超过 4%	出口		
1354	7202500000	硅铬铁	出口		

续表

序号	商品编码	商品名称	禁止方式		
1355	7202600000	镍铁	出口		
1356	7202700000	钼铁	出口		
1357	7202801000	钨铁	出口		
1358	7202802000	硅钨铁	出口		
1359	7202910000	钛铁及硅钛铁	出口		
1360	7202921000	按重量含钒在75%及以上钒铁	出口		
1361	7202929000	其他钒铁	出口		
1362	7202990000	其他铁合金	出口		
1363	7203100001	热压铁块		进口	
1364	7203100090	其他直接从铁矿还原的铁产品		进口	
1365	7203900000	其他海绵铁产品或纯度在99.94%及以上的铁		进口	
1366	7204100000	铸铁废碎料		进口	
1367	7204210000	不锈钢废碎料		进口	
1368	7204290000	其他合金钢废碎料		进口	
1369	7204300000	镀锡钢铁废碎料		进口	
1370	7204410000	机械加工中产生的废料		进口	
1371	7204490010	废汽车钢铁压件		进口	
1372	7204490020	以回收钢铁为主的废五金电器		进口	
1373	7204490090	未列名钢铁废碎料		进口	
1374	7204500000	供再熔的碎料钢铁锭		进口	
1375	7205100000	生铁、镜铁及钢铁颗粒（非钢铁冶炼行业除外）		进口	
1376	7205210000	合金钢粉末（非钢铁冶炼行业除外）		进口	
1377	7205290000	生铁、镜铁及其他钢铁粉末（非钢铁冶炼行业除外）		进口	
1378	7206100000	铁锭及非合金钢锭（非钢铁冶炼行业除外）		进口	
1379	7206900000	其他初级形状的铁及非合金钢（非钢铁冶炼行业除外）		进口	
1380	7207110000	宽度小于厚度两倍的矩形截面钢坯（非钢铁冶炼行业除外）		进口	
1381	7207120000	其他矩形截面钢坯，含碳量小于0.25%		进口	
1382	7207190000	按重量计其他含碳量小于0.25%的钢坯		进口	
1383	7207200000	按重量计含碳量不小于0.25%的钢坯		进口	
1384	7208100000	轧有花纹的热轧卷材	出口		
1385	7208250000	厚度≥4.75mm其他经酸洗的热轧卷材	出口		
1386	7208261000	4.75mm>厚度≥3mm其他大强度热轧卷材	出口		
1387	7208269000	其他4.75mm>厚度≥3mm热轧卷材	出口		
1388	7208271000	厚度<1.5mm其他的热轧卷材	出口		
1389	7208279000	1.5mm≤厚度<3mm其他的热轧卷材	出口		
1390	7208360000	厚度>10mm的其他热轧卷材	出口		

续表

序号	商品编码	商品名称	禁止方式		
1391	7208370000	10mm≥厚度≥4.75mm 的其他热轧卷材	出口		
1392	7208381000	4.75mm>厚度≥3mm 的大强度卷材	出口		
1393	7208389000	其他 4.75mm>厚度≥3mm 的卷材	出口		
1394	7208391000	厚度<1.5mm 的其他热轧卷材	出口		
1395	7208399000	1.5mm≤厚度<3mm 的其他热轧卷材	出口		
1396	7208400000	轧有花纹的热轧非卷材	出口		
1397	7208511000	厚度>50mm 的其他热轧非卷材	出口		
1398	7208512000	20mm<厚度≤50mm 的其他热轧非卷材	出口		
1399	7208519000	10mm<厚度≤20mm 的其他热轧非卷材	出口		
1400	7208520000	10mm≥厚度≥4.75mm 的热轧非卷材	出口		
1401	7208531000	4.75mm>厚度≥3mm 大强度热轧非卷材	出口		
1402	7208539000	其他 4.75mm>厚度≥3mm 的热轧非卷材	出口		
1403	7208541000	厚度<1.5mm 的热轧非卷材	出口		
1404	7208549000	1.5≤厚度<3mm 的热轧非卷材	出口		
1405	7208900000	其他热轧铁或非合金钢宽平板轧材	出口		
1406	7211130000	未轧花纹的四面轧制的热轧非卷材	出口		
1407	7211140000	厚度≥4.75mm 的其他热轧板材	出口		
1408	7211190000	其他热轧铁或非合金钢窄板材	出口		
1409	7211230000	含碳量低于 0.25% 的冷轧板材	出口		
1410	7211290000	其他冷轧铁或非合金钢窄板材	出口		
1411	7211900000	冷轧的铁或非合金钢其他窄板材	出口		
1412	7212100000	镀（涂）锡的铁或非合金钢窄板材	出口		
1413	7212200000	电镀锌的铁或非合金钢窄板材	出口		
1414	7212300000	其他镀或涂锌的铁窄板材	出口		
1415	7212400000	涂漆或涂塑的铁或非合金钢窄板材	出口		
1416	7212500000	涂镀其他材料铁或非合金钢窄板材	出口		
1417	7212600000	经包覆的铁或非合金钢窄板材	出口		
1418	7213100000	铁或非合金钢制热轧盘条	出口		
1419	7213200000	其他易切削钢制热轧盘条	出口		
1420	7213910000	直径<14mm 圆截面的其他热轧盘条	出口		
1421	7213990000	其他热轧盘条	出口		
1422	7214200000	铁或非合金钢的热加工条、杆	出口		
1423	7214300000	易切削钢的热加工条、杆	出口		
1424	7214910000	其他矩形截面的条杆	出口		
1425	7214990000	其他热加工条、杆	出口		
1426	7215100000	其他易切削钢制冷加工条、杆	出口		

续表

序号	商品编码	商品名称	禁止方式		
1427	7215500000	其他冷加工或冷成形的条、杆	出口		
1428	7215900000	铁及非合金钢的其他条、杆	出口		
1429	7216101000	截面高度<80mm 的 H 型钢	出口		
1430	7216102000	截面高度<80mm 的工字钢	出口		
1431	7216109000	截面高度<80mm 的槽钢	出口		
1432	7216210000	截面高度<80mm 的角钢	出口		
1433	7216220000	截面高度<80mm 的丁字钢	出口		
1434	7216310000	截面高度≥80mm 的槽钢	出口		
1435	7216321000	截面高度>200mm 的工字钢	出口		
1436	7216329000	80mm≤截面高度≤200mm 的工字钢	出口		
1437	7216331100	截面高度>800mm 的 H 型钢	出口		
1438	7216331900	200mm<截面高度≤800mm 的 H 型钢	出口		
1439	7216339000	80mm<截面高度≤200mm 的 H 型钢	出口		
1440	7216401000	截面高度≥80mm 的角钢	出口		
1441	7216402000	截面高度≥80mm 的丁字钢	出口		
1442	7216501000	乙字钢	出口		
1443	7216509000	其他角材、型材及异型材	出口		
1444	7216610000	平板轧材制的角材、型材及异型材	出口		
1445	7216690000	冷加工的角材、型材及异型材	出口		
1446	7216910000	其他平板轧材制角材、型材、异型材	出口		
1447	7216990000	其他角材、型材及异型材	出口		
1448	7217100000	未镀或涂层的铁或非合金钢丝	出口		
1449	7217200000	镀或涂锌的铁或非合金钢丝	出口		
1450	7217301000	镀或涂铜的铁或非合金钢丝	出口		
1451	7217309000	镀或涂其他贱金属的铁或非合金钢丝	出口		
1452	7217900000	其他铁丝或非合金钢丝	出口		
72.08~72.17 项下产品用于深加工结转除外					
1453	7218100000	不锈钢锭及其他初级形状不锈钢产品		进口	
1454	7218910000	矩形截面的不锈半制成品		进口	
1455	7218990000	其他不锈钢半制成品		进口	
进口 72.18 项下产品用于非钢铁冶炼的除外					
1456	7219131200	3mm≤厚度<4.75mm 未经酸洗的热轧不锈钢卷板	出口		
1457	7219132200	3mm≤厚度<4.75mm 经酸洗的热轧不锈钢卷板	出口		
1458	7219132900	3mm≤厚度<4.75mm 经酸洗的其他热轧不锈钢卷板	出口		
1459	7219141200	厚度<3mm 未经酸洗的热轧不锈钢卷板	出口		
1460	7219142200	厚度<3mm 经酸洗的热轧不锈钢卷板	出口		

续表

序号	商品编码	商品名称	禁止方式		
72.19 项下产品用于深加工结转除外					
1461	7224100000	其他合金钢锭及其他初级形状		进口	
1462	7224901000	粗铸锻件坯		进口	
1463	7224909000	其他合金钢坯		进口	
进口 72.24 项下产品用于非钢铁冶炼的除外					
1464	7225910000	电镀锌的其他合金钢宽平板轧材	出口		
1465	7225920000	其他镀或涂锌的其他合金钢宽板材	出口		
1466	7225991000	宽度≥600mm 的高速钢制平板轧材	出口		
1467	7225999000	宽度≥600mm 的其他合金钢平板轧材	出口		
1468	7226920000	宽度＜600mm 冷轧其他合金钢板材	出口		
1469	7226991000	电镀锌的其他合金钢窄平板轧材	出口		
1470	7226992000	用其他方法镀或涂锌的其他合金钢窄板材	出口		
1471	7227200000	硅锰钢的热轧盘条	出口		
1472	7228200000	其他硅锰钢的条、杆	出口		
1473	7228600000	其他合金钢条、杆	出口		
1474	7305310000	纵向焊接的其他粗钢铁管	出口		
1475	7305390000	其他方法焊接其他粗钢铁管	出口		
1476	7305900000	未列名圆形截面粗钢铁管	出口		
1477	7306300000	其他铁或非合金刚圆形截面焊缝管	出口		
1478	7306400000	不锈钢其他圆形截面细焊缝管	出口		
1479	7306500000	其他合金钢的圆形截面细焊缝管	出口		
1480	7306610000	矩形或正方形截面的其他焊缝管	出口		
1481	7306690000	其他非圆形截面的焊缝管	出口		
1482	7306900010	多壁式管道	出口		
1483	7306900090	未列名其他钢铁管及空心异型材	出口		
72.25～76.05 项下产品用于深加工结转除外					
1484	7401000010	沉积铜（泥铜）	出口		
1485	7401000090	铜锍	出口		
1486	7402000000	未精炼铜、电解精炼用铜阳极	出口		
1487	7403111100	精炼铜的阴极	出口		
1488	7403111900	其他精炼铜的阴极	出口		
1489	7403119000	精炼铜的阴极型材	出口		
1490	7403120000	精炼铜的线锭	出口		
1491	7403130000	精炼铜的坯段	出口		
1492	7403190000	其他未锻轧的精炼铜	出口		
1493	7403210000	未锻轧的铜锌合金（黄铜）	出口		

续表

序号	商品编码	商品名称	禁止方式		
1494	7403220000	未锻轧的铜锡合金（青铜）	出口		
1495	7403290000	未锻轧的其他铜合金	出口		
1496	7404000010	以回收铜为主的废电机等		进口	
1497	7404000090	其他铜废碎料	出口		
1498	7405000000	铜母合金	出口		
1499	7406101000	精炼铜非片状粉末	出口		
1500	7406102000	白铜或德银制非片状粉末	出口		
1501	7406103000	铜锌合金（黄铜）非片状粉末	出口		
1502	7406104000	铜锡合金（青铜）非片状粉末	出口		
1503	7406109000	其他铜合金非片状粉末	出口		
1504	7406201000	精炼铜片状粉末	出口		
1505	7406202000	白铜或德银制片状粉末	出口		
1506	7406209000	其他铜合金片状粉末	出口		
1507	7501100000	镍锍	出口		
1508	7501209000	其他氧化镍烧结物、镍的其他中间产品	出口		
1509	7502100000	未锻轧的非合金镍	出口		
1510	7502200000	未锻轧镍合金	出口		
1511	7503000000	镍废碎料	出口		
1512	7504001000	非合金镍粉及片状粉末	出口		
1513	7504002000	合金镍粉及片状粉末	出口		
1514	7508901000	电镀用镍阳极	出口		
1515	7601101000	未锻轧非合金铝	出口		
1516	7601109000	其他未锻轧非合金铝	出口		
1517	7602000010	以回收铝为主的废电线等	出口		
1518	7602000090	其他铝废碎料	出口		
1519	7603100010	颗粒 $<500\mu m$ 的微细球形铝粉	出口		
1520	7603100090	其他非片状铝粉	出口		
1521	7603200000	铝片状粉末	出口		
1522	7604101000	非合金制铝条、杆	出口		
1523	7604109000	非合金制铝型材、异型材	出口		
1524	7604210000	铝合金制空心异型材	出口		
1525	7604291010	柱形实心体铝合金	出口		
1526	7604291090	其他铝合金制条、杆、其他型材	出口		
1527	7605110000	最大截面尺寸 $>7mm$ 的非合金铝丝	出口		
1528	7605190000	最大截面尺寸 $\leq 7mm$ 的非合金铝丝	出口		
1529	7605210000	最大截面尺寸 $>7mm$ 的铝合金丝	出口		

续表

序号	商品编码	商品名称	禁止方式		
1530	7605290000	最大截面尺寸≤7mm 的铝合金丝	出口		
76.04～76.05 项下产品用于深加工结转除外					
1531	7801100000	未锻轧的精炼铅	出口		
1532	7801910000	未锻轧铅锑合金	出口		
1533	7801990000	未锻轧的其他铅合金	出口		
1534	7802000000	铅废碎料	出口		
1535	7804200000	铅粉及片状粉末	出口		
1536	7901119000	其他含锌量≥99.99%的未锻轧锌	出口		
1537	7901120000	含锌量低于99.99%的未锻轧非合金锌	出口		
1538	7901200000	未锻轧锌合金	出口		
1539	7902000000	锌废碎料	出口		
1540	7903100000	锌末	出口		
1541	7903900010	颗粒＜500μm 的锌及其合金	出口		
1542	7903900090	其他锌粉及片状粉末	出口		
1543	8001100000	未锻轧非合金锡	出口		
1544	8001201000	未锻轧的巴氏合金	出口		
1545	8001202000	未锻轧的焊锡	出口		
1546	8001209000	其他未锻轧的锡合金	出口		
1547	8002000000	锡废碎料	出口		
1548	8101100010	颗粒＜500μm 的钨及其合金	出口		
1549	8101940000	未锻轧钨，包括简单烧结成的条、杆	出口		
1550	8101970000	钨废碎料	出口		
1551	8101991000	锻轧钨条、杆；型材及异型材，板、片、带、箔	出口		
1552	8102100000	钼粉	出口		
1553	8102940000	未锻轧钼，包括简单烧结成的条、杆	出口		
1554	8102970000	钼废碎料	出口		
1555	8103201100	松装密度小于2.2g/cm^3 的钽粉	出口		
1556	8103201900	其他钽粉	出口		
1557	8103209000	其他未锻轧钽，包括简单烧结而成的条、杆	出口		
1558	8103300000	钽废碎料	出口		
1559	8104110000	含镁量≥99.8%的未锻轧镁	出口		
1560	8104190000	其他未锻轧镁	出口		
1561	8104200000	镁废碎料	出口		
1562	8104300010	颗粒＜500μm 的镁及其合金	出口		
1563	8104300090	其他已分级的镁锉屑、车屑、颗粒；粉末	出口		
1564	8105201000	钴湿法冶炼中间品	出口		

续表

序号	商品编码	商品名称	禁止方式		
1565	8105209001	钴锍及其他冶炼钴时所得中间产品	出口		
1566	8105209010	钴≥99.5%的超细钴粉	出口		
1567	8105300000	钴锍废碎料	出口		
1568	8106001011	高纯度未锻轧的铋	出口		
1569	8106001019	高纯度未锻轧的铋废料、粉末	出口		
1570	8106001091	其他未锻轧铋	出口		
1571	8106001099	其他未锻轧铋废碎料、粉末	出口		
1572	8107200000	未锻轧镉；粉末	出口		
1573	8107300000	镉废碎料	出口		
1574	8107900000	其他镉及镉制品	出口（新增）		
1575	8108201000	海绵钛	出口		
1576	8108209010	颗粒<500μm的钛及其合金	出口		
1577	8108209090	其他未锻轧钛；粉末	出口		
1578	8108300000	钛废碎料	出口		
1579	8109200010	颗粒<500μm的锆及其合金	出口		
1580	8109200090	其他未锻轧锆；粉末	出口		
1581	8109300000	锆废碎料	出口		
1582	8110101000	未锻轧锑	出口		
1583	8110102000	锑粉末	出口		
1584	8110200000	锑废碎料	出口		
1585	8111001000	未锻轧锰；锰废碎料；粉末	出口		
1586	8111009000	其他锰及制品	出口		
1587	8112120000	未锻轧铍；粉末	出口		
1588	8112130000	铍废碎料	出口		
1589	8112210000	未锻轧铬；粉末	出口		
1590	8112220000	铬废碎料	出口		
1591	8112510000	未锻轧铊；粉末	出口		
1592	8112520000	铊废碎料	出口		
1593	8112921000	未锻轧的锗；锗废碎料；锗粉末	出口		
1594	8112922001	未锻轧钒氮合金	出口		
1595	8112922090	未锻轧的钒；钒废碎料；钒粉末	出口		
1596	8112923000	未锻轧的铟；废碎料；粉末	出口		
1597	8112924000	未锻轧的铌；废碎料；粉末	出口		
1598	8112929010	未锻轧的铪、铪合金；废碎料；粉末	出口		
1599	8112929090	未锻轧的镓、铼；废碎料；粉末	出口		

续表

序号	商品编码	商品名称	禁止方式		
1600	8112991000	其他锗及其制品	出口		
1601	8112992001	其他钒氮合金	出口		
1602	8112992090	其他钒及其制品	出口		
1603	8112993000	锻轧的铟及其制品	出口		
1604	8112994000	锻轧的铌及其制品	出口		
1605	8112999010	锻轧的铪及其制品	出口		
1606	8112999090	锻轧的镓、铼及其制品	出口		
1607	8113000010	碳化钨废碎料	出口		
1608	8506300000	氧化汞的原电池及原电池组			进出口
1609	8507100000	启动活塞式发动机用铅酸蓄电池	出口		
1610	8507200000	其他铅酸蓄电池	出口		
1611	8548100000	电池废碎料及废电池		进口	
1612	8908000000	供拆卸的船舶及其他浮动结构体		进口	
1613	9003190010	濒危动物产品制眼镜架	出口		
1614	9101210010	含濒危动物皮自动上弦贵金属机械手表	出口		
1615	9101290010	含濒危动物皮非自动上弦贵金属机械手表	出口		
1616	9102210010	含濒危动物皮其他自动上弦的机械手表	出口		
1617	9102290010	含濒危动物皮其他非自动上弦机械手表	出口		
1618	9113900010	濒危动物皮制的表带及其零件	出口		
1619	9202100011	濒危动物皮弓弦乐器	出口		
1620	9202100019	其他含濒危动物皮的弓弦乐器	出口		
1621	9202900010	含濒危动物成分的其他弦乐器	出口		
1622	9206000010	含濒危动物皮的打击乐器	出口		
1623	9404301010	濒危野禽羽毛或羽绒填充的睡袋	出口		
1624	9404901010	濒危野禽羽绒和羽毛填充其他寝具	出口		
1625	9404902010	濒危兽毛填充的寝具	出口		
1626	9504200010	濒危木制的台球用品及附件	出口		
1627	9508100010	有濒危动物的流动马戏团	出口		
1628	9601100010	已加工的濒危兽牙及其制品	出口		
1629	9601900010	其他已加工濒危动物质雕刻料	出口		
1630	9603301010	濒危动物毛制的画笔	出口		
1631	9603302010	濒危动物毛制的毛笔	出口		
1632	9603309010	濒危动物毛制化妆用的类似笔	出口		
1633	9603509110	濒危动物毛制作为机器零件其他刷子	出口		
1634	9603509910	濒危动物毛制作为车辆零件其他刷子	出口		
1635	9603901010	濒危野禽羽毛掸	出口		

续表

序号	商品编码	商品名称	禁止方式		
1636	9603909010	濒危动物毛、鬃、尾制其他帚，刷子	出口		
1637	9606290010	含濒危动物成分的其他纽扣	出口		
1638	9611000010	含濒危动物成分的手用日期戳	出口		
1639	9614001010	含濒危动物成分的烟斗及烟斗头	出口		
1640	9615190010	含濒危动物成分的其他材料制梳子	出口		
1641	9701900010	含濒危动物成分的拼贴画	出口		
1642	9703000010	濒危动植物材料制的雕塑品原件	出口		
1643	8415102100	制冷量≤4 千大卡/时分体式空调，窗式或壁式		旧机电产品进口	
1644	8415102200	制冷量>4 千大卡/时分体式空调，窗式或壁式		旧机电产品进口	
1645	8415200000	机动车辆上供人使用的空气调节器		旧机电产品进口	
1646	8415811000	制冷量≤4 千大卡/时热泵式空调器		旧机电产品进口	
1647	8415812000	制冷量>4 千大卡/时热泵式空调器		旧机电产品进口	
1648	8415821000	制冷量≤4 千大卡/时的其他空调器		旧机电产品进口	
1649	8415822000	制冷量>4 千大卡/时的其他空调		旧机电产品进口	
1650	8415830000	未装有制冷装置的空调器		旧机电产品进口	
1651	8415901000	制冷量≤4 千大卡/时空调的零件		旧机电产品进口	
1652	8415909000	制冷量>4 千大卡/时空调的零件		旧机电产品进口	
1653	8417100000	矿砂、金属的焙烧、熔化用炉		旧机电产品进口	
1654	8417802000	放射性废物焚烧炉		旧机电产品进口	
1655	8417809010	平均温度>1000℃的耐腐蚀焚烧炉		旧机电产品进口	
1656	8417809090	其他非电热的工业用炉及烘箱		旧机电产品进口	
1657	8418101000	容积>500 升冷藏－冷冻组合机		旧机电产品进口	
1658	8418102000	200<容积≤500 升冷藏－冷冻组合机		旧机电产品进口	
1659	8418103000	容积≤200 升冷藏－冷冻组合机		旧机电产品进口	
1660	8418211000	容积>150 升压缩式家用型冷藏箱		旧机电产品进口	
1661	8418212000	压缩式家用型冷藏箱		旧机电产品进口	
1662	8418213000	容积≤50 升压缩式家用型冷藏箱		旧机电产品进口	
1663	8418291000	半导体制冷式家用型冷藏箱		旧机电产品进口	
1664	8418292000	电气吸收式家用型冷藏箱		旧机电产品进口	
1665	8418299000	其他家用型冷藏箱		旧机电产品进口	
1666	8418301000	制冷温度≤－40℃的柜式冷冻箱		旧机电产品进口	
1667	8418302100	制冷>－40℃大的其他柜式冷冻箱		旧机电产品进口	
1668	8418302900	制冷>－40℃小的其他柜式冷冻箱		旧机电产品进口	
1669	8418401000	制冷温度≤－40℃的立式冷冻箱		旧机电产品进口	
1670	8418402100	制冷温度>－40℃大的立式冷冻箱		旧机电产品进口	
1671	8418402900	制冷温度>－40℃小的立式冷冻箱		旧机电产品进口	

续表

序号	商品编码	商品名称	禁止方式	
1672	8418500000	装有冷藏或冷冻装置的其他设备，用于存储及展示		旧机电产品进口
1673	8418612010	压缩式制冷机组的热泵		旧机电产品进口
1674	8418612090	其他压缩式热泵，品目84.15的空气调节器除外		旧机电产品进口
1675	8418619000	其他热泵，品目84.15的空气调节器除外		旧机电产品进口
1676	8418692010	其他压缩式制冷设备		旧机电产品进口
1677	8418692090	其他制冷机组		旧机电产品进口
1678	8418699010	带制冷装置的发酵罐		旧机电产品进口
1679	8418699090	其他制冷设备		旧机电产品进口
1680	8418910000	冷藏或冷冻设备专用的特制家具		旧机电产品进口
1681	8418991000	制冷机组及热泵用零件		旧机电产品进口
1682	8418999100	制冷温度≤-40℃冷冻设备零件		旧机电产品进口
1683	8418999200	制冷温度>-40℃大冷藏设备零件		旧机电产品进口
1684	8418999910	耐腐蚀冷凝器		旧机电产品进口
1685	8418999990	品目84.18其他制冷设备用零件		旧机电产品进口
1686	8443311000	静电感光式多功能一体机		旧机电产品进口
1687	8443319010	其他具有打印和复印两种功能的机器		旧机电产品进口
1688	8443319090	其他具有打印、复印或传真中两种及以上功能的机器		旧机电产品进口
1689	8443321100	专用于品目84.71所列设备的针式打印机		旧机电产品进口
1690	8443321200	专用于品目84.71所列设备的激光打印机		旧机电产品进口
1691	8443321300	专用于品目84.71所列设备的喷墨打印机		旧机电产品进口
1692	8443321900	专用于品目84.71所列设备的其他打印机		旧机电产品进口
1693	8443322101	幅宽>60cm的喷墨印刷设备		旧机电产品进口
1694	8443329010	传真机		旧机电产品进口
1695	8443329090	其他印刷（打印）机、复印机和电传打字机		旧机电产品进口
1696	8443391100	将原件直接复印（直接法）的静电感光复印设备		旧机电产品进口
1697	8443391200	将原件通过中间体转印（间接法）的静电感光复印设备		旧机电产品进口
1698	8443392100	带有光学系统的其他感光复印设备		旧机电产品进口
1699	8443392200	接触式的其他感光复印设备		旧机电产品进口
1700	8443392300	热敏的其他感光复印设备		旧机电产品进口
1701	8443392400	热升华的其他感光复印设备		旧机电产品进口
1702	8443393100	数字式喷墨印刷机		旧机电产品进口
1703	8443393200	数字式静电照相印刷机（激光印刷机）		旧机电产品进口
1704	8443393900	其他数字式印刷设备		旧机电产品进口
1705	8443399000	其他印刷（打印）机、复印机		旧机电产品进口
1706	8443911000	印刷用辅助机器		旧机电产品进口
1707	8443992001	接触式图像传感器（扫描头）		旧机电产品进口

续表

序号	商品编码	商品名称	禁止方式	
1708	8443992002	热敏打印头		旧机电产品进口
1709	8443992090	其他数字印刷设备的零件		旧机电产品进口
1710	8471300000	便携式自动数据处理设备		旧机电产品进口
1711	8471411000	巨大中型自动数据处理设备		旧机电产品进口
1712	8471412000	小型自动数据处理设备		旧机电产品进口
1713	8471414000	微型机		旧机电产品进口
1714	8471419000	其他数据处理设备		旧机电产品进口
1715	8471491000	系统形式报验的巨、大、中型机		旧机电产品进口
1716	8471492000	以系统形式报验的小型计算机		旧机电产品进口
1717	8471494000	以系统形式报验的微型机		旧机电产品进口
1718	8471499100	其他分散型工业过程控制设备		旧机电产品进口
1719	8471499900	以系统形式报验的其他计算机		旧机电产品进口
1720	8471501000	巨、大、中型机处理部件		旧机电产品进口
1721	8471502000	小型机的处理部件		旧机电产品进口
1722	8471504000	微型机的处理部件		旧机电产品进口
1723	8471509000	847141 或 847149 以外设备的处理部件		旧机电产品进口
1724	8471604000	巨、大、中及小型计算机用终端		旧机电产品进口
1725	8471605000	自动数据处理设备的扫描器		旧机电产品进口
1726	8471606000	自动数据处理设备的数字化仪		旧机电产品进口
1727	8471607100	键盘		旧机电产品进口
1728	8471607200	鼠标器		旧机电产品进口
1729	8471609000	计算机的其他输入或输出部件		旧机电产品进口
1730	8471701000	计算机硬盘驱动器		旧机电产品进口
1731	8471702000	自动数据处理设备的软盘驱动器		旧机电产品进口
1732	8471703010	具有刻录功能的光盘驱动器		旧机电产品进口
1733	8471703090	其他光盘驱动器		旧机电产品进口
1734	8471709000	自动数据处理设备的其他存储部件		旧机电产品进口
1735	8471800000	其他自动数据处理设备的部件		旧机电产品进口
1736	8471900010	专用于复制的光盘刻录机		旧机电产品进口
1737	8471900090	未列名的磁性或光学阅读器		旧机电产品进口
1738	8516500000	微波炉		旧机电产品进口
1739	8516603000	电饭锅		旧机电产品进口
1740	8517110000	无绳电话机		旧机电产品进口
1741	8517121011	GSM 数字式手持无线电话整套散件		旧机电产品进口
1742	8517121019	其他 GSM 数字式手持无线电话机		旧机电产品进口
1743	8517121021	CDMA 数字式手持无线电话整套散件		旧机电产品进口

续表

序号	商品编码	商品名称	禁止方式	
1744	8517121029	其他 CDMA 数字式手持无线电话机		旧机电产品进口
1745	8517121090	其他手持式无线电话机		旧机电产品进口
1746	8517122000	对讲机		旧机电产品进口
1747	8517129000	其他用于蜂窝网络或其他无线网络的电话机		旧机电产品进口
1748	8517180000	其他电话机		旧机电产品进口
1749	8517623500	集线器		旧机电产品进口
1750	8517623600	路由器		旧机电产品进口
1751	8517623900	其他有线数字通信设备		旧机电产品进口
1752	8517629200	无线网络接口卡		旧机电产品进口
1753	8517629300	无线接入固定台		旧机电产品进口
1754	8517629900	其他接收、转换并发送或再生音像或其他数据用的设备		旧机电产品进口
1755	8517691001	用于呼叫、提示和寻呼的便携式接收器		旧机电产品进口
1756	8517691090	其他无线通信设备		旧机电产品进口
1757	8517699000	其他有线通信设备		旧机电产品进口
1758	8521101100	广播级磁带录像机		旧机电产品进口
1759	8521101900	其他磁带型录像机		旧机电产品进口
1760	8521102000	磁带放像机		旧机电产品进口
1761	8521901110	具有录制功能的视频高密光盘（VCD）播放机		旧机电产品进口
1762	8521901190	其他视频高密光盘（VCD）播放机		旧机电产品进口
1763	8521901210	具有录制功能的数字化视频光盘（DVD）播放机		旧机电产品进口
1764	8521901290	其他数字化视频光盘（DVD）播放机		旧机电产品进口
1765	8521901910	具有录制功能的其他激光视盘播放机		旧机电产品进口
1766	8521901990	其他激光视盘播放机		旧机电产品进口
1767	8521909010	用于光盘生产的金属母盘生产设备		旧机电产品进口
1768	8521909090	其他视频信号录制或重放设备		旧机电产品进口
1769	8523521000	未录制的“智能卡”		旧机电产品进口
1770	8523529000	其他“智能卡”		旧机电产品进口
1771	8525801110	抗辐射电视摄像机		旧机电产品进口
1772	8525801190	其他特种用途电视摄像机		旧机电产品进口
1773	8525801200	非特种用途广播级电视摄像机		旧机电产品进口
1774	8525801301	手机用摄像组件		旧机电产品进口
1775	8525801390	其他非特种用途电视摄像机及其他摄像组件		旧机电产品进口
1776	8525802100	特种用途的数字照相机		旧机电产品进口
1777	8525802200	非特种用途的单镜头反光型数字照相机		旧机电产品进口
1778	8525802900	非特种用途的其他数字照相机		旧机电产品进口
1779	8525803100	特种用途视频摄录一体机		旧机电产品进口

续表

序号	商品编码	商品名称	禁止方式
1780	8525803200	非特种用途的广播级视频摄录一体机	旧机电产品进口
1781	8525803300	非特种用途的家用型视频摄录一体机	旧机电产品进口
1782	8525803900	非特种用途的其他视频摄录一体机	旧机电产品进口
1783	8528410000	专用或主要用于品目84.71商品的阴极射线管监视器	旧机电产品进口
1784	8528491000	其他彩色的阴极射线管监视器	旧机电产品进口
1785	8528499000	其他黑白或其他单色的阴极射线管监视器	旧机电产品进口
1786	8528511000	专用或主要用于品目84.71商品的液晶监视器	旧机电产品进口
1787	8528519000	其他专用或主要用于品目84.71商品的监视器	旧机电产品进口
1788	8528591000	其他彩色的监视器	旧机电产品进口
1789	8528599000	黑白或其他单色的监视器	旧机电产品进口
1790	8528610010	专用或主要用于品目84.71商品的彩色投影机	旧机电产品进口
1791	8528610090	其他专用或主要用于品目84.71商品的投影机	旧机电产品进口
1792	8528691000	其他彩色的投影机	旧机电产品进口
1793	8528699000	黑白或其他单色的投影机	旧机电产品进口
1794	8528711000	彩色的卫星电视接收机	旧机电产品进口
1795	8528718000	其他彩色的电视接收装置	旧机电产品进口
1796	8528719000	黑白的或其他单色的电视接收装置	旧机电产品进口
1797	8528721100	其他彩色的模拟电视接收机	旧机电产品进口
1798	8528721200	其他彩色的数字电视接收机，阴极射线显像管的	旧机电产品进口
1799	8528721900	其他彩色的电视接收机，阴极射线显像管的	旧机电产品进口
1800	8528722100	彩色的液晶显示器的模拟电视接收机	旧机电产品进口
1801	8528722200	彩色的液晶显示器的数字电视接收机	旧机电产品进口
1802	8528722900	其他彩色的液晶显示器的电视接收机	旧机电产品进口
1803	8528723100	彩色的等离子显示器的模拟电视接收机	旧机电产品进口
1804	8528723200	彩色的等离子显示器的数字电视接收机	旧机电产品进口
1805	8528723900	其他彩色的等离子显示器的电视接收机	旧机电产品进口
1806	8528729100	其他彩色的模拟电视接收机	旧机电产品进口
1807	8528729200	其他彩色的数字电视接收机	旧机电产品进口
1808	8528729900	其他彩色的电视接收机	旧机电产品进口
1809	8528730000	黑白或其他单色的电视接收机	旧机电产品进口
1810	8534001000	四层以上的印刷电路	旧机电产品进口
1811	8534009000	四层及以下的印刷电路	旧机电产品进口
1812	8540110000	彩色阴极射线电视显像管	旧机电产品进口
1813	8540120000	黑白或单色阴极射线电视显像管	旧机电产品进口
1814	8540400000	点距<0.4mm彩色数据/图形显示管	旧机电产品进口
1815	8540500000	黑白或其他单色数据/图形显示管	旧机电产品进口
1816	8540609000	其他阴极射线管	旧机电产品进口

备注：1. 在保税区、出口加工区等海关特殊监管区域开展我国上述出口机电产品售后维修业务的除外。

2. 禁止旧机电产品进口包括零部件、拆散件。

附件 2

2007 年第二批加工贸易禁止类商品目录

（禁止出口，2008 年修订）

序号	商品编码	商品名称
1	0101101010	改良种用濒危野马
2	0101102010	改良种用的濒危野驴
3	0101901010	非改良种用濒危野马
4	0101909010	非改良种用濒危野驴
5	0102100010	改良种用濒危野牛
6	0106191010	其他改良种用濒危野生哺乳动物
7	0106192010	其他食用濒危野生哺乳动物
8	0106199010	其他濒危野生哺乳动物
9	0106391010	其他濒危野生改良种用的鸟
10	0106392910	其他食用濒危野生鸟
11	0106399010	其他濒危野生鸟
12	0106901110	改良种用濒危蛙苗
13	0106901910	其他改良种用濒危野生动物
14	0106902010	其他濒危野生食用动物
15	0106909010	其他濒危野生动物
16	0205000010	鲜、冷或冻的濒危野马、野驴肉
17	0208109010	鲜、冷或冻濒危野兔肉及其食用杂碎
18	0208909010	其他鲜、冷或冻的濒危野生动物肉
19	0210200010	干、熏、盐制的濒危野牛肉
20	0210990010	干熏盐制其他濒危动物肉及杂碎
21	0301100060	观赏用其他濒危鱼
22	0301931010	濒危鲤鱼苗
23	0301939010	活濒危鲤鱼
24	0301991910	其他濒危鱼苗
25	0301999910	其他濒危活鱼
26	0302699010	其他未列名濒危鲜、冷鱼
27	0302700010	鲜或冷濒危鱼种的肝及鱼卵
28	0303799010	其他未列名濒危冻鱼
29	0303800010	冻濒危鱼种的肝及鱼卵
30	0304190010	其他鲜或冷的濒危鱼片及其他鱼肉
31	0304299010	冻的其他濒危鱼片
32	0304990010	濒危鱼类其他冻鱼肉
33	0305200010	干、熏、盐制的濒危鱼种肝、卵

续表

序号	商品编码	商品名称
34	0305300010	干或盐制濒危鱼类的鱼片
35	0305599010	其他濒危干鱼
36	0305699010	盐腌及盐渍的其他濒危鱼
37	0307601010	濒危蜗牛及螺种苗
38	0307609010	其他濒危蜗牛及螺
39	0307911010	濒危水生无脊椎动物的种苗
40	0307919910	其他濒危活、鲜、冷水生无脊椎动物
41	0307999010	其他冻干盐制濒危水生无脊椎动物
42	0407001010	种用濒危野禽蛋
43	0407002910	其他带壳鲜濒危野鸟卵
44	0407009910	其他腌制或煮过的带壳濒危野鸟卵
45	0410009010	其他编号未列名濒危野生动物产品
46	0502901910	濒危獾毛及其他制刷用濒危兽毛
47	0502902010	濒危獾毛及其他制刷濒危兽毛废料
48	0505100010	填充用濒危野生禽类羽毛、羽绒
49	0505909010	其他濒危野生禽类羽毛、羽绒
50	0507100020	其他濒危野生兽牙、兽牙粉末及废料
51	0510009010	其他濒危野生动物胆汁及其他产品
52	0511100010	濒危野生牛的精液
53	0511911110	濒危鱼的受精卵
54	0511911910	濒危鱼的非食用产品
55	0511919010	濒危水生无脊椎动物产品
56	0511991010	濒危野生动物精液（牛的精液除外）
57	0511992010	濒危野生动物胚胎
58	0511999010	其他编号未列名濒危野生动物产品
59	0601109191	种用休眠其他濒危植物鳞茎等
60	0601109991	其他休眠濒危植物鳞茎等
61	0601200091	生长或开花的其他濒危植物鳞茎等
62	0602100010	濒危植物的无根插枝及接穗
63	0602909991	其他濒危活植物
64	0603190010	鲜的濒危植物插花及花蕾
65	0603900010	干或染色等加工濒危插花及花蕾
66	0604910010	鲜濒危植物枝、叶或其他部分，草
67	0604990010	染色或经加工濒危枝、叶、草等
68	0714909091	含高淀粉或菊粉其他濒危类似根茎
69	0802903020	鲜或干的其他濒危松子仁

续表

序号	商品编码	商品名称
70	0802909020	鲜或干的其他濒危松子
71	0811909022	冷冻的其他濒危松子
72	0812900022	暂时保存的其他濒危松子
73	1211903991	其他主要用作药料鲜或干濒危植物
74	1211905091	主要用作香料的濒危植物
75	1211909991	其他鲜或干杀虫、杀菌用濒危植物
76	1212999910	其他供人食用濒危植物产品
77	1301904010	濒危松科植物的松脂
78	1301909091	其他濒危植物的天然树胶、树脂
79	1302199013	供制农药用的濒危植物液汁及浸膏
80	1302199097	其他濒危植物液汁及浸膏
81	1302399010	未列名濒危植物胶液及增稠剂
82	1401200010	濒危藤
83	1504300010	濒危哺乳动物的油、脂及其分离品
84	1506000010	其他濒危动物为原料制取的脂肪
85	1601001010	濒危野生动物肉、杂碎，血制天然肠衣香肠
86	1601002010	濒危野生动物肉、杂碎，血制其他肠衣香肠
87	1601003010	用含濒危野生动物成分的香肠制的食品
88	1602100010	含濒危野生动物成分的均化食品
89	1602501010	含濒危野牛肉的罐头
90	1602509010	其他制作或保藏濒危野牛肉、杂碎
91	1602901010	其他濒危野生动物肉及杂碎罐头
92	1602909010	制作或保藏其他濒危野生动物肉
93	1603000010	含濒危野生动物及鱼类成分的肉
94	1604199010	制作或保藏的濒危鱼类
95	1604201910	非整条或切块的濒危鱼罐头
96	1604209910	其他制作或保藏的濒危鱼
97	1605909010	其他制作或保藏的濒危软体动物
98	2106903010	含濒危植物成分的蜂王浆制剂
99	2106909010	含濒危动植物成分的其他编号未列名食品
100	2202100010	含濒危植物成分加味、加糖或其他甜物质水
101	2202900011	含濒危植物成分散装无酒精饮料
102	2202900091	含濒危植物成分其他包装无酒精饮料
103	2208909021	含濒危野生动植物成分的薯类蒸馏酒
104	2208909091	含濒危野生动植物成分的其他蒸馏酒及酒精饮料
105	2501001100	食用盐

续表

序号	商品编码	商品名称
106	2501001900	其他盐
107	2501002000	纯氯化钠
108	2523100000	水泥熟料
109	2523210000	白水泥，不论是否人工着色
110	2523290000	其他硅酸盐水泥
111	2523300000	矾土水泥
112	2523900000	其他水凝水泥
113	2707100000	粗苯
114	2707200000	粗甲苯
115	2707300000	粗二甲苯
116	2707400000	萘
117	2707500000	其他芳烃混合物
118	2707910000	杂酚油
119	2707991000	酚
120	2707999000	蒸馏煤焦油所得的其他产品
121	2710113000	橡胶溶剂油、油漆溶剂油、抽提溶剂油
122	2710119101	壬烯
123	2710119190	其他壬烯
124	2710119910	异戊烯同分异构体混合物
125	2710119990	其他轻油及制品
126	2710191910	正构烷烃（C9－C13）
127	2710191990	其他煤油馏分的油及制品
128	2801100000	氯
129	2801200000	碘
130	2801301000	氟
131	2801302000	溴
132	2802000000	升华、沉淀、胶态硫磺
133	2803000000	碳
134	2804100000	氢
135	2804210000	氩
136	2804290000	其他稀有气体
137	2804300000	氮
138	2804400000	氧
139	2804500010	颗粒 $<500\mu m$ 的硼及其合金
140	2804500020	能量密度 >40MJ/kg 的硼浆
141	2804500090	碲及其他硼

续表

序号	商品编码	商品名称
142	2804909000	其他硒
143	2805110000	钠
144	2805120010	高纯度钙
145	2805120090	其他钙
146	2805190000	其他碱金属及碱土金属
147	2805400000	汞
148	2806100000	氯化氢（盐酸）
149	2806200000	氯磺酸
150	2807000010	硫酸
151	2807000090	发烟硫酸
152	2808000010	红发烟硝酸
153	2808000090	磺硝酸及其他硝酸
154	2809100000	五氧化二磷
155	2809201100	食品级磷酸
156	2809201900	其他磷酸及偏磷酸、焦磷酸
157	2809209000	其他多磷酸
158	2810001000	硼的氧化物
159	2810002000	硼酸
160	2811191000	氢氰酸
161	2811199010	氢碘酸
162	2811199020	砷酸、焦砷酸、偏砷酸
163	2811199090	其他无机酸
164	2811210000	二氧化碳
165	2811220000	二氧化硅
166	2811290010	三氧化二砷、五氧化二砷
167	2811290020	四氧化二氮
168	2811290090	其他非金属无机氧化物
169	2812103000	碳酰二氯（光气）
170	2812104100	一氯化硫（氯化硫）
171	2812104200	二氯化硫
172	2812104300	三氯化磷
173	2812104400	三氯化砷
174	2812104500	五氯化磷
175	2812109000	其他非金属氯氧化物
176	2812900010	三氟化氯
177	2812900020	三氟化砷、三溴化砷、三碘化砷

续表

序号	商品编码	商品名称
178	2812900030	硫酰氟
179	2812900090	其他非金属卤化物及卤氧化物
180	2813100000	二硫化碳
181	2813900010	五硫化二磷
182	2813900090	其他非金属硫化物，三硫化二磷
183	2814100000	氨
184	2814200000	氨水
185	2815110000	固体氢氧化钠
186	2815120000	氢氧化钠水溶液，液体烧碱
187	2815300000	过氧化钠及过氧化钾
188	2816100000	氢氧化镁及过氧化镁
189	2816400000	锶或钡的氧化物、氢氧化物
190	2817001000	氧化锌
191	2817009000	过氧化锌
192	2819100000	三氧化铬
193	2819900000	其他铬的氧化物及氢氧化物
194	2820100000	二氧化锰
195	2820900000	其他锰的氧化物
196	2821100000	铁的氧化物及氢氧化物
197	2821200000	土色料
198	2823000000	钛的氧化物
199	2824100000	一氧化铅（铅黄，黄丹）
200	2824901000	铅丹及铅橙［四氧化（三）铅］
201	2824909000	其他铅的氧化物
202	2825109000	其他肼、胲及其无机盐
203	2825201000	氢氧化锂
204	2825209000	锂的氧化物
205	2825301000	五氧化二钒
206	2825309000	其他钒的氧化物及氢氧化物
207	2825400000	镍的氧化物及氢氧化物
208	2825500000	铜的氧化物及氢氧化物
209	2825600001	锗的氧化物
210	2825600090	二氧化锆
211	2825700000	钼的氧化物及氢氧化物
212	2825800000	锑的氧化物
213	2825901100	钨酸

续表

序号	商品编码	商品名称
214	2825901910	蓝色氧化钨
215	2825901990	其他钨的氧化物及氢氧化物
216	2826120000	氟化铝
217	2826191010	氟化氢铵
218	2826191090	其他铵的氟化物
219	2826192010	氟化钠
220	2826192020	氟化氢钠
221	2826192090	其他钠的氟化物
222	2826901000	氟硅酸盐
223	2826909001	六氟磷酸锂
224	2826909090	氟铝酸盐及其他氟络盐
225	2827101000	肥料用氯化铵
226	2827109000	非肥料用氯化铵
227	2827200000	氯化钙
228	2827310000	氯化镁
229	2827320000	氯化铝
230	2827350000	氯化镍
231	2827391000	氯化锂
232	2827392000	氯化钡
233	2827410000	铜的氯氧化物及氢氧基氯化物
234	2827510000	溴化钠及溴化钾
235	2828100000	商品次氯酸钙及其他钙的次氯酸盐
236	2828900000	次溴酸盐、亚氯酸盐、其他次氯酸盐
237	2829110000	氯酸钠
238	2829191000	氯酸钾（洋硝）
239	2829199000	其他氯酸盐
240	2829900010	颗粒 $<500\mu m$ 的球形高氯酸铵
241	2829900090	其他高氯酸盐，溴酸盐等
242	2830101000	硫化钠
243	2830109000	其他钠的硫化物
244	2830902000	硫化锑
245	2830903000	硫化钴
246	2830909000	其他硫化物、多硫化物
247	2831101000	钠的连二亚硫酸盐
248	2831102000	钠的次硫酸盐
249	2831900000	其他连二亚硫酸盐及次硫酸盐

续表

序号	商品编码	商品名称
250	2832100000	钠的亚硫酸盐
251	2832200000	其他亚硫酸盐
252	2832300000	硫代硫酸盐
253	2833190000	钠的其他硫酸盐
254	2833210000	硫酸镁
255	2833220000	硫酸铝
256	2833240000	镍的硫酸盐
257	2833250000	铜的硫酸盐
258	2833270000	硫酸钡
259	2833291000	硫酸亚铁
260	2833293000	硫酸锌
261	2833301000	钾铝矾
262	2833309000	其他矾
263	2833400000	过硫酸盐
264	2834100000	亚硝酸盐
265	2834211000	肥料用硝酸钾
266	2834219000	非肥料用硝酸钾
267	2834291000	硝酸钴
268	2835310000	三磷酸钠（三聚磷酸钠）
269	2836200000	碳酸钠（纯碱）
270	2836300000	碳酸氢钠（小苏打）
271	2836400000	钾的碳酸盐
272	2836500000	碳酸钙
273	2836600000	碳酸钡
274	2836910000	锂的碳酸盐
275	2836920000	锶的碳酸盐
276	2836991000	碳酸镁
277	2836994000	商品碳酸铵及其他铵的碳酸盐
278	2836999000	其他碳酸盐及过碳酸盐
279	2837111000	氰化钠
280	2837112000	氧氰化钠
281	2837191000	氰化钾
282	2837199011	氰化锌、氰化亚铜、氰化铜
283	2837199012	氰化镍、氰化钙
284	2837199013	氰化钡、氰化镉、氰化铅
285	2837199014	氰化钴

续表

序号	商品编码	商品名称
286	2837199090	其他氰化物及氧氰化物
287	2837200011	氰化镍钾、氰化钠铜锌
288	2837200012	氰化亚铜（三）钠、氰化亚铜（三）钾
289	2837200090	其他氰络合物
290	2839190000	其他钠盐
291	2839900010	硅酸铅
292	2839900090	其他硅酸盐、商品碱金属硅酸盐
293	2840190000	其他四硼酸钠
294	2840200000	其他硼酸盐
295	2840300000	过硼酸盐
296	2841610000	高锰酸钾
297	2841690000	亚锰酸盐、锰酸盐及其他高锰酸盐
298	2841701000	钼酸铵
299	2841709000	其他钼酸盐
300	2841802000	钨酸钠
301	2841803000	钨酸钙
302	2841804000	偏钨酸铵
303	2841809000	其他钨酸盐
304	2841900090	其他金属酸盐及过金属酸盐
305	2842100000	硅酸复盐及硅酸络盐
306	2843210000	硝酸银
307	2843290010	氰化银、氰化银钾、亚砷酸银
308	2843290090	其他银化合物
309	2843900010	氯化钯
310	2843900090	其他贵金属化合物，贵金属汞齐
311	2844100000	天然铀及其化合物
312	2844200000	U235 浓缩铀，钚及其化合物
313	2844300000	U235 贫化铀，钍及其化合物
314	2844401010	镭 - 226 及其化合物
315	2844401090	其他镭及镭盐
316	2844402000	放射性钴及放射性钴盐
317	2844409010	铀 - 233 及其化合物
318	2844409090	其他放射性元素同位素及其化合物
319	2844500000	核反应堆已耗尽的燃料元件
320	2845100000	重水（氧化氘）
321	2845900010	除重水外的氘及氘化物

续表

序号	商品编码	商品名称
322	2845900020	硼－10 同位素及其化合物、混合物
323	2845900030	富集锂－6 同位素及其化合物混合物
324	2845900090	其他同位素及其他化合物
325	2847000000	过氧化氢
326	2848000010	磷化铝、磷化锌
327	2848000090	其他磷化物
328	2849901000	碳化硼
329	2849909000	其他碳化物
330	2850000010	砷化氢
331	2910200000	甲基环氧乙烷（氧化丙烯）
332	2910300000	1－氯－2,3－环氧丙烷（表氯醇）
333	2922422000	谷氨酸钠
334	2922500000	氨基醇酚、氨基酸酚
335	2932999091	其他濒危植物提取的仅含氧杂原子的杂环化合物
336	3001200010	其他濒危野生动物腺体，器官，
337	3001909091	其他濒危动物制品
338	3002909011	濒危动物血制品
339	3003909020	含其他未列名濒危动植物混合药品
340	3004905110	含濒危动植物成分的中药酒
341	3004905910	含濒危动植物成分的中式成药
342	3201100000	坚木浸膏
343	3201200000	荆树皮浸膏
344	3201901010	其他濒危植物鞣料浸膏
345	3201901090	其他植物鞣料浸膏
346	3201909000	鞣酸及其盐、醚、酯和其他衍生物
347	3202100000	有机合成鞣料
348	3202900000	无机鞣料、鞣料制剂等
349	3203001100	天然靛蓝及以其为基本成分的制品
350	3203001910	濒危植物质着色料及制品
351	3203001990	其他植物质着色料及制品
352	3204120000	酸性染料及制品、媒染染料及制品
353	3204130000	碱性染料及以其为基本成分的制品
354	3204140000	直接染料及以其为基本成分的制品
355	3204151000	合成靛蓝（还原靛蓝）
356	3204159000	其他还原染料及以其为基本成分品
357	3204160000	活性染料及以其为基本成分的制品

续表

序号	商品编码	商品名称
358	3204170000	颜料及以其为基本成分的制品
359	3204191100	硫化黑及以其为基本成分的制品
360	3204191900	其他硫化染料及以其为基本成分品
361	3204199000	其他着色料组成的混合物
362	3204200000	用作荧光增白剂的有机合成产品
363	3204901000	生物染色剂及染料指示剂
364	3204909000	其他用作发光体的有机合成产品
365	3205000000	色淀及以色淀为基本成分的制品
366	3206111000	钛白粉
367	3206119000	其他干量计二氧化钛≥80%的颜料
368	3206190000	其他二氧化钛为基料的颜料及制品
369	3206200000	铬化合物为基本成分的颜料及制品
370	3206410000	群青及以其为基本成分的制品
371	3206421000	锌钡白
372	3206429000	其他以硫化锌为基本成分的颜料
373	3206490000	其他无机着色料及其制品
374	3206500000	用作发光体的无机产品
375	3207100000	调制颜料，遮光剂，着色剂及类似品
376	3207200000	珐琅和釉料、釉底料及类似制品
377	3207300000	光瓷釉及类似制品
378	3207400000	呈粉、粒状搪瓷玻璃料及其他玻璃
379	3208100000	溶于非水介质的聚酯油漆及清漆等
380	3208201001	分散于或溶于非水介质的光导纤维用涂料
381	3208201090	其他聚丙烯酸油漆、清漆等
382	3208202000	溶于非水介质的聚乙烯油漆及清漆
383	3208901001	分散于或溶于非水介质的光导纤维用涂料
384	3208901090	其他聚氨酯油漆清漆等
385	3208909000	溶于非水介质其他油漆、清漆溶液
386	3209100000	溶于水介质的聚丙烯酸油漆及清漆
387	3209901000	以环氧树脂为基本成分油漆及清漆
388	3209902000	以氟树脂为基本成分的油漆及清漆
389	3209909000	溶于水介质其他聚合物油漆及清漆
390	3210000000	其他油漆及清漆，皮革用水性颜料
391	3211000000	配制的催干剂
392	3212100000	压印箔
393	3212900000	制漆用颜料及零售包装染料、色料

续表

序号	商品编码	商品名称
394	3213100000	成套的颜料
395	3213900000	非成套颜料、调色料及类似品
396	3214100000	安装玻璃用油灰等；漆工用填料
397	3214900000	非耐火涂面制剂
398	3215110000	黑色印刷油墨
399	3215190000	其他印刷油墨
400	3215901000	书写墨水
401	3215909000	绘图墨水及其他墨类
402	3301299991	其他非柑橘属濒危植物果实的精油
403	3301309010	其他濒危植物香膏
404	3301901010	濒危植物提取的油树脂
405	3304990091	其他含濒危植物成分美容化妆品
406	3305100010	含濒危植物成分的洗发剂
407	3306101010	含濒危植物成分牙膏
408	3404900000	其他人造蜡及调制蜡
409	3406000010	含濒危动物成分的蜡烛及类似品
410	3802100000	活性炭
411	3802900010	濒危动物炭黑
412	3802900090	活性天然矿产品，其他动物炭黑
413	3824300010	混合的未烧结金属碳化钨
414	3824300090	其他混合的未烧结金属碳化物
415	3922200010	含濒危动物成分的塑料马桶座圈及盖
416	4201000010	濒危野生动物材料制的鞍具及挽具
417	4202111010	以含濒危野生动物皮革作面的衣箱
418	4202119010	以濒危野生动物皮革作面的箱包
419	4202210010	以濒危野生动物皮革作面的手提包
420	4202310010	以濒危野生动物皮革作面的钱包等
421	4202910010	濒危野生动物皮革作面的其他容器
422	4203100010	濒危野生动物皮革制的衣服
423	4203210010	濒危野生动物皮革制的运动手套
424	4203291010	濒危野生动物皮革制的劳保手套
425	4203299010	濒危野生动物皮革制的其他手套
426	4203301010	濒危野生动物皮革制的腰带
427	4203302010	濒危野生动物皮革制的子弹带
428	4203400010	濒危野生动物皮革制的衣着附件
429	4205001010	濒危野生动物皮革制的坐具套

续表

序号	商品编码	商品名称
430	4205002010	濒危野生动物皮革制工业用皮革或再生皮革制品
431	4205009010	濒危野生动物皮革的其他制品
432	4302191010	已鞣未缝制的濒危狐皮
433	4302191090	已鞣未缝制的其他贵重濒危动物毛皮
434	4302192010	已鞣未缝制的整张濒危野兔皮
435	4302199010	已鞣未缝制其他濒危野生动物毛皮
436	4302200010	已鞣未缝濒危野生动物头、尾、爪等
437	4302301090	已鞣已缝制的贵重濒危动物毛皮及其块、片
438	4302309010	已鞣缝的其他整张濒危野生毛皮
439	4303101010	濒危野生动物毛皮衣服
440	4303102010	濒危野生动物毛皮衣着附件
441	4303900010	濒危野生动物毛皮制其他物品
442	5102191010	未梳濒危兔毛
443	5102193010	未梳濒危野生骆驼科动物毛、绒
444	5102199010	未梳的其他濒危野生动物细毛
445	5102200010	未梳的濒危野生动物粗毛
446	5103109010	其他濒危野生动物细毛的落毛
447	5103209010	其他濒危野生动物细毛废料
448	5103300010	濒危野生动物粗毛废料
449	5104009010	其他濒危野生动物细毛
450	5105391010	已梳濒危兔毛
451	5105400010	其他已梳濒危野生动物粗毛
452	5108101100	非供零售用粗梳山羊绒纱线
453	5108101910	非供零售用粗梳其他濒危动物细毛纱线
454	5108101990	非供零售用粗梳其他动物细毛纱线
455	5108109010	非供零售用粗梳其他濒危动物细毛纱线
456	5108201100	非供零售用精梳山羊绒纱线
457	5108201910	非供零售用精梳其他濒危动物细毛纱线
458	5108201990	非供零售用精梳其他动物细毛纱线
459	5108209010	非供零售用精梳其他濒危动物细毛纱线
460	5110000010	濒危动物粗毛的纱线
461	6402120010	含濒危动物毛皮橡胶/塑料底及面滑雪靴
462	6402190010	含濒危动物毛皮其他运动鞋靴
463	7113119010	镶嵌濒危物种制品的银首饰及零件
464	7113209010	镶嵌濒危物种制品以贱金属为底的包贵金属制首饰
465	7114110010	镶嵌濒危物种制品的银器及零件

续表

序号	商品编码	商品名称
466	7208100000	轧有花纹的热轧卷材
467	7208250000	厚度≥4.75mm 其他经酸洗的热轧卷材
468	7208261000	4.75mm > 厚度≥3mm 其他大强度热轧卷材
469	7208269000	其他 4.75mm > 厚度≥3mm 热轧卷材
470	7208271000	厚度 < 1.5mm 其他的热轧卷材
471	7208279000	1.5mm≤厚度 < 3mm 其他的热轧卷材
472	7208360000	厚度 > 10mm 的其他热轧卷材
473	7208370000	10mm≥厚度≥4.75mm 的其他热轧卷材
474	7208381000	4.75mm > 厚度≥3mm 的大强度卷材
475	7208389000	其他 4.75mm > 厚度≥3mm 的卷材
476	7208391000	厚度 < 1.5mm 的其他热轧卷材
477	7208399000	1.5mm≤厚度 < 3mm 的其他热轧卷材
478	7208400000	轧有花纹的热轧非卷材
479	7208511000	厚度 > 50mm 的其他热轧非卷材
480	7208512000	20mm < 厚度≤50mm 的其他热轧非卷材
481	7208519000	10mm < 厚度≤20mm 的其他热轧非卷材
482	7208520000	10mm≥厚度≥4.75mm 的热轧非卷材
483	7208531000	4.75mm > 厚度≥3mm 大强度热轧非卷材
484	7208539000	其他 4.75mm > 厚度≥3mm 的热轧非卷材
485	7208541000	厚度 < 1.5mm 的热轧非卷材
486	7208549000	1.5≤厚度 < 3mm 的热轧非卷材
487	7208900000	其他热轧铁或非合金钢宽平板轧材
488	7211130000	未轧花纹的四面轧制的热轧非卷材
489	7211140000	厚度≥4.75mm 的其他热轧板材
490	7211190000	其他热轧铁或非合金钢窄板材
491	7211230000	含碳量低于 0.25% 的冷轧板材
492	7211290000	其他冷轧铁或非合金钢窄板材
493	7211900000	冷轧的铁或非合金钢其他窄板材
494	7212100000	镀（涂）锡的铁或非合金钢窄板材
495	7212200000	电镀锌的铁或非合金钢窄板材
496	7212300000	其他镀或涂锌的铁窄板材
497	7212400000	涂漆或涂塑的铁或非合金钢窄板材
498	7212500000	涂镀其他材料铁或非合金钢窄板材
499	7212600000	经包覆的铁或非合金钢窄板材
500	7213100000	铁或非合金钢制热轧盘条
501	7213200000	其他易切削钢制热轧盘条

续表

序号	商品编码	商品名称
502	7213910000	直径<14mm 圆截面的其他热轧盘条
503	7213990000	其他热轧盘条
504	7214200000	铁或非合金钢的热加工条、杆
505	7214300000	易切削钢的热加工条、杆
506	7214910000	其他矩形截面的条、杆
507	7214990000	其他热加工条、杆
508	7215100000	其他易切削钢制冷加工条、杆
509	7215500000	其他冷加工或冷成形的条、杆
510	7215900000	铁及非合金钢的其他条、杆
511	7216101000	截面高度<80mm 的 H 型钢
512	7216102000	截面高度<80mm 的工字钢
513	7216109000	截面高度<80mm 的槽钢
514	7216210000	截面高度<80mm 的角钢
515	7216220000	截面高度<80mm 的丁字钢
516	7216310000	截面高度≥80mm 的槽钢
517	7216321000	截面高度>200mm 的工字钢
518	7216329000	80mm≤截面高度≤200mm 的工字钢
519	7216331100	截面高度>800mm 的 H 型钢
520	7216331900	200mm<截面高度≤800mm 的 H 型钢
521	7216339000	80mm<截面高度≤200mm 的 H 型钢
522	7216401000	截面高度≥80mm 的角钢
523	7216402000	截面高度≥80mm 的丁字钢
524	7216501000	乙字钢
525	7216509000	其他角材、型材及异型材
526	7216610000	平板轧材制的角材、型材及异型材
527	7216690000	冷加工的角材、型材及异型材
528	7216910000	其他平板轧材制角材、型材及异型材
529	7216990000	其他角材、型材及异型材
530	7217100000	未镀或涂层的铁或非合金钢丝
531	7217200000	镀或涂锌的铁或非合金钢丝
532	7217301000	镀或涂铜的铁或非合金钢丝
533	7217309000	镀或涂其他贱金属的铁或非合金钢丝
534	7217900000	其他铁丝或非合金钢丝
535	7219131200	3mm≤厚度<4.75mm 未经酸洗的热轧不锈钢卷板
536	7219132200	3mm≤厚度<4.75mm 经酸洗的热轧不锈钢卷板
537	7219132900	3mm≤厚度<4.75mm 经酸洗的其他热轧不锈钢卷板

续表

序号	商品编码	商品名称
538	7219141200	厚度＜3mm 未经酸洗的热轧不锈钢卷板
539	7219142200	厚度＜3mm 经酸洗的热轧不锈钢卷板
540	7225910000	电镀锌的其他合金钢宽平板轧材
541	7225920000	其他镀或涂锌的其他合金钢宽板材
542	7225991000	宽度≥600mm 的高速钢制平板轧材
543	7225999000	宽度≥600mm 的其他合金钢平板轧材
544	7226920000	宽度＜600mm 冷轧其他合金钢板材
545	7226991000	电镀锌的其他合金钢窄平板轧材
546	7226992000	用其他方法镀或涂锌的其他合金钢窄板材
547	7227200000	硅锰钢的热轧盘条
548	7228200000	其他硅锰钢的条、杆
549	7228600000	其他合金钢条、杆
550	7305310000	纵向焊接的其他粗钢铁管
551	7305390000	其他方法焊接其他粗钢铁管
552	7305900000	未列名圆形截面粗钢铁管
553	7306300000	其他铁或非合金刚圆形截面焊缝管
554	7306400000	不锈钢其他圆形截面细焊缝管
555	7306500000	其他合金钢的圆形截面细焊缝管
556	7306610000	矩形或正方形截面的其他焊缝管
557	7306690000	其他非圆形截面的焊缝管
558	7306900010	多壁式管道
559	7306900090	未列名其他钢铁管及空心异型材
560	7604101000	非合金制铝条、杆
561	7604109000	非合金制铝型材、异型材
562	7604210000	铝合金制空心异型材
563	7604291010	柱形实心体铝合金
564	7604291090	其他铝合金制条、杆、其他型材
565	7605110000	最大截面尺寸＞7mm 的非合金铝丝
566	7605190000	最大截面尺寸≤7mm 的非合金铝丝
567	7605210000	最大截面尺寸＞7mm 的铝合金丝
568	7605290000	最大截面尺寸≤7mm 的铝合金丝
上述 72.08～76.05 项下产品用于深加工结转除外		
569	9003190010	濒危动物产品制眼镜架
570	9101210010	含濒危动物皮自动上弦贵金属机械手表
571	9101290010	含濒危动物皮非自动上弦贵金属机械手表
572	9102210010	含濒危动物皮其他自动上弦的机械手表

续表

序号	商品编码	商品名称
573	9102290010	含濒危动物皮其他非自动上弦机械手表
574	9113900010	濒危动物皮制的表带及其零件
575	9202100011	濒危动物皮弓弦乐器
576	9202100019	其他含濒危动物皮的弓弦乐器
577	9202900010	含濒危动物成分的其他弦乐器
578	9206000010	含濒危动物皮的打击乐器
579	9404301010	濒危野禽羽毛或羽绒填充的睡袋
580	9404901010	濒危野禽羽绒和羽毛填充其他寝具
581	9404902010	濒危兽毛填充的寝具
582	9504200010	濒危木制的台球用品及附件
583	9508100010	有濒危动物的流动马戏团
584	9601100010	已加工的濒危兽牙及其制品
585	9601900010	其他已加工濒危动物质雕刻料
586	9603301010	濒危动物毛制的画笔
587	9603302010	濒危动物毛制的毛笔
588	9603309010	濒危动物毛制化妆用的类似笔
589	9603509110	濒危动物毛制作为机器零件其他刷子
590	9603509910	濒危动物毛制作为车辆零件其他刷子
591	9603901010	濒危野禽羽毛掸
592	9603909010	濒危动物毛、鬃、尾制其他帚、刷子
593	9606290010	含濒危动物成分的其他纽扣
594	9611000010	含濒危动物成分的手用日期戳
595	9614001010	含濒危动物成分的烟斗及烟斗头
596	9615190010	含濒危动物成分的其他材料制梳子
597	9701900010	含濒危动物成分的拼贴画
598	9703000010	濒危动植物材料制的雕塑品原件

中华人民共和国海关总署公告

2008 年第 34 号

（关于部分进入特殊监管区域的货物不征收出口关税和退税）

根据《海关总署关于部分进入海关特殊监管区域的产品不征收出口关税的公告》（海关总署公告〔2008〕21 号，以下简称《公告》）和《财政部 海关总署 国家税务总局关于国内采购材料进入出口加工区等海关特殊监管区域适用退税政策的通知》（财税〔2008〕10 号，以下简称《通知》），自 2008 年 2 月 15 日起，对部分进入海关特殊监管区域的产品不征收出口关税和按增值税法定征税率予以退税，现就有关事项公告如下：

一、属于《公告》和《通知》规定进入海关特殊监管区域不征收出口关税或按增值税法定征税率退税的货物，区外企业在办理出口报关手续前，由区内企业按照《海关特殊监管区域不征收出口关税及审批表填制规范》（见附件 1）填写“海关特殊监管区域不征收出口关税及退税货物审批表”（见附件 2，以下简称“审批表”）报主管海关审批，主管海关审批同意，生成审批表编号并交区内企业，区内企业将“审批表”交区外企业，区外企业持“审批表”办理出口报关手续；主管海关审批不同意的，不生成审批表编号并交区内企业。

二、对于进入海关特殊监管区域不征收出口关税或按增值税法定征税率退税的货物，区外企业单独填报出口报关单。“审批表”和出口报关单一一对应。

三、区外企业办理上述货物出口报关手续时，在出口报关单备注栏目填写“审批表”编号，并向海关特殊监管区域主管海关递交审批后的“审批表”，主管海关审核无误后留存，并按规定不征收出口关税或出具出口退税报关单。

四、如海关对出口报关单审核后，需要对出口报关单中的出口口岸、发货单位、经营单位、商品编号、商品名称、规格型号、数量及单位、单价、总价、币制进行修改的，区内企业需根据修改后的内容重新填写“审批表”报主管海关审批。原“审批表”作废，由区外企业交原区内企业，再由原区内企业将其与重新填写的“审批表”一并交主管海关，海关不再退还。

特此公告。

附件 1 海关特殊监管区域不征收出口关税及退税货物审批表填制规范

附件 2 海关特殊监管区域不征收出口关税及退税货物审批表

海关总署

2008 年 5 月 16 日

附件 1

海关特殊监管区域不征收出口关税及退税货物审批表填制规范

为统一“海关特殊监管区域不征收出口关税及退税货物审批表”（以下简称“审批表”）填制要求，根据《中华人民共和国海关法》、《海关总署关于部分进入海关特殊监管区域的产品不征收出口关税的公告》（海关总署公告〔2008〕21 号）和《财政部 海关总署 国家税务总局关于国内采购材料进入出口加工区等海关特殊监管区域适用退税政策的通知》（财税〔2008〕10 号）及有关法律法规，制定本规范。“审批表”各栏目的填制规范如下：

一、“审批表”编号（海关填写）

指海关特殊监管区域不征收出口关税及退税货物审批表的编号，由 4 位关区号 +T+2 位年份 +5 位顺序号组成。

二、出口口岸（企业填报）

指货物实际出口至海关特殊监管区域海关的名称及代码。

三、收货单位/发货单位（企业填报）

（一）收货单位

指已知的出口货物在海关特殊监管区域内的最终消费、使用单位，包括：

1. 自行从境内区外采购货物的单位。

2. 委托进出口企业从境内区外采购货物的单位。

（二）发货单位

指出口货物在境内的生产或销售单位，包括：

1. 自行出口货物至海关特殊监管区域的单位。

2. 委托进出口企业出口货物至海关特殊监管区域的单位。

（三）备有海关注册编号或加工生产企业编号的收、发货单位，本栏目必须填报其经营单位编码或加工生产企业编号；否则填报其中文名称。

（四）发货单位应与对应的出口报关单中的发货单位一致；收货单位应与对应的进境备案清单中的收货单位一致。

四、经营单位（企业填报）

本栏目应填报出口货物至海关特殊监管区域的经营单位的名称及经营单位编码。

经营单位编码是经营单位在海关办理注册登记手续时，海关给予的注册登记 10 位编码。

经营单位应与对应的出口报关单中的经营单位一致。

五、项号（企业填报）

填报报关单中的商品排列序号。

六、商品编号（企业填报）

指按商品分类编码规则确定的进出口货物的商品编号。此栏目分为商品编号和附加编号两栏，其中商品编号栏应填报《中华人民共和国海关进出口税则》8 位税则号列，附加编号栏应填报商品编号附加的第 9、10 位附加编号。“加工贸易手册”中商品编号与实际商品编号不符的，应按实际商品编号填报。

商品编号应与对应的出口报关单中的商品编号一致。

七、商品名称、规格型号（企业填报）

本栏目分两行填报。

第一行填报进出口货物规范的中文商品名称，第二行填报规格型号，必要时可加注原文。

具体填报要求如下：

（一）商品名称及规格型号应据实填报，并与所提供的商业发票相符。

（二）商品名称应当规范，规格型号应当足够详细，以能满足海关归类、审价及许可证件管理要求为准。根据商品属性，本栏目填报内容包括：品名、牌名、规格、型号、成分、含量、等级、用途、功能等。

（三）加工贸易等已备案的货物，本栏目填报录入的内容必须与备案登记中同项号下货物的名称与规格型号一致。

（四）商品名称、规格型号应与对应的出口报关单中的商品名称、规格型号一致。

八、数量及单位（企业填报）

指出口商品的实际数量及计量单位。

本栏目分三行填报。

具体填报要求如下：

（一）必须按海关法定计量单位填报，法定第一计量单位及数量填报在本栏目第一行。

（二）凡海关列明第二计量单位的，必须报明该商品第二计量单位及数量，填报在本栏目第二行。无第二计量单位的，本栏目第二行为空。

（三）成交计量单位及数量应当填报在第三行。

（四）法定计量单位为“公斤”的数量填报，特殊情况下填报要求如下：

1. 装入可重复使用的包装容器的货物，按货物的净重填报，如罐装同位素、罐装氧气及类似品等，应扣除其包装容器的重量；

2. 使用不可分割包装材料和包装容器的货物，按货物的净重填报（即包括内层直接包装的净重重量）；

3. 按照商业惯例以公量重计价的商品，应按公量重填报；

4. 采用以毛重作为净重计价的货物，可按毛重填报；

5. 根据 HS 归类规则，零部件按整机归类的，法定第一数量填报“0.1”，有法定第二数量的，按照货物实际净重申报；

6. 具有完整品或制成品基本特征的不完整品、未制成品，按照 HS 归类规则应按完整品归类的，申报数量按照构成完整品的实际数量申报。

（五）加工贸易等已备案的货物，成交计量单位必须与“加工贸易手册”中同项号下货物的计量单位一致。

（六）数量及单位应与对应的出口报关单中的数量及单位一致。

九、单价（企业填报）

本栏目应填报同一项号下出口货物实际成交的商品单位价格。

无实际成交价格的，本栏目填报货值。

单价应与对应的出口报关单中的单价一致。

十、总价（企业填报）

本栏目应填报同一项号下出口货物实际成交的商品总价。

无实际成交价格的，本栏目填报货值。

总价应与对应的出口报关单中的总价一致。

十一、币制（企业填报）

指出口货物实际成交价格的币种。

本栏目应根据实际成交情况按海关规定的“货币代码表”选择填报相应的货币名称或代码，如“货币代码表”中无实际成交币种，需转换后填报。

币制应与对应的出口报关单中的币值一致。

十二、进区用途（企业填报）

指上述货物出口至海关特殊监管区域的实际用途。

十三、海关审单批注栏（海关填写）

本栏目指供海关内部作业时签注的总栏目，由海关关员手工填写在审批表上。

附件 2

海关特殊监管区域不征收出口关税及退税货物审批表

审批表编号：□□□□□□□□□□□□□□（4 位关区号 + T + 2 位年份 + 5 位顺序号）

出口口岸			发货单位			
经营单位			收货单位			
项号	商品编号	商品名称、规格型号	数量及单位	单价	总价	币制
进区用途						
现场海关复审意见	□ 不征收出口关税 □ 照章征收出口关税 □ 出口关税为零		□按增值税法定税率予以退税 □ 不退税			
现场海关初审意见						
现场海关分管关长意见						

中华人民共和国海关总署公告

2008 年第 85 号

（关于公布第二批进入海关特殊监管区域不征收出口关税产品清单）

为促进海关特殊监管区域健康发展，经国务院批准，自 2008 年 12 月 1 日起，对具有保税加工功能的出口加工区、保税港区、综合保税区、珠澳跨境工业区（珠海园区）和中哈霍尔果斯国际边境合作中心（中方配套区域）内的生产企业，从境内区外采购用于生产出口产品的磷酸二氢铵、氨气和未锻轧铝合金等原材料（具体清单见附件），进区时不征收出口关税。入区不征税的具体操作办法按海关总署 2008 年第 34 号公告的有关规定执行。

特此公告。

附件　第二批海关特殊监管区内生产企业国内采购入区不征收出口关税原材料清单

海关总署

2008 年 11 月 25 日

附件

第二批海关特殊监管区内生产企业国内采购入区不征收出口关税原材料清单

序号	税则号列	货品名称（简称）	备注
1	28141000	氨气	ex
2	31054000	磷酸二氢铵	ex
3	76012000	未锻轧铝合金	ex

注：备注一栏注有 ex 标志的，表示入区不征收出口关税的原材料范围以货品名称为准，其他以税则号列为准。

中华人民共和国海关总署公告

2008 年第 87 号

（关于明确加工贸易政策调整相关事项）

为落实国务院关于暂停轻纺行业限制类商品加工贸易台账保证金“实转”管理的决定，商务部与海关总署联合发布了 2008 年第 97 号公告（以下简称 97 号公告），明确加工贸易政策调整相关事项。现就海关执行中的有关问题公告如下：

一、关于暂停《商务部 海关总署 2007 年第 44 号公告》部分限制类目录商品的监管事宜

（一）对 97 号公告附件 2 列明的家具类商品的加工贸易业务，按照非限制类商品加工贸易业务实施监管。

（二）对 12 月 1 日前已备案的原限制类家具商品的加工贸易手册（包括电子化手册和纸质手册，以下简称手册）核销结案后，海关退还已征收的保证金及利息。

二、关于信息化系统调整前的业务办理事宜

海关正在对信息化系统进行调整，修改完善有关系统程序，以适应政策调整的要求。在海关相关信息化系统调整完成前，海关按照手工操作方式办理相关手续：

（一）对经海关评定为 A 类和 B 类的企业按照 97 号公告第一条规定开展暂停“实转”商品加工贸易业务的，在办理手册备案时，免征台账保证金；在办理手册变更时，不再征收台账保证金，已征收的台账保证金及利息核销结案后予以退还。

（二）对经海关评定为 A 类的企业按照 97 号公告第二条规定开展原限制类目录商品加工贸易的，在办理手册备案时，免征台账保证金；在办理手册变更时，不征收台账保证金，已征收的台账保证金及利息核销结案后予以退还。

三、关于业务变更的问题

自 2008 年 12 月 1 日起，对企业办理备案或变更手续的加工贸易业务的，按照 97 号公告第一、二条规定执行。

四、关于电子账册企业台账监管问题

对 2008 年 12 月 1 日前已开设台账专用手册，且实施电子账册监管的企业申请提前办理手册核销的，在海关为企业办理台账专用手册核销手续后，予以退还已征收的保证金及利息。

原台账专用手册核销后，企业按照 97 号公告有关规定开设新的台账专用手册。

五、本公告自 2008 年 12 月 1 日起执行。

特此公告。

海关总署

2008 年 12 月 1 日

中华人民共和国商务部、中华人民共和国海关总署公告

2008 年第 120 号

（对加工贸易限制类目录进行调整）

为落实国务院决定，保持外贸稳定增长，商务部和海关总署对加工贸易限制类目录进行调整，现将有关事项公告如下：

一、将《商务部　海关总署 2007 年第 44 号公告》（下称 44 号公告）限制出口类目录中的部分塑料原料、塑料制品、木制品、纺织品等共计 1730 个十位商品编码剔除。

二、调整后的加工贸易限制类目录共计 500 个商品编码（见附件），其中限制出口 106 个，限制进口 394 个。开展限制类商品加工贸易业务，仍按《商务部　海关总署 2008 年第 97 号公告》有关规定执行。

三、本公告自 2009 年 2 月 1 日起执行。本公告附件所列商品，在实施过程中以 2009 年度海关商品编码为准。

附件　加工贸易限制类目录

商务部　海关总署

2008 年 12 月 31 日

附件

加工贸易限制类目录

序号	海关商品编码	商品名称	限制方式
1	3901902000	线型低密度聚乙烯	出口
2	3902200000	初级形状的聚异丁烯	出口
3	3902900010	端羧基聚丁二烯，CTPB	出口
4	3902900020	端羟基聚丁二烯，HTPB	出口
5	3902900090	其他初级形状的烯烃聚合物	出口
6	3903190000	初级形状的其他聚苯乙烯	出口
7	3903900000	初级形状的其他苯乙烯聚合物	出口
8	3904300000	氯乙烯－乙酸乙烯酯共聚物	出口
9	3904400000	初级形状的其他氯乙烯共聚物	出口
10	3904500000	初级形状的偏二氯乙烯聚合物	出口
11	3904900000	初级形状的其他卤化烯烃聚合物	出口

续表

序号	海关商品编码	商品名称	限制方式
12	3905120000	聚乙酸乙烯酯的水分散体	出口
13	3905190000	其他初级形状聚乙酸乙烯酯	出口
14	3905210000	乙酸乙烯酯共聚物的水分散体	出口
15	3905290000	其他初级形状的乙酸乙烯酯共聚物	出口
16	3905300000	初级形状的聚乙烯醇	出口
17	3905990000	其他乙烯酯或乙烯基的聚合物	出口
18	3906100000	初级形状的聚甲基丙烯酸甲酯	出口
19	3906901000	聚丙烯酰胺	出口
20	3906909000	其他初级形状的丙烯酸聚合物	出口
21	3907109000	其他初级形状的聚缩醛	出口
22	3907300001	初级形状的环氧树脂	出口
23	3907300090	初级形状的环氧树脂	出口
24	3907500000	初级形状的醇酸树脂	出口
25	3909100000	初级形状的尿素树脂及硫尿树脂	出口
26	3909200000	初级形状的蜜胺树脂	出口
27	3909309000	其他初级形状的氨基树脂	出口
28	3909400000	初级形状的酚醛树脂	出口
29	3911100000	初级形状的石油树脂等	出口
30	3911900001	芳基酸与芳基胺预缩聚物	出口
31	3911900003	改性三羟乙基脲酸酯类预缩聚物	出口
32	3911900005	偏苯三酸酐和异氰酸预缩聚物	出口
33	3911900090	其他初级形状的多硫化物、聚砜等	出口
34	3912110001	未塑化二醋酸纤维素等	出口
35	3912110090	初级形状的未塑化醋酸纤维素	出口
36	3912120000	初级形状的已塑化醋酸纤维素	出口
37	3912200000	初级形状的硝酸纤维素	出口
38	3912310000	初级形状的羧甲基纤维素及其盐	出口
39	3912390000	初级形状的其他纤维素醚	出口
40	3912900000	初级形状的其他未列名的纤维素	出口
41	3913100000	初级形状的藻酸及盐和酯	出口
42	3913900000	初级形状的其他未列名天然聚合物	出口
43	3914000000	初级形状的离子交换剂	出口
44	3915100000	乙烯聚合物的废碎料及下脚料	出口
45	3915200000	苯乙烯聚合物的废碎料及下脚料	出口
46	3915300000	氯乙烯聚合物的废碎料及下脚料	出口
47	3915901000	聚对苯二甲酸乙二酯废碎料及下脚料	出口

续表

序号	海关商品编码	商品名称	限制方式
48	3915909000	其他塑料的废碎料及下脚料	出口
49	4412101911	至少有一表层为濒危非针叶木薄板胶合板	出口
50	4415100010	拉敏木制木箱及类似包装容器	出口
51	4415200010	拉敏木托板、箱形托盘及装载木板	出口
52	4418100010	拉敏木制木窗、落地窗及其框架	出口
53	4418200010	拉敏木制的木门及其框架和门槛	出口
54	4418900010	拉敏木制其他建筑用木工制品	出口
55	4419009010	拉敏木制的餐具及厨房用具	出口
56	4420901010	拉敏木制的镶嵌木	出口
57	4420909010	拉敏木盒及类似品，非落地木家具	出口
58	4421901010	拉敏木纡子筒管卷轴线轴及类似品	出口
59	4421909010	拉敏木制的未列名的木制品	出口
60	5106100000	非零售用粗梳羊毛纱线	出口
61	5106200000	非零售用粗梳混纺羊毛纱线	出口
62	5107100000	非供零售用精梳纯羊毛纱线	出口
63	5107200000	非供零售用精梳混纺羊毛纱线	出口
64	5108100090	其他非供零售用粗梳动物细毛纱线	出口
65	6309000000	旧衣物	出口
66	7001000000	废碎玻璃及玻璃块料	出口
67	7002100000	未加工的玻璃球	出口
68	7002209000	其他未加工的玻璃棒	出口
69	7002319000	熔凝石英或熔凝硅石制其他玻璃管	出口
70	7002320000	其他未加工的玻璃管	出口
71	7002390001	光通信用微光组建的玻璃毛细管、定位管	出口
72	7002390090	未列名、未加工的玻璃管	出口
73	7003120000	铸、轧制着色的非夹丝玻璃板、片	出口
74	7003190000	铸、轧制的其他非夹丝玻璃板、片	出口
75	7003200000	铸、轧制的夹丝玻璃板、片	出口
76	7003300000	铸、轧制的玻璃型材及异型材	出口
77	7004200000	拉、吹制的着色玻璃板、片	出口
78	7004900001	光学平板玻璃，厚度 0.7mm 以下	出口
79	7004900090	拉、吹制的其他玻璃板、片	出口
80	7005100000	有吸收层非夹丝浮珐或抛光玻璃板	出口
81	7005210000	其他着色非夹丝浮珐玻璃板、片	出口
82	7005290001	浮珐玻璃	出口
83	7005290090	其他非夹丝浮珐玻璃板、片	出口

续表

序号	海关商品编码	商品名称	限制方式
84	7005300000	夹丝浮珐玻璃板、片	出口
85	7006000000	经其他加工品目 70.03～70.05 的玻璃	出口
86	7407100000	精炼铜条、杆、型材及异型材	出口
87	7407210000	铜锌合金（黄铜）条、杆、型材及异型材	出口
88	7407290000	其他铜合金条、杆、型材及异型材	出口
89	7413000000	非绝缘的铜丝绞股线、缆、编带等	出口
90	7504001000	非合金镍粉及片状粉末	出口
91	7504002000	合金镍粉及片状粉末	出口
92	7505110000	纯镍条、杆、型材	出口
93	7505120000	合金镍条、杆、型材	出口
94	7505210000	纯镍丝	出口
95	7505220000	合金镍丝	出口
96	7506100000	纯镍板、片、带、箔	出口
97	7506200000	镍合金板、片、带、箔	出口
98	7804110000	铅片、带及厚度≤0.2mm 的箔	出口
99	7804190000	铅及铅合金板	出口
100	7804200000	铅及铅合金粉末、片状粉末	出口
101	7806001000	铅及铅合金条、杆、丝、型材、异型材	出口
102	7904000000	锌及锌合金条、杆、型材、丝	出口
103	7905000000	锌板、片、带、箔	出口
104	80030000	锡及锡合金条、杆、型材、丝	出口
105	8007002000	锡板、片及带，厚度>0.2 毫米	出口
106	8007003000	锡箔，厚度（衬背除外）≤0.2 毫米，锡粉及片状粉末	出口

附件

加工贸易限制类目录

序号	海关商品编码	商品名称	限制方式
1	0207120000	冻的整只鸡	进口
2	0207141100	冻的带骨鸡块	进口
3	0207141900	冻的不带骨鸡块	进口
4	1507100000	初榨的豆油	进口
5	1507900000	精制的豆油及其分离品	进口
6	1508100000	初榨的花生油	进口
7	1508900000	精制的花生油及其分离品	进口
8	1511100000	初榨的棕榈油	进口

续表

序号	海关商品编码	商品名称	限制方式
9	1511901000	棕榈液油	进口
10	1511902000	棕榈硬脂	进口
11	1511909000	其他精制棕榈油	进口
12	1512110000	初榨的葵花油和红花油	进口
13	1512210000	初榨的棉子油	进口
14	1512290000	精制的棉子油及其分离品	进口
15	1514110000	初榨的低芥子酸菜子油	进口
16	1514190000	其他低芥子酸菜子油	进口
17	1514911000	初榨的非低芥子酸菜子油	进口
18	1514919000	初榨的芥子油	进口
19	1514990000	精制非低芥子酸菜子油、芥子油	进口
20	1515210000	初榨的玉米油	进口
21	1515500000	芝麻油及其分离品	进口
22	1701110001	未加香料或着色剂的甘蔗原糖	进口
23	1701110090	未加香料或着色剂的甘蔗原糖	进口
24	1701120001	未加香料或着色剂的甜菜原糖	进口
25	1701120090	未加香料或着色剂的甜菜原糖	进口
26	1701991010	砂糖	进口
27	1701991090	砂糖	进口
28	1701992001	绵白糖	进口
29	1701992090	绵白糖	进口
30	3901100001	初级形状比重 <0.94 的聚乙烯	进口
31	3901100090	初级形状比重 <0.94 的聚乙烯	进口
32	3901200001	初级形状比重≥0.94 的聚乙烯	进口
33	3901200090	初级形状比重≥0.94 的聚乙烯	进口
34	3907601100	高粘度聚对苯二甲酸乙二酯切片	进口
35	3907601900	其他聚对苯二甲酸乙二酯切片	进口
36	4001100000	天然胶乳	进口
37	4001210000	天然橡胶烟胶片	进口
38	4001220000	技术分类天然橡胶（TSNR）	进口
39	4001290000	其他初级形状的天然橡胶	进口
40	5101110001	未梳的含脂剪羊毛	进口
41	5101110090	未梳的含脂剪羊毛	进口
42	5101190001	未梳的其他含脂羊毛	进口
43	5101190090	未梳的其他含脂羊毛	进口
44	5101210001	未梳的脱脂剪羊毛（未碳化）	进口

续表

序号	海关商品编码	商品名称	限制方式
45	5101210090	未梳的脱脂剪羊毛（未碳化）	进口
46	5101290001	未梳的其他脱脂羊毛（未碳化）	进口
47	5101290090	未梳的其他脱脂羊毛（未碳化）	进口
48	5101300001	未梳碳化羊毛	进口
49	5101300090	未梳碳化羊毛	进口
50	5103101001	羊毛落毛	进口
51	5103101090	羊毛落毛	进口
52	5105100001	粗梳羊毛	进口
53	5105100090	粗梳羊毛	进口
54	5105210001	精梳羊毛片毛	进口
55	5105210090	精梳羊毛片毛	进口
56	5105290001	羊毛条及其他精梳羊毛	进口
57	5105290090	羊毛条及其他精梳羊毛	进口
58	5201000001	未梳的棉花	进口
59	5201000080	未梳的棉花	进口
60	5201000090	未梳的棉花	进口
61	5203000001	已梳的棉花	进口
62	5203000090	已梳的棉花	进口
63	5205110000	非零售粗梳粗支纯棉单纱	进口
64	5205120000	非零售粗梳中支纯棉单纱	进口
65	5205130000	非零售粗梳细支纯棉单纱	进口
66	5205140000	非零售粗梳较细支纯棉单纱	进口
67	5205150000	非零售粗梳特细支纯棉单纱	进口
68	5205210000	非零售精梳粗支纯棉单纱	进口
69	5205220000	非零售精梳中支纯棉单纱	进口
70	5205230000	非零售精梳细支纯棉单纱	进口
71	5205240000	非零售精梳较细支纯棉单纱	进口
72	5205260000	非零售精梳特细支纯棉单纱	进口
73	5205270000	非零售精梳超特细支纯棉单纱	进口
74	5205280000	非零售精梳微支纯棉单纱	进口
75	5205310000	非零售粗梳粗支纯棉多股纱	进口
76	5205340000	非零售粗梳较细支纯棉多股纱	进口
77	5205350000	非零售粗梳特细支纯棉多股纱	进口
78	5205430000	非零售精梳细支纯棉多股纱	进口
79	5205460000	非零售精梳特细支纯棉多股纱	进口
80	5205470000	非零售精梳超特细支多股纱	进口

续表

序号	海关商品编码	商品名称	限制方式
81	5205480000	非零售精梳微支纯棉多股纱	进口
82	5206110000	非零售粗梳粗支混纺棉单纱	进口
83	5206120000	非零售粗梳中支混纺棉单纱	进口
84	5206130000	非零售粗梳细支混纺棉单纱	进口
85	5206140000	非零售粗梳较细支混纺棉单纱	进口
86	5206150000	非零售粗梳特细支混纺棉单纱	进口
87	5206210000	非零售精梳粗支混纺棉单纱	进口
88	5206220000	非零售精梳中支混纺棉单纱	进口
89	5206230000	非零售精梳细支混纺棉单纱	进口
90	5206240000	非零售精梳较细支混纺棉单纱	进口
91	5206250000	非零售精梳特细支混纺棉单纱	进口
92	5206310000	非零售粗梳粗支混纺棉多股纱或缆线	进口
93	5206320000	非零售粗梳中支混纺棉多股纱	进口
94	5206330000	非零售粗梳细支混纺棉多股纱	进口
95	5206340000	非零售粗梳较细混纺棉多股纱或缆线	进口
96	5206350000	非零售粗梳特细混纺棉多股纱或缆线	进口
97	5206410000	非零售精梳粗支混纺棉多股纱	进口
98	5206420000	非零售精梳中支混纺棉多股纱	进口
99	5206430000	非零售精梳细支混纺棉多股纱	进口
100	5206440000	非零售精梳特细支混纺棉多股纱	进口
101	5206450000	非零售精梳特细混纺棉多股纱	进口
102	5207100000	供零售用纯棉纱线	进口
103	5207900000	供零售用混纺棉纱线	进口
104	5208110010	未漂白全棉平纹府绸及细平布	进口
105	5208110020	未漂白全棉平纹机织平布	进口
106	5208110030	未漂白全棉平纹奶酪布	进口
107	5208110040	未漂白全棉平纹印染用布	进口
108	5208110050	未漂白全棉平纹巴里纱及薄细布	进口
109	5208110060	未漂白全棉平纹机织打字布	进口
110	5208110070	未漂白全棉医用纱布	进口
111	5208120010	未漂白全棉平纹府绸及细平布	进口
112	5208120020	未漂白全棉平纹机织平布	进口
113	5208120030	未漂白全棉平纹奶酪布	进口
114	5208120040	未漂白全棉平纹印染用布	进口
115	5208120050	未漂白全棉平纹巴里纱及薄细布	进口
116	5208130000	未漂白全棉三、四线斜纹布	进口

续表

序号	海关商品编码	商品名称	限制方式
117	5208190010	未漂白其他全棉机织缎布	进口
118	5208190020	未漂白其他全棉机织斜纹布	进口
119	5208190030	未漂白其他全棉机织牛津布	进口
120	5208190090	未漂白其他全棉机织物	进口
121	5208210010	漂白全棉平纹府绸及细平布	进口
122	5208210020	漂白全棉平纹机织平布	进口
123	5208210030	漂白全棉平纹奶酪布	进口
124	5208210040	漂白全棉平纹印染用布	进口
125	5208210050	漂白全棉平纹巴里纱及薄细布	进口
126	5208210060	漂白全棉医用纱布	进口
127	5208220010	漂白全棉平纹府绸及细平布	进口
128	5208220020	漂白全棉平纹机织平布	进口
129	5208220030	漂白全棉平纹奶酪布	进口
130	5208220040	漂白全棉平纹印染用布	进口
131	5208220050	漂白全棉巴里纱及薄细布	进口
132	5208230000	漂白的全棉三、四线斜纹布	进口
133	5208290010	漂白其他全棉机织缎布	进口
134	5208290020	漂白其他全棉机织斜纹布	进口
135	5208290030	漂白其他全棉机织牛津布	进口
136	5208290090	漂白其他全棉机织物	进口
137	5209110010	未漂白全棉平纹府绸及细平布	进口
138	5209110020	未漂白的全棉平纹机织平布	进口
139	5209110030	未漂白的全棉平纹机织帆布	进口
140	5209120000	未漂白的全棉三、四线斜纹布	进口
141	5209190010	未漂白的其他全棉机织缎布	进口
142	5209190020	未漂白的其他全棉机织斜纹布	进口
143	5209190030	未漂白的其他全棉机织帆布	进口
144	5209190090	未漂白的其他全棉机织物	进口
145	5209210010	漂白全棉平纹府绸及细平布	进口
146	5209210020	漂白的全棉平纹机织平布	进口
147	5209210030	漂白的全棉平纹机织帆布	进口
148	5209220000	漂白的全棉三、四线斜纹布	进口
149	5209290010	漂白的其他全棉机织缎布	进口
150	5209290020	漂白的其他全棉机织斜纹布	进口
151	5209290030	漂白的其他全棉机织帆布	进口
152	5209290090	漂白的其他全棉机织物	进口

续表

序号	海关商品编码	商品名称	限制方式
153	5210110011	未漂白与聚酯短纤混纺的棉制府绸	进口
154	5210110012	未漂白与聚酯短纤混纺棉机织平布	进口
155	5210110013	未漂白与聚酯短纤混纺棉奶酪布	进口
156	5210110014	未漂白与聚酯短纤混纺棉印染用布	进口
157	5210110015	未漂白与聚酯短纤混纺棉巴里纱	进口
158	5210110091	未漂白与其他化纤混纺棉府绸	进口
159	5210110092	未漂白与其他化纤混纺棉机织平布	进口
160	5210110093	未漂白与其他化纤混纺棉奶酪布	进口
161	5210110094	未漂白与其他化纤混纺棉印染用布	进口
162	5210110095	未漂白与其他化纤混纺棉巴里纱	进口
163	5210191010	未漂白与聚酯短纤混纺 3/4 线或双面棉斜纹布	进口
164	5210191090	未漂白与其他化纤混纺 3/4 线或双面棉斜纹布	进口
165	5210199011	其他未漂白与聚酯短纤混纺的缎布	进口
166	5210199012	其他未漂白与聚酯短纤混纺斜纹布	进口
167	5210199013	其他未漂白与聚酯短纤混纺牛津布	进口
168	5210199019	其他未漂白与聚酯短纤混纺棉布	进口
169	5210199091	其他未漂白与其他化纤混纺缎布	进口
170	5210199092	其他未漂白与其他化纤混纺斜纹布	进口
171	5210199093	其他未漂白与其他化纤混牛津布	进口
172	5210199099	其他未漂白与其他化纤混纺棉布	进口
173	5210210011	漂白与聚酯短纤混纺棉府绸	进口
174	5210210012	漂白与聚酯短纤混纺棉机织平布	进口
175	5210210013	漂白与聚酯短纤混纺棉奶酪布	进口
176	5210210014	漂白与聚酯短纤混纺棉印染布	进口
177	5210210015	漂白与聚酯短纤混纺棉巴里纱	进口
178	5210210021	漂白与化纤长丝混纺棉府绸	进口
179	5210210022	漂白与化纤长丝混纺棉机织平布	进口
180	5210210023	漂白与化纤长丝混纺棉奶酪布	进口
181	5210210024	漂白与化纤长丝混纺棉印染布	进口
182	5210210025	漂白与化纤长丝混纺棉巴里纱	进口
183	5210210091	漂白与其他化纤混纺棉府绸	进口
184	5210210092	漂白与其他化纤混纺棉机织平布	进口
185	5210210093	漂白与其他化纤混纺棉奶酪布	进口
186	5210210094	漂白与其他化纤混纺棉印染布	进口
187	5210210095	漂白与其他化纤混纺棉巴里纱	进口
188	5210291010	漂白与聚酯短纤混纺 3/4 线或双面棉斜纹布	进口

续表

序号	海关商品编码	商品名称	限制方式
189	5210291020	漂白与化纤长丝混纺 3/4 线或双面棉斜纹布	进口
190	5210291090	漂白与其他化纤混纺 3/4 线或双面棉斜纹布	进口
191	5210299011	其他漂白与聚酯短纤混纺缎布	进口
192	5210299012	其他漂白与聚酯短纤混纺斜纹布	进口
193	5210299013	其他漂白与聚酯短纤混纺牛津布	进口
194	5210299019	其他漂白与聚酯短纤混纺棉布	进口
195	5210299021	其他漂白与化纤长丝混纺缎布	进口
196	5210299022	其他漂白与化纤长丝混纺斜纹布	进口
197	5210299023	其他漂白与化纤长丝混纺牛津布	进口
198	5210299029	其他漂白与化纤长丝混纺棉布	进口
199	5210299091	其他漂白与其他化纤混纺缎布	进口
200	5210299092	其他漂白与其他化纤混纺斜纹布	进口
201	5210299093	其他漂白与其他化纤混纺牛津布	进口
202	5210299099	其他漂白与其他化纤混纺棉布	进口
203	5211110011	未漂白与聚酯短纤混纺棉府绸	进口
204	5211110012	未漂白与聚酯短纤混纺棉机织平布	进口
205	5211110019	未漂白与聚酯短纤混纺棉平纹帆布	进口
206	5211110091	未漂白与其他化纤混纺棉府绸	进口
207	5211110092	未漂白与其他化纤混纺棉机织平布	进口
208	5211110099	未漂白与其他化纤混纺棉平纹帆布	进口
209	5211120010	未漂白聚酯短纤混纺斜纹棉布	进口
210	5211120090	未漂白其他化纤混纺斜纹棉布	进口
211	5211190011	未漂白与聚酯短纤混纺其他棉缎布	进口
212	5211190012	未漂白与聚酯短纤混纺其他棉斜纹布	进口
213	5211190013	未漂白与聚酯短纤混纺其他棉帆布	进口
214	5211190019	未漂白与聚酯短纤混纺其他棉布	进口
215	5211190091	未漂白与其他化纤混纺其他棉缎布	进口
216	5211190092	未漂白与其他化纤混纺其他棉斜纹布	进口
217	5211190093	未漂白与其他化纤混纺其他棉帆布	进口
218	5211190099	未漂白与其他化纤混纺其他棉布	进口
219	5211200000	漂白主要或仅与其他化纤混纺的棉机织布	进口
220	5212110011	未漂白的其他混纺棉布	进口
221	5212110019	未漂白的其他混纺棉布	进口
222	5212110021	未漂白的其他混纺棉布	进口
223	5212110029	未漂白的其他混纺棉布	进口
224	5212110030	未漂白的其他混纺府绸及细平布	进口

续表

序号	海关商品编码	商品名称	限制方式
225	5212110040	未漂白的其他混纺棉机织平布	进口
226	5212110050	未漂白的其他混纺棉印染布	进口
227	5212110060	未漂白其他混纺棉奶酪布、薄细布、巴里纱	进口
228	5212110070	未漂白的其他混纺棉缎布	进口
229	5212110081	未漂白的其他混纺斜纹棉布	进口
230	5212110089	未漂白的其他混纺棉牛津布	进口
231	5212110090	未漂白的其他混纺棉布	进口
232	5212120011	漂白的其他混纺棉布	进口
233	5212120019	漂白的其他混纺棉布	进口
234	5212120021	漂白的其他混纺棉布	进口
235	5212120029	漂白的其他混纺棉布	进口
236	5212120030	漂白的其他混纺府绸及平细布	进口
237	5212120040	漂白的其他混纺棉机织平布	进口
238	5212120050	漂白的其他混纺棉印染布	进口
239	5212120060	漂白其他混纺棉奶酪布、薄细布、纱	进口
240	5212120071	漂白的其他混纺棉缎布	进口
241	5212120072	漂白的其他混纺斜纹棉布	进口
242	5212120079	漂白的其他混纺棉牛津布	进口
243	5212120090	漂白的其他混纺棉机织物	进口
244	5212210011	未漂白其他混纺棉布	进口
245	5212210019	未漂白其他混纺棉布	进口
246	5212210021	未漂白其他混纺棉布	进口
247	5212210029	未漂白其他混纺棉布	进口
248	5212210030	未漂白其他混纺府绸及平细布	进口
249	5212210040	未漂白其他混纺棉机织平布	进口
250	5212210050	未漂白其他混纺棉帆布	进口
251	5212210060	未漂白其他混纺棉缎布	进口
252	5212210070	未漂白其他混纺斜纹棉布	进口
253	5212210090	未漂白其他混纺棉布	进口
254	5212220011	漂白的其他混纺棉布	进口
255	5212220019	漂白的其他混纺棉布	进口
256	5212220021	漂白的其他混纺棉布	进口
257	5212220029	漂白的其他混纺棉布	进口
258	5212220030	漂白的其他混纺府绸及细平布	进口
259	5212220040	漂白的其他混纺棉机织平布	进口
260	5212220050	漂白的其他混纺棉帆布	进口

续表

序号	海关商品编码	商品名称	限制方式
261	5212220060	漂白的其他混纺棉缎布	进口
262	5212220070	漂白的其他混纺棉斜纹布	进口
263	5212220090	漂白的其他混纺棉布	进口
264	5402200010	非零售聚酯高强力纱	进口
265	5402200020	非零售聚酯高强力纱	进口
266	5402200090	非零售聚酯高强力多股纱	进口
267	5402331000	非零售聚酯弹力丝	进口
268	5402339000	非零售聚酯变形纱线	进口
269	5402460000	其他部分定向聚酯单纱	进口
270	5402470000	其他聚酯单纱	进口
271	5402520000	非零售加捻的其他聚酯纱线	进口
272	5402620000	非零售聚酯多股纱线	进口
273	5501200000	聚酯长丝丝束	进口
274	5501300000	聚丙烯腈长丝丝束	进口
275	5502009000	其他人造纤维长丝丝束	进口
276	5503200000	未梳的聚酯短纤	进口
277	5503300000	未梳的聚丙烯腈短纤维	进口
278	5504100000	未梳的粘胶短纤	进口
279	5504900000	未梳的其他人造纤维短纤	进口
280	5506200000	已梳的聚酯短纤	进口
281	5506300000	已梳的聚丙烯腈及其变性短纤	进口
282	5507000000	已梳的人造纤维短纤	进口
283	5509210000	非零售纯聚酯短纤单纱	进口
284	5509220010	非零售聚酯短纤多股纱线或缆线	进口
285	5509220090	非零售其他聚酯短纤多股纱线缆线	进口
286	5509310000	非零售纯聚丙烯腈短纤单纱	进口
287	5509320000	非零售纯聚丙烯腈短纤多股纱线	进口
288	5509510000	非零售与人纤短纤混纺聚酯短纤纱	进口
289	5509520000	非零售与毛混纺聚酯短纤纱线	进口
290	5509530000	非零售与棉混纺聚酯短纤纱线	进口
291	5509590000	非零售与其他混纺聚酯短纤纱线	进口
292	5509610000	非零售与毛混纺腈纶短纤纱线	进口
293	5509620000	非零售与棉混纺腈纶短纤纱线	进口
294	5509690000	非零售与其他混纺腈纶短纤纱线	进口
295	5510110000	非零售其他纯人造纤维短纤单纱	进口
296	5510120000	非零售其他纯人纤短纤多股纱线	进口

续表

序号	海关商品编码	商品名称	限制方式
297	5510200000	非零售与毛混纺其他人纤短纤纱线	进口
298	5510300000	非零售与棉混纺其他人纤短纤纱线	进口
299	5510900000	非零售与其他混纺人纤短纤纱线	进口
300	7208100000	轧有花纹的热轧卷材	进口
301	7208250000	厚度≥4.75mm 的其他经酸洗的热轧卷材	进口
302	7208261000	4.75mm>厚度≥3mm 的其他大强度热轧卷材	进口
303	7208269000	其他 4.75mm>厚度≥3mm 热轧卷材	进口
304	7208271000	厚度<1.5mm 的其他热轧卷材	进口
305	7208279000	1.5mm≤厚度<3mm 的其他热轧卷材	进口
306	7208360000	厚度>10mm 的其他热轧卷材	进口
307	7208370000	10mm≥厚度≥4.75mm 的其他热轧卷材	进口
308	7208381000	4.75mm>厚度≥3mm 的大强度卷材	进口
309	7208389000	其他 4.75mm>厚度≥3mm 的卷材	进口
310	7208391000	厚度<1.5mm 的其他热轧卷材	进口
311	7208399000	1.5mm≤厚度<3mm 的其他热轧卷材	进口
312	7208400000	轧有花纹的热轧非卷材	进口
313	7208511000	厚度>50mm 的其他热轧非卷材	进口
314	7208512000	20mm<厚度≤50mm 的其他热轧非卷材	进口
315	7208519000	10mm<厚度≤20mm 的其他热轧非卷材	进口
316	7208520000	10mm≥厚度≥4.75mm 的热轧非卷材	进口
317	7208531000	4.75mm>厚度≥3mm 的大强度热轧非卷材	进口
318	7208539000	其他 4.75mm>厚度≥3mm 的热轧非卷材	进口
319	7208541000	厚度<1.5mm 的热轧非卷材	进口
320	7208549000	1.5≤厚度<3mm 的热轧非卷材	进口
321	7208900000	其他热轧铁或非合金钢宽平板轧材	进口
322	7209151000	厚度≥3mm 的大强度冷轧卷材	进口
323	7209159000	其他厚度≥3mm 的冷轧卷材	进口
324	7209161000	3mm>厚度>1mm 的大强度冷轧卷材	进口
325	7209169000	3mm>厚度>1mm 的小强度冷轧卷材	进口
326	7209171000	1mm≥厚度≥0.5mm 的大强度冷轧卷材	进口
327	7209179000	1mm≥厚度≥0.5mm 的小强度冷轧卷材	进口
328	7209181000	厚度<0.3mm 的非合金钢冷轧卷材	进口
329	7209189000	0.3mm≤厚度<0.5mm 的非合金钢冷轧卷材	进口
330	7209250000	厚度≥3mm 的冷轧非卷材	进口
331	7209260000	3mm>厚度>1mm 的冷轧非卷材	进口
332	7209270000	1mm≥厚度≥0.5mm 的冷轧非卷材	进口

续表

序号	海关商品编码	商品名称	限制方式
333	7209280000	厚度<0.5mm的冷轧非卷材	进口
334	7209900000	其他冷轧铁或非合金钢宽平轧材	进口
335	7210110000	镀（涂）锡的非合金钢厚宽平板轧材	进口
336	7210120000	镀（涂）锡的非合金钢薄宽平板轧材	进口
337	7210200000	镀或涂铅的铁或非合金钢平板轧材	进口
338	7210410000	镀锌的瓦楞形铁或非合金钢宽板材	进口
339	7210490000	镀锌的其他形铁或非合金钢宽板材	进口
340	7210500000	镀或涂氧化铬的铁或非合金钢宽板材	进口
341	7210610000	镀或涂铝锌合金的铁宽平板轧材	进口
342	7210690000	其他镀或涂铝的铁宽平板轧材	进口
343	7210700000	涂漆或涂塑的铁或非合金钢宽板材	进口
344	7210900000	涂镀其他材料铁或非合金钢宽板材	进口
345	7211130000	未轧花纹的四面轧制的热轧非卷材	进口
346	7211140000	厚度≥4.75mm的其他热轧板材	进口
347	7211190000	其他热轧铁或非合金钢窄板材	进口
348	7211230000	含炭量低于0.25%的冷轧板材	进口
349	7211290000	其他冷轧铁或非合金钢窄板材	进口
350	7211900000	冷轧的铁或非合金钢其他窄板材	进口
351	7212100000	镀（涂）锡的铁或非合金钢窄板材	进口
352	7212300000	其他镀或涂锌的铁窄板材	进口
353	7212400000	涂漆或涂塑的铁或非合金钢窄板材	进口
354	7212500000	涂镀其他材料铁或非合金钢窄板材	进口
355	7212600000	经包覆的铁或非合金钢窄板材	进口
356	7213100000	铁或非合金钢制热轧盘条	进口
357	7213200000	其他易切削钢制热轧盘条	进口
358	7213910000	直径<14mm圆截面的其他热轧盘条	进口
359	7213990000	其他热轧盘条	进口
360	7214100000	铁或非合金钢的锻造条、杆	进口
361	7214200000	铁或非合金钢的热加工条、杆	进口
362	7214300000	易切削钢的热加工条、杆	进口
363	7214910000	其他矩形截面的条杆	进口
364	7214990000	其他热加工条、杆	进口
365	7219110000	厚度>10mm热轧不锈钢卷板	进口
366	7219120000	4.75mm≤厚度≤10mm热轧不锈钢卷板	进口
367	7219131100	3mm≤厚度<4.75mm未经酸洗的热轧不锈钢卷板	进口
368	7219131900	3mm≤厚度<4.75mm未经酸洗的其他热轧不锈钢卷板	进口

续表

序号	海关商品编码	商品名称	限制方式
369	7219132100	3mm≤厚度<4.75mm 经酸洗的热轧不锈钢卷板	进口
370	7219132900	3mm≤厚度<4.75mm 经酸洗的其他热轧不锈钢卷板	进口
371	7219141100	厚度<3mm 未经酸洗的热轧不锈钢卷板	进口
372	7219141900	厚度<3mm 未经酸洗的其他热轧不锈钢卷板	进口
373	7219142100	厚度<3mm 经酸洗的热轧不锈钢卷板	进口
374	7219142900	厚度<3mm 经酸洗的其他热轧不锈钢卷板	进口
375	7219210000	厚度>10mm 热轧不锈钢平板	进口
376	7219220000	4.75mm≤厚度≤10mm 热轧不锈钢平板	进口
377	7219230000	3mm≤厚度<4.75mm 热轧不锈钢平板	进口
378	7219241000	1mm<厚度<3mm 热轧不锈钢平板	进口
379	7219242000	0.5mm≤厚度≤1mm 热轧不锈钢平板	进口
380	7219243000	厚度<0.5mm 热轧不锈钢平板	进口
381	7219310000	厚度≥4.75mm 冷轧不锈钢板	进口
382	7219320000	3mm≤厚度<4.75mm 冷轧不锈钢板材	进口
383	7219330000	1mm<厚度<3mm 冷轧不锈钢板材	进口
384	7219340000	0.5mm≤厚度≤1mm 冷轧不锈钢板材	进口
385	7219350000	厚度<0.5mm 冷轧不锈钢板材	进口
386	7219900000	其他不锈钢冷轧板材	进口
387	7220110000	热轧不锈钢带材厚度≥4.75mm	进口
388	7220120000	热轧不锈钢带材厚度<4.75mm	进口
389	7220201000	宽度<300mm 冷轧不锈钢带材	进口
390	7220209000	300mm≤宽度<600mm 冷轧不锈钢带材	进口
391	7220900000	其他不锈钢带材	进口
392	9504100000	电视电子游戏机（指与电视接收机配套使用的）	进口
393	9504301000	用特定支付方式使其工作的电子游戏机（用硬币、钞票、银行卡、代币或其他支付方式使其工作的）	进口
394	9504901000	其他电子游戏机	进口

中华人民共和国商务部、中华人民共和国海关总署公告

2008 年第 121 号

（对加工贸易禁止类目录进行调整）

为落实国务院决定，保持外贸稳定增长，商务部和海关总署对加工贸易禁止类目录进行调整，现将有关事项公告如下：

一、将《商务部　海关总署 2008 年第 22 号公告》加工贸易禁止类商品目录中的符合国家产业政策，不属于高耗能、高污染的产品以及具有较高技术含量的产品剔除，共计剔除 27 个十位商品编码（见附件）。

二、调整后的加工贸易禁止类目录共计 1789 个十位商品编码，仍按《商务部　海关总署 2008 年第 22 号公告》有关规定执行。

三、列入加工贸易禁止类进口商品目录的，凡用于深加工结转转入，或从具有保税加工功能的海关特殊监管区域内企业经实质性加工后进入区外的商品，不按加工贸易禁止类进口商品管理。

列入加工贸易禁止类出口商品目录的，凡用于深加工结转转出，或进入具有保税加工功能的海关特殊监管区域内企业加工生产的商品，不按加工贸易禁止类出口商品管理。前述商品未经实质性加工不得直接出境。

以上所称“实质性加工“的标准，参照《中华人民共和国海关关于执行〈非优惠原产地规则中实质性改变标准〉的规定》（海关总署令第 122 号）执行。

四、本公告自 2009 年 2 月 1 日起执行。本公告附件所列商品，在实施过程中以 2009 年度海关商品编码为准。

附件　从加工贸易禁止类目录剔除的商品目录

商务部　海关总署

2008 年 12 月 31 日

附件

从加工贸易禁止类目录剔除的商品目录

序号	商品编码	商品名称	原禁止方式	备注
1	2603000010	铜矿砂及其精矿	进口	仅允许符合条件的特定企业进口，其他仍按禁止类管理
2	2603000090	铜矿砂及其精矿	进口	
3	2604000001	镍矿砂及其精矿（黄金价值部分）	进口	
4	2604000090	镍矿砂及其精矿（非黄金价值部分）	进口	

续表

序号	商品编码	商品名称	原禁止方式	备注
5	2605000001	钴矿砂及其精矿（黄金价值部分）	进口	
6	2605000090	钴矿砂及其精矿（非黄金价值部分）	进口	
7	2830903000	硫化钴	出口	
8	2843900010	氯化钯	出口	
9	2843900090	其他贵金属化合物	出口	
10	2910300000	1－氯－2,2－环氧丙烷（表氯醇）	出口	仅允许进口甘油出口环氧氯丙烷，其他仍按禁止类管理
11	3004905910	含濒危动植物成分的中式成药	出口	
12	3214100000	安装玻璃用油灰等；漆工用填料	出口	仅允许环氧树脂出口，其他仍按禁止类管理
13	7403111100	精炼铜的阴极	出口	
14	7403111900	其他精炼铜的阴极	出口	
15	7502100000	未锻轧的非合金镍	出口	
16	7502200000	未锻轧镍合金	出口	
17	7604101000	非合金制铝条、杆	出口	
18	7604109000	非合金制铝型材、异型材	出口	
19	7604210000	铝合金制空心异型材	出口	
20	7604291010	柱形实心体铝合金	出口	
21	7604291090	其他铝合金制条、杆、其他型材	出口	
22	7605110000	最大截面尺寸＞7mm 的非合金铝丝	出口	
23	7605190000	最大截面尺寸≤7mm 的非合金铝丝	出口	
24	7605210000	最大截面尺寸＞7mm 的铝合金丝	出口	
25	7605290000	最大截面尺寸≤7mm 的铝合金丝	出口	
26	8105209001	钴锍及其他冶炼钴时所得中间产品	出口	
27	8105209010	钴≥99.5%的超细钴粉	出口	

关于国内采购材料进入海关特殊监管区域适用退税政策的通知

财税〔2008〕10号

各省、自治区、直辖市、计划单列市财政厅（局）、国家税务局，海关广东分署，天津、上海特派办，各直属海关，新疆生产建设兵团财务局：

经国务院批准，对国内采购已经取消出口退税的材料进入出口加工区等海关特殊监管区域，适用下列退税政策：

一、对取消出口退税进区并用于建区和企业厂房的基建物资，入区时海关办理卡口登记手续，不退税。上述货物不得离境出口，如在区内未使用完毕，由海关监管退出区外。但自境外进入区内的基建物资如运往境内区外，应按海关对海关特殊监管区域管理的有关规定办理报关纳税手续。此项政策适用于所有海关特殊监管区域。

二、对区内生产企业在国内采购用于生产出口产品的并已经取消出口退税的成品革、钢材、铝材和有色金属材料（不含钢坯、钢锭、电解铝、电解铜等金属初级加工产品）等原材料，进区时按增值税法定征税率予以退税。具体商品清单见附件。

三、区内生产企业在国内采购上述第二条规定的原材料未经实质性加工，不得转售区内非生产企业（如仓储物流、贸易等企业）、直接出境和以保税方式出区。违反此规定，按骗税和偷逃税款的相关规定处理。上述享受退税的原材料未经实质性加工出区销往国内照章征收各项进口环节税。

实质性加工标准按《中华人民共和国进出口货物原产地条例》（国务院令第416号）实质性改变标准执行。

四、区内非生产企业（如保税物流、仓储、贸易等企业）在国内采购进区的上述第二条规定的原材料不享受该政策。

五、上述二、三、四项措施，仅适用于具有保税加工功能的出口加工区、保税港区、综合保税区、珠澳跨境工业区（珠海园区）和中哈霍尔果斯国际边境合作中心（中方配套区域）。具体监管办法，由海关总署会同税务总局等有关部门另行制定。

本通知于2008年2月15日起执行。

财政部　海关总署　国家税务总局

2008年2月2日

关于提高部分商品出口退税率的通知

财税〔2008〕138号

各省、自治区、直辖市、计划单列市财政厅（局）、国家税务局，新疆生产建设兵团财务局：

经国务院批准，提高部分商品的出口退税率。现就有关事项通知如下：

一、将部分纺织品、服装、玩具出口退税率提高到14%。

二、将日用及艺术陶瓷出口退税率提高到11%。

三、将部分塑料制品出口退税率提高到9%。

四、将部分家具出口退税率提高到11%、13%。

五、将艾滋病药物、基因重组人胰岛素冻干粉、黄胶原、钢化安全玻璃、电容器用钽丝、船用锚链、缝纫机、风扇、数控机床硬质合金刀、部分书籍、笔记本等商品的出口退税率分别提高到9%、11%、13%。

上述提高出口退税率的具体商品名称及税号见附件。

六、执行时间

以上调整自2008年11月1日起执行。具体执行时间，以“出口货物报关单（出口退税专用）”海关注明的出口日期为准。

特此通知。

附件　提高出口退税率的商品清单

财政部　国家税务总局
2008年10月21日

附件

提高出口退税率的商品清单

章	商品代码	商品名称	提高到%
2章	0201300090	其他鲜或冷藏的去骨牛肉	13
3章	0304291000	冻罗非鱼片（不论是否绞碎）	13
	0304299090	其他冻鱼片（不论是否绞碎）	13
	0304990090	其他冻鱼肉（不论是否绞碎）	13
	0305490000	其他熏鱼及鱼片	13
	0306199000	其他冻甲壳动物（包括供人食用的甲壳动物粉及团粉）	13
	0307490000	其他冻、干、盐制的墨鱼、鱿鱼	13
	0307590000	其他冻、干、盐制的章鱼	13
25章	2501001100～2501002000	盐	13

续表

章	商品代码	商品名称	提高到%
29 章	2924199090	其他无环酰胺（包括无环氨基甲酸酯）（包括其衍生物及其盐）	11
	2934994000	奈韦拉平、依发韦仑、利托那韦及它们的盐	13
	2937120000	胰岛素及其盐	13
	2938901000	齐多夫定、拉米夫定、司他夫定、地达诺新及它们的盐	13
38 章	3806201000 ~ 3806209000	松香盐及树脂酸盐等	11
	3824400000	高效减水剂	11
39 章	3913900000	初级形状的其他未列名天然聚合物［包括改性天然聚合物（如硬化蛋白）］	11
	3922100000	塑料浴缸，淋浴盘，洗涤槽及盥洗盆	9
	3922200090 ~ 3926909090	塑料制品	9
42 章	4203100090	皮革或再生皮革制的衣服（野生动物皮革制作的除外）	11
43 章	4303101090	其他毛皮衣服	11
	4303102090	其他毛皮衣着附件	11
	4303900090 ~ 4304002000	其他毛皮制物品、人造毛皮等	11
48 章	4820100000 ~ 4821900000	登记本、账本、笔记本等及类似品等	11
49 章	49011000 ~ 49040000	单张的书籍、小册子及类似印刷品等	13
	49059100	成册的各种印刷的地图及类似图表	13
	49059900	其他各种印刷的地图及类似图表	13
50 章	5004000000 ~ 5007909099	丝纱线等	14
51 章	5106100000 ~ 5108101100	毛纱线及其机织物	14
	5108101990	非供零售用粗梳其他动物细毛纱线（按重量计其他动物细毛含量≥85%）	14
	5108109090	非供零售用粗梳其他动物细毛纱线（按重量计其他粗梳动物细毛含量＜85%）	14
	5108201100	非供零售用精梳山羊绒纱线（按重量计山羊绒含量≥85%）	14
	5108201990	非供零售用精梳其他动物细毛纱线（按重量计其他动物细毛含量≥85%）	14
	5108209090	非供零售用精梳其他动物细毛纱线（按重量计其他精梳动物细毛含量＜85%）	14
	5109101100 ~ 5109909000	羊毛纱线等	14
	5110000090 ~ 5113000000	毛纱线及其机织物	14
52 章	5204110000 ~ 5212250090	棉纱、棉机织物	14

续表

章	商品代码	商品名称	提高到%
53 章	5306100000 ~ 5311009099	其他植物纺织品	14
54 章	全部税号	化纤长丝	14
55 章	全部税号	化纤短纤	14
56 章	全部税号	絮胎及无纺织物等	14
57 章	全部税号	地毯及纺织材料的其他铺地制品	14
58 章	全部税号	特种机织物等	14
59 章	全部税号	涂布等工业用纺织制品	14
60 章	全部税号	针织物及钩编织物	14
61 章	全部税号	针织物及钩编的服装等	14
62 章	全部税号	非针织物或非钩编的服装等	14
63 章	6301100000 ~ 6308000090	其他纺织制成品等	14
	6310100010 ~ 6310900090	其他纺织制成品等	14
69 章	6909110000 ~ 6909190000	实验室、化学或其他技术用瓷器等	11
	6911101000 ~ 6913900000	家用、装饰用陶瓷	11
70 章	7002201000	光导纤维预制棒	11
	7002311000	光导纤维用波导级石英玻璃管（指未经加工的熔凝石英或其他熔凝硅石制）	11
	7006000001 ~ 7008009000	液晶玻璃基板等	11
	7011201000	显像管玻壳及其零件（未装有配件）	11
	7014001000 ~ 7014009090	光学仪器用光学元件毛坯等	11
	7016100000 ~ 7016909000	供镶嵌或装饰用玻璃马赛克等	11
	7020001100	导电玻璃	11
73 章	7311009000	其他装压缩或液化气的容器（指非零售包装用）	11
	7315119000	其他滚子链（自行车链、摩托车链除外）	11
	7315810000 ~ 7315890000	日字环节链等	11
74 章	7410211000	有衬背的精炼铜制印刷电路用覆铜板［厚度（衬背除外）≤0.15mm］	11
81 章	8103901100	直径 <0.5mm 的钽丝	13
82 章	8207199000	带其他材料工作部件的凿岩工具（包括钻探工具）	11
	8208101000	硬质合金制的金工机械用刀及刀片（金属加工用）	11
83 章	8306299000	其他雕塑像及其他装饰品（贱金属制）	11

续表

章	商品代码	商品名称	提高到%
	8311100000 ~ 8311900000	以焊剂涂面的贱金属电极等	11
84 章	8413709990	其他非农业用离心泵（转速在 10000 转/分以下）	11
	8414511000 ~ 8414519900	风扇	11
	8414902000	编号 84145110 至 84145199 及 84146000 机器零件（指上述编号内的吊扇换气扇等，还包括 84146000 机器零件）	11
	8452101000	多功能家用型缝纫机	11
	8452211000 ~ 8452290000	非家用自动平缝机等	11
	8467210000 ~ 8467299000	手提式各种电钻等	11
85 章	8506101100 ~ 8506101200	无汞扣式、无汞圆柱形碱性锌锰的原电池及原电池组	13
94 章	9403300090	其他办公室用木家具	11
	9403400090	其他厨房用木家具	11
	9403501090 ~ 9403509100	其他卧室用红木制家具、卧室用漆木家具	11
	9403509990	卧室用其他木家具	11
	9403601090 ~ 9403609100	其他红木制家具、其他漆木家具（非卧室用）	11
	9403609990 ~ 9403891000	其他家具	11
	9403892000	石制的家具	13
	9403899000 ~ 9403900090	其他家具、零件等	11
	9404290000	其他材料制褥垫	14
	9404301090	其他羽毛或羽绒填充的睡袋	14
	9404309000	其他睡袋	14
	9404901090	其他羽绒和羽毛填充的其他寝具（含类似品）	14
	9404902090 ~ 9404909000	其他寝具	14
95 章	9503001000 ~ 9503009000	玩具	14
	9504100000	电视电子游戏机（指与电视接收机配套使用的）	14

关于提高部分机电产品出口退税率的通知

财税〔2008〕177 号

各省、自治区、直辖市、计划单列市财政厅（局）、国家税务局，新疆生产建设兵团财务局：

经国务院批准，从 2009 年 1 月 1 日起，提高部分技术含量和附加值高的机电产品出口退税率。具体规定如下：

一、将航空惯性导航仪、陀螺仪、离子射线检测仪、核反应堆、工业机器人等产品的出口退税率由 13%、14% 提高到 17%。

二、将摩托车、缝纫机、电导体等产品的出口退税率由 11%、13% 提高到 14%。具体产品清单见附件。

三、具体执行时间，以“出口货物报关单（出口退税专用）”海关注明的出口日期为准。

特此通知。

附件　提高出口退税率的产品清单

财政部　国家税务总局
2008 年 12 月 29 日

附件

提高出口退税率的产品清单

序号	商品代码	商品名称	提高到（%）
1	8401100000	核反应堆	17
2	8401200000	同位素分离机器、装置及其零件	17
3	8401301000	未辐照燃料元件（释热元件）	17
4	8401309000	未辐照燃料元件（释热元件）的零件	17
5	8401401000	核反应堆未辐照相关组件	17
6	8401402000	核反应堆堆内构件	17
7	8401409010	核反应堆压力容器（包括其顶板）（专门设计或制造来用于容纳核反应堆的堆芯）	17
8	8401409020	核反应堆控制棒和设备（专用于核反应堆裂变控制棒、支承结构或悬吊结构等）	17
9	8401409030	核反应堆压力管（专用于容纳核燃料元件和一次冷却剂的，压力 >5.1MPa）	17
10	8401409090	其他核反应堆零件	17
11	8403101000	家用型热水锅炉（但品目 84.02 的货品除外）	17
12	8403109000	其他集中供暖用的热水锅炉（但品目 84.02 的货品除外）	17
13	8403900000	集中供暖用热水锅炉的零件	17

续表

序号	商品代码	商品名称	提高到（%）
14	8404102000	集中供暖用热水锅炉的辅助设备（例如：节热器、过热器、除灰器、气体回收器）	17
15	8404901000	集中供暖热水锅炉辅助设备的零件	17
16	8404909000	其他辅助设备用零件（编号 84041010、84042000 所列辅助设备的）	17
17	8407101000	输出功率≤298kw 航空器内燃引擎（指点燃往复式或旋转式）	17
18	8407210000	船舶用舷外点燃式引擎（指点燃往复式或旋转式活塞内燃发动机）	17
19	8407290000	船舶用其他未列名点燃式引擎（指点燃往复式或旋转式活塞内燃发动机，舷外式的除外）	17
20	8407901000	沼气发动机	17
21	8409100000	航空器发动机用零件（指专用于或主要用于 84.07 或 84.08 所列航空器发动机的零件）	17
22	8409911000	船舶用点燃式发动机专用零件（指专用于或主要用于点燃式活塞内燃发动机的）	17
23	8409991000	其他船舶发动机专用零件	17
24	8409992000	其他机车发动机专用零件	17
25	8461500010	辐照元件刀具切割机［切割燃料包壳以使辐照核材料能溶解（含遥控设备）］	17
26	8461500090	其他锯床或切断机	17
27	8461901100	切削金属或金属陶瓷的龙门刨床	17
28	8461901900	切削金属或金属陶瓷的其他刨床	17
29	8461909000	切削金属或金属陶瓷的未列名机床	17
30	8479501000	多功能工业机器人	17
31	8479509010	机器人，末端操纵装置［能处理高能炸药或能抗大于 5×10^4 戈瑞（硅）辐射的］	17
32	8479509090	其他工业机器人（多功能工业机器人除外）	17
33	8483101000	船舶用传动轴（包括凸轮轴及曲柄轴）	17
34	8483109000	其他传动轴及曲柄（包括凸轮轴及曲柄轴）	17
35	8483409000	其他传动装置及变速装置（指齿轮及齿轮传动装置，齿轮箱和扭矩变换器）	17
36	8483600001	压力机用组合式湿式离合/制动器（离合扭矩为 60KNM～300KNM，制动扭矩为 30KNM～100KNM）	17
37	8483600090	离合器及联轴器（包括万向节）	17
38	8483900090	其他品目 84.83 所列货品用其他零件（包括单独报验的带齿的轮、链轮及其他传动元件）	17
39	8484100000	密封垫或类似接合衬垫（用金属片与其他材料制成或用双层及多层金属片制成）	17
40	8484200010	耐 UF6 腐蚀的转动轴封（专门设计的真空密封装置，缓冲气体泄漏率 $1000cm^3/min$）	17
41	8484200020	转动轴封（专门设计的带有密封式进气口和出气口的转动轴封）	17
42	8486101000	利用温度变化处理单晶硅的机器及装置（制造单晶柱或晶圆用的）	17
43	8486102000	制造单晶柱或晶圆用的研磨设备	17
44	8486103000	制造单晶柱或晶圆用的切割设备	17
45	8486104000	制造单晶柱或晶圆用的化学机械抛光设备（CMP）	17

续表

序号	商品代码	商品名称	提高到（%）
46	8486109000	其他制造单晶柱或晶圆用的机器及装置	17
47	8486201000	氧化、扩散、退火及其他热处理设备（制造半导体器件或集成电路用的）	17
48	8486202100	制造半导体器件或集成电路用化学气相沉积装置［化学气相沉积装置（CVD）］	17
49	8486202200	制造半导体器件或集成电路用物理气相沉积装置［物理气相沉积装置（PVD）］	17
50	8486202900	其他制造半导体器件或集成电路用薄膜沉积设备	17
51	8486203100	制造半导体器件或集成电路用分步重复光刻机（步进光刻机）	17
52	8486203900	其他将电路图投影或绘制到感光半导体材料上的装置（制造半导体器件或集成电路用的）	17
53	8486204900	其他制造半导体器件或集成电路用刻蚀及剥离设备	17
54	8486205000	制造半导体器件或集成电路用离子注入机	17
55	8486209000	其他制造半导体器件或集成电路用机器及装置	17
56	8486301000	制造平板显示器用扩散、氧化、退火及其他热处理设备	17
57	8486302100	制造平板显示器用化学气相沉积装置（CVD）	17
58	8486302200	制造平板显示器用物理气相沉积装置（PVD）	17
59	8486302900	其他制造平板显示器用薄膜沉积设备	17
60	8486303100	制造平板显示器用分步重复光刻机	17
61	8486303900	其他将电路图投影或绘制到感光半导体材料上的装置（制造平板显示器用的机器及装置）	17
62	8486304900	其他制造平板显示器用湿法蚀刻、显影、剥离、清洗装置	17
63	8486309000	其他制造平板显示器用的机器及装置	17
64	8486401000	主要用于或专用于制作和修复掩膜版或投影掩膜版的装置［掩膜版（mask），投影掩膜版（reticle）］	17
65	8486402100	塑封机（主要用于或专用于装配与封装半导体器件和集成电路的设备）	17
66	8486402200	引线键合装置（主要用于或专用于装配与封装半导体器件和集成电路的设备）	17
67	8486402900	其他主要或专用于装配封装半导体器件和集成电路的设备	17
68	8486403100	IC 工厂专用的自动搬运机器人	17
69	8486901000	升降、搬运、装卸机器用零件或附件（编号 848640 项下商品用，但自动搬运设备用除外）	17
70	8486902000	引线键合装置用零件或附件（编号 848640 项下商品用）	17
71	8486909000	其他品目 84.86 项下商品用零件和附件	17
72	8487100000	船用推进器及桨叶	17
73	8503003000	风力发电设备的零件（编号 85023100 所列发电机组零件）	17
74	8503009010	电动机定子（用于真空中频率 600～2000 Hz、功率 50～1000VA 条件下）	17
75	8503009090	其他电动机、发电机（组）零件	17
76	8504210000	≤650KVA 液体介质变压器（额定容量不超 650 千伏安的）	17
77	8504220000	650KVA < 额定电压≤10MVA 液体介质变压器	17

续表

序号	商品代码	商品名称	提高到（%）
78	8504231100	10＜额定容量＜220MVA液体变压器（额定容量超过10兆伏安，但小于400兆伏安的）	17
79	8504231200	220≤额定容量＜330MVA液体变压器	17
80	8504231300	330≤额定容量＜400MVA液体变压器	17
81	8504232900	额定容量≥500MVA液体变压器	17
82	8504340000	额定容量＞500KVA的其他变压器	17
83	8504401300	品目84.71所列机器用的稳压电源	17
84	8504401990	其他稳压电源	17
85	8528718000	其他彩色的电视接收装置（在设计上不带有视频显示器或屏幕的）	17
86	8529908200	等离子显像组件及其零件（含滤光片）	17
87	8529908900	其他电视机零件（高频调谐器除外）	17
88	8537109021	控制器［用于机器人或末端操纵装置（详见核两用清单）］	17
89	8543209090	其他≥1500Mhz的通用信号发生器（输出信号频率在1500Mhz及以上的）	17
90	8607191000	铁道及电车道机车用车轴（包括铁道及电车道其他车辆用的）	17
91	8607199000	铁道及电车道机车用其他轴、轮（包括其他零件，含铁道及电车道其他车辆用的）	17
92	8607210000	铁道及电车道机车用空气制动器（包括零件，含包括铁道及电车道其他车辆用的）	17
93	8607290000	铁道及电车道机车用非空气制动器（包括零件，含包括铁道及电车道其他车辆用的）	17
94	8607300000	铁道及电车道机车用钩、联结器（包括缓冲器及其零件，含包括铁道及电车道其他车辆用的）	17
95	8607910000	铁道及电车道机车用其他零件	17
96	8607990000	铁道及电车道非机车用其他零件	17
97	8608001000	轨道自动计轴设备	17
98	8608009000	铁道及电车道轨道固定装置及配件（包括交通机械信号，安全或交通管理设备及其零件）	17
99	9011100000	立体显微镜	17
100	9013200001	2.5GB/S及以上SDH、波分复用光传输设备980纳米、1480纳米泵浦激光器	17
101	9013200020	AVLIS、MLIS和CRISLA激光系统	17
102	9013200030	氩离子激光器（平均输出功率≥40瓦特、工作波长400纳米～515纳米）	17
103	9013200040	紫翠玉激光器（带宽≤0.005纳米，重复率＞125赫兹，功率＞30瓦特等）	17
104	9013200050	脉冲二氧化碳激光器（重复率＞250赫兹，功率＞500瓦，脉冲宽度＜200纳秒等）	17
105	9013200060	脉冲受激准分子激光器（XeF、XeCl、KrF型，重复率＞250赫兹，功率＞500瓦等）	17
106	9013200070	铜蒸汽激光器（平均输出功率≥40瓦特、工作波长500纳米～600纳米）	17
107	9013200090	其他激光器（但激光二极管除外）	17

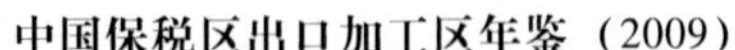

续表

序号	商品代码	商品名称	提高到（%）
108	9013901000	激光器，望远镜等装置的零件，附件（指编号90131000及90132000所列货品用零件、附件）	17
109	9013909000	品目90.13所列其他货品的零附件	17
110	9014100000	定向罗盘	17
111	9014201010	无人航空飞行器的自动驾驶仪	17
112	9014201090	其他自动驾驶仪	17
113	9014209011	航空惯性导航仪	17
114	9014209012	其他航天惯性导航仪（天文陀螺盘及其他利用天体或卫星进行导航的装置）	17
115	9014209013	陀螺稳定平台	17
116	9014209015	陀螺仪（额定漂移率小于0.5度/小时的陀螺仪）	17
117	9014209016	专门设计的导航信息处理机（用于弹道导弹、运载火箭、探空火箭等的目标探测）	17
118	9014209017	地形等高线绘制设备（用于弹道导弹、运载火箭、探空火箭等的目标探测）	17
119	9014209018	场景绘图及相关设备（用于弹道导弹、运载火箭、探空火箭等的目标探测）	17
120	9014209090	其他航空或航天导航仪器及装置（但罗盘除外）	17
121	9014800010	比例误差小于0.25%的加速度表	17
122	9014800020	高度表（用于弹道导弹、运载火箭、探空火箭等的目标探测）	17
123	9014800090	其他导航仪器及装置	17
124	9014901000	自动驾驶仪用的零件、附件	17
125	9014909000	其他导航仪器及装置的零件、附件	17
126	9015100000	测距仪	17
127	9015200000	经纬仪及视距仪	17
128	9015300000	水平仪	17
129	9015400000	摄影测量用仪器及装置	17
130	9015800010	机载或舰载重力仪（精度为1毫伽或更好、稳态记录时间至多为2分钟的）	17
131	9015800020	机载或舰载重力梯度仪（精度为1毫伽或更好、稳态记录时间至多为2分钟的）	17
132	9015800090	其他测量仪器及装置	17
133	9015900010	机、舰载重力仪和重力梯度仪部件	17
134	9015900090	其他大地测量仪及装置的零、附件	17
135	9016001000	感量为0.1毫克或更精密的天平	17
136	9016009000	50毫克≥感量>0.1毫克的天平	17
137	9030100000	离子射线的测量或检验仪器及装置	17
138	9030401000	12.4千兆赫兹以下数字式频率计	17
139	9030409000	其他无线电通讯专用仪器及装置（12.4千兆赫兹以下数子式频率计除外）	17
140	9030841000	电感及电容测试仪（装有记录装置的）	17
141	9030849000	其他电量的测量或检验仪器及装置（装有记录装置的）	17
142	9031801000	光纤通信及光纤性能测试仪	17

续表

序号	商品代码	商品名称	提高到（%）
143	9031802000	坐标测量仪	17
144	9031803100	超声波探伤检测仪	17
145	9031803200	磁粉探伤检测仪	17
146	9031803300	涡流探伤检测仪	17
147	9031803900	其他无损探伤检测仪器（射线探伤仪除外）	17
148	9031809001	跑道摩擦系数测试仪	17
149	9031809010	惯性测量单元测试仪	17
150	9031809020	陀螺调谐测试仪	17
151	9031809090	其他测量，检验仪器，器具及机器（指90章其他编号未列名的）	17
152	9032810000	其他液压或气压的仪器及装置（自动调节或控制用）	17
153	9032890001	三坐标测量机用自动控制柜	17
154	9032890002	飞机自动驾驶系统（包括自动驾驶、电子控制飞行、自动故障分析、警告系统配平系统及推力监控设备及其相关仪表）	17
155	9032890003	机床用成套数控伺服装置（包括CNC操作单元，带有配套的伺服放大器和伺服电机）	17
156	9032890004	风力发电设备用控制器	17
157	9032890020	组合喷气发动机的燃烧调节装置（自动控制、调节装置）	17
158	9032890090	其他自动调节或控制仪器及装置	17
159	9032900000	自动调节或控制仪器零件、附件	17
160	9033000001	飞机自动驾驶系统的零件（包括自动驾驶、电子控制飞行、自动故障分析、警告系统配平系统及推力监控设备及其相关仪表的零件）	17
161	9033000090	第90章其他编号未列名零、附件（指第90章所列机器、器具、仪器或装置用）	17
162	8407310000	排气量≤50cc往复式活塞引擎（87章所列车辆用的点燃往复式活塞发动机，不超过50cc）	14
163	8408209090	功率<132.39kw其他用柴油机（指第87章车辆用压燃式活塞内燃发动机）	14
164	8408909111	功率≤14kw农业用单缸柴油机［非87章车辆用压燃式活塞内燃发动机（14kw=19.05马力）］	13
165	8408909119	功率≤14kw农业用柴油发动机［非87章车辆用压燃式活塞内燃发动机（14kw=19.05马力）］	13
166	8408909191	功率≤14kw其他用单缸柴油机［非87章车辆用压燃式活塞内燃发动机（14kw=19.05马力）］	13
167	8408909199	功率≤14kw其他用柴油发动机［非87章车辆用压燃式活塞内燃发动机（14kw=19.05马力）］	13
168	84099199202	摩托车引擎用废气再循环（EGR）装置	14
169	84099199302	摩托车引擎用连杆	14
170	84099199402	摩托车引擎用喷嘴	14
171	84099199502	摩托车引擎用气门摇臂	14
172	84099199902	摩托车引擎用其他点燃式活塞内燃发动机用零件	14

续表

序号	商品代码	商品名称	提高到（%）
173	8413200000	手泵（但编号 841311 或 841319 的货品除外）	14
174	8413709910	其他农业用离心泵（转速在 10000 转/分以下）	13
175	84137099201	农业用一次冷却剂泵	13
176	84137099202	非农业用一次冷却剂泵	14
177	84137099301	农业用转速小于 10000 转/分的离心式屏蔽泵	13
178	84137099302	非农业用转速小于 10000 转/分的离心式屏蔽泵	14
179	84137099401	农业用转速小于 10000 转/分的离心式磁力泵	13
180	84137099402	非农业用转速小于 10000 转/分的离心式磁力泵	14
181	84137099501	农业用液体推进剂用泵	13
182	84137099502	非农业用液体推进剂用泵	14
183	84137099601	农业用其他离心泵多重密封泵	13
184	84137099602	非农业用其他离心泵多重密封泵	14
185	8413709990	其他非农业用离心泵（转速在 10000 转/分以下）	14
186	8413810010	农业用其他液体泵	13
187	84138100201	农业用生产重水用多级泵	13
188	84138100202	非农业用生产重水用多级泵	14
189	8413810090	其他非农用液体泵	14
190	8413910000	泵用零件	14
191	8413920000	液体提升机用零件	14
192	8414511000	功率≤125w 的吊扇（本身装有一个输出功率不超过 125w 的电动机）	14
193	8414512000	其他功率≤125w 的换气扇（装有一输出功率≤125w 电动机）	14
194	8414513000	功率≤125w 有旋转导风轮的风扇（本身装有一个输出功率不超过 125w 的电动机）	14
195	8414519100	功率≤125w 的台扇（本身装有一个输出功率不超过 125w 的电动机）	14
196	8414519200	功率≤125w 的落地扇（本身装有一个输出功率不超过 125w 的电动机）	14
197	8414519300	功率≤125w 的壁扇（本身装有一个输出功率不超过 125w 的电动机）	14
198	8414519900	其他功率≤125w 其他风机、风扇（本身装有一个输出功率不超过 125w 的电动机）	14
199	8414591000	其他吊扇（电动机输出功率超过 125w 的）	14
200	8414592000	其他换气扇（电动机输出功率超过 125w 的）	14
201	8414593000	其他离心通风机	14
202	8414599010	罗茨式鼓风机	14
203	8414599020	吸气＞1m^3/min 的耐 UF6 腐蚀的鼓风机（轴向离心式或正排量鼓风机，压力比在 2∶1 和 6∶1 之间）	14
204	8414599030	吸气≥2m^3/min 的耐 UF6 腐蚀鼓风机（轴向离心式或正排量鼓风机，压力比在 1.2∶1 和 6∶1 之间）	14
205	8414599040	吸气≥56m^3/s 的鼓风机（用于循环硫化氢气体的单级、低压头离心式鼓风机）	14
206	8414599050	电子产品散热用轴流风扇	14

续表

序号	商品代码	商品名称	提高到（%）
207	8414901900	84143011～3014 及 84143090 的零件（指 84143011～3014 及 84143090 所列机器的其他零件）	14
208	8414902000	编号 84145110 至 84145199 及 84146000 机器零件（指上述编号内的吊扇换气扇等，还包括 84146000 机器零件）	14
209	8417801000	炼焦炉	14
210	8417803000	水泥回转窑	14
211	8417901000	海绵铁回转窑的零件	14
212	8417902000	炼焦炉的零件	14
213	8421393001	摩托车发动机排气过滤及净化装置	14
214	8452101000	多功能家用型缝纫机	14
215	8452109100	其他家用型手动式缝纫机	14
216	8452109900	其他家用型缝纫机	14
217	8452211000	非家用自动平缝机	14
218	8452219000	非家用自动缝纫机	14
219	8452290000	其他非自动缝纫机（家用型除外）	14
220	8452300000	缝纫机针	14
221	8452400000	缝纫机专用特制家具及其零件（包括缝纫机的底座和罩盖）	14
222	8452901100	家用缝纫机用旋梭	14
223	8452901900	家用缝纫机用其他零件（旋梭除外）	14
224	8452909100	非家用缝纫机用旋梭	14
225	8452909900	非家用缝纫机用其他零件（旋梭除外）	14
226	8461201000	切削金属或金属陶瓷的牛头刨床	14
227	8461202000	切削金属或金属陶瓷的插床	14
228	8461300000	切削金属或金属陶瓷的拉床	14
229	8467110000	旋转式手提风动工具（包括旋转冲击式的）	14
230	8467190000	其他手提式风动工具	14
231	8467210000	手提式电动钻	14
232	8467221000	手提式电动链锯	14
233	8467229000	其他手提式电锯	14
234	8467291000	手提式电动砂磨工具	14
235	8467292000	手提式电刨	14
236	8467299000	其他手提式电动工具	14
237	8467810000	手提式液压或其他动力链锯（电动和风动的除外）	14
238	8467890000	其他手提式液压或其他动力工具（电动和风动的除外）	14
239	8467919000	编号 846781 的链锯用的零件	14
240	8467920000	风动的工具零件	14

续表

序号	商品代码	商品名称	提高到（%）
241	8467999000	其他手提式动力工具用的零件	14
242	8472902200	办公室用订书机	14
243	8474900000	品目84.74所列机器的零件	14
244	8481809000	未列名龙头、旋塞及类似装置（用于管道、锅炉、罐、桶或类似品的）	14
245	8481901000	阀门用零件（用于管道、锅炉、罐、桶或类似品的）	14
246	8481909000	龙头，旋塞及类似装置的零件（用于管道、锅炉、罐、桶或类似品的）	14
247	8514909000	工业用电阻加热炉及烘箱等零件（指品目85.14所列货品的零件）	14
248	8515110000	钎焊机器及装置用烙铁及焊枪	14
249	8515190000	其他钎焊机器及装置	14
250	8536610000	电压≤1000伏的灯座（用于电压不超过1000伏的线路）	14
251	8536690000	电压≤1000伏的插头及插座（用于电压不超过1000伏的线路）	14
252	8538109000	品目85.37货品用的其他盘，板等（未装有开关装置）	14
253	8538900000	品目85.35、85.36、85.37装置的零件（专用于或主要用于）	14
254	8544421900	额定电压≤80伏有接头电导体	14
255	8544422900	1000伏≥耐压>80伏有接头电导体（指额定电压超过80伏，但不超过1000伏）	14
256	8544491900	额定电压≤80伏其他电导体	14
257	8544492900	1000伏≥额定电压>80伏其他电导体	14
258	8607110000	铁道及电车道机车的驾驶转向架（包括铁道及电车道其他车辆用的）	14
259	8607120000	铁道及电车道机车非驾驶转向架（包括铁道及电车道其他车辆用的）	14
260	8609001000	20英尺的集装箱	14
261	8609002000	40英尺的集装箱	14
262	8609003000	45、48、53英尺的集装箱	14
263	8609009000	其他集装箱（包括运输液体的集装箱）	14
264	8701100000	手扶拖拉机	13
265	87013000101	按13%征税的农用履带式拖拉机	13
266	87013000901	按13%征税的农用履带式牵引车	13
267	87019011011	按13%征税的农用功率大于150马力的轮式拖拉机	13
268	87019011901	按13%征税的农用其他轮式拖拉机	13
269	87019019011	按13%征税的农用其他功率大于150马力的拖拉机	13
270	87019019901	按13%征税的农用其他拖拉机	13
271	87019090001	按13%征税的农用其他牵引车	13
272	8703101100	全地形车	14
273	8703101900	高尔夫球车及其他类似车	14
274	8703109000	其他，雪地行走专用车	14
275	8708293000	机动车辆用车窗玻璃升降器	14
276	8709111000	电动的短距离牵引车（未装有提升或搬运设备，包括火车站台上用的电动牵引车）	14

续表

序号	商品代码	商品名称	提高到（%）
277	8709119000	电动的其他短距离运货车（未装有提升或搬运设备，用于工厂、仓库、码头或机场）	14
278	8709191000	非电动的短距离牵引车（未装有提升或搬运设备，包括火车站台上用非电动牵引车）	14
279	8709199000	非电动的其他短距离运货车（未装有提升或搬运设备，用于工厂、仓库、码头或机场）	14
280	8709900000	短距离运货车、站台牵引车用零件	14
281	8711100010	微马力摩托车及脚踏两用车（装有往复式活塞发动机，微马力指排气量=50cc）	14
282	87111000901	不征消费税的微马力摩托车及脚踏两用车	14
283	87111000902	征消费税的微马力摩托车及脚踏两用车	14
284	87112010001	不征消费税的50<排量≤100毫升装往复式活塞内燃发动机摩托车及脚踏两用车	14
285	87112010002	征消费税的50<排量≤100毫升装往复式活塞内燃发动机摩托车	14
286	87112020001	不征消费税的100<排量≤125毫升装往复式活塞内燃发动机摩托车及脚踏两用车	14
287	87112020002	征消费税的100<排量≤125毫升装往复式活塞内燃发动机摩托车	14
288	87112030001	不征消费税的125<排量≤150毫升装往复式活塞内燃发动机摩托车及脚踏两用车	14
289	87112030002	征消费税的125<排量≤150毫升装往复式活塞内燃发动机摩托车	14
290	87112040001	不征消费税的150<排量≤200毫升装往复式活塞内燃发动机摩托车及脚踏两用车	14
291	87112040002	征消费税的150<排量≤200毫升装往复式活塞内燃发动机摩托车	14
292	87112050001	不征消费税的200<排量≤250毫升装往复式活塞内燃发动机摩托车及脚踏两用车	14
293	87112050002	征消费税的200<排量≤250毫升装往复式活塞内燃发动机摩托车	14
294	87113010001	不征消费税的250<排量≤400毫升装往复式活塞内燃发动机摩托车及脚踏两用车	14
295	87113010002	征消费税的250<排量≤400毫升装往复式活塞内燃发动机摩托车	14
296	87113020001	不征消费税的400<排量≤500毫升装往复式活塞内燃发动机摩托车及脚踏两用车	14
297	87113020002	征消费税的400<排量≤500毫升装往复式活塞内燃发动机摩托车	14
298	87114000001	不征消费税的500<排量≤800毫升装往复式活塞内燃发动机摩托车及脚踏两用车	14
299	87114000002	征消费税的500<排量≤800毫升装往复式活塞内燃发动机摩托车	14
300	87115000001	不征消费税的800毫升<排量装往复式活塞内燃发动机摩托车及脚踏两用车	14
301	87115000002	征消费税的800毫升<排量装往复式活塞内燃发动机摩托车及脚踏两用车	14
302	8711901010	电动自行车	14
303	87119010901	不征消费税的其他电动及电动助力的摩托车及边车	14
304	87119010902	征消费税的其他电动及电动助力的摩托车及边车	14
305	87119090011	不征消费税的排气量≤250毫升摩托车及脚踏两用车（6AB）	14
306	87119090012	征消费税的排气量≤250毫升摩托车及脚踏两用车（6AB）	14
307	8711909002	排气量>250毫升摩托车及脚踏两用车（6AD）	14
308	8711909009	其他无法区分排气量的摩托车及脚踏两用车	14
309	8711909090	装有其他辅助发动机的脚踏车及边车	14

续表

序号	商品代码	商品名称	提高到（%）
310	8712002000	竞赛型自行车	14
311	8712003000	山地自行车	14
312	8712004100	16、18、20 英寸越野自行车	14
313	8712004900	其他越野自行车（包括运货三轮车）	14
314	8712008110	12～16 英寸的未列名自行车	14
315	8712008190	11 英寸及以下的未列名自行车	14
316	8712008900	其他未列名自行车	14
317	8712009000	其他非机动脚踏车	14
318	8713100000	非机械驱动的残疾人用车	14
319	8713900000	其他机动残疾人用车	14
320	8714110000	摩托车及机动脚踏两用车用鞍座	14
321	8714190001	星型轮及碟刹件	14
322	8714190010	摩托车架	14
323	8714190090	摩托车其他零件、附件（包括机动脚踏两用车的零件、附件）	14
324	8714200000	残疾人车辆用零件、附件	14
325	8714910000	非机动脚踏车车架、轮叉及其零件	14
326	8714920000	非机动脚踏车轮圈及辐条	14
327	8714931000	非机动脚踏车等的轮毂（倒轮制动毂及毂闸除外）	14
328	8714932000	非机动脚踏车等的飞轮（倒轮制动毂及毂闸除外）	14
329	8714939000	非机动脚踏车等的链轮（倒轮制动毂及毂闸除外）	14
330	8714940000	非机动脚踏车等的制动器及其零件（包括倒轮制动鼓及鼓闸）	14
331	8714950000	非机动脚踏车等的鞍座	14
332	8714961000	非机动脚踏车等的脚蹬及其零件（包括零件）	14
333	8714962000	非机动脚踏车等的曲柄链轮及零件（包括零件）	14
334	8714990000	非机动脚踏车等的其他零件、附件	14
335	8715000000	婴孩车及其零件	14
336	8716100000	供居住或野营用厢式挂车及半挂车	14
337	87162000001	农用自装或自卸式挂车及半挂车	13
338	87162000002	按 17% 征税的农用自装或自卸式挂车及半挂车	14
339	8716311000	油罐挂车及半挂车	14
340	8716319000	其他罐式挂车及半挂车	14
341	8716391000	货柜挂车及半挂车	14
342	8716399000	其他货运挂车及半挂车	14
343	8716400000	其他未列名挂车及半挂车	14
344	8716800000	其他未列名非机械驱动车辆	14
345	8716900000	挂车、半挂车及非机动车用零件	14

续表

序号	商品代码	商品名称	提高到（%）
346	89019090001	其他非铁制非机动货运船舶及客货兼运船舶	14
347	89020090001	非机动捕鱼船	13
348	8903100000	充气的娱乐或运动用快艇（包括充气的划艇及轻舟）	14
349	8903910001	8 米 < 长度 <90 米的机动帆船（不论是否装有辅助发动机）	14
350	8903910090	其他帆船（不论是否装有辅助发动机）	14
351	8903920001	8 米 < 长度 <90 米的汽艇（装有舷外发动机的除外）	14
352	8903920090	其他汽艇（装有舷外发动机的除外）	14
353	8903990001	8 米 < 长度 <90 米的娱乐或运动用其他机动船舶或快艇（包括划艇及轻舟）	14
354	8903990090	娱乐或运动用其他船舶或快艇（包括划艇及轻舟）	14
355	8907100000	充气筏	14
356	8907900010	含植物性材料的浮动结构体（例如：筏、柜、潜水箱、浮筒及航标）	14
357	8907900090	其他浮动结构体（例如：筏、柜、潜水箱、浮筒及航标）	14
358	8908000000	供拆卸的船舶及其他浮动结构体	14
359	9001100001	非色散位移单模光纤（G652A、G652B、G652C）	14
360	9001100009	其他光导纤维（但品目 85.44 的货品除外）	14
361	9001100090	光导纤维束及光缆（但品目 85.44 的货品除外）	14
362	9001200000	偏振材料制的片及板	14
363	9001300000	隐形眼镜片	14
364	9001401000	玻璃制变色镜片	14
365	9001409100	玻璃制太阳镜片	14
366	9001409900	玻璃制其他眼镜片（变色镜片、太阳镜片除外）	14
367	9001501000	非玻璃材料制变色镜片	14
368	9001509100	非玻璃材料制太阳镜片	14
369	9001509900	非玻璃材料制其他眼镜片（变色镜片、太阳镜片除外）	14
370	9001901000	彩色滤光片	14
371	9001909001	光通信用微光组件的光学元件（波长 800～1700nm 薄膜滤光片，自聚焦透镜，法拉第旋转片）	14
372	9001909002	微型镜片（激光视盘机激光收发装置用）	14
373	9001909003	背投电视机显示屏（包括非涅耳透镜屏幕、双透镜屏幕和保护屏）	14
374	9001909004	液晶显示屏背光模组的光学元件（包括导光板、反射板、扩散片、增亮片）	14
375	9001909090	品目 90.01 未列名的其他光学元件（未经光学加工的玻璃制元件除外）	14
376	9002111000	特殊用途照相机用物镜（指编号 90061000～90063000 所列的照相机）	14
377	9002112000	缩微阅读机用物镜	14
378	9002113100	单反相机镜头	14
379	9002113900	其他相机用镜头（单反相机除外）	14
380	9002119001	彩色液晶投影机的镜头及镜头组件	14

续表

序号	商品代码	商品名称	提高到（%）
381	9002119090	其他照相机，投影仪等用物镜（包括照片放大机用物镜）	14
382	9002191000	摄影机或放映机用物镜	14
383	9002199001	摄录一体机的镜头	14
384	9002199090	品目 90.02 未列名的其他物镜	14
385	9002201000	照相机用滤色镜	14
386	9002209000	其他光学仪器或装置滤色镜	14
387	9002901000	照相机用未列名光学元件（但物镜，滤色镜除外）	14
388	9002909010	抗辐射镜头［能抗 5×10^4 戈瑞（硅）以上辐射而又不会降低使用质量］	14
389	9002909090	其他光学仪器用未列名光学元件（但物镜、滤色镜除外）	14
390	9003110000	塑料制眼镜架	14
391	9003190090	其他非塑料材料制眼镜架	14
392	9003900000	眼镜架零件	14
393	9004100000	太阳镜	14
394	9004901000	变色镜	14
395	9004909000	其他眼镜（但太阳镜、变色镜除外）	14
396	9005100000	双筒望远镜	14
397	9005809000	其他光学望远镜（包括单筒望远镜）	14
398	9005901000	天文望远镜及其他天文仪器用零件（包括座架）	14
399	9005909000	其他望远镜零件、附件（包括座架）	14
400	9006101000	电子分色机	14
401	9006109000	其他制版照相机	14
402	9006300000	特种用途的照相机（主要是指水下、航空测量或体内器管检查等用（法庭或犯罪学用的比较照相机）	14
403	9006400000	一次成像照相机	14
404	9006510000	通过镜头取景的照相机［单镜头反光式（SLR），使用胶片宽度≤35mm］	14
405	9006521000	缩微照相机，使用缩微胶卷、胶片或其他缩微品（使用胶片宽度 < 35mm）	14
406	9006529000	使用胶片宽度 < 35mm 的其他照相机	14
407	9006530000	其他照相机（使用胶片宽度为 35mm）	14
408	9006591000	激光照相排版设备（使用胶片宽度 > 35mm）	14
409	9006599010	分幅相机（记录速率超过每秒 225000 帧）	14
410	9006599020	电子（或电子快门）分幅相机（帧曝光时间为 51 纳秒或更短）	14
411	9006599030	条纹相机（书写速度超过每微秒 0. 5mm）	14
412	9006599040	电子条纹相机（时间分辨率为 51 纳秒或更小）	14
413	9006599090	使用胶片宽度 > 35mm 的其他照相机	14
414	9006610000	放电式（电子式）闪光灯装置	14
415	9006691000	闪光灯泡	14

续表

序号	商品代码	商品名称	提高到（%）
416	9006699000	其他照相闪光灯装置	14
417	9006911000	特种用途照相机的零件、附件（指编号 90061000 ~ 90063000 所列的照相机的）	14
418	9006912000	一次成像照相机的零件、附件	14
419	9006919100	照相机自动调焦组件	14
420	9006919200	其他照相机的快门组件（特种像机和一次成像像机用除外）	14
421	9006919900	其他照相机的其他零件、附件（特种像机和一次成像像机用除外）	14
422	9006990000	照相闪光灯装置及闪光灯泡的零件	14
423	9007110000	胶片宽度 < 16mm 的摄影机（包括双 8mm 的）	14
424	9007191000	胶片宽度≥16mm 的高速电影摄影机	14
425	9007199000	胶片宽度≥16mm 的其他电影摄影机	14
426	9007201000	数字式放映机	14
427	9007209000	其他放映机	14
428	9007910000	电影摄影机用零件、附件	14
429	9007920000	电影放映机用零件、附件	14
430	9008100000	幻灯机	14
431	9008200000	缩微阅读机（不论是否可以进行复制）	14
432	9008301000	正射投影仪（不包括幻灯机）	14
433	9008309000	其他影像投影仪	14
434	9008400000	照片（电影片除外）放大机及缩片机	14
435	9008901000	缩微阅读机的零件、附件	14
436	9008902000	照片放大机及缩片机的零件、附件	14
437	9008909000	其他影像投影仪的零件、附件	14
438	9010101000	电影用胶卷的自动显影装置及设备（还包括成卷感光纸的自动显影装置）	14
439	9010102000	特种照相胶卷自动显影装置及设备（还包括成卷感光纸的自动显影装置）	14
440	9010109100	彩色胶卷用自动显影及设备	14
441	9010109900	其他胶卷的自动显影装置及设备（还包括成卷感光纸的自动显影装置）	14
442	9010501000	负片显示器	14
443	9010502100	电影用的洗印装置	14
444	9010502200	特种照相用的洗印装置	14
445	9010502900	其他照相用的洗印装置	14
446	9010600000	银幕及其他投影屏幕	14
447	9010901000	电影洗印用洗印装置的零件、附件	14
448	9010902000	特种照相洗印用装置的零件、附件	14
449	9010909000	其他洗印用装置的零件、附件	14
450	9011200000	缩微照相等用的其他显微镜（还包括显微摄影及显微投影用）	14
451	9011800000	其他显微镜	14

续表

序号	商品代码	商品名称	提高到（%）
452	9011900000	复式光学显微镜的零件、附件	14
453	9012100000	非光学显微镜及衍射设备	14
454	9012900000	非光学显微镜及衍射设备的零件	14
455	9013100000	武器用望远镜瞄准具及其他望远镜（包括潜望镜式望远镜及作为机器或器具部件的望远镜）	14
456	9013801000	放大镜	14
457	9013802000	光学门眼	14
458	9013809000	其他装置，仪器及器具（90 章其他编号未列名的）	14
459	9017100000	绘图台及绘图机，不论是否自动	14
460	9017200000	其他绘图、划线或数学计算器具	14
461	9017300000	千分尺、卡尺及量规	14
462	9017800000	其他手用测量长度的器具（仅指 90 章其他编号未列名的）	14
463	9017900000	绘图计算器具等仪器的零件、附件（品目 90.17 所列仪器及器具的零件、附件）	14
464	9021100000	矫形或骨折用器具（但不包括人造关节）	14
465	9021210000	假牙	14
466	9021290000	假牙固定件	14
467	9021310000	人造关节	14
468	9021390000	其他人造的人体部分	14
469	9021400000	助听器，不包括零件、附件	14
470	9021500000	心脏起搏器，不包括零件、附件	14
471	9021900001	人工耳蜗植入装置	14
472	9021900090	其他弥补生理缺陷，残疾用器具等（包括穿戴、携带或植入人体内的器具及零件）	14
473	9022191000	低剂量 X 射线安全检查设备	14
474	9022290010	γ 射线全自动燃料芯块检查台（专门设计或制造用于检验燃料芯块的最终尺寸和表面缺陷）	14
475	9022290090	其他非医疗用 α、β、γ 射线设备	14
476	9022300000	X 射线管	14
477	9022901000	X 射线影像增强器	14
478	9022909001	射线发生器的零部件	14
479	9022909020	闪光 X 射线发生器（峰值能量≥500 千电子伏）	14
480	9022909030	X 射线断层检查仪专用探测器	14
481	9022909090	品目 90.22 所列其他设备及零件（包括高压发生器、控制板及控制台、荧光屏等）	14
482	9023000000	专供示范的仪器、装置及模型［（例如，教学或展览）而无其他用途］	14
483	9024101000	电子万能试验机	14
484	9024102000	硬度计	14
485	9024109000	其他金属材料的试验用机器及器具	14

续表

序号	商品代码	商品名称	提高到（%）
486	9024800000	非金属材料的试验用机器及器具	14
487	9024900000	各种材料的试验用机器零件、附件	14
488	9025110000	可直接读数的液体温度计	14
489	9025191000	非液体的工业用温度计及高温计	14
490	9025199000	非液体的其他温度计，高温计	14
491	9025800000	其他温度计，比重计，湿度计等仪器	14
492	9025900000	比重计，温度计等类似仪器的零件	14
493	9026201010	锰铜压力计（压力超过100千帕）	14
494	9026201090	其他压力、差压变送器	14
495	9026209000	其他测量、检验压力的仪器及装置	14
496	9026800000	液体或气体的其他测量或检验仪器（除液体流量或液位及压力以外的其他变量的检测仪器）	14
497	9026900000	液体或气体的测量或检验仪器零件（主要是进行流量、液位、压力或其他变化量的测量或检验）	14
498	9027100010	用于连续操作的气体检测器［可用于出口管制的化学品或有机化合物（含有磷、硫、氟或氯，其浓度低于0.3mg/m^3）的检测，或为检测受抑制的胆碱酯酶的活性而设计］	14
499	9027100090	其他气体或烟雾分析仪	14
500	9027500000	使用光学射线的其他仪器及装置（光学射线是指紫外线、可见光、红外线）	14
501	9027801100	集成电路生产用氦质谱检漏台	14
502	9027801910	UF6质谱仪/离子源（能从UF6气流中在线取得供料、产品或尾料样品谱仪）	14
503	9027801920	测大于230质量单位离子质谱仪（分辨率高于2/230）	14
504	9027801990	其他质谱仪	14
505	9027809100	曝光表	14
506	9027809900	其他理化分析仪器及装置（包括测量或检验黏性及类似性能的仪器及装置）	14
507	9027900000	检镜切片机，理化分析仪器零件	14
508	9028101000	煤气表（包括它们的校准仪表）	14
509	9028109000	其他气量计（包括它们的校准仪表）	14
510	9028201000	水表（包括它们的校准仪表）	14
511	9028209000	其他液量计（包括它们的校准仪表）	14
512	9028301000	电度表（包括它们的校准仪表）	14
513	9028309000	其他电量计（包括它们的校准仪表）	14
514	9028901000	工业用计量仪表零件、附件	14
515	9028909000	非工业用计量仪表零件、附件	14
516	9029101000	转数计	14
517	9029102000	车费计、里程计	14
518	9029109000	产量计数器、步数计及类似仪表	14

续表

序号	商品代码	商品名称	提高到（%）
519	9029201000	车辆用速度计	14
520	9029209000	其他速度计及转速表，频闪观测仪（车辆用速度计除外）	14
521	9029900000	转数计、车费计及类似仪表零件（品目 90.14 及 90.15 的仪表零件除外）	14
522	9030201000	300 兆赫以下的通用示波器（指测试频率小于 300 兆赫兹的示波器）	14
523	9030209000	其他示波器（包括 300 兆赫兹的通用示波器）	14
524	9030311000	五位半及以下的数字万用表，不带记录装置	14
525	9030319000	其他万用表，不带记录装置（五位半及以下的数字万用表除外）	14
526	9030320000	万用表，带记录装置	14
527	9030331000	五位半及以下的数字电流、电压表，不带记录装置	14
528	9030332000	电阻测试仪，不带记录装置（不带记录装置的）	14
529	9030339000	检测电压、电流及功率的其他仪器，不带记录装置	14
530	9030390000	其他带记录装置的检测电压、电流、电阻或功率的仪器（万用表除外）	14
531	9030820000	检测半导体晶片或器件的仪器（包括测试或检验半导体晶片或元器件用的装置）	14
532	9030891000	其他电感及电容测试仪（未装有记录装置的）	14
533	9030899010	中子探测和测量仪表（专用于测定核反应堆堆芯内中子通量的）	14
534	9030899090	其他电量的测量或检验仪器及装置（未装有记录装置的）	14
535	9030900001	检测半导体晶片及器件的仪器零件（包括附件）	14
536	9030900002	ITA 产品用的印刷电路组件（包括外接组件，如符合 PCMCIA 标准的卡）	14
537	9030900090	品目 90.30 所属货品的零件及附件	14
538	9031100010	陀螺动态平衡测试仪	14
539	9031100090	其他机械零件平衡试验机	14
540	9031200010	陀螺/马达运转试验台	14
541	9031200020	加速度表测试台	14
542	9031200030	试车台（能试推力 >90KN 火箭发动机的或同时测量三个推力分量的）	14
543	9031200040	惯性平台测试台（测试平台包括高精度离心机和转台）	14
544	9031200090	其他试验台	14
545	9031410000	制造半导体器件的检测仪和器具（90 章其他编号未列名的，包括检测光掩模及光栅用的）	14
546	9031491000	轮廓投影仪	14
547	9031499010	光盘质量在线检测仪及离线检测仪	14
548	9031499090	其他光学测量或检验仪器和器具（90 章其他编号未列名的）	14
549	9031900020	惯性测量单元稳定元件加工夹具	14
550	9031900030	惯性平台平衡夹具	14
551	9031900090	品目 90.31 的仪器及器具的其他零件（90 章其他编号未列名的）	14
552	9032100000	恒温器	14
553	9032200000	恒压器	14

海关总署关于支持扩大内需促进经济增长的十项措施

署厅发〔2008〕468号

一、在有效监管的前提下最大限度地提供海关通关便利，减少企业通关时间和成本

继续加大通关监管改革力度，进一步落实“属地申报、口岸验放”和“应转尽转”等通关便利措施；对于经确认拥有自主品牌、核心技术的产品和大型机械设备以及农轻纺等有竞争力的劳动密集型产品出口，以及国内需要的先进技术、设备、关键零部件和能源原材料进口，实行更加便捷的通关措施；根据各地实际情况，不断优化通关流程，提高通关效率；抓紧研究出台《海关保税监管货物流转管理办法》，实现特殊监管区域和保税监管场所与口岸监管现场的联动通关；加快推进口岸“大通关”和“电子口岸”建设，方便企业办理通关业务。

二、实行担保通关，在有效维护国家利益的同时满足企业提高物流速度的需要

在企业提供银行等金融机构担保的前提下，采取先放后税等快速通关措施；企业提供银行担保确有困难的，经总署批准可以实施资产质押担保，对中央大型国企，可实行银行总担保下子、分公司先放后税措施；使海关监管场所、运输企业及报关企业经营人等能够在依法承担义务的同时，享受相应的便利。

三、完善企业分类管理，使广大守法企业切实享受“守法便利”的好处

提高企业注册登记审核效率；缩短对A类、AA类企业评定时间，逐步向动态管理转变；切实落实《企业分类管理措施目录》中明确的对A类、AA类企业提供提前申报、预约报关、门到门服务、适用较低查验率、优先办理货物申报和验放手续、优先办理企业注册登记换证及报关员注册登记手续、海关指派专人负责协调解决企业办理海关事务的疑难问题等通关便利措施；按规定对AA类企业给予免担保通关待遇，方便其办理海关手续。

四、为企业提供个性化的政策法律支持服务，帮助企业排忧解难

加大海关政务公开力度，宣传海关各类通关政策；提供法律咨询服务，使广大进出口企业和管理相对人及时了解新近出台的法律法规和进出口政策，为其适时调整经营策略创造条件；为进出口企业提供预归类服务，提高实际通关可预见性。

五、大力推进海关特殊监管区域整合发展，发挥海关特殊监管区域和保税监管场所的功能作用

发挥海关特殊监管区域连接国内外两个市场、利用国内外两种资源的桥梁和纽带作用，支持具备较好条件的地区建设既与国际接轨又符合我国国情的保税港区或综合保税区，为我国保税加工和保税物流持续健康发展提供载体；支持在边境地区设立与其需求相适应的海关特殊监管区域或保税监管场所，提升沿边开放水平；加快推进海关特殊监管区域的“功能整合、政策叠加”工作，引导先进制造业和现代生产型服务业入区发展；研究解决由于各种原因制约海关特殊监管区域和保税监管场所功能发挥的问题；鼓励和引导在海关特殊监管区域和保税监管场所内设立高端产品研发中心、检测维修服务中心并开展仓储、配送、分拨等物流服务，延长产业链，提高附加值；积极会同商务主管部门放宽对具有自主品牌与核心技术的高新技术企业和大型装备制造业出口产品返回国内维修的限制，引导在国内设立研发中心、检测维修服务中心；鼓励和方便企业发挥保税仓库操作灵活、成本低廉的优势，利用国际市场价格低走的机会，以保税仓储的方式大量进口战略性、资源型物资；加快推进海关特殊监管区域立法工作，进一步规范海关特殊监管区域管理。

六、支持加工贸易企业更好地利用国际国内两个市场，促进加工贸易转型升级

坚持以市场需求为导向，综合考虑环境保护、节能减排、扩大内需和加工贸易转型升级、有序转移等方面要求，会同商务主管部门有针对性地出台鼓励加工贸易成品内销的政策和措施，进一步简化内销审批业务、提高通关效率，方便加工贸易企业办理内销征税手续，让国内市场和人民群众更多地分享我国加工贸易发展的成果，并加强对加工贸易内销的管理，实现出口、内销“两条腿”走路；推动国家有关部门调整和完善加工贸易政策，取消对符合节能、环保、资源利用、技术含量等标准的商品开展加工贸易的禁止和限制，支持相关加工贸易产业发展；在现行政策条件下，延长海关联网监管企业执行限制类商品管理措施的过渡期；进一步简化台账保证金的计征原则和方法，按照上年度进口（出口）限制类商品的一定比例计征台账保证金；会同国家有关部门积极研究降低加工贸易内销征收缓税利息率问题，并适时进行调整。

七、认真落实国家出口税收优惠政策，支持优势企业和产品出口

全面执行国家提高部分产品出口退税率和调整部分产品出口关税的政策措施，发挥税收优惠对进出口的调控作用，支持我国出口企业发展；制定适宜的原产地标准，根据不同产品实行有宽有严、差异化的原产地标准，促进产业的升级换代和进出口的增长；充分利用海关处在进出口管理一线的信息优势，密切了解进出口企业生产经营和对外贸易动向，及时向国家有关部门反映进出口税收政策实施过程中出现的新情况和新问题，有针对性地提出解决问题的意见和建议，协助有关部门及时调整进出口税收政策。同时，依法加强对应税商品进出口的税收征管，确保税收应收尽收，为中央财政稳定增长和实施积极的财政政策提供支持。

八、积极发挥海关统计监测预警的服务作用，为中央决策和企业经营提供参考依据

充分发挥海关进出口监测预警系统的功能作用，对外贸进出口动态进行及时跟踪，加大监测的频率，及时反映进出口变动情况，为国家宏观经济决策提供辅助参考；有针对性地加大对重点大宗商品的进出口情况的专题分析，加强对重点出口市场的跟踪监测，及时反映国外市场需求的变化，及时向社会公众发布海关数据和监测预警信息，为企业经营决策提供信息服务，帮助企业提高应对

市场变化的能力。

九、加大对国内企业自主知识产权的海关保护力度，促进我国自主品牌企业发展

进一步加大对国内企业自主知识产权的海关保护力度，加大海关知识产权保护的政策宣传，提供更加便利的知识产权备案服务，鼓励和引导我国名牌产品进行知识产权保护备案，协助企业解决维权中存在的困难，帮助企业提高维权能力，为企业自主创新提供服务；在口岸进出口环节加大知识产权保护力度，严厉打击侵权产品非法进出口等违法行为，保护权利人合法权益，促进我国自主品牌企业开拓国际市场。

十、严厉打击走私违法行为，维持正常的进出口秩序

加大对重点商品走私的打击力度和重点企业、重点行业的稽查力度，尤其是加大对高档消费品及大众化中低档生活消费品的进口走私打击力度，有效遏制“水货”对国内品牌和国内市场的冲击，维护正常进出口秩序，为扩大内需创造条件；认真贯彻“宽严相济”的刑事司法政策，在依法办案的前提下，切实保障企业的合法权益，保护企业合法正常生产经营，尽可能减少因处理走私违法案件对企业生产经营造成的冲击和影响。

海关总署

2008 年 11 月 20 日

文字资料篇

保税区（保税物流园区）

2008 年全国保税区（保税物流园区）经济运行情况分析报告

2008 年是全国各保税区积极应对全球金融危机，坚持以科学发展观统领保税区经济发展，紧紧围绕海关总署关于特殊监管区域整合的指导思想，不断拓展产业功能，优化产业结构，创新区域监管方式，积极探索适应投资企业运作模式，增强服务理念，提高服务质量之年。一年来，全国各保税区经济继续保持稳步发展，经济与社会效益进一步提升，实现增加值2 166.21 亿元，比上年增长 18.5%，完成进出口贸易额 1 363.06 亿美元，比上年增长 6.4%，为国家和地方贡献各类税收 1 138.87 亿元，比上年增长 25.7%。

一、经济规模进一步扩大

在金融危机导致全球经济需求下降的形势下，作为海关特殊监管区域内产业功能最为齐全的保税区，充分依靠自身的产业优势，拓展功能性产业，不断提升三大产业能级，促进经济规模进一步保持稳步增长的态势。2008 年实现销售（经营）收入达到14 700.22 亿元，比上年增长 16.5%。

从全国各保税区经济发展的规模上看，长三角经济区域内的 3 家保税区（上海外高桥、宁波、张家港）继续保持经济发展规模和增长态势，全年共完成销售（经营）收入 9 846.98 亿元，比上年增长 16.0%，其中上海外高桥保税区的销售（经营）收入规模已达到 6 511.21 亿元，占全国各保税区销售（经营）收入的 44.3%，继续保持领先地位。天津港保税区充分利用滨海新区新一轮综合配套改革的发展机遇，积极拓展产业功能，强化招商引资力度，加快企业的产出效能，全年实现销售（经营）收入达到 2 102.85 亿元，比上年增长 23.2%。厦门象屿保税区积极提升物流产业功能，促进了区域经济进一步增长，全年完成销售（经营）收入 156.34 亿元，比上年增长 25.6%。

二、经济效能不断增强

在全国各保税区经济规模持续扩大的基础上，保税区的经济效能也呈现不同程度的增长，为国家和地方经济的增长作出了积极贡献。统计显示，2008 年全国各保税区共实现增加值2 166.21亿元，比上年增长 18.5%，每百元销售收入所创造的增加值为 14.74 元，仍保持较高的产出量。宁波保税区在依托贸易产业的基础上，大力发展高新技术产业，全年实现增加值 135.60 亿元，比上年增长 31.7%，成为增加值增长最快的保税区。天津港和大连保税区充分发挥整体功能优势，加快优势企业的培育，其实现的增加值分别达到 385.88 亿元和 218.49 亿元，比上年增长 30.1% 和 29.6%，成为拉动全国保税区增加值增长的重要因素。上海外高桥保税区积极发挥经济规模优势，全力推进增加值的产出，全年实现增加值 953.17 亿元，比上年增长

16.3%，占全国保税区增加值的43.9%。

三、三大产业功能进一步拓展

在金融危机对实体经济的影响逐步加剧的情况下，以外向型经济为主体的保税区也受到一定的影响。但是各保税区抓住机遇，立足自身产业现状，加快推进产业功能结构的调整步伐，转变区域经济发展方式，促进保税区三大产业继续呈现不同程度的增长。

1. 加快拓展货物贸易功能。为推进货物贸易功能，各保税区十分重视货物贸易的发展，针对本区域的区位环境和产业功能优势，纷纷打造适应保税区可持续增长的产业功能，充分利用保税区国际贸易企业多、跨国著名企业多、企业贸易方式多样化的特点，吸引跨国公司地区性采购、配送营运销售中心入驻，同时积极组建拓展货物贸易的商品交易市场的服务平台，扩大货物贸易规模。2008年全国各保税区完成商品销售额已突破1万亿元，达到10 391.6亿元，比上年增长22.4%，成为保税区三大产业中发展规模最大、增长速度最快的产业。

上海外高桥保税区根据上海市建设“四个中心”（经济、贸易、航运、金融）的要求，积极推进贸易聚焦外高桥发展战略，打造进口贸易基地，促使商品销售额实现较快增长，全年实现商品销售额达到5 508.04亿元，比上年增长12.4%，规模经济效应进一步显现。大连、天津港、青岛、张家港、宁波、广州保税区亦将货物贸易功能作为推进保税区经济发展的重要组成部分，加快扶持和培育，其中大连保税区全年的商品销售额完成505.38亿元，比上年增长24.7%，商品销售所占比重已占该区销售收入的56.3%。张家港保税区为了拓展货物贸易功能，精心打造货物贸易平台，全力推进化工品市场和纺织市场的建设，取得了实效，全年完成商品销售额1839.67亿元，比上年增长31.3%。此外，广州和深圳保税区也纷纷推进货物贸易的发展，虽然全年共实现的商品销售额分别只有223.86亿元和237.62亿元，但增长速度快，分别比上年增长109.6%和56.1%。

2. 出口加工产业增长缓慢。作为保税区三大产业之一的加工贸易业，在全球金融危机的背景下，显示出增长缓慢的迹象，全年保税区加工企业完成的工业产值为3 467.24亿元，比上年增长8.9%。其增长的速度与前三季度相比下降15.7个百分点。深圳、张家港、上海外高桥保税区继续位居工业产值规模的前三位。为了积极应对出口加工产业出现增长下滑的现象，各保税区都相继加大对高新技术产业的扶持力度，促进其加快发展，全年各保税区内的高新技术产业实现的产值已达到895.74亿元，占工业产值比重的25.8%。其中，青岛、宁波、汕头、广州、海口保税区的高新技术产业实现的产值均超过其工业总产值的50%以上。宁波保税区的高新技术产业不仅产值占该保税区的67.9%，而且比上年增长31.9%。电子信息产业虽受全球市场需求的影响较为突出，但全年完成产值1 049.62亿元，仍比上年增长12.9%。宁波保税区的电子信息产业的产值增长速度加快，不仅产值达到450.71亿元，而且比上年增长40.2%。上海外高桥保税区的电子信息产业仍然保持稳定的增长，实现产值331.79亿元，比上年增长14.6%，拉动了全国保税区的电子信息产业的增长。从各保税区完成的工业产值情况分析，天津保税区完成的产值规模进一步扩大，增长速度快，全年完成466.58亿元，比上年增长39.4%。

3. 物流产业实现稳步增长。随着保税区经济规模逐年扩大，特别是货物贸易功能的进一步拓展，保税区贸易企业运作模式呈多元化趋势，进出口贸易持续增长，这为物流产业的发展奠定了坚实的基础。与此同时，国内市场的进一步开放，也为物流产业的发展创造了条件。2008 年，全国保税区共实现物流产业营业收入 3 373.32 亿元，比上年增长 13.2%。上海外高桥保税区积极利用区位优势，进一步推进企业为长三角地区加工企业的原材料的分拨、配送功能，促进物流产业的增长。全年实现物流业的营业收入 2 337.24 亿元，比上年增长 12.7%，已占全国保税区物流业营业收入的 64.9%。青岛保税区通过区内产业的整合，推进物流产业的加快发展，全年完成营运收入 58.81 亿元，比上年增长 67.3%。厦门象屿保税区根据周边地区产业及经济发展的特点，做好原材料的配送和分拨业务，全年实现物流业营业收入 39.74 亿元，比上年增长 25.9%。

随着保税物流园区运作方式和功能的提升，国际采购、国际配送的业务量也不断增长，物流园区与保税区、保税港和出口加工区等海关监管区域联动的发展效应得到进一步增强。保税物流园区的经济规模有了进一步的发展，全年保税物流园区实现营业收入 117.2 亿元，比上年增长 59.2%。在国际采购和国际配送的支撑下，保税物流园区的进出口贸易额达到 91.21 亿美元，比上年增长 20.5%。从各物流园区完成的进出口情况分析，张家港物流园区发展快、规模大、增长也快，全年完成进出口额 36.68 亿美元，比上年增长 27.4%。上海外高桥物流园区继续保持一定的增长，全年完成 25.17 亿美元，比上年增长 23.8%。深圳盐田保税物流园区增长速度进一步提升，全年完成 13.56 亿美元，比上年增长 51.8%。厦门象屿保税物流园区通过保税业务的整合，进出口贸易成倍增长，全年完成 3.18 亿美元，比上年增长 2.38 倍。在全球金融危机的影响下，保税物流园区的进出口贸易也出现下降的现象，12 月份全国各保税物流园区完成 5.6 亿美元，比上年同期下降 7.4 个百分点。

四、进出口贸易增长出现回落

以外向型经济为主体的保税区，在全球金融危机的影响下，对外贸易呈现回落的态势，在一定程度上已影响到保税区经济指标的稳定增长。据统计，2008 年全国保税区共完成进出口额 1 363.06 亿美元，比上年增长 6.4%，其中，出口完成 464.63 亿美元，仅比上年增长 1.6%，进口完成 898.43 亿美元，比上年增长 9%。这种增幅下降的现象过去从未出现过。受金融危机的影响，12 月份保税区的进出口额双双出现同比下降的情况，其中，进口下降 21.4%，出口下降 15.6%。此外，全年保税区进口大于出口的格局依然存在，逆差额达到 433.8 亿美元，比上年增长 18.2%。

从贸易方式上分析，随着保税区投资的贸易企业的增多和国内市场的进一步开放，利用保税区政策拓展一般贸易活动的企业也在不断地增加，从而促进一般贸易的迅速增长。全年保税区投资企业通过一般贸易实现的进出口贸易达到 121.44 亿美元，比上年增长 70.7%。而加工贸易随着保税区产业功能的整合和土地成本的上升，部分企业因产品结构的自身调整，已出现转产、降低产能，甚至外迁和调整企业经营方式的现象，从而导致加工贸易进出口的下降。全年保税区的加工贸易仅完成 363.2 亿美元，比上年下降 9.8%，是影响到保税区进出口贸易的增长的主要因素。

从进料和来料两种加工贸易方式上看，以往企业较为普遍采用的收益大的进料加工模式，也出现了较大幅度的下降，全年完成进出口贸易额 268.0 亿美元，比上年下降 19.7%，而来料加工贸易继续保持较快的增长，全年完成 95.2 亿美元，比上年增长 38%，但进入第四季度，尤其是 12 月份，来料加工贸易完成 7.64 亿美元，也出现急剧下降的现象，下降幅度为 28.9%。

随着保税功能的拓展，保税区仓储转口货物已成为推进保税区进出口贸易增长的主要方式。2008 年，保税区仓储转口贸易完成 869.5 亿美元，比上年增长 8.5%，占进出口总额的 63.8%。12 月份，保税区仓储转口贸易出现了 19.2% 的下降幅度，其中，进口下降 23.4%。

从进口和出口完成的情况上分析：

（1）进口额全年完成 898.43 亿美元，比上年增长 9%，呈现适度增长的态势，主要是由于一般贸易和来料加工贸易增长较快，分别比上年增加 79% 和 46.9%，成为直接拉动进口额增长的重要因素。而保税区仓储转口货物虽然总量达到 677.5 亿美元，但仅比上年增加 7.3%，低于进口平均增长水平。

（2）出口额全年完成 464.63 亿美元，比上年增长 1.6%。而推动出口额略有增长的主要因素在于保税区仓储转口货物出现稳步增长，全年完成 192.0 亿美元，比上年增长 13.3%。而制约出口额增长的原因主要表现在进料加工贸易，全年仅完成 160.90 亿美元，比上年下降 23.2%。

从各保税区完成的进出口情况上分析，全国共有九家保税区完成的进出口贸易比上年有不同程度的增长，上海外高桥保税区实现进出口额 600.62 亿美元，比上年增长 9.2%，继续位居各保税区进出口额的首位。而汕头保税区虽完成进出口贸易额只有 2.09 亿美元，但增幅达到 63.7%，位居各保税区增长的首位。此外，珠海、海口、青岛保税区的进出口增幅也分别达到 52.3%、42.3% 和 41.2%。

进出口下降的保税区主要集中在南方的福州、广州、深圳和厦门，四家保税区的进出口额均出现不同程度的下降，其中福州保税区仅完成进出口额 4.8 亿美元，比上年下降 31.7%，广州保税区完成 31.85 亿美元，比上年下降 11.2%。

从各保税区完成的进口情况上看，福州、厦门、广州和深圳四家保税区出现下降，其他保税区进口额均呈现不同程度的增长，如汕头和珠海保税区，虽然总量较小，但是增长幅度分别达到 121.8% 和 60.7%，位居各保税区增长幅度的前列。进口量居全国各保税区前列的保税区则继续呈现稳步增长的态势，其中上海外高桥保税区实现进口额达到 454.15 亿美元，比上年增加 11.7%，占全国保税区进口额的 50.5%，位居第一位。

从出口情况看，青岛、珠海、海口三家保税区的出口额增长速度快，分别比上年增长 21.8%、39.9% 和 61.1%。虽然深圳保税区出口额比上年下降 1.7%，但出口总量仍达到 215.46 亿美元，继续位居各保税区之首。上海外高桥保税区出口额完成 146.46 亿美元，比上年增长 2.1%，位居第二。

五、招商引资工作有待于进一步加强

招商引资一直是各保税区的中心工作，也是促进保税区可持续发展的重要组成部分，因此，各保税区为了推动招商引资工作，在政策和投资环境方面，发挥各自的优势和区位优势，提高招商引资的质量。2008 年，全国各保税区共引进投资企业 4 099 家，比上年增长 5.5%，但由于大企业少、贸易企业多，导致吸引投资额仅完成 139.59 亿美元，比上年下降 3.5%。

1. 从引进的企业类型上分析，贸易类项目增长较快，全年引进贸易类项目 3 089 个，比上年增长 16.4%，占全年引进企业总数的 75.4%。此外，加工类企业继续保持一定的增长，全年引进加工企业 265 个，比上年增长 10.4%，而仓储物流企业，全年虽引进 463 个，但与上年相比下降 15%。

2. 从引进的外资企业上分析，则呈现下降趋势。全年引进外资企业 685 个，仅占保税区引进企业总量的 16.7%，比上年下降

12.9%；从外资企业的行业上看，加工、贸易企业分别比上年下降15.5%和14.9%，仓储物流企业则与上年持平。

3. 从吸引的投资额上分析，引起保税区全年投资额下降的主要因素在于外资企业的投资额出现了较快的下降，全年共吸引外资企业投资额93.67亿美元，比上年下降13.4%。

4. 从合同利用外资和实际利用外资上分析，虽然吸引投资额出现了一定的下降，但是由于各保税区十分重视外资企业的投资质量，因此，保税区在全年的合同利用外资和实际利用外资方面，仍保持了一定的增长。其中，合同利用外资为69.15亿美元，比上年增长6.2%，实际利用外资达到33.7亿美元，比上年增长28.3%。截至12月底，全国各保税区的实际利用外资率已达到48.9%，比上年增加9.3个百分点。

5. 从各保税区完成的招商引资情况上分析：

（1）从引进企业数量上看，有8家保税区全年引进的企业数量比上年有不同程度的下降，下降幅度比较突出的保税区主要体现在上海外高桥保税区全年引进企业292个，比上年下降24.4%；此外，青岛保税区引进354个企业，比上年下降12.6%。从引进企业数量增长的保税区看，主要为大连和天津港保税区，全年两家保税区分别引进667个和1 348个，分别比上年增长24.2%和23.1%，为促进全国保税区投资企业的增加作出了积极贡献。

（2）从引进的外资企业数量上看，除大连、广州、珠海三家保税区引进的外资企业比上年有所增长外，其他10家保税区均出现不同程度的下降，其中，青岛保税区引进的外资企业仅为23个，比上年下降54.9%。

（3）从吸引的投资额上分析，张家港保税区增长较快，全年共吸引投资额17.98亿美元，比上年增长22.7%。此外，大连、珠海、海口三家保税区也出现一定的增长。而吸引投资额下降的保税区占有九家，虽然天津港保税区全年共吸引投资额高达71.39亿美元，但与上年相比，仍下降6.2%。其他下降幅度较为突出的保税区主要为青岛、宁波保税区，这两家保税区全年分别吸引投资额1.81亿美元、4.21亿美元，比上年相比分别下降36.9%和39.6%。

六、经济效益进一步提升

随着保税区经济规模的持续扩大和新的所得税法的实施，保税区税收收入进一步增加，为国家和地方经济的贡献度也进一步提升。据统计，2008年全国各保税区共实现各种税收总额已达到1 138.87亿元，比上年增长25.7%。其中完成海关税收达到723.4亿元，比上年增长20.3%，实现工商税收415.45亿元，比上年增长了31.6%，税收的较快增长，为保税区经济的可持续发展奠定了扎实的基础。

从各保税区税收完成情况上分析，由于保税区都将经济发展质量和税收的产出放在首位，因此从全国各保税区看，除福州、厦门、汕头和海口四家保税区与上年相比出现小幅下降外，其他保税区均出现不同幅度的增长。其中增长速度较快的保税区主要有：天津港保税区和大连保税区，全年分别完成282.13亿元和101.84亿元，比上年增长66.7%和30.3%。此外张家港保税区和上海外高桥保税区继续保持稳定的增长速度，全年分别完成78.86亿元和517.98亿元，比上年增长24.8%和15.9%。其中，上海外高桥保税区实现的税收总量占全国保税区税收收入的46.3%，继续位居首位。

从工商税收完成的情况看，天津港保税区实现的工商税收达到79.17亿元，增长幅度高达101.5%，位居各保税区增长幅度之首。此外，张家港保税区的税收完成 33.72 亿元，比上年增长 49.9%，也出现较快的增长速度。

七、固定资产投资保持稳步增长

在保税区投资企业不断增加的基础上，各保税区逐步加快了产业结构的调整与整合，以促进经济规模的增长。据统计，全年保税区共完成固定资产投资额已达到 343.66 亿元，比上年增长 16.8%，继续保持稳步增长的态势。从固定资产投资的结构上分析，各保税区为了完善保税区投资环境，进一步增强综合竞争力，各保税区仍把区内基础设施建设放在首位，不断完善区内环境，加大投资力度。全年各保税区用于对市政基础设施的投入达到 108.32 亿元，占全国各保税区固定资产投资额的 31.5%。

从各保税区完成的固定资产投资情况上分析，推进全国保税区固定资产投资额增加的主要因素在于，天津港保税区在引进一批加工贸易和商贸物流项目的支撑下，固定资产投资额猛增，全年完成投资额 150.54 亿元，比上年增长 38.6%，占全国各保税区固定资产投资额的 43.8%。此外，大连保税区继续提升固定资产的投资量，全年完成投资额达到 81.37 亿元，比上年增长 12.1%，其中用于区内市政基础设施的投资额高达 79.8 亿元，占该区固定资产投资额的 98.1%。此外，上海外高桥、张家港、宁波 3 家保税区全年完成固定资产投资额均超过 10 亿元，保税区固定资产投资额的稳步增长，为保税区经济的持续发展，增添了新的发展动力，也在一定程度上提升了保税区的综合竞争力。

八、经济发展与运行中存在的问题与建议

1. 全球金融危机已影响到保税区的经济发展。纵观全年各保税区的经济发展现状和运行态势，特别是随着金融危机引发的全球经济需求下降，对以外向型经济为主体的保税区经济发展带来了较大的影响，尤其对拓展保税区功能、推进保税区多元化发展、提高保税区的经济效应和对外辐射作用，产生了不利影响。保税区统计数据已显示，金融危机对各保税区经济增长影响程度在加剧，影响范围也在不断扩大。

从各保税区 12 月份的经济指标数据上看，无论是经济规模和完成的增加值，还是保税区的商品销售额、工业产值、物流业的营业收入都比上年同期出现不同程度的下降。其中，保税区的销售收入比上年同期下降 21.7%，工业产值、商品销售额以及物流业的营业收入则分别下降了 18.3%、14.3% 和 23.3%。在保税区经济规模下降的影响下，保税区 12 月份的进出口贸易也出现了较大幅度的下降，仅完成 93.82 亿美元，比上年同期下降 19.4%。其中出口下降 15.6%，进口下降 21.4%，保税区经济规模的下降和进出口额的减少，也给国家和地方的税收带来了压力。12 月份保税区实现的各类税收为 68.05 亿元，比上年同期下降 7.3%。因此，迫切希望海关及国家相关部门尽快出台有关推进保税区经济发展的政策与措施。

2. 金融危机引发企业发展资金短缺的现象逐步加剧。在金融危机的影响下，保税区投资企业发展资金短缺，将在一定程度上制约保税区经济规模的扩大。从保税区三大产业上看，投资企业普遍遇到资金不足的困境，受其影响最深的是保税区的外资贸易企业。此类企业进入中国市场往往凭借雄厚的资金，利用销后结算的方式打开中国市场，因此金融危机的出现，使得这些企业资金链出现断裂的现象，企业资金需求大，而银行放贷风险也加剧，这将直接影响货物贸易的发展，进而影响物流业和加工业的发展。因此，建议相关部门和各保税区管委会抓紧研究和制

定有关保税区投资企业的投融资问题，以帮助企业走出投融资困境，增强企业在保税区发展的信心。

3. 各保税区经济发展不平衡，有待进一步完善。从统计数据上分析，宁波以北的保税区经济发展速度明显快于其以南的保税区，而且存在产业功能多样化和单一化的差异。主要表现在宁波以北的保税区十分重视三大产业协调发展，尤其将货物贸易作为推动保税区经济发展的支撑点，以此来扩大保税区的经济规模，从而促使进出口贸易持续增长，以增加税收的产出。而宁波以南的保税区则以加工贸易为主，虽在货物贸易上有所作为，但与宁波以北的保税区相比，存在明显的差异，导致南北之间经济发展不平衡，这种不平衡性已在一定程度上制约了保税区的经济发展。建议南部保税区尽快推进货物贸易的发展，通过货物贸易来推动区域经济的发展，从而提升保税区对外辐射功能。

4. 周边区域经济发展不景气，影响保税区经济发展。受保税区周边地区加工制造业订单减少、生产不景气的影响，保税区内为其配套的投资企业的发展也受到一定程度上的影响，如上海外高桥保税区内的全球物流有限公司，不仅是保税区内最大的进口货物物流企业，也是上海市最大的进口货物企业，该公司主要为上海松江、漕河泾和江苏昆山出口加工区的生产企业承担原材料的配送业务，由于12月份松江和漕河泾出口加工区工业产值下降，使得该公司进口量急剧下降。类似的现象在深圳、宁波、张家港等大部分的保税区都有发生。

5. 产业功能不确定性，影响保税区的发展。从海关各类特殊监管区域的产业功能、运作方式、招商引资规模和投入产出为国家和地方经济的贡献度上看，保税区无疑是发展最好的海关特殊监管区域。但是随着海关关于保税区整合发展的有关要求的出台，相当多的保税区对未来的发展持观望的态度，认为从现行批准和运作的综合保税区还是保税港经济运行情况、投资环境、政策的支持力度上，都无法与保税区相比。如苏州综合保税区，如剔除出口加工区部分，全年实现的进出口贸易仅为989.8万美元，洋山保税港全年完成的进出口贸易也只有8.58亿美元。个别保税区为了适应海关关于保税区整合功能叠加的要求，结果造成投资企业减少，综合经济与经济规模下降的现象，使部分保税区下一步如何推进整合，加快经济发展缺少了动力，纷纷盼望国务院关于海关特殊监管区域整合发展的指导意见能够尽快出台，从而明确保税区未来的产业功能。

6. 加快推进保税区海关监管模式的改革。通过物理与信息围网的监管方式，来全力推动保税区货物贸易与服务贸易功能的拓展，是当前全国各保税区都十分关注的问题，也是提升保税区贸易能级，突破海关单一依靠物理围网实施货物监管的有效方法。目前上海外高桥保税区海关与管委会已联合组建研究小组，全力打造海关信息围网监管平台，该平台的建设必将对推动保税区经济发展产生积极的作用。请海关总署和两区协会给予积极的支持，以尽快建成和推广。

上海外高桥保税区
SHANGHAI WAIGAOQIAO FREE TRADE ZONE

【经济发展】 2008年，外高桥保税区面对国际金融危机带来的影响，积极应对，加大功能拓展和政策扶持的力度，切实解决企业经营过程中遇到的困难，支持企业产业功能整合、经营规模整合和营销网络体系整合，在巩固原有贸易、加工和物流三大产业的基础上，进一步推进国际贸易基地建设和现代服务业的发展，促使保税区综合经济在较大规模的基础上稳步提升。全年保税区共实现增加值953.17亿元，同比增长16.3%，增幅比全市高出6.6个百分点，占全市比重为6.96%。

国际贸易功能是保税区经济发展的核心功能。一年来，保税区积极推进“贸易聚焦外高桥”战略，加快国际贸易基地建设，努力营造与国际贸易相适应的便利化环境，搭建多元化专业服务贸易平台，促使进出口贸易继续保持稳定增长，推动保税区成为上海建设国际贸易中心的重要载体。

据上海海关统计，2008年保税区完成进出口贸易总额达到626.37亿美元，同比增长9.9%，占上海市进出口总额19.4%。其中进口额468.27亿美元，同比增长12.6%，增幅比出口额高10.1个百分点，占保税区进出口额74.8%，占上海市进口额30.7%，比上年提高0.7个百分点，全市进口额前10强企业中有4家是保税区企业。出口额158.10亿美元，同比增长2.5%，其中外资企业完成136.83亿美元，同比增长0.6%，占保税区出口额86.5%；占上海市出口额9.3%。

【贸易业】 2008年，保税区投资企业积极推进产业功能整合和经营模式创新，加大对国内外市场的开拓力度，增强企业核心竞争能力，扩大生产经营规模，推动保税区经济总量进一步提升。投资企业全年完成销售（经营）收入达到6 511.21亿元，同比增长12.6%；实现利税总额818.15亿元，同比增长12.5%。投资企业资产质量进一步提升，资产结构更趋合理，总资产达到3 290.35亿元，同比增长2.9%，其中流动资产2 664.41亿元，占总资产81.0%。投资企业共吸纳从业人员19.49万人，全员劳动生产率又有新突破，达到48.91万元/人，比上年增长12.4%。

国际贸易业作为保税区的主导产业，也是保税区经济发展的基石。2008年保税区实现商品销售额达到5 508.04亿元，同比增长12.4%。营运中心引领作用显著，截至2008年年底，经保税区管委会认定的跨国公司营运中心已达到94家（其中2008年新认定39家），这94家跨国公司营运中心企业全年共完成销售收入2 142.10亿元，占保税区投资企业销售收入的32.9%，同比增长17.7%，高出保税区企业平均发展水平5.3个百分点，其中贸易类营运中心销售额占保税区贸易企业商品销售额的33.0%。

【物流业】 随着保税区物流功能的不断拓展和物流配套设施的进一步完善，保税区已成为上海服务长三角、服务长江流域、服务全国、面向世界的一个重要物流节点。据统计，2008 年保税区从事物流业务的企业 1 071 家，拥有仓储面积 290.65 万平方米，同比增长 4.6%。全年保税区物流企业共完成营业（销售）收入 2 337.24 亿元，同比增长 12.7%；实现增加值 313 亿元，同比增长 18.6%，占保税区增加值 32.8%，比上年提高 0.6 个百分点。外高桥港区的口岸功能更加突出，特别是对长三角地区及长江流域外贸货物进出口服务的功能进一步增强，货物吞吐量在原来基础上继续稳步增长。2008 年外高桥港区停靠各类船舶 3.27 万艘次，合计完成货物吞吐量达到13 122.8万吨，同比增长 0.4%，占上海港的 22.5%；集装箱进出口吞吐量继续保持在1 500万标箱以上规模，达到1 538.7万标箱，但比上年略减 1.2%，占上海港的 54.9%，为推动上海国际航运中心建设和上海港继续保持全球第二大集装箱港口的地位作出了重要贡献。

【工业】 2008 年保税区出口加工业积极应对全球金融危机带来的影响，加快产业能级提升，支持企业开展科技创新，促使重点企业实现良好发展，促进先进制造业发展壮大，工业产值规模进一步扩大。截至 2008 年年底，保税区正式投产的出口加工企业 231 家，其中当年新增投产企业 9 家，筹建及试生产企业 5 家，工业厂房占地面积 179.6 万平方米，厂房建筑总面积 166.6 万平方米。全年保税区出口加工企业完成工业产值 555.63 亿元，同比增长 9.4%，工业产品销售率达到 99.9%，实现利润总额 30.55 亿元。

保税区税收的完成主要依赖于保税区的经济规模。保税区经济总量的持续增长和进出口贸易规模的不断扩大，为国家和地方带来了巨额的税收贡献，也为区域经济的可持续发展创造了条件。据统计，2008 年保税区共实现各种税收总额达到 517.98 亿元，同比增长 15.9%，其中税务部门税收达到 217.63 亿元，同比增长 23.1%，占浦东新区税务部门税收的 24.1%，比上年提高 0.2 个百分点；海关部门税收收入完成 300.35 亿元，同比增长 11.2%，净增税额 30.21 亿元，占保税区各种税收总额的 58.0%，占上海关区海关部门税收的 16.7%。

【投资环境】 2008 年保税区在国家宏观调控政策的引导下，进一步完善市政设施和商务配套环境，扎实推进重大工程项目建设，固定资产投入保持一定力度，但由于保税区土地开发基本完成，重点配套项目纷纷竣工收尾，实体性项目持续减少，导致投资额与上年相比出现一定回落，全年完成 18.52 亿元，比上年下降 14.6%。全年房屋施工面积 69.05 万平方米，其中新开工面积 9.14 万平方米；全年完成房屋竣工面积 15.02 万平方米，房屋竣工率为 21.8%。截至 2008 年年底，保税区已累计完成固定资产投资额 369.56 亿元，为保税区经济产出效益的提升奠定了扎实的基础。

【招商引资】 吸引外资是保税区转变经济发展方式、实现可持续发展的重要保证。2008 年保税区新批准投资项目 292 个，吸引投资总额 14.10 亿美元，已连续第六年保持在 13 亿美元以上的投资规模。2008 年保税区共有 332 个项目进行了追加投资，实现增资额连续第三年突破 10 亿美元，达到 13.15 亿美元，同比增长 24.9%，占保税区吸引投资总额的 93.2%。吸引外商投资额在增资项目的带动下虽然保持较大规模，达到 13.08 亿美元，但比上年减少 0.8%，占保税区投资额总额的 92.8%。保税区合同外资出现小幅回落，全年完成 7.40 亿美元，同比减少 5.1%，占外商投资额的 56.6%。实际利用外资仍继续保持较快增长，全年完成 5.74 亿美元，同比增长 43.9%，占全年合同外资额的 77.6%。

截至 2008 年年底，保税区累计批准投资企业项目已经突破 10 000 个，达到 10 242 个；吸引投资总额超过 160 亿美元，达到 160.63 亿美元。外资企业项目累计达到 7 851 个，占投资项目总数的 76.7%；吸引投资额达到 133.40 亿美元，占投资总额的 83.0%。截至 2008 年年底，保税区合同外资达到 74.06 亿美元，占外商投资额的 55.5%；实际利用外资已达到 50.31 亿美元，占合同外资额的 79.2%。

【保税物流园区】 上海外高桥保税物流园区作为我国首个实施“区港联动”试点的区域，经过 4 年多的开发建设，在形态开发、招商引资、生产营运等方面取得了显著的成绩。上海外高桥保税物流园区基础设施建设基本完成，建设道路总长度 9 公里，隔离围网总长 6 公里，拥有 14 万平方米集装箱转运区、1 万平方米海关通关商检大厅和办公用房、3 座卡口和查验场地等配套设施。目前，园区已建成一期单层仓库 10 万平方米，二期双层仓库 28 万平方米，其中出售仓库 24 万平方米，出租仓库 10 万平方米，自营仓库 4 万平方米。保税物流园区在“区港联动”框架下，优化区港之间的监管和运输模式，推进“海运直通式”功能覆盖上海全关区。通过加强与洋山港的联动发展，区港运输箱量增长 40%。园区继续加快国际采购配送、国际转口等四大功能的业务开拓，进一步完善进口分拨业务操作流程，努力拓展园区内的物流功能。2008 年保税物流园区共监管进出区货物 39.17 万票，同比增长 14.0%；货值达到 546.87 亿美元，同比增长 42.5%。截至 2008 年年底，保税物流园区已引进各类专业的国际物流、国际采购、国际配送企业 73 家，其中独立法人单位 31 家，分公司 42 家。31 家独立法人单位合计投资额 3.51 亿美元，其中合同外资 1.43 亿美元。2008 年保税物流园区企业完成营业收入 16.75 亿元，同比增长 5.4%；完成进出口贸易额 25.26 亿美元，同比增长 24.2%；缴纳税务部门税收 1 亿元，同比增长 61%。

外高桥物流园区二期位于五洲大道以北、港建路以西、集海路以南、华东路以东，规划面积 2.73 平方公里，于 2004 年被列为浦东新区重大工程项目。该项目主要分为 3 个功能区域：综合服务配套区、物流仓储区及现代化多式联运区，主要为外高桥港区四、五、六期提供保税与非保税物流业务配套服务。物流园区二期核心区域已完成前期开发，2008 年完成固定资产投资额 0.66 亿元，累计已完成固定资产投资额 6.39 亿元，占计划总投资额的 75.1%。目前，该区域规划建设 11 万平方米的非保税物流仓库及功能配套设施，首栋仓库已开工建设；4 号、5 号地块的招拍挂工作已经启动。

【机构设置】 上海市外高桥保税区管委会是上海市政府的派出机构，统一管理保税区的行政事务。管委会下设办公室、党群工作处、经济贸易处、计划财务处、规划建设处、社会管理处六大处室。

天津港保税区
TIANJINGANG FREE TRADE ZONE

【经济发展】 2008年，天津港保税区在市委市政府的领导下，在全市各部门、各单位的大力支持下，深入落实科学发展观，以建设服务中国北方的保税国际物流中心和具有航空产业特色的科技研发转化基地为目标，努力克服国际金融危机冲击的不利影响，整合区域优势，聚焦重点产业，区域经济运行质量显著提高，为推进滨海新区乃至天津的快速发展发挥了重要的作用。全年实现生产总值385.9亿元，同比增长30.1%。分产业看，实现第二产业增加值84.5亿元，增长31.6%；第三产业增加值301.4亿元，增长29.7%。第二产业增加值占地区生产总值的比重为21.9%，比上年上升0.9个百分点。实现关税及代征税203亿元，同比增长56%。财政收入增势强劲，完成财政收入83.2亿元，增长83.6%；区级财政收入25.5亿元，增长30.8%；工商税收79.2亿元，增长101.5%。完成工业总产值467亿元，同比增长39%。

【投资环境】 全年完成固定资产投资150.5亿元，同比增长42.3%，其中企业项目投资132.9亿元，增长47.1%。基础设施投资完成17.6亿元，增长14.3%。区域规划进一步完善，编制完成了空港加工区产业空间规划和城市设计规划，细化加工区内部交通组织规划，完成加工区排水规划、袁家河改线规划，以及海港保税区金融贸易区环境更新、空港高尔夫球场周边环境及建筑外檐改造和C区中心广场及生态湖环境建设的规划。项目建设进展顺利，全年建设项目129个，建筑面积549万平方米；新开工项目51个，柳工工程机械研发制造基地、汽车模具出口加工基地、航空产业园、环球磁卡、中国移动滨海运营大厦、铭朗国际广场、鞍钢总部、关节动力和天保白领公寓等项目开工；固定资产投资超过亿元的工业项目达到14个，空客A320总装线、天铁冷轧薄板、大无缝管加工出口基地、加拿大铝业、凯赫威精密制造、塑力电缆、久益二期、太平洋汽车零部件二期、坦姆菲尔特造纸机械等一批重大工业项目先后投产；投资超过亿元的商务配套服务项目6个，永利建机整备中心、普洛斯物流仓库等项目竣工，圣光五星级酒店、万顺五星级酒店、中远商务公寓、中兴北方基地等项目快速推进。基础设施建设进程加快，加工区一期南部雨污水泵站投入使用，高尔夫球场北侧道路全线贯通；完成加工区二期355公顷农用地征转手续；以迎“奥运”、迎“达沃斯”、迎空客投产为契机，区容环境进一步提升，完成绿化面积132万平方米，海港金融贸易区广场改造工程完工。

强化全员服务、专业服务体系，通过中介机构对企业服务工作满意度评估，进一步完善了企业服务监督反馈机制。不断完善行政许可服务中心功能，推进行政审批制度的改革与创新。实现了审批事项海港和空港同步办理，建立了《保税区行政审批名录》，全面开展投资项目联合审批。制订了《投资服务中心管理服务效能整体提升方案》，推进管理服务效能全面提升，提高了服务效率和依法行政水平。坚持服务第一，深入开展“为企业办实事，为群众解难题”活动，管委会领导分头开展走访活动，召开企业征求意见座谈会，征求意见、建议和需要解决的问题100多项，进行专题解决。海关、检验检疫、外汇等驻区单位密切配合，进一步提高服务意识，强化服务手段，为区域发展作出了应有的贡献。

【招商引资】 全年新注册内、外资企业1 348家，注册资本达到61.5亿美元，增长12.2%。投资涉及贸易、物流、加工、服务等多个领域。利用外资的规模和质量进一步提高，新批外资项目148家，合同外资额达到36亿美元，增长15.3%；实际利用外资15.2亿美元，增长31.4%。投资总额在1 000万美元以上企业58家，项目平均投资规模超过2 300万美元。项目以中国香港、日韩和中国台湾、欧美为主；美国摩根士丹利、花旗集团，英国汇丰银行，荷兰ING，丹麦马士基，德国汉莎，法国阿尔斯通、泰雷兹，日本大和建设，中铁股份及中交集团等11家世界500强企业来区投资。全年新批内资企业1 200家，增长28.9%；完成注册资本170.5亿元，增长43.3%。希杰家庭购物、兆讯传媒、滨海节能环保产业投资基金等大型服务业投资保税区。

【对外贸易】 全年完成进出口商品总额126.1亿美元，同比增长17.8%，占天津市的15.7%。完成进口商品总额87.3亿美元，增长20.5%，占天津市的22.8%。其中采用仓储转口货物方式完成进口61.4亿美元，占全区进口总额的70.3%；采用一般贸易方式完成进口25.2亿美元，占全区进口总额的28.9%。全年完成出口商品总额38.8亿美元，同比增长12.3%，占天津市的9.2%。其中采用仓储转口货物方式完成出口17.7亿美元，占全区出口总额的45.6%；采用一般贸易方式完成出口20.6亿美元，占全区出口总额的53.1%。

对外经济往来日益紧密。2008年，保税区在进口方面与111个国家和地区保持贸易联系。日本继续保持天津港保税区第一大进口国的地位，美国和韩国分列二、三位，分别实现进口额14.6亿美元、10亿美元、8.3亿美元，合计占保税区进口总额的37.7%；巴西和斯洛伐克成为拉动天津港保税区进口的新增长点，合计完成进口5.5亿美元。在出口方面与181个国家和地区保持贸易联系，美国、日本、韩国为天津港保税区商品出口的前三大国家，全年对美国和日本出口额大幅增长，分别达到3.6亿美元、3.3亿美元，分别增长37.9%、59.8%；对韩国出口额降幅较大，完成2.6亿美元，下降25.3%；安哥拉、尼日利亚、中国台湾成为拉动天津港保税区贸易出口的新增长点，合计完成出口4亿美元，占全区出口总额的10.3%。

进出口商品种类较为集中。进口商品主要集中于精制食用油、汽车及其零部件、集成电路等产品，全年进口额分别达到16.2亿美元、9.6亿美元、7.4亿美元，合计达到33.2亿美元，占全区进口额的38%；出口商品主要集中于钢铁类产品、无机化学品、食品饮料产品等，全年出口额分别达到13.7亿美元、2.2亿美元、1.5亿美元，合计完成出口17.4亿美元，占全区出口总额的45%。

【贸易业】 国际贸易规模继续扩大，全年贸易业实现商品销售额976.2亿元，同比增长37.7%。其中，金属产品销售额335.2亿元，增长51.5%；汽车类产品销售额222.8亿元，增长45.6%；电子产品销售额83.6亿元，增长11.1%；纺织品销售额40.4亿元，与上年持平。商品销售额超过亿元的贸易企业142家，较上年增加32家，实现销售额843.3亿元，占全区贸易业商品销售额的 86.4%，较上年提高 5.8 个百分点。

【物流业】 依托海空两港优势，加快服务功能拓展，发挥区港联动效应，加快推进辐射中国北方的保税国际物流中心建设和作为国际货物大进大出的绿色通道建设，现代物流和国际贸易呈现良好的发展态势。物流功能不断加强，全年完成进出区货物总值 417 亿美元，同比增长 26.1%。其中，海港保税区 222.7 亿美元，保税物流园区 85.8 亿美元，空港物流区 99 亿美元。进出区货物主要为电子产品、动植物油、金属制品和机械设备等。全年物流业实现营业收入 430 亿元，增长 18.2%。其中，远洋运输业受国际海运市场不景气影响，实现 312.8 亿元，增长 16.7%；港口业实现 29.6 亿元，增长 24.5%；货代与仓储业实现 71.9 亿元，增长 33.7%。营业收入超过亿元的物流企业 35 家，较上年增加 9 家，实现营业收入 387.1 亿元，较上年增长 16.1%。

【工业】 保税区全年完成工业总产值 467.1 亿元，增长 39.4%。分行业看，现代冶金业完成 173.9 亿元，增长 27.2%；食品饮料业完成 120.3 亿元，增长 53.7%；装备制造业完成 54.6 亿元，增长 63.4%；医药化工业完成 31.6 亿元，下降 1.4%；电气电子业完成 31.5 亿元，增长 68.2%；纺织服装业完成 19.9 亿元，增长 33.5%。六大行业合计完成 431.7 亿元，占全区工业总产值的 92.4%。分企业类型看，外商及港澳台投资企业完成 291.8 亿元，增长 41.7%；内资完成 175.3 亿元，增长 35.4%。分区域看，空港加工区完成 124.6 亿元，增长 71.5%；海港保税区完成 342.5 亿元，增长 30.3%。

高新技术产业快速发展。高新技术产业全年完成工业产值 111.3 亿元，同比增长 37%，占全区工业总产值的比重达到 24.3%，比上年提高 3.8 个百分点。

骨干企业日益壮大。2008 年，全区规模以上工业企业达到 145 家，较上年增加 33 家。其中，产值达到亿元以上企业 56 家，较上年增加 17 家；合计实现产值 426.3 亿元，占全区工业总产值的 91.3%。产值超过 10 亿元企业 11 家，合计实现产值 295.8 亿元，占全区工业总产值的 63.3%。以天铁冷轧薄板、天管元通管材制品、塑力电缆、世联精密、久益环球为代表的新增企业发展势头良好，实现产值 32.6 亿元，占新增产值的 25%，成为工业发展的重要动力。

【保税物流园区】 为进一步提升服务功能，2004 年 8 月国家批准在保税区内设立保税物流园区，开展国际中转、国际采购和国际配送。瑞士名门、日本川崎汽船、香港东方海外、香港捷成洋行、澳门振华等世界知名物流公司纷纷进驻。进一步拓展了国际采购、分拨和过境贸易业务，天保名门在物流园区开展了面向中亚的阿迪达斯用品的国际采购、分拨和过境贸易业务。2008 年园区完成进出区货值 85.8 亿美元，服务辐射北京、内蒙、新疆、浙江、江苏、广东等 20 多个省、区、市。

【综合保税区】 2008 年 3 月 10 日，国务院正式批复设立天津滨海新区综合保税区。综合保税区规划面积 195.63 公顷，是继苏州工业园综合保税区后，国家批准设立的第二个综合保税区。2008 年 10 月 30 日，综合保税区一期通过国务院联合验收小组组织的验收，具备封关运行条件。综合保税区与保税港区享受同样的政策，将保税区、保税物流园区和出口加工区功能集于一身，集聚并优化整合了国内不同海关特殊监管区域的政策优势，如国内货物入区退税，国外货物入区保税，区内货物自由流动等，是目前中国内陆开放层次最高、优惠政策最多、功能最齐全的海关特殊监管区域。综合保税区实现了当年批复、当年建设、当年验收的高效运作，直接保障了空客 A320 系列飞机天津总装项目顺利实施。空客项目于 2008 年 8 月 18 日正式投产，温家宝总理亲自出席投产仪式，2008 年年底已经达到 4 架飞机同时组装的工作状态。

【功能开发】 进一步加大市场建设的力度，市场规模稳步扩大。天津考尔煤炭交易市场正式投入运营，截至 2008 年年底，共注册市场 11 家，运营 8 家，市场会员企业 866 家，比上年年底增加 406 家，全年市场销售额 150 亿人民币。棉花检测中心设施进一步完善。棉花市场在张家港、大连、广州设立了 3 家分市场，北方糖市场在南京、南宁建立了 2 个储存仓库，稀有金属市场在山西、上海、重庆等地建立了 4 家分市场和 30 多家服务机构。物流园区实现进口集装箱货物直提分拨的功能及功能的延伸。空港国际物流区招商引资势头良好，引进德国汉莎航空、新加坡丰树等 8 家知名物流企业入区经营。

【发展趋势】 2009 年，保税区以建设科技新区、生态新区、人文新区，争做科学发展排头兵为目标，把招商引资作为核心战略，把规划建设作为重要支撑，把服务企业作为发展根基，把环境提升作为全区责任，集中建设“两区四园”。同心协力，应对挑战，保增长、渡难关、上水平，努力实现平稳较快发展，为滨海新区开发开放和全市科学发展、和谐发展、率先发展作出新贡献。2009 年预期目标：地区生产总值 502 亿元，同比增长 30%；财政收入 72.7 亿元，增长 20%；合同外资 43.2 亿美元，增长 20%；实际利用外资 18.2 亿美元，增长 20%；工业总产值 700 亿元，增长 50%；进出口总额 155 亿美元，增长 22%，其中出口 43 亿美元，增长 20%；进出区货物总值 521 亿美元，增长 25%；固定资产投资 210 亿元，增长 40%；万元 GDP 综合能耗下降 5%。

【机构设置与管委会领导】 天津港保税区管委会设立的部门包括管委会办公室、综合经济局、科技发展局、劳动人事局、财政局、市工商行政管理局天津港保税区分局、经济发展局、贸易发展局、物流发展局、投资促进局、企业服务局、社会发展局、规划建设管理局、加工区建设办公室、审计局、中国共产党天津港保税区机关委员会、中国共产党天津港保税区企业委员会、航空城办公室、空港国际物流区管理局、保税区驻北京联络处、保税区驻上海联络处，以及保税区管委会驻美国代表处、驻欧洲代表处、驻香港代表处，机关服务中心、航空产业支持中心。

天津滨海新区工委副书记、保税区管委会主任冯志江，保税区管委会副主任王富强、张令威、周利、尉永久、曲华林，副局级巡视员王黎明。

【招商部门】 经济发展局，联系人：杨钊，电话：13820268601；贸易发展局，联系人：李延明，电话：13920136168；物流发展局，联系人：李智，电话：13820291008；投资促进局，联系人：寇晓霜，电话：13820926000。

深圳保税区
SHENZHEN FREE TRADE ZONE

【概况】 深圳保税区所辖园区总面积3.79平方公里，其中围网内运作区面积3.36平方公里，配套生活区0.43平方公里。

沙头角保税区。1991年5月28日经国务院批准设立，是创办时间最早、土地面积最小的保税区。其位于深圳经济特区东部的盐田中心区，背靠梧桐山，面临大鹏湾。围网内面积0.2平方公里，配套生活用地0.1平方公里。

福田保税区。1991年5月28日经国务院批准设立，总面积1.68平方公里，其中围网内面积1.35平方公里，配套生活区0.33平方公里。福田保税区地理位置优越，北靠福田中心区，南部与香港为界、临深圳河。建有日通车能力4 000辆次的一号专用通道，经落马洲大桥与香港直接连通。

盐田港保税区。1996年9月经国务院批准设立，总面积0.85平方公里，位于盐田港中部，以盐田港大道为界分南北两片，其中南片区0.17平方公里，北片区0.68平方公里，南北片区靠全封闭高架专用通道连接。

盐田港保税物流园区。在原盐田港保税区土地上置换建成，2005年12月30日正式通过国家联合验收小组的验收，面积0.96平方公里。

【经济发展】 2008年，面对国际金融危机等多种不利因素的影响，保税区管理局按照市委、市政府的总体部署，以科学发展观统领全局，进一步解放思想，不断增强发展动力，积极应对不断变化的国际国内形势，努力克服不利因素，通过全区上下的共同努力，保税区经济社会各项事业得到进一步发展。全年实现工业总产值862.6亿元；实现进出口总额469.48亿美元；实际利用外资1.12亿美元，同比增长5.41%；税收总额52.9亿元，同比增长9.69%。实现工业全员劳动生产率26.79万元/人，万元工业增加值电耗334.53千瓦时，万元工业增加值水耗4.76立方米，单位工业用地增加值58.14亿元/平方公里，各项效益指标都超过全市平均水平。全年新批准设立企业98家，共有37家世界500强企业在区内投资设立了44家企业。

福田保税区2008年完成工业总产值654.1亿元；实现工业增加值111.9亿元；完成进出口总额411.4亿美元；实现税收44.79亿元；实际利用外资0.839亿美元。

沙头角保税区实现工业增加值30.94亿元，实现工业总产值208.5亿元，实现进出口总额44.63亿元，实现税收3.89亿元。

盐田港保税物流园区实现进出口总额13.43亿元，同比增长40.27%；实现税收4.21亿元，同比增长379.34%。

【重点工作】 一是圆满完成前海湾保税港区的申报工作。该项工作从2006年4月正式启动，历经两年多的不懈努力，国务院于2008年10月18日正式批复同意设立深圳前海湾保税港区。前海湾保税港区的设立，是深圳市委、市政府进一步解放思想、落实科学发展观和锐意改革创新取得的又一新的成果，将为全市加快推进经济增长方式转变，实现经济平稳较快发展注入新的活力。

二是成功实现福田保税区行驶标志24小时通关。为把区外优惠政策延伸为区内所用，进一步拓展保税区特殊政策空间，提出了福田保税区行驶标志24小时通关的改革创新方案。经过多方沟通协调，广东省口岸办正式批复同意，自2008年10月8日起，持福田保税区行驶标志、行驶福田保税区一号通道的香港小汽车在零时至凌晨6时30分可从皇岗口岸出入境，实现了福田保税区行驶标志24小时全天候往返深港两地。

【专项工作】 一是积极推进申报建设盐田综合保税区工作。2008年8月，编制完成并向市政府上报了建设盐田综合保税区的可行性研究报告和建设方案。11月13日，盐田综合保税区申报方案获市政府常务会议通过，并正式出文报请省政府，申报工作进入了实质性阶段。

二是继续推进空港保税物流园区申报工作。努力争取国家有关部委及国务院航空港保税业务调研组的支持；积极协调市规划、国土部门，及时调整园区有关用地功能布局；协同宝安区政府共同推进空港保税物流园区的申报工作。

三是稳步推进保税区转型发展试点工作。根据海关总署有关转型发展试点工作的要求，编制完成了《深圳保税区转型发展试点实施方案》的工作，并着手开展设计监管设施改造方案等前期配套工作。

四是积极开展循环经济工作。编制完成了福田保税区创建生态工业示范园区相关规划及环境评估报告，大力开展ISO140001国际环境体系认证，推动区内企业节能减排。上半年，以优良成绩通过了全市环保工作实绩考核，赛意法和日立环球2家企业节水项目获得全市示范项目称号。

【投资环境】 福田保税区联检场单体建筑顺利完工，目前正在安装通关查验设备；福田保税区道路及环境改造工程已获市发改局批复，现已开始工程设计的招标工作；长平商务大厦非经营性物业正式移交保税区，有效缓解区内企业办工场所紧缺的情况；福田保税区112号生活配套用地建设经济适用房计划稳步推进；保税区信息平台二期建设已完成方案设计和可行性论证工作；沙头角保税区人行天桥竣工投入使用；福田保税区三号门通道实现了三进三出；恢复开通沙头角保税区中大门，实现园区人车有效分流；妥善解决了盐田港保税物流园区遗留问题，与盐田港集团公司正式签订了总投资额达4.9亿元的园区委托建设管理合同，盐田港现代物流中心、新兴综合物流园相继开工建设。

【园区管理和服务】 一是加大调研力度，与企业共渡难关。为积极应对国际金融危机的影响，按照深圳市政府提出的“要一项一项突破，要一个一个回应、一件一件督办，帮助企业解决一批实际问题”的精神，有针对性地开展企业调研和服务工作。抓住重点，主动协调。福保长城国际公司自2007年10月起由原来的“进料加工”转变为“来料加工”模式，工业产值大幅下降，对保税区乃至全市的经济影响较大。为此，局领导先后12次与该公司高层沟通，明确要求恢复初衷，并及时向市政府、市贸工局和区有关部门反映，提出了对策和建议，与此同时，对3个保税区类似的大企业进行排查，及时做好相关工作，没有发生新的改变加工贸易方式的企业。抓住关键，逐项突破。为深入了解企业需求，在全市开展的工业贸易百人服务小组调研期间，局领导率有关部门负责人共实地走访企业18家，召开了有12家企业、6个驻区联检单位参加的9个座谈会，针对区内捷迪迅、嘉里物流、联想国际、日立环球等企业提出的乘车难、住宿难、通关难等共性问题，逐项突破、逐件督办，所有问题均得到积极回应。形式多样，联动各方。通过召开片区经济工作会议、“直通车”活动、企业现场办公会等多种形式，面对面沟通，为企业排忧解难。与盐田区政府一道积极开展沙头角保税区传统产业转型调研，与福田区政府建立联席会议制度，切实解决福田保税区发展中的问题。

二是加强区域管理，确保一方平安。认真吸取南山“2.27”和龙岗“9.20”火灾事故教训，实施由分管局领导挂帅的片区联合工作小组制，有效统筹各种行政资源，切实将安全生产和城市管理工作抓紧、抓实、抓好。全年共开展日常安全巡查1 445次，整改大族激光大厦改变建筑使用功能等各类重大安全隐患27宗，拆除违章搭建建筑1 300多平方米，查封证照不齐小店30家；查处各类城管违法违规案件1 214宗，处罚结案率和执行率达100%；创新安全生产监管工作新模式，率先在沙头角保税区内实施安全生产工作由中介机构托管管理。

三是理顺劳资关系，保障社会和谐。进一步强化劳动监察网格化管理、用人单位分类监控制度，继续做好《劳动合同法》的宣传贯彻工作，同时通过日常监察、走访座谈、接受咨询等方法，加强与企业及员工的沟通，及时掌握企业劳资关系动态，化解劳资矛盾，妥善处理劳资纠纷。全区劳动合同签订率达97%，全年主动监察用人单位266家，妥善处理劳动投诉信访案件136宗。在市委市政府的正确领导下，积极协调有关单位和部门，引导员工走合法维权道路，处理了美福瓦通公司等7宗群体性重大劳资纠纷，保障了员工合法权益，维护了社会稳定。

四是加强应急管理，及时应对突发事件。为适应维护稳定工作需要，重新修订了值班制度和处置突发公共事件的应急预案。在去年春节我国南方遭遇冰雪灾害期间，反应迅速，及时制订从机关到中心到企业的三级应急预案，多方联动，千方百计做好物资保障，全力以赴安排好4万多名留深过年劳务工的业余文化生活。积极响应上级政府的号召，在四川汶川“5.12”大地震后立即组织全区党员干部及驻区企业员工投身地震灾区的救助和重建工作。

【党的建设和精神文明建设】 一是深入开展学习实践科学发展观活动。严格按照上级统一部署，紧密联系保税区实际，精心策划组织开展学习实践科学发展观活动，通过不断创新载体，创新形式，做到领导重视到位、部署到位、学习认识到位、宣传到位等“四个到位”，做好将深入调研与集中解决干部群众、驻区企业和员工最为关心的热点难点问题紧密结合，将“五个一天”活动与业务培训紧密结合，将“算一次账、问一次计”与经济形势分析会紧密结合，将“听一次意见、看一次点、办一次事”与干部思想作风整顿紧密结合等“四个结合”，有步骤、有计划地完成了“五个一天”活动和“五个一次”等规定内容。在第二阶段的学习中，通过广泛征求意见，开展“三对照、三查找”，在找准推动科学发展观方面存在的突出问题的基础上，认真撰写领导班子分析检查报告，召开专题民主生活会和组织生活会，广大党员群众给予了较高的评价，并得到了市委指导检查组的肯定。

二是大力加强基层党组织建设。认真抓好处级以上领导干部党的十七大精神的轮训工作，通过组织开展讨论、撰写学习心得、开展专题讲座等方式，使党的十七大精神深入人心。以“四查四整顿”等活动为抓手，组织干部职工认真对照“三个为什么”，以“四增强”为目标，大力开展干部思想作风建设活动，进一步增强了保税区干部队伍的凝聚力和战斗力。继续深化“双服务”实践活动，做好“两新”组织党员的培养、教育和服务工作。通过举办研讨会和征文比赛，进一步总结保税区非公企业党建工作的经验，探讨新形势下党建工作的新路子。

三是充分发挥工、青、妇组织在构建和谐保税区中的积极作用。进一步理顺工会管理关系，在3个保税区设立工会工作委员会；大力推进工会建设工作，全年共组建非公有制企业工会75家；组织非公有制企业开展“双爱双评”活动120家，指导56家基层工会签订集体合同；创新非公有制企业工会活动内容，扎实开展“十个一”活动。积极开展庆祝改革开放30周年系列活动，举办保税区改革开放30周年摄影图片展，举办职工青年运动会等活动，推进“青年文明号”创建工作。一年来，保税区系统先进辈出，先后共有12名个人、6家基层工会荣获国家及省市荣誉称号，区总工会叶常富主席光荣出席了中华全国总工会第十五次代表大会；局城管执法队连获深圳市“五四红旗团支部”和市直机关十佳青年文明号等荣誉称号。

【管委会领导】 肖苑生（党委书记、局长），朱云生（党委委员、副局长），徐彩武（党委副书记、纪委书记），何朋先（党委委员、副局长），谢建民（党委委员、副局长），叶常富（党委委员、副巡视员、总工会主席）。

广州保税区
GUANGZHOU FREE TRADE ZONE

【经济发展】 2008年，广州保税区紧紧围绕“政策投入、功能投入、闲置资源投入、服务投入”这一主线，以推进“区港联动”保税物流园区的建设为工作中心，进一步加强协调服务、功能开发、项目引进和解决历史遗留问题的力度，积极应对国际金融危机对外向型经济的冲击，确保了稳定的经济局面，较好地完成了各项重点工作。

全年，广州保税区共引进项目38个，其中外资项目12个，内资项目26个；完成工业总产值91.2亿元，同比下降27.44%；实现合同利用外资9 672万美元，同比增长11.35%，实际利用外资6 669万美元，同比增长0.36%；实现进出区货物总值45.48亿美元，同比下降1.25%，进出口货物总值31.85亿美元，同比下降11.15 %，其中出口总值12.68亿美元，进口总值19.17亿美元；实现税收12.56亿元，同比增长15.1%。

【投资环境】 广州保税区基础设施完善，拥有便利的区位优势、优惠的政策优势和高效的体制优势，建立了通达世界的海、陆、空立体直转通关物流系统，覆盖面广、业务形态丰富，是优质的外向型经济基地，尤其适合发展现代物流、国际商贸、保税加工、保税展销。2008年12月26日，位于广州保税区内的保税物流园区开始试运作，进一步提升了区域优惠政策的丰富性和完整性。

2008年，结合保税物流园区的建设和运作，适时引导有意在保税区投资和置业的企业收购区内停建工程和闲置楼宇，同时回收和盘活了近45 000平方米土地。上述资源的盘活，为保税区的发展注入了新的活力。

急企业之所急，不断提高服务水平和协调力度，帮助企业顺利运作。一方面为保证保税区筹建企业顺利投产，经常到现场了解企业筹建进度与困难，并迅速研究协调解决。另一方面根据区内企业运作需求，加强与海关、商检、工商、税务等部门的沟通和协调，通过不定期召开企业座谈会、政策说明会、业务答疑会及上门拜访等形式，就企业遇到的政策及操作问题进行现场答疑，重大事项及时与主管部门协商解决。

第四季度，为应对金融危机，帮助企业化危为机，邀请了外汇局、海关、检验检疫部门等单位深入调研区内企业的实际困难，想方设法，以送政策上门等形式，切实帮助企业渡过难关。

【招商引资】 2008年，广州保税区紧紧围绕着“以引进贸易物流仓储为主，工业项目为辅”的招商方向，积极主动地做好各项招商工作。

正式开展保税物流园区的招商工作。一是积极举办和参加各类服务业招商会，赴香港对保税物流园区进行全面推介；二是通过保税区现有物流公司推介保税物流园区政策，以商引商；三是制定保税区、出口加工区、保税物流园区三区合一的宣传资料，筹备2009年的专题招商活动。

以功能扩展开拓招商新领域。保税区虽经过15年的建设和发展，但国家赋予的一些政策功能仍有待开发。今年，在推进加工、贸易、仓储等功能发展的同时，加大了对展示功能、检测功能、维修功能的开发力度。扶持国际食品城展示项目继续做强做大，同时，引进了酒博会、国际酒类交易中心、日本山崎马扎克精密机床这三个展示项目，以及为华为服务的艾恩科技检测维修项目。

注重二次引资，引导优质企业把“蛋糕”做大。由于保税区土地存量十分有限，2008年加大对现有企业的服务和协调力度，引导优质企业扩大经营规模，取得较好成效，全年共有20多家外商投资企业增资，累计增加注册资本1 676.38万美元。

招商引资取得较好成绩。全年引进新项目共38个，其中包括大田物流、中外运供应链管理有限公司、蒂森克虏伯（广州）镍金属贸易有限公司、德国费森尤斯卡比（广州）医疗用品有限公司、中原（广州）财务咨询有限公司、山崎马扎克机床（广州）有限公司等大企业。此外，一批项目正在洽谈之中。

【对外贸易】 2008年，受国际金融危机影响，广州保税区完成进出口货物总值31.85亿美元，同比下降11.15%，其中出口总值12.68亿美元，进口总值19.17亿美元，同比分别下降15.56%、7.97%。

【物流业】 2008年，广州保税区继续围绕“集中力量发展具有广州东部新城区特色的物流产业，增加为开发区和全市生产型企业配套服务能力”这一中心任务，通过保税物流园区的建设和运作，推动物流产业优化升级，构筑辐射珠三角乃至华南地区的物流平台。

【工业】 电子设备制造业为保税区的支柱行业，其他生产加工门类较广，主要有食用油精炼、医用材料、钢材模具、重型机械设备制造、日用品、包装材料生产等。2008年，保税区IT产业受欧美市场大幅萎缩的影响较大，总体生产规模有所减少。全区实现工业总产值91.2亿元，同比下降27.44%。

【保税物流园区】 2007年12月3日国务院批准在广州保税区规划面积范围内设立广州保税物流园区，与黄浦新港实行区港联动，规划面积0.507平方公里。2008年9月24日通过国家八部委的联合验收，成为广州开发区第五个国家级经济功能区。

2008年12月26日，保税物流园区开始试运作，物流业务呈现快速增长的态势。截至2009年3月8日，已有27家物流企业进驻，注册资本共计6 042万元，办理货物300票报关单，总货值1.2亿美元，总货运量3 000多吨。

保税物流园区大力开展保税仓储和国际分拨配送业务，满足了加工制造企业对保税物流业务发展的需求，有效降低了企业物流成本，提高了资金、货物周转效率，企业市场竞争力明显得到提升，从而吸引了周边地区企业纷至沓来，利用园区的特殊功能和优惠政策为自身减负。园区对周边地区乃至整个珠三角地区强有力的辐射力无疑将带动与之关联的保税区和出口加工区的发展。

【发展趋势】 广州保税区立足历史和现状，妥善进行业务梳理，进一步拓展功能，按照海关总署关于整合特殊监管区域的精神，准备研究保税区、出口加工区和保税物流园区的整合升级。同时以保税物流园区的运作为发展契机，整合现有资源，继续推进保税物流体系建设，大力发展现代物流。

【机构设置与管委会领导】 广州保税区的地方管理机构是广州保税区管委会。2002年6月，广州保税区管委会与广州经济技术开发区、广州高新技术开发区、广州出口加工区管委会合署办公，构成强大的“四区合一”行政管理体系。2003年全区通过ISO9001和ISO14000双认证，拥有中国对外开放最完整、最系统、最丰富的优惠政策体系，可供外商选择的投资领域最宽、政策空间最大。

2005 年 6 月，广州市委、市政府为加快“东进”战略的实施，在原四区合一经济区域的基础上，成立了广州市萝岗区，面积为 396 平方公里。

广州保税区管委会为广州市政府的派出机构，享受市一级的审批权限，机构精简，办事高效。管委会下设办公室、计划和科技局、规划国土建设局、保税业务管理局、经济发展局、财政局等机构。

薛晓峰同志担任广州出口加工区管委会主任，石奇珠、朱秉衡、郑锡雄、李红卫、陈小华同志任副主任。萝岗区副区长陈杰同志具体分管保税区业务。

【招商部门】 广州开发区保税业务管理局是广州保税区的经济业务主管部门，诚挚欢迎广大客商进行咨询、交流及前来投资和开展业务。管理局必然践行“一切为了投资者，一切为了企业，用最好的服务，最佳的环境，让投资者获得最大的回报”的管理理念。广州开发区保税业务管理局联系电话：020 - 82112052、82112058；传真：020 - 82112070；联系人：李定国、何莹。

厦门象屿保税区
XIAMEN XIANGYU FREE TRADE ZONE

【经济发展】2008 年，全区经济克服了全球金融危机的影响，保持平稳健康的发展势头。全年完成 GDP 29 亿元，同比增长 24.1%；进出口总额 30.5 亿美元，与上年持平；物流营收 39 亿元，同比增长 23.5%；财政总收入 3.04 亿元，同比增长 16.1%；工业产值 11.6 亿元，同比增长 7.4%；港口集装箱吞吐 247 万 TEU；完成固定资产投资 7 亿元。保税物流园区“一线”进出口 3.19 亿美元，同比增长 158.0%；“二线”进出口总额 62.43 亿美元，同比增长 61.2%。以上经济指标均创历史最好水平。

【投资环境】把握重点，“三区整合”进展顺利。完成了东渡港区三大闸口和 20 多条通道、查验平台、海关和商检监管用房、港中路等项目的改造和完善，相关监管和查验设备、网络安装调试完毕，园区信息系统总体框架和主要功能模块已开发完毕，联合调试取得成功。2008 年 10 月 7 日起，东渡港区三大海关卡口启动试运行，保税区、保税物流园区、东渡港区形成一个封闭的海关监管区域，区外货物进入港区实行“提前报关、实货放行”，三区之间货物实行“一次申报、一次查验、一次放行”，大大缩减通关作业流程，节省通关时间，降低物流成本。截至 2008 年年底，共监管 20.8 万车次、30.3 万 TEU，园区、闸口、码头等企业业务运作更加顺畅，口岸集约化程度和整体运行效率大大提高，企业反映良好。港与区之间实现了真正意义上的无缝对接和区港联动，为下一步申请设立保税港区奠定了坚实的基础。2008 年 11 月，海关总署孙松璞副署长率加贸司、监管司领导来厦门检查了“三区整合”和“区港联动”工作，孙副署长对“三区整合”及相应工作给予了充分肯定和高度评价。根据海关总署关于对海关特殊监管区域进行“功能整合，政策叠加”和促进保税区转型发展的工作部署，共同确定了保税区内需搬迁的纯非保税业务的企业名单，制定了保税区非保税业务外迁转型方案并迅速付诸实施。保税区内的非保税集装箱堆场和仓库已全部搬迁、置换至保税区二期。

【招商引资】创新思路，全力做好招商引资工作。一是创新招商思路。今年全区在努力做到“请进来”的同时，积极实施“走出去”战略，主动拓展、延伸服务功能和领域，突出政策功能推介，编写了《厦门现代物流园区投资服务手册》，支持企业拓展业务。由管委会牵头带领区内骨干物流企业先后赴泉州开发区、龙岩、南昌、新余及在厦门本地举行多场服务说明会，组织区内物流企业与当地相关大型企业开展业务对接，取得良好效果。二是强化功能招商，发挥特殊的保税政策优势。引进金门酒厂、耀创、格兰阁等多家企业在区内开展进口酒类分拨业务，并积极做好该特色业务宣传推广，使全区在短时间内形成了初具规模的酒类批发交易市场，开创了从生产资料仓储分拨到生活资料仓储分拨的先河。三是积极做好现代物流园区内各功能片区的招商引资工作。全区新增注册企业181家，引资额4亿元。

【园区建设】园区各建设项目稳步推进。保税区二期各项目全面投入运作。市政基础设施方面，二期K1、K2开闭所已建成投入使用；渔港中路、渔港北路、横二路北段拓宽建设已完成投入使用；连接一、二期的港中路北段已完成路基施工，预计2009年上半年可建成，主干道路灯已完成安装并投入使用；二期综合管理楼建设已基本完成。由企业自行投资建设的经营性项目建设进展顺利：国贸21号码头已竣工验收并投入使用；现代码头项目水工主体已竣工，后方陆域回填及软基处理工程已全部完成，光板码头形成；象屿物流配送中心二期主体全部封顶；港务5 000吨级杂货码头水工主体已竣工，后方堆场工程基本完成；闽台中心渔港农水产品交易中心2008年9月10日落成，同时启用台轮停泊点，台湾的鲜活农、水产品直接通过厦门进入大陆市场的绿色通道已经打开。航空工业与物流园区建设稳步推进，2008年园区累计完成投资8 677.74万元，完成年度预算9 987.57万元的86.89%。厦门国际物流中心项目建设进展顺利，该项目主体工程于2008年3月份动工，6月份完成地下结构施工，11月27日主体工程顺利封顶。

【区港联动】创新模式，“区港联动”亮点更亮。对作为“海西”建设新“亮点”的“区港联动”试点工程项目，采取多项措施全方位推动保税物流园区运作。一是在厦门海关的支持下，在全国保税物流园区中首创“仓单分拨”模式，凭仓单提货入区，解决区港“联”而不“动”的问题。二是通过“空运联程”与“二级货站”的方式，实现了保税物流园区、保税区货物与航空港的无缝对接。同时还探索海陆空铁的“多式联动”不断延伸到园区集散腹地，园区辐射及带动作用进一步显现。三是大力支持内支线中转业务，拓展拼箱业务。四是推行“一线检验、二线分批核放”检验检疫模式，支持拓展国际物流配送业务。继签发新西兰自由贸易区原产地证书之后，又以两岸直航为契机，出台两岸直航货物和人员出入境检验检疫办法和多条优惠措施，积极推进对台贸易产地证签发服务。目前厦门口岸向台湾出口的有关企业可根据需要向所在辖区的产地证签证部门申请签证。五是保税物流园区“一日游”业务保持强劲增长，“二线”进出口总额62.43亿美元，同比增长61.2%；“一线”进出口突破3亿美元，达到3.19亿美元，取得运作以来的最好水平。保税区内“出口拼箱”业务增幅较大，弥补了进口的相对不足。城际物流配送业务迅速发展，成为非保税物流新的增长点。

【完善财政管理体制】挖掘税源，财政管理体制进一步完善。一是针对片区内存在尚未纳入区内工商、税务管理的企业的现状，对空港物流园区、保税市场大厦、保税区二期等片区的企业进行了梳理，通过入户调查、核实，将应收未收的企业税收积极组织回保税区金库。二是对新入驻企业在办理相关注册登记手续时，分发办理税务登记手续引导指南，与区工商局建立信息共享平台。将新入区并办理工商注册的企业相关信息发到区国税、地税及管委会相关部门的电子邮箱，及时跟踪新企业的税务登记办理情况，从源头把住税源。2008年财税总收入突破3亿元，达3.04亿元，同比增长16.1%。

【与企业携手共渡难关】从2008年10月开始，随着全球金融危机的影响越来越严重，采取了一系列应对措施。一是认真贯彻落实市委市政府关于“应对金融危机保持经济平稳较快增长”的工作部署，及时传达、通报中央及省市采取的应对政策和举措，听取企业对政府工作的意见和建议，密切关注市场变化，综合研究判断局势，增强企业应对危机的信心。二是通过走访、座谈等形式调研了区内40多家物流、贸易、加工、建安类骨干企业，了解其受金融危机的影响状况，有针对性地积极帮助企业排忧解难。加强与驻区海关、国检协调，采取有效措施加快通关速度，提高办事效率，确保企业在当前汇率、价格波动较大的情况下能快速通关、通检，降低物流成本，如协调解决新商品在区内的通关、通检问题，确保全球物流进口棉花分拨业务、金远东进口锆英砂分拨业务、耀创进口葡萄酒分拨业务等全面顺利开展。三是做好园区的宣传推介工作。联合相关部门，举办多场政策宣讲会和保税物流园区服务说明会，将园区的特点、政策法规、功能、业务模式和操作流程指南等汇编成册，及时分发至相关企业。与新闻单位保持经常性的联系，并通过各级报刊、电视台、广播等各类媒体全面宣传园区政策功能，及时报道园区的招商成果、运作进展和业务形态，进一步扩大园区的知名度和影响力，为园区顺利运作营造良好氛围。

【台中港对接合作】瞄准契机，与台中港对接合作初步开展。为落实厦门市委提出的“积极研究和准备厦门象屿保税区、保税物流园区、海沧保税港区与台中自由贸易港区业务对接”的工作要求，保税区抓住两岸直接往来及厦门与台中基层党际交流的契机，2008年10月份牵头召集相关主管部门及企业，着手与台中对接的方案调研和制订等工作，在政策法规、监管措施及具体的对接形态、合作方式、软硬件建设等方面进行深入的调查研究，为下一步组团赴台中市、台中自由贸易港区对接做好准备。

【发展趋势】继续推进“三区整合”工作，促进保税区转型升级。按照海关总署提出的“整合发展”模式，在东渡港区三大闸口启用的基础上，着眼保税港区的目标，立足完善“区港联动”，加快推动象屿保税区、保税物流园区和东渡港区的整合并叠加相关政策功能，形成“三区”全面融合，集约保税加工、保税物流和口岸监管资源与通关作业等功能的海关特殊监管区域，提高口岸通关效率，实现“区港合一”、区港共同发展，促进厦门市保税物流业持续、快速、健康发展，为提升海西物流业发展注入新的活力。

拓展业务模式，全力推进现代物流园区的运作。理顺三区之间的关系，简化通关流程，方便区内企业的经营，方便港口的运作，鼓励企业充分利用园区政策功能，发展多种业务模式，推动机制创新，确保可持续发展。现代码头尽快确定主营方向和主营业务；中心渔港围绕功能定位理顺业务分工；力促城市配送中心二期尽快投产并形成一定规模；空港物流园加快造地；推动保税物流园区三号仓库、国际物流中心等重大项目竣工投产，提高管理水平。

完善园区市政建设，为保税物流园区的发展提供有力保障。进一步完善市政设施建设，规范建设管理秩序。积极推进以国际物流中心、中心渔港、航空港工业与物流园区为重点的园区项目建设，抓好现代码头、港务码头项目收尾工作，完成港中北路改造，彻底打通港中路，加快保税区一期3号开闭所建设，努力推动航空港物流园区填海项目、航空物流营运服务中心、保税物流园区3号仓库、贝莱胜公司三期等项目建设。

加大招商力度，增强经济发展后劲。充分利用保税区、保税物流园区的功能优势和政策优势，利用区内现有招商资源及功能多元、业务齐全的特点，积极拓展招商引资的路子。大力扶持园区专业市场建设，支持大宗商品发展。积极推动园区进口葡萄酒和金门高粱酒等酒类展示展销、分拨批发市场建设；推动闽台中心渔港的农水渔货产品交易市场建设；推动进口石材、钢材、矿砂、棉花、化工等大宗商品进口分拨交易市场建设。加大城市配送中心、中心渔港、保税物流园区3号仓库、国际物流中心、空港物流园等重大项目的招商力度。采取“请进来”与“走出去”相结合，主动与台湾台中市及台中自由贸易港区、与周边城市和地区对接，加强宣传推介，扩大影响，拓展业务，推动园区可持续发展。

拓展思路，探索与台中港交流对接的途径。落实厦门市委市政府关于加强与台中市基层交流的部署，努力实现园区与台中自由贸易港区的合作对接，力争在两岸经贸交流、业务对接、货物运输等方面有所突破。

周密部署，保证国际物流中心顺利入驻。在国际物流中心主体工程竣工的基础上，抓紧二次装修工程和各项配套工程建设，力争该项目能在2009年年底前投入使用。全力做好入驻前的各项准备工作。

立足实际，积极研究制定企业扶持政策。继续关注全球经济危机及国内宏观经济形势的变化，准确把握微观经济发展动态，深入评估各种影响因素，研究制定对策措施。及时帮助企业用好落实国家、省、市出台的各项相关扶持政策，帮助企业树立信心。全面了解兄弟区域的扶持政策和措施，针对本区的具体情况，研究和制定符合保税区实际的政策和措施。加大对区内企业的扶持力度。

海口保税区
HAIKOU FREE TRADE ZONE

【经济发展】 2008年，园区大部分企业的生产经营都能正常运作，除汽车行业外，其他企业的产值和效益都比去年有不同程度的增长。

全区实现工业总产值103.25亿元，完成全年预定目标138.5亿的74.55%，同比下降24.23%，占全市比重的30.83%。其主要原因是受全球金融危机的严重影响，尤其是汽车行业，譬如海汽2008年总产值完成52.89亿，同比下降40.5%，14家海汽配套厂也因受海汽影响，产值大幅度下降。

实现工业销售产值112.79亿元，同比下降18.83%，占全市比重的34.84%。实现工业产品销售收入110.59亿元，同比下降13.94%，占全市比重的34.28%。实现工业增加值17.3亿元，同比下降29.59%，占全市比重的25.14%。实现利润总额4.38亿元，同比下降67.09%，占全市比重的23.49%。实现工商税收10.18亿元，完成全年预定目标11.5亿的88.52%，同比下降3.16%，占全市比重的6.71%。其下降的原因，一是因海汽产值下降而导致税收减少；二是2008年一汽海马动力全部税收由市局收缴，这就减少一大块税收；三是海汽配套厂因产值下降，其税收也大幅度减少。

实现进出口总值9 356.6万美元，完成全年预定目标2.6亿美元的36.15%，同比下降60.88%，占全市比重的5.43%。进出口货值下降的原因主要是受全球金融危机的严重影响：一是进口原材料价格急剧上升；二是产品出口价格下降，出口量也随之减少；三是海汽的普利马和福美莱小汽车的发动机均停止了进口货值，这便大幅度地减少了进出口货值。

【投资环境】 海口保税区自建区以来，始终坚持服务海南的长远发展目标，科学规划建设，引进了海马汽车、韩国三星光电子、金盘电气、中和药业等一批中外工业企业，形成了以生物制药、汽车制造、电子信息和机电加工为支柱的四大产业，保税区的发展带动了海口产业结构调整，促进了海口经济的发展。

2008年，保税区深入贯彻党的十七大、省委五届三次全会和市委十一届三次全会精神，以拓宽服务、加强监管和海口保税区区位调整并转型升级为综合保税区为重点开展工作，在国内外宏观经济形势较为严峻的情况下，全区经济基本保持了健康、稳定的运行态势。

以筹备建省办经济特区20周年庆典活动为契机，对园区基础设施进行全面清理维护。进一步完善园区的绿化工作，从粗放型向精细化转变。按照依法行政的总体要求，认真执行《中华人民共和国行政许可法》等相关法律法规，加强法制教育和制度建设，进一步提高了园区依法行政水平。2008年，园区未收到任何行政复议申请。

【招商引资】 始终坚持招商引资是海口保税

区建设的生命线，是海口保税区发展的不竭动力。尽管园区形成了生物制药、汽车制造、电子信息和机电加工四大产业，但仍在积极探索招商引资的新理念、新方法，从引进新项目向推动老项目对外合作、产业升级等目标转变。与此同时，结合区位调整这项重点工作，保税根据海关的监管要求、综合保税区的功能定位、海南的产业特色等相关情况，正在编制《海口综合保税区的招商方案》，一旦项目启动基础设施建设，即可开展实质性的招商工作。

【行业发展】 一是制药行业恢复性增长。区内的生物制药业共完成工业总产值18.29亿元，同比增长52.99%；完成销售产值22.29亿元，同比增长86.37%；完成工业增加值6.32亿元，同比增长131.5%。其中工业总产值增幅较大的企业有：中化联合制药有限公司，同比增长85.35%；澳美华制药有限公司，同比增长77.87%；中和药业有限公司，同比增长75.91%；奇力制药有限公司，同比增长74.09%；养生堂保健品有限公司，同比增长73.19%；惠普森医药有限公司，同比增长67.75%；三叶药业有限公司，同比增长58.82%；中瑞康芝制药有限公司，同比增长56.35%；绿岛制药有限公司，同比增长48.72%；养生堂药业有限公司，同比增长43.43%；利能康泰制药有限公司，同比增长40.67%；碧凯制药有限公司，同比增长19.08%。

二是机电行业经济下滑。机电信息行业完成工业总产值80.59亿元，同比下降34.19%；完成销售产值86.18亿元，同比下降36.24%；完成增加值10.05亿元，同比下降52.75%。海汽全年完成工业总产值52.89亿元，同比下降40.46%；实现利润-2.29万元，同比下降127.82%。

三是其他行业经济略有增长。全年完成工业总产值4.36亿元，同比增长35.67%；完成销售产值4.31亿元，同比增长26.84%；完成增加值0.92亿元，增长34.28%。

【综合保税区】 完成了申报工作。海口保税区区位调整并转型为综合保税区的申报工作于2007年9月启动，先后通过海关总署、国家发改委、财政部、国土资源部、商务部、建设部、税务总局、工商总局、国家质检总局、外汇管理局等十部委的审批。海关总署于2008年6月30日将十部委的会签文件呈报国务院审批。根据国务院办公厅的要求，海口保税区又拟定了《关于海口保税区区位调整并转型为综合保税区补充说明的函》，2008年12月22日，国务院正式批复海南省政府：同意海口保税区区位调整至海南老城经济开发区内并设立海口综合保税区。

积极做好项目启动前期准备工作。在开展申报工作的同时，在省、市政府的支持和澄迈县政府、老城经济开发区管委会的配合下，保税区积极做好项目启动前期准备工作。目前，已完成以下工作：一是完成有关征地的技术资料准备，包括选址土地测量、孟乐村土地和房屋测量、选址1∶500地形图的测量、地质灾害调查、建设项目压覆矿产评估报告等；二是完成海口综合保税区建设用地的农转用报批工作；三是完成项目启动前的研究规划等工作，包括海口综合保税区功能定位与产业选择研究、产业发展调查报告、项目控制性详细规划、项目工程建设初步方案等；四是拟订了《海口保税区区位调整征地、拆迁工作实施方案》，已报市政府待与澄迈县政府磋商。

【产业结构调整】 一是加快存量资源盘活，通过“腾笼换鸟”等项目置换方式，对一些能级低、产出小的企业采取迁移或关闭措施，引进大项目，实现结构调整。原生产型企业116家，通过上述调整措施，留存实际生产型企业71家。二是全力扶持符合区域产业标准、市场前景看好、具有自主知识产权、依靠科技进步和技术创新的企业，实现产业升级，提高产品的科技含量和附加值，增强产品的市场竞争力。

【安全生产管理】 着重抓好以下4个方面的工作：一是建立和完善安全生产责任制，落实安全生产规章制度；二是加强对非公有制经济企业的安全监管，建立政府监管，企业负责，社会支持的非公有制企业安全生产工作管理格局；三是完善安全生产应急救援体系，健全应急管理机制；四是加强安全生产的宣传教育工作，宣传安全生产法律法规、规章和安全生产方针政策。

【结对帮扶工作】 为认真贯彻落实市委市政府关于“建立党组织与农村党组织结对帮扶工作”的文件精神，海口保税区工委、管委会成立了结对帮扶工作领导小组，抽调3名处级干部和2名业务骨干负责结对帮扶工作。制订了《海口保税区结对帮扶工作实施方案》和《关于建立保税区机关党组织与永兴镇雷虎村党组织结对帮扶工作意见》。工委、管委会领导先后8次带队深入雷虎村和所辖的10个自然村调研，召开村党支部会议和村民小组长会议，走访了30多个贫困户和贫困大学生，印发了《雷虎村委各自然村每户人员及经济情况调查表》1 000余份，掌握了结对帮扶中需要解决的十几个难点问题。为了使结对帮扶工作取得实效，解决村民行路难、致富难的问题，海口保税区筹资93万元，为儒仲、永群、昌钗等5个自然村新修水泥硬化道路4公里。此外，还投入6.2万元帮助雷虎村整修了体育活动场所，为岭南小学新建了教学楼楼梯和校园水泥路，并给村里4名优秀大学生发放了4 000元奖学金，为2 668名村民补贴了13 340元农村合作医疗保险金。

【发展趋势】 从国际经济形势的发展和2008年区内几大行业的经营状况来看，2009年主要经济指标预计能完成：工业总产值105亿元，工业销售产值108亿元，销售收入103亿元，工业增加值17.5亿元，工商税收10.5亿元，进出口货值1.1亿美元。

2009年，海口保税区将继续落实省、市经济工作精神，在确保园区经济健康、平稳、持续发展的同时，努力做好区位调整并转型升级为综合保税区的相关工作。

第一，加强对企业的服务管理，确保园区经济稳中有升。针对汽车行业发展前景不容乐观及国家宏观经济调控仍将继续的状况，保税区管委会将进一步加强对各类企业的服务管理，尤其是把握好制药行业正处于上升的势头，促进制药行业做大做强，确保园区经济健康、平稳、较快发展。

第二，努力做好区位调整并转型升级为综合保税区的相关工作。在签订征地框架协议及3 200万元拆迁孟乐村的包干协议的基础上，协助澄迈县政府依照法定程序完成征地和拆迁工作。配合海口市发改局做好资金闭合工作，并按项目建设进度贷款。从项目通过国务院批复同意之日起，指导代建单位按照《海关特殊监管区域基础和监管设施验收标准》，争取用1年的时间完成封关验收建设任务。着手相关管理体制方面的研究，提出省政府扶持海口综合保税区发展的政策措施，报省政府审批。按照海口综合保税区的功能与产业定位，以及海关监管办法，研究制订具体的招商选资方案，并做好宣传推介工作，以提高招商选资的实效。

第三，狠抓安全生产工作。贯彻“安全第一、预防为主、综合治理”的方针，严格执行国家和省市有关安全生产的法律、法规，加强安全生产监督管理，深化安全生产专项整治，强化重大危险源监控和安全生产培训工作。同时，建立健全各项安全生产规章制度，依法规范安全生产操作规程和标准，将园区内各企业的安全生产规范化和制度化，保障园区生产的稳定。

第四，优化投资环境，增强服务带动作

用。进一步创新服务手段，提高办事效率。充分发挥驻区机构的整体合力，海关、检验检疫、国税、地税、工商等部门要进一步提高服务水平，为企业提供高效便捷的服务。

第五，加大财税征管力度，提升财政杠杆作用。加强税收征管，加大稽查力度，堵塞漏洞，并挖掘新税源和非税收入潜力，做到应收尽收。坚持“抓早、抓紧、抓实”的原则，加强税源控管，对于全区税源大户，要准确掌握其生产经营和税源变化情况，搞好税源预测分析，保证重点户税款及时足额入库，确保全年财政收入任务的完成。

宁波保税区（出口加工区）
NINGBO FREE TRADE ZONE (EXPORT PROCESSING ZONE)

【经济发展】 2008年，宁波保税区（出口加工区）深入贯彻科学发展观，转变发展观念，创新发展思路，克服要素资源制约及国际金融危机等各种不利因素的影响，推动经济区向功能区转型发展，区域经济保持良好的发展态势，主要经济指标继续保持较快增长势头。

2008年全区（含出口加工区，下同）实现生产总值135.6亿元，同比增长31.7%。其中：第二产业增加值85.2亿元，同比增长49.2%；第三产业增加值50.4亿元，同比增长9.8%。第二产业增加值所占比重62.8%，区域产业结构调整基本完成。2008年完成财政收入20.4亿元，同比增长20.7%，其中：中央级收入9.9亿元，同比增长21.0%；地方级收入10.5亿元，同比增长20.5%。海关税收总额18.9亿元，同比增长48.2%。

2008年综合经济指标居浙江省国家级开发区前五位，单位面积生产总值、进出口贸易、工业产值、财政收入均居首位。在全国保税区中工业产值排名第二，单位面积增加值排名第三，外贸进出口值和固定资产投资排名第四，其中工业产值和外贸进出口值指标排名都比上年上升一位，经济发展水平和势头继续位居全国同类园区前列。

保税区转型工作扎实推进，得到市委市政府大力支持，成立市政府保税区转型工作领导小组，多次召开专题会议研究转型工作。在前期调研基础上研究制订了三区整合转型初步方案，明确了转型工作思路和功能规划。资源整合稳步推进，全年累计整合回收土地7.6万平方米、厂房2万多平方米；“三区合一”海关信息化管理系统按期投入运行，实现保税区、出口加工区、保税物流园区联动发展。

【投资环境】 2008年，宁波保税区坚持高标准、大投入营造一流投资环境，固定资产投资35.3亿元，同比增长15.7%，其中厂房仓储投资8.8亿元，同比增长17.3%；设备购置投资25.1亿元，同比增长27.4%。尤其是出口加工区完成固定资产投资29.3亿元，同比增长29.1%，占全区固定资产投资比重的83.1%，成为全区固定资产投资增长的主力。2008年新开工项目3个，在建项目26个，房屋竣工面积68.4万平方米。

2008年，宁波保税区管委会不断创新政府服务模式，优化企业运作环境。为满足企业“快进快出”、“零库存”的通关要求，海关、国检等部门在原有的“365天”、“24小时”和“5+2”服务工作制基础上，推出了通关“绿色通道”制度、“集中报关、分批出区”模式、进口设备共验管理模式、进口料件预检验制度、检验检疫分类管理模式，对部分企业采取了“一站式”全程陪同服务、一条卡口特别验放等服务，并开通了保税区、出口加工区、保税物流园区“三区合一”信息化系统，实现了信息共享，有效提高了通关效率。工商部门推出工商注册官制度，优化登记操作规程，优化准入环境；大力简化动产抵押手续，充分发挥股权出质、出资登记解决中小企业融资难题，拓宽融资渠道。人事等部门完善了校企人才合作、“百千万人才培训工程”等新举措，设立了人力资源广场，开展市场化人才服务，员工岗前培训、在职培训、再就业培训和创业培训更加到位。

宁波保税区在和谐稳定中谋发展，不断深化和谐企业创建活动，成立保税区总工会，完善劳动关系管理的长效机制，实现社保全覆盖，维护了全区劳动关系的和谐稳定。社会综合治理工作、“企业创安”成效显著，万人发案率同比下降7%，被评为浙江省社会治安综合治理先进单位。

【招商引资】 2008年，宁波保税区围绕产业链升级、功能拓展和专业市场建设，不断加大招商引资力度，内外资招商取得新突破。全年引进企业517家，注册资金2.9亿美元，其中外资企业14家，合同利用外资1.2亿美元，实际利用外资1.3亿美元。列入浙江省“十一五”重点的5个液晶光电项目提前竣工投产，奇美电子、奇美光电两个项目追加投资1.89亿美元，已获国家发改委批准。

【对外贸易】 2008年，宁波保税区对外贸易持续增长，全区外贸进出口完成113.6亿美元，同比增长26.1%，其中出口52.4亿美元，同比增长25.4%；进口61.3亿美元，同比增长26.7%。加工贸易发展继续领跑，加工贸易出口40亿美元，同比增长27.1%，占浙江省的13.3%。重点工业企业出口强劲，全年出口超千万美元的工业企业扩大到26家，比上年增加6家，出口额达38.6亿美元，占全部加工贸易出口额96.5%。进口贸易快速成长，以仓储物流为主体的进口贸易完成19.8亿美元，同比增长22.6%，保税仓储功能优势得到较好发挥。全年进口贸易与出口贸易比为1.17∶1，对外贸易结构持续优化。

【物流业】 2008年，仓储物流企业完成进出仓总值22.1亿美元，同比增长22.7%；进出仓量377.8万吨，同比增长2.9%，成为经济发展亮点。区内仓储物流企业逐步实现转型升级，浙金、高新等企业转型为集进出口贸易、物流分拨、仓储服务于一体的现代物流企业，高新物流还获批为郑州商品交易所精对苯二甲酸（PTA）指定交割仓库，区域物流服务功能进一步强化。

宁波出口加工区拓展物流等功能试点得到深化，物流中心、光电产品检测中心建成运行。物流中心全年完成营业收入1 200万元，业务辐射到全国7个省市；光电产品检测中心获批为国家重点实验室，全年受理检测业务480批，涉及产品门类20个，为区内外企业提供检测服务。引进9家国内外知名专业物流企业，全球最大的快递公司DHL成功落户，物流配送、进区“一日游”和检测、维修等业务顺利开展，并获准可为区外生产性企业提供国际物流服务。区内一批传统仓储企业转型升级为第三方物流服务商，以市场为平台的国际贸易物流集聚功能进一步增强。

专业市场建设顺利推进。化工品、钢铁、有色金属、葡萄酒、水果等专业市场招商取得新进展，全年新引进市场会员企业100多家，完成交易额81亿元，各专业市场实现交易总额100余亿元。市场建设主体引进取得新突破，上海石油交易所宁波交易中心、宁波船舶交易市场公司正式落户，专业市场体系初步形成。

【工业】 工业生产稳步增长。2008年，宁波保税区实现工业总产值533.4亿元，同比增长19.8%。工业增加值85.2亿元，同比增长49.4%。工业企业产品销售收入510.4亿元，同比增长19%。利润总额16.8亿元。同时，企业生产规模持续扩大，全年产值超过亿元企业36家，比上年增加4家；超过10亿元企业8家，比上年增加3家，产值超过亿元企业工业产值占全区工业总产值96.6%，重点工业企业已成为区域工业经济发展的主要推动力。

工业发展特色突出。液晶光电产业快速发展，液晶光电中下游产业链基本成型。2008年全区液晶光电产业实现产值412.6亿元，同比增长23.1%，占全区工业产值的77.3%。液晶模组年产能规模达到6 200万片，液晶电视、液晶显示器年产能达到2 000万台，居全国前列。立立电子、理工监测、晶元太阳能、威瑞泰等一批新兴高科技产业企业建设步伐加快，先进制造业总体规模不断扩大。

2008年宁波保税区把节能减排与企业增效紧密挂钩，出台实施意见，加大监管力度，增强财政投入，分别与重点企业签订节能降耗责任状，积极推进技改工作，节能减排成效显著。2008年，区内每万元工业增加值能耗为0.175 8吨标准煤，同比下降27.92%，低于宁波市能耗平均水平。全年新报技改项目3个，晶元太阳能1.2亿元技改项目和奇美电子、奥威尔等清洁生产审核通过验收。

【保税物流园区】 2008年，宁波保税物流园区快速增长，进出区货运量73.7万吨，货运值16亿美元，征收进出口税款5.76亿元，同比分别增长105%、24%和205%。国际采购配送业务快速发展，目前园区有国际采购配送企业4家，美国智佳等国际采购配送业务正式启动，园区全年采购值突破1亿美元；完成海关税收5.8亿元，同比增长205.4%，连续两年实现翻番。国际采购配送业务品种逐步扩大，由原来单一的水暖器材出口配送，增加到日用品、文化用品、卫生用品、节日用品等，占园区业务总货值的12%，发展前景较好。500家企业在区内开展业务，业务覆盖全国10个省市。

【科技创新】 推动高新技术企业上市融资。立立电子、理工监测已完成上市前的各项审批工作，分别通过了证监会审核。继续推进科技创新体系建设。2008年新增省级高新技术研发中心2家、市级工程（技术）中心2家，新认定高新技术企业7家；2家企业被评为省高新技术百强企业，2家企业分别获得省科技进步二等奖和三等奖。积极组织企业申报各级科技计划项目。共申报市级以上各类科技项目79个，立项35个，其中国家级5个，市级30个。立立电子“极大规模集成电路制造装备及成套工艺”列入国家“十一五”重大科技专项，荣安生物“冻干人用狂犬病疫苗”产业化项目列入财政部“2008年度产业技术成果转化项目”。以宣传培训和政策引导大力推进专利战略，鼓励企业技术创新专利化。全年申请发明专利50余件，专利授权22项，专利申请量同比增长45%；企业注册商标60件，2家企业获市知名商标，2家企业获省著名商标，2家公司商标经司法认定为中国驰名商标；软件产业发展迅速，软件产品推陈出新，新认定软件产品19件、软件企业3家。

【发展趋势】 目前，国际金融危机对实体经济的影响在加深，国际市场需求继续萎缩，全球通货紧缩趋势明显，贸易保护主义抬头，外部经济环境更加严峻，不确定因素显著增多，对保税区的持续发展能力提出了新的挑战和考验。

2009年，宁波保税区重点做好以下工作：

一是抓好整合转型，营造发展竞争新优势。转型发展以政策优化和功能完善为目标，抓好政策和资源两个层面整合，争取实现政策效益最大化。二是抓好企业服务，提升主导产业竞争力。三是深化市场物流发展和商贸招商，开拓赢利新空间。四是抓好队伍建设，提升干部职工创造力。

【机构设置与管委会领导】 宁波保税区现有13个工作部门，管理机构精简、便捷、高效，海关、商检等垂直管理单位在区内均设有独立或派驻机构。

宁波保税区管委会领导：党工委书记、管委会主任马兆祥，党工委委员、管委会副主任柴利达，党工委委员、管委会副主任徐红，党工委委员、管委会副主任严荣杰，党工委委员、管委会副主任夏群，党工委委员、纪工委书记杜占春，党工委委员、办公室主任叶万档，党工委委员、组织部部长、人事劳动社会保障局局长沈勤儿。

【招商部门】 宁波保税区现有4个招商部门，一是投资合作局，联系电话：0574－86820205，联系人：杨正平。二是物流与市场发展局，联系电话：0574－86828630，联系人：钱继光。三是科技促进中心，联系电话：0574－86820176，联系人：余斌。四是招商局，联系电话：0574－86820676，联系人：马红明。

福州保税区
FUZHOU FREE TRADE ZONE

【经济发展】 含保税物流园区在内，全年共引进项目45个；总投资6 488.25万美元；合同利用外资1 411.27万美元；实际利用外资4 011.1万美元（含2007年增资、2008年到资部分），同比增长1 045.86%；财政收入26 991.360 6万元，同比增长87.3%；进出口货物总值192 989.36万美元，同比增长99.49%；工业总产值42 678.2万元，同比增长84.08%；为福州市及周边地区的进出口企业提供23.18亿美元的物流配送服务，同比增长15.75%。

【投资环境】 福州保税区牢固树立"投资环境就是竞争力"的理念，不断改进服务，提高效率，进一步优化了区内综合投资环境。一是加强上下班情况经常性督促检查。坚持抓好《福州保税区考勤与请假暂行规定》的贯彻落实，采取日考勤、月公示、季检查等形式，及时对各部门人员到岗到位情况进行检查，发现问题，及时纠正，促进机关工作人员责任意识、服务意识和效率意识的提高。二是进一步加强服务窗口建设。加强投资服务中心和经发局两个对外窗口的建设，不断完善和深化服务机制，不断提高窗口工作人员的素质，推行服务质量、效率、态度由企业评定，实现无企业投诉的任务目标；对企业投资生产、经营中的各种问题实行"一条龙"服务，对从厂房的租赁、人员招聘到产品出入区及税收缴纳等问题，积极主动为企业协调、解决。全年为企业办理有关项目审批、变更、进口设备审批、加工贸易审批等80多项。三是加强企业调研。通过各局机关、服务中心定期和不定期走访企业、召开企业座谈会，与海关建立联系会议制度和健全统计分析制度等形式，深入、及时地了解企业的运作情况，积极协调企业与行政管理部门的关系，为企业解决区外办公设备入区、简化报检手续等实际问题，促进企业安心稳定生产、高效运作。

【招商引资】 自2008年年初以来，抓住保税物流园区获批的契机，充分利用福州"5.18"海交会和厦门"9.8"投洽会平台，积极推进福州保税物流园区的宣传和招商工作，取得显著成效。截至目前，园区共签约6个项目，总投资3.6亿元。厦门象屿集团已通过拍卖获得园区200亩土地、8 840平方米仓库和24 943平方米堆场，正在积极筹备运营；八方物流、中航国际物流和中外运等企业在园区的土地、仓库出让手续也在办理中；新注资并运作的有瑞格物流、速传物流、万达物流、越海物流、骏航物流及厦门宏高等6家企业；保通、外代、胜狮、迅辉等4家保税区老企业已向保税物流园区海关备案并进区开展业务。此外，还引进中国邮政储蓄、金泰通信管道、保兴物业等3家配套设施服务企业。于厦门"9.8"期间，与美国AMB（安博置业）签订了开展国际贸易物流配送等基础设施配套服务的1 000万美元的投资意向。促进了香港嘉里大通项目落地，其拟先期注册500万港币，在园区开展现代物流业务。

【物流业】 为做大做强保税区支柱产业，更好地服务全市经济发展，年初以来，围绕为全市港口经济发展提供高质量的物流支持平台，积极推动现代物流产业发展，加快江阴物流基础设施建设，出台物流扶持政策，推动物流信息化管理平台和闭路监控系统建设，深化“属地申报、口岸验放”通关模式，进一步优化海关、国检通关环境，为企业提供了高效、便捷的服务，成功引进10多家物流企业。目前区内已有伯灵顿物流、马士基物流、外代储运、保通物流、八方物流等30多家国内外知名物流企业，物流产业优势得到进一步巩固。同时，积极引导区内企业同福州市及周边地区加工制造业的对接，进一步深化出口拼箱、进口分拨、贸易配送和城市配送等物流运作模式，为冠捷、捷联、华映光电、福耀玻璃、清禄鞋业、南孚电子、佳通轮胎、南方铝业等大型制造企业提供25亿美元的物流配送服务，在服务全省、全市经济上发挥了重要的“纽带”和“通道”作用，并有力带动了周边地区经济发展。

【保税物流园区】 为解决福州市进出口企业“香港一日游”问题，促进港口与保税区的联动发展，2006年年底由省政府向国务院提出将福州保税区二期1.2平方公里置换到福州港江阴港区申报建设福州保税物流园区，并按照“边建设、边申报”的原则积极推动保税物流园区的开发建设。通过努力，福州保税物流园区一期0.68平方公里的工程已竣工，累计完成投资2.3亿元，建成15幢总面积为5.5万平方米的标准物流仓库、5.1万平方米的专用堆场和1.16万平方米的监管大楼。福州保税物流园区于2007年12月27日获国务院批准，2008年5月8日通过国家八部委验收，并于2008年7月4日封关运作。通过4个多月努力，基本实现了园区的初步良性运转，保税物流园区政策功能优势初显端倪。截至2008年12月底，保税物流园区共完成进出区业务2 664票，进出园区货物量2 344标箱，进出口货物总值3.12亿美元，缴纳海关税收1.67亿元。目前，冠捷、华映光电、LG麦可龙、清禄鞋业等企业及10多家关联企业已将外地运作的“一日游”业务拉回园区运作，爱普生电子、东北理光、三协精机等多家大型企业也正积极筹备进区运作。

【盘整提升保税区土地利用效率】 保税区土地寸土寸金，如何充分挖掘土地潜能，做到土地利用效率最大化是保税区领导班子考虑最多的问题。保税区对区内企业与土地、厂房等情况进行了全面清理盘整，采取各种手段积极推进保税区土地开发建设，进一步挖掘潜力，提升土地利用效率。一是科学做好保税区土地利用总体规划，严把土地供应环节，提高项目准入标准。二是积极整合盘活母区存量土地和厂房仓库，对早期引进的占地大、产出低、效益差的项目，能改造的进行技术升级，不具备改造能力的，实施“腾笼换鸟”战略，有计划地把那些效益差、占地多的企业转移出去，腾出最好的地块引进资源消耗低、科技含量高、投资强度大的项目。目前，正在对区内浩特、信日华、三联、永隆、生融、西方号等16幅土地利用情况进行调查和整理，为下一步土地收储工作打好基础。三是建立区内物业档案库，积极协助企业厂房和仓库的出租、出让。比较成功的是协助华沛公司、万利公司引进企业盘活厂房和仓库，为保税区土地、房产资源的有效开发利用奠定了基础。四是继续挖掘现有企业潜力，引导企业增资扩产。共有宏东食品、高龙物流、日邮物流、长宏食品等12家企业增资，增资总额达到950万美元。通过以上措施，保税区土地利用效率得到很大提高，2008年产出率实现2.25亿元/平方公里，在全省名列前茅。

【先行先试成功对接基隆自由贸易港区】 为抓住两岸良好的发展机遇，根据福州市委、市政府积极推动与台湾港口对接的工作部署，于2008年6月21日和11月19日分别在福州和基隆成功召开两次福州保税物流园区与台湾基隆自由贸易港区业务对接圆桌会议，就两岸新形势下推进“两区”对接问题进行了深入、坦诚和广泛的交流，在区域监管、货物直通、增值服务等10点对接思路上达成一致。“两区”对接会议召开后引起了两岸强烈反响，新华社、人民日报、香港文汇报等十几家媒体纷纷对此做了报道，多数媒体都称该会议是两岸形势春暖花开后，祖国大陆与台湾开展的第一个具有实质意义的两岸合作项目。福建省黄小晶省长做了“这是一项很有先行意义的事，要抓紧逐项对接成功”的专门批示，市政府还召开专题会议推动落实。台湾方面也将“两区”对接事宜上报了陆委会。应当说，福州保税物流园区与台湾基隆自由贸易港的对接，对于两岸全面直接往来后，如何进一步推动两岸经贸交流与合作具有重要的先行先试作用。

【申报建设保税港，促进保税区转型升级】 保税港是目前我国开放层次最高、政策最优惠、功能最齐全的特殊经济区域，也是保税区转型升级的目标。抓住海关总署支持特殊区域整合和建设保税港的有利时机，提出将福州保税物流园区、福清出口加工区、福州港江阴港区和铁路物流园区进行整合设立福州保税港的思路，并由福建省政府向国务院上报。目前，保税区正按照福州市政府陈为民副市长“边报批、边招商、边建设、边管理”的指示精神，积极推进保税港的报批、建设和区域运营工作，取得了初步的成效。一是报批工作进展顺利。年底，省政府申报文件已送至海关总署，海关总署正在积极部署相关部委意见征求工作。二是区域盘整有条不紊。根据市委、市政府的有关会议精神，先行推进福清出口加工区的资源盘整工作，通过多次协调，初步与福清市政府就收购福清出口加工区达成了协议。三是海关已先行进驻管理。福州海关做出福州保税区海关整体下移江阴的部署，具体管辖福州保税物流园区和福州港江阴港区业务。2009年1月1日，保税区海关将正式进驻江阴办公，为保税港的报批奠定良好的基础。

【发展趋势】 一是全力申报建设保税港区，推进保税区转型升级。将根据福州市委、市政府部署，全力以赴推进保税港区的建设和申报工作。按照边建设、边报批的原则，加快整合福州保税物流园区、福清出口加工区、江阴港区建设福州保税港区，把3个区域各自的政策功能优势、港口优势和产业优势结合起来，实现政策功能优势互补、产业联动、资源优化配置，促进福州新港的繁荣和发展，最终达到做大做强江阴港。二是精心运作保税物流园区，打造区域经济新亮点。要充分调动各种资源，依托“5.18”海交会和“9.18”投洽会等各种招商平台，引进国际国内知名航运公司和物流企业入驻物流园区，聚集一批面向全球市场的采购、中转、分拨、配送、快递等物流企业，全力推进物流园区的招商引资工作，在较高的起点上形成物流园区产业的规模和质量；要重点对福州市及宁德、莆田、南平等周边地区重点加工制造业及外贸企业走访调研，积极做好“抓客户，引业务”工作，全力拓展园区物流业务，充分扩大保税物流园区政策功能辐射面。三是做大做强现代物流产业，提升区域核心竞争力。要依托保税物流园区和保税区的联动发展，引进专业第三方、第四方物流配送企业，拉长服务业产业链，推进物流产业化进程；要在现有物流企业中，选择一些成长性好、竞争力强、运作规范的物流企业予以重点扶持，培育物流品牌，使其尽快做大做强，发挥其示范和带动效应。同时要重点引进物流跨国公司到保税区物流园区建立分支机构或地区总部，使保税区成为外资物流企业最集中、实力最强的物流先导区。四是先行先试拓展对台经贸，开创保税区经济发展新优势。要充分把握当前对台经贸的良好机遇，充分发挥对台政策功能和区位独特优势，先行先试，积极拓展对台项目，以在两岸经贸中占据制高点，开创保税区经济发展新优势，为福州市发挥区位优势，探索建设两岸物流协同发展先行区的道路做铺垫。五是坚持科学发展观，推进保税区经济持续、快速、健康发展。六是要积极推进党建和干部队伍建设，为保税区经济又好又快发展提供有力保证。

【招商部门】 福州保税区招商局。电话：0591－28327751；传真：0591－83982681。

汕头保税区
SHANTOU FREE TRADE ZONE

【经济发展】 2008年，汕头保税区坚持以发展为第一要务，以科学发展观统揽全局，加大力度解放思想、攻坚克难、盘活资源、壮大实力，促进各项工作取得较快进展，区域经济呈现良好的发展态势。一是经济规模和效益同步发展。全年实现地区生产总值16.5亿元，同比增长22%；税收总额2.92亿元，其中工商税收8 926万元，同比增长47.5%；一般预算收入2 925万元，同比增长53.6%。二是工业生产大幅度增长。全年全区完成工业产值22.99亿元，同比增长47%。三是物流业务逐步扩展，进出区贸易量增长较快。全年进出区贸易总值完成7.1亿美元，同比增长31%；仓储货值2.2亿美元，同比增长18%；进出口货物总值3.95亿美元，同比增长11.9%，其中出口4 960万美元，进口34 540万美元。

【投资环境】 做好区域硬环境的建设完善工作，完成填海区域市政设施建设项目环境评估审批、勘察设计、施工图审查和建设资金申贷等前期工作。加强土地管理，逐步化解土地资源紧缺的瓶颈，满足项目用地需要。开展盘活闲置土地工作，与市商行形成处置闲置土地的意见上报市政府，并根据市政府的要求，对协议有关条款修改后再报批。与农信社校清土地数量，交换处置意见，准备报请市政府协调解决有关问题。采用登报和电话等形式通知未缴清地价款用地单位限期前来处置闲置土地，取得初步成效。全年共收回闲置土地5幅，面积约50亩。加强区域环境保护管理工作，完成区域环境评估报告书的修编，通过专家评审并得到国家环保部的批复；严把建设项目环保审批关，审批建设项目8宗；加大对区内企业环境保护的管理检查力度，依法依规征收排污费。加强区域安全生产和治安管理，成立区安全生产监督管理局，加强安全生产监督管理，组织安全生产和消防安全宣传、培训、咨询和检查活动，落实责任制，进一步建立综合治理长效机制。坚持群防群治、治安巡逻制度，严密防范，成功侦破建区以来首宗故意伤害致人死亡案件，严厉打击违法犯罪活动，为区域经济建设创造稳定的治安环境。争取各方支持，优化区域发展环境。协调配合口岸联检部门和驻区机构，促进其出台更加方便快捷的优惠措施。汕头海关专门成立促进保税区发展领导小组，多次深入基层调研，反复研究促进汕头保税区发展的具体措施。2008年8月27日汕头海关举行新闻发布会，正式对外发布施行“汕头海关促进汕头保税区发展若干措施”，检验检疫、工商管理、税务等部门也相应出台了扶持企业的优惠措施，为促进汕头保税区加快发展创造了条件。配合支持汕头市对保税区进行财政体制改革工作，确定了保税区的财政管理体制，支持促进保税区财政事业的发展。争取市委、市政府的重视支持，召集市有关部门召开专题会议，研究支持促进华美油脂公司复产扩产、填海造地、临港工业项目引进落户等问题，努力推动保税区加快发展。争取市委、市政府的支持，拟出台市委、市政府促进汕头保税区科学发展的意见。

【招商引资】 集中精力抓招商，抓项目引进，多次以小分队形式赴深圳、东莞等地开展招商，主动承接符合保税区发展方向的产业双转移项目。同时，通过电话、电子邮件、网络信息、招商奖励、新闻发布、项目开工投产等形式，广泛开展招商活动。特别是以首届粤东侨博会为契机，认真组织项目参加活动，落实华美油脂公司的棕榈油生产项目参加侨博会经贸活动的签约仪式；举行卜高通美塑胶、津贝特软水及海水淡化设备、联通塑胶等3个项目的竣工仪式，提升保税区的影响力。全年批准成立企业11家，投资总额2 715万美元，其中内资企业7家，外资企业4家；实际吸收外资2 549万美元，同比增长209.7%，吸收外资增幅居全市首位；建成投产项目1宗，在建项目8宗；增资扩产企业2家，增资额1.5亿元；完成固定资产投资1.63亿元。目前，在谈项目18宗。

【物流贸易】 支持帮助区内物流企业扩大经营业务，增强扩大投资的信心，逐步做强做大。威尔信公司计划增资1.05亿元，建设仓储加工中心二期工程暨内燃发电设备加工配套项目，已完成报建手续，正在开展工程招标等筹建工作，该项目建成后年新增生产能力及物流量2亿元。该公司也在积极创造条件走资本市场运作的发展道路。西电公司计划增资4 000万港元兴办发电机组组装项目已落实用地。华商白糖仓储项目计划投资1亿元，用地150亩，建设国家储备糖仓库，项目已上报国家发改委立项。进口酒仓储分装项目开始试运作，该项目利用保税仓储货物可进行商业加工政策的成功运作，产生了积极的集聚效应，已有酒类、奶粉、化妆品等客商前来洽谈。保税区的保税物流业务逐步扩大，吸引了货运企业进区开展运输配送业务，初步形成以发电机组、塑料、红酒、涤纶坯布等为主的物流产业。市场的建设取得进展，筹建的塑料交易市场已完成电子商务交易平台建设、运作方案制订及人员培训等工作。学习借鉴上海等兄弟保税区建设交易市场的经验，研究出台促进塑料交易市场建设的措施、办法，吸引投资，逐步构建起规模化的塑料交易平台。

【工业】 促进粤东目前最大的食用油脂生产项目华美油脂公司于2008年6月27日正式复产，对全区工业产值拉动明显。全年全区完成工业产值22.99亿元，同比增长47%。工业企业进出口总值30 427万美元。全年批准成立工业企业6家。卜高通美塑胶、联通塑胶、津贝特软水及海水淡化设备等项目已竣工。万顺公司完成股份制改造，接受上市辅导，并准备上马建设环保包装材料新项目。华美油脂公司计划追加投资6 500万元，建设棕榈油深加工项目，预计年可增加产值15亿元。加大力度发展临港大型工业项目，推进船舶修造基地和化工等项目的洽谈，促进投资方明确在保税区投资的意向。汕头市委、市政府对项目引进高度重视，市领导带队赴项目投资方所在地考察洽谈投资事宜，并多次召集市有关部门开会研究解决项目的有关问题，支持帮助船舶修造基地项目上报省发改委办理项目备案。

【发展趋势】 针对国家正在加大力度推进海关特殊监管区域的整合、政策叠加，推动保税区向更高层次发展的情况，汕头保税区领导带头学习，开展调研，赴兄弟保税区学习借鉴先进经验；拜访海关总署，了解国家对海关特殊监管区域的政策走向，进一步调整、完善发展思路。汕头市委、市政府对保税区发展高度重视，市主要领导带队到海关总署汇报工作，并根据国务院即将对海关特殊监管区域的政策进行重大调整的情况，结合汕头保税区的发展实际，要求保税区与汕头海关联合开展向综合保税区转型升级的专题调研，为决策提供依据。2008年10月8日在市委常委（扩大）会上，研究了保税区转型升级的问题，要求保税区要紧紧抓住新一轮大发展的战略机遇期，定好位，加强资源整合，促进转型升级；要高起点、高标准，区位调整为综合保税区，加快推进保税区的转型升级。12月9日在市委常委、副市长联席会上，把整合保税区资源上扩大开放，将现有保税区提升为综合保税区，打造与国际接轨的临港工业和现代物流业的核心功能区，作为汕头进一步扩大开放的六大重要举措之一。12月12日在广东省委、省政府出台的广东省经济特区和沿海开放城市继续深化改革开放，率先实现科学发展的决定中，要求完善各类经济功能区发展模式，推动汕头设立综合保税区。管委会认真贯彻落实上级的指示精神，集中精力做好向综合保税区转型的前期工作，成立专项工作小组，多次召开工作会议，专题讨论研究加快落实有关工作；了解摸查调整区位情况；与市相关部门加强沟通，争取支持配合；加强与海关总署的联系，了解有关政策、信息，汇报工作进展；到省政府办公厅、省外经贸厅等上级部门汇报区位调整并转型为综合保税区的发展思路，请求上级各部门予以支持；赴海口保税区，学习借鉴其进行区位调整并转型为综合保税区经验做法。目前，有关申报工作正在加紧进行。

【机构设置与管委会领导】 汕头保税区管委会下设办公室、监察室、经济发展局、公共事业局、财政局。

汕头保税区领导：管委会主任、党委副书记陈棉生，党委书记潘英豪，管委会副主任、党委副书记张华绍，管委会副主任林荣来、邱少基，纪委书记程龙超。

【招商部门】 汕头保税区管委会负责招商工作的职能部门是经济发展局，联系电话：0754－83590271。

珠海保税区
ZHUHAI FREE TRADE ZONE

【经济发展】 2008年，在珠海市委市政府的正确领导下，在市有关职能部门和驻区机构的大力支持下，珠海保税区坚持贯彻落实科学发展观，积极应对国际国内经济形势逆转、园区土地资源缺乏、建设资金紧张等不利因素，着重抓好产业结构调整和重点项目建设，积极推进园区转型升级和申报综合保税区工作，全区经济呈现健康平稳发展的良好态势。2008年全区全年共实现规模以上工业增加值14.35亿元，同比增长10%；工业总产值115.28亿元，同比增长14%；物流总值158亿元，与去年基本持平；实际利用外资5 635万美元，同比增长36.9%；各类税收收入5.2亿元，其中地方工商税收2.55亿元，同比增长20%。

【投资环境】 2008年，保税区管委会根据实际，进一步加大园区基础设施投入力度，圆满完成了跨境区前山沿河东路南段、边防值勤工作站、围栏建设，以及翔翼项目配电、西域和加华项目临时道路配套等重点工程，区内水、电、路等设施日益完善。保税区二期开发项目建设正式启动，正在实施填土工程。以格力普罗斯项目为龙头的保税物流中心正在积极推进中。健全与驻区单位的沟通协调机制，建立企业联络员制度，完善服务大厅窗口功能，企业服务水平不断提高；大力抓好社会治安综合治理、安全生产、劳动监督、社会保险全覆盖、计划生育、机关管理服务等各项工作，区内治安稳定，管理有序，祥和安定；顺利完成了跨境区园区市政道路路灯、海关和边防巡逻道路灯、检验检疫消毒场及发电机房、保税区临时围网、迅得机械配电等工程；采取措施改善联检单位办公条件、整治生活区，干部职工和园区企业员工工作生活环境有了较大改变。充分发挥党组织和工会、共青团、妇女组织的作用，积极参加市七运会，认真组织四川地震赈灾、党支部结对帮扶、赴斗门扶贫献爱心等活动，园区凝聚力不断增强。

【招商引资】 保税区管委会围绕区重点发展产业，适时调整招商重点，通过举办境内外投资推介会、网上招商、以商引商、代理招商等方式，不断加大招商引资力度。一是聘请招商顾问；二是确定招商代理；三是委托咨询公司，并进行定期或不定期的信息沟通、感情联络，使引进工作取得实效；四是主动出击，在境内外举办多场专题说明会；五是积极参加商务部及省市的经贸投资洽谈会，重点推介珠海保税区和跨境工业区的功能、政策，从而进一步提高了保税区和跨境工业区的知名度；六是抓好资源整合，盘活园区闲置厂房仓库，进行“二次招商”；七是积极探索保税区和跨境工业区政策平台的对接，做好来年受新政策实施影响的企业对功能政策需求的前期工作，充分发挥保税区和跨境工业区政策互补的优势，促进两个园区经济的共同发展。

【对外贸易】 2008年，国际金融危机进一步蔓延，对实体经济的冲击加剧，对珠海保税区对外贸易业的影响也开始不断加深。珠海保税区全区上下同心协力、迎难而上、积极应对，努力把金融危机对保税区的影响减少到最低程度，保持了外经贸事业的平稳较快发展。全区2008年度进出口总额同比增长41.83%，合同利用外资数同比增长14%，实际利用外资数同比增长36.9%，增幅均位居全市前列。

【物流业】 2008年珠海保税区物流业发展平稳，虽然经济危机重创了全球经济，园区物流业也在一定程度上遭受了危机影响，但是总体来看，园区物流企业遭受的打击还是有限的，物流总值较上一年度略有下降，但是下降的程度有限，物流业总体的发展还是平稳的。在今后的工作中，珠海保税区将着力抓好保税区转型升级工作，推进园区转型升级，打好保税牌，打造一流保税物流中心，服务全市经济，实现产业发展和生态保护双赢。按照生态文明发展的要求，从园区规划、基础设施建设、产业招商、服务环境和发展条件等通盘谋划保税区的大发展。以建设现代物流中心为导向，积极吸引国际知名物流企业进驻保税区，聚集一批面向全球市场采购、中转、分拨及配送的物流企业，引进先进的现代物流管理技术和服务理念，在较高的起点上形成物流产业集群和规模优势。

【工业】 2008年，全区经济继续保持稳定增势，“稳中有升”成为工业经济发展的主基调。共实现工业总产值115亿元，同比增长13.82%。主要工业产品产值保持稳定增长。珠海保税区六大产业集群中，工业产品涉及20个门类，其中主要包括航空工业、精密加工业、电子产品业、医药制造业等项目。2008年，主要工业产品与上年同期相比均有不同程度增长；重点制造企业产值规模持续扩大，是推进保税区工业经济稳步增长的主体。2008年全年，保税区规模以上企业产值呈现较快增长态势，共实现工业产值87亿元，占全区产值的75.59%；区内重点企业运作良好，发展日益成熟，规模不断扩大，为保税区的工业发展作出了积极贡献。

2008年下半年，工程总投资约8亿美元的珠海翔翼航空技术有限公司一期工程完成，开始试运行，预计2009年开始二期的建设。该项目总占地面积约13.2万平方米，规划总建筑面积约10.5万平方米，具体包括规划为40个模拟机位的训练大楼、行政大楼、飞行员休息区及相应的配套设施等。预计整个项目完成后，将成为中国最大的民用航空模拟机训练基地，占飞行训练市场份额的25%。2008年12月，德国迅得电子机械公司也正式建成投入运营；西域码头、加华码头等在建项目即将建成投入使用。

【发展趋势】 2008年珠海保税区发展平稳有序，经济危机的到来既带来了挑战又带来了机遇。在过去的发展中，保税区取得了一定的成绩，但是也意识到了发展中的很多不足和制约因素，保税区的转型升级工作势在必行。2009年，珠海保税区将在珠海市委市政府领导下，以党的十七大精神为指引，以科学发展观统揽全局，紧紧围绕“建设生态文明新特区、争当科学发展示范市”目标，充分利用珠海保税区、珠澳跨境合作区的特殊功能和政策优势，积极推动保税功能向空港、海港延伸，大力发展国际采购、分拨、配送等保税物流业务，建设区域性现代物流中心。继续推进招商引资、项目建设、企业服务、税源增收等工作，争取主要经济指标增长率达到10%～20%，实现保税区和跨境工业区又好又快发展，使保税区和跨境工业区在全市经济发展战略格局中发挥重要作用。

【珠澳跨境合作区】 珠澳跨境合作区首先由澳门方提出建设，于2003年12月经国务院批准设立，是国务院为了加强粤澳、珠澳经贸合作，维护澳门长期繁荣稳定而设立的全国第一家跨境工业区。跨境合作区总占地面积0.4平方公里，其中珠海园区0.29平方公里，澳门园区0.11平方公里，由珠海市和澳门特别行政区分别通过填土造地形成。两个园区之间由一条自然形成的水道隔离，开设专门口岸通道连接。2006年12月8日，珠澳跨境合作区专用口岸开通启用，全天24小时开放，标志着跨境合作区正式运行。

珠海园区、澳门园区分别由珠海市人民政府、澳门特别行政区政府管理。珠澳跨境合作区珠海园区是珠海保税区的延伸区，实行“保税区+出口加工区进出口税收政策+24小时通关专用口岸”优惠政策。珠海园区管委会与保税区管委会实行“两块牌子、一套人马”的管理体制。

园区基础设施和监管设施进一步完善，已有注册企业61家，总投资额逾2亿美元，还有一批生产、仓储物流和商贸项目正在洽谈中。珠澳跨境合作区的产业涉及服装服饰、打印耗材生产、医疗器械、电子产品、仓储物流、中转贸易、咨询服务等行业。2008年珠海园区海关办理货物进出境（区）约8 177票，货值总计约2.9亿美元；出口退税约3 362票，货值1.18亿美元；专用口岸进出人员近16万人，车辆逾8 000台。珠澳跨境合作区平稳向上的发展，有力地支持了周边出口加工企业的发展。

【机构设置与管委会领导】 珠海保税区管委会行使珠海市一级经济管理权限，下设办公室、经济发展局、建设发展局、财政税务局、安全生产监督管理局等5个部门，会同驻区海关、国检、工商、税务、外汇、中国银行、建设银行、供水、供电、报关公司等有关部门，为进区企业提供全方位的高效优质服务。

珠海保税区管委会党委书记、珠海保税区管委会主任陈哈理，珠海保税区管委会副主任徐政，珠海保税区管委会副调研员张月军。

【招商部门】 珠海保税区经济发展局承担着珠海保税区的招商引资、业务审批和企业后续服务工作。联系人：宋伟；联系电话：0756－8686928。

青岛保税区
QINGDAO FREE TRADE ZONE

【经济发展】 2008年，全区实现生产总值66.2亿元；各项税收21.6亿元；工业总产值60.6亿元；外贸进出口31.6亿美元。各项工作取得新进展，转型发展迈出新步伐，开放事业进入新阶段，先后荣获“国家级工业旅游示范区”、“山东省信息化建设示范区”、“全省对外开放先进园区”、“全市利用外资先进园区”等称号，青岛保税港区获批建设被评为2008年全市机关优秀工作成果一等奖。

【投资环境】 硬环境建设取得新进展。北卡口、景观改造等重点工程全面完成，成为全省唯一的国家级工业旅游示范区域；数字化建设取得新跨越，覆盖全区的信息化平台建设基本建成，在全市第一个开展企业电子营业执照模式，成为山东省首个信息化建设示范区。软环境建设取得新成效。劳动保障机制进一步健全，海关直通关模式全面实施，大物流、大通关、大开放的投资环境日趋改善；平安建设取得新成果，列入青岛市政府八大治理隐患的公共消防管线改造工程全面完成，安全隐患整改率达到100%，安全生产月活动获得青岛市优秀组织奖。

【对外贸易】 外贸进出口高速增长，同比增长30.1%；进出口结构进一步优化，高科技产品进出口增幅197%，机电产品进出口增幅61%；外贸市场拓展效果突出，在稳定亚洲市场的基础上，对非洲、东欧、南美等新兴市场的出口分别增长39%、24%、75%。

【物流业】 2008年，区内仓储物流企业库存货物总值28 597万美元，同比增长70.45%；库存货物总量9.64万吨，同比增长32.13%。

【工业】 2008年，全区实现工业总产值60.56亿元，同比增长7.38%；产品销售收入63.42亿元，同比增长6.89%；实现利润总额74 299万元，同比增长24.17%；上交税金总额34 677万元，同比增长9.47%。

【保税物流园区】 充分利用“入区退税”政策，大力发展保税物流，辐射范围扩大到周边10多个省市，吸引了马士基、伊藤忠、中远等国内外知名船务公司、大型物流企业、跨国采购商入区开展业务。全年共完成通关业务4万票，进出区货运量92.8万吨，货值31.7亿美元，货物种类扩展到1 800多个品种。

【发展趋势】 按照国家关于海关特殊监管区域“功能整合、政策叠加”的总体要求，积极探索区域发展模式，推动区、港实现完整意义上的一体化运作。2008年9月7日，青岛前湾保税港区正式获批，实现了“区（保税区）、园（保税物流园）、港（临近港口）”的整合发展，由此迈出了区港联动发展的新步伐，为青岛、山东乃至沿黄流域九省区深化对外开放、促进区域协调发展、参与国际分工与合作抢占了战略制高点。

【市场建设】 创新“美元挂牌、保税交易”模式，大力发展高端市场集群。橡胶市场发展势头良好，完成交易量131万吨，交易额

30亿美元，位列山东省十大工业品交易市场榜首，下一步将向期货市场转型。棉花、矿权、塑料、建材、农产品等市场集聚发展；新注册的油品市场是我国首家从事进口原油保税交易的专业化市场，注册资本5 000万元，为青岛建设石化基地增创了新的优势。

【区区联动】 以保税港区批复和胶南董家口港区开发为契机，创新区域联动发展模式，大力实施功能区带动战略，积极加强与周边区域对接，促进资源共享、互利共赢，加快区域经济协调发展。保税物流园区充分发挥“一日游”业务优势，吸引全省2 300多家企业开展保税物流业务，为企业节约通关运输等经营成本5亿多元。

【机构设置与管委会领导】 青岛保税区管委会内设机构有：办公室、组织人事局、财政局、经济贸易发展局、建设局、劳动和社会保障局、审计监察局、安全生产监督管理局。

下属单位有：机关事务管理局、投资合作促进局、文化中心、宣传中心、统计信息中心、物流发展中心、市场发展中心、房产与公共事业管理中心（国土房屋管理局）、企业发展服务中心。

管委会领导：工委书记、管委会主任王怀岳，工委副书记、管委会副主任刘泳，管委会副主任李苏满，纪工委书记王崇良，管委会副主任李华贵、吉兴亮。

【招商部门】 物流发展中心、市场发展中心、投资合作促进局。

张家港保税区
ZHANGJIAGANG FREE TRADE ZONE

【经济发展】 2008年，保税区实现国内生产总值182.67亿元，同比增长29%；完成业务总收入1 870亿元，同比增长23%；工业开票销售收入529.46亿元，同比增长32%；全口径财政收入33.93亿元，同比增长49%；入库税收33.72亿元，同比增长50%；一般预算收入12.35亿元，同比增长42%；完成进出口贸易额86.18亿美元，同比增长26%，其中进口贸易65.63亿美元，出口贸易20.55亿美元，同比分别增长22%和42%。

【投资环境】 2008年，张家港保税区投入6.7亿元高标准实施了北大门改造、长江路改造、晨港路拓宽、化工管架二期和污水、热电等100多个基础设施项目，较好地提升了园区配套能力，优化了整体环境。荷兰孚宝、华东能源分别开工建设了13万立方米和18.6万立方米储罐。截至2008年年底，保税物流园区已建成投运的液体储罐总容量超过135万立方米，固体仓库及堆场总面积近70万平方米。承担区域服务业外包的非保税物流园区获得江苏省发改委的项目核准，启动区的巴士物流项目进入实质性运作。开通试运行张家港电子口岸，有效整合了口岸管理资源，简化了通关环节，提高了管理效能和通关效率。

环保方面。编制的24平方公里的区域环境影响评价获得省环保厅同意，中水回用项目完成阶段性招标工作。结合生态园区创建，重点就各类资料进行归集整理。完成了污染源普查工作，金港镇关停小化工企业35家。

安全方面。编制下发《化工园危险化学品应急响应实用手册》，全区组织开展30多次消防安全演练，并重点强化了安全专项整治工作。城管和警务工作进一步加强，区内刑事发案率明显下降。

保税区纺织原料实验室建成投入运营。2008年5月9日，张家港保税区纺织原料实验室正式开业。作为保税区纺织原料市场的配套项目，实验室总投资达500余万元，建筑面积1 000多平方米，其中专门建立了180平方米的恒温室和75平方米的标准棉花分级室，拥有世界上最先进的专业检测仪器HVI-1000。2008年，检验棉花330批次，重量10.4万吨，货值1.68亿美元。实验室立足于长三角纺织业腹地优势和张家港口岸物流优势，着力为周边地区纺织客商提供高效快捷的商品品质监测和服务，将极大地缩短纺织品报检时间，降低企业物流成本，更好地推动保税区纺织原料市场和张家港口岸进出口贸易的发展。

区镇合一顺利完成。2008年9月3日，张家港市委以张委发［2008］35号《关于调整张家港保税区与金港镇管理体制》文件发文，实行区镇合一，保留张家港保税区、金港镇建制，由保税区党工委、管委会对区、镇实施统一领导和管理，具体做到“六个统一”，即统一审批权限、统一规划建设、统一经济发展、统一财政结算、统一组织人事管理、统一社会公共事务管理。

【招商引资】 2008 年，张家港保税区继续大力实施“走出去，请进来”战略，在招商引资上坚持以特色增强引力，以特色集聚优势，以特色放大效应。全年引进注册外资 7.86 亿美元，实际利用外资 3.41 亿美元，均占全市的一半以上。道康宁、南港橡胶、久泰能源等企业纷纷追加投资，做大做强。其中道康宁的注册外资由原 1.6 亿美元增加到 3.24 亿美元，并已全部到账。全年完成工业投入 33 亿元，陶氏醇醚、富美实锂产品、衡业特种树脂、法液空电子气体等一批重点项目按时序有力推进，部分项目投产、峻工。特别是随着瓦克公司和道康宁公司合资的硅氧烷工厂和气相二氧化硅工厂一期工程的竣工，张家港保税区已成为国内最大的硅氧烷和气相二氧化硅生产基地。

【市场不断发展】 通过加大招商力度，积极上门服务，加强合作交流，化工品市场基本形成规模优势和集聚效应。2008 年实现成交额 252 亿元，实现税收 2 亿元，进一步巩固了在全国行业中的“龙头”地位。

华东化工电子交易市场本着打造“扎实、高效、创新”的新型液体化工电子交易服务平台，不断优化会员结构、创新交易模式，切实提升了市场的核心竞争力，累计入会达到 959 家，银行收取保证金日余额超 1.5 亿元。

纺织原料市场积极“走出去”招商，千方百计引入新客户，开业运营纺织原料实验室，着力提升市场服务功能，实现成交额 90 亿元，税收 7 076 万元。2008 年，化工品市场和纺织原料市场都被评为江苏省五星级文明市场。

【工业】 2008 年 2 月 16 日，帝诺石材（中国）有限公司在张家港保税区工商局领取新的营业执照，张家港保税区内首家冠“中国”名称的企业诞生。作为欧洲最大的天然石材及相关装饰材料生产商，西班牙帝诺石材集团有限公司于 2005 年 9 月在张家港保税区投资 2 850 万美元设立了帝诺（张家港保税区）装饰材料有限公司。随着公司业务的不断扩大，集团决定将张家港保税区公司建设为区域市场的制造和物流中心，并将公司更名为“帝诺石材（中国）有限公司”。帝诺集团的需求得到了张家港保税区工商局的大力支持，特派专人前往国家工商总局办理名称核准事宜，确保企业顺利地办理了工商登记。

2008 年 3 月 28 日，张家港保税区和新加坡胜科工业集团又一新的合资项目——张家港保税区中水回用项目在新加坡正式签约。张家港保税区中水回用项目总投资 1.2 亿元，由新加坡胜科工业集团和张家港保税区张保实业有限公司分别出资 80% 和 20%，计划于 2009 年上半年投入商业营运，一期处理能力 40 000 立方米/天。这是胜科自 2005 年以来在张家港保税区投资兴建的第三个污水处理项目。该项目采用先进的反向渗透薄膜和超滤膜技术，对扬子江国际化学工业园内已经处理的所有工业污水的尾水再作净化，成为适合重新作为工业用途的新生水进行循环利用，实现节能减排、安全环保的目标。

【保税物流园区】 2008 年，张家港保税物流园区加快实施传统物流向现代物流的转变，成功实现了保税区和保税物流园区的功能升级，促进了现代物流的蓬勃发展。全年新引进外资物流企业 13 家，完成投资总额 9 208 万美元。完成进出货运总量 976 万吨，货值 122 亿美元，同比分别增长 4.95% 和 13.85%；海关征收税款 44.7 亿元，同比增长 9.76%。其中，保税物流园区进出货运总量 800 万吨，货值 93 亿美元，海关征收税款 36 亿元，分别占两区（园）总量的 87%、76%、82%，货运总量及货值在全国保税物流园区中继续保持领先地位。截至 2008 年年底，保税物流园区累计入驻外资物流企业 49

家，完成投资总额 33 931 万美元，入驻内资物流企业 461 家，注册资本 16.73 亿元。

【张家港保税港区获批准设立】 按照“整合转型”的思路，全力以赴推进保税区功能升级。2008 年 11 月 18 日，国务院批准设立张家港保税港区，是目前中国唯一处于县域口岸的保税港区。保税港区具备保税区、出口加工区、保税物流园区的所有功能，是目前中国开放度最高、政策最优的特殊区域。12 月 16 日，张家港保税港区新闻发布会在南京成功举行，30 多家中央、省、市级新闻媒体向江苏、向全国、向世界宣布了张家港保税港区被批准设立的喜讯，解读了其功能政策和发展方向，为后续保税港区建设发展工作营造了良好的舆论氛围。

【张家港保税区人力资源市场挂牌启用】 2008 年 10 月 18 日，张家港保税区人力资源市场正式挂牌启用，并迎来首届人力资源交流大会。市场由保税区组织人事局与市人才中心共同建办，是区域性、综合性、公益性的人力资源服务机构。作为市人才市场的重要组成部分和有益补充，保税区人力资源市场立足于服务保税区“一区三园”和金港片区经济社会发展对人力资源的需求，打破人才和劳动力资源分割交流的传统模式，构建“区镇联动、无缝对接”的人力资源服务格局，使之成为与市人才市场、市劳动力市场相呼应，与沿江经济板块相对接，与城市副中心建设相配套的专业性人力资源市场，为区域经济的发展提供坚强有力的人力资源保障。

出口加工区

2008 年全国出口加工区经济运行情况分析

2008 年全国各出口加工区面对复杂多变的国内外经济形势，立足经济发展方式转变和综合竞争能力提升，以抓产业建设为重点，拓展物流功能为契机，扎实推进加工贸易转型升级，从实际出发着力项目引进，完善投资环境，上半年区域经济实现了快速增长。进入下半年，尤其是第四季度，国际金融危机加剧已影响到实体经济、世界经济增长明显放缓、国内外经济环境中不稳定因素持续增加等诸多不利因素，使得作为以外向型经济为主体的出口加工区受到了不同程度的影响，第四季度经济指标增长呈现下滑趋势。但整体而言，2008 年全年出口加工区主要经济指标仍保持较快的发展速度。

一、经济总量持续扩大，增速有所放缓

截至 2008 年 12 月末，全国出口加工区增至 54 个（根据海关总署进出口数据统计），已成为全国海关特殊监管区域的重要组成部分。从总体上看，出口加工区经济规模在上半年快速增长的拉动下，2008 年全年实现增加值 548.89 亿元，比上年增长 17.5%，区域规模持续扩大。

1. 长三角出口加工区仍然保持强劲的发展优势，中西部加工区增长速度快。从各出口加工区上看，增加值排名前 10 位的出口加工区中有 7 个位于江浙沪等长三角地区，列前两位的江苏无锡和江苏昆山出口加工区分别完成增加值 106.93 亿元和 77.88 亿元，比上年增长 19.6% 和 25.4%，拉动了增加值的增长；浙江宁波和四川成都出口加工区在区内重点企业增产扩容的带动下快速增长，2008 年全年分别完成 66.68 亿元和 53.37 亿元，比上年增长 69.6% 和 71.9%，其中四川成都出口加工区增加值由年初的第七位上升至第五位，在中西部地区中列第一位，提升了增加值的增长速度；上海松江出口加工区虽然增加值仅比上年增长 2.1%，但其总量仍达到 69.46 亿元。上述 5 个出口加工区合计完成增加值 374.33 亿元，占全国出口加工区的 68.9%。此外，苏州高新区、上海漕河泾、广东深圳、辽宁大连、浙江杭州、陕西西安 A 区出口加工区完成增加值均超过 10 亿元。

2. 全年增速呈现放缓态势。2008 年全国出口加工区增加值增速虽然达到了 17.5% 的较快增长，高于国家 GDP 增长速度，但是与 2007 年 90% 的增长速度相比，有了较大幅度的回落。原因主要有二：一是重点加工区在经历了前几年的高速增长后，开始进入稳定期，经济总量的增幅逐步回落，如上海松江出口加工区全年仅比上年增长 2.1%；另一个主要原因是下半年以来席卷全球的金融危机给以出口为导向的出口加工区带来了较大的影响，特别是第四季度完成增加值 125.11 亿元，比上年下降 14.9%，比第三季度减少 10 亿元，从而加速了全年增速的回落。

二、工业经济实现较快增长，物流功能拓展进展顺利

2008 年全国各出口加工区内的投资企业顺应全球市场需求，积极调整产品结构，加大科技投入，提升产品竞争力，克服全球经济波动、生产成本上升、产业结构调整等不利因素，努力保持工业经济平稳较快发展。2008 年全国出口加工区共完成工业总产值 6 505.68亿元，比上年增长 13.8%，实现工业产品销售额 6 394.86 亿元，比上年增长 13.4%，产销率达到 98.3%，继续保持良好状态。工业经济运行主要有以下特点：

1. 上海松江、江苏昆山等出口加工区的产值仍保持较大规模。2008 年，上海松江、江苏昆山、上海漕河泾、浙江宁波等一批发展成熟的出口加工区工业产值继续保持规模效应，其中上海松江和江苏昆山分别完成工业产值 2 082.19 亿元和 1 589.43 亿元，合计占全国出口加工区的 56.4%；上海漕河泾和浙江宁波出口加工区完成工业产值也分别达到 856.34 亿元和 434.71 亿元，比上年增长 41.9% 和 23.6%，继续保持较快增长速度。

2. 出口加工区产值规模日益扩大，部分加工区增长速度加快。随着出口加工区发展的日趋成熟，企业规模日益扩大，2008 年全年产值突破 10 亿元的出口加工区已达到 23 个，出口加工区平均产值规模达到 163 亿元，比 2007 年增加 15 亿元。部分出口加工区显示出快速增长态势，如山东烟台和苏州高新区出口加工区积极引进区外优势企业，2008 年完成工业产值 336.93 亿元和 85.56 亿元，比上年增长 33 倍和 2.1 倍；四川成都和陕西西安（A 区）出口加工区在区内重点企业的带动下，工业产值快速增长，全年实现产值 158.34 亿元和 34.77 亿元，增长速度均超过 60%，成为中西部出口加工区中的领头羊。

3. 电子信息业集聚，高新产值不断提升。长三角区域——上海、江苏、浙江三地现已形成 IT 产业链配套服务区域，此外集成电路、光电科技等高科技产品也在长三角出口加工区中形成了规模效应，对区域经济发展作出巨大贡献。2008 年，全国出口加工区电子信息产业完成工业产值 5 700.48 亿元，比上年增长 14.6%，占工业总产值的 87.6%。上海松江、江苏昆山、上海漕河泾、浙江杭州、浙江宁波、苏州高新区、山东烟台、四川成都、江苏无锡等 16 个出口加工区电子信息产业产值均占该区工业总产值的 90% 以上，不仅成为电子信息产业生产制造的集聚地，同时也促使区内高新技术产值的增长。2008 年全国出口加工区共完成高新技术产业工业产值 1 149.13 亿元，比上年增长 6.9%，占工业总产值的 17.7%，比 2007 年提高了 8 个百分点。

4. 在出口加工区功能拓展的需求下，全国出口加工区拓展保税物流功能试点工作自 2007 年正式启动以来，在海关总署、地方政府的推动下，在各职能部门的大力支持下，7 个试点出口加工区坚持先行先试的基本理念，将功能拓展与区域运作方式有机结合，全力以赴抓好各项措施的落实，促使试点工作取得了阶段性成果。截至 2008 年 12 月底，7 个试点出口加工区累计引进物流企业 52 个，全年实现物流企业营业收入 4.97 亿元，比上年增长 1 倍。

三、出口继续保持快速增长，进口增长减缓

2008 年全国各出口加工区内的投资企业面对人民币对美元持续升值、世界经济波动性加剧的压力，积极依靠自身产品优势，进一步提升国际竞争力，使得进出口额继续保持平稳较快增长。据海关统计，2008 年全国出口加工区进出口总额达到 1 444.48 亿美元，比上年增长 27.5%。其中出口 967.91 亿美元，比上年增长 35.4%，占进出口总额的

67%；进口 476.57 亿美元，比上年增长 13.9%，占进出口总额的 33%。进出口顺差达到 491.34 亿美元，比上年增长 58.2%。

1. 从进出口总额上看，重点区域总量进一步放大。上海松江和江苏昆山在总量上继续保持前两位，分别完成 390.67 亿美元和 352.32 亿美元，合计占全国出口加工区进出口额的 51.4%，但增长速度明显放缓，增幅分别为 1.2% 和 11.6%。而上海漕河泾、苏州高新区、山东烟台、浙江宁波、四川成都等出口加工区实现进出口额不仅达到 45 亿美元以上，且增长速度均超过 40%，成为拉动出口加工区进出口额保持快速增长的主要动力。

2. 从出口上看，出口保持较快增长。2008 年，全国出口加工区出口额继续呈现较高的增长速度，主要是受部分新兴出口加工区重点企业出口快速增长的带动。其中苏州高新区和山东烟台加工区在新引进区外大型加工贸易企业的带动下，分别完成出口额 89.26 亿美元和 48.33 亿美元，比上年增长 16 倍和 23 倍。此外，四川成都、上海闵行、陕西西安等出口加工区的增长速度均达到 1 倍左右，拉动效应显著。

3. 从进口上看，进口增速回落。与出口相比，2008 年出口加工区进口额增长明显放缓，仅为 13.9%，多年来首次降至 20% 以下。主要是第四季度以来，受全球市场需求下降导致的企业产量减少和原材料价格下降影响，进口额大幅下滑，仅 12 月份当月进口额就比上年同期减少 30%，使得全年进口额增速急剧回落。

四、招商引资注重实效

随着金融危机影响的蔓延和区域竞争的加剧，2008 年全国各出口加工区在招商引资上也面临着巨大的挑战。面对严峻的经济形势，各出口加工区坚持创新招商举措，加强对高科技、大品牌、规模化项目的招商选资力度；同时强化对区内企业生产服务的职能，建立并完善企业长效服务机制，取得了一定成效。2008 年，全国出口加工区共批准项目 167 个，吸引投资总额 40.81 亿美元。截至 2008 年底，累计批准项目 1 239 个，吸引投资总额 246.97 亿美元。

1. 外商投资占主要比重。出口加工区作为我国外向型经济的窗口，已成为吸引外资的集聚地。2008 年全国出口加工区共吸引外商投资总额 35.88 亿美元，占投资总额的 87.9%，历年累计吸引投资总额 228.38 亿美元，占历年投资总额的 93%。

2. 利用外资水平不断提高。随着出口加工区运作的日趋成熟，外资实际利用水平也不断提高。2008 年全国加工区吸引合同外资 16.04 亿美元，实际利用外资 19.25 亿美元。截至 2008 年底，累计实现合同外资 111.01 亿美元，实际利用外资 88.07 亿美元，资金到位率达到 80%，比上年提高 12 个百分点。

3. 企业增资较为踊跃。在出口加工区投资环境日趋完善的前提下，企业为扩大生产规模积极增资的热情不减，2008 年全国出口加工区共增资 16.25 亿美元，已占全年投资总额的 39.8%。浙江宁波和江苏昆山出口加工区增资额均超过 2 亿美元，分别占该区投资总额的 82% 和 97%。

五、固定资产投资规模进一步扩大

2008 年，全国出口加工区努力优化投资环境，重点推进企业项目建设，在新企业投产运行和老企业增资扩产的共同作用下，再掀投资新高潮，全年完成固定资产投资额 290.08 亿元，其中进区投资企业固定资产投资达到 273.6 亿元，占固定资产投资总额的 94%，为全国出口加工区增加值保持平稳较快增长提供有力支撑。

从各出口加工区看，2008 年全年固定资产投资额达到10亿元以上的出口加工区有9个，其中固定资产投资额超过20亿元的有苏州高新区（51.79亿元）、江苏无锡（42.39亿元）、浙江宁波（29.32亿元）、辽宁大连（26.79亿元）和四川成都（22.36亿元）。从投资结构上看，除苏州高新区和山东烟台等加工区是引进企业实现固定资产投资外，其他出口加工区都是由于区内企业相继投产或扩容对生产设备及厂房建设需求增加而完成的投资额，如江苏无锡出口加工区的海力士二期、四川成都的英特尔二期等，都成为拉动固定资产额上升的主要因素。

六、运行中存在的主要问题

1. 金融危机影响加速蔓延，2009年发展压力加大。

（1）工业经济增长出现回落。出口加工区是以外向型经济为主体的海关特殊监管区域，而2008年下半年以来源自美国的次贷危机逐渐演变成波及全球的金融危机，导致全球经济增速下滑，衰退迹象明显。从出口加工区全年工业经济运行情况看，呈现出明显的“冲高回落”态势。一、二、三、四季度的工业经济增速分别为13.7%、26.4%、19.3%和2.2%，四季度完成工业产值1757亿元，与三季度基本持平，10、11、12月份的工业产值逐月下降，而往年第四季度一直是产销旺季。其中主要的原因是金融危机导致的国外产品需求大幅下降使得订单减少的同时，产品价格也呈现剧烈波动，特别是客户为欧美国家，以及生产电子和汽车类产品为主的出口加工区受影响最严重，其他一些加工区虽然仍保持较快增长速度，但增速也呈现不同程度的放缓现象。有相当数量的加工区反映，目前金融危机不仅对2008年第四季度产生影响，而且对2009年一季度乃至上半年的影响也在加大，导致企业订单明显不足，使2009年上半年的工业经济发展面临巨大的压力。

（2）企业营利水平明显下滑。虽然前几年人民币升值、出口退税率调整、成本上升等因素给出口加工区企业经济效益的增长造成了一定压力，但由于产销两旺，使得企业营利状况仍保持快速增长。但2008年下半年以来企业营利水平明显下滑，全年实现利润123.84亿元，比上年减少21%。12月份当月甚至出现了企业营利亏损的现象，上海松江、江苏昆山等一些规模较大的出口加工区经济效应均呈现负值，是近年来少有的现象。

2. 区域经济发展后劲有所欠缺。面对日趋严峻的招商引资压力，2008年全国出口加工区新批项目数和投资总额出现双双回落的态势。主要原因之一是加工区政策优势逐步弱化，甚至与区外形成“倒挂”，如2007年颁布的《中华人民共和国企业所得税法》，明确规定享受所得税过渡期优惠政策的生产性外商投资企业必须在国家级经济技术开发区内，而事实上相当数量的出口加工区都不属于这个范围，无法享受到这一政策。少数出口加工区也反映由于政策优势不明显，已出现企业外迁现象。另一方面，日益增高的土地成本和人工成本，使中国的成本优势也在逐渐丧失。如何寻找新的优势点，加大招商引资力度，将是各出口加工区需关注的重要问题。虽然国家近期出台了一系列鼓励企业出口的政策，包括提高出口退税率等，但在短期内尚难见效。

3. 功能拓展有待进一步深化。保税物流功能拓展试点已取得初步成效，但仅能满足于出口加工区内企业的原材料配送及服务需求，而从出口加工区物流企业数量及先期试点拓展物流功能的出口加工区的物流规模效能上看，离形成物流企业规模经济尚有很大差距，必须进一步拓展延伸物流服务产业链。此外，一部分出口加工区希望在拓展物流功能的基础上，能在贸易功能、检测和维修等辅助功能，以及“出料加工”功能上进一步突破，促使加工区功能发展更为全面。

4. 希望整合发展指导意见尽快出台。目前各出口加工区普遍关注海关特殊监管区域整合发展的指导意见何时出台，认为该指导意见提出的拓展保税仓储、保税物流、货物贸易、服务贸易四大功能，以及相关配套产业政策、税收政策、贸易政策、金融政策，是促进海关特殊监管区域可持续发展，体现解放思想、科学发展观的一个指导性文件，对区域整合具有重要的现实意义。

七、对策与建议

综上所述，2008 年全国出口加工区虽然从总体上看仍保持较快的发展，但在当前国内外经济形势复杂多变的情况下，2009 年要实现又快又好发展，还面临诸多困难与挑战。很多出口加工区认清形势，积极应对，在危机中寻找转机，采取一系列措施，促进区域发展保持稳定，主要有：

1. 加强招商引资力度，创新招商策略。不断优化科学招商策略，促进跨国公司地区研发中心、区域制造中心、区域物流中心、区域销售中心和区域结算中心的形成；将招商引资的方向向产业链上下游延伸，进行补链招商，就地就近配套，降低企业运行成本，提高企业竞争力；中西部地区出口加工区借助成本优势和产业并购重组的有利时机，积极承接东部沿海地区和世界其他国家产业转移。

2. 强化企业服务，建立并不断完善服务企业的长效工作机制。及时了解企业生产经营状况，掌握企业通关动态，实现管理部门与企业间“及时沟通重大事项、及时办理重要需求、及时解决重点问题、及时通报重要政策”。

3. 积极引导，帮助企业用足用好政策。根据近期国家出台的一系列扩大出口、扶持企业、提高出口退税率的政策，各出口加工区要积极组织好宣传和培训工作，充分利用政策，积极帮助企业申报各类项目，为企业用足各类政府政策和资源牵线搭桥，为企业做好、做大、做强注入动力。

4. 开展培训，促进就业。对由于企业不景气造成的下岗、待岗员工，开展业务技能再培训，提高员工素质与能力，促进就业。

此外，也建议海关总署和国家有关部门更多出台一些扶持出口加工区企业发展的政策，如在拓展物流功能上进一步延长物流产业链、拉平区内外政策“缺口”等，使出口加工区成为辐射带动地方经济发展的先行者。

天津出口加工区
TIANJIN EXPORT PROCESSING ZONE

【经济发展】 由于全球金融危机的爆发，以及国家政策的调整，支柱企业通广三星电子的迁出，致使天津出口加工区的各项经济指标均呈现负增长。2008 年天津出口加工区实现工业总产值 268 968 万元，其中电子信息产业完成 62 751 万元，工业产品销售额 259 943 万元，工业企业利润总额 27 799 万元。2008 年实现进出口 64 816. 97 万美元，其中出口 37 749. 67 万美元，进口 27 067. 3 万美元。区内实现就业约 8 000 人。

【投资环境】 天津出口加工区是 2000 年 4 月由国务院批准设立的首批 15 个出口加工区之一，规划面积 2. 54 平方公里。天津出口加工区 A 区开发 1 平方公里，位于天津经济技术开发区东北部，于 2001 年 6 月通过海关总署等国家八部委的联合验收，正式封关运作。天津出口加工区 B 区开发面积 0. 435 平方公里，位于天津经济技术开发区西区内，于 2007 年 12 月 6 日通过国务院联合验收小组验收封关运作。

天津出口加工区位于天津经济技术开发区内。2008 年，天津开发区被批准为首批国家生态工业示范园区，并连续十余年在国家商务部对各个开发区的综合评比中排名第一。天津出口加工区地理位置优越，基础设施完备，人力资源丰厚，政务环境公开，生活配套设施更是一应俱全。同时，企业服务工作更是投资环境的一项重要内容，坚持倡导天津开发区遵循已久的“投资者是帝王，项目是生命线”的服务理念。天津出口加工区管委会建立了“职能部门联席会议制度”和“企业定期走访制度”，定期与海关、检验检疫等职能部门召开会议，共同解决区域运营过程中企业普遍反映的情况问题；不定期走访企业，解决个别企业出现的个别问题，努力使企业满意，使投资者信任。管委会办公室及时关注国家政策变化，给予企业正确引导，将政策变化对企业的影响减少到最小。天津出口加工区管委会优质的服务多次得到企业的赞扬。

【招商引资】 2008 年，有 1 家企业在天津出口加工区完成注册，投资金额为 2 500 万美元。截至 2008 年年底，天津出口加工区完成批准企业项目 19 个，其中外资企业项目 11 个，涉及电子、家具、服装、食品、包装等产业。投资总额 18 908 万美元，其中外商投资总额 17 225 万美元，合同外资额 8 408 万美元，实际利用外资 9 046 万美元。目前，来区洽谈外商络绎不绝，众多项目有意进驻天津出口加工区。

2009 年，根据区内土地剩余不多的现实情况，天津出口加工区将大力提高项目准入门槛。招商重点从数量转移到质量上，重视附加值高、技术含量高的科技企业的引进，提升项目质量，提高天津出口加工区的科技含量，引导区内加工贸易转型升级。力争将其建造成高科技高附加值加工制造环节、研发中心的重要基地；面向国际市场，汇集大型高新技术龙头企业的聚集区。届时，天津出口加工区的发展将进入一个新的阶段。

【发展趋势】 经过近8年的发展，天津出口加工区正在走上一个良性发展的轨道，将会成为天津加强加工贸易管理的一个打得出去、叫得响亮的品牌。随着中国经济形势的启稳，再加上天津滨海新区的政策优势，以及出口加工区保税物流等功能的叠加，2009年将会是天津出口加工区加速发展的重要一年。从天津出口加工区的情况来看，优质项目的加入，土地资源的充分开发，将成为其快速发展的推动力。2009年天津出口加工区将把招商工作重心放在发展电子、汽车零部件等产业上，与周边产业形成分工明确、服务配套的产业链，努力实现各项经济指标的稳定增长，充分发挥出口加工区的辐射作用，带动内地提升加工贸易层次，有效利用出口加工区的政策优势，服务于天津滨海新区，服务于环渤海经济圈。

【机构设置与管委会领导】 天津出口加工区管理机构为天津出口加工区管委会，与天津经济技术开发区管委会合署办公。天津出口加工区管委会主任由天津经济技术开发区管委会何树山主任兼任。天津出口加工区管委会下设管委会办公室，与天津经济技术开发区管委会贸易发展局合署办公，行使出口加工区管理职能，从事日常管理、协调工作。天津经济技术开发区贸易发展局局长贾守月兼任天津出口加工区管委会办公室主任。

【招商部门】 本着“全民招商”的招商路线，利用天津滨海新区的政策、资源优势，发挥各部门职能，天津出口加工区管委会办公室与天津经济技术开发区管委会投资促进局建立协调机制，共同承担招商职责。

天津出口加工区管委会办公室招商电话：022－25201724、25201635、25202367、25202362；传真：022－25201635。天津经济技术开发区投资促进局招商电话：022－25201355，13920412603；传真：022－25201412；网址：www.tjepz.com。

河北秦皇岛出口加工区
HEBEI QINHUANGDAO EXPORT PROCESSING ZONE

【经济发展】 截至2008年12月底，秦皇岛出口加工区区内企业累计完成工业总产值33 272万元，实现工业销售收入33 374万元，实现进出口总值8 400万美元。其中，2008年1～12月份完成工业总产值11 068万元；实现工业销售收入11 144万元；实现进出口总值2 712万美元；区内企业现有职工1 092人。秦皇岛出口加工区建区以来累计完成固定资产投资23 620万元，其中：基础设施投资19 842万元，企业固定资产投资3 779万元。

【投资环境】 秦皇岛地处河北省东北部，南临渤海，北依燕山，东接辽宁，西近京津，位于中国最具发展潜力的环渤海中心地带，是东北与华北两大经济区的结合部和重要出海口。素有“京津后花园”之美誉，在接受京津辐射方面具有得天独厚的优势。这里空气清新，气候温和，冬暖夏凉，城市绿化覆盖率达38.5%，海洋、沙滩、阳光、空气和绿色完美组合，是最适宜人类居住的城市之一。

秦皇岛出口加工区距历史名城山海关5公里，距山海关船厂码头及正在建设中的山海关港2公里，距年吞吐能力1.6亿吨的秦皇岛港10公里，北靠京沈铁路山海关编组站，西临京沈高速公路山海关连接线，东至辽宁省界，南侧是秦皇岛开发区工业区，交通十分便利。区内早已完成水、电、路、暖、讯等配套设施的“九通一平”。

截至2008年年底，秦皇岛出口加工区累计建设标准厂房88 832平方米，其中：单层厂房11幢，多层厂房5幢。建设物流仓库一座，建筑面积12 698平方米。企业自建厂房7 213平方米。已建成10 000千伏安中配室一座，可基本满足加工区一期的用电需要。为厂房配套的500千伏安箱变两座，3 200千伏安配电室一座，1 600千伏安配电室一座。日处理能力1 000吨污水的处理厂一座已经建成。直径500毫米的自来水管道接入加工区并新建加压泵站一座，日供水能力可达1.4万吨。建设供热能力50吨锅炉房一座，目前蒸汽供应能力为每小时26吨。海关综合楼建筑面积4 500平方米；监管仓库建筑面积1 528平方米；验货广场面积4 600平方米；围栏长度2 955米；区内道路总长8 259.2米。以上建设项目的竣工，大大提升了出口加工区的项目承载能力，为项目进驻加工区提供了有力保障。

【招商引资】 在招商策略上，进一步通过吸引企业租赁厂房生产，逐步引导企业购地自建厂房，留住企业的根；在产业导向上，坚持把电子信息产业等对地方经济具有较大拉动作用的产业作为重点来扶持，逐步完善当地的产业链，形成局部的积聚效应。加强对加工区拓展保税物流业务的宣传力度，积极参加省、市等有关部门组织的有关招商活动，增强出口加工区招商引资的主动性。延伸产业链条，结合秦皇岛出口加工区目前已进驻项目的建设和发展，引导更多企业为区内企业做横向和纵向配套，促进生产企业进行自身产业链的拉伸和完善，实现企业的增资和再建，同时抓紧对目标行业的调研和走访，促进区外企业加快向区内聚集。加大招商引资力度，增强招商人员的责任意识和招商的针对性。强化招商队伍建设，明确主攻方向，加大对引进战略投资者的研究，重点引进保税物流企业。

秦皇岛出口加工区始终坚持“以企业服务为中心，以全程服务为主线”，完善各项制度，规范工作程序，强化管理工作。通过走访企业、发放企业问题与建议征询卡和建立加工区日常巡查制度等方式，了解企业亟待解决的问题。明确区内企业与主管部门的热线电话，确定具体责任人，保证企业的问题在第一时间得到反映和反馈。注重加强企业治安管理、劳动密集型企业的劳资管理、安全生产管理，督导其规范运行。各项工作措施的实行，使加工区投资软环境得到了进一步优化。

【工业】 秦皇岛飞凯特金属制品有限公司于2005年3月在秦皇岛出口加工区批准成立。由日本日产钢业株式会社独资兴办，项目投资总额200万美元，注册资本200万美元。主要产品有各种铁丝绳索具、物流箱及相关产品。生产规模为年产钢丝绳索具30万条，物流箱10万套，产品出口日本、美国等国家。2008年，完成工业总产值3 976.5万元，产品销售额3 977.1万元。

秦皇岛关东针织有限公司于2004年10月在秦皇岛出口加工区批准成立。由日本关东尼龙株式会社独资兴办，项目投资总额200万美元，注册资本200万美元，占地面积13 340平方米，厂房面积7 138平方米。经营范围主要是生产和销售女士的长筒袜、连裤袜等各种针织品，原材料80%从国内购进，其余从日本、韩国购进，年生产规模约1 800万双，产品100%出口，销售市场主要是日本及周边的东南亚国家。2008年，完成工业总产值5 314.8万元，产品销售额5 269万元。

秦皇岛途锦特种玻璃制品有限公司于2004年7月在秦皇岛出口加工区批准成立。由秦皇岛途美特种玻璃有限公司与中国香港公民李伟士合资兴办，主要加工和销售普通玻璃及特种玻璃制品。原材料大部分在国内采购，部分辅料由意大利进口，产品全部销往意大利。2008年，完成工业总产值186.8万元，产品销售额308.4万元。

秦皇岛一心西服有限公司于2004年7月在秦皇岛出口加工区批准设立。项目总投资90万美元，注册资本90万美元，生产厂房面积6 900平方米。主要生产男士西服，引进德国、日本、韩国全套西服专业生产线及样板设计系统，原材料全部由意大利、日本进口，产品定位为中高档消费群体，成品全部出口日本、美国等国家。2008年，完成工业总产值1 466万元，产品销售额1 465.7万元。

【物流业】 2008年12月31日，国务院同意出口加工区拓展保税物流等功能（国办发〔2008〕135号），“允许出口加工区拓展保税物流功能和开展研发、检测、维修业务，完善海关特殊监管区域的功能和政策，引导先进制造业和生产型现代服务业入区发展。鼓励在海关特殊监管区域和保税监管场所内设立物流配送分拨中心、高新技术研发中心、产品售后检测维修服务中心，推动加工区贸易延长产业链，提高附加值”。

秦皇岛出口加工区将抓住国务院批准出口加工区拓展保税物流等功能的历史机遇，加大对保税物流企业的招商力度，形成特色产业群，努力实现快速发展，为秦皇岛市外向型经济的发展敞开更为宽广的门户。

【发展趋势】 秦皇岛出口加工区，紧紧抓住国务院批准出口加工区拓展保税物流等功能这一历史机遇，加快拓展保税物流等功能的进程，着力引进保税物流企业，开展研发、检测、维修业务，实现加工区功能叠加，引导先进制造业和生产型现代服务业入区发展。加大招商引资力度，着力引进龙头项目，增强龙头项目的带动和辐射作用。着力加强区内、区外的配套能力，实现加工区的初步繁荣和带动作用。逐步将加工区、山海关港、开发区东区和山海关靠近加工区的部分区域实行统一规划，逐步向保税港区发展，形成具有口岸、物流、加工等功能全面的保税港区。

【机构设置与管委会领导】 秦皇岛出口加工区管委会与秦皇岛经济技术开发区管委会实行“两块牌子、一套人马”。出口加工区管委会下设3个部门：经济管理部，主要负责项目审批、企业管理与服务等方面工作；规划建设部，主要负责项目建设、规划、用地审批等方面工作；综合管理部，主要负责综合协调、后勤保障与服务工作。

秦皇岛出口加工区管委会领导：主任胡英杰，常务副主任邵宏根，副主任张巨良、杨恩伟、王月华。

【招商部门】 秦皇岛出口加工区管委会与秦皇岛开发区招商局建立协调机制，出口加工区的项目引进，由开发区招商局统一负责。不定期组织招商协调会，进一步整合资源，形成合力。联系人：李琨；联系电话：0335－5180018；传真：0335－5180011。

内蒙古呼和浩特出口加工区
INNER MONGOLIA HOHHOT EXPORT PROCESSING ZONE

【经济发展】 截至2008年年底，呼和浩特出口加工区共有2个项目签约注册，项目总投资2 117万美元，均已投产经营。实现工业总产值95 178万元，进出口总额21 166.9万美元，其中进口9 240.2万美元，出口11 926.7万美元。

【投资环境】 呼和浩特地理位置优越，城区东距首都北京440公里、天津口岸580公里；北距内陆开放口岸二连浩特490公里；西至包头150公里，距准格尔大型煤炭能源基地100多公里；西南距鄂尔多斯天然气田300公里。同时，呼和浩特还是内蒙古中西部地区辐射冀、晋、陕部分地区，以及面向全国和世界市场的重要商业流通中心，并以沿线城市、中心城市、资源富集地区的三大优势占据了中西部发展的有利地位。呼和浩特是国家45个公路主枢纽城市之一，北京到呼和浩特高速公路的贯通，使呼和浩特到北京的时间缩短为4.5个小时。京兰铁路经市区北侧通过，成为沟通北京、通往大西北的重要通道。呼和浩特机场是国家二级航空口岸机场和2008年北京奥运会的备用机场，可起降各种型号飞机。

呼和浩特出口加工区于2002年6月21日经国务院批准设立，位于呼和浩特经济技术开发区金川区西侧，规划面积2.2平方公里，是自治区唯一的国家级出口加工区，2007年12月28日经国家九部委联合验收封关运作。按照整体规划、分期开发的原则，一期开发建设面积1.038平方公里，道路、热力、燃气、供电、给水、污水、雨水、通讯及网络配套已建设完成，基本实现了“九通一平”。建成了4.4公里不间断全封闭金属围网；一个永久性卡口，卡口设置6条通道，其中货车通道2条、客车通道2条、人员通道2条，通道安装电子闸门放行系统、车辆自动识别系统和摄像系统组成的闭路电视监控系统。建有可供海关及检验检疫部门共同使用的14 944平方米的验货场地，其出入口设置2台电子地磅。区内建有1 550平方米的监管仓库，1 000平方米验货平台，17 000平方米标准厂房，5 268平方米综合办公楼。

加工区内规划4种功能区：加工工业区、监管及仓储区、管理服务区和公用工程区。

出口加工区实行全封闭管理，货物进出采取“一次审报、一次审单、一次查验”的24小时通关服务。加工区内特设110千伏安的变电站，全力满足企业电力供应需求。

【发展趋势】 由于封关时间不久，呼和浩特出口加工区还处于摸索、创业阶段，目前投产经营的项目都具备很好的成长性，特别是以内蒙古晟纳吉光伏材料有限公司、内蒙古北特通信有限公司为代表的光伏产业、光通信产业，已形成一定的产业发展基础，具有比较明显的特色。发挥这些企业的龙头带动作用，延长产业链集群，以形成产业聚集，推动园区支柱产业的发展。同时利用国家赋予呼和浩特出口加工区保税物流功能的契机，积极拓展园区保税物流功能，吸引国际资本、信息、技术等要素向呼和浩特市延伸和辐射，提升出口产品竞争力，推动呼和浩特市至德国的国际大陆桥建设，发展呼和浩特现代国际物流业，建设内陆无水港，促进呼和浩特市对外经济和社会发展。

【招商引资】 为确保加工区的发展规划顺利实施，完善产业配套，提升产业集聚水平和竞争力，推动产业向纵深发展，做大做强呼和浩特出口加工区，特提出以下招商项目：

硅片铸锭切割项目；太阳能电池及组件封装项目；太阳能灯具系列产品项目；光通信项目；保税物流中心建设项目；内蒙古自治区现代物流产业重点基地项目。

【机构设置与管委会领导】 呼和浩特出口加工区管委会下设综合办公室、土地规划建设局、经济发展（招商）局3个机构。具体负责区内行政管理、开发建设、经济发展、招商引资等工作。

出口加工区管委会领导：主任那顺巴雅尔，副主任张晶馥、许成亮。

辽宁大连出口加工区
LIAONING DALIAN EXPORT PROCESSING ZONE

【经济发展】 2008年出口加工区企业实现增加值13.7亿元，同比增长23.5%；工业总产值52.6亿元，工业商品销售额52.2亿元，工业企业利润总额6 000万元。实现进出口总额9.9亿美元，同比增长8.9%，其中出口73 916万美元，同比增长20.5%；进口24 915万美元，同比增长54.3%。完成固定资产投资26.8亿元，实现就业近10 000人。

【投资环境】 大连出口加工区是2000年4月27月经国务院批准设立的全国首批15个出口加工区试点之一。

大连出口加工区批准面积2.95平方公里，其中A区1.5平方公里，于2001年5月16日经国务院八部委联合验收后封关运作；B区面积1.45平方公里，2007年6月28日通过国务院九部委的正式验收。大连出口加工区位于大连经济技术开发区，与大连保税区、大连保税港区、大窑湾国际深水港、大连保税物流园区及金石滩国家旅游度假区形成具有独特经济功能的先导区。

大连是三面环海的港口城市，具有海洋性气候特点，温和湿润，四季分明；具有得天独厚的区位口岸优势、优良的港口条件、雄厚的临港工业基础、全方位的对外开放格局和完善的现代服务功能。大连地区人才素质高，劳动力资源丰富，政策优惠，政府高效。为了方便投资者，改善投资环境，简化审批手续，大连开发区管委会设立一站式审批大厅对投资项目实行一站式服务，各有关部门统一办理手续并为投资者提供相关的政策服务，简化办事手续，提高办事效率。大连开发区生活设施齐备，外商居住区、中高档楼盘、购物中心、酒店餐饮、医院、国际学校一应俱全，使外商在这里可以高品质地生活和工作。

【招商引资】 截至2008年年底，大连出口加工区吸引来自美国、日本、韩国、法国、加拿大、中国香港、中国台湾等国家和地区的投资项目87个，其中外资项目数52个。

【工业】 2008年区内工业总产值排前十名的重点企业有大连爱丽思生活用品有限公司、大连海尔空调器有限公司、大连海尔电冰箱有限公司、大连道氏硅业有限公司、大连菱星汽车配件有限公司、大连千代田空调机器有限公司、光洋轴承（大连）有限公司、山口制作（大连）有限公司、大连三希电机有限公司、大连鑫洋食品有限公司。主导产业有IT、家电、生活用品、高新材料等。其先进的管理经验、生产技术，以及对配套产品的需求促进了地区相关配套产业的发展。

英特尔半导体项目2007年落户大连出口加工区B区，该项目一期投资25亿美元，生产300毫米圆晶片。该项目的落地标志着大连开发区将成为英特尔公司在亚洲最大的芯片生产基地，必将有一大批世界级相关或非相关企业汇集到大连开发区，形成高新产业涌入大连的投资浪潮，这将拉动集成电路设计、制造业、封装业、分立器件、厚膜IC等上、中、下游产业相关企业向该区域聚集；促进IC制版、气体、材料、设备等配套企业向该区域汇集。

大连爱丽思生活用品有限公司是日本独资企业，主要生产家具、宠物用品及其他生活用品，多次获得“大连市十大高出口创汇企业”、“纳税信誉A级企业”、“大连市50家纳税大户企业”称号，并且于2002年通过了ISO9001质量管理体系及ISO14001环境管理体系认证。产品种类达1万多种，年出口量达到2万多个标箱，年产值达2亿美元以上。在大连出口加工区内还建设了亚洲最大的5万个标准托盘的全自动化物流仓库。

2001年海尔集团投资5.4亿人民币在加工区设立了海尔集团的第九个工业园，作为向欧美出口的冰箱、空调等产品的生产基地。海尔集团在大连出口加工区有5个企业，其中海尔空调、海尔电冰箱、海尔精密制品3个企业的工业总产值都超过亿元。

大连道氏硅业有限公司是中美合资企业，主要研究开发金属硅等相关产品的制造，产品全部出口。

2004年由日本三菱电线独资设立的菱星汽车配件公司注册资本8 140万美元，总投资额达到8 800万美元，生产高性能汽车部件、电线束线。大连千代田空调机器有限公司主要生产家用空气调节器，也是日本独资企业。

【发展趋势】 大连出口加工区的项目进驻趋于饱和，今后一是要大力实施项目带动战略，做好大项目的服务工作，促进出口加工区产业集群的形成，发挥产业的聚集效应，围绕重点发展的主导产业，极力打造品牌，加速产业聚集的形成。二是要营造良好的投资和发展环境，继续改善硬环境，维护好出口加工区的基础设施，搞好升级改造工作。三是要继续抓好软环境建设，不断拓展服务功能，将服务延伸到每个生产环节，为出口加工区的发展壮大提供全方位的服务。四是根据区内企业的发展需求，向国家申请拓展保税物流和保税仓储功能，以适应其产品种类多，出口量大，需库存生产，以及全球订单、全球订货的需要，降低企业运营成本，提高运营效率，延长企业的供应链和加工链。

【机构设置与管委会领导】 大连出口加工区与大连经济技术开发区合署办公，管委会下属部门同时管理开发区和出口加工区各相应工作。另外，在经济贸易局下设出口加工区管理局，负责出口加工区的发展建设和管理等综合协调工作。

管委会领导：主任张世坤；副主任赵相友、路刚、王延辉、阎利军、宋海青、李莉；出口加工区分管主任王延辉。

【招商部门】 出口加工区管理局。联系电话：0411－87615838；传真：0411－87614959。

辽宁沈阳（张士）出口加工区
LIAONING SHENYANG (ZHANGSHI) EXPORT PROCESSING ZONE

【经济发展】 2008年，根据铁西新区实施"五区联动"的总体要求，辽宁沈阳（张士）出口加工区管委会努力克服国际金融危机和经济形势低迷的影响，开拓创新，求真务实，利用国家赋予的各项优惠政策，积极推动各项工作的发展。全年完成固定资产投资2.3亿元。目前，管委会共批准进区项目2个，投资总额2 617万美元，达产后预计实现进出口总值1.2亿美元。

【投资环境】 辽宁沈阳（张士）出口加工区于2005年6月3日经国务院批准设立，批准规划面积0.62平方公里，一期启动0.14平方公里，于2007年6月20日正式封关运作。

辽宁沈阳（张士）出口加工区坐落于国家级的沈阳经济技术开发区批准规划范围内。其位于沈大、沈哈与京沈高速公路交汇处，为辽宁近海经济区的起始端，距沈阳桃仙国际机场25公里，距沈阳市中心15公里，正在建设的沈阳地铁一号线从这里经过。沈西开发大道从这里直通营口港，距离仅150多公里，距大连港仅370公里。在此区域内已经形成了装备制造、汽车及零部件、医药化工、食品饮料及包装、微电子及数字化等十大产业集群，140多个工业门类，并有沈阳机床、北方重工、沈鼓集团、三一重工等一大批优秀企业集团，为园区内企业的发展提供强大的技术支持。

【招商引资】 辽宁沈阳（张士）出口加工区依托铁西新区装备制造业聚集区的优势，鼓励发展装备制造业、汽车零部件、电子、精密机械、新能源、新型材料和精细化工等项目。重点引进产业链长、拉动作用大的龙头项目。目前，管委会已批准5个项目进区。在谈项目20余个，涉及机械制造、汽车零部件、电子、纺织服装、物流等多个行业。

【发展趋势】 管委会秉承出口加工区以加工贸易为主、保税物流为辅的发展思路，紧紧把握拓展保税物流等功能的发展契机，在引进加工贸易企业的同时，积极引进国际知名、业务资源丰富的保税物流企业，努力将辽宁沈阳（张士）出口加工区打造成沈阳市加工贸易企业聚集区和沈西工业走廊保税物流基地，为区域经济的可持续发展奠定坚实的基础。

【机构设置与管委会领导】 辽宁沈阳（张士）出口加工区管委会由原市政府派出机构调整为沈阳经济技术开发区派出机构，正局级建制。主要职责是按照国家有关规定和市政府授权，负责出口加工区的统一规划、开发建设、招商引资和管理工作，负责与海关、检验检疫、工商税务等驻区管理机构的协调服务等工作。管委会设主任1名，副主任2名，内设办公室、管理一处、管理二处3个机构。

管委会主任周航，电话：024－25812842；

管委会副主任李慈，电话：024－25373137；管委会副主任齐向东，电话：024－25813316。

【招商部门】 辽宁沈阳（张士）出口加工区的招商工作由管理一处、管理二处两个部门负责。

管理一处联系人：张大志；电话：024－25371738；传真：024－25373500。管理二处联系人：窦邃；电话：024－25373209；传真：024－25373500。

吉林珲春出口加工区
JILIN HUNCHUN EXPORT PROCESSING ZONE

【经济发展】 2008年，吉林珲春出口加工区内注册企业43家，完成工业总产值4.4亿元，实现工业增长17%；完成工业增加值1.6亿元，实现工业增加值增长108%。珲春出口加工区经济发展良好，在地区工业主导地位十分突出。其中韩资企业5家、日资企业4家、中外合资企业4家，美资、俄资和港资企业各1家。2008年进出口总额实现1亿美元（其中：进口5 116万美元，出口6 018万美元），同比增长103%，超过封关运行以来前7年的总和。

【投资环境】 截至2008年年底，珲春出口加工区依托珲春边境经济合作区经过7年的开发建设，基础设施日臻完善。珲春边境经济合作区累计投入资金32亿元进行基础设施建设，兴建了标准工业厂房、海关监管中心、保税仓库、边贸市场、污水处理厂、邮电通信、电力工程等配套设施，可以满足入区项目的需要。珲春出口加工区享有国家赋予的西部大开发战略、振兴东北地区等老工业基地战略、边疆少数民族地区等多项优惠政策。

珲春出口加工区所在地珲春市拥有得天独厚的区位优势，是我国通向东北亚的窗口。这里中、俄、朝三国交界，中、朝、俄、韩、日五国水路相通；拥有国家一类口岸3个，国家二类口岸1个；过货总通关能力达210万吨/年。目前已开通的航线有：珲春—扎鲁比诺（俄）—束草（韩）、延吉—珲春—罗津（朝）—釜山（韩）。

【招商引资与利用外资】 截至2008年年底，进区投资的国家（地区）包括韩国、中国香港、美国、日本和俄罗斯，投资项目合计17个。累计引进项目43个，其中外商直接投资12个，完成合同外商直接投资4 269万美元，实际外商直接投资4 597万美元。

【发展趋势】 坚持突出优势特色产业。依托合作区现有产业配套基础，充分发挥资源优势，有效利用加工贸易渠道，逐步发展具有特色的产业集群。引导东部地区劳动密集型加工贸易生产企业到加工区发展，主要包括塑料、纺织、服装、轻工等行业。由于珲春与俄罗斯接壤，随着中俄两国经贸往来的日益深入，俄罗斯远东地区大量的木材资源将成为珲春出口加工区发展木材加工业可靠的后备原料库。大力开发以水产品和农副土特产品为主的食品加工业。俄、朝两国的水产品资源相当丰富，且大多处于天然的状态，通过珲春口岸进入我国的水产品日益增多，发展水产食品加工业，珲春有着得天独厚、其他地区无与伦比的优势。同时吉林省东部地区地处长白山脉，自然环境好，农副土特产品资源丰富。通过珲春的通道，把延边的无公害农副土特产品输送到韩国、日本，这是个潜在的巨大市场，也是把资源优势转化为产业优势的一个有效途径。

坚持贯彻加工贸易转型升级要求。着重提高产业层次和深加工度，增强国内配套能力，着力推动加工贸易向更高技术水平、更大增值含量的加工制环节升级，从资源密集型向资源节约型、从规模扩张型向经济效益型转变，切实引导和促进加工贸易转型升级。积极发展运输、汽车配件与维修、仓储、物流产业，改善加工贸易配套条件，发展软件、设计、检测等行业，开展较高层次加工贸易。国家对出口加工区赋予了叠加保税物流功能，借此大力发展以运输为主的物流业。

建设完善基础设施及功能配套设施工程，完善产业布局，形成开放合作的产业优势。优化投资环境，以市场为导向，发展比较优势，大力发展高起点、高水平的高技术产业，承接产业转移，形成特色鲜明、竞争力强的产业结构。树立良好的“服务”和“诚信”理念，全面提高部门服务水平，坚持诚实守信、政企互信，创造和谐、信用和共赢的社会环境，从而推动产业集群的快速发展。

【管理与服务】 珲春出口加工区管理局始终秉承“亲商、安商、扶商、富商”理念，建立了“一个窗口对外，一站式审批，一条龙服务”体系，对引资项目的审批与办证实行全程代理服务，并推行直接责任制、服务承诺制和服务代理制，变被动服务为主动服务，变随意性服务为规范性服务。集中规范清理各种收费，强化监督稽查机制，建成了低投资成本、低费用区域。

【机构设置与管委会领导】 珲春边境经济合作区管委会本着精干、高效的原则，加挂珲春出口加工区管委会的牌子，即“一套人马、两块牌子”。珲春边境经济合作区对加工区经济和行政事务实行统一领导和管理。出口加工区管委会主任由合作区管委会主任兼任。珲春出口加工区管委会依照国家法律、法规对出口加工区的规划、建设、发展等行政、经济各项事务实施管理，下设出口加工区管理局。出口加工区管理局是出口加工区的职能工作部门，主要负责出口加工区内的行政管理、业务管理、招商引资和综合协调工作，是正科级建制。

【招商部门】 珲春出口加工区管理局负责加工区的招商工作，下设经济发展科和投资促进科负责重点项目筛选、项目洽谈，提供政策咨询等具体工作。

经济发展科科长金学诛；投资促进科科长栾海燕。联系电话：0433－7612243；传真：0433－7612218；电子邮箱：hcepz@163.com；网址：www.hcepz.cn。

上海松江出口加工区
SHANGHAI SONGJIANG EXPORT PROCESSING ZONE

【概况】 上海松江出口加工区由 A 区和 B 区组成，总规划面积 5.96 平方公里。

上海松江出口加工区 A 区于 2000 年 4 月 27 日经国务院批准设立，为全国首批出口加工区之一，规划面积 2.98 平方公里，于 2001 年年初封关运作，已全部开发完毕；B 区于 2003 年 3 月 14 日经国务院批准设立，规划面积 2.98 平方公里，分两期开发，2003 年 11 月一期 1.33 平方公里封关运作。

松江出口加工区的总体目标是成为全球重要的 IT 产业生产基地和一流的现代化工业园区，为海外投资者创造一个大展鸿图、投资兴业的家园。

【经济发展】 2008 年，上海松江出口加工区受全球金融风暴影响，区内工业企业各项经济指标在下半年度出现下滑，全年总量仍保持全国首位。据统计，截至 2008 年年底，上海松江出口加工区累计完成工业生产总值 8 214.98亿元，为国家提供各类税收 30.03 亿元，区内企业直接提供超过 9.1 万个工作岗位，并带动相关配套服务业发展，提供超过 2 万个工作岗位。

上海松江出口加工区 2008 年全年实现进出口总额 390.68 亿美元，同比增长 1.2%，其中进口 106.03 亿美元，同比减少 18%；出口 284.65 亿美元，同比增长 10.8%。

自 2001 年年初封关运行以来，上海松江出口加工区已累计实现进出口总值 1 516.58 亿美元，占全国出口加工区累计实现的进出口总值的 31%，始终保持全国出口加工区的领先位置，是我国最大的以加工制造为主导的特殊监管区。

【投资环境】 上海松江出口加工区地理位置优越，距上海虹桥国际机场 20 公里；距上海浦东国际机场 42 公里；周边有沪杭高速公路、同三国道、嘉金高速公路、松闵公路、沪松公路等高等级的公路，构成便捷的公路交通网络。同三国道将沪杭高速公路和沪宁高速公路连成一体。上海市区外环线距松江出口加工区仅 18 公里。

作为千年文化古城的松江，历来重视发展教育，注重人才素质的培养。目前已拥有一座包括 7 所大学的现代化大学城（其中包括上海外国语大学、上海对外贸易学院、上海立信会计大学、东华大学、华东政法大学、上海工程技术大学、上海视觉艺术学院），2 所大专院校，31 所中学，7 所职业学校，28 所技术学校，1 所电大。人力资源相当充沛，可以为区内企业提供不同专业、不同层次的专门人才，同时还可以为区内企业提供各种人员培训服务。

作为全国最早的出口加工区之一，上海松江出口加工区已经运作多年，基础设施配套完善，管理机构运作娴熟，各类服务措施齐全，是中外客商的投资宝地。松江出口加工区实行全封闭管理，区内海关、商检、税务、工商、银行、外贸、运输、报关等一应俱全，落户企业在区内可办理完一切进出口手续。目前区内货物进出口的通关物流时间只需4小时，达到先进国家水平。

【招商引资】 截至2008年12月底，上海松江出口加工区A区和B区共引进全世界15个国家和地区的88家企业，总投资逾20亿美元，现已形成每年280多亿美元的出口量，已成为全球最重要的电子信息制造产业基地之一。

【工业】 在全球金融风暴的冲击下，2008年1至12月，上海松江出口加工区完成工业总产值2 082.19亿元，同比下降2.2%，保持了相对稳定的态势。

上海松江出口加工区内的核心龙头企业广达集团旗下达丰（上海）电脑有限公司等企业，2008年其主要产品笔记本电脑的出货量达3 650万台，为全球最大的笔记本电脑OEM制造商，市场占有率约30%。

2005年7月投产的富士康集团旗下国基电子（上海）有限公司和国链电子（上海）有限公司依托集团雄厚的实力和完整的产品线，成长速度惊人，2008年完成工业生产总值达93.59亿元，在全球经济放缓的形势下仍实现了两位数的增长。

【物流】 2007年，上海松江出口加工区被国务院批准为全国7个试点出口加工区之一，在原先的保税加工功能之外，拓展了保税物流功能，并取得了开展研发、测试和维修等新业务的试点，使得上海松江出口加工区的企业能够享受到更加完善的政策配套，为企业打通上下游形成完整的产业链提供了政策支持。

自开展试点工作以来，截至2008年年底，拓展保税物流功能方面，列入试点的保税物流企业11家，其中7家为内资企业，4家为外资企业；截至2008年12月底，物流企业仓储面积已逾10万平方米，入库货物和出库货物金额分别达84.62亿美元和80.01亿美元。

开展售后服务（即销售未经加工料件）的试点企业为16家，业务收入达41.42亿美元；开展维修业务试点企业6家，业务收入22.76亿美元。

开展研发业务试点企业6家；开展检测业务试点企业7家，业务收入分别为151万美元和40.04亿美元。

【发展趋势】 上海松江出口加工区已经经历了8年的快速发展，电子信息技术产业链已经日趋完善，同时，随着出口加工区功能的拓展，上海松江出口加工区将集研发、生产、检测、维修及保税物流功能于一体，成为功能最完善、配套最齐全、服务最优化、发展最稳健的出口加工区。

【机构设置与管委会领导】 松江出口加工区管委会下设出口加工区管理部、党务行政部、项目开发部、规划建设部、企业服务部、财务资产部、社会事业部、物流公司等部门。

管委会领导：管委会党委书记、主任吴建明，管委会分管副主任高富忠。

【招商部门】 管委会下属项目开发部统一负责松江工业区和出口加工区的招商引资工作。联系人：项目开发部副部长夏超群；联系电话：021－67754153，13918906969。

上海金桥出口加工区（南区）
SHANGHAI JINQIAO EXPORT PROCESSING ZONE（SOUTH AREA）

【经济发展】 2008年，上海金桥出口加工区（南区）克服种种困难完成工业总产值15.51亿元；产品销售收入15.19亿元；年度进出口总额3.18亿美元，其中出口额2.05亿美元，进口额1.13亿美元。历年累计进出口总额为167 584万美元。

截至2008年12月，已有27家企业获准注册南区，其中25家为外商投资企业，2家为中资企业，吸收投资总额3.86亿美元，合同外资1.49亿美元。

根据上海微电子和半导体装备产业的发展战略，由上海市经委命名的上海半导体装备基地也在金桥出口加工区（南区）挂牌，以中微半导体为主的具有自主知识产权的半导体装备企业群体在区内得以蓬勃发展，科技研发已成为区域经济发展的一个新亮点，进一步凸显了金桥南区研发产业的优势和特色。

【投资环境】 上海金桥出口加工区（南区）于2001年9月4日经国务院八部委批准设立，2002年6月正式封关运行，规划面积2.8平方公里，其中一期封关面积为1.55平方公里。作为浦东新区唯一的国家级出口加工区，金桥出口加工区（南区）距洋山深水港50公里，距浦东国际机场仅10公里，距上海城市外环线3.5公里。周边有城市快速干道外环线、浦东新区主干道龙东大道，连接市区与浦东国际机场的轻轨2号线，具有出口加工区得天独厚的区位优势。

根据区域发展规划和功能拓展需求，2008年金桥管委会加强了基础设施和市政设施建设，投资1 400万元完成了华东路主卡口改造，将原两进两出通道扩建为四进五出，大大提高了机动车通行速度；对原建的查验库场进行了扩建，并完善了区内泵站、道路、管线等基础设施。截至2008年年底，建成总长度为3 840米的“一纵三横”的主干道路及雨污水管道；建成巡关环道5 342米；建成通用厂房22.8万平方米；建成数据通信光缆网络；区内河道两岸建成宽度为20米、长度约为1 000米的绿化带；区域北部宽度为200米的生态林带已具规模。

【招商引资】 2008年，金桥出口加工区（南区）新增投资企业4家，吸引投资额（含增资）15 179万美元，已形成半导体装备、工业自动化、电子信息、精密仪器为主导的研发制造基地。

【工业】 金桥出口加工区（南区）受全球金融危机影响，工业生产和出口明显下降。2008年完成工业总产值15.51亿元，同比下降23.5%；出口交货值15.20亿元，同比下降23.9%；电子信息产业下降幅度比全区平均降幅还要低30个百分点。佳世达电通（上海）有限公司由于订单不足，生产总值下降近60%。美铝汽车电气（上海）有限公司生产总值下降53%。另外，由于金桥出口加工区（南区）投资企业呈现行业分散、规模较小的特色，受金融危机冲击影响不一。生产茶制品的英联川宁饮料（上海）有限公司完成产值1.06亿元，同比增长48.6%。

【研发】 金桥出口加工区（南区）积极探索加工贸易转型升级，着力集聚技术密集型高附加值产业。目前金桥出口加工区（南区）以中微半导体设备（上海）有限公司、安集微电子（上海）有限公司为代表的研发型企业，拥有被公认为本行业的世界级专家和技术团队，以科技创新及知识产权为本，以填补国内技术空白为目标，取得了骄人的成果。随着出口加工区功能的拓展，金桥出口加工区（南区）将集研发、生产、检测、维修及保税物流功能于一体，成为拥有高科技水平和知识产权成果云集的出口加工区。

【发展趋势】 为深化落实上海浦东综合配套改革试点，金桥出口加工区将积极推进转变外贸增长方式和加工贸易的转型升级，以“功能集成、提升优势、资源整合、集约优化”为发展目标，积极探索以加工制造为主体，推进金桥南区成为先进制造业与生产性服务业新的集聚区；积极开展保税物流、研发设计、检测维修及配套服务功能，推进金桥南区成为出口加工生产中心、离岸保税物流中心、离岸调拨配送中心、研发与检测中心、售后服务和维修中心，实现金桥出口加工区南北联动。

金桥出口加工区（南区）将紧紧抓住拓展保税物流等功能这一发展机会，利用其特有的区位优势，一是依托金桥开发区、张江高科技园区、陆家嘴金融贸易区的强劲经济动能实现产业联动，做大做强先进制造业；二是以中央关于把上海建设成国际金融中心和航运中心的战略决策为契机，主动切入产业上下延伸的需求，发展保税物流等现代服务业，使金桥出口加工区（南区）成为政策、效率、成本的最优化区域；三是充分发挥金桥出口加工区（南区）作为上海市半导体装备产业基地的优势，聚集半导体装备研发技术、人才、资金，强化政策配套，使之成为我国最具特色的半导体装备研发、生产、检测中心。

【机构设置与管委会领导】 上海金桥出口加工区管委会与上海金桥出口加工区（南区）管委会合署办公，实行“一套班子、两块牌子”的管理模式。上海金桥出口加工区（南区）综合办公室为管委会的直属单位，负责金桥出口加工区（南区）的日常管理工作。

管委会领导：上海金桥出口加工区管委会书记、主任陈建明，分管副书记、副主任顾军。

【招商部门】 金桥出口加工区（南区）综合办公室，主任唐雯；副主任吉伟云。招商热线：021-58584679、58584689。

上海青浦出口加工区
SHANGHAI QINGPU EXPORT PROCESSING ZONE

【经济发展】 2008年下半年在全球金融危机的影响下，世界经济增长大幅萎缩，中国经济同步放缓。青浦出口加工区始终以科学发展观为统领，齐心协力克服困难，坚定发展信心，管委会、驻区海关、检验检疫和落户企业，四位一体，抱团“突围”，各项工作有质、有序、有效推进，整体发展呈现管理体制逐步优化、服务环境不断提升、企业出口持续增长的稳健发展态势。截至2008年年底，累计落户企业20家，投产企业16家。外资企业18家，总投资40 782万美元，注册资金15 006万美元。全年实现增加值42 262万元，同比下降8.8%；工业总产值187 948万元，同比增长58.2%；工业产品销售额181 257万元，同比增长42.4%。据海关统计，2008年共完成进出口总额49 952万美元，同比增长43.9%，其中出口额26 617万美元，同比增长48.9%；进口额23 335万美元，同比增长38.6%。

【投资环境】 青浦出口加工区以企业为本，注重区域投资软环境的建设，提高综合环境质量。一是机制成熟，服务显成效。青浦出口加工区管委会、海关、检验检疫三位一体协调机制成效逐步提高；坚持企业跟踪访问制度，定期协调、快速解决企业问题，“要事快办，急事急办，特事特办”的服务理念贯彻始终。二是管理有序，形象有提升。加强区内秩序管理；结合上海市口岸办文明窗口的建设工作，加强党团员和职工的两支队伍建设和“共建共享”和谐环境建设，窗口风貌明显提升，卡口管理质量有所提高。三是配套完善，运行有保障。目前区内基础配套基本完善，每年有定期检修计划，基础设施、设备、标准厂房等进入5年的中期全面维修保养期，开始分批维修养护。四是重视安全，环境露和谐。区内安全检查已形成制度，重点加强企业安全规范，整顿部分企业安全设施管理，提高企业预警和解决隐患的能力。五是功能拓展，区域促升级。2008年年底国家出台新文件明确加工区功能拓展，区域功能有望快速提升，为2009年加工区的发展注入信心和动力。

【招商引资】 坚持科学选资，严把项目质量关，以汽车配套业、精密制造与机械加工业、信息电子业和现代服务业为主要产业导向，多方位多渠道拓展招商。2008年批准外资项目数4个，其中美国项目3个，欧洲项目1个；吸引合同外资2 060万美元，同比增长81.2%；到位资金6 592万美元，同比增长335.64%。随着世界经济发展急剧动荡，招商引资日趋严峻，面临新批项目数减少、缺乏经济增长支撑点的新问题，因此在金融危机背景下，青浦出口加工区注重自身内部挖掘潜力，研究现存价值，把握衍生产业机遇，努力推动招商工作。发挥重点优质项目的辐射作用，加强产业链招商，如针对普惠飞机发动机维修项目开展航空航材、与之配套的现代服务业招商。加强企业服务，深挖企业价值，以企业发展为加工区发展的根本落脚点，抓增资，促发展，2008 年新批准外资项目中 50% 为增资项目。把握功能拓展正在试点运行的契机，开发潜在商源，为政策放开后的招商引资作准备。

【工业与企业】 因受金融危机影响和国内政策调整等各方面影响，2008 年区内企业工业销售额增幅有所下降，企业经济效益受到冲击。2008 年全年工业产品销售额 181 257 万元，同比增长 42.4%；工业企业利润总额 5 070万元，同比下降 64.4%。由于项目质量相对较高，企业具有较强的规避风险的能力，加上企业自身已开始内部挖掘潜力，改善管理体制，缩减开支等，生产发展相对稳定。上海欧菲滤清器有限公司、日立海立汽车部件（上海）有限公司生产稳定，工业总产值和产品销售额比去年同期小幅增长；斯伦贝谢油田设备（上海）有限公司工业总产值和产品销售额大幅增长，同比增长 154.6%。上海普惠飞机发动机维修有限公司的试车台、大厂房建设顺利，预计 2009 年上半年可试生产，产量预测相对稳定。区内物流企业营业收入同比增长 182.8%。年内因功能拓展未全面放开，3 家有相关需求的企业已外迁，分别为希比艾斯仪器设备（上海）有限公司、尚芳化妆品灌装（上海）有限公司、尚丰包装材料（上海）有限公司。

【发展趋势】 功能拓展上，一是建立机制，加强学习。建立工作领导小组和有关职能协调配合机制，深入研究新政策，学习新经验，加快落实。二是细研政策，捆绑服务。建立与落户企业“一对一”的捆绑式研究与服务，探索业务类型，依需拓展。三是扩大招商，辐射发展。吸引拓展功能允许入区经营的企业类型，如引进综合物流企业、研发设计机构、专业检测机构等入驻区内，同时为区内外企业服务，推进现代物流建设。四是加强配套，增强功能。如配套服务楼、仓库定制建设和物流仓储基地规划等。

构建环境上，一是扎实推进节能减排和生态环保工作。做好绿化美化工程，做好河道整治、环境保洁工作，引导做好在建项目施工单位的环保和节能管理。二是继续加强安全管理，定期常检和突检，对重点企业加强监督指导。三是进一步完善基础设施配套。做好道路、绿化、用电设备维修养护工作，协助企业做好供电和设施配套工作。四是加强建设管理，避免重复建设。做好物流仓库区域功能定位，统筹兼顾，一次性综合规划，依需分步实施。

扩大服务上，引导和支持落户企业优化产品结构，提高精益制造能力；强化内部管理，提高企业竞争力；优化市场结构，创新经营模式，保持出口稳定增长。推进配套联合，抓好配套建设，提高产业集聚。

【机构设置与管委会领导】 青浦出口加工区成立开发有限公司，负责日常管理运行、规划建设和招商引资等。公司机构精简，共设办公室、招商和综合管理科、物业查验科、财务科 4 个工作部门，与青浦工业园区资源共享，联动管理，形成有序、统一、高效的工作格局，实行竞争上岗、干部聘任、员工考核三者结合的激励机制和绩效考核机制。

青浦出口加工区现任管委会主任为青浦区人民政府副区长张汪耀。

【招商部门】 本着“全民招商”的招商路线，发挥各职能部门、园区总部的资源优势，加强对出口加工区的招商工作。着眼长远发展，“区内开花区外香”，发挥在上海青浦外向型经济中的重要作用。联系人：金妹；联系电话：021－59700088。

上海漕河泾出口加工区
SHANGHAI CAOHEJING EXPORT PROCESSING ZONE

【经济发展】 2008年，上海漕河泾出口加工区坚持以科学发展观为统领，围绕实现加工区又好又快发展的指导纲领，稳步推进各项工作，不断深化对投资环境的建设，发挥开发公司卓有成效的管理与经营模式，吸引更多的企业投资入驻。

加工区全年经济呈现高开低走的态势，前三季度经济呈现平稳较快增长、效益显著提高等特点，而第四季度刮起的全球金融风暴使得外围市场订单需求大幅萎缩，其中电子信息制造业企业深受影响，各项指标一路下滑，经济发展大大受挫，企业经历了从暖春到严冬的经济过程。从全年看，加工区经济仍保持二位数增长，完成工业总产值856.34亿元，同比增长33.12%；销售收入达到857.89亿元，同比增长32.82%。实现工业增加值18.50亿元，同比上升47.33%。

【投资环境】 上海漕河泾出口加工区是国务院批准的第三批出口加工区之一，规划面积2.9平方公里，一期开发0.9平方公里。2003年11月漕河泾出口加工区成功通过国务院八部委验收，并于次年3月1日正式封关运作。作为第三批通过验收的出口加工区，通过当地政府的大力协作及企业自身的不懈努力，其主要经济指标排名多年来保持全国出口加工区第三名。

加工区经过近5年不断地投入，基础设施配套齐全，管理机构运作成熟，各类服务措施到位，受到各行业投资商的青睐。加工区内已经建成标准厂房11万平方米，区内道路、供电、供水、排水、排污、供暖、照明、网络通信等基础设施已经完善，区内海关商检、金融服务、政策咨询、注册服务、报关服务等软环境一应俱全。

此外，由于加工区的对外辐射经济带动了周边地域经济的又一次快速发展，目前，与加工区毗邻的地块已建成多块高档住宅，大型的商业设施也纷纷落户周边，这些生活辅助设施使得出口加工区的投资环境有了本质的提高，也为加工区进一步招商引资打下了坚实的基础。

【招商引资】 截至2008年年底，上海漕河泾出口加工区累计引进企业17家，其中14家为外商独资企业，分别来自美国、日本、开曼群岛、中国香港等8个国家和地区，均为工业型企业。累计引进投资总额6.90亿美元，合同外资2.51亿美元，实际到位外资2.49亿美元，其中，投资额500万美元的项目共6个。区内“四英”公司作为加工区支柱产业之一的龙头企业，全年完成工业总产值849.57亿元，主导加工区99%的产值构架，占据上海市闵行区约1/4的产值比重。英华达、英源达两家企业也不断扩大自己的经营力度，纷纷增资扩容，增资额达7 800万美元。

加工区一期土地已经饱和，2008年出口

加工区招商引资主要依靠剩余的7万平方米厂房，将继续发挥漕河泾的品牌优势、区位优势，重点发展高新技术产业，引进高层次的相关配套产业。

【进出口贸易】 2008年，漕河泾出口加工区进出口贸易实现了稳步增长，新增进出口企业1家。加工区进出口总额达到148.01亿美元，其中出口额首次突破百亿大关，达到118.36亿美元，同比增长41.32%，提前实现上海市委、市政府在园区封关之初提出的百亿美元出口的目标；进口额达到29.67亿美元。

区内重点企业英业达集团进出口总量实现了增长的势头，现英业达集团主要生产笔记本、服务器、通讯类产品及部分数码类产品。

2008年区内从事进出口贸易企业6家，全年共与21个国家和地区发生进出口业务往来，其中尤以与中国台湾、拉丁美洲国家的出口贸易最为密切，与上述国家和地区的出口贸易额就达到了整个出口加工区贸易额的90%以上。

【发展趋势】 上海漕河泾出口加工区经历了5年的发展历程后，已经形成了计算机与电子信息制造业和医疗器械制造业两大产业集聚基地，2009年将继续发挥产业的集聚效应，围绕重点发展的主导产业，打造加工区品牌。同时，加工区也将紧紧抓住拓展保税物流功能这个难得的发展机遇，提高通关、物流效率，降低企业成本，延长企业的供应链和加工链，打开外贸发展的新局面。

加工区将继续以“高起点、高规划、高附加值、高产出、高质量”为目标，进一步发扬“漕河泾”品牌，进一步增强服务理念，进一步发挥企业与政府的桥梁作用，实现加工区的可持续发展。

【机构设置与管委会领导】 上海漕河泾出口加工区和漕河泾开发区浦江高科技园（国家级）统一由上海漕河泾开发区经济技术发展有限公司负责日常管理运行、规划建设和招商引资等方面的工作。管委会办公室是出口加工区的归口管理部门，专门负责出口加工区的进出口审批、职能部门协调与综合行政管理等工作。

上海漕河泾出口加工区管委会主任刘家平，副主任桂恩亮；管委会办公室主任王海坚。

【招商部门】 招商电话：021－64290000；网址：www.chj－pj.com。

上海闵行出口加工区
SHANGHAI MINHANG EXPORT PROCESSING ZONE

【经济发展】 截至2008年12月份累计进出口总额（含内销、深加工结转）为210 487.61万美元，其中出口额101 231.41万美元，进口额为109 256.20万美元。实际进出境总货物为159 698.87万美元。2008年两区协会的单月排名基本保持在第11位左右；累计排名第15位，位列上海第3位。

【投资环境】 上海闵行出口加工区坐落于上海市工业综合开发区内，总规划面积3平方公里，一期启动1.9平方公里。周边交通网络健全，主要有A4高速、A30高速；距上海虹桥国际机场24公里，车程仅20分钟左右；距浦东国际机场60公里，车程40分钟左右；距洋山国际深水港40公里，车程30分钟左右。

在海关、检验检疫局等监管部门及相关业务部门的大力支持下，上海闵行出口加工区按照“保姆、管家、顾问、政府”的工作定位，紧紧围绕“项目抓落地、企业抓产出、服务抓实效、管理抓长效”的工作方针积极开展各项工作，使得出口加工区综合经济运行状况保持健康、快速、持续的增长势头。

【招商引资】 截至2008年12月份，上海闵行出口加工区累计引进企业共计22家。其中生产实业型企业20家，2家为标准厂房建造商。内资企业6家，注册资本为45 860万元；外资企业16家，总投资额30 847.86万美元，总注册资本16 409.82美元，合同外资13 238.43万美元。总批租用地面积达到1 705.6亩，建成标准厂房76 517.1平方米（维超置业）和54 137平方米（和瑞置业）。

2008年度，钧泰精密、研精舍分别完成预定增资计划，增资总额5 320万美元。其中，钧泰精密总投资额增加199万美元，注册资本增加139万美元；研精舍总投资额增加2 500万美元，注册资本增加1 000万美元，这也是该企业第三次增资。

【工业】 经过5年的发展，出口加工区内已初步形成以创见资讯为中心的IT产业链；以先锋电子为龙头，利东电子、太扬电器为配套，以及新生电子、龙琛电子的电子产业群体；以晶龙太阳能为中心，晶澳太阳能、艾力克新能源为配套的太阳能产业联合体。此外，还有以钧泰精密、研精舍为代表的精密加工制造业企业；以双桦机械、象志机械为代表的汽车零配件制造业企业，以及赫科玛船用电缆制造和双燕大型化工设备制造业企业落户区内。

【发展趋势】 2009年度，出口加工区将继续坚持开发区“控制进程、夯实基础、蓄势待发”的整体战略部署，充分发挥出口加工区在特定历史阶段的特殊优势，克服全球金融危机带来的不利影响，为开发区在招商引资、产出规模、解决就业等方面作出更大的贡献。继续坚持“保姆、管家、顾问、政府”的工作定位和“项目抓落地、企业抓产出、服务抓实效、管理抓长效”的工作方针，强化服务意识，提高服务效率，运用“科学发展观”的方法规划全局，整合完善设施，进一步提升出口加工区的投资环境，并做好功能拓展前期的各项准备工作，加快相关基础设施建设，为功能拓展奠定扎实的基础。

江苏昆山出口加工区
JIANGSU KUNSHAN EXPORT PROCESSING ZONE

【投资环境】 江苏昆山出口加工区位于国家级经济技术开发区内，在沪宁高速公路昆山入口处。东距上海市中心50公里，西邻苏州35公里，距上海虹桥国际机场45公里，距上海港货运码头60公里。京沪铁路、312国道、机场路在出口加工区旁侧穿越而过，交通运输便利、快捷。昆山出口加工区规划面积2.86平方公里，2000年4月27日经国务院批准设立，2000年9月6日作为第一家通过国家验收，并于2000年10月8日正式封关运作，成为中国大陆首家封关运作的出口加工区。2006年12月经国务院批准，开展拓展保税物流功能和开展研发、检测、维修业务试点，成为全国首批开展拓展功能的7个出口加工区之一。

【招商引资】 2008年共批准项目10个，注册资本1.12亿美元。历年累计已引进入区的注册企业113家，其中工业企业94家，物流企业19家。引进项目总投资19.47亿美元，注册资本9.5亿美元，实际到账外资7.43亿美元。已投产企业88个，其中工业企业77个，物流企业11个，从业人员10万余人。

【工业】 2008年完成进出口总额352亿美元，其中出口243亿美元；完成工业产值销售额1 600亿元；实现税收6.41亿元。每平方公里实现进出口额超过100亿美元，工业产值销售额超过500亿元。已形成了电子信息、光电、精密机械和保税物流产业集群。

【物流业】 自2007年1月开展拓展保税物流等功能试点以来，昆山出口加工区已建成保税物流园一期3.8万平方米的保税仓库和4万平方米的物流场站，并已经全部投入使用。目前二期11万平方米的保税仓库已竣工并已投入使用；三期由5家物流企业自建的17万平方米的保税仓库部分已投入使用，全部建成后将拥有32万平方米的保税仓库和2万平方米的展示馆。为了整合资源、改善服务、加强监管，由昆山经济技术开发区出资异地新建了海关大楼、检验检疫大楼、陆路口岸通关点，以及实施加工区卡口智能化改造工程。

自试点工作正式启动以来，运作情况良好。截至2008年年底，已有19家物流企业开展保税物流业务试点。2008年物流企业进货入库金额142亿美元，出库金额134亿美元，完成营业收入1.97亿元。开展生产型服务企业数达39家，其中售后服务企业26家、研发机构4家、检测机构1家、维修机构8家。

【发展趋势】 昆山出口加工区拓展保税物流功能试点工作的开展，使出口加工区成为具有以保税加工为主，保税物流为辅，以及研发、检测、维修业务等功能齐全的综合型保税区域。

开展拓展功能试点后拓宽了招商引资的领域，有利于加工区的进一步发展；推动了工业制造企业向价值链两头延伸，有利于促进加工贸易转型升级，为现代物流业发展提供了载体；有利于促进现代物流业的发展，降低综合物流成本；有利于促进跨国投资、贸易的便利化，提升企业的国际竞争力；有利于探索海关保税监管区域整合发展的途径，加快海关保税监管区域的整合发展。

【机构设置与管委会领导】 昆山出口加工区管委会、昆山出口加工区管理局，为昆山出口加工区的管理机构。昆山出口加工区管理局为昆山经济技术开发区管委会内设机构，下设4个职能科室，分别为招商科、规划建设科、经济管理科和办公室。

昆山出口加工区管委会主任由陆宗元兼任，副主任由吴巧根兼任。昆山出口加工区管理局局长吴巧根，副局长朱雪泉、庄友明、邱小建。

【招商部门】 昆山出口加工区招商科。科长顾怡峰，副科长钱晖、陈楠；联系电话：0512－57376513、57352662。

江苏无锡出口加工区
JIANGSU WUXI EXPORT PROCESSING ZONE

【经济发展】 2008年，无锡出口加工区坚持“率先发展、科学发展、和谐发展”的原则和“富民优先、科教优先、环保优先、节约优先”的方针，保证区内重点企业平稳发展，保税物流业务积极开展，进口与出口趋于平衡，经济运行稳定。2008年下半年受国际金融危机影响，各经济指标增长有所放缓，但无锡出口加工区能进一步解放思想，克服困难，迎难而上，狠抓落实，取得了较好成绩。

全年实现进出口总额89.6亿美元，其中出口额39.1亿美元；实现工业总产值258亿元；结转货物2.8亿美元，同比增长34%；工业增加值107亿元，同比增长19.6%；企业利润15.7亿元；税收总额3.05亿元。根据两区协会统计数据综合测评，2008年上半年综合评价得分517.67分，全国出口加工区排名第二位。其中无锡出口加工区批准企业实际到位投资额、单位面积投资密度、单位面积实现增加值、单位面积综合税收等单项评估指标位列全国第一。

【投资环境】 保税物流功能试点启动。2008年在有关部门的共同推动下，出口加工区功能叠加申报工作进展顺利，4月14日南京海关正式批准无锡出口加工区开展保税物流试点，并可从事检测、维修、研发业务。现已引导4家生产型企业和4家物流企业进行保税物流业务试点，2008年累计开展保税物流进出库业务4.5亿美元。

服务方式推陈出新。为满足区内重点企业进出口通关物流的需求，海关、国检跟进服务，实施“5+2”工作制，保证企业“当日申报、当日通关、当日放行”；长假期间根据企业需求申请加班，实现全年无间断的通关物流。

物流环境明显改善。为适应出口加工区卡口人流、车流、物流量的迅猛增长，出口加工区实施了新卡口改造工程。新卡口的建成，大大提升了无锡出口加工区的形象，极大地改善了出口加工区卡口物流速度和交通组织秩序。

和谐建设步步推进。正式成立出口加工区联合工会，并积极推进区内外商投资企业建立工会组织。目前，出口加工区已建立了9家工会组织，包括村田、捷普、海力士等重点企业均已建立了工会组织。

【招商引资】 2008年，无锡出口加工区克服国内外经济形势严峻、招商困难的处境，大力引进招商人才，加强招商队伍建设，招商引资工作有序进行，并不断提升产业层次，促进产业转型升级，突出加工区产业特色。全年实现投资额9 960万美元，协议利用外资3 410万美元，实际到位外资6 378万美元；引进独立研发中心1家，内设研发中心2家；新建约3.5万平方米的现代服务业载体。

【工业】 截至2008年，区内已投产企业21家，在建项目6个；投资总额千万美元的项目19个，超亿美元项目5个。累计投资总额

53亿美元，累计注册资本24亿美元，累计到位外资22亿美元。单位面积投资密度31.18亿美元/平方公里。其中海力士、希捷、捷普等5家重点企业生产稳定，对出口加工区的贡献份额继续保持，进出口额占全区的95%。

【物流业】 现区内企业申请保税物流功能业务的有8家，其中4家为中外运富昌、泓明物流等物流企业。截至2008年12月底，进出库总金额45 744万美元，货运量达4 646吨，保税物流营业收入达11 691万元。

【发展趋势】 2009年是无锡出口加工区进一步转型发展之年，无锡出口加工区将按照无锡市委、市政府和新区党工委、管委会的统一决策，按照“优化发展”的总体要求，在加工区快速发展的基础上，实现创新发展、转型发展、科学发展、和谐发展，将无锡出口加工区建设成绿色和谐高科技加工区。一是优化产业结构，进一步推动产业升级。优化产品结构，提升产品档次，突出IC、IT产业特色，大力加强保税物流、研发、维修、检测等业务，促进产业向微笑曲线两端延伸。二是优化生态环境，进一步突出节能减排。按照资源节约、环境友好、经济循环的发展要求，进一步提高项目的准入门槛，加快产业升级换代，实施清洁生产；积极开展ISO14000环境管理体系认证、环境标志产品和其他绿色认证工作。三是科学规划，争取综合保税区的申请和建设。突出功能建设，进一步完善区域基础设施和配套服务设施建设；做好综合保税区的申报和规划准备工作；启动三期规划建设，拓展出口加工区发展空间。四是加强服务，进一步促进对外经贸快速增长。加强企业服务，协调解决企业生产经营、通关、物流等方面的实际需求，加快推进园区经贸的发展。

【机构设置与管委会领导】

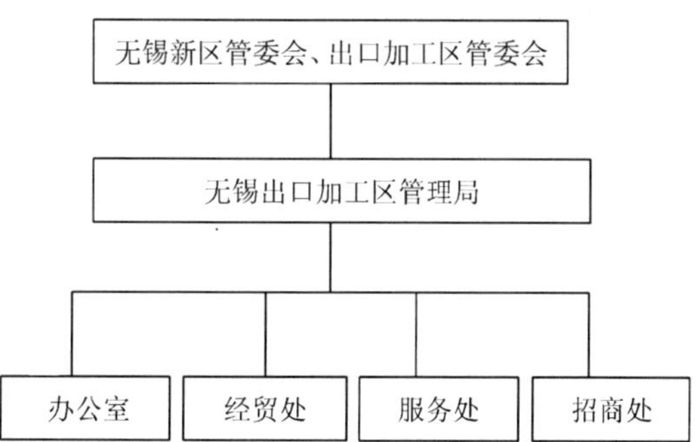

【招商部门】 江苏无锡出口加工区管理局。联系电话：0510－85201818、85200985；电子邮箱：zhour@ wnd. gov. cn。

江苏南通出口加工区
JIANGSU NANTONG EXPORT PROCESSING ZONE

【区域概况】　2008 年，在海关总署等各有关单位的大力支持下，在南通市委、市政府的正确领导下，南通出口加工区经济呈现出良好的发展态势。

南通出口加工区于2002 年6 月21 日经国务院批准设立，2002 年10 月29 日封关运作，规划面积2.98 平方公里，首期开发面积0.75 平方公里，二期1.69 平方公里即将拓展建设。南通出口加工区位于国家级南通经济技术开发区内，距南通市区10 公里，距苏通长江大桥8 公里，处于中国沿海南北交通动脉和长江入海的枢纽位置。南通是中国首批对外开放的14 个沿海城市之一，拥有长江岸线226 公里，黄海岸线210 公里，陆地总面积8 001平方公里，总人口775.06 万，是著名的教育之乡、纺织之乡、建筑之乡、体育之乡、长寿之乡。

在中国权威机构公布的跨国公司眼中最具投资潜力的中国城市中，南通市名列榜首，是中国投资环境40 优城市之一。2008 年11 月18 日，南通经济技术开发区被中国国际跨国公司研究会、联合国全球契约组织、联合国环境规划署联合评为“跨国公司最佳投资的开发区”。

【经济发展】　截至2008 年年底，南通出口加工区已吸引了来自日本、美国、挪威、澳大利亚、马来西亚、中国香港等国家和地区的16 家企业入区发展，其中外商投资企业14 家，投资总额11 845 万美元，注册资本6 543 万美元。

2008 年出口加工区完成进出口额40 420 万美元，其中出口额20 499 万美元，进口额19 921 万美元。在进出口总额中，机电产品进出口额34 512.1 万美元，占进出口总额的85.39%；汽车配件进出口额3 279.4 万美元，占进出口总额的8.11%；纺织产品进出口额2 034.7 万美元，占进出口总额的5.03%。

区内已投产企业出口产品主要为激光磁头（DVD、笔记本电脑用）、石油钻井成套设备、汽车配套产品、高档服装、电暖桌等；在建企业建成投产后出口产品还包括精密弹簧（笔记本电脑用）、成品药、折叠式别墅、体育用品等。

【投资环境】　基础设施。南通出口加工区充分依托开发区建区20 多年形成的基础设施，客商投资兴业所需生产要素完备，配套条件十分优越。目前出口加工区内已达到“九通一平一防”，“九通一平”即通路、通电、通自来水、通下水、通污水处理、通蒸气、通工业用气、通通讯、通港口，保持了土地平整。南通开发区内还组建了特种联合消防队，可为出口加工区内企业提供服务。南通出口加工区内企业可实行双回路不间断供电。

交通物流：

——港口：南通港是中国十大港口之一、长江沿线第二大港口，是上海国际航运中心的组合港，南通港已经与美国、俄罗斯、加拿大、澳大利亚、日本、新加坡等65 个国家和地区的199个港口通航，并辟有至中国香港、日本、韩国的3条直达集装箱航线，出口加工区距主港口5公里。

——公路：已建成204国道、宁通高速、盐通高速、通启高速、连通高速、沿江高速，与沪宁高速、京沪高速、沪嘉浏高速、苏嘉杭高速等贯通。

——航空：南通出口加工区距上海虹桥国际机场100公里，距上海浦东国际机场150公里，距南京禄口机场240公里，距南通机场15公里。随着苏通长江大桥的建成通车，南通至上海仅需1小时车程，至浦东国际机场仅1.5小时车程。南通机场辟有至北京、广州、深圳、青岛等国内主要城市的航线，并开辟了“南通—北京—世界各地”的货物空运快速通道。

社会治安：南通是中国社会治安最好的城市之一，两次被中央政法委授予“中国综合治理先进城市”称号；在中国社会科学院对全国最具竞争力城市社会公共安全度测评中列第二位；连续6年列江苏省综合治理评比第一名。

商务成本：南通每年培养电子、机械、化工、纺织等技术人才近万人，高中级职业技术人才约1.5万人，各类产业工人齐全，普通职工文化水平达到高中以上。劳动力成本比周边地区低30%～40%，且流动性小。出口加工区内基本实现了行政事业零收费。

生活配套：总建筑面积15万平方米，可容纳近2万员工的职工、人才公寓已经建成。该公寓设施、套型、面积多标准，专门为出口加工区内企业配套建设。

【招商引资】 南通出口加工区始终把招商引资当做一切工作的生命线。南通出口加工区必须与上海、苏南地区实行差别化发展、错位发展，形成自己的产业发展特色。在主攻产业上，积极引进电子信息、电子装配、服务业外包和保税物流项目，积极利用政策优势引导现有企业入区。以联亚药业作为服务外包示范点，进一步加大服务外包产业的招引力度，力争做成医药服务外包示范区。同时加大现代物流业的招商力度，加快发展现代服务业，提升服务业贡献份额。在招商力量的分配上，将出口加工区的招商列为全体招商人员的重点任务。在招商活动的安排上，充分利用开发区组织的投资说明会和出国招商的机会，宣传推介出口加工区。同时，精心组织出口加工区专题投资说明会和招商活动，扩大出口加工区招商成果。

【发展趋势】 南通出口加工区的发展机遇主要表现在：一是苏通长江大桥已经建成通车，南通与世界的距离得以拉近；二是保税物流功能已经叠加，政策优势进一步增强；三是扩区工作即将启动，发展空间将得以拓展；四是加工贸易限制类目录再扩大，大量的一般区域内限制开展的加工贸易项目有向出口加工区集中的趋势；五是江森自控、联亚药业、东丽国际等一批世界500强和国际知名企业入区投资，为南通出口加工区的发展注入新的活力。

随着出口加工区政策优势、南通的地理位置优势和交通物流优势进一步凸现，南通出口加工区的竞争力也将得到进一步的提升。

【机构设置与管委会领导】 南通出口加工区管委会负责南通出口加工区建设的管理和协调，与南通市经济技术开发区管委会实行“两块牌子、一套工作机构”。南通出口加工区管委会下设出口加工区管理局，全面承担出口加工区管理的日常事务。

【招商部门】 南通出口加工区管理局是南通出口加工区的招商部门，为投资客商提供政策咨询，为投资项目提供从项目审批、项目建设到投产运营后的“一条龙”服务。为了切实提高工作效率和工作质量，南通出口加工区开设一条24小时招商服务热线，热线号码是：0513－85980289。招商联系人及联系方式如下：

姓名	电话	传真	手机	电子信箱
黄向媚	0513－85980289	0513－85980489 0513－85980289	13815202662	huang@ntepz.com
赵苏峰	0513－85980139	0513－85980489	15962981183	zsf@ntepz.com
网址：http：//www.ntepz.com				

江苏南京出口加工区
JIANGSU NANJING EXPORT PROCESSING ZONE

【概况】 南京出口加工区于2003年3月10日经国务院批准设立，同年进行了规划建设，并于2003年9月28日通过了国务院八部委的联合验收，正式封关运作。

南京出口加工区位于国家级南京经济技术开发区内，东至仙新路，西至兴智路，北至恒广路，南至栖霞大道，面积1.5平方公里，紧临中国内河第一大港南京新生圩外贸港和南京长江二桥，距南京中心城区仅10公里，可直接接受南京市在工业、科技、信息、金融、人才、服务等多方面的辐射和支持。

【经济发展】 2008年是南京出口加工区经济快速发展的一年。南京出口加工区全年实现工业总产值5.6亿元，比上年增长67.1%；完成工业增加值5 967万元；完成进出口总额10 173万美元（不含深加工结转），同比增长60.8%，其中出口额4 356.5万美元，同比增长52.7%。

【投资环境】 2008年南京出口加工区进一步加大区域开发与建设力度，优化投资环境，完成固定资产投资1 942万元，其中基础设施投资228万元。截至2008年年底，南京出口加工区累计完成固定资产投资7亿元，其中累计完成基础设施投资3.3亿元。

2008年，南京出口加工区为进一步优化投资环境，新建标准厂房4.8万平方米。同时，为配合国家拓展出口加工区保税物流等功能进行积极准备，规划了出口加工区保税物流功能区域，引进大型物流项目入区发展，投资总额1.3亿元的新型保税仓储设施已建设完毕。

目前，南京出口加工区1.5平方公里的土地已经完成“七通一平”，通信、网络等全部到位；建成综合管理大楼2.8万平方米，标准厂房8万平方米，仓储设施2.5万平方米。

【招商引资】 2008年南京出口加工区继续加大招商引资力度，进一步拓展招商渠道，积极吸引外资，不断提高管理服务水平。2008年，南京出口加工区引进项目1个，投资总额4 500万美元。截至2008年年底南京出口加工区共引进项目8个，其中外资项目5个，批准投资总额1.8亿美元，合同利用外资4 240万美元，实际利用外资3 340万美元。

【贸易业】 为帮助进区企业扩大生产规模，尽快提升南京出口加工区综合竞争力，南京出口加工区管委会始终将服务与协调工作放在突出位置，主动为企业排忧解难，积极营造良好的投资环境与发展氛围，努力打造服务型机关。

2008年，南京出口加工区实现了进出口贸易业务的全面开展，步入了快速发展的良性轨道。随着入区项目的进一步发展，南京出口加工区作为“招商引资”、“招商选资”新型平台的功能逐步显现，进出口总额增长速度明显加快。全年进出口货物总额已达10 173万美元，同比增长60.8%，其中出口额为 4 356.5 万美元，同比增长 52.7%；进口额 5 816.6 万美元，同比增长 67.6%。

【发展趋势】 展望 2009 年，南京出口加工区将进入一个新的发展阶段，前景广阔，机遇与挑战并存。南京出口加工区管委会将积极创造条件，全力保证拓展保税物流等功能的工作顺利进行。期间，将做好区内物流公司将物流配送业务拓展到区外、境外的前期业务准备工作，放大南京出口加工区内仓储企业的中介作用，使南京出口加工区成为国际采购、全球配送的载体。同时，按照“加工制造为主，保税物流为辅”的原则，在加工区规划不同的功能区域，分步推进仓储物流设施建设，为企业运行最先进的第三方物流管理模式创造优良条件，促进加工制造和现代物流协调发展。

2009 年南京出口加工区将进一步加强招商引资的力度，立足南京经济技术开发区的优势，积极引进一批“龙头”型 IT 项目入区，与之构成高技术含量、高附加值的加工贸易产业链，实现招商引资新的突破。

【机构设置与管委会领导】 南京市人民政府已于 2003 年 9 月 19 日批复同意设立南京出口加工区管委会，梁建才同志任管委会主任，马利同志分管出口加工区日常工作。南京出口加工区管委会与南京经济技术开发区管委会合署办公，实行“两块牌子、一套班子”的管理体制，下设南京出口加工区综合管理局（联系人：卢春生；电话：025 - 85664713）。南京出口加工区管委会根据国家规定的职权、职责和市政府授权，统一行使对南京出口加工区的行政管理权。

江苏连云港出口加工区
JIANGSU LIANYUNGANG EXPORT PROCESSING ZONE

【投资环境】 连云港出口加工区规划面积2.97平方公里，以东陇海铁路和连徐高速公路为界，分一期、二期两部分，一期占地面积0.71平方公里，二期占地面积2.26平方公里。一期0.71平方公里已按照“高起点、高质量”的建设要求，实现了道路、供电、供水、排水、排污、供气、电话、电视、宽带和场地平整的“九通一平”；区内建成标准厂房28栋，面积17.1万平方米。2008年，出口加工区二期监管设施建设全面启动，隔离围网、卡口、监管仓库、监控系统、验货场地等建设相继开展。

【经济发展】 2008年，连云港出口加工区实现进出口总额12 227万美元，同比增长6.6%，其中进口5 080万美元，同比增长0.17%；出口6 474万美元，同比增长10.4%。实现工业增加值2 694万元，同比增长4.3%；实现工业总产值19 540万元，同比增长45.5%；实现工业产品销售额18 570万元，同比增长36.3%。

受2008年国际金融危机影响，2008年出口加工区企业生产出现一定波动。1～10月份，区内企业生产保持平稳增长态势。10～12月份，企业增速放缓，主要表现：一是部分企业订单量下降，经营风险增大；二是企业生产成本增加，利润空间狭小。为此，连云港出口加工区管委会、驻区各机构积极应对，全面落实各项决策部署，不断提升工作质量，提高工作效率，全力帮助企业渡过难关，确保全区经济持续稳定发展。同时区内企业也积极采取措施，应对危机，如开发新的原料、辅料，降低原料采购成本；加强员工培训，提高生产效率；改造现有设备，开展自动化生产；加强内部管理，实施内部挖掘潜力；拓展新的客户群，增加订单数量等。

【招商引资】 2008年，连云港出口加工区引进外资项目1个，投资总额1 500万美元，实际利用外资300万美元。截至2008年年底，连云港出口加工区中累计引进项目8个，其中外资项目7个，内资项目1个。投资总额12 260万美元，投资额在1 000万美元以上项目6个，累计合同外资5 250万美元，实际利用外资1 773万美元。投产项目4个，从业人员1 680人。

【工业】 连云港艾业无纺布制品有限公司是美国APLUS国际公司在连云港设立的独资企业。公司于2004年6月落户连云港出口加工区，同年9月正式投产。主要生产医疗及工业防护一次性无纺布用品，产品主要出口美国、日本、韩国、澳洲及欧洲等国家和地区。公司占地面积约10万平方米，厂房面积37 008平方米；全封闭空调生产车间9个，全进口设备的裁剪车间3个，消毒车间1个。公司拥有高层专业管理人员50多名，经济运行情况良好。

【发展趋势】 连云港地处我国沿海中部，北依齐鲁，南达江淮，西接中原，东与日韩隔海相望；横贯我国中部的陇海兰新铁路，把连云港与内陆地区紧密地连接在一起，使连云港市成为中国海铁联运“T”型结构的交汇点。同时，连云港作为新亚欧大陆桥东桥头堡，是亚欧大陆和太平洋的重要结合部，是陆桥运输和海上航运的最佳连接点。2008 年 12 月 31 日，国务院批准出口加工区拓展保税物流功能和开展研发、检测、维修业务，连云港出口加工区将充分利用连云港独特的地理优势，紧紧抓住保税物流功能拓展的有利时机，全面落实科学发展观，加快连云港出口加工区的发展，使出口加工区成为以保税加工为主，保税物流为辅，具有研发、检测、维修业务等功能齐全的综合型保税区域，在辐射苏北地区、江苏沿海地区，以及中西部地区的发展中发挥更加积极的作用。

【机构设置与管委会领导】 连云港出口加工区管委会与连云港经济技术开发区管委会实行“两块牌子，一套班子”，统一规划、统一管理。出口加工区海关、出入境检验检疫机构进驻出口加工区，国税、地税、工商等与开发区有关机构合署办公。

【招商部门】 连云港出口加工区设有招商局，联系电话：0518 - 82340622；传真：0518 - 82342057。

江苏苏州国家高新技术产业开发区出口加工区
JIANGSU SUZHOU NATIONAL NEW & HI - TECH DISTRICT EXPORT PROCESSING ZONE

【经济发展】 2008年，苏州国家高新技术产业开发区出口加工区（以下简称苏州高新区出口加工区）积极应对宏观环境的变化，不断拓宽招商思路，优化载体建设，规范区域管理，提升服务水平，以推动区域经济健康稳定发展。

随着区域规划调整的顺利实施，苏州高新区出口加工区跨入了新的发展阶段，区域经济总量实现快速攀升。由台湾华硕集团投资的名硕电脑（苏州）有限公司等3家企业正式进驻出口加工区南区后，呈现以名硕电脑（苏州）有限公司为龙头的发展格局。2008年，苏州高新区出口加工区共有6家企业开工投产，累计投产项目40个，实现监管货值230亿美元（其中一线监管货值125亿美元），工业总产值88亿元，销售收入90亿元。

加工区的各项主要工业经济指标均继续保持平稳增长。全年实现进出口总值15亿美元，同比增长50%；实现工业总产值44亿元，同比增长57%；实现工业销售产值45亿元，同比增长55%。

2008年，加工区内部分企业赢利能力明显加强，利税总额增长迅猛，有13家企业实现赢利，办理了税收减免手续；实现税收3.33亿元。部分企业如阿特斯、铭裕科技、盖勒定量泵等发展态势良好，企业产值、销售收入、利税等均比上年有数倍增长。

【投资环境】 苏州高新区出口加工区位于苏州国家高新区北部，地理位置优越，交通便捷，物流畅通，区内基础配套设施齐全。2003年3月经国务院批准设立，规划面积2.7平方公里。2003年9月，一期开发1.22平方公里封关运作；2005年1月，二期开发1.48平方公里封关运作；2007年5月，国务院同意调整苏州高新区出口加工区规划范围，设立苏州高新区出口加工区南区，南区规划面积0.59平方公里，于2007年9月封关运作。

2008年，苏州高新区出口加工区共开发四期扩建标准厂房10万平方米、六期定向标准厂房3万平方米、监管仓库2万平方米，进一步优化了区域标准厂房结构，提升招商载体竞争力。目前已开发建设标准厂房面积46万平方米。

苏州高新区出口加工区与苏州高新区保税物流中心（B型）相距仅1公里，出口加工区和保税物流中心实现互动，为区内企业提供快捷的物流服务。出口加工区的快速发展带动了周边区域经济的发展，进一步提升了区域的发展水平，在出口加工区周边已形成综合商贸服务区域，主要有50万平方米的大白荡公园，可容纳2万人居住的美林青年公寓，2.3万平方米的高档写字办公楼第三置业大厦，大型居住社区名墅花园等。

【招商引资】 2008年，苏州高新区出口加工区不断拓宽招商工作思路，并依旧坚持引进高科技含量、高产出附加值的项目，以保证区域发展质量的进一步提升。2008 年，苏州高新区出口加工区共批准项目数 5 个，另有韩京姬电器、凯晟生物科技、顺固通用工具、希尔精密塑料科技等多家企业增资。全年实际利用外资 4.3 亿美元，较上年增长 73%。截至 2008 年年底，苏州高新区出口加工区累计投产企业 40 个，项目总投资 22.64 亿美元，注册资金 9.74 亿美元，实际利用外资 7.1 亿美元，其中投资额 5 000 万美元及以上的项目 7 个。

【工业】 名硕电脑（苏州）有限公司，总投资为 5.64 亿美元，也是江苏省重点外贸企业之一，连续多年进出口额名列全国前列。名硕电脑 2008 年年初进入苏州高新区出口加工区南区后，公司发展迅速，主要产品为电脑相关系统产品、板卡产品（主机板显卡等）、网络宽频产品、多媒体数据处理服务及播放器等高新技术产品。

阿特斯太阳能光电（苏州）有限公司，专业从事硅锭、硅片、太阳能电池片和太阳能组件及应用产品的研发、生产和销售，并于 2006 年在美国纳斯达克成功上市，是中国第一家登陆美国纳斯达克的光伏企业（纳斯达克代码：CSIQ）。

苏州高新区出口加工区形成以电子产业为主导，新能源、精密机械、汽车零部件等产业同步发展的多产业格局。

【发展趋势】 随着苏州高新区出口加工区南区的顺利封关运行，苏州高新区出口加工区进入跨越式发展阶段。其确立了“质量加工区，环境加工区”的建设目标，通过 ISO9001 质量认证体系和 ISO14000 环境认证管理体系的运行，全面提升管理服务水平，实现区域的规范高效管理，满足出口加工区加工贸易突增的要求。

苏州高新区出口加工区将充分利用出口加工区功能拓展的机遇，借鉴试点出口加工区的成功经验，将顺利开展各项业务落实到位，改善投资环境，拓展企业发展道路，促进企业优化产品结构和产业升级。

在项目引进方面，以拓展功能为契机，推进区内外企业的联动，加快招商引资步伐。拓展保税物流等功能使区内企业的生产经营功能更为齐备，与区外配套企业形成有机的关联体，从而使企业库存降低、缩短生产周期。在此基础上，出口加工区将积极吸引可为区内配套的相关物流服务企业、研发机构、维修机构、检测机构入区，吸引高科技高附加值的加工制造与研发售后一体的综合企业入区。

【机构设置与管委会领导】 苏州高新区出口加工区管委会，与苏州高新区管委会合署办公，实行“一套班子，两块牌子”的管理体制。管委会下设管理局，具体负责苏州高新区出口加工区开发建设的各项工作，设有办公室、开发建设处、管理服务处 3 个职能部门，另设苏州高新区出口加工区投资开发有限公司，负责加工区的土地开发、基础设施建设、标准厂房租赁经营等事宜。

【招商部门】 管理服务处。联系人：徐玉、唐越；联系电话：0512 – 68018661、68018662；传真：0512 – 68016666；电子邮箱：xu.y@snd.gov.cn，tang.y@snd.gov.cn。

江苏镇江出口加工区

JIANGSU ZHENJIANG EXPORT PROCESSING ZONE

【经济发展】 2008年是镇江新区实现“三年大提升”目标的决战之年，围绕这一目标，镇江出口加工区在新区党工委、管委会的正确领导下，坚持以科学发展观为指导，紧紧围绕全年发展目标，狠抓各项工作的落实，但由于原材料涨价、劳动力和环保成本上升，以及美国次贷危机引发的全球金融危机的影响，出口加工区内企业受到很大的冲击。面对危机，出口加工区管委会上下同心，不等不靠，积极应对，果断采取有力措施，确保全区经济持续稳定发展。

截至2008年12月底，出口加工区自封关运作以来，已累计实现进出口总额7 925万美元，深加工结转2 610万美元，实现工业总产值4.65亿元，实现销售额4.03亿元。

2008年，由于金融危机的影响，出口加工区多项经济指标略有下滑，年底有4家企业正常生产，3家企业停产或退区。出口加工区2008年销售（经营）收入为7 432万元，实现增加值2 677万元，实现工业产值7 248万元；产销衔接保持良好状态，工业产销率达到百分之百；实现进出口总额1 376万美元，深加工结转额246万美元，其中进口763万美元，出口613万美元。

【投资环境】 镇江出口加工区位于江苏省镇江市的东侧，坐落在镇江经济开发区（镇江新区）内。其地处中国经济发展最具活力的“长三角”地区，位于长江和京杭大运河“黄金水道”的十字交汇处及上海经济圈和南京都市圈的交汇处，区域位置得天独厚，具有“铁、公、水、空”立体大交通的独特优势。镇江新区始终致力于创造一流的投资软硬环境，区内海关、国检、银行、物流、仓储等机构一应俱全。这里建材工业发达，建设成本低；文化底蕴深厚，高校众多，人力成本相对较低。这里“务实诚信”、“亲商、安商、富商”，已成为亚洲最大的造纸基地、国内最大的工程塑料生产基地、汽车缸体铸造基地、音视电子产品整机生产基地，初步形成了造纸、工程塑料、精细化工、汽车配件、精密铸件、光电子等主导产业，产业集聚优势明显。

【招商引资】 2008年，新批项目3个，增资项目1个，投资总额5 750万美元，合同外资2 220万美元，实际利用外资1 517万美元。区内投产企业投资方主要集中在美国、中国香港、中国台湾等国家和地区。

新批项目中，主要是引入了亚洲薄膜太阳科技项目，该项目主要是从事薄膜太阳能电池生产线的研发、生产和销售，5年内预计可年产48条150兆瓦薄膜太阳能电池生产线，年销售额可达60亿美元。该项目的成功引进，为镇江出口加工区的产业定位指明了发展方向，就是要重点培育、扶持以太阳能产业为主的光伏产业，并拉长产业链，带动周边配套企业的迅速增长。该项目的成功实施，还将对优化出口加工区的产业结构，推进出口加工区的产业集聚，提升出口加工区的竞争力起到重要作用。

【园区建设】 2008 年，全区共完成固定资产投入 4 985 万元，同比增长了 256%，主要是一家购地建厂的企业建成投产，固定资产投入主要用于厂房建设、设备生产线及土地购置等。2009 年随着薄膜太阳能项目的入驻，工业性投入将达到 1 亿元以上，同比实现翻翻增长。

2008 年，镇江出口加工区成功实施了出口加工区辅助管理系统，运行状况良好。随着 2008 年年底国务院允许出口加工区拓展保税物流功能和开展研发、检测、维修业务，该系统的成功实施为镇江出口加工区拓展保税物流、开展相关工作奠定了坚实的基础。

【发展趋势】 2009 年是机遇与挑战并存的一年，一方面国际金融危机的影响仍在加深、加剧，另一方面国家对出口加工区叠加保税、物流、研发、检测维修等功能的全面放开，为加工区的可持续发展插上了腾飞的翅膀。同时，出口加工区扶持的光伏产业具有极强的带动作用，出口加工区在新的一年里，肩负新区发展“排头兵”的神圣使命，勇挑重担，在发展思路、发展速度上寻求突破，争取更强劲的发展动力和更广阔的发展空间。随着薄膜太阳能等项目的引进和购地建厂项目的建成投产，2009 年预计新引进项目 5 ~ 8 家，完成区内企业产值、销售各达 2 亿元人民币，进出口总额超过 3 000 万美元，固定资产投资超过 1 亿元人民币。

【机构设置与管委会领导】 镇江出口加工区管委会与镇江新区管委会实行“两块牌子、一套班子”的管理模式。管委会下设管理局，具体负责出口加工区的行政管理工作。管理局同时托管出口加工区综合服务中心，该中心具体负责出口加工区的物业管理、房屋及公共设施的管理维护和租赁等方面工作。

管委会领导：镇江出口加工区管委会主任、镇江新区管委会主任罗洪明；镇江新区管委会副主任路月中。

【招商部门】 镇江新区管委会专门成立了招商三局，全力主攻出口加工区的招商引资工作。招商热线：0511 － 83378980；传真：0511 － 83378996；手机：13656137818；电子邮箱：chenjian@ zjna. gov. cn。

江苏常州出口加工区
JIANGSU CHANGZHOU EXPORT PROCESSING ZONE

【经济发展】 2008 年是常州出口加工区正式运作的第二年，同时也是其健康、高效、和谐发展的一年。在上级领导下，加工区按照“营造一流环境，引进一流项目，打造一流产业，实现一流发展”的目标，克服优势弱化、政策倒挂、金融危机冲击等不利影响，围绕强化园区平台建设，优化投资服务环境，开拓创新，长远规划，狠抓落实。园区企业全年实现工业产值 5.61 亿元，同比增长 299%；进出口额实现 10 530 万美元，同比增长 371%。

【投资环境】 常州出口加工区于 2005 年 6 月由国务院批准成立，首期规划面积 1.66 平方公里，位于常州市北部、国家高新技术产业开发区内。交通便捷，沪宁高速公路沿区而过；距南京国际机杨 120 公里，距国家一类开放口岸常州长江港 8 公里，距常州民航机场 15 公里，距京沪铁路常州站 8 公里，客货运输便捷。另外，规划中的沪宁高速铁路紧邻出口加工区，交通物流极为便利。

常州市地处江苏省南部、美丽富饶的长江三角洲，位于上海、南京两大城市中间，东距上海 163 公里，西距南京 103 公里。常州既是一座具有 2 500 年悠久历史的文化古城，又是一座新兴的现代化工业城市。全市总面积 4 375 平方公里，总人口 342 万。常州市外向型经济发展迅速，目前已有外商投资企业 4 500 多家，经营出口业务的企业 2 000 多家；出口商品 20 大类、2 500 多个品种，远销 180 多个国家和地区。常州市教育发达、科技力量雄厚；全市有大专院校 13 所，各类专业科技人员 20 万人，发展高新科技产业人才资源丰富。全国第一个以高等职业教育为显著特色的大学城离出口加工区 15 分钟车程。

常州出口加工区截至 2008 年年底共建成各种不同规格的标准厂房 9.5 万平方米以适应更多企业的不同需要，规划有 10.07 公倾的物流仓储区域，进一步完善了园区市政道路、水利设施及雨污水管线、路灯、电信等综合管网工程，开展了巡逻通道拓宽工程，实施了园区主干道及标准厂房区整体绿化工程。另外，“青年公社”综合配套服务区 A 区一期 2.5 万平方米宿舍楼与食堂工程正全面施工，将于 2009 年竣工。

【招商引资】 资本的流向与投资软环境是息息相关的，投资软环境建设在常州出口加工区不仅仅是停留在书面上的一句口号。出口加工区充分挖掘现有政策优势、监管优势、通关优势、审批优势、服务优势，全力抵消外部环境对引资带来的消极影响，与海关、国检以联席会议形式建立了沟通协调机制；在继续 2007 起采取的“多联监管作业单”形式进行全流程作业以保障企业货物进出渠道畅通的同时，服务上门，与企业直接对话，解决很多困扰企业已久的实际问题，并在同批运作的出口加工区中率先开展深加工结转业务。根据企业需求，有针对性的积极构建对企服务体系，组织工商、外管、消防、公安等部门召开专项现场办公会，并形成长效机制。面对周边激烈竞争和挑战而自身产业基础、物流配套、辐射吸引力尚存在差距的情况下，常州出口加工区全力把“小政府，大服务”的管理体系做大做强，静心思考自身的发展定位，耐心摸索差别化发展的道路。2008 年内，协助进区企业完成了自建土地转让手续，为入驻标准厂房企业提供了厂房地平浇筑、电梯改造、供水配电、通讯接管等服务，这些针对区内企业建设生产运作中不同时点，贯穿项目基建开工、报建、验厂、仓储等各个环节的持续服务，真正实现了投资商所需的“全方位、全天候、全过程”服务，获得了投资商的信任，标准厂房承租面积不断增加，企业增资热情高涨。其中，高博能源由原投资总额 4 235 万美元、注册资本 2 000 万美元，增加到投资总额 10 733 万美元、注册资本 4 600 万美元；巴奥米特由原投资总额 1 500 万美元、注册资本 600 万美元，增加到投资总额 1 780 万美元、注册资本 800 万美元；区内目前进出口量最大的企业 AKSA 总投资额也从原来的 760 万美元增加到 1 500 万美元，并正在区外组建针对国内市场的生产基地。

【发展趋势】 2009 年，常州出口加工区管理局将围绕“推动科学发展，建设北部新城”的目标，全力提高企业服务及园区管理水平，促进优势产业的聚集和发展，完善拓展保税物流等功能的实施，增强良性循环发展能力，将常州出口加工区建设成为常州外向型经济发展的新平台。

【机构设置与管委会领导】 常州出口加工区管委会与常州国家高新技术产业开发区管委会实行“两块牌子、一套班子”。出口加工区管委会下设立常州出口加工区管理局，作为加工区日常管理机构。管理局内设 3 个部门：综合处、规划建设处、投资服务处。出口加工区管理局副局长王烨峰主持管理局日常工作。

【招商部门】 常州出口加工区管理局配合高新区（新北区）招商局进行招商活动，由投资服务处具体负责。联系人：钱玲青；联系电话：0519 - 85169091；传真：0519 - 85160953。

江苏扬州出口加工区
JIANGSU YANGZHOU EXPORT PROCESSING ZONE

【经济发展】 江苏扬州出口加工区截至2008年年底累计完成注册项目17个，投资总额42 601万美元，注册资本29 324万美元。其中已投产项目4个，开工项目2个，总投资达19 830万美元，注册资本15 850万美元。同时围绕以电子和光伏产业为主的产业定位，拓宽招商思路，引入龙头企业尚德太阳能电池项目、晋皇空白光盘项目入驻加工区，逐步形成产业特色，拉动产业链经济，到2008年年底实现进出口总额10 220万美元。

【投资环境】 千年名邑扬州距今已有近2 500年历史，现辖广陵、维扬、邗江3个区，江都、仪征、高邮3个县级市和宝应县，辖区面积6 638平方公里，人口470万；市区面积973平方公里，人口120万人。

扬州地处江苏省中部、长江下游北岸，东近上海，西通南京，南临长江，北接淮水，中贯京杭大运河，素有苏北门户之称。其位于中国最具活力的“长江三角洲”经济圈内，是上海经济圈和南京都市圈的节点城市，与南京、镇江构成“宁镇扬都市圈”。

扬州先后荣获国家卫生城市、中国优秀旅游城市、全国生态示范城市、全国科技兴市先进城市、全国信息化试点城市、全国社会治安综合治理先进城市和联合国人居奖等多项殊荣。

【招商引资】 通过推行“营销招商”，强化“服务招商”的理念，突出“招大引强”，显现初步成效。尚德太阳能电池项目总投资9 800万美元，注册资本9 000万美元，已入驻加工区并征地204亩，2008年9月份开工建设，预计2009年6月份建成投产，产能将达300兆瓦。通过努力，晋皇科技空白光盘项目已在加工区登记注册，首期投资4 980万美元，注册资本4 500万美元，厂房已在装修，设备部分已进区，争取2008年年底前出产品。另一方面在招商引资的同时，按照管委会领导的要求，积极配合做好澳力华科技和德明服装迁出加工区的各项工作，控制有限的土地资源，为大项目、产业链关键项目进驻腾仓。

【发展趋势】 随着国家扩大内需、鼓励出口系列政策的出台，特别是2009年出口加工区保税物流功能将全面推开，出口加工区将充分利用这一契机，把握新一轮发展的机遇，做好以下4个方面的工作：第一，强化招商引资，突击“招大引强”，逐步形成以太阳能光伏、电子为主导的产业集聚。第二，实施加工区二、三期规划，启动保税物流中心建设。随着2009年保税物流功能将逐步地推开，针对出口加工区现状，将尽快启动规划，自筹资金，分期建设，首先建设物流仓库2万平方米。第三，更新企业服务理念，创新工作。以“企业第一，服务为先”的服务理念为指导，积极为入区企业提供人员办证、招工、业务帮扶等“保姆式”和“顾问式”服务，进一步提高服务意识和办事效率。出台《无商业价值废弃物料处理办法》，保证企业废物出区的通道畅通。继续强化“立即办”、“主动办”、“变通办”的“三办”服务意识。第四，调整、规范出口加工区管理工作。完善物业管理工作，成立或将物业公司引入加工区，全面负责加工区的大物业工作，同时建立加工区大物业管理制度，加大监管设施维护和环境的综合整治力度；加强同海关、派出所等职能部门的联合监管，建立联防机制；完善服务监督制度，强化内部管理，加强监督、服务意见定期反馈制度，实行服务投诉制度，用好的制度来管好人和事，用完善的制度来规范办事程序，提高办事效率。

扬州出口加工区将不懈努力抓住机遇，充分发挥加工区的品牌优势、政策优势、区位优势，全面推进出口加工区的和谐发展，促使其进出口额不断增长，投资强度不断增强，为扬州经济的快速发展注入新的活力。

【招商部门】 扬州出口加工区招商局。电话：0514－87529088；传真：0514－87529080。

江苏常熟出口加工区
JIANGSU CHANGSHU EXPORT PROCESSING ZONE

【经济发展】 2008年，虽然受到了席卷全球的金融危机的影响，但常熟出口加工区还是进入了较快的发展阶段。截至2008年12月底，出口加工区已初具规模，区内企业累计完成工业总产值3.08亿元，实现工业销售收入3.27亿元，实现进出口总额6 214万美元。其中2008年当年完成工业总产值2.06亿元，同比增长102%；实现工业销售收入2.26亿元，同比增长124%；实现进出口总额4 541万美元，同比增长171%。

【投资环境】 常熟出口加工区位于长江三角洲经济圈中心，东距上海80公里，南距苏州45公里，紧靠常熟港，紧邻沿江高速公路、苏嘉杭高速公路、沿江一级公路，离苏通大桥道口仅500米，交通区位优势十分明显。

常熟出口加工区于2005年6月3日经国务院批准设立，2006年12月12日顺利通过国家九部委的联合验收，2007年1月26日海关入驻，开始封关运作。

常熟出口加工区累计投资2亿多元，按照“九通一平”的要求配套完善了各项基础设施建设，道路、水、电、天然气、通讯、雨污水管通至地块红线边缘。同时积极筹划搭建招商载体，提高加工区的硬件环境。自2005年年底开始分批建设标准厂房，到目前为止共建造7幢60 000平方米，并正在规划设计20 000平方米保税物流用房。

常熟出口加工区位于常熟经济开发区内，依托开发区的支持，因此产业基础扎实，产业配套能力强，物流运输便捷。目前开发区正在规划建设“常熟国际物流园”，打造包括出口加工区、兴华港区、浒洋港区、保税仓储区在内的2.43平方公里的保税物流区，打造以苏通大桥为中心、1.93平方公里的道口物流区，打造以白茆小沙及常熟边滩为主导的7.64平方公里的东港区物流区，构建大港口、大交通的现代国际物流新格局。开发区同时还在积极筹备化工品市场、有色金属市场、林木产品加工、钢材市场二期和安达洲配载中心建设。

企业入驻常熟出口加工区，不仅享有海关提供的简单、快捷的通关便利，还享有国家级出口加工区和开发区特有的优惠政策。区内海关、国检、银行、仓储等机构一应俱全，落户企业不出园区即可办理一切进出口手续，特别是叠加了保税物流功能以后，出口加工区将从原来只能引进加工制造企业，扩大到可以引进国际采购中心、配送中心、研发机构、售后服务企业、国际贸易企业等入区经营，促进生产性服务业做大做强，这将极大地提升出口加工区的区域竞争力，形成更加完整的产业链。常熟出口加工区将具有更加美好的发展前景。

【招商引资】 在做好项目建设的同时，发挥开发区交通、环境、物流、服务和政策优势，加大宣传力度，及时捕捉项目信息。重点瞄准电子信息、机械装备、新材料等产业，一着不让，做好招商引资工作。同时，积极倡导常熟出口加工区是全市的出口加工区的理念，与市里其他板块共同合作招商，取长补短谋发展。目前已有10多家重点在谈项目，分别来自美国、日本、英国、中国台湾，计划总投资5亿多美元。

【企业服务】 在为区内企业服务的过程中，发挥开发区独特的优良服务传统，不是等企业有问题找上门来，而是主动对接，按照企业的不同情况，定期、不定期拜访各企业，了解其生产经营情况，以及有什么疑难问题，能解决的尽量帮助解决。针对2008年上半年新政策出台较多的情况，尤其对国家出台的钢材进加工区退税的政策，积极、及时地向区内企业宣传，让企业用足用好政策，避免了入区企业外移的倾向。通过努力，有些企业消除了退区的想法，有的还提出了增资的愿望。

从金融危机一开始，出口加工区管委会即着手对区内所有企业进行走访，对企业情况做到心中有数，并采取了多种应对措施。一是联合海关、国检强化个性化服务。在10月底邀请常熟海关副关长走访调研了出口加工区的世伟洛克、美信达、众达等企业，充分发挥海关、国检等自身的政策、业务知识的优势，积极为企业出谋划策，提供建设性方案，对企业的困难能解决的尽量帮助解决。二是与区内企业保持密切联系。特别是对经营困难的企业，每星期保持电话联系或上门拜访，了解企业最新情况。三是密切关注国际形势的新变化，帮助区内企业全面了解国家的对外贸易相关政策，引导企业及时调整产品结构和经营策略，提高产品的竞争力，增强应对风险的能力。四是对租用出口加工区标准厂房、经营困难的企业，如密西西比和泛太平洋公司，也推出了一些优惠政策，帮助企业降低运行成本，千方百计渡过难关。

【工业】 到2008年年底，已有9家外资企业落户出口加工区，大部分为美资企业，其中已有5家企业正式投产，2家企业正在试生产，还有1家企业已完成工商注册。主要有：由美国世伟洛克控股有限公司独资建设的世伟洛克常熟流体系统技术有限公司，从事高精密阀门和安装组件，以及各种合金产品的制造，其中包括不锈钢、钢材及黄铜；由新加坡大众钢铁工程私人有限公司投资的常熟众达机械工程有限公司，从事以集装箱吊机为主的港口新型机械设备及相关零部件的设计和制造；美国FMC公司投资的常熟美信达科技能源设备有限公司，从事测量装置、流体操控装置、传送装置相关产品及相关零部件和辅助件的生产；由美国欧地亚洲有限公司独资建设的欧地管道系统（苏州）有限公司，从事管道、建筑及流体控制系统塑料及橡胶等相关部件的生产与研发；常熟拓凯日用品有限公司、常熟密西西比车业有限公司等。

【发展趋势】 常熟出口加工区针对常熟临港的产业结构情况和出口加工区的特点，初步确定了出口加工区的招商产业定位，在装备制造、机械加工、太阳能光伏、新材料等项目的上下游方面下功夫，提高招商选资的针对性和有效性，延伸出口加工区的产业链，强化产业的配套化程度，形成特色产业集群和比较优势，提升核心竞争力。2009年，出口加工区将加强物流企业的招商工作，及早制定好物流企业的准入标准，争取引进一批实力强、客户多、具有丰富运作经验的国内外知名企业加盟，从而使出口加工区的进出口总量跃上新台阶。同时，将加强与周边板块的合作，瞄准合适的项目，实行互助招商。

常熟出口加工区在2009年将抓紧做好拓展保税物流功能的一切工作，早日完成海关辅助管理系统的硬件和软件系统，争取在2009年上半年运行。出口加工区将充分发挥国家赋予的优惠政策，以“区港联动”为节点，以发展临港保税物流等新兴产业为基础，抓住机遇，依托港口，大力发展保税物流，促进出口加工区更好地发展。

同时，根据目前有意向项目进度的不断推进，常熟出口加工区将在适当时间做一个加工区东扩南延的详细规划，为推进项目、为加工区的长远发展作准备。

【机构设置与管委会领导】 参照大部分出口加工区的做法，2005 年 8 月，经常熟市政府批准，设立常熟出口加工区管委会，与常熟经济开发区管委会合署办公，出口加工区管委会领导由开发区领导兼任。出口加工区管委会下设常熟出口加工区管理局，内设 4 个部门，分别为招商部、规划建设部、经济发展部及综合部。管理局下成立了常熟出口加工区开发置业有限公司，具体负责加工区的投资及物流运作和物业管理。

【招商部门】 常熟出口加工区管理局招商部主要负责出口加工区的招商引资工作。

招商部联系人：徐岗，电话为 0512 - 52297630、13806239277；吕刚，电话为 0512 - 52699809、13962382321。电子邮箱：Lugang@ changshu - china. com。

江苏淮安出口加工区
JIANGSU HUAI'AN EXPORT PROCESSING ZONE

【经济发展】 2008年，淮安出口加工区批准入区企业4家，为富士康集团旗下的富誉电子科技、富准精密模具、宏恒胜电子科技，以及新加坡多元集团投资的多元科技（淮安）有限公司，其中富士康旗下的3家企业已投产。批准投资总额37 390万美元，合同利用外资13 750万美元，实际利用外资12 520万美元。2008年实现工业总产值27.9亿元，产品销售额24.5亿元；实现利润4 743万元，税收4 195万元，区内现有员工2万余人。

【投资环境】 淮安出口加工区于2008年3月22日被国务院批准设立，2008年7月11日，通过国家九部委联合验收，10月1日正式挂牌封关运作，规划面积1.36平方公里。

淮安出口加工区地处淮安市经济开发区内，地理位置优越，交通便捷。目前已形成以高等级公路和铁路为主骨架，水陆并举、内延外联、四通八达的交通网络，成为国家级水陆交通枢纽。京沪、同三、宁连等5条高速公路在开发区境内交汇。新长铁路货运站就设在开发区内。京杭大运河穿境而过，运载能力2 000吨位。4C级民航淮安机场正在建设之中，2010年可建成通航。

淮安出口加工区基础设施配套齐全，区内已全面实现“九通一平”，配备监管围网、验货场站、监管仓库、办公楼等设施。出口加工区管委会与驻区单位建立良性互动机制，深入细致地做好企业服务工作。区内海关、检验检疫、银行、运输、仓储等机构一应俱全，确保通关需要。

【招商引资】 淮安出口加工区目前已引入了总投资22亿美元的富士康淮安科技城的系列项目，其旗下已有3个项目建成投产，分别是富准精密模具、富誉电子科技和宏恒胜电子科技，注册资本分别为9 920万美元、12 620万美元、13 600万美元。一、二期150万平方米厂房已建成投产，完成投入8亿美元。近期，多元科技（淮安）有限公司又投资2 988万美元（注册1 250万美元），在加工区内新上“设计、生产、加工印刷电路板”项目。一个以精密模具、电脑接插件、PCB等产品为主的高科技出口加工基地正在形成。

淮安出口加工区创造了全国一流的速度和效率，实现全国首例当年获批、当年通过验收、当年封关运作，且当年实现加工贸易额超亿美元的出口加工区。

【发展趋势】 淮安出口加工区于2008年10月1日正式封关。4家入区项目中富誉电子科技、富准精密模具、宏恒胜电子科技是世界500强企业之一富士康科技集团的下属公司。在全球金融危机的背景下，富士康淮安科技城申报的三期增资项目已于2008年12月份完成报批，富士康科技集团仍按计划有步骤地将各地的设备和手机等新事业群陆续向淮安搬迁。淮安出口加工区的设立，极大地增强了包括富士康三期项目在内的大批“重量级”项目的投资信心，将快速推动包括年产1 000万台LCD显示器和1 000万台手机等重大项目的投资进度，促进淮安千亿元 IT 产业链加速形成。预计再用 3 年左右的时间，淮安出口加工区的加工贸易额可达 100 亿美元/年，跻身全国出口加工区一流行列。

【机构设置与管委会领导】 淮安出口加工区管委会下设综合管理部、经济管理部、投资促进部和规划建设部 4 个部门。

淮安出口加工区党组书记刘建华；管委会主任汤正明，副主任林虎。

【招商部门】 淮安出口加工区管委会投资促进部负责招商工作，诚挚欢迎广大投资者和业务需求者咨询、交流及开展业务。招商热线：0517－86283713、86283722；传真：0517－86283729；联系人：张小姐、李先生、颜先生。

江苏南京出口加工区（南区）
JIANGSU NANJING EXPORT PROCESSING ZONE（SOUTH AREA）

【经济发展】 2008年，作为出口集聚区的出口加工区工作经受了前所未有的挑战：源自美国次贷危机的影响，全球经济衰退，出口减速；外贸政策调整，出口退税率下降，区内区外成本“倒挂”；企业运行成本提高，原材料价格全面上涨；劳动力工资成本提高，融资难度增大。面对困难，南京出口加工区（南区）管理局全体干部员工在开发区管委会的重视与关心下，牢固树立和全面落实科学发展观，认真贯彻落实奋斗目标，结合实际情况，以抓产业建设为重点，努力推进功能拓展，采取有效措施，积极促进招商引资工作，进一步提高服务质量，为企业排忧解难，消除不利因素，为企业打造良好的生存环境。全年共引进外资新项目4个（增资2个）；实现进出口货物总额13.2亿美元，其中出口额7.4亿美元；为社会提供劳动就业岗位累计6 000余个，为地方经济发展作出了积极贡献。全年实现增加值9.5亿元，增幅达157.6%；工业产值42.8亿元；税务收入1 208万元，推动了江宁乃至南京地区外向型经济的发展。

【投资环境】 配套环境进一步完善。2008年，完成了出口加工区内部至生活配套区的200米员工通道建设及沿途路灯亮化工程；完成了出口加工区叠加功能的信息系统建设，并调试完毕；为满足区内优质企业产能扩充的用电需求，协助企业安装了多台500千瓦变压器，增强了企业战胜困难、增产扩能的信心；完成了生活配套区B03住宅楼10 070平方米的主体建设，满足了区内外企业的入驻需求；安装了生活配套区电子监控系统。

服务意识增强，服务质量进一步提高。在金融危机持续深化、国外市场购买力持续降低的状况下，加工区管理局与区内出口型企业紧密沟通、协作，积极应对国际不利环境，及时协助企业解决问题，通过引导企业“深挖洞、广积粮”，积极采取拓展新客户、盘活企业资金链、转变发展模式、解决用工问题、节约运作成本等措施，以减少对公司的不利影响，渡过难关。华宝公司（首期入驻的龙头企业）原先客户比较单一，只有摩托罗拉一家，容易受到不利影响，管理局领导经常与企业沟通，建议企业加大创新力度，开拓新客户，提升公司综合竞争力和抵抗风险的能力，因此华宝公司果断调整思路，分析形势，成功拓展了新客户诺基亚。为了解决华宝公司贴牌生产的诺基亚手机内销问题，管理局多次邀请市外经局、南京海关主要领导上门为企业现场办公，并由主要领导陪同企业到商务部咨询情况，有力推动了华宝与诺基亚的合作。

【招商引资】 2008年，出口加工区引进各类项目4个，均为外资项目（增资2个）。实现合同利用外资662万美元，实际利用外资1 319.5万美元，超额完成了年初制定的招商引资指标。在招商工作中，招商部门注重效益优先，以标准厂房和仓库租赁为主要出发点，全年租赁出口加工区各类标准厂房 1.1 万平方米，目前累计出租率约 70%。

【工业】 全年实现增加值 9.5 亿元，同比增长 157.6%，超过了全国出口加工区平均增幅（全国出口加工区增加值平均增幅为 15%）；实现工业总产值 42.8 亿元，同比下降 19.8%；实现工业产品销售额 42 亿元，同比下降 24.1%。

【发展趋势】 全球金融危机给出口加工区 2008 年的发展带来了较大的影响，预计 2009 年的发展任务会更加艰巨。出口加工区管理部门清醒地认识到，南京出口加工区（南区）虽然与先进出口加工区相比还有较大差距，但是，机遇与挑战并存，加工区将勇挑重担，充分利用保税物流功能拓展的契机，在发展思路上寻求突破，争取更广阔的发展空间，增强发展动力，实现南京出口加工区（南区）较大的发展。

【机构设置与管委会领导】 南京出口加工区（南区）管委会下设南京出口加工区（南区）管理局，负责出口加工区日常事务的管理与服务工作。管理局下设办公室、招商局、经济管理部和规划建设部。南京出口加工区（南区）管委会主任杨友林，南京出口加工区（南区）管理局局长许世新、副局长端俊。

【招商部门】 招商电话：025－52724949。

浙江杭州出口加工区
ZHEJINAG HANGZHOU EXPORT PROCESSING ZONE

【经济发展】 2008 年，浙江杭州出口加工区实现工业总产值 112.85 亿元，其中电子信息产业实现工业产值 94.55 亿元，占总产值的 83.78%；工业销售产值 111.48 亿元，工业产销率 98.79%，产销水平略低于去年同期，但仍保持顺畅。实现进出口总额 22.29 亿美元，其中出口 14.13 亿美元。实现工业增加值 11.44 亿元，同比增长 11.87%；实现利润总额 1.94 亿元，平均利润率 1.74%。

2008 年当年固定资产投资 8.33 亿元，同比增长 399.39%，其中设备采购 6.72 亿元，技术革新投入 3530 万元。区内企业为适应经济形势的变化，积极调整产品结构，加大技术改革，提高产品竞争力，除新增项目外，已投产项目固定资产投资 2.83 亿元，设备采购投资 2.21 亿元。

由于国外出口市场的萎缩，加工区内企业内销比例扩大，出口下降的同时，税收结构发生了明显变化，累计实现税收 16 196 万元，同比增长 25.78%，其中海关税收及代征税 6 619 万元，同比增长 88.41%；工商税收 9 577 万元，同比增长 2.29%。

【投资环境】 浙江杭州出口加工区管委会围绕“实现转型、再造优势”的工作目标，以争取国家政策为突破口，以创新通关模式，搭建信息化系统平台为抓手，不断完善出口加工区这一国家级政策平台。联合海关推出了“浙江杭州出口加工区快件快速通关模式”，在确保海关有效监管的前提下，以监管袋取代了传统的海关监管车，有效降低了企业成本，提高了通关效率；搭建完成了浙江杭州出口加工区公共服务（信息）平台，通过引入该套系统，推行了功能拓展试点加工区成熟、先进的通关模式，实现了无纸化通关，既确保了海关监管，又提高了通关效率，更为拓展保税物流功能、实现区域整合提供了技术支持和保障；利用出口加工区的政策优势和产业基础，搭建与萧山空港口岸的合作平台，通过对接杭州海关的“八项举措”，完成了企业在萧山机场空运货物的“分拨直通关”模式，为进区企业提供了便利。

为了促进企业持续稳定的发展，管委会强化服务机制，不断提升服务水平。在“企业例行走访制度”的基础上，加强经济分析和预警，全面掌握企业动态和需求，努力为企业协调解决生产运作过程中碰到的问题；搭建企业与海关、国检、外管、国税、地税等职能部门的沟通交流平台，通过举办各种类型的政策宣讲会、座谈会，使进企业与各职能部门建立起了良好的合作关系，为各项工作的有序开展奠定了基础。

建立浙江杭州出口加工区公共事务管理体系，不断加强园区内安全生产、综合治理、城市管理等公共事务管理工作，同时，管委会对园区投入 163 万元，用于市政设施、监控设施维护等，为区内企业持续发展提供一个稳定、和谐、安全的外部环境。

交通条件进一步提升。2008 年 12 月 15

日，杭州萧山国际机场实现了与台湾的直航，方便了区内企业与台湾地区的货物往来，降低了与台湾地区空运货物的成本。

加大投入力度、完善园区硬件设施。2008年竣工厂房建筑面积12 2621平方米，同比增长629.53%，其中标准厂房建筑面积105 500平方米，为后续招商引资提供了硬件条件。

【招商引资】 2008年，杭州天裕光能科技有限公司注册资本6.8亿元人民币，主要从事非硅及微硅薄膜太阳能电池的研发、生产和销售，是一家拥有国际一流薄膜太阳能电池生产设备和技术的高新技术企业。全部投产后年生产高效太阳能电池120兆瓦，年销售产值将达40亿元。增资项目3家，增加注册资本800万美元。实际利用外资2 084.69万元，同比增长77.22%，园区外资到位率达到92.97%，表明杭州出口加工区内外资项目品质优良。

【工业】 2008年浙江杭州出口加工区内两家龙头企业完成了产品结构的调整。其中杭州松下住宅电器设备（出口加工区）有限公司在吸尘器出口基地的基础上引进了高性能洗碗机的生产线，2008年7月开始生产具有节能、环保等特点的PHAH－EP台式洗碗机，全部出口日本，年销售额将达2 000万美元。东芝信息机器（杭州）有限公司在生成高端商用笔记本电脑的基础上，向产业链两端延伸，2008年投资了3 000万元人民币，建设了具有一流设备和技术的10米靶向电波检测暗室，并于2008年12月取得了美国NVLAP实验室认证资格。出口加工区功能拓展后，该企业除为本企业的产品提供电波检测外，将为区域内的电子产品企业提供检测及颁证服务。

2008年重点企业工业销售产值：东芝信息机器（杭州）有限公司63.06亿元，杭州矢崎配件有限公司23.42亿元，杭州松下住宅电子设备（出口加工区）有限公司7.54亿元。

【物流业】 截至2008年年底，浙江杭州出口加工区内累计入驻仓储、物流企业3家。2008年相对于区内工业企业整体调整的趋势，区内仓储、物流企业表现出了较强的发展势头，继续保持二位数的增长，全年营业收入达到3 969万元，同比增长10.84%。3家企业皆有赢利，共实现利润94.2万元。实现税收606.49万元，占整个加工区工商税收的6.87%，其中地税584.98万元，占整个加工区地税总和的12.84%，成为新的税收增长点，并将成为加工区功能拓展获批后，调整产业结构、大力发展工业配套服务业、实现转型升级的有效基础。

【发展趋势】 2008年12月31日，浙江杭州出口加工区拓展保税物流功能获得国家批准，允许开展研发、检测、维修业务，使杭州出口加工区成为杭州地区内唯一的集保税加工、保税物流两大基本功能为一体的国家级政策平台。加工区将抓住这一机遇，结合产业基础和园区特色，在继续做大做强制造业的同时，重点培育生产型服务业，向综合性功能园区发展。

打造先进制造业基地。鼓励区内加工制造企业向产业链两端“上伸下延”，在加工制造的基础上，开展研发、检测、维修等业务，拓宽经营范围，同时，利用保税物流功能，就近对生产企业进行分拨配送，实现真正的JIT、“零库存”生产模式，降低企业物流和管理成本，增强企业综合竞争力。

打造保税物流基地。吸引国内外现代物流企业入区，利用产业优势和政策优势，开展国际采购、分拨、配送业务，成为连接国内外市场的货物集散中心。

打造研发基地。支持企业引进设计、研发部门，促进区内产品从低附加值向高新技术产品转变，培育企业自主知识产权。

打造检测、维修服务基地。以区内企业的生产性服务部门为基础单元，如东芝公司的电波暗室，建立辐射周边区域的生产服务体系，同时搭建与国内外专业检测、维修机构的合作平台，争取专业企业入区。

打造国际会展服务基地。利用杭州国际会展之都的优势，为地区内举办的国际展览提供保税展览展示服务，成为一个国际展览展示物品的集散平台。

【机构设置与管委会领导】 按照“不增设机构”的原则，浙江杭州出口加工区和杭州经济技术开发区实行合署办公，“一套班子，两块牌子”。杭州经济技术开发区各内设机构增挂“浙江杭州出口加工区”的牌子，同时，单独设立了浙江杭州出口加工区综合管理局，承担出口加工区的日常管理、服务、协调职能，其内设两个职能科室：综合与商务科、公共事务科。

管委会领导：管委会主任盛成皿，分管副主任张学宁，办公室主任虞付月，综合管理局局长张雨秋。

【招商部门】 杭州经济技术开发区（浙江杭州出口加工区）招商局负责杭州出口加工区的招商引资工作。招商局局长：曲伟。招商热线：0571－86913653、86877978。

浙江杭州出口加工区综合管理局服务热线：0571－86714101、86714099。

浙江嘉兴出口加工区
ZHEJIANG JIAXING EXPORT PROCESSING ZONE

【经济发展】 浙江嘉兴出口加工区自封关运作以来稳步发展，基础配套设施建设不断完善，管理和服务效率不断提高，经济发展不断提升。2008 年实现进出口总额 1 812.3 万美元，同比增长 976.2%，其中出口 842.8 万美元，进口 969.5 万美元。全年实现工业总产值 6 465.5 万元；工业产品销售额 5 940.9 万元。全年完成固定资产投资 62 472 万元。

【投资环境】 浙江嘉兴出口加工区于 2003 年 3 月 10 日经国务院批准设立，是全国第三批设立的出口加工区之一，是浙江省继杭州、宁波后第三个出口加工区，也是嘉兴市目前唯一的国家级对外开放平台。位于区位条件优越的嘉兴港区（浙江乍浦经济开发区）内，紧靠国家一类开放口岸嘉兴港（乍浦港），东起东港路，西至新 07 省道，南起 01 省道，北至河神塘，总规划面积 2.98 平方公里，实行一次规划、分期逐步开发。一期开发面积 1.3 平方公里，二期开发面积 1.68 平方公里。一期于 2005 年 4 月 26 日通过了由海关总署牵头的国家九部委联合验收小组的验收，2006 年 2 月 28 日正式封关运作。区内配套基础设施建设基本完善，道路、雨污水管网、电力、通讯、供水、天然气、蒸汽等都已配套到位。

嘉兴出口加工区区位条件优越，已形成铁路、公路、港口、内河、航空等各种运输方式组成的综合交通网络。与上海、杭州、苏州、宁波（74 海里）的距离都在 100 公里左右。公路、铁路方面，位于沪杭铁路、沪杭高速公路、乍嘉苏高速公路、杭州湾跨海大桥和规划建设的沪乍嘉湖铁路、沪杭客运专线的黄金通道上，东西大道（01 省道）、老沪杭公路等更拓深拓宽了其对外通道，形成四通八达的公路网。港口与内河方面，嘉兴港是浙北地区重要的出海港口，水深与航道条件良好；乍嘉苏内河航道和六平申线，将嘉兴港码头与京杭运河、杭申线等主要内河航线联通，有力地发挥了海河联运的优势。航空方面，至上海浦东、上海虹桥、杭州萧山三大国际机场的车程均在 1 小时左右，依托三大空港的航空运输条件十分便利。嘉兴出口加工区所处位置已成为“长三角”沪、苏、杭、甬地区的一个重要交通枢纽。

嘉兴港（乍浦港）具有良好的深水岸线和建港条件，可建港岸线 40 公里。目前，嘉兴港全港拥有万吨级以上深水泊位 19 个，千吨级泊位 8 个，综合吞吐能力 2 500 多万吨/年。规划到 2010 年，嘉兴港乍浦、独山、海盐 3 个港区共拥有生产性码头泊位 39 个（其中万吨级以上深水泊位 27 个、千吨级泊位 12 个），货物吞吐能力 4 060 万吨/年（其中集装箱吞吐能力 25 万 TEU/年），货物吞吐量将达到 3 500 万吨（其中集装箱吞吐量 20 万 TEU），形成杭州湾北岸港口集群，建设成为集港口装卸运输功能、工业功能、出口加工功能、现代物流服务功能、海运商务服务功能、港口信息功能于一体的中国沿海现代化、多功能、综合型的港口。

嘉兴港区劳动力资源丰富，劳工素质比较高，港区劳动力培训中心可为企业培训多种人才。嘉兴市内有高等学府1所、大专院校4所、中等专业学校6所、技工学校5所、普通高中35所，近邻上海、杭州等地有复旦大学、上海交通大学、浙江大学等知名院校在内的高等院校近百所，可以为企业提供不同专业、不同层次的专门人才及高级管理人才。

嘉兴港区内金融、商业事业发达，建设银行、工商银行、交通银行、中国银行、农业银行等多家银行在港区设立支行。海关、商检、税务、工商、质检、国土、规划建设、环保等政府部门或机构设置齐全，各类报批审批手续基本都可在港区内完成。

【招商引资】 浙江嘉兴出口加工区2008年引进项目3个，截至2008年年底，累计引进内外资项目14个，其中外资项目10个，主要来自美国、英国、日本、中国香港等国家和地区，涉及生物医药研发、电子、汽车配件、纺织、金属加工等产业。项目投资总额11 740万美元，其中外商投资总额5 967万美元，合同外资2 839万美元，其中投资超1 000万美元的项目有4个。已投产项目8个，项目全部投产后预计年产值可达40亿元。

浙江嘉兴出口加工区结合自身的比较优势及错位发展意识，充分发挥港口优势和周边产业优势，确定生物医药研发、汽车配件、光机电、电子信息等作为产业定位和主攻方向，特别是生物医药研发外包服务产业，将是构筑出口加工区特色产业的重要方向。

【发展趋势】 浙江嘉兴出口加工区拥有得天独厚的区位优势，受“长三角”经济圈的辐射，具备稀缺的港口资源、发达的交通条件，以及上海、杭州、嘉兴等地充沛的人力资源，必将成为嘉兴加工贸易发展的先导区和示范区。嘉兴市委市政府的高度重视，嘉兴新一轮经济发展的新平台，浙江省接轨上海的桥头堡，为嘉兴开放型经济的发展提供了强大的推动力。浙江嘉兴出口加工区管委会倾力投入，借助出口加工区的政策平台优势，积极打造物流中心平台和医药研发服务外包平台。充分发挥出口加工区的辐射作用，带动、提升区域加工贸易产业层次和转型升级，有效利用出口加工区的政策优势服务于嘉兴发展。

【机构设置与管委会领导】 浙江嘉兴出口加工区管委会是浙江嘉兴出口加工区的直接管理机构，内设综合处、建设管理处、招商处3个处室，根据“不增设机构”的原则，与嘉兴港区开发建设管委会合署办公，“两块牌子、一套班子”，实行统一领导、统盘规划、分工负责、分块运作、互为依托的管理体制。本着精简机构的原则，出口加工区管委会内设的综合处、建设管理处、招商处分别与嘉兴港区管委会的经济发展局、规划建设局、招商局合署办公。

浙江嘉兴出口加工区管委会主任王照祥，副主任郑栋良。

【招商部门】 嘉兴港区（出口加工区）招商局全面负责出口加工区的招商引资工作，内设4个招商科室。招商热线：0573－85588108（陈先生）；0573－85581746（韩先生）；0573－85581548（翁小姐）。传真：0573－85581777。

浙江慈溪出口加工区
ZHEJIANG CIXI EXPORT PROCESSING ZONE

【政策与服务】 浙江慈溪出口加工区管委会是宁波市政府的派出机构，负责杭州湾新区的开发建设，被授权拥有市一级经济管理权限，按精简、高效、统一原则设置政府机构。对外商投资项目实行从咨询考察、洽谈签约、批准设立直至建设运营的全方位“一条龙”服务。

入区企业除享受中央政府赋予出口加工区、开发区的所有优惠政策外，对于管委会认定的高新技术项目、引进外资额度巨大项目和对于园区开发建设有重大意义的项目，将在项目筹建、基础设施配套、技术引进、设备改造、对外贸易、人才引进等方面给予特殊的优惠扶持。

【投资环境】 浙江慈溪出口加工区位于浙江省宁波市北部慈溪经济开发区内，北濒杭州湾，南接全国百强县慈溪，坐落在世界最长跨海大桥——杭州湾大桥的南墩。规划面积2平方公里，2006年11月通过海关总署等国家九部委验收的首期封关面积为0.7平方公里，区内各项配套设施完善。

浙江慈溪出口加工区是长江三角洲经济圈南翼环杭州湾地区上海、杭州、宁波三大都市经济金三角的中心，距离宁波70公里，距离杭州135公里，距离上海148公里；是连接上海、宁波两大都市的“黄金节点”，融入沪、杭、甬2小时交通圈。在加工区2小时的交通圈范围内，有上海港和宁波港两大海港；有上海虹桥、上海浦东、杭州萧山和宁波栎社4个国际机场；高速公路、铁路与海运航线使加工区直接接受各大城市的功能辐射。

慈溪出口加工区的综合配套优势十分明显，就近的宁波及慈溪市工业经济非常发达。2007年宁波工业总产值达1 231亿美元，拥有世界500强企业37家，包括日本三菱、TOSHIBA、三星、LG、TRW、马斯基和博格华纳等公司。宁波的优势工业主要分为以下3种：一是纺织服装、家电、机械、汽配、文具、模具等传统优势工业；二是石油化工、造纸、钢铁等临港型大工业；三是电子、新材料、半导体等新兴产业。宁波已成为国内外重要的工业产品生产基地和配套基地，同时被评为中国最适合外商投资的城市。

慈溪出口加工区所在地慈溪经济开发区规划控制面积145平方公里，基础配套设施完善。开发区东西长约25公里，南北宽约6公里，按功能划分为三大区块。中部为65平方公里的工业聚集区，西部为40平方公里的现代服务休闲区，东部40平方公里为预留区块。截至2007年，开发区已经引进内外资企业240多家，包括韩国SK、美国库柏、美国PROLOGIS等在内的世界500强及跨国企业。慈溪经济开发区到2020年将集聚50余万人口，成为环杭州湾地区生态型现代化工业新城和宁波市北部经济中心。

【招商引资】 目前慈溪出口加工区内已有立泰电子、航科电子、育威电缆、海华模具、飞宇国际物流等5家企业落户。下一步招商重点将逐渐转移到引进高端外向型加工制造企业，以及设计研发机构、国际采购、国际物流配送等服务业项目。

【机构设置与管委会领导】 慈溪出口加工区管委会是宁波市政府派出机构。

管委会领导：管委会党工委书记洪嘉祥（慈溪市委书记），管委会主任徐华江（慈溪市市长），管委会常务副主任高庆丰。

【招商部门】 加工区管理科，联系人吕静若、裘振宇。欧美招商科，联系人林直。日韩招商科，联系人张辉。

安徽芜湖出口加工区

ANHUI WUHU EXPORT PROCESSING ZONE

【经济发展】 2008 年第四季度以来的金融危机，给芜湖出口加工区带来严重影响，但在各级领导的大力支持下，在各级海关的紧密配合下，芜湖出口加工区仍实现了平稳增长。2008 年实现直接出口额 2 255 万美元，深加工结转为 917 万美元，视同出口 2 908 万美元。进出口总额为 7 052 万美元，同比增长 13.7%。

2008 年，芜湖出口加工区批准项目数 4 个，批准投资额 10 486 万美元。其中，外资项目投资额 8 721 万美元（含增资额 5 800 万美元），合同利用外资 5 551 万美元。固定资产投资为 39 992 万人民币。

【投资环境】 芜湖市濒临长江，东与长江三角洲连成一体，西接华中地区，南依黄山、九华山风景区，北临南京，素有“长江巨埠，皖之中坚”的美誉。其面积 3 317 平方公里，总人口 230.79 万人，市区人口 105.58 万人。

2007 年，中国社会科学院《中国城市竞争力报告》中，芜湖列中西部非省会城市第一名；2007 年，第三届中国财富论坛上，芜湖荣获 2007“世界投资中国——中小城市魅力奖”第一名；2008 年，芜湖市 GDP 总量位居全省第二，GDP 人均位居中部六省非省会城市第三。

芜湖是华东地区重要的水陆交通枢纽，境内 3 条高速公路、5 条铁路交汇；芜湖长江公路、铁路两用大桥是沟通京九、京广、京沪、陇海等铁路大动脉的重要结点，是国家交通运输部确定的公路运输枢纽城市；芜湖港是长江逆江而上的最后一个深水良港，是长江运输的主枢纽港。芜湖距南京禄口国际机场和合肥骆岗机场均约 1 小时车程。

芜湖经济技术开发区是芜湖市主要的工业产业集中区域，包括国家级经济技术开发区、国家级出口加工区、国家级高新技术创业服务中心、国家级外贸码头、国家级汽车电子产业园、国家级汽车及零部件出口基地、国家级动漫产业基地等 6 个国家级园区。已形成汽车及零部件、电子电器和新材料 3 个主导产业，现有企业 600 余家，规模以上工业企业 200 多家，外商投资企业 153 家。20 多家世界 500 强企业及 30 多家国内上市公司、知名企业在开发区投资兴业。2008 年全区实现工业产值 802.4 亿元，同比增长 22.7%，占全市工业产值的 62%。

芜湖出口加工区地处芜湖市北部，位于芜湖经济技术开发区内。2003 年 3 月 12 日通过国家九部委验收，总体规划 2.95 平方公里，首期开发 1.1 平方公里。

2008 年年初芜湖出口加工区管委会启动了 1.07 平方公里的二期扩区建设，2008 年 12 月 26 日通过合肥海关预验收。二期扩区将有效地提升芜湖出口加工区的承载能力。

芜湖出口加工区按照国家有关规定，内设有芜湖海关驻出口加工区办事处、安徽省检验检疫局驻芜湖出口加工区工作组等行政机构。芜湖出口加工区管委会委托出口加工区管理局具体负责日常行政事务、加工贸易审批、物业管理、政策研究、信息交流工作，协助土地、建设等部门在出口加工区履行职能，开展招商引资工作。区内另有银行、外运、外贸、报关行等服务机构。这些机构使出口加工区“一站式”通关的优势得到充分发挥。

【招商引资】 芜湖出口加工区的招商工作紧密依托芜湖经济技术开发区业已形成的三大支柱产业和开发区的产品配套优势，力求引进产业规模大、技术含量高、产品带动性强的企业，做强做大出口加工区。2008 年芜湖出口加工区引进的重点企业 2 家：芜湖汉昌电子科技有限公司，生产经营自体发光布项目，总投资 20 000 万人民币，注册资本 6 000 万人民币，占地 90 亩；芜湖晟志工业制品有限公司，生产经营各种工用和民用射钉、绳、丝及相关配套和工业的研发、生产、销售，总投资 12 000 万人民币，注册资本 2 000 万人民币，占地 61 亩。

【金融危机的影响】 出口订单锐减，给区内龙头生产企业带来严重冲击。金融危机造成区内企业的海外订单锐减，直接冲击区内龙头生产企业，区内某汽车零部件企业 2008 年工业总产值和出口额，同比均下降 87%，导致全区工业产值同比下降。

经济走势不明，投资商放缓建设。金融危机的影响日益显现，在经济走势不明朗的情况下，投资商放缓建设，驻足观望。区内重点企业美的洗碗机一期项目（投资 2.1 亿元，年产 40 万台洗碗机）于 2008 年 7 月动工，2008 年 11 月被迫停工。

【发展趋势】 随着中达电子、美的小家电等大型出口加工型企业的投产，芜湖出口加工区将呈现出良好发展势头；随着二期工程的竣工及保税物流园区的启动，将为芜湖出口加工区提供更广阔的发展空间。一个通关更便捷、服务更周到、功能更齐全、监管更科学的芜湖出口加工区正在崛起。一个覆盖皖江流域乃至安徽省，集国际加工、国际采购、仓储、物流于一体的大型综合平台将在芜湖出口加工区逐步形成。

【机构设置与管委会领导】 芜湖出口加工区和芜湖经济技术开发区实行“两块牌子、一套人马”，芜湖出口加工区管理局作为芜湖经济技术开发区管委会的职能部门，依托经济技术开发区管委会其他职能部门，承担出口加工区日常管理和服务工作。芜湖出口加工区管理局设综合科、贸管科两个科室。

芜湖出口加工区管委会主任杨良文，电话：0553－5841998。芜湖出口加工区管理局局长季学敏，电话：0553－5772018；副局长朱俊，电话：0553－5772002；副局长刁建青，电话：0553－5772017。

【招商部门】 招商一局，局长潘枫，电话：0553－5841768；招商二局，局长潘君齐，电话：0553－5963818；招商三局，局长程劲松，电话：0553－5842987。

福建厦门出口加工区

FUJIAN XIAMEN EXPORT PROCESSING ZONE

【经济发展】 2008年，厦门出口加工区深入贯彻落实科学发展观，在优势弱化、政策倒挂的情况下，迎难而上；积极应对金融危机的不利影响，逆势而上；利用海沧保税港区获批的历史机遇，乘势而上，在去年实现高速增长的基础上，连续保持快速增长。全年完成工业产值24.9亿多元，同比增长32.4%；进出口总额6.5亿美元，同比增长57.4%；从业人员6 784人，同比增长39.5%；税收2 490万元，同比增长91.7%。

【投资环境】 厦门出口加工区地处海峡西岸经济区建设的最前沿，与台湾宝岛隔海相望，置身于中国最早的经济特区、全国最大的台商投资区，具有得天独厚的对台、临港、特区的三重优势，海陆空交通便利，离海沧火车站3公里，距厦门高崎国际机场15公里，距高速公路入口18公里，特别是到国际集装箱枢纽港——海沧港区仅1.5公里，并实现两者联动运作、电子化无缝对接，货物进出口十分便捷，大大降低企业物流成本。

园区环境优美，四季鸟语花香，基础设施配套齐全，管理服务体系健全。引入国际先进管理经验，先后通过ISO9001、ISO14000认证，创建行为规范、运转协调、公正透明、高效廉洁的管理体制和符合国际标准的投资环境。加工区管委会与驻区口岸单位建立良性互动机制，广泛深入开展“心系企业，情暖业主，真诚服务，共渡难关”系列活动。坚持对客商投资审批“一条龙”服务，项目建设过程的全方位服务，企业开工投产的经常性服务，要求机关人员做到：凡是对招商引资有利的事，都要争着办、主动办；凡是对企业发展壮大有利的事，都要认真办、努力办；凡是对园区做大做强有利的事，都要抓紧办、积极办，切实为客商提供贴近服务、贴心服务、全程服务。协调海关、国检等口岸单位做到理解服务、高效服务，坚持即时审批审核。

区内海关、检验检疫、银行、运输、仓储等机构一应俱全，落户企业不出园区即可办理一切进出口手续。园区劳资关系融洽，于2007年8月荣获“全国模范劳动关系和谐工业园区”光荣称号。

园区厂房规格多样，通用厂房为3～5层框架结构，单幢厂房建筑面积从7 000平方米至20 000平方米不等；厂房层高为一楼5.2～6米，楼上3.9～4.2米；荷载为一楼1.5～3吨/平方米，楼上0.5～1吨/平方米；水、电、电梯配备多样，适合不同行业、不同规模的企业入驻。

【招商引资】 2008年，厦门出口加工区积极改进招商方法，变被动为主动，采取宣传推介、以商引商、中介招商、行业荐商等多种方式，四面出击，重点跟踪，先后引进外资项目8个，新增投资总额累计4 840.5万美元，新增注册资本2 371万美元。截至2008年，厦门出口加工区累计签订入区企业42家，正式投产企业34家。

【工业】　区内企业主要来自欧美、东南亚和中国香港、中国台湾等国家和地区，已有世界知名企业柯达公司、百得工业公司，世界磁性材料龙头企业美磁科技有限公司，世界最大汽车继电器供应商海拉（厦门）汽车电子有限公司入驻园区；全球最大的钨产品企业厦门钨业集团在加工区内设立嘉鹭、朋鹭金属有限公司；投资上亿美元的建颖科技（厦门）有限公司正在开工兴建。今后将着重引进科技先进型、资源节约型、环保达标型的项目，争取5～10个全球行业龙头企业在区内投资设厂，进一步形成电子信息、精密机械、医疗器械、新型材料等四大支柱产业，促进区内企业的产业集聚和升级。

【发展趋势】　2008年6月，国务院批准设立厦门海沧保税港区。厦门出口加工区作为厦门海沧保税港区的重要组成部分，成为政策最优惠、开放层次最高、功能最齐全的海关特殊监管区域。厦门海沧保税港区还是全国已批的7个保税港区中真正具备出口加工、保税、物流“三位一体”的保税港区，可以开展10个方面的业务，即全面发展港口作业、中转、国际配送、国际采购、转口贸易、出口加工、展示、研发、加工制造，以及经海关批准的其他业务，叠加了保税区、保税物流园区、出口加工区及港口码头作业的所有政策功能。加工区将抢抓这一历史机遇，用好、用足、用活保税港区的优惠政策，在海峡西岸“两个先行区”建设中先行先试，争取建成海峡西岸高新技术产业先导区、出口创汇重点区和规范加工贸易示范区，努力实现又好又快发展，着力做大做强厦门出口加工区。

保税港区的获批及其优惠政策的实施，吸引中外客商纷至沓来，洽谈项目投资；已签约入区的企业，纷纷快马加鞭改造装修厂房、调试生产线，力争早日投产；区内企业或筹划增资，或考虑将总部的生产线、子公司迁移搬入加工区。目前，厦门出口加工区显现出一派欣欣向荣的繁荣景象，到处是热火朝天的场面。

【机构设置与管委会领导】　厦门出口加工区设置管委会，下设办公室，负责管委会日常工作。管委会办公室核定行政机关编制6名，其中主任1名、副主任1名，另核定厦门出口加工区投资促进服务中心事业编制10名，主要从事招商引资、企业管理、综合文字等工作。现加工区管委会主任由厦门市政府副市长黄菱兼任，海沧台商投资区管委会主任、海沧区区长林国耀为管委会常务副主任；厦门海关副关长万志朝，海沧台商投资区管委会副主任、海沧区常务副区长李文东，海沧管委会副主任、海沧区副区长周威榕，厦门检验检疫局副局长蔡家焰为副主任；王玉龙为管委会驻区专职副主任，主持管委会日常工作。

【招商部门】　厦门出口加工区招商工作由管委会领导亲自挂帅，重要项目由管委会领导亲自接洽，具体日常事务主要由加工区投资促进服务中心和投资管理公司招商部承担。招商部门建立双周招商通气会和招商部门每周工作例会，工作规范有序，政策掌握有度，业务熟练有佳。热情欢迎海内外客商垂询，共谋发展。招商热线：0592－6892888，联系人为钟小姐、陈小姐；招商热线：0592－6892088，联系人为谢小姐、李先生。

福建福州出口加工区

FUJIAN FUZHOU EXPORT PROCESSING ZONE

【概况】 福州出口加工区于2005年6月经国务院批准设立，2006年12月22日通过国务院所属九部委联合验收，2008年3月正式封关运作，规划面积1.14平方公里，一期开发面积0.436平方公里。

【经济发展】 由于2008年是福州出口加工区开始实质性运作的第一个年度，经济工作的重心主要以园区配套建设和推进落地项目基建为主。全年共完成固定资产投资2.24亿元，引进项目7个，其中加工项目3个，完成全区固定资产投资的48.7%。投产后预计可实现工业产值8亿元，进出口值1亿美元。园区自身配套建设完成固定资产投资1.15亿元，建成一座总建筑面积8 900平方米的综合办公楼一座，完成6条园区道路的罩面工程及路灯、绿化、景观等配套工程，各项隔离、监管设施及卡口，以及检验区和监管仓库等均已投入使用。

【投资环境】 福州出口加工区位于国家级福州经济技术开发区内，地处闽江出海口，与马祖列岛一衣带水，是最早开展对台小额贸易的口岸，也是福建沿海与金门、马祖地区直接往来的主要港口城市，更有104国道、沈海高速、温福铁路横贯而过，距离市中心、机场、港口都只有20分钟车程，交通便捷，地理位置优越。

园区一期基础设施配套齐全，做到“七通一平”，满足企业入区需求，并可依托福州经济技术开发区成熟完善的“吃、住、行”一条龙配套。

投资软环境上出口加工区推行“一站式”无偿代办制，即从企业入区申请到验资、注册、税务登记等实行全方位服务。企业只需提供相关材料，出口加工区指派专人全程代办，无偿服务，并努力使服务向企业生产环节延伸，解决企业在生产经营、人才招聘、资金融资等方面遇到的问题，以期提高服务效率，不断完善投资软环境。

【招商引资】 福州出口加工区坚持以“招商引资、项目促进”为工作中心，为加速建设进度，采取“边建设、边招商”的方式，克服全球金融危机对招商引资工作的不利影响，积极稳妥地推进招商引资工作。利用“6.18”项目对接会、“9.8”投洽会等多种渠道进行广泛宣传，截至目前已成功引进7个项目（其中加工项目3个，物流项目3个，贸易公司1个），实现合同投资总额4 260万美元，合同利用外资1 800万美元。华昆赛车、邦信网络终端、华顺达工业品等3个加工项目基建工程基本完成。华昆赛车项目即将投产，2008年企业实际到位资金1 050万美元，实际利用外资490万美元。目前还有与华映公司配套的中小尺寸电脑、马来西亚水表及黄铜配料、博能特链具、史博森电子、福日磨具、中药材生产和物流基地，美国加州物流、爱普生物流、华映配套物流中心、日立工机物流、中铝物流等项目正在跟踪洽谈。

【工业】 福州出口加工区目前已引进3个加

工项目，基本情况如下：

福建华昆技科汽车配件有限公司，由龙和集团（香港）国际贸易有限公司投资建设。总投资2 000万美元，注册资本800万美元，占地面积80亩，总建筑面积27 400万平方米，年产汽车改装件1 200万件（套），年出口额5 000万美元。

福建邦信信息科技有限公司。项目总投资2 500万元，占地面积10亩，总建筑面积3 120平方米，年产1万台3G业务专用通信终端设备，年进出口额600万美元。

福州华顺达贸易有限公司。项目总投资1 500万元，占地面积15亩，总建筑面积5 260平方米，年产各类工艺品150万件，年进出口额300万美元。

【物流业】 保税物流业务作为出口加工区拓展的主要功能，是对区内外加工贸易企业的重要配套，福州出口加工区目前已引进3家物流企业：福州日日通物流有限公司，注册资本50万元；福州开发区天赐豪成物流有限公司，注册资本200万元；福州永航物流有限公司，注册资本50万元。

【发展趋势】 2009年将是福州出口加工区出成效的一年，将以学习实践科学发展观活动为契机，主动融入海峡西岸经济区建设，以拓展保税物流功能为突破口，力争招商引资工作有新突破、新作为。加工区将通过找准自身定位，突出自身优势，进一步完善配套，改进服务，靠加工和物流两条“腿”快速前进，力争实现产值1亿美元，进出口值10亿美元，各项经济指标均有大幅增长，实现福州出口加工区的“开门红”。

【机构设置与管委会领导】 福州出口加工区机构设置依托福州经济技术开发区设立，由福州经济技术开发区管委会加挂福州出口加工区管委会牌子，并成立福州出口加工区管理局作为福州出口加工区管委会的办事机构。管理局下设办公室和投资服务中心。

【招商部门】 招商工作由投资服务中心承担。招商热线：0591－83691298。

山东烟台出口加工区
SHANDONG YANTAI EXPORT PROCESSING ZONE

【经济发展】 2008年，注册运作企业87家，从业人员1.6万人。自建区以来，实现项目总投资5亿美元，其中外资项目总投资3.9亿美元，实际到位资金3.2亿美元；进出口额97.3亿美元，其中进口额42.9亿美元，出口额54.4亿美元；完成保税物流业务进出区货值63亿美元。2008年全区注册外资完成5 211万美元，同比增长22.8%；实际利用外资4 882万美元，同比增长90.1%。全年实现工业总产值336.9亿元，同比增长3 377.6%；物流业实现销售收入2 854万元，同比增长695%。全年实现出口额48.3亿美元，继续保持建区以来的高速增长，同比增幅高达2 316.1%；进口额完成37.6亿美元，同比增长2 103.8%。实现地方财政收入2 096万元，同比增长39.7%。

【投资环境】 烟台出口加工区位于烟台市区北部，系2000年4月27日经国务院批准的首批15个出口加工区之一。烟台出口加工区地理位置优越，交通便捷，基础设施配套齐全，经济腹地辽阔，管理规范，服务高效，政策优惠，具有得天独厚的发展优势和广阔的发展前景。

地理位置优越，交通便捷。烟台出口加工区位于烟台市区北部，与日本、韩国隔海相望。南起烟台火车站，北止烟台至大连火车轮渡，东连烟台港，西临市区生活区。与全国十大港口之一烟台港相连，是全国60个出口加工区中唯一实行“区港结合”运作方式的区域，区位优势独特。烟台港年吞吐量1.11亿吨，现已与70多个国家和地区的120多个港口直接通航。加工区内设专用货运码头，拥有万吨级集装箱码头和散货码头各2个。加工区距烟台火车站仅1公里，距烟台国际空港仅17公里，与烟台至大连火车轮渡、汽车轮渡码头仅一网之隔，经此可与东北、华东及环渤海地区相连，成为贯通南北的交通枢纽。

基础设施配套齐全。烟台出口加工区已经建成36万平方米的标准厂房，建起了1.3万平方米的办公大楼，建起4 500平方米的海关监管技术用房，2.1万平方米的国际公寓已交付使用。加快整合区内现有保税仓储设施存量资源，现已有1.6万平方米保税仓库、8万平方米堆货场投入使用。区内供电、供气、供水、通讯、排污、供暖和道路等基础设施配套齐全，具备投资建厂、兴办企业的各种条件。

经济腹地广阔。烟台出口加工区以烟台市为依托，拥有富饶广阔的经济腹地。烟台市地处中国东部沿海南北交通要道，是国家重点开发的环渤海经济圈内的重要城市，也是“全国综合实力50强城市”之一和中国投资环境“金牌城市”，经济实力雄厚，投资环境优越，资源和物产丰富，工业基础较好，科学、教育、文化发达，随着对外开放的不断深入，可进一步推动出口加工区的发展。

管理规范，服务高效。烟台出口加工区

按国际惯例实行“境内关外”的全封闭管理，出口加工区管委会作为烟台市政府的派出机构，统一行使区内的管理服务职能。管委会下设办公室、经济发展局和财政局，可为投资者提供从项目审批、工商注册、规划建设、劳动人事、环境保护到水、电、通讯供应等服务。区内海关、国检、国税、地税、工商、银行、保险、中介服务机构齐全，可为投资者提供全面、优质、高效的服务。出口加工区建立了管委及部门领导干部与出口创汇骨干企业联系点制度，在生产经营、市场开发、劳动管理、治安稳定、安全生产等方面与企业做好协调服务，并建立24小时服务热线，保持与企业的联系，随时帮助企业排忧解难。

【招商引资】 2008年全年新批项目10个，其中外资项目8个，增资项目4个，项目总投资125 790万元。烟台出口加工区把存量的5万平方米的标准厂房重新规划布局，按照电子仪表、精密机械加工、汽车零部件等功能划分进行内部配套，通过以商招商、中介招商、网上招商等形式，增强了与新老客户的广泛、密切的联系，有针对性、选择性地寻找加工贸易项目。发挥已建立密切联系的中介机构的作用，进一步扩展招商渠道和领域，重点加强开展保税物流、研发、检测、维修业务企业的招商，并做好区内企业业务拓展的增资扩建工作，延伸产业链，不断增加项目储备。多次赴韩、日开展招商活动，举办投资说明会。同时，加大了对在谈项目和已签约项目的推进，指定专人全过程参与项目的筹备工作，促使其尽快开工、投产、达产。

【工业】 目前，已有来自韩国、日本、美国、中国台湾等10多个国家和地区的近百家企业投资设厂，开展仓储物流、对外贸易及国际采购、分销和配送，以及国际中转、检测和售后服务维修、商品展示、研发、加工、制造等业务。烟台出口加工区坚持科学发展观，充分发挥独特的区位优势、基础优势、产业优势，形成了以手机部件、石英谐振器为代表的电子加工产业链；以金属配件、仪表、轮毂、内饰件为代表的汽车部件加工产业链；以保税仓储、物流及国际采购、分销和配送，以及国际中转为代表的保税物流产业链等三大产业群。电子元器件占整个产业的50%，汽车配件占30%。投资方中，韩国占50%，日本、中国香港、中国台湾占30%。加工区从区内50多家外商企业中选择了10家，列为出口创汇骨干企业，建立了管委及部门领导干部与出口创汇骨干企业联系点制度，重点抓好10家出口创汇骨干企业的扶持、帮扶措施的落实，在通关、报检、退税、综合服务等方面给予更多便利；对管委机关、驻区海关、国检、国税、地税、工商等部门在优化服务、提速增效、方便企业、用足政策方面，提出了具体要求，并建立了管委和驻区机关与出口骨干企业联席会议制度。

【物流业】 2006年12月，经国务院批准，烟台出口加工区正式成为全国7个拓展保税物流等功能的试点之一，也是全国北方除首都北京以外唯一一个试点加工区。区内在原有加工贸易的基础上，增加了保税物流、研发、检测、维修等功能，区内企业可以开展仓储物流、对外贸易及国际采购、分销和配送，以及国际中转、检测和售后服务维修、商品展示、研发、加工、制造等业务。烟台出口加工区拓展保税物流功能试点工作自2007年正式启动以来，在烟台市委、市政府和各级海关的正确领导下，在各有关部门的大力支持下，树立先行先试的基本理念，坚持正确把握政策与在实践中创新的有机结合，全力以赴抓好各项措施的落实，试点工作取得了阶段性成果。烟台出口加工区已入驻保税物流企业16家，区内原有的生产加工型企业中，已有10多家启动保税物流、研发、检测、维修等新业务。此外，日本、韩国、美国、新家坡等国家的20多家世界知名物流企业已来区考察，多家企业有意来区运营。2008年完成保税物流业务进出区货值47.8亿美元，实现境内税收3.72亿元，有力地促进了临港经济的发展。

【发展趋势】 烟台出口加工区将充分发挥政策优势，用足用好用活国家赋予的优惠政策，以“区港结合”为节点，以发展临港保税物流等新兴产业为基础，抓住机遇，依托港口，大力发展保税物流，促进外经外贸发展的新局面，并努力争取国家进一步的政策支持，积极构建带动本地、拉动周边、辐射全省乃至环渤海经济圈的保税物流网络体系，逐步向保税港区、自由贸易区迈进，促进和带动烟台市临港经济、城市经济和对外开放又好又快发展。

【投资导向】 根据国家支持和发展出口加工区的有关规定，以及烟台出口加工区的产业政策，区内鼓励国内外经济组织、企业和个人投资兴办出口加工企业、高新技术企业，以及保税物流、研发、检测、维修企业。对项目的选择以高科技、高附加值、高投入、高创汇的项目为主；对进区企业的选择以大商社、大集团、跨国公司为主，兼顾运营快、效益好的中小项目。在投资导向方面，重点发展保税物流、研发、检测、维修、电子信息、汽车配件、电子部品、新型材料、IT产业、生物工程、精细化工、精密机械、轻工业等。

烟台出口加工区借鉴国际先进管理经验，进一步改善投资环境，为投资者提供全面、优质、高效的服务，努力把烟台出口加工区建成与国际市场接轨、按国际惯例运作的现代化、国际性的对外开放新区。

【机构设置与管委会领导】 烟台出口加工区管委会下设办公室、经济发展局、财政局等3个工作部门，公务员编制19名，实行公务员管理制度，达到了精简、统一、高效的目的。海关、国检、国税、地税、工商及银行、保险等单位在烟台出口加工区设有派驻机构。

管委会领导：烟台出口加工区工委书记、管委会主任宋家来，工委委员、管委会副主任于德平、栾秉政，工委委员、纪工委书记、管委会副主任邵玉进。

【招商部门】 烟台出口加工区经济发展局是烟台出口加工区专业招商部门，主要负责区内企业的前期招商和后期管理服务。经济发展局局长陈志强。联系电话：0535－6877610、6877611、6877612、6877621；网址：http：//www.yantaiepz.gov.cn；地址：山东省烟台市芝罘区环海路88号；邮编：264000。

山东威海出口加工区
SHANDONG WEIHAI EXPORT PROCESSING ZONE

【概况】 威海出口加工区于2000年4月27日经国务院批准成立。它坐落在威海经济技术开发区内，规划面积2.6平方公里，实行一次规划、分期封关，一期面积为1.34平方公里。

2001年1月8日，威海出口加工区通过国务院联合验收小组的验收。目前区内已累计投资近2亿元人民币，完成了区内的供水、供暖、通讯、场地平整、道路等基础配套工程建设，还建设了专供区内使用的3.5万千伏安变电站，已经达到了“七通一平”的投资条件。2008年年底累计批准入区企业48家，其中外资企业43家，批准投资总额5.9亿美元，合同利用外资额3.3亿美元，实际利用外资3.2亿美元。目前投产企业38家，其中电子行业20家，食品行业5家，服装行业2家，汽车零部件行业4家，生活日用品行业2家，其他行业5家。

出口加工区优惠的政策促进了企业的发展，建区以来共实现工业总产值86.1亿元，产品销售额85.8亿元，利润1.2亿元，税收总额5 275万元。其中2008年分别实现工业总产值23.4亿元，产品销售额23.5亿元，利润-8 262万元，税收2 014万元。区内过千万美元的项目达12个，区内现有企业员工11 000多人。

【经济发展】 2008年新增外商合同投资额1 363万美元，实际利用外资2 433万美元；新引进项目4个。2008年加工贸易大幅增长，审批加工贸易业务1 101笔，实现进出口额7.1亿美元，其中进口额3.1亿美元，同比增长6.7%；出口额3.98亿美元，同比增长9%。目前加工区电子产业已形成一定的规模，共有世一电子、日月光半导体等20家电子企业，2008年共实现进出口总值3.7亿美元，占加工区总进出口额的52%。另外，加工区汽车配件制造业也小有规模，目前已有侑昵、久映、艾迪姆、新韩精工4个汽车配件制造企业，总投资6 761万美元。2008年，这4家企业进出口额达11 393万美元。

【创建高效园区】 2008年，面对诸多不利因素，加大服务企业力度，建立定期走访企业和局领导分片包干制度，协调海关、商检、税务等部门，先后帮助企业解决了废旧边角料出区、进口设备通关、区外采购原材料退税、出口食品标签发放等急需解决的困难。在“奥运”电力供应紧张时期，实行每日走访、调度制度，及时了解区内供用电情况；组织召开专题会议，向区内企业讲明电力紧张的实际情况，达到与企业沟通谅解的目的；重点协调电力部门保障了骨干企业正常生产用电，同时协调海关解决了部分企业从国内采购柴油用于自备发电机发电的政策问题。在促进企业发展上，组织区内企业负责人和财务主管人员定期召开座谈会，就如何更好地开展生产经营活动、提高效益展开讨论，并与亏损企业共同分析原因，研究扭亏为盈的措施。在实行政务公开、加强监督上，设立了公告、监督、投诉为一体的宣传栏。在加强信息宣传上，编印《出口加工区简报》12期，宣传法律法规，介绍相关政策和区内动态，指导企业的生产经营。在加强校企联系上，协调组织了威海职业技术学院40多名在校优秀学生到威海世一电子有限公司参观学习，进行社会实践；组织威海格瑞斯金属有限公司带着45个岗位参加了威海职业技术学院2008年度毕业生供需见面会，既帮助了技校毕业生分配，又解决了企业所需高素质劳动力的问题。在加强工作交流、互通创新信息上，协调组织加工区10个相关职能管理部门、8个重点企业成立了出口加工区联谊会，共同探索促进发展路径和开展互帮互促，努力提升出口加工区的建设发展水平。2008年实现税收2 014万元，同比增长84.9%。

【创建和谐园区】 加强党的基层组织建设，对区内38家投产企业的党员情况进行了摸底调查，对40多名党员进行登记备案，建立了区内企业及党员信息数据库。组织召开区内企业党建工作会议，制订《威海出口加工区企业党建工作方案》，年内先后建立了6个联合党支部，全面覆盖了区内所有投产企业。组织企业员工开展了“安康杯竞赛”、“节能减排”和“工人先锋号”争创活动；在企业内部建立职工工资集体协商和职工代表大会制度。目前，区内38家投产企业全部建立工会，30家企业达到“劳动关系和谐企业”星级标准。

【创建平安园区】 明确企业管理者的责任，与区内38家投产企业签订“综合治理、安全生产和食品安全责任书”，逐级制订突发事件应急预案。组织区内投产企业开展了“安全生产月”教育宣传活动。结合季节特点，分别开展了春、秋季安全生产大检查，实现了年内无重大安全生产事故发生的目标。

联合公安消防部门举办了1次消防知识讲座，开展了3次消防演练，提高了企业职工火灾扑救与逃生能力。联合公安交警部门结合辖区实际案例，为区内企业车管干部上了一堂深刻的交通安全教育培训课，提高了企业职工的交通安全意识。针对河北出口日本“毒水饺”事件，举办食堂卫生与安全现场观摩会；联合检验检疫与食品安全管理部门，对区内食品生产企业进行检查指导，使企业尽快恢复出口，最大限度地减少了损失。加大监管设施维护力度，一是对卡口钢结构实行去锈防锈粉刷处理，整修卡口路面240平方米，提高了卡口通行能力；二是重新施划交通标线6 800平方米，新增人行横道线4条，增设执勤岗亭2个，卡口设立隔离墩，改善了园区交通环境，确保了园区交通安全；三是加强进出车辆监管，实行进出车辆通行证管理，杜绝了无关车辆私进、乱进现象。

【发展趋势】 2009年，出口加工区总的发展思路是深入贯彻落实科学发展观，以保税物流功能拓展为契机，以促使企业增效、争大做强为目标，全面推进规范、高效、平安、和谐园区建设，实现出口加工区经济又好又快发展。预期目标是全年完成工业总产值27亿元，同比增长20%；进出口总额10亿美元，同比增长20%；税收2 800万元，同比增长25%。

一是做好拓展保税物流功能工作。通过考察调研等方法，取得试点单位的成功经验和做法，熟悉和掌握各项政策和规定，在国务院赋予威海出口加工区保税物流功能后，重点加大保税物流、产品检测测试、研发机构、服务型企业、进口保税货物配送中心等5类产业的引进力度，以促进加工区功能顺利转型。

二是科学调度，综合协调，推进重点项目年内投产。重点保证日月光半导体（威海）有限公司三期工程、法国液化空气有限公司、威海精诚特种纤维有限公司、威海世丰仓储物流有限公司4个大项目顺利开工建设，确保年内按期投产。

三是强化服务，促进企业争大做强。坚持定期走访服务企业制度，引导企业在内部管理上节能降耗、挖潜增效，并拓宽市场，寻找新的发展机遇，积极应对金融危机的影响。继续编发《出口加工区简报》，加强对外贸易及相关政策的宣传、咨询和指导工作，定期召开出口加工区联谊会议，共同探索促进发展路径。做好季度经济运行情况分析工作，对区内企业实行分类指导，促使投资额过千万美元的企业争大做强，帮助亏损企业及早扭亏转赢，指导企业生产经营良性循环。

四是规范管理，促进园区经济高效运行。依托物业管理公司，对区内的基础设施和环境的绿化、美化、净化等进行规范、便捷的维护与管理，更好地为区内企业服务。优化区内产业结构，鼓励拥有高新技术、生产高附加值产品的龙头企业入区；限制技术落后、产品价值低廉的劳动密集型企业进区；引导能耗高、污染重、效益低的小企业进行合并重组，释放区内有限空间，优化区内产业结构。

五是加强安全监管力度，确保园区社会平安稳定。与区内投产企业签订2009年度社会治安综合治理、安全生产、食品安全责任书，明确管理者责任。完善监管设施，逐步恢复对区内重点区域的监控。开展好“安全生产月”宣传和教育活动。组织开展安全生产大检查及消防应急演练。确保年内无重大生产事故、重大社会治安案件、重大群体性事件发生。

六是发挥党群基层组织作用，构建和谐园区。逐步完善区内党组织机构，指导基层党组织和党员发挥战斗堡垒和先锋模范作用，在企业经营中谏言献策，在生产上率先垂范，成为企业经济发展、和谐稳定的助推器。发挥好基层工会组织的作用，组织企业和职工开展爱岗敬业、岗位练兵、技术比武等有意义的活动，建立和谐稳定的劳动关系

【机构设置与管委会领导】 威海经济技术开发区（出口加工区）管委会下设出口加工区管理局。加工区管理局下设综合科、经济发展科、监督管理科。海关、检验检疫部门在区内均设有派驻机构。

管委会领导：威海经济技术开发区（出口加工区）工委书记、管委会主任张建军；威海经济技术开发区（出口加工区）管委会副主任宋克军，分管出口加工区工作；出口加工管理局副局长林玉霞主持工作。

山东济南出口加工区
SHANDONG JINAN EXPORT PROCESSING ZONE

【概况】 济南出口加工区于2003年3月经国务院批准设立，2005年8月经海关总署等九部委联合验收，开始封关运作。济南出口加工区总规划面积3.2平方公里，一期围网面积1.2平方公里。

【经济发展】 2008年，济南出口加工区在济南市委、市政府及高新区党工委、管委会正确领导下，始终以发展为第一要务，紧紧围绕把出口加工区建设成为全市外向型经济示范区和高新区新亮点基地的目标，突出招商引资，拓宽招商思路，突出优化环境，狠抓重点项目建设，全力创新机制，采取有力措施，推动各项工作有效开展，全面推进园区建设。

2008年济南出口加工区（含配套区）实现规模以上工业企业主营业务收入9.41亿元，同比增长183.4%；实现出口创汇总额6 390万美元，同比增长57%；实现固定资产投资3.53亿元，同比增长76.5%，其中工业投入2.25亿元，同比增长125%。

【投资环境】 济南出口加工区总规划面积3.2平方公里，一期封关面积1.2平方公里。2008年园区基础设施和配套设施建设“全面开花”，园区面貌发生新的变化。全年共实现新修道路4.7公里，区内B6路、A3路、A1路南段、B3路等几条主要干道均完成施工，各专业管线也同期敷设及预留，彻底改变了网外无路可通、无水无电可用的局面，围网外道路实现全线贯通。第一条10万伏专用供电线路建设完成，新上变压器3台；卡口以内5条高压线已顺利完成迁移、落地；完成4个项目正式用电工程，较大程度上满足了项目用电需求。

济南出口加工区把项目开工作为全年的工作重点，积极协调各有关部门，针对项目实际制定多项举措，落实专人负责，全程跟踪服务，取得了较好的效果。全年实现8个项目顺利开工建设。此外，为满足园区生产规模不断扩大的要求，下半年启动了二期1.9万平方米标准厂房的建设，正在进行基础施工。

【招商引资】 2008年，济南出口加工区坚持实施“引大聚强”招商战略，坚持集约化利用土地，积极调整招商思路，在项目数量、企业规模、利用外资上实现新的突破。全年共引进各类项目19个，其中外资项目14个，单体项目过千万美元的外资项目6个。较以往相比，新进项目多为产品附加值和科技含量高的项目，并在整体上实现园区企业数量翻番。实现合同利用外资2 230万美元，同比增长35%；实际利用外资1 061万美元，同比增长51%。合同市外资金10.59亿元，实际市外资金5.4亿元。

【企业与工业】 济南出口加工区内现有企业主要有英国独资的山东瑞博德制药公司、日本独资的山东冠世时装加工有限公司、泰国独资的山东宝泰包装有限公司、美国独资的毅石机械制造（济南）有限公司、荷兰独资的济南优科模具有限公司、中日合资的济南新世纪生物化工有限公司等，涉及机械制造、服务加工、生物医药等产业领域。

【发展趋势】 2009年是全面贯彻落实十七大精神和科学发展观的重要一年，也是出口加工区实现大发展、大跨越的关键一年。在济南市委、市政府及高新区党工委、管委会的正确领导下，济南出口加工区将积极面对新的形势，抢抓机遇，创新工作思路，坚定不移地围绕“全市外向型经济示范区”的目标，坚持以科学发展观为统领，进一步明确“一主线一突破三提高”的工作思路，确保2009年各项任务目标全面完成。

一条主线，即落实科学发展观，积极应对金融危机，实现园区持续、稳定发展。出口加工区是一个政策性强、外向型经济集中的特殊区域，金融危机给区内企业带来的影响明显。济南出口加工区将进一步强化责任感和紧迫感，加大工作力度，采取有力措施积极应对。一方面针对园区企业经营状况实际，制定切实可行的有效措施，进一步加强彼此间的交流，积极协调解决企业生产经营中的实际困难。另一方面，进一步加强同海关、商检、兄弟园区等单位和部门的学习和交流，共同把握和探讨出口加工区发展的新规律、新举措，积极研究新形势下的发展思路，共同应对金融危机的挑战。

一项突破，即在开展保税物流工作中实现新突破。目前，济南出口加工区增加保税物流功能已获批准。这就要求加工区紧抓机遇，继续加大工作力度，力争2009年保税物流工作取得新的突破。一是积极做好与国家、省市有关部门的协调沟通工作。及时组织相关人员认真学习研究保税物流政策、操作流程，提高业务水平，为顺利开展业务提供理论保障。二是加快有效载体的建设，尤其是做好一期综合保税仓库前期策划及设计工作，争取尽快启动建设。三是加强在省市范围内关于保税物流功能的宣传活动，做好相关保税物流项目的招商工作。

三个提高。第一，全力以赴抓好重点工程建设，努力提高资源集约利用水平。继续加大工作力度，积极协调各方，确保重点项目尽快开工建设。加快二期标准厂房建设进度，争取早日完工，为出口加工区“筑巢引凤”积极创造条件。继续加快污水处理厂建设。按照管委会要求，在前期科研报告完成的基础上，继续加快污水处理厂建设方案的设计和相关手续的完善，力争2009年启动建设。第二，集中精力抓好招商引资工作，切实提高招商专业化和市场化水平。2009年面对全球金融风暴的不利影响，济南出口加工区一方面要适时转变招商思路，积极寻找招商突破口，进一步加强招商引资工作，紧盯国家宏观调控政策，抢抓机遇。特别是在当前由于劳动力成本等生产要素成本增加，南方劳动密集型的加工贸易企业正在加速转移的形势下，加强招商的主动性，搜集第一手投资、产业转移信息，掌握主动权。另一方面，要紧抓目前加工区拓展保税物流功能获批的有利时机，以外资公司和大的集团公司作为招商重点，引进一批现代物流、商务服务、信息、金融等现代服务型企业，发展现代综合物流项目，力争在大项目招商方面有所突破。第三，坚持不懈抓好服务工作，努力提高服务水平。“亲商、诚信、发展、双赢”是济南出口加工区必须坚持的招商引资的基本原则。要将“诚信”、“服务”贯穿于工作中的各个环节，特别是在当前不利的经济形势下，要树立强烈的亲商意识，继续做好“一站式”服务工作，提高工作效率，努力为企业营造一个稳定、高效的服务环境，使投资者能以最“低”的成本和最“快”的速度开工建设并投产达效。真正在出口加工区内部实现项目前期以诚信为本招商、项目中期以优质服务招商、项目后期以良好的环境招商、项目建成后以规范化治理安商的服务一体性良性循环。

【机构设置与管委会领导】 济南出口加工区管委会、济南出口加工区管理局为济南出口加工区的管理机构。济南出口加工区管理局为济南市市管副局级建制。李世新任局长，刘作宗、王岩任副局长。管理局下设办公室、招商部、经济发展处、保税处、投资服务处5个处室。

【招商部门】 招商部。电话：0531－88237803、88237819；传真：0531－88237807。

山东青岛出口加工区
SHANDONG QINGDAO EXPORT PROCESSING ZONE

【概况】 青岛出口加工区位于青岛环胶州湾产业带中间位置，于2003年3月10日获国务院批准设立，同年12月8日通过国家八部委联合验收，核心区规划面积2.8平方公里，其中一期1.7平方公里于2004年8月正式封关运作，配套产业区10.2平方公里。青岛出口加工区距青岛国际机场19公里，距前湾港33公里，距青岛港36公里；东临青岛高新技术产业区，西依青岛经济技术开发区，地理位置非常优越。

青岛出口加工区成立以来，紧紧围绕创建一流出口加工区的目标，以科学发展观统领开发建设全局，以招商引资为主线，以完善区域城市功能为重点，各项工作呈现出良好的发展态势。

【投资环境】 青岛出口加工区为全国极少数没有依托经济开发区的出口加工区之一，创始阶段基础配套设施不完善。为改变区域环境较为落后的现状，青岛出口加工区不断加大投资和开发建设力度。截至2008年，青岛出口加工区核心区和配套产业区基础设施建设已累计投资26亿多元（其中加工区直接投资12亿多元）。核心区和配套产业区基础设施配套分别达到“九通一平”和“七通一平”标准，海关监管设施居于国内一流。配套产业区搬迁村庄3个；建设公路总里程达36公里；硬化面积超过50万平方米；铺设地下管网80公里；建设大型污水处理厂1座，全部建成后日处理污水能力达到15万吨；正在建设和投入使用的变电站3座，架设双回路供电线路6公里；燃气、通信普及率均达到100%；采取市场化运作模式开发建设了两期职工公寓共计10万平方米，可入住职工1.5万人；绿化、亮化等其他配套设施也日臻完善。

在完善区域硬环境的同时，青岛出口加工区进一步优化投资服务体系，打造优质的投资软环境。2008年10月份，为积极应对金融危机，深入开展了“解难题、送温暖，促企业发展”系列活动。通过走访调研、企业座谈会、政策宣讲等系列活动，为企业排忧解难；建立了出口加工区、机场海关驻出口加工区办事处两部门联席会议制度；进一步完善了定期走访企业制度、驻出口加工区职能部门联席会议制度、驻区部门与企业见面会制度和项目推进领导小组会议制度四大服务制度，企业反映问题、解决问题的渠道进一步畅通，有力地促进了企业生产经营，良好的投资环境受到了外商的广泛赞誉和好评。

【招商引资】 青岛出口加工区坚持“媒体宣传、内外并举、登门招商、点面结合、以点为主”的招商原则，实施“盯住日韩，拓展欧美，吸引港台”的招商方略，突出抓好对日韩、欧美等重点区域的招商。同时，利用产业转移机遇，不断加大国内招商力度，招商引资工作实现了快速发展。

2008年，青岛出口加工区共签约外资项目6个，增资项目6个，完成合同外资5 683

万美元，同比增长 132.7%；到账外资 4 697.2万美元，同比增长 19.2%。引进内资项目 3 个，项目总投资 2.54 亿元人民币，实际利用内资 5 501 万元。2008 年引进投资总额过千万美元的外资大项目 3 个，总投资亿元人民币以上的内资大项目 1 个。

截至 2008 年年底，青岛出口加工区累计签约内外资项目 43 个，其中累计签约外资项目 39 个，投资总额 6.88 亿美元，合同外资 3.04 亿美元，到账外资 2.03 亿美元；累计签约内资项目 4 个，总投资 6.8 亿元人民币。

在招商引资过程中，青岛出口加工区坚持高标准、高质量招商，制定了科学、合理的企业准入标准，对项目投资额度、出口创汇、投资强度、出口比例等均作出明确规定，注重引进投资规模大、科技含量高、出口创汇能力强的优势项目，将项目引进重点放在精密机械、电子信息、新型材料、精细化工四大产业上，以构建特色化产业集群。2008 年新引进的项目中，投资总额 1 000 万美元以上的项目有 3 个，其中杰华生物、洋马发动机投资总额均超过 3 000 万美元。累计引进的 39 个外资项目中，投资总额 1 000 万美元以上的项目 20 个，注册资本 1 000 万美元以上的项目 10 个，单个外资项目平均投资达到 1 765 万美元。

坚持将促进企业增资扩股作为扩大利用外资的重要手段，千方百计为企业提供最优质、全方位、深层次、宽领域的服务，引导企业通过扩大规模、调整产品结构来降低成本，提高竞争力，有效降低金融危机带来的不利影响。全年增资扩股企业 6 家，增加投资总额 2 475 万美元，增加注册资本 1 285 万美元，约占全年到账外资的 1/3，取得了外资到账快、引资成本低、不新增占用土地“一举三得”的良好效果。由于应对金融危机措施得当，服务到位，星电高科技（青岛）有限公司增加注册资本，扩大生产规模，计划关闭其在广东的 3 家工厂，将产品生产全部转移到青岛出口加工区。

【工业】 2008 年，青岛出口加工区投产企业达到 35 家，占引进项目总数的 81.4%，区内企业用工人数达到 7 200 人，已初具电子信息、精密机械两大产业雏形。实现工业总产值 28.8 亿元，同比增长 16.1%，其中高新技术企业工业总产值达到 10.1 亿元，同比增长 13.4%；电子信息产业工业总产值 18.7 亿元，同比增长 6.5%。实现工业增加值 8.1 亿元，同比增长 17.1%；销售收入 25.5 亿元，同比增长 2.9%。固定资产投资达到 0.57 亿元。实现利润总值 4.7 亿元，同比增长 90%。进出口总值完成 4.59 亿美元，其中出口完成 2.67 亿美元，同比增长 16%；电子信息类和精密机械类企业完成出口占总出口的 89.5%，已初步形成了以电子信息产品为主的进出口格局。

【保税物流】 从拓展区域功能和培育优质税源两方面入手，积极争取省外经贸厅行文将研发、监测、维修企业和区内生产型企业开展研发、检测、维修业务的审批权下放到出口加工区管委会。先后赴上海松江和江苏昆山等地方学习保税物流产业运作经验，着手对园区监管系统进行改造升级，稳步推进保税物流产业基础配套工作。对保税物流项目的招商实现突破性进展，德尔达物流项目正式签约，合同利用内资 1 亿元；与日本天宇物流，以及国内的新华锦永盛物流、中外运、中远物流、天骏物流等 5 家国内外大型物流公司达成投资意向，为下一步保税物流产业的快速发展奠定良好的基础。2008 年年底，国务院办公厅发布了《关于保持对外贸易稳定增长的意见》（国办发［2008］135 号），该文件明确了“允许出口加工区拓展保税物流功能及开展研发、检测、维修业务”，青岛出口加工区保税物流功能拓展工作全面展开。

【发展趋势】 青岛出口加工区以“拥湾发

展”战略为主导，以有利于提升胶州湾北部新城区的投资环境和城市品位、有利于完善城市功能、有利于提升区域核心竞争力、有利于发展税源经济为发展目标，并结合近几年开发建设的经验，赋予区域功能以新的内涵，具体是：依托高新区，辐射环胶州产业带，努力建设高水平的现代制造业和研发转化基地、出口创汇重点区、环胶州湾北岸物流中心和高档商务区，成为“拥湾发展”的先导区，逐步成为经济繁荣、社会和谐、环境优美的宜居生态型新城区。

【机构设置与管委会领导】 青岛出口加工区管委会是青岛出口加工区的行政管理部门，下设办公室、经济贸易发展局、规划建设局、招商局、公共事务管理局、计划财务管理中心6个部门。管委会领导成员有：青岛市城阳区委书记、青岛出口加工区工委书记、管委会主任王鲁明，青岛市城阳区委副书记、城阳区政府区长、青岛出口加工区工委副书记刘圣珍，青岛出口加工区工委副书记、管委会副主任仇维宏，青岛出口加工区工委委员、管委会副主任赵宇龙，青岛出口加工区工委委员、管委会副主任高尚伦。

【招商部门】 青岛出口加工区招商部门为管委会招商局和经济贸易发展局。招商联系方式为：电话0532－87828881，联系人王晓红；电话0532－87828889，联系人张翼；电话0532－87828883，联系人刘军委。招商局电话：0532－87821111，联系人张燕洁。

山东潍坊出口加工区
SHANDONG WEIFANG EXPORT PROCESSING ZONE

【经济发展】 潍坊出口加工区于2003年12月经国务院批准设立，总规划面积11平方公里，其中围网监管区3平方公里，网外南侧配套区8平方公里。一期1.7平方公里围网海关监管区，于2005年8月通过国家九部委联合验收并运行。潍坊出口加工区实行“特区特管”政策，享有市级经济管理权限。海关、国检、工商、国税、地税等驻区服务机构全部到位，企业在区内可办理一切注册、建设及进出口手续。

国务院已赋予潍坊出口加工区保税物流等功能，增加功能后的潍坊出口加工区，可开展保税加工出口、国内市场销售、国外采购保税仓储、国内采购出口集运、国际分拨及配送、中转及转口贸易、出口复进口（一日游）、研发和检测、维修等业务，已经成为国家所有对外开放区域中层次高、政策优惠、功能齐全的特殊经济区域，对于降低企业生产经营成本，推动潍坊成为环渤海物流中心，提升全市对外开放水平等将发挥重要作用。

潍坊出口加工区管委会立足实际，科学地确定了以“大物流带大生产”的发展思路，即实行网内监管区和网外配套区一体化经营，网内保税加工、保税物流和网外配套区加工业、物流业、服务业相互补充发展。努力建设“两大中心”，一是加工贸易中心，在网内外建设产品兼顾国内外两个市场的电子信息、精密机械、机电一体化、生物医药、农副产品精深加工等大型加工贸易集聚中心；二是物流交易中心，利用政策优势，建设辐射西部及全国的大宗棉花、纸浆、橡胶、机电等大型专业物流批发配送交易中心。力争通过3年的发展，全区引进各类企业200家，完成投资40亿人民币，年进出口额15亿美元，年保税物流货值20亿美元，实现税收2亿元，人口规模达到5~10万人。

【投资环境】 潍坊市位于山东半岛中部，是连接山东东部沿海与内陆地区的主要交通枢纽城市，已形成电气化高速铁路、高速公路、机场、海港“四位一体”的立体化交通体系。潍坊出口加工区位于潍坊市区东部、济青高速公路潍坊东15号路口南侧，距潍坊机场10公里，距青岛、济南两个国际机场分别为120公里和180公里；距韩国首尔、釜山及日本东京只有1小时航程；距青岛港和潍坊港分别为150公里和50公里；距潍坊火车东站仅5公里。北靠济青高速公路和309国道，东临潍莱高速公路，交通十分便捷，区位优势非常明显。

潍坊出口加工区投资环境优越。区内通关快捷、手续简便、管理规范、设施完善。网内监管区一期1.7平方公里，已全部完成“九通一平”基础设施建设，区内建有一流标准厂房15万平方米，企业租赁后可直接生产；区外8平方公里配套区，已完成水、电、路配套，具备了项目开工条件。目前，区内已建成可同时容纳6 000多人食宿的职工公寓，将企业职工生活纳入统一管理，减少企业经营成本；总建筑面积3万平方米的白领公寓和综合商务楼，可为企业提供集商务、办公、金融、生活等于一体的综合性服务。潍坊出口加工区环境优美，西邻投资6亿元建设的浞河景区，区内进行了高标准绿化、亮化，着力打造一流的投资环境。

潍坊出口加工区积极打造服务型机关。区内海关、检验检疫、工商、税务、国土等驻区部门一应俱全，建立和完善了各种服务流程，向社会和企业作出了服务承诺，为入区企业提供“一站式”高效优质的服务。潍坊出口加工区党工委、管委会大力强化“人人是投资环境，事事是信誉形象”的服务理念，全面推行“服务承诺制”、“项目包靠制”、“现场工作制”、“限时办结制”、“督办考核制”等五制服务管理，全力以赴为企业提供高效、全方位的服务。

【招商引资】 潍坊出口加工区重点发展电子信息、机电一体化、生物医药、精密机械、新材料、农副产品深加工等现代制造业和贸易、物流等现代服务业。

标准厂房招租招商。加工区已建成标准厂房152 802平方米，现已利用12 456平方米。每栋厂房配电设计标准800千伏安。每层可作为独立单元使用，分别设置了相应的办公室、卫生间、水表、电表、电话等配套设施。其中4层厂房配有4个电梯，2、3层厂房配有2个电梯，也可按照生产要求安装相应载重量的电梯。厂房内水、电、暖等配套设施齐全，设计标准可满足各类企业使用要求。

土地招商。一是区内土地利用情况。一期网内共有土地2 340亩，已征用土地1 519亩，未征用土地821亩。配套区面积7.9平方公里，具备项目开工条件。二是指标控制。投资强度每亩240万元以上；建筑容积率≥0.6；建筑密度≥35%；绿化覆盖率≤15%。

重点引进项目。潍坊出口加工区重点引进3种类型项目，即加工出口项目、保税物流项目和总部经济项目。加工出口类项目包括产品加工出口的项目，或利用配套区，产品兼顾国内外两个市场的大项目。保税物流类项目重点引进专业第三方物流、货代企业、大型原材料供应商，以及企业保税仓储、保税仓储设施建设项目等。总部经济类项目重点引进商贸物流、信息服务、会计法律、中介服务、技术检测认证服务、餐饮、建筑安装、交通运输等现代服务业及生产性高新技术企业。

【优惠政策】 潍坊出口加工区实行“一次申报、一次审查、一次查验”和特殊税收、外汇管理政策，是开放层次高、政策优惠、机制灵活的经济开放先导区。拓展保税物流功能后，潍坊出口加工区可开展“保税加工出口、国内市场销售、国外采购保税仓储、国内采购出口集运、国际分拨及配送、中转及转口贸易、出口复进口（一日游）、研发和检测、维修”等项业务。

在保税加工方面，主要实行“四不、四免、二退、一保”等优惠政策。

“四不”，即开展加工贸易业务不实行加工贸易银行保证金台账制度；海关不实行《登记手册》管理；国家对出口加工区内出口加工产品不征收增值税、消费税；与境外之间进出口货物，不实行进出口配额、许可证管理。

“四免”，即对生产所需进境的机器、设备、模具及其维修零配件，予以免税；对生产性基础设施建设项目所需进境的机器、设备和建设生产厂房、仓库设施所需进境的基建物资，予以免税；对企业和行政管理机构进境的自用合理数量的办公用品，予以免税；对区内企业加工的制成品免征出口关税。

“二退”，即从区外进入加工区的货物视同出口，可办理出口退税；区内企业使用水、电、气实行退税政策。

"一保"，即为加工出口产品所需进境的原材料、包装物件及消耗材料，予以全额保税。

外汇管理：区内货物销往境外不须办理出口收汇核销手续；向境外支付，不须办理进口付汇核销手续。

配额许可证：货物可以在加工区和其他国家之间自由进出，除国家另有规定外，不需配额和许可证。

在保税物流仓储及进出境贸易方面，主要优惠政策有：

1. 区内存储货物的品种和时间不受限制，可直接或经简单加工后，配送或销往区内、国内其他特殊监管区或境外，不征收增值税、消费税。

2. 区外企业可将货物入区获得退税后集运出口，或由国内下游加工贸易企业从区内购进后加工出口。

3. 采购商从境外购货入区后，可分批办理出库供货，分批缴纳进口环节税。

4. 区内可开展研发、检测、维修等业务，不受产业限制一律享受免税、保税和退税政策。

5. 区内与境外间进出的货物，海关实行备案制，不实行进出口配额、许可证管理。

6. 区内企业具有自由进出境权，不需另行审批；允许国家限制类项目进区经营；外商在区内从事货物和服务贸易，不受区外政策限制。

7. 区内企业允许保留现汇，周转使用，区内企业与区外之间可以用外币或人民币计价结算。

配套区主要优惠政策：潍坊出口加工区配套区享有国家高新技术开发区、经济技术开发区同等优惠政策。

【机构设置与管委会领导】 潍坊出口加工区党工委、管委会，于 2006 年 4 月经潍坊市委、市政府设立，正县级规格，内设"三办四局"，即党政办公室、经济发展局、财政局、建设规划局、国土分局、保税物流办公室和园区管理办公室，视同一级财政管理单位，实行"特区特管"政策，享受市级经济管理权限。

【招商部门】 经济发展局，电话：0536－2228077；保税物流办，电话：0536－2118002；党政办公室，电话：0536－2118001；建设规划局，电话：0536－2228089；财政局，电话：0536－2228069。传真：0536－2118001；网址：http：//www. weifangepz. com；电子邮箱：weifangepz@ 163. com。

山东青岛西海岸出口加工区
SHANDONG QINGDAO WEST – COAST EXPORT PROCESSING ZONE

【经济发展】 青岛西海岸出口加工区于2007年7月18日通过国家验收，同年12月区内首批货物出口，成为全国第一个封关运行当年有进出口实绩的出口加工区。经过一年多试运行，截至2008年12月底，西海岸出口加工区已引进项目6个，总投资1.5亿美元，注册资本7 945万美元，到账外资3 190万美元。实现工业总产值3.1亿元，税收总额401.5万元，进出口总额1 328万美元。2008年上半年海关总署委托两区协会对全国出口加工区进行综合评估排名，西海岸出口加工区虽然运行不到一年，却是第四批、第五批次中因较快建设进入评估排名的加工区，已排列第38位。海关总署对西海岸出口加工区的发展建设速度多次肯定表扬。

【投资环境】 青岛西海岸出口加工区位于太平洋西岸、中国环渤海经济圈经济发展最具活力的青岛胶州湾西岸、青岛经济技术开发区内，距青岛前湾港10公里。青岛港是具有110年历史的现代化国际亿吨大港，由青岛老港区、黄岛油港区、前湾新港区三大港区组成，拥有中国大陆最大的集装箱码头、原油码头、矿石码头和现代化的煤炭码头，以及规模最大的EDI信息中心。2008年青岛港实现货物吞吐量超过3亿吨，集装箱吞吐量超过1 000万TEU。

青岛西海岸出口加工区距青岛国际机场约25公里。截至2006年年末，青岛机场拥有国内航线77条，国际（地区）航线13条。青岛机场现已有17家国内外航空公司投入运营，每周航班密度达到1 300余班。

青岛西海岸出口加工区距胶州湾高速公路入口1.5公里，胶州湾高速连接青岛经济技术开发区至青岛市区，全长66公里。经过青岛经济技术开发区的跨区域性的高速公路有纵贯南北的同三高速公路（黑龙江省同江至海南省三亚）、贯穿东西的青岛—银川高速和正在建设中的青红高速（青岛至新疆红其拉甫）。

青岛经济技术开发区至胶州的胶黄铁路全长42公里，与胶济铁路接轨，并为前湾港提供陆路配套，实现陆港连运。目前已开通了青岛港区至郑州、西安、成都、济宁的集装箱火车专列线。

青岛经济技术开发区至青岛老市区有两条航线相通，分别为青岛至黄岛、青岛至薛家岛，轮渡约需20～40分钟，快船约需12～15分钟即可抵达彼岸。

青岛海湾大桥（北桥位）东起青岛主城区308国道，跨越胶州湾海域，西至黄岛红石崖，为青红高速的起始段，距青岛西海岸出口加工区2公里，建成后，将开发区至青岛的距离缩短至24公里。

出口加工区规划近期供水水源取自管家楼水厂（一期6万吨/日，二期4万吨/日）。远期则建设红石崖水厂（规划30万吨/日），由红石崖水厂及管家楼水厂联合供水。沿青岛西海岸出口加工区规划道路建设 DN200 - DN400 配水管线，并尽量呈环状布置，可满足出口加工区内企业生产用水需求。

出口加工区规划污水处理 1.5 万吨/日，污水收集后进入龙泉河污水处理厂。区内的工业污水指标超标的，需自行进行预处理，指标符合国家《污水综合排放标准》中的三级标准后，方可排入外围的城市污水管道。

110 千瓦龙泉变电站，装机容量 3×50 兆伏安，可满足出口加工区及周边配套区域的用电需求。出口加工区内 10 千伏系统采用环网供电，主要采用户内或地下布置形式。

预测出口加工区热负荷为 65 兆瓦，折合蒸汽 90 吨/小时。供热干管呈枝状布置，沿道路单侧采用直埋敷设。由热电站供给的 1.0 兆帕、260℃的过热蒸汽，通过管网送至设在加工区的热交换站换热后，为用户提供合适的蒸汽或热水。各工业企业可根据需要分建或合建热力站。每个热力站建筑面积为 200～300 平方米。

在出口加工区及周边配套区域，燃气采用以管道天然气为气源的供气模式，罐装液化气作为补充。管网系统压力级制采用中压一级系统，新建中压管道设计压力 0.4 兆帕，中压管材为燃气专用 PE 管。供气源已规划建设，可提供的天然气供给量为0.5 万立方米/日。

已铺设移动通信、数据传输、ADSL、宽带 IP 上网、电视会议等多种先进的现代通信网络。

青岛经济技术开发区内现已建成完备的学校、医院、酒店、购物、休闲娱乐等设施，可为出口加工区提供便利的生活支持。区内拥有省级凤凰岛旅游度假区和小珠山国家级森林公园，生活居住环境优美。

同时紧临出口加工区规划了配套生活区，总占地面积 1.85 平方公里，功能主要以行政办公、商业金融、居住及其他服务业为主。

【招商引资】 2008 年年底有在谈工业项目 11 个，总投资 18.5 亿美元，涉及电子信息、精密机械、新型能源等产业。拓展保税物流功能获批后，已有 18 个在谈的保税物流及研发、维修类项目准备入区落户或开展业务。同时有 3 个重点招商引贸项目顺利推进。

2008 年，西海岸出口加工区进一步创新招商引资方式，强化、完善出口加工区管理局与各专业招商局、街道办事处的联合招商机制，共享出口加工区项目信息，联合洽谈项目；建立出口加工区项目调度制度，每月召开一次会议，解决企业入区存在的问题；进行网络招商，与省、市外经贸及招商部门网站建立链接，在一些物流、外贸等专业论坛发布信息；完善项目库建设，通过邮件、书信等方式向加工贸易公司、咨询公司及时发布信息；邀请国内知名外资企业、港商及台商企业协会，以及国际知名咨询公司等来区考察，与部分机构建立委托招商关系。

启动拓展保税物流等功能的各项工作。开展专题招商，针对山东省及周边省市企业举办拓展保税物流等功能政策与业务推介会、研讨会，引导有发展潜力的加工贸易企业到加工区发展；充分利用电视、报纸、网络等媒体资源，做好对出口加工区政策功能优势的新闻宣传，吸引物流、研发、检测等项目来区考察洽谈；联合各招商单位组成专业招商团组，拜访省市外经贸部门及招商单位，宣传推介拓展保税物流等功能的相关政策，收集项目信息，吸引一批项目来区考察投资；联合海关、国检等监管部门制定拓展保税物流等功能的实施办法，确定项目入区标准。

组织业务培训，提高招商水平。邀请海关、国检、外汇等单位专业人员重点讲解出口加工区政策法规，为招商工作提供专业支持。搭建招商平台，实现资源共享。建立并完善了出口加工区网站，开通了中、英、日、韩文网页，形成了出口加工区的信息资源库和信息网络平台。印制中、英、日、韩版招商宣传册，制作完成出口加工区招商PPT宣传推介材料，聘请北京电影学院专家拍摄完成出口加工区DVD宣传片。

【工业】 2008年，西海岸出口加工区克服国际金融危机的影响，工业经济快速增长，企业发展效益显著。总投资1.5亿美元、年出口额3亿美元的台湾成霖科技项目，已带动5个配套项目注册，完成了一期5座厂房建设，按期实现投产运营。总投资2 335万美元的美国海利直升机组装项目，2007年8月15日获得商务部的批准，2007年8月17日由青岛市工商局批准注册成立青岛海利直升机制造有限公司，2007年11月14日获得国家发改委关于B－2B直升机制造项目立项申请的核准批复。11 000平方米的主厂房和1 500平方米的喷漆固化车间已完工，2009年5月份实现飞机组装下线。总投资1 000万美元的启立美式工业厂房项目，已完成注册及土地摘牌。

【物流业】 总投资1 500万美元的中韩国际物流中心项目于2008年5月23日开工建设，同年11月12日开业运营，该项目一期6 340平方米的保税物流仓库已建成并投入使用，二期1.4万平方米的仓库于2009年下半年建成。按照海关总署要求，管委会投资100余万元，安装了拓展保税物流等功能必需的出口加工区辅助管理系统，并组织监管部门、区内加工企业、物流企业进行了岗前培训。

【发展趋势】 青岛西海岸出口加工区重点发展以电子信息、精密机械为主的高科技、低能耗、低排放、出口型先进制造业；结合青岛经济技术开发区汽车整车、船舶生产制造业基地规划在周边配套区域建设汽车、船舶零配件专业工业园，重点发展汽车、船舶零配件出口产业；围绕区内海利直升机项目，形成航空制造产业集群的核心带动区；在配套产业区重点发展为出口加工区生产上游配套产品的生产性企业和金融、法律、物流、中介等配套服务产业。

青岛西海岸出口加工区将按照国际先进标准，打造一流的环保、绿色园区。重点引进为区内企业提供污水处理、废弃物综合利用、节能服务的国际知名投资运营商。

2009年计划新引进10个项目，完成到账外资3 110万美元，实现工业总产值5亿元，实现进出口额2亿美元。争取在“十一五”规划期间实现全省出口加工区综合评估排名位居前列，进入全国出口加工区前10强。力争在出口加工区全部建成后，2平方公里的土地上外贸进出口总值达到60～100亿美元，占开发区的一半以上规模。努力把出口加工区建成国际一流经济园区，成为青岛开发区六大产业集群重要的配套区和北部工业新区的主要支撑点，并成为航空制造、新型能源两大新的产业集群的核心带动区。

【机构设置与管委会领导】 青岛经济技术开发区管委会挂青岛西海岸出口加工区管委会牌子，开发区管委会副书记兼任出口加工区管委会主任。设置青岛西海岸出口加工区管理局，为开发区正局级单位，局长由管委会主任助理兼任，内设综合处、经济发展处、规划建设处3个处室。

青岛经济技术开发区工委（区委）副书记、管委会（区政府）副主任（副区长）、青岛西海岸出口加工区管委会主任马卫刚；青岛西海岸出口加工区管委会主任助理姜红岩；青岛经济技术开发区管委会主任助理、青岛西海岸出口加工区管理局局长陈国良。青岛西海岸出口加工区管理局副局长高晓波、丁晓冬，综合处处长逄琪海，经济发展处处长邱加国，规划建设处处长张云斌，园区管理负责人薛善新。

【招商部门】 青岛经济技术开发区日韩投资促进局、欧美亚投资促进局、港澳台投资促进局、国内投资促进局及各街道办事处招商部门具体负责西海岸出口加工区招商引资工作。青岛西海岸出口加工区管理局具体负责招商引资的统筹协调工作。

招商联系电话：0532－83160692、86987228；传真：0532－86987228、83160669；电子邮箱：xihaian2006@163.com；网址：http://www.qwepz.gov.cn。

河南郑州出口加工区
HENAN ZHENGZHOU EXPORT PROCESSING ZONE

【经济发展】 2008年，河南郑州出口加工区在国际、国内经济形势不断变化和外贸政策不断调整的宏观形势下，紧紧围绕“大建设、大发展”这个主题，全面贯彻落实科学发展观，克服困难，抢抓机遇，创新工作，努力实现项目建设、出口创汇、功能拓展和扩区工作新突破，推动区域经济又好又快发展。

2008年，新批准投资项目8个，协议投资额8.6亿元（其中企业增资额7.4亿元）；投产企业4家；完成固定资产投资7.8亿元；实际利用外资7 881万美元；实现进出口总额2.1亿美元（包含境内区外采购入区），同比增长21%，其中进口1.5亿美元，同比增长6%；出口6 219万美元，同比增长85%。入区项目的顺利投产和快速发展，使区域经济呈现出三大特点，一是进出口逆势增长，首次突破2亿美元。2008年，在全球经济增速急速下滑，全国对外贸易增速放缓的大环境下，郑州出口加工区在4家进出口额超过千万美元企业的带动下，进出口逆势增长，进出口额首次突破2亿美元。进出口、出口排名连续两年位居中部7家出口加工区首位。加工贸易进出口额占省市加工贸易进出口的比重进一步加大，特别是加工贸易出口额（不含深加工结转）快速增长，占郑州市加工贸易出口额的1/3（30.8%）。二是高科技电子项目的建成投产，标志着河南省半导体产业顺利起步。2008年，随着加工区高科技项目——晶诚（郑州）电子科技有限公司2.8万平方米电子元器件生产厂房和2.7万平方米芯片主厂房顺利竣工，以及封装测试及晶圆生产设备的到位，晶诚公司第一条封装测试生产线于2008年5月9日投产，实现了河南省在IC集成电路出口市场零的突破；晶诚晶园生产线于2008年12月28日正式投产，标志着郑州市乃至河南省第一条晶圆生产线和半导体相关产业已经顺利起步。三是钻石加工项目的入驻投产，使区域经济呈现三大产业格局。2008年，郑州出口加工区积极承接沿海产业转移，引进3家钻石加工项目，其中郑州硕达钻石加工有限公司当年进区当年出口额超过千万美元，成为加工区重点出口企业之一。随着电子项目、钻石加工项目、纺织项目的快速发展，郑州出口加工区经济呈现以电子信息、超硬材料精细加工和轻纺加工业为主导的产业格局。

【投资环境】 河南郑州出口加工区位于郑州东南部，京广铁路、陇海铁路、京珠高速公路、连霍高速公路、310国道、107国道、环城公路环绕四周。距新郑国际机场22公里，距陇海铁路圃田站3公里，距国家一类铁路口岸——郑州铁路东站1.5公里，距公路货运中心站2.5公里，至天津、青岛、连云港港口铁路运输最多不超过8个小时，交通便利。进区企业不仅享有国家赋予的进出口免税、进料保税、入区退税等优惠政策，同时还享有省、市政府赋予加工区在税收、贷款、运费、保险等方面的更多优惠，是河南省实施开放带动战略，实现中原崛起的重要平台和对外开放的新窗口，被省委、省政府定位为“全省招商引资、扩大出口的示范区”。

在区域开发建设方面，2008 年 4 月，顺利通过了郑州海关对加工区二期 0.293 平方公里扩建区域的验收，使加工区封闭区域面积扩大至 0.893 平方公里，并实现了区内“九通一平”，为企业生产提供了完善的配套设施。截至 2008 年年底，园区内已建成标准厂房 11 栋 8 万平方米，为入区企业提供了充足的生产场所；生活配套区职工公寓建成并投入使用 3 栋 22 000 平方米，为入区企业解决了职工食宿的后顾之忧。同时，郑州市政府已在新郑航空港区规划了 5 平方公里作为加工区 B 区用地，目前正在进行控制性详规的制定和土地的报批，有望在 2009 年开发使用。

在服务方面，2008 年郑州出口加工区管委会继续坚持以“服务经济促发展”为指导，进一步巩固完善项目进区手续“协办”服务、项目建设“跟踪”服务、企业经营“全程”服务三大服务体系，通过实行领导分包联系企业制度、定期召开企业座谈会等方式，全力破解了企业融资、小件货物监管运输、劳动用工保障等一系列影响企业发展的难点问题。同时，牵头协调海关、检验检疫外汇、国税等单位开展业务培训、政策探讨分析，及时协调解决了企业提出的涉汇、涉税、涉关、涉检问题。加工区管委会各部门、驻区各单位的全方位服务工作，让企业在加工区投资放心，经营安心，生活舒心，对未来充满信心。

【招商引资】 2008 年，面对金融危机给招商引资带来的巨大困难，加工区管委会认真研究政策、分析形势，紧紧抓住加工贸易产业转移及即将拓展的保税物流功能给加工区发展带来的机遇，在瞄准机电设备、钻石加工等具有河南本土优势的劳动密集和技术密集叠加型产业，重点赴深圳、珠海等地招商，主动邀请广州、珠海钻石加工项目入区考察，吸引加工贸易转移企业入区的同时，启动保税物流筹备工作，在开展相关政策分析、宣传发动、市场调研等工作的同时，重点开展保税物流、保税仓储项目的招商引资工作。全年新批进区项目 8 个，项目协议投资额 11 425万美元，注册资金 4.1 亿元。另外，拟投资 2.5 亿元人民币的中国外运等 4 家物流企业也与加工区签订了战略合作协议。

【工业】 2008 年，区内已投产的 15 家工业项目共实现工业总产值 55 292 万元，同比增长 109%；实现增加值 15 053 万元，同比增长 37%。其中产值超亿元项目由 2007 年的 1 家增至 3 家，分别为郑州傲世实业有限公司、郑州朝歌纺织有限公司、郑州硕达钻石有限公司。从行业分类来看，文体用品实现工业产值 16 329 万元，同比增长 44%，占全区工业产值的 30%；钻石精细加工产品实现工业产值 13 900 万元，占全区工业产值的 25%；纺织品实现工业产值 10 588 万元，同比增长 202%，占全区工业产值的 19%；玻璃深加工产品实现工业产值 4 926 万元，同比增长 103%，占全区工业产值的 10%；电子信息产业实现工业产值 4 665 万元，同比增长 12%，占全区工业产值的 8%。同时，加工区产销衔接继续保持良好状态，实现销售收入 51 184 万元，同比增长 95%，工业产销率达到 93%。

【发展趋势】 2009 年，郑州出口加工区将全面贯彻落实党的十七届三中全会精神，深入实践科学发展观，继续围绕“大建设、大发展”这一主题，按照“工业立区、物流活区、开发养区”的思路，抓住“B 区开发建设”、“保税功能拓展”、“重大项目入区”、“晶圆制造量产”4个抓手，积极应对金融危机对加工区造成的不利影响，推动区域经济快速健康发展，带领全市对外开放工作实现新跨越。

2009年，加工区将最大限度地利用国家促进经济平稳较快发展的优惠政策、十大产业振兴调整规划，以及省市政府出台的产业扶持政策，全力以赴，克服金融危机带来的巨大困难，以保税物流功能拓展为契机，着力吸引以晶圆制造为龙头的电子信息业、以钻石加工为代表的超硬材料精细加工业，以及精密机械加工等工业项目入区，同时引进一批以保税仓储、分拨配送、检测维修为主的保税物流企业；着力引导企业加强对外交流与合作，积极申报高新技术产品、科技专利产品，增强创新能力，创造自主品牌，实现结构优化和产业升级；着力加大企业服务力度，营造更优的发展环境，落实责任，精心组织，扎实推进大项目实现量产达产；着力推进B区（新郑港区加工区新址）的规划建设，为加工区可持续发展奠定基础。2009年，力争实现出口创汇7 000万美元，同比增幅达到15%以上。

【机构设置与管委领导】 河南郑州出口加工区管委会于2003年6月经河南省编委批准设立，属郑州市政府的派出机构，加工区管委会下设管委办公室、招商局、经济发展局、综合管理局4个部门，并设有国有投资公司郑州昇阳出口加工发展有限公司，各部门分工明确，职责完善，运转有序。目前，加工区管委会领导班子配备管委会主任1名，常务副主任1名，副主任5名。

【招商部门】 郑州出口加工区招商局现有工作人员5人，是一支素质高、业务精、工作能力强的招商队伍。郑州出口加工区招商局将竭诚为进区企业提供全方位的优质服务，欢迎您的到来。

郑州出口加工区招商局联系电话：0371－66866120、66866130；联系人：杜旭东（副局长，英语）、赵民（西班牙语）、刘艳丽（英语）、朱小兵（英语）、张凯（英语）。

湖北武汉出口加工区
HUBEI WUHAN EXPORT PROCESSING ZONE

【经济发展】 湖北武汉出口加工区的建设和发展得到了省、市政府的关心和支持，使加工区能在内地加工贸易相对薄弱的情况下取得了一定的成绩。

目前，加工区内已入驻4家企业，企业情况详见下表：

	注册时间	投资总额	企业性质	主要产品
唯冠科技	2003.1	2 890万美元	三资	电脑显示器
冠捷科技	2004.6	2 500万美元	三资	电脑显示器
海阔玻纤	2001.11	60万马克	三资	玻纤布
塞珞迈斯	2006.12	150万美元	外资	生物制品

加工区2008年进出口总值为4 800万美元，其中进口3 800万美元，出口1 000万美元。

【投资环境】 2000年4月27日，湖北武汉出口加工区经国务院批准设立，成为全国首批15家试点之一，也是当时中部地区唯一的一家出口加工区。2001年6月20日，湖北武汉出口加工区通过国家八部委的验收，正式封关运行。

加工区首期围网面积0.3平方公里，二期扩建后围网面积增加到1.3平方公里。在围网区内完成了道路、雨水、污水、给水、电力、电信和场地平整等基础设施建设，还建有近4 000平方米海关监管楼、7万平方米标准厂房、8 000平方米仓储、1.2万平方米查验场地及卡口车辆自动识别系统、80吨电子地磅系统、围网红外线报警及闭路电视监控系统等基础设施建设。公建项目固定资产投资约2亿元，全部投资由武汉经济技术开发区财政全额拨款。

【发展趋势】 紧紧抓住承接产业转移的机遇，以拓展保税物流功能为契机，全力推进项目建设。具体思路如下：

第一，进一步明确产业定位。根据开发区的总体布局确定以电子信息制造业为主的产业导向，结合国家汽车零部件出口基地的有利条件，重点发展汽车零部件制造产业，使出口加工区的产业规划呈现“一业特强，多业并举”的特点。

出口加工区将围绕产业规划，积极引进技术含量高、产品附加值高、产业链较长、拉动作用强的项目，带动相关配套企业。引进上下游配套产业，培养成熟的产业环境，提高出口加工区的产业集聚优势。

第二，采取积极政策扶持加工区发展。建立由省市领导牵头，省外汇、商检及海关等职能部门参加的协调机制，给加工区营造一个准境外的小环境，减少人为的审批门槛，适当放宽企业进区限制，充分利用拓展保税物流功能优势，让湖北省唯一的出口加工区真正成为连接世界经济的桥梁。

通过以上各项措施，积极贯彻省市领导关于加强出口加工区发展的指示精神，抢抓机遇，进一步探索出口加工区发展之路，使其成为加工贸易运行管理的示范区和促进经济发展的样板区。

广东深圳出口加工区
GUANGDONG SHENZHEN EXPORT PROCESSING ZONE

【区域概况】 广东深圳出口加工区（以下简称“加工区”）是2000年4月27日经国务院批准成立的首批15家出口加工区之一，规划面积3平方公里，位于深圳市大工业区内。2001年3月31日通过国家八部委联合验收并一次性封关运作，区域范围西起深汕路，东至绿荫路，北起丹梓西路，南至金牛西路。

加工区是由海关监管的特殊区域，实行“境内关外”管理，海关实行“一次报关、一次审单、一次查验”通关管理模式，通过预约加班的方法，区内企业基本实现了24小时通关的需求。

加工区内市政基础设施全部实现“七通一平”，区内设有管委会、海关、检验检疫等管理和服务机构，区内企业可就近办理全部进出口手续。

加工区区内企业全部实行EDI联网管理，不实行银行保证金台账制度；免征企业流转环节的增值税和消费税，不实行增值税“免、抵、退”税政策；外汇管理宽松，不实行结售汇制度；进口设备全额保税，不实行免税额度控制；国内采购的货物视同出口，实行入区退税政策。

加工区是国内唯一在同一海关关区内拥有进出境陆运、海运和空运优势的出口加工区，距深圳宝安国际机场仅60公里，距盐田国际集装箱码头仅25公里，距文锦渡、罗湖、皇岗、深圳湾等陆路口岸仅40公里。从加工区出发，车行100分钟内可抵达香港国际机场。

截至2008年年底，加工区已吸引来自美国、日本、荷兰、英国、新加坡、加拿大、英属维尔京群岛、开曼群岛、萨摩亚、中国香港、中国台湾，以及国内共12个国家和地区的37家投资企业入区经营，行业主要集中在IT、家电、电子等领域，初步形成以日立环球存储产品（深圳）有限公司为龙头的电脑硬盘产业集群和以主力实业（深圳）有限公司为龙头的家用电器产业集群。

【经济发展】 2008年，加工区全年共实现工业增加值16.05亿元，同比下降51%。实现工业总产值100.34亿元，同比下降20%，其中：高新技术产业实现工业总产值52.76亿元，同比下降12%；电子信息产业实现工业总产值65.92亿元，同比下降8%。实现工业产品销售额109.23亿元，同比下降14%；实现工业企业利润总额18.12亿元，同比下降18%；平均从业人员1.38万人，同比下降28%。实现进出口总值19.63亿美元，同比下降2%，其中进口总值6.7亿美元，同比下降10%；出口总值12.93亿美元，同比增长3%。

【投资环境】 加工区政策优势明显。深圳市委、市政府高度重视出口加工区的发展，于2000年10月8日审议通过了“加工区若干规定”，赋予出口加工区管委会市一级的经济管理权限，深圳市市长和3位副市长亲自担任大工业区（出口加工区）开发建设领导小组的正、副组长。

根据2008年12月31日下发的《国务院办公厅关于保持对外贸易稳定增长的意见》（国办发〔2008〕135号），加工区区域功能从原来单一的保税加工，拓展至保税加工、保税物流、研发、检测、维修、售后服务及部分的国际贸易等领域。加工区已成为深圳市目前关税最优惠、通关最快捷、管理最简便、经济最开放的海关监管特殊区域。

【招商引资】 2008年，加工区新增外商投资企业3家，与去年持平。批准投资总额3 876万美元，同比增长767%，其中：增资额456万美元，同比增长792%；合同利用外资1 928万美元，同比增长591%，其中：增资额428万美元，同比增长736%；实际利用外资1 825万美元，同比增长52%。

截至2008年年底，加工区内拥有注册企业37家，其中外商投资企业35家。累计投资总额7.10亿美元，注册资本3.10亿美元，企业实际到位外资3.18亿美元。已投产的企业共有29家。

【工业】 目前，加工区工业主要以高新技术产业和先进制造业为支柱，坚持引进投资规模大、技术含量高、产业关联度强、产品附加值高的重大产业项目。重点发展电子信息业，主要招商目标为世界500强等国际知名的大型跨国公司。

【发展趋势】 加工区在经历了8年发展历程后，初步形成了电脑硬盘产业和家用电器产业集聚基地，两大产业链条日趋完善。可以预计，在未来的一至二年内，以日立环球为龙头的电脑硬盘产业、以主力实业为龙头的家用电器产业和以中芯国际为龙头的超大规模集成电路产业将步入达产期，出口加工区工业总产值有望在2008年的基础上再翻一番。同时，出口加工区保税物流、研发设计和检测维修等功能拓展工作将在2009年全面推开，加工区有望成为珠三角地区功能最齐全、服务最优化的保税监管区域。

【机构设置与管委会领导】 加工区依托深圳市大工业区，加工区管委会与深圳市大工业区管委会实行“一套人马、两块牌子”的管理模式。根据深圳市政府2000年第97、98号政府令《深圳市龙岗大工业区若干规定》、《深圳出口加工区若干规定》，加工区管委会享有市一级的经济管理权限。管委会内设办公室、计划财务处、劳动人事处、建设处、招商处、加工区监管处、征地拆迁办公室等7个处室，以及一个事业单位——综合服务中心。深圳市大工业区（加工区）管委会机关总编制53名，其中行政事务编制46名，附属编制7名；综合服务中心总编制33名。

深圳海关于2000年开始筹建驻深圳出口加工区办事处，2001年4月深圳海关驻深圳出口加工区办事处正式挂牌运作；深圳出入境检验检疫局出口加工区办事处亦于2005年4月正式挂牌运作。

加工区党委书记、管委会主任刘子先，党委副书记、常务副主任何永志，党委副书记、纪委书记曹建良，管委会副主任黄正勤。

【招商部门】 加工区管委会招商处。电话：0755－84622116、84622220；传真：0755－84622226；网址：http://www.szgiz.gov.cn；地址：广东省深圳市龙岗区深汕路坪山段583号；邮编：518118。

广东广州出口加工区

GUANGDONG GUANGZHOU EXPORT PROCESSING ZONE

【经济发展】 2008年，广州出口加工区实现工业总产值38.13亿元，同比增长5.24%。区内唯一企业本田汽车（中国）有限公司共生产汽车44 675辆，出口45 500台，实现出口额5.67亿美元，同比增长20.86%。

【投资环境】 广州出口加工区设在广州经济技术开发区东区内，规划面积3.05平方公里。按照“统一规划、分期开发”的原则，首期开发0.9平方公里，现已建成完善的监管设施和配套设施，包括：围网、海关办公大楼、验货场和“七通一平”设施等。截至2008年，广州出口加工区累计实现固定资产投资12.56亿元，其中基础（公共）设施投资达到了5.88亿元。

广州出口加工区具有优越的地理位置，它北靠广深高速公路，南临广九铁路、广深公路，区内的主干道与黄埔新港相连，方便监管货物的转关运输，同时毗邻港口和国际空港，交通便捷，通过高速公路网可以快速连接珠三角各城市及香港、澳门。

【工业】 汽车产业是广州的三大支柱产业之一，在广东省、广州市的高度关注下蓬勃发展，形成了“东部本田，北部日产，南部丰田”三大汽车板块。本田汽车（中国）有限公司是全国第一个整车产品100%出口的企业，目前产品已出口欧洲21个国家，吸引了70多家汽车配套厂商落户于广州开发区，形成广州市东部汽车产业基地，成为广州汽车工业发展整体战略的重要组成部分，带动了华南地区汽车产业链的发展。

2008年，本田汽车（中国）有限公司实现出口欧洲10万辆汽车的目标。据统计，2008年本田汽车出口数量约占全国乘用车总出口量的19%，出口金额占全国汽车出口总金额的30%。

【发展趋势】 随着国家对出口加工区拓展保税物流等功能的全面铺开，以及对海关特殊监管区域的整合，广州出口加工区将具备更完善的政策功能，为区内外企业提供一流的加工贸易、物流配送平台和完善的检测、维修、翻新、升级支持等售后服务。同时准备启动未开发区域的建设，把出口加工区做大做强。

本田汽车（中国）有限公司将继续紧跟国际市场导向，逐步拓展销售市场的广度和深度，扩大生产规模，实现25万辆/年的设计产量。

【机构设置与管委会领导】 广州出口加工区的地方管理机构是广州出口加工区管委会。广州出口加工区与广州经济技术开发区、广州高新技术开发区、广州保税区管委会合署办公，构成强大的“四区合一”行政管理体系，2003年全区通过ISO9001和ISO14000双认证，拥有中国对外开放最完整、最系统、最丰富的优惠政策体系，可供外商选择的投资领域最宽、政策空间最大。

2005年6月，广州市委、市政府为加快“东进”战略的实施，在原“四区合一”经济区域的基础上，成立了广州市萝岗区，面积为396平方公里。

广州出口加工区管委会为广州市政府的派出机构，享受市一级的审批权限，机构精简，办事高效。管委会下设办公室、计划和科技局、规划国土建设局、保税业务管理局、经济发展局、财政局等机构。

薛晓峰同志担任广州出口加工区管委会主任，石奇珠、朱秉衡、郑锡雄、李红卫、陈小华同志任副主任。萝岗区副区长陈杰同志具体分管出口加工区业务。

【招商部门】 广州出口加工区管委会诚挚欢迎广大客商进行咨询、交流及前来投资和开展业务。加工区必然践行“一切为了投资者，一切为了企业，用最好的服务、最佳的环境，让投资者获得最大的回报”的管理理念。联系电话：020－82112052、82112058；传真：020－82112070；联系人：李定国、余雄亮。

广西北海出口加工区
GUANGXI BEIHAI EXPORT PROCESSING ZONE

【经济发展】 2008年，北海出口加工区朝着建设广西一流的精品园区的发展目标，把加快发展放在第一位，并结合转变干部作风、加强机关行政效能建设，把握东部产业转移和国际产业分工进一步深化的契机，抓住泛北部湾经济合作等多区域合作的新兴机遇，优化投资环境，主动承接产业转移，加速产业集聚，培育产业集群，园区的各项事业实现了快速增长，各项经济指标大幅攀升。到2008年年底，北海出口加工区累计实现进出口总额超过5.1亿美元。其中2008年完成进出口额2.5亿美元，同比增长25.4%，成为广西加工贸易全年最重要的增长点；完成外资到位5 737万美元，同比增长20.3%；完成工业总产值10.62亿元，同比增长26.8%；完成固定资产投资6.59亿元，同比增长179.9%；机电产品出口占北海总量的98%以上，多家企业进入了广西机电产品出口前50强；园区就业人数也增加到6 700多人，极大地带动了地方就业。北海出口加工区坚持走集约化发展道路，向空中要效益。2005年以来，北海出口加工区的建筑密度控制上限从40%发展到现在的55%，容积率上限从2提高到2.5，建筑由单层发展到现在的平均层高3层以上。园区项目投资强度、集约化程度、管理规范化等方面在广西处于领先水平。

北海出口加工区逐步形成以机电产品加工制造为主的加工贸易产业集群，初步走出一条外向型、集约化、精品化的发展之路，逐步成为北海工业生产、进出口、利用外资、产业升级、增加就业等方面的重要增长点。

【投资环境】 北海出口加工区坚持“产业第一、企业为大、效率至上、服务为先”的发展理念，强力推进管理体制、开发机制、招商模式、发展思路的创新。

北海出口加工区在管委会、海关、检验检疫“三位一体”服务机制的基础上，进一步健全“精简、统一、效能”的管理架构和“全过程、全方位、全天候”的大通关服务体系，“企业为大”的服务理念贯穿管理始终，形成了由管委会牵头联合有关部门主动延伸职能、优化工作流程的柔性管理体系，随时随地为企业解决问题。项目的建设报建，通过加工区管委会延伸职能，相关建设管理部门优化工作流程，施工图完成图审后即可动工建设。企业若遇到招工问题，管委会马上联系劳动部门、各乡镇政府，为企业组织专场招聘会。灵活便捷的管理，大大减少了投资者的成本，优化了投资环境。

出口加工区在土地集约化开发的同时，充分利用园区空间进行环境整治和美化工程，通过实施城乡清洁工程，进行规范化、标准化园区管理，加快精品、和谐园区建设，全力打造人与自然和谐共处的绿色生态加工区，实现人文、自然、产业的有机结合，为企业营造一个安全、文明、和谐的经营环境，给企业员工创造一个绿色的工作及生活空间。园区的文化建设工作也蒸蒸日上。2008年12

月北海出口加工区成功举办了“加工区第三届文体艺术节”。通过形式多样的活动，引导企业形成企业文化，丰富企业员工的生活，增强企业员工的向心力，稳定产业大军。园区长效服务机制为“亲商、安商、富商、引商”起到了良好的促进作用。

【招商引资】 北海出口加工区紧紧抓住北部湾（广西）经济区的开发开放这个历史性的机遇，充分利用好东部产业转移和国际产业分工进一步深化的契机，进一步创新发展理念和招商方式，园区的招商引资不断取得新突破。管委会自行开发了出口加工区智能办公系统，建立起管委会与企业在日常办公、员工招聘等多方面的信息平台，有效实现政企资源共享，加强了管委会与企业之间的沟通和联动。

北海出口加工区认真贯彻落实自治区党委和政府提出的承接东部产业转移战略，“走出去，引进来”，主动出击东部产业转移主战场，派驻招商小分队长驻珠三角、长三角地区招商，在招商工作过程中积极发挥当地商会、行业协会和各类社会资源的作用，与意向转移投资商实现点对点的对接。在招商引资工作中，突出“招大引强”。到2008年底，园区累计批准项目33个。项目投资商从珠三角拓展到长三角，从港、澳、台地区拓展到美、日、韩等发达国家。

【工业】 园区产业不断聚集，辐射带动功能凸显。加工区的发展带动了人流、物流、进出口、配套产业的发展。加工区设立以来，累计实现进出口额超过5.1亿美元，其中产业转移项目实现了园区90%以上的进出口额。企业从租赁厂房的浮根经济向购地自建的扎根经济发展；企业由中小企业向一定规模的国际化行业龙头企业发展。目前，世界500强企业中的日本三洋公司、世界光驱制造业龙头企业台湾建兴电子公司、世界第二大运动弓制造企业韩国双赢洋弓公司、广东民营20强企业永昶集团、深圳知名显示器生产商惠科电子公司、加拿大上市公司嘉汉板业公司、全国民营物流10强万港物流公司等国内外知名企业已经进驻。北海出口加工区已经形成了机电产业、运动休闲产业、林板材产业等主要的产业集群，并有效带动了相关产业链的完善。

【发展趋势】 根据北海建设北部湾电子信息产业基地的重要战略部署，将利用10年左右的时间，完成北海出口加工区首期和扩区区域的建设，实现“加工贸易为主、保税物流为辅”的功能叠加；在北海港旁及铁山港形成以加工区为核心的两处电子信息加工贸易产业集群，明显促进北海电子信息产业链的完善，大幅降低企业的国际物流成本，为北部湾地区培养大批电子信息产业研发、管理人才和技术工人，成为北海电子信息产业研发、设计、展示、吸引外资、生产、进出口、创造就业的重要基地。在有效改变广西外贸增长方式，提升北海和广西外向型经济发展的层次方面，发挥更积极的作用。成为区域性国际化电子信息加工贸易和物流基地，最终发展成为我国一流的出口加工区。

【工作目标】 一是进一步抓好招商引资工作，着眼“招大引强”，把引进电子信息产业项目作为重点方向。二是进一步做好产业优化升级和技术创新工作。扶持企业调整技术结构和产业结构，引导和鼓励企业转型升级、做大做强。三是加强安全生产和环境保护工作，建立整体优化、功能丰富、生态良好的可持续发展和良性循环机制。四是加大服务力度，加快企业发展。五是加快配套生活服务区的建设。努力建设功能齐全、设施先进、环境优美的生活区和服务区，在解决产业工人食宿等物质需求的基础上，满足其精神需求，使加工区成为产业工人的乐园。六是积极拓展保税物流功能，解决制约出口加工区良性发展的政策瓶颈，增强加工区可持续发展的动力，尽早实现加工区转型升级。

【机构设置与管委会领导】 北海出口加工区管委会下设办公室、招商科、经济发展科、规划建设科和保税物流科5个科室。曹坤华常务副市长兼任管委会主任（任期至2008年9月止），彭鸣达任党组书记、常务副主任（2008年9月起任管委会主任），副主任李斌、龙江、梁田，纪检组长陈炎招，副调研员张愈光 。

【招商部门】 招商科。科长黄兴焕，电话：0779－3928068。联系人：游绍勇、宾勇、洪秀文、冯宇群；联系电话：0779－3928038。

重庆出口加工区
CHONGQING EXPORT PROCESSING ZONE

【经济发展】 2008年，重庆出口加工区积极开展拓展保税物流等功能试点工作，并抓住机遇，大力推进招商引资，强化企业管理和后续服务，在经济危机大环境的影响下，依然保持较快增长的发展势头。全区共实现工业总产值20 899万元，同比增长0.3%；工业增加值5 627万元，同比增长5.9%。实现进出口总额2.2亿美元，同比增长38%，其中出口6 161万美元，同比下降51.2%；进口1.58亿美元，同比增长376.3%。截至2008年年底，加工区累计实现引进企业25家。

【投资环境】 截至2008年年底，重庆出口加工区规划面积3平方公里，围网封关运行面积0.4平方公里。累计投资2.2亿元对加工区进行了基础设施建设和配套设施建设，建成2.6公里不间断全封闭永久性围墙、2.6公里监管巡逻道；建成投入使用监管仓库1 040平方米，查验场5 564平方米，标准厂房27 948平方米，以及监管大楼设施等。为服务加工区内企业生产，区外建有综合服务楼、职工宿舍楼、体育文化设施等生活配套设施；区外2公里范围内建有住宅小区和学校、医院等公共服务机构，加工区周边生活文化设施齐全，区域承载力不断增强。全区环境优良，管理科学，在重庆市各工业园区中率先通过ISO14000认证。

重庆出口加工区管委会严格遵循“企业无事不插手、企业有事不撒手”的管理理念，科学界定管委会的管理服务职能，建立健全区内“项目引进、项目建设、项目经营”服务体系。围绕进区项目，对从申报立项、注册登记、开工建设、基础配套直到建成投产等各个环节的手续，实行全过程跟踪服务，并坚持企业巡访制度，定期走访企业，为企业排忧解难，深受企业好评。

【招商引资】 加工区内全年新确立投资项目6个，预计总投资达10.5亿元，同比增长约18倍，是加工区成立以来7年招商总和的5倍，其中外资占71%；预计达产后新增年进出口额16亿美元，将是目前水平的8倍。其中，菲亚特轻型发动机项目（总投资6 500万欧元）将成为首家进入加工区的世界500强制造企业，年贸易额将达3亿美元；中远成为首家进入加工区的世界500强物流企业，连同长安民生物流、美联物流等知名第三方物流企业的预计年贸易额将达13亿美元。上述项目落地后，加工区一期600亩土地将全部出让完毕，将扭转加工区长期招商难、缺乏龙头企业的局面，为下一步保税港区的启动打下良好的产业基础。

【机构设置与管委会领导】 重庆出口加工区高度重视管理工作。现有局级领导3名，处级领导3名，工作人员3名，达到了机构精简、统一、高效的目的。国税、地税、工商、海关、技术监督局、环保局、商检等市级管理单位在区内均设有派驻机构。

四川成都出口加工区

SICHUAN CHENGDU EXPORT PROCESSING ZONE

【经济发展】 由于引进了一批拥有先进制造技术、市场占有率稳定、相对传统产业对物流成本因素敏感度较低的企业，发挥了成都在人才和产业方面的优势，形成了成都出口加工区发展的基础。2008 年在遭受地震灾害和全球金融危机双重影响下，成都出口加工区区内企业生产经营正常稳定，保持增长态势。2008 年，成都出口加工区累计实现进出口总额 47.5 亿美元，同比增长 101.3%，占全省加工贸易进出口总额的 72.6 %，超额完成全年目标的 69%。进入全国出口加工区进出口额 8 强，稳居中西部（含东北）出口加工区第一名，占西部 8 个出口加工区进出口额总和的 80% 以上。其中，全年实现出口值 17.4 亿美元。

全年完成固定资产投资 22.4 亿元；实现工业增加值 53.4 亿元，同比增长 71.9%。各项经济指标均较上一年度有较大增长，土地面积仅占成都高新区 3% 的出口加工区，各项经济指标占成都高新区的比重越来越大。

区内重点企业发展良好，集成电路产业链初步形成，产业带动作用显现。英特尔产品（成都）有限公司连续 20 个月名列四川省进、出口值排行榜第一名。

【投资环境】 成都出口加工区建区之初，确定的目标就是打造设施完善、环境优美、秩序井然、通关便捷的园区。按照这个目标，坚持高起点规划和建设；在海关、检验检疫部门的大力支持下不断创新监管模式，优化通关流程；建立落实了包括园区每日巡查、首问负责、定点联络等为企业服务的各项制度，适应了园区阶段性发展的需求。

随着入区企业逐渐增加并相继投产，园区从业人员已超过万人。政府的服务和管理面临挑战，一方面是以英特尔公司为代表的一批跨国公司国际化运作的需求，这些企业的生产设备实施全球调运，产品在接收订单后 72 小时之内交付客户，对通关、物流效率的要求很高，另一方面是急剧增加的企业从业人员对园区公共服务的需求，包括公共交通、职工公寓、子女就学等。在这种情况下，出口加工区提出了以满足企业国际化运作需求的园区服务新目标，在提升服务水平和提供增值服务上下功夫。

坚持定点联系企业制度、定期寻访制度和值班制度，与区内企业建立起畅通、良好的沟通渠道，及时了解企业动态。创新工作机制，落实责任，提高工作效率。以企业服务为中心，建立超前反应机制，坚持“人盯企业、园区巡查、首问负责”三制度，加强调研走访，及时了解企业需求及生产经营状况，协调解决企业存在的困难和问题，提供优质服务；对企业反映的困难和问题，都要求做到责任落实、限时办结。帮助企业解决通关、报检问题，提高通关效率，保证企业顺利运行。建立了加工区海关协管员队伍，首批 12 名协管员已到岗，保证了海关对加工区的监管需要。协调四川国检局解决了成芯公司压缩气瓶、日本旧设备进口事宜。举行了出口加工区无纸通关系统推介会暨签字仪式，该系统推介会暨签字仪式对成都出口加工区建设发展和区内企业高效运作有着重要的意义。协调解决企业后勤配套问题，解决企业后顾之忧。协调解决了中芯国际生活园区减速带设施安装、莫仕公司滨河春天员工公寓申请、英特尔通勤车申请利用公交车道停靠点等问题。协调解决企业日常生产运营中的其他问题。对区内企业需求情况进行调研并组织企业与市物流办、包机公司就香港包机事宜进行座谈，做好香港货运包机开通工作等。

全力消除“5.12”汶川地震对企业生产经营的不利影响。2008 年 5 月 12 日汶川大地震，位处成都西边的加工区西区震感强烈，企业生产经营受到很大影响。出口加工区积极投入抗震救灾工作，震后 3 天区内绝大部分项目复工或恢复生产，至 5 月 22 日区内企业全部恢复生产。及时协调解决企业反映的震后航空运力不足等问题，将地震对出口加工区的影响降到最低限度，保证了震后加工区企业尽快生产并继续快速增长，确保年度目标任务的完成。

认真调研分析国际金融危机引发的经济危机对出口加工区发展产生的影响，制定具体的工作措施，帮助企业渡过难关。一是认真研究分析新形势下企业服务出现和面临的新问题，创新方法，拓展服务渠道、范畴及模式，强化首问负责制和人盯项目责任制，与绩效考核挂钩，强化跟踪落实。二是通过走访、展板、发放文件资料等多种方式及时向企业宣传国家宏观经济政策，以及中央、省、市和高新区的优惠政策，帮助企业树立信心。三是帮助企业解决资金、通关、劳资关系等问题，促进企业健康发展。四是密切结合当前国家调控思路和方向，认真跟踪和调研分析当前国际金融危机引发的经济危机对加工区的发展将产生的影响，向上级党委、政府提出解决问题的意见、建议。

加快配套政策环境建设工作。一是落实专人跟踪保税物流中心（B 型）审批工作，及时向管委会报告进展情况；二是落实专人负责加工区功能拓展和未来综合保税区所需政策、流程、平台等资料的收集和梳理，尽早研究和推进工作；三是推进出口加工区辅助管理系统的建设。

加强园区建设管理维护工作。完成市政基础设施的日常维护，保证各类设施正常运行；帮助企业开展相关基础设施建设工作；完善加工区相关基础设施，美化环境，修建园林景观。

【招商引资】 基于园区的区域特质，成都出口加工区在招商引资工作中，始终围绕高新区产业规划和定位，立足成都的资源和优势，坚持把应对同质化竞争与推动差异化发展结合起来，重点瞄准集成电路产业，着力引进和培养行业龙头企业。

创造比较优势，吸引投资入区。密切关注 2008 年国际金融危机引发的经济危机对加工区企业的影响，对国外企业、沿海加工贸易企业的影响，把握招商机会，多渠道收集招商信息；加快保税物流中心（B 型）、加工区功能升级运行步伐，拓宽企业经营范围，吸引更多类型的企业入驻；有针对性地加大产业链招商引资工作，完善产业链，提升产业配套环境，增强企业竞争能力。

全力促进标准厂房招商工作，全年接待各类来访及咨询 15 次。

【工业】 目前，成都出口加工区现有企业中，英特尔（成都）、中芯国际（成都）、莫仕连接器（成都）、联华精密气体（成都）、铁姆肯（成都）、成都泓明物流等公司均是加工贸易及其配套企业向中西部转移和跨国公司区域性布局的结果。成都出口加工区已从软硬件配置方面为承接东南沿海加工贸易转移做好了充分的准备。同时，加工区产业的集聚发展，也促进了成都市及高新区的经济发展与和谐社会建设。截至目前，区内企业用工人数已达 10 032 人，为高新区失地农民提供了 100 多个就业岗位。目前，区内企业共吸引国内配套的相关企业 600 多家，带动了机械加工制造、工程、物流、货运、外贸代理、后勤服务等相关配套产业的发展。2008 年区内企业累计实现税收 6 865 万元，同比增长 112.8%。

经过不懈努力，出口加工区目前已初步形成了由 IC 设计、晶圆制造、封装测试及配套项目组成的较为完整的集成电路产业链，区内从事集成电路生产、封装、测试的企业占入区企业总数的 50% 以上，2008 年进出口货值占全区进出口额的 90%。

【发展趋势】 2009 年，出口加工区管理办公室将按照高新区党工委、管委会的部署，尽全力提高企业服务及园区管理水平，促进高新区优势产业的聚集和发展，努力将成都出口加工区建设成为一个符合国际惯例，按国际惯例操作，适应跨国公司国际化运作的高科技典范园区。

【机构设置与管委会领导】 四川成都出口加工区管理办公室由成都高新区机构编制委员会同意设立，负责加工区的招商引资，企业进区的服务工作；负责加工区内加工贸易业务管理及企业进境货物、物品的审批；负责加工区内物业管理的软硬件设施建设及维护；协调与省、市政府及成都海关和高新区相关业务部门的工作关系，以及出口加工区管委会赋予的其他职能。

【招商部门】 四川成都出口加工区管理办公室企业服务处。联系电话：028－87958128。

四川绵阳出口加工区
SICHUAN MIANYANG EXPORT PROCESSING ZONE

【概况】 四川绵阳出口加工区位于绵阳科技城、绵阳高新技术产业开发区内，2005 年 6 月 3 日经国务院批准设立，批准面积 0.56 平方公里，2007 年 11 月 1 日一期封关面积 0.152 平方公里，2008 年 7 月正式运行。

2008 年是四川绵阳出口加工区正式运行的开局之年，全区上下坚持以邓小平理论和“三个代表”重要思想为指导，围绕实现“两个率先”的奋斗目标狠抓各项政策措施的落实，实现了由建设期向发展期过渡这一重大转折。

【经济发展】 2008 年，“5.12” 汶川大地震及全球金融危机影响了绵阳出口加工区项目的争取、实施和工业生产。全年全区实现工业总产值 3 446 万元人民币，进出口额 814 万美元。从业人员末数 6 000 人。

2008 年，为加快基础设施和配套工程建设步伐，完成固定资产投资 5 411 万元；在建厂房面积 50 797 平方米，竣工房屋建筑面积 41 424 平方米，建成仓库面积 1 970 平方米。

【投资环境】 四川绵阳出口加工区依托绵阳科技城雄厚的科技实力，绵阳（国家）高新区良好的外向型经济基础，长虹集团、攀长钢、九州集团和新华集团等大企业完善的产业配套集群，川西北地区丰富的资源，以及绵阳市优美的城市环境、丰富的人才资源和便利的公路、铁路、航空交通条件，重点发展电子信息、生物医药、新材料三大类出口加工产业。

【招商引资】 2008 年，引进了普思公司、连康电子、虹锐电工 3 个电子生产企业，批准投资额 710 万美元，其中外资企业项目为 2 个，外商投资 560 万美元。

【工业】 绵阳普思电子有限公司是以生产变压器、电感器、滤波器、连接器、DSL 等电子产品为主的美资公司，产品在同行业中占领先地位。2008 年投产，当年工业总产值 3 446万元，产品销售额 4 773 万元。

绵阳连康电子有限公司是一家以生产网络连接器、电感器、脉冲滤波器等电磁组件的台资公司，2008 年 12 月在绵阳出口加工区内投资建厂。

四川虹锐电工有限责任公司由长虹器件科技有限和长虹创新投资有限公司合资组建，主要从事照明、电子器件和电工产品的设计、生产和销售。2008 年 12 月在绵阳出口加工区内投资建厂。

【发展趋势】 凭借绵阳科技城的产业优势，形成“一区多园”的发展格局，促进产业结构升级，发挥园区的产业集聚功能，带动产业链和产业集群的形成，建立电子信息、生物医药、新材料等三大类出口加工基地。

【机构设置与管委会领导】 绵阳出口加工区管委会下设综合管理部、规划建设部、项目服务部 3 个中层机构，负责出口加工区的规划建设、业务管理、对外招商引资、项目推进、协调服务等工作。

绵阳出口加工区管委会主任李军，电话：

0816－2850212；综合管理部部长邓晓丽，电话：0816－2850153；项目服务部部长刘德军，电话：0816－2850362；规划建设部部长徐晶晶，电话：0816－2850291。

【招商部门】 项目服务部主要负责对外招商引资、项目推进工作。

陕西西安出口加工区（A区）
SHAANXI XI'AN EXPORT PROCESSING ZONE（ZONE A）

【经济发展】 2008年，新投产项目5个。全年完成进出口总额6.1亿美元，其中出口（含深加工结转）3.5亿美元，同比增长40.6%；进口2.6亿美元，同比增长326.2%。完成工业总产值34.8亿元人民币，同比增长60.2%。生产总值（增加值）10.1亿元人民币，同比增长60.6%。技工贸总收入39.3亿元人民币，同比增长62.2%。固定资产投资7.8亿元人民币，同比增长14.3%。

西安出口加工区A区在经济发展过程中，以陕西经济发展实际情况为基准，依托陕西在能源、人才、工业基础等方面的优势，逐渐形成并确定了具有自身特色的发展思路，主要体现在：

有效地利用陕西的产业优势发展加工贸易，将主导产业定位为航空、机械、电子、新能源等领域。

积极推动国有企业、内资企业入区开展加工贸易，并鼓励入区企业使用国产设备和原材料，提升国产化率，有效促进、提升企业核心竞争力。同时，积极倡导并促进国有企业研发、试制有自主知识产权的加工技术及产品，促进加工贸易的转型升级。

着力打造具有航空特色的出口加工区。西安出口加工区目前已聚集了国内10多家航空制造企业及多家世界知名航空制造企业，初步形成了航材供应、航空制造、维修、检测等较为齐全的跨国“航空产业制造链”，为波音、空客、美国通用电气、罗尔斯－罗易斯等公司生产航空产品，同时也正努力通过优化航空产品生产、供销、物流体系，成为中国“大飞机”项目研制、生产重要的保税物流基地之一。

保税物流等功能的完善优化了西安出口加工区的投资环境和企业运营环境，除对原有的主体产业有带动提升作用外，还引来诸多新兴产业来此“筑巢”，以西安为中心辐射宁夏、青海、晋北、豫西、川北等地的“一日经济圈”已经形成，有效带动了区域、特色经济的发展。

依托陕西在科技、教育等方面的优势，吸引大批回国留学人员创办企业，并在政策方面积极扶持。目前已有多家留学生创办的企业入区，涉及机械加工、生物科技、医药研发等行业。

落实科学发展观，走集约化发展之路。在招商过程中，鼓励企业租或买已建成的标准厂房，促进企业尽快投产，提高土地使用效率。

【投资环境】 陕西西安出口加工区2002年6月21日经国务院批准设立，2004年4月5日正式封关运行，2006年12月被批准成为全国首批、西北唯一一家拓展保税物流等功能试点单位，同时具备出口加工和保税物流等功能。

西安出口加工区A区位于国家级西安经济技术开发区内，毗邻西安新行政中心，距西安咸阳国际机场20公里，距西安火车货运站10公里、火车集装箱货运新站1公里，距绕城高速公路入口仅1.5公里。加工区总规划面积1.47平方公里，目前已开发面积0.922平方公里。

西安出口加工区A区封关运行以来，先后引进世界500强企业中的英国BP、法国ALSTOM、美国通用电气、英国罗尔斯－罗易斯，世界知名企业美国TIFFANY、英国航材供应商AMS、新加坡佳晟物流，以及国内知名企业西航集团、西飞集团、彩虹集团、北车集团、中航技进出口公司、世纪互联等40多个项目入区。投产企业30家，累计实现进出口总额12.62亿美元，其中出口9.08亿美元。初步形成以航空、机械、电子、新能源为主的产业格局。

投资环境是区域发展的关键所在，西安出口加工区A区始终把完善投资环境、提升服务质量放在首位加以认真落实。为承接东部加工贸易的产业转移，从软、硬件环境及招商安商的各项优惠政策上，做好全方位的准备。

加大基础设施建设力度，完善投资环境。总建筑面积5.4万平方米的加工区三期标准厂房于2008年10月份竣工并投入使用；总建筑面积2.5万平方米的加工区服务中心大楼于9月份正式投入使用；总建筑面积6 734平方米的职工餐厅于8月份正式投入使用，可同时容纳3 000人就餐。

目前，加工区已建有现代化多功能一期单层标准厂房7栋，二期四层标准厂房1栋，三期多层标准厂房4栋，共14.2万平方米；区内道路、给排水、供电、供热、供气、通信、宽带及生活服务等设施齐全。18层2.5万平方米的加工区服务外包大楼可满足区内企业办公需要。加工区周边地区的白桦林居、雅荷春天、西安中学、交大经发中小学、西安图书馆、城市运动公园、西安国际高尔夫运动中心、长安医院、经发会馆、名都酒店等完善的生活配套设施，为加工区营造出良好的人居环境，形成设施齐全的生活配套圈。

【招商引资】 2008年，世界500强排名第三的英国石油公司投资的碧辟普瑞太阳能二期项目落户西安出口加工区A区，当年投产；世界500强的英国罗尔斯－罗易斯公司与中国一航西航集团共同投资的飞机发动机零部件项目也已顺利入驻西安出口加工区A区。全年引进11个项目，其中英国AMS航材、美国蒂芙尼（TIFFANY）钻石、宇恒生物等项目竣工投产。

2008年，保税物流进出区货值达2.7亿美元，是2007年总量的4倍多。累计批准8家物流企业入驻加工区。进出区保税物流货物主要包括飞机机翼组件、航空发动机零部件、显像管、汽车发动机、铜箔、玻璃纤维布等60余种产品，行业涉及航空、机械、电子、新材料、纺织、汽车等，业务涉及省内外200多家企业，并辐射到10多个国家和地区。

【发展趋势】 2009年，西安出口加工区A区按照“加工制造为主，保税物流为辅”的功能定位，加大招商引资力度，在稳步推进生产企业招商工作的同时，下大力气做好深化保税物流等功能的工作。在日常管理工作中，不断创新运行机制，提高管理和服务水平，努力完善各类各项操作管理职能，着力发挥加工制造及保税物流功能对周边地区的辐射带动作用，为进一步促进区域经济发展作出新的贡献。

2009年，西安出口加工区A区进出口总额有望突破10亿美元。预计到2010年，进出口总额将达15亿美元，2015年进出口总额将突破30亿美元。力争尽早形成以航空、机械、电子、新材料等为主导的产业集群，打造具有自身特色的加工区，为西安及陕西周边地区的外向型经济发展真正起到积极的提升和促进作用。

【机构设置与管委会领导】 陕西西安出口加工区管委会下设陕西西安出口加工区A区管理办公室和陕西西安出口加工区B区管理办公室。

陕西西安出口加工区管委会主任韩松，陕西西安出口加工区管委会副主任段永和，陕西西安出口加工区A区管理办公室主任饶宏，陕西西安出口加工区A区管理办公室副主任强榕江。

【招商部门】 西安出口加工区A区下设生产型项目招商部和保税物流项目招商部两个招商部门。生产型项目招商部联系人：强榕江；联系电话：029－86531016、86531010、86531038。保税物流项目招商部联系人：王宁红；联系电话：029－86531003。

陕西西安出口加工区（B区）
SHAANXI XI'AN EXPORT PROCESSING ZONE（ZONE B）

【概况】 陕西西安出口加工区B区是2005年12月15日经国务院批准设立的国家级出口加工区，2006年11月29日正式封关运行。2007年年初经国务院批准，陕西西安出口加工区B区成为率先开展保税物流功能和开展研发、检测、维修业务试点的7个出口加工区之一。园区规划面积1.338平方公里，一期已建设0.7平方公里，区内基础设施配套齐全，实现"七通一平"。加工区区位优势明显，西三环延伸线直接通到B区卡口，交通十分便利。

【经济发展】 陕西西安出口加工区B区加强对入区企业产业扶持力度，不断完善园区环境建设，并加大招商引资力度。2008年，陕西西安出口加工区B区各项指标数据快速增长，全年实现营业收入3 688万美元，工业产值3 688万美元，实际引进资金948万美元；实现进出口总值6 328万美元，其中进口6 001万美元，出口327万美元；接受企业进出口报关单3 261票，其中进口2 243票，出口1 018票；进出口货运量1 154吨，其中进口729吨，出口总值425吨；开展保税物流业务进出口总值1 411万美元，其中进口值779万美元，出口值632万美元；开展研发、检测业务进出口总值达19 751.13万美元。

【投资环境】 陕西西安出口加工区B区位于西安高新技术产业开发区（以下简称西安高新区）新区内。西安高新区是1991年3月经国务院批准的首批国家级高新区之一，如今已成为中国中西部地区投资环境好、市场化程度高、经济发展最为活跃的区域之一，成为陕西西安最强的经济增长区和对外开放的窗口，也成为我国发展高新技术产业的重要基地。2006年，经国内权威咨询机构评估显示，西安高新区科技创新竞争力位居全国107个开发区第三位，被政府列为重点要建设成为世界一流科技园区的6个国家高新区之一。

陕西西安出口加工区B区区内配套服务完善，投资环境优良，可为企业开展生产、商务、生活等提供各方面服务。

2008年区内已建设完成工业标准厂房，并开工建设保税物流仓库。随着区内设施的完工，可提供企业购买或租用开展保税加工、保税物流业务。标准厂房总用地面积18 531.58平方米，总建筑面积38 557.00平方米。建筑层数为地上4层，单层建筑面积约9 300平方米，一层层高6米，二至四层层高4.5米。一层楼面荷载800千克/平方米，二至四层楼面荷载均600千克/平方米。厂房内水、电、暖、消防等基础设施配套完善。保税物流仓库总用地面积37 275平方米，已建成一期库房面积7 369.87平方米，辅助办公面积1 230.6平方米，总建筑面积8 600.47平方米。结构形式为单层门式钢架结构，建筑高度10.2米，内部水、电、通信、网络、消防、监控等设施齐全。

2008年，区内建设完成辅助管理平台系统，为区内外企业深入开展保税物流等业务提供全面的系统保障。区内建有综合办公楼，为企业办公、商务、培训、会议活动提供服务。区内采用闭路电视监控系统，实施24小时对通道、周边围网进行监控；协管队员不定期巡逻，以确保企业安全。

2008年，出口加工区开始规划建设企业员工公寓等配套服务设施，可提供住宿、餐饮、娱乐、商业等全方位服务。

基础设施服务方面，供电由2座开闭所供电，最大容量4万千伏安。供水采用DN300给水管道，每小时流量3 522.52吨。供气采用DN200天然气管道，每小时8 000立方米。电信则可实现DDD、IDD、移动通信、数据传输和图文传真。

2008年，西安出口加工区B区协调公交公司等多个部门，开通了313、411、525、902路等多路公交车从加工区通往市区主要地段，方便了区内企业员工的交通。

【招商引资】 陕西西安出口加工区B区以商引商，集群招商，以产业链招商效果显著。促成西安高新区管委会与韩国SIMMTECH公司在2008年11月17日签订了半导体零部件项目投资协议，并入驻出口加工区。韩国SIMMTECH公司是一家国际著名半导体配套商，其半导体零部件项目一期投资4 300万美元，达产后营业收入可达1亿美元。韩国SIMMTECH公司的入驻，将进一步完善西安高新区半导体产业链，对促进以美光公司、应用材料公司等跨国公司为龙头的西安半导体产业的发展将起到极其重要的作用。

陕西西安出口加工区B区主动出击，努力做好自主招商，在2008年成功引进了3家物流公司，分别是西安恒诚国际物流有限公司、西安嘉里大通物流有限公司和陕西天润国际物流有限公司。这些产业项目及物流项目的入驻，对出口加工区产业发展和保税物流业务的全面拓展发挥着重要的作用。

与此同时，陕西西安出口加工区B区广泛深入地开展对外招商推介，收集招商信息，积极与相关出口企业联系沟通，多次到企业上门拜访，并就有关实际入驻的问题进行磋商。

【工业】 陕西西安出口加工区B区通过与区内企业的多次沟通和协调，目前企业的二期项目陆续开始开工建设。美光公司于2008年下半年新增两条生产线，用于标准半导体器件封装。本项目计划中的主要产品有：DRAM内存、闪存、CMOS影像传感器及其他半导体产品。

应用材料公司二期太阳能项目于2008年11月正式开工。二期项目主要用于太阳能设备的研发和生产，该中心建筑面积达3.4万平方米，2008年11月10日举行了西安全球太阳能研发中心奠基仪式，预计2009年6月建成并投入运营，届时应用材料公司在西安的投资总额将达到3亿美元。中心建成后将成为全球第一个集合了薄膜和晶体硅太阳能技术的大规模研发中心，也将成为国内乃至全球技术最先进、规模最大的太阳能研发中心之一。

【物流业】 2008年，陕西西安出口加工区B区建设完成辅助管理平台系统，为区内外企业深入开展保税物流等业务提供全面的系统保障。企业通过平台向海关申报，海关通过网上办理审批、备案和放行手续，提高了通关效率；通过平台按“分批送货、集中报关”的方式办理料件和物流进出区，降低了企业生产成本，更好地推动了园区的服务水平，有效地提高了企业的竞争力。

2008年11月26日，陕西天润国际物流有限公司开展了第一单保税物流业务，总价值达107.95万美元，总重量达6 824千克，标志着西安出口加工区B区保税物流业务的正式开展。2008年12月3日，西安恒诚国际物流有限公司也正式开展保税物流业务，总货值达334万美元，总重量达17 142千克。

嘉里大通西安物流公司也开始经营保税物流业务。2008 年，陕西西安出口加工区 B 区保税物流业务进出口总值 1 411 万美元，其中进口值 779 万美元，出口值 632 万美元；保税物流进出口报关单 8 票，其中进口 5 票，出口 3 票。这些公司国际保税物流业务的开展，将有助于促进和改善西安高新区的保税物流环境，大大提升了区域保税物流层次。其中，污水处理设备的保税物流业务大大提高了通关效率，保证了污水处理设备的及时到货，为西安高新区污水处理有限公司节省了到货时间，降低了成本，并确保了西安高新区污水处理厂工程施工的进度。

为了推动区内外企业出口，切实为出口型企业提供最便捷的通关服务，陕西西安出口加工区 B 区管理办公室大量走访企业，提供上门服务，向企业耐心细致地讲解保税物流监管办法，拓展保税物流功能及开展研发、检测、维修业务的政策和实务。随着对拓展保税物流功能及开展研发、检测、维修业务的政策和实务的大力宣传和推广，将会有更多的保税物流业务在陕西西安出口加工区 B 区开展。

【发展趋势】 陕西西安出口加工区 B 区是国家级出口加工区，具有国家级出口加工区的政策优势，是政策最优惠、通关最快捷、设施最完善、管理最规范的海关特殊监管区域，对出口加工企业降低物流成本，提高运营效率，提升国际竞争力，具有其他经济区域难以取代的重要作用，是经济全球化背景下连接国际国内两个市场、两种资源的重要桥梁，是承接国际产业转移的重要平台。出口加工区 B 区正在成为西部内陆企业连接海外，参与全球产业分工，进入国际经济循环的绿色通道，同时在西部承接东部产业转移的过程中扮演着重要角色。出口加工区 B 区力争打造一流出口加工基地，创建最佳保税物流中心。

陕西西安出口加工区 B 区是西安高新区创建世界一流科技园区的重要组成部分，在政策扶持和园区建设方面得到省市政府及相关部门的高度重视和大力支持。随着高新区软硬环境的不断优化，对资金、项目、人才等要素的聚集效应越发明显，产业链和产业集群不断完善，陕西西安出口加工区 B 区将为国内外出口加工企业，研发、检测、维修、保税物流企业，以及加工区内企业的上下游企业的入区及成长提供更广阔的发展空间。

【机构设置与管委会领导】 陕西西安出口加工区 B 区设有项目部、企业服务部、综合部。

项目部负责招商引资、保税物流、产业发展、统计与分析、对外宣传，联系电话：029－88888689；企业服务部负责综合计划与考核、安全生产、加工贸易业务审批、施工工地管理、资产运营管理、园区监管管理，联系电话：029－88888687；综合部负责日常行政事务、人力资源管理、重大活动会议的组织和接待、财务管理、固定资产管理、政府采购，联系电话：029－88888675。

陕西西安出口加工区管委会主任韩松（西安市副市长）；陕西西安出口加工区管委会副主任李德省（西安市政府副秘书长）、王毅（西安市外经局局长）、赵璟（高新区管委会副主任）、段永和（经济开发区管委会副主任）。陕西西安出口加工区 B 区管理办公室主任李群刚。

【招商部门】 联系人：张朝阳；联系电话：029－88888689；传真：029－88888813；网址：http：//www. xaepz. com；地址：陕西西安信息大道 28 号；邮编：710119。

新疆乌鲁木齐出口加工区
XINJIANG URUMQI EXPORT PROCESSING ZONE

【经济发展】 2008 年，随着乌鲁木齐出口加工区日趋发展，全年完成工业商品销售额4 577万元，同比增长 12.5%；工业总产值3 909万元，同比减少 20.1%；增加值为 710万元，同比下降 68.8%；实现工业企业利润总额 46 万元，同比下降 37.8%；加工贸易进出口额 1 737 万美元，同比增长 59.8%；区内从业人员 153 人；税收收入 26 万元，比上年增长 449.7%。

【投资环境】 乌鲁木齐出口加工区于 2003 年 3 月 10 日经国务院批准设立，2005 年 7 月 28 日顺利通过国务院九部委联合验收，封关运作。乌鲁木齐出口加工区紧邻兰新铁路和 312 国道，北距乌鲁木齐国际机场 2.5 公里，西至火车北站（货运）2 公里、火车西站（编组站）5 公里。随着新亚欧大陆桥的开通，乌鲁木齐出口加工区与新亚欧大陆桥国内外重要城市相连接，公路、铁路、航空联运条件得天独厚。乌鲁木齐出口加工区规划面积 3 平方公里，首期规划 0.7 平方公里，首期围网 0.4 平方公里，现在正在进行扩网 0.3 平方公里的建设。区内实现“九通一平”，基础设施、监管设施完善。园区内绿草如茵，环境优美。截至 2008 年，累计完成固定资产投资 15 461 万元，房屋竣工建筑面积 37 005 平方米，施工房屋建筑面积 25 006.87 平方米。

乌鲁木齐出口加工区进一步优化投资服务环境，以“致力于为企业创造价值”为服务理念。从项目进区初审、申报立项、注册登记、开工建设到基础设施配套、厂房建成投产，实行全过程跟踪服务。定期与海关、国检等职能部门召开联席会议，解决企业在产品进出口环节中遇到的报关、检验检疫等难题；定期下企业了解企业困难，协调相关部门为企业解决遇到的问题。

乌鲁木齐出口加工区为提高土地集约利用率，注重建设标准厂房，鼓励企业租用厂房，促进企业快投产、快出口。2008 年，园区内已建成标准厂房面积 20 015 平方米，为企业提供生产、物流、研发场地，目前有 3 栋标准厂房已投入使用。2008 年新建 1 幢 6 000 平方米标准厂房，预计 2009 年 5 月竣工交付使用。

【招商引资】 在招商引资上，乌鲁木齐出口加工区注重所招企业的产业结构，引进以高新技术、高附加值、低能耗产品制造和研发的项目，充分利用新疆资源优势开展加工贸易。目前，乌鲁木齐出口加工区累计批准入区项目 5 个，包括新疆中亚食品研发中心（有限公司）的调味酱生产项目、新疆好美佳家俬有限公司的家具制造项目、新疆伊真肠衣有限公司的肠衣加工项目，以及新疆福益食品有限公司蔬菜干粉项目、新疆三宝实业集团有限公司铝制建材项目。总投资额累计达 8 951 万美元，注册资本 347 万美元。

另外，塞浦路斯 KOUNINIOTIS - PARTHENON CYPRUS LTD 公司在出口加工区投

资设立古丽提斯食品加工（新疆）有限公司，租用1幢6 000平方米标准厂房，进行葡萄干等干果及坚果加工、各类干果和坚果的收购及进出口业务项目。投资600万美元，年精加工葡萄干约3 000吨，预计2009年下半年投产。目前正在办理入区相关手续。

【工业】 新疆中亚食品研发中心（有限公司）立足于新疆特色农副产品资源优势，依托哈萨克斯坦食品工业设计院、新疆农业大学等国内外科研院所的技术支持，在与境外配套企业哈萨克斯坦新康番茄制品厂的紧密合作下，针对中亚五国食品消费市场进行食品罐头类产品的研究开发和生产。该公司投资178万美元，注册资金300万元，设计年生产能力5 000吨，租用2幢标准厂房，生产番茄、辣椒、小浆果及其他果蔬等农产品的深加工产品，并与国际市场罐藏食品流行趋势相接轨。2008年，进出口额达1 006万美元，同比增长86%，产品全部出口至中亚市场，“新康”牌产品已成为哈萨克斯坦的主流品牌。中亚食品研发中心通过了HACCP体系认证、GAP认证，以及ISO9000质量管理体系、ISO14000环境管理体系、ISO18000健康安全认证等多项认证。

新疆好美佳傢俬有限公司主要生产实木家具。该项目投资749万美元，注册资金2 000万人民币，已建成厂房面积10 644平方米。该公司用樟子松、桦木等木材生产双层床、婴儿床及卫浴系列产品，全部出口到美国、澳大利亚等国。2008年，进出口额达731万美元。

新疆伊真肠衣有限公司，注册资金300万人民币，投资额250万美元，自建厂房面积937.75平方米，主要加工绵、山羊肠衣，产品出口到日本、瑞士、美国及欧洲。

新疆福益食品有限公司投资建设高新特色农产品（果蔬）深加工产业化项目，注册资金1 000万元，批准投资额624万美元。已建成厂房面积5 397平方米，生产番茄粉、脱水蔬菜等产品，产品出口到美国。目前，企业正在进行设备调试。

新疆三宝实业集团有限公司是一家以对外贸易为主，集对外承包工程、生产加工、仓储物流、旅游购物为一体的综合性外贸企业。该集团入区项目有设备制造和铝制建材生产，项目总投资额5亿元人民币，分两期进行。一期正在自建7 000多平方米厂房，主要进行铝制建材生产，产品出口到中亚国家。

【发展趋势】 2009年，乌鲁木齐出口加工区将加快厂房及配套设施建设，加大招商力度，并积极与海关总署等相关部委沟通，整合出口加工区、物流及口岸相关区域资源。

【机构设置及管委会领导】 乌鲁木齐出口加工区管委会与乌鲁木齐经济技术开发区管委会实行“两块牌子、一套班子”的管理体制。乌鲁木齐出口加工区管委会下设办公室，作为加工区日常管理机构。乌鲁木齐海关在此设立驻出口加工区办事处。新疆出入境检验检疫局在此设立驻乌鲁木齐经济技术开发区办事处。

乌鲁木齐出口加工区管委会主任蒙志鹏，乌鲁木齐出口加工区管委会办公室主任宋金刚、副主任俞梅。

【招商部门】 乌鲁木齐出口加工区管委会办公室，电话：0991－3769616、3703771；传真：0991－3769616。乌鲁木齐经济技术开发区投资促进局，电话：0991－3755085、3782748；传真：0991－3755960。

保税港区（综合保税区）

上海洋山保税港区
SHANGHAI YANGSHAN FREE TRADE PORT AREA

【开发建设】 上海洋山保税港区港口主体工程建设基本完成。小洋山港区三期码头B段3个7~15万吨级的深水泊位2008年年底前投入调试运行，为港区新增180万标准箱的吞吐能力。截至2008年年底，上海洋山保税港区港口区域已经形成16个深水泊位，5 600米的深水岸线，1 000万标箱的吞吐能力。保税港区芦潮港陆域部分的基础设施开发基本到位。由主卡口、海关现场办公楼、变电所和同顺大道改道工程等组成的总建筑面积为4 182平方米的上海洋山保税港区二号卡口一期工程已基本完成，相关验收工作正在抓紧推进。陆域园区内“七通一平”基础建设已经到位，区内总长约30公里的18条市政道路全部建成。区内仓库、厂房建设完全能满足市场需求，至2008年年底已建成仓储面积79万平方米。

【经济发展】 国际航运中心集装箱枢纽基本形成。上海洋山保税港区港口区域继续保持快速增长的势头，全年集装箱吞吐量达822.8万标准箱，同比增长34.71%。集装箱国际中转比例12.77%，水水中转比例47.95%。挂靠航线继续集聚，目前已经开通集装箱远洋航线9条，每周60多个航班，全年靠泊集装箱船舶9 667艘次，其中完成干线集装箱船舶3 314艘次。上海洋山保税港区的辐射服务效应不断增强，从洋山海关转关进出口的货物直通全国海关26个直属关区、173个隶属关区，进出口货值1 178.6亿美元。保税港区相关功能正在逐步推进。区内各类业务运作先后起步。区内进口分拨、出口集拼、供应商管理库存、国货复进口等物流运作模式逐步成熟，初步形成了以国际采购、配送、分拨为龙头的物流服务网络。随着3家贸易型公司在上海洋山保税港区的注册和业务开展，上海洋山保税港区的业务模式逐步丰富，业务量也得到了大幅度的提高。2008年上海洋山保税港区保税监管货物总值达42.3亿美元，同比增长了2.5倍。

【投资环境】 服务企业成为保税港区的主旋律。通过编制《洋山保税港区办事指南》，建立入驻企业跟踪服务机制，为企业经营运作提供“一揽子”解决方案。为提高投资项目审批，改革了原有办事程序，制定了简单、便捷的业务工作规范和办事操作流程。筹备、成立了上海洋山保税港区企业服务中心，以帮助企业项目落地为抓手，不断提供相关服务。行政服务走上正轨。《上海洋山保税港区管理办法》出台实施已两年，区域投资、土地、规划、建设等各领域的行政许可和管理服务已走上正轨。管委会积极创造条件，主动对接市有关主管部门，实现信息互联和业务协同，精简程序，提高效能，高标准开展行政许可、监督等工作，努力优化投资环境。信息平台初步形成。上海洋山保税港区的局域网络已经建成，8.14平方公里实现了网络全覆盖，基本满足了相关部门对物流及加工企业的联网监管需求。港区信息共享交流顺畅，管委会开办的信息交流平台已经形成。2008 年管委会门户网站达到 80.57 万次的点击率，同比增长 51%。区域运行顺畅，生产营运安全有序。2008 年起，管委会逐年与驻港区 50 多家单位签订安全生产目标责任书，确保各生产经营单位的安全生产责任落实到位。根据区域特点，管委会强化专项整治，加大监管力度，确保了防汛防台风、应对恶劣气候和突发事件等各项工作的顺利进行，区域全年无重大安全生产事故。党的建设和区域文化建设不断深化。以发挥党员主体作用为重点，通过举办各类专题业务讲座不断深化学习创建活动。以党建工建基本全覆盖为重点，强化党建工作联席会议、党建研究会和党建共建三大平台，推进区域文化建设，探索区域大党建工作特色。

【招商引资】 招商引资工作有序推进。2008 年共有 12 家企业入驻上海洋山保税港区，其中外资企业 3 家，与 2007 年持平。截至 2008 年年底，上海洋山保税港区内已有 63 家中外知名物流、加工、商贸服务型企业入驻，注册资本 82 亿元人民币，其中外商投资企业 17 家，投资总额近 2 亿美元，投资总额超过千万美元的项目有 10 个。另外，DHL、NYK、中远、西门子等世界 500 强企业的加盟也正在积极进行中。

【机构设置与管委会领导】 上海洋山保税港区管委会下设办公室、政策法规处、经济贸易处、综合计划处和规划建设处。

【招商部门】 经济贸易处。联系电话：021－68282000。

苏州工业园综合保税区
SUZHOU INDUSTRIAL PARK INTEGRATED FREE TRADE ZONE

【开发建设】 开放的经济离不开开放的口岸。为满足经济飞速发展的需要，适应苏州工业园区以加工贸易为主的进出口特点，园区不断加大加快特殊区域建设的步伐。在过去的10多年中，园区先后申报了口岸通关点、出口加工区和保税物流中心（B型）。2006年召开的第八次中新联合协调理事会进一步明确，允许在苏州工业园区进行保税港区功能的试点，同年12月17日，国务院批准设立苏州工业园综合保税区（国函［2006］128号）。

【投资环境】 苏州工业园综合保税区规划面积为5.28平方公里，分为东、西两个围网区。西区为原出口加工区A区，面积1.4平方公里。东区包括原保税物流中心（B型）0.5平方公里、出口加工区B区1.5平方公里及新开发建设的口岸作业区1.88平方公里。2007年8月28日，综合保税区首期4.2平方公里顺利通过海关总署等国家九部委的联合验收，2008年1月15日，苏州工业园综合保税区正式封关运作。

苏州工业园区位于长三角腹地，是上海向内陆地区货物疏散和补给的枢纽，海陆空运输条件优越。沪宁高速公路、铁路贯穿东西，苏嘉杭高速直通南北，两小时车程可达上海浦东、虹桥国际机场，杭州萧山机场和南京禄口机场。沿长江有太仓港、张家港等诸多支线港口作为上海、宁波港的补充，企业货物出口可供选择的口岸多、运费低。

综合保税区高度重视基础设施建设，基建投入已超过40亿，建成各类保税仓库20万平方米，厂房约80万平方米。周边建成普通仓库40万平方米，商业办公设施10万平方米。已初步形成设施先进、配套完善、交通便利，集保税加工、保税物流和进出口贸易为一体的综合性功能区域，为园区进一步发展创造了新的增长点。

【招商引资】 截至2008年12月31日，苏州工业园综合保税区共引进生产企业92家，物流企业32家，贸易公司35家。综合保税区集聚了包括卡特彼勒、希捷、百得、通用电气、泰科等在内的世界500强企业，形成以汽车零部件、航空器件制造为主的保税加工体系；区内的UPS、KWE（日本近铁）、中外运、大田等知名物流企业为全国2 000多家生产企业提供保税物流服务。该区域已成为华东地区重要的精密机械制造基地和电子产品集散中心。

【对外贸易】 综合保税区设立后，以大物流来降低企业运营成本，提升产品的出口附加值，引导企业将加工贸易的内涵向附加值更高的上游研发采购和下游销售、售后服务扩展，带动了整个园区加工贸易转型升级，为工业向服务业转型起到了重要的推动作用。区内累计注册内资贸易公司19家；外资贸易公司17家，其中包括世界500强康力斯（英国）有限公司投资设立的康力斯航空材料（苏州）有限公司，美国财富500强企业西科电气公司出资设立的WESCO（苏州）贸易有限公司等国际知名企业。同时，区内已有25家生产型企业的经营范围增加了分销功能并陆续开展业务。

【经济发展】 2008年，综合保税区发展成效显著，累计监管货值475亿美元，同比增长22%，其中保税物流业务监管货值297亿美元，同比增长17%，保税加工业务监管货值178亿美元，同比增长31%；累计监管货运量197万吨，同比增长19%；受理报关单证49万份，同比增长14%。

【发展趋势】 未来，综合保税区将以虚拟口岸为依托，以商贸和物流两大产业为支柱，以8.18平方公里的物流园和综合保税区为集聚区，以5.28平方公里围网区为特殊政策享受区，建设覆盖苏州工业园区并服务全国的示范性功能区域。区内商流、物流、资金流顺畅，可以面向国际国内两个市场综合开展贸易、仓储配送和生产加工服务，满足苏州和华东地区企业的需求。积极落实政策、拓展功能，发挥全国第一家综合保税区的示范和辐射作用，为国家探索自由贸易区建设积累经验。

【机构设置与管委会领导】 苏州工业园区综合保税区管委会主任杨知评，副主任顾玉坤。

综合保税区内设立了正处级编制的综合保税区管理办公室，负责区域日常的企业服务和政策协调。办公室下设3个处室，企业服务处（主要负责区内企业的日常服务管理工作）、贸易发展处（主要负责政策咨询及区内企业注册预审等工作）、和综合信息处（主要负责政策研究、信息统计、宣传报道及后勤服务等工作）。综合保税区管理办公室主任吴宏，副主任陆志刚、姚武、王迅。

【招商部门】 企业入驻、相关政策咨询：

联系人	唐莹峰	欧阳易
电话	0512－62878328	0512－62878323
电子邮箱	timtang@ seall. cn	shawn@ seall. cn

统计资料篇

保税区（保税物流园区）

2008年全国保税区进出口贸易统计表

名称	进出口合计		出口		进口	
	2008年1月~2008年12月		2008年1月~2008年12月		2008年1月~2008年12月	
	金额（万美元）	比上年增长（%）	金额（万美元）	比上年增长（%）	金额（万美元）	比上年增长（%）
合计	13 630 609.3	6.4	4 646 308.3	1.6	8 984 301.0	9.0
天津港保税区	1 123 506.8	19.4	303 574.9	18.2	819 931.9	19.9
大连保税区	225 125.5	13.8	98 060.4	6.3	127 065.1	20.3
上海外高桥保税区	6 006 152.9	9.2	1 464 627.9	2.1	4 541 525.0	11.7
张家港保税区	219 369.7	11.7	63 248.0	12.5	156 121.7	11.3
宁波保税区	349 395.1	12.1	119 927.3	8.8	229 467.8	14.0
福州保税区	48 019.4	-31.7	4 921.3	-22.7	43 098.1	-32.7
厦门象屿保税区	229 704.5	-5.4	145 155.6	0.9	84 548.9	-14.6
青岛保税区	344 459.8	41.2	96 254.3	21.9	248 205.5	50.5
广州保税区	318 526.1	-11.2	126 836.4	-15.6	191 689.7	-8.0
深圳保税区	4 575 266.1	-1.1	2 154 566.9	-1.7	2 420 699.2	-0.5
珠海保税区	157 119.0	52.3	58 626.4	39.9	98 492.6	60.7
汕头保税区	20 920.8	63.7	4 401.1	-17.5	16 519.7	121.8
海口保税区	13 043.6	42.3	6 107.8	61.1	6 935.8	29.0

2008 年全国保税区主要进口产品分类表

单位：美元

商品分类	2008 年	
	进口额	比上年增长（%）
合计	135 119 514 989	16.1
第一类　活动物；动物产品	338 207 081	45.3
第二类　植物产品	1 685 404 665	118.3
第三类　动、植物油、脂、蜡；精制食用油脂	2 228 850 874	30.9
第四类　食品；饮料、酒及醋；烟草及制品	1 400 387 082	34.1
第五类　矿产品	1 149 195 702	78.0
第六类　化学工业及其相关工业的产品	6 212 818 709	34.8
第七类　塑料及其制品；橡胶及其制品	8 900 699 506	28.6
第八类　革、毛皮及制品；箱包；肠线制品	283 155 861	138.3
第九类　木及制品；木炭；软木；编结品	62 741 013	11.0
第十类　木浆等；废纸；纸、纸板及其制品	541 410 446	-6.1
第十一类　纺织原料及纺织制品	2 253 041 230	20.8
第十二类　鞋帽伞等；羽毛品；人造花；人发品	38 930 251	31.7
第十三类　矿物材料制品；陶瓷品；玻璃及制品	623 673 874	53.6
第十四类　珠宝、贵金属及制品；仿首饰；硬币	446 366 603	19.4
第十五类　贱金属及其制品	5 586 904 730	1.6
第十六类　机电、音像设备及其零件、附件	84 726 944 473	12.5
第十七类　车辆、航空器、船舶及运输设备	2 433 447 306	122.9
第十八类　光学、医疗等仪器；钟表；乐器	15 556 743 978	6.5
第十九类　武器、弹药及其零件、附件	36	-99.3
第二十类　杂项制品	262 367 044	14.9
第二十一类　艺术品、收藏品及古物	1 356 370	124.0
第二十二类　特殊交易品及未分类商品	386 868 155	15.3

2008 年全国保税区主要出口产品分类表

单位：美元

商品分类	2008 年	
	出口额	比上年增长（%）
合计	99 634 458 889	20.7
第一类　活动物；动物产品	58 508 766	-21.1
第二类　植物产品	170 829 483	21.2
第三类　动、植物油、脂、蜡；精制食用油脂	37 021 454	418.9
第四类　食品；饮料、酒及醋；烟草及制品	389 738 395	46.4
第五类　矿产品	163 196 970	112.8
第六类　化学工业及其相关工业的产品	2 404 792 334	73.8
第七类　塑料及其制品；橡胶及其制品	1 769 438 267	23.4
第八类　革、毛皮及制品；箱包；肠线制品	232 851 338	9.6
第九类　木及制品；木炭；软木；编结品	93 063 845	-2.7
第十类　木浆等；废纸；纸、纸板及其制品	238 283 542	-4.7
第十一类　纺织原料及纺织制品	1 472 904 193	19.5
第十二类　鞋帽伞等；羽毛品；人造花；人发品	280 663 732	12.5
第十三类　矿物材料制品；陶瓷品；玻璃及制品	250 147 492	11.7
第十四类　珠宝、贵金属及制品；仿首饰；硬币	589 425 375	5.5
第十五类　贱金属及其制品	3 216 130 199	1.5
第十六类　机电、音像设备及其零件、附件	74 678 810 833	18.4
第十七类　车辆、航空器、船舶及运输设备	1 062 087 164	140.3
第十八类　光学、医疗等仪器；钟表；乐器	11 929 454 502	32.3
第十九类　武器、弹药及其零件、附件	251 901	-11.1
第二十类　杂项制品	586 355 953	-0.7
第二十一类　艺术品、收藏品及古物	2 693 957	10.0
第二十二类　特殊交易品及未分类商品	7 809 194	42.8

2008年全国保税区进口国别（地区）排名前30位

单位：美元

国别（地区）		2008年	
		进口额	比上年增长（%）
	合计	135 119 544 134	16.1
1	中华人民共和国	49 602 313 621	20.9
2	日本	14 909 438 616	20.5
3	美国	9 259 740 585	32.2
4	韩国	8 057 530 569	-11.9
5	中国台湾	7 635 429 062	0.8
6	马来西亚	6 235 240 892	2.6
7	菲律宾	5 148 824 735	-14.7
8	泰国	4 799 354 750	23.8
9	德国	4 121 944 550	27.2
10	法国	3 116 965 924	66.1
11	新加坡	2 313 371 360	-6.2
12	印度尼西亚	1 423 271 425	21.4
13	瑞士	1 332 031 327	38.0
14	哥斯达黎加	1 145 196 074	16.8
15	意大利	1 043 550 087	37.1
16	加拿大	1 025 217 128	-4.4
17	印度	1 015 724 769	61.9
18	英国	999 231 650	23.0
19	巴西	990 217 652	49.9
20	阿根廷	987 675 471	47.0
21	俄罗斯联邦	939 229 932	30.9
22	爱尔兰	918 916 749	27.5
23	澳大利亚	716 047 968	27.9
24	墨西哥	477 739 305	13.0
25	南非	464 546 652	19.7
26	荷兰	443 918 407	38.5
27	智利	432 335 706	-28.5
28	比利时	428 838 869	49.1
29	瑞典	409 343 828	62.6
30	西班牙	392 843 170	52.0

2008 年全国保税区出口国别（地区）排名前 30 位

单位：美元

国别（地区）		2008 年	
		出口额	比上年增长（%）
	合计	99 638 580 372	20.7
1	中华人民共和国	50 125 813 469	43.0
2	中国香港	21 993 066 080	-5.0
3	美国	5 528 280 301	-2.8
4	日本	3 409 632 919	41.5
5	新加坡	2 328 634 357	8.7
6	德国	1 610 360 528	11.7
7	韩国	1 574 447 009	10.7
8	中国台湾	1 166 250 538	-18.6
9	荷兰	1 148 349 557	-5.0
10	英国	946 121 032	-15.8
11	菲律宾	833 479 451	32.3
12	法国	740 989 503	116.4
13	印度	716 233 463	55.1
14	泰国	686 006 428	35.5
15	马来西亚	618 268 017	-5.5
16	加拿大	418 366 861	68.9
17	澳大利亚	376 612 308	26.6
18	巴西	311 770 867	30.4
19	意大利	305 168 350	21.4
20	墨西哥	303 481 742	20.5
21	阿拉伯联合酋长国	286 377 201	38.2
22	印度尼西亚	221 804 703	57.6
23	西班牙	210 743 292	28.9
24	安哥拉	206 444 331	455.8
25	土耳其	205 964 417	19.4
26	越南	196 803 118	24.6
27	斯洛伐克	193 784 048	269.6
28	芬兰	193 107 382	112.1
29	比利时	189 646 020	-10.3
30	尼日利亚	137 504 058	60.6

2008 年全国保税区企业进口额排名前 30 位

单位：美元

	企业名称	2008 年	
		进口额	比上年增长（%）
	合计	135 119 544 137	16.1
1	伯灵顿物流（上海）有限公司	10 552 984 718	-19.6
2	丹沙物流（上海）有限公司	6 448 913 446	223.0
3	联想信息产品（深圳）有限公司	5 670 138 065	2.6
4	全球物流（上海）有限公司	4 781 113 938	9 294.4
5	综合信兴仓运（深圳）有限公司	4 083 145 866	13.9
6	上海近铁国际物流有限公司	3 672 071 285	-7.1
7	深圳综合信兴物流有限公司	2 572 416 446	-0.5
8	英特尔产品（上海）有限公司	2 538 401 531	1.4
9	天津叶水福物流有限公司	2 150 926 730	-37.2
10	长城国际系统科技（深圳）有限公司	2 022 909 630	-2.4
11	麦迪实电子科技（深圳）有限公司	1 869 748 330	-26.2
12	金士顿科技（上海）有限公司	1 646 089 426	-18.9
13	近铁国际物流（深圳）有限公司	1 632 416 693	-12.2
14	珠海保税区摩天宇航空发动机维修	1 553 140 009	73.7
15	伯灵顿物流（深圳）有限公司	1 371 683 791	32.3
16	福州保通物流有限公司	1 328 420 226	12.5
17	安靠封装测试（上海）有限公司	1 316 385 799	-13.8
18	唯佳物流（深圳）有限公司	1 270 247 613	78.1
19	索尼物流贸易（上海）有限公司	1 193 965 951	31.2
20	深圳嘉泓永业物流有限公司	1 157 365 073	1 103.9
21	深圳赛意法微电子有限公司	1 150 345 954	25.5
22	上海怡世翔物流有限公司	1 012 290 155	-5.6
23	嘉里粮油（天津）有限公司	943 662 990	67.5
24	上海新发展国际物流有限公司	857 290 912	29.0
25	惠普贸易（上海）有限公司	825 149 755	13.4
26	深圳市国电物流有限公司	788 196 005	14.0
27	英运物流（上海）有限公司	762 457 495	446.1
28	阀科（厦门）进出口有限公司	758 763 065	-29.2
29	天津天保国际物流集团有限公司	748 947 087	-3.1
30	鑫茂科技（深圳）有限公司	722 485 873	12.8

2008年全国保税区企业出口额排名前30位

单位：美元

	企业名称	2008年	
		出口额	比上年增长（%）
	合计	99 638 580 370	20.7
1	伯灵顿物流（上海）有限公司	11 861 910 517	-19.7
2	丹沙物流（上海）有限公司	9 102 876 151	217.1
3	英特尔产品（上海）有限公司	7 341 647 349	44.9
4	联想信息产品（深圳）有限公司	5 552 833 980	1.2
5	全球物流（上海）有限公司	4 940 859 219	55 985.1
6	上海近铁国际物流有限公司	4 542 526 850	-5.6
7	长城国际系统科技（深圳）有限公司	3 151 971 965	9.3
8	金士顿科技（上海）有限公司	2 056 920 039	-7.0
9	麦迪实电子科技（深圳）有限公司	2 018 858 429	-25.9
10	安靠封装测试（上海）有限公司	1 341 466 428	-12.7
11	珠海保税区摩天宇航空发动机维修	1 235 584 990	107.7
12	上海怡世翔物流有限公司	1 231 422 499	34.5
13	深圳赛意法微电子有限公司	1 204 439 118	19.7
14	上海新金桥国际物流分拨有限公司	1 202 230 455	266.8
15	日通国际物流（深圳）有限公司	1 119 010 314	125.0
16	日通国际物流（上海）有限公司	1 032 224 321	-9.2
17	鑫茂科技（深圳）有限公司	767 461 212	7.4
18	深圳市唯佳全球快运有限公司	736 214 159	-8.9
19	索尼物流贸易（上海）有限公司	721 203 781	169.3
20	珠海保税区南光物流有限公司	663 858 054	1 476.9
21	唯佳物流（深圳）有限公司	556 425 630	58.7
22	晶冠科技（深圳）有限公司	522 920 201	-42.1
23	上海外高桥国际物流发展有限公司	502 947 627	297.6
24	深圳市国电物流有限公司	498 792 491	26.0
25	唯冠科技（深圳）有限公司	478 757 949	-33.6
26	大连日通外运物流有限公司	472 190 582	3.6
27	日立环球存储科技（深圳）有限公司	469 848 288	19.1
28	深圳综合信兴物流有限公司	441 098 552	4.6
29	汎韩物流（上海）有限公司	431 806 157	-5.6
30	深圳富林物流有限公司	423 098 503	39.1

2008 年全国保税区经济指标统计汇总表

指标	单位	合计		上海外高桥保税区		大连保税区	
		2008 年	比上年增长（%）	2008 年	比上年增长（%）	2008 年	比上年增长（%）
增加值	亿元	2 166	18.5	953	16.3	218	29.6
销售收入		14 700	16.5	6 511	12.6	897	29.8
工业总产值		3 467	8.9	556	9.4	81	14.54
其中：高新技术产业		896	11.7	102	16.1	0	0.0
电子信息产业		1 050	12.9	332	14.6	0	0.0
商品销售额		10 392	22.4	5 508	12.4	505	24.7
物流企业营业收入		3 373	13.2	2 337	12.7	272	15.1
批准企业	个	4 099	5.5	292	-24.4	667	24.2
其中：加工企业		265	10.4	13	-35.0	174	43.8
贸易企业		3 089	16.4	185	-27.5	367	6.4
仓储物流企业		463	-15.0	52	-22.4	126	106.6
批准三资企业	个	685	-13.5	166	-28.4	195	13.4
其中：加工企业		109	-15.5	11	-31.3	42	2.4
贸易企业		406	-14.9	116	-31.4	115	0.9
仓储物流企业		95	0.0	24	-31.4	38	123.5
批准投资额	万美元	140	-3.5	14	-2.4	26	13.8
其中：三资企业		94	-13.4	13	-0.8	14	7.7
合同利用外资		69	6.2	7	-5.1	14	13.1
实际利用外资		34	28.3	6	43.9	5	23.1
期末货物存放量	万吨	117	10.6	65	25.0	0	0.0
货运总量		5 795	16.0	627	-10.9	3 120	40.2
期末施工房屋面积	万平方米	211	-66.9	69	-38.4	0	-100.0
房屋竣工面积		141	-25.6	15	-57.1	0	-100.0
税收总额	亿元	1 139	25.7	518	15.9	102	30.3
其中：工商税收		415	31.6	218	23.1	18	23.7
固定资产投资额	亿元	344	16.8	19	-14.6	81	12.1
其中：基础设施投资		108	-5.0	4	10.5	80	11.9
期末从业人员	万人	58	-1.8	19	3.5	6	20.0
其中：外资企业从业人员		38	5.8	17	3.1	3	0.0
保税区批准面积	平方公里	41	0.0	10	0.0	2	0.0
保税区验收封关面积		37	36.66	9	0.0	2	0.0

续表

指标	单位	天津港保税区		青岛保税区		张家港保税区	
		2008 年	比上年增长（%）	2008 年	比上年增长（%）	2008 年	比上年增长（%）
增加值	亿元	386	30.1	66	2.3	182	28.2
销售收入	亿元	2 103	23.2	343	14.0	1 870	22.6
工业总产值	亿元	467	39.4	61	7.4	558	27.07
其中：高新技术产业	亿元	111	37.0	35	20.5	138	22.2
电子信息产业	亿元	28	73.8	31	11.0	29	9.1
商品销售额	亿元	830	78.0	220	10.8	1 840	31.3
物流企业营业收入	亿元	430	18.2	59	67.3	57	1.1
批准企业	个	1 348	23.1	354	-12.6	524	-9.8
其中：加工企业	个	17	6.3	1	-75.0	29	-12.1
贸易企业	个	998	100.4	338	-8.2	491	-6.5
仓储物流企业	个	168	-30.6	7	-74.1	4	-82.6
批准三资企业	个	148	-9.8	23	-54.9	56	-12.5
其中：加工企业	个	11	37.5	1	-75.0	22	-21.4
贸易企业	个	81	15.7	20	-55.6	34	13.3
仓储物流企业	个	11	10.0	1	0.0	0	-100.0
批准投资额	万美元	71	-6.2	2	-36.9	18	22.7
其中：三资企业	万美元	48	-20.9	0	-69.0	13	13.8
合同利用外资	万美元	36	15.0	0	-86.2	8	3.3
实际利用外资	万美元	15	31.9	0	0.0	3	31.8
期末货物存放量	万吨	0	0.0	10	42.9	26	-27.2
货运总量	万吨	0	0.0	163	-3.6	998	7.2
期末施工房屋面积	万平方米	0	-100.0	1	-87.5	33	3 203.0
房屋竣工面积	万平方米	0	0.0	15	275.0	43	-33.3
税收总额	亿元	282	66.7	22	5.4	79	24.8
其中：工商税收	亿元	79	101.5	8	-2.5	34	49.9
固定资产投资额	亿元	151	38.6	4	17.2	41	-0.2
其中：基础设施投资	亿元	18	14.3	0	119.3	5	-57.2
期末从业人员	万人	10	0.0	3	1.8	4	6.5
其中：外资企业从业人员	万人	5	25.0	2	4.2	2	10.0
保税区批准面积	平方公里	5	0.0	3	0.0	4	0.0
保税区验收封关面积	平方公里	4	0.0	3	0.0	4	0.0

续表

指标	单位	宁波保税区		福州保税区		厦门保税区	
		2008 年	比上年增长（%）	2008 年	比上年增长（%）	2008 年	比上年增长（%）
增加值	亿元	136	31.7	5	7.8	29	24.3
销售收入		1 466	23.5	3	205.5	156	25.6
工业总产值		533	19.8	4	84.1	12	9.8
其中：高新技术产业		363	31.9	0	0.0	0	0.0
电子信息产业		451	40.2	0	0.0	8	-9.2
商品销售额		932	25.7	3	0.0	0	0.0
物流企业营业收入		8	18.4	2	15.4	40	25.9
批准企业	个	517	21.9	42	-8.7	171	-35.0
其中：加工企业		2	0.0	0	0.0	1	0.0
贸易企业		515	22.6	5	-58.3	101	-37.7
仓储物流企业		0	-100.0	0	-100.0	69	-25.8
批准三资企业	个	14	-12.5	1	0.0	8	-46.7
其中：加工企业		2	0.0	0	0.0	0	0.0
贸易企业		12	0.0	0	0.0	5	-58.3
仓储物流企业		0	-100.0	0	0.0	3	0.0
批准投资额	万美元	4	-39.6	1	-57.7	1	-65.4
其中：三资企业		3	-49.0	0	-69.1	0	-65.7
合同利用外资		1	-40.9	0	-60.7	0	-44.4
实际利用外资		1	-23.0	0	1 003.1	0	-66.6
期末货物存放量	万吨	5	0.0	0	0.0	0	0.0
货运总量		378	15.2	0	-100.0	72	12.3
期末施工房屋面积	万平方米	97	9.0	0	0.0	3	-83.3
房屋竣工面积		68	518.2	0	0.0	0	0.0
税收总额	亿元	38	31.2	5	-33.6	10	-19.5
其中：工商税收		19	18.2	1	-4.6	3	16.1
固定资产投资额	亿元	35	15.7	0	-100.0	7	-36.0
其中：基础设施投资		0	-71.0	0	-100.0	0	-96.1
期末从业人员	万人	4	0.0	1	-20.0	2	0.0
其中：外资企业从业人员		4	33.3	0	0.0	2	0.0
保税区批准面积	平方公里	2	0.0	2	0.0	2	0.0
保税区验收封关面积		2	0.0	1	0.0	1	0.0

续表

指标	单位	汕头保税区		广州保税区		深圳保税区	
		2008年	比上年增长（%）	2008年	比上年增长（%）	2008年	比上年增长（%）
增加值	亿元	17	22.0	0	0.0	143	-8.0
销售收入		22	11.6	316	13.7	645	7.4
工业总产值		23	47.0	91	-27.4	863	-1.5
其中：高新技术产业		12	9.0	57	-37.1	0	0.0
电子信息产业		4	25.0	57	-37.1	0	0.0
商品销售额		13	11.2	224	109.6	238	56.1
物流企业营业收入		11	10.8	0	0.0	0	0.0
批准企业	个	11	-15.4	38	-19.1	98	69.0
其中：加工企业		6	100.0	1	-66.7	11	-50.0
贸易企业		2	-71.4	35	-20.5	38	192.3
仓储物流企业		3	0.0	2	0.0	23	35.3
批准三资企业	个	4	-42.9	12	0.0	33	-19.5
其中：加工企业		3	0.0	1	-50.0	8	-50.0
贸易企业		0	-100.0	9	-10.0	7	-41.7
仓储物流企业		1	-50.0	2	0.0	6	-45.5
批准投资额	万美元	0	-7.8	1	-1.1	1	-47.2
其中：三资企业		0	2.8	1	11.3	1	-43.6
合同利用外资		0	-64.1	1	11.3	0	-36.8
实际利用外资		0	209.7	1	0.4	1	5.4
期末货物存放量	万吨	2	0.0	4	0.0	0	0.0
货运总量		88	-59.8	62	0.0	158	-8.7
期末施工房屋面积	万平方米	8	-63.6	0	0.0	0	0.0
房屋竣工面积		0	0.0	0	0.0	0	0.0
税收总额	亿元	3	-26.0	13	11.1	53	9.7
其中：工商税收		1	24.6	13	11.1	9	-3.2
固定资产投资额	亿元	2	-3.0	2	26.9	0	0.0
其中：基础设施投资		0	-58.4	0	197.0	0	0.0
期末从业人员	万人	0.38	90.0	1	-50.0	5	-16.7
其中：外资企业从业人员		0.12	100.0	1	0.0	0	0.0
保税区批准面积	平方公里	2	0.0	2	0.0	3	0.0
保税区验收封关面积		2	0.0	2	0.0	2	0.0

续表

指标	单位	珠海保税区		海口保税区	
		2008年	比上年增长（%）	2008年	比上年增长（%）
增加值	亿元	14	9.6	17	-29.6
销售收入		256	-4.0	111	-13.9
工业总产值		115	13.8	103	-25.0
其中：高新技术产业		0	0.0	78	-29.6
电子信息产业		27	145.0	83	-32.1
商品销售额		78	-24.4	0	0.0
物流企业营业收入		158	-4.2	0	0.0
批准企业	个	25	25.0	12	20.0
其中：加工企业		8	-27.3	2	-66.7
贸易企业		7	600.0	7	75.0
仓储物流企业		9	28.6	0	0.0
批准三资企业	个	25	38.9	0	0.0
其中：加工企业		8	-27.3	0	0.0
贸易企业		7	600.0	0	0.0
仓储物流企业		9	50.0	0	0.0
批准投资额	万美元	1	2.1	0	145.4
其中：三资企业		1	2.1	0	0.0
合同利用外资		0	0.6	0	0.0
实际利用外资		1	31.8	0	0.0
期末货物存放量	万吨	5	-37.5	0	-100.0
货运总量		128	-7.9	1	0.0
期末施工房屋面积	万平方米	0	0.0	0	0.0
房屋竣工面积		0	0.0	0	0.0
税收总额	亿元	5	-2.9	10	-3.2
其中：工商税收		3	12.2	10	-2.5
固定资产投资额	亿元	1	40.2	0	2.1
其中：基础设施投资		0	13.4	0	2.1
期末从业人员	万人	1	-50.0	1	-3.4
其中：外资企业从业人员		1	-50.0	0	0.0
保税区批准面积	平方公里	3	0.0	2	0.0
保税区验收封关面积		3	0.0	2	0.0

注：

1. 主要指标解释：增加值——指一个国家或地区所有常住单位通过劳动所创造的最终产品和劳务的价值，计算公式为“税金总额+企业利润+劳动报酬总额+折旧”；销售收入——是指保税区内所有企业单位从事生产、经营活动和提供劳务技术服务所取得的营业收入；工业总产值——工业企业生产的以货币形式表现的工业最终产品和提供工业劳务活动的总价值量；物流企业营业收入——是指保税区在货物流通领域开展业务的企业 主要包括仓储、运输、商品分拨、配送、国际转口等企业，通过经营服务活动所取得的全部营业收入；合同利用外资——批准证书上标明的注册资本的外方部分；实际利用外资——外方已投入到企业的资本金，反映合同利用外资的到位情况；货运总量——是指保税区投资企业以重量单位吨计算的各种运输工具实际完成运输过程的货物数量。

2. 大连保税区招商引资数据含大连保税港区。

2008 年全国保税物流园区进出口贸易统计表

名称	进出口合计		出口		进口	
	2008 年 1 月 ~2008 年 12 月		2008 年 1 月 ~2008 年 12 月		2008 年 1 月 ~2008 年 12 月	
	金额（万美元）	比上年增长（%）	金额（万美元）	比上年增长（%）	金额（万美元）	比上年增长（%）
合计	913 445.2	20.6	412 126.9	7.7	501 318.3	33.7
天津保税物流园	68 823.9	-6.6	42 541.3	-15.8	26 282.6	13.6
大连保税物流园	1 005.5	-97.5	89.5	-99.7	915.9	-93.4
上海外高桥保税物流园	251 739.3	23.8	112 213.2	1.8	139 526.2	50.0
张家港保税物流园	366 816.1	27.4	86 984.6	36.9	279 831.5	24.8
宁波保税物流园	12 393.4	-16.7	10 595.7	-24.6	1 797.8	116.0
厦门象屿保税物流园	31 791.6	238.9	23 478.2	296.4	8 313.4	140.4
青岛保税物流园	45 250.2	18.1	15 679.8	-49.9	29 570.4	321.1
深圳盐田保税物流园	135 625.1	51.8	120 544.6	50.7	15 080.5	61.0

2008 年全国保税物流园区经济指标统计汇总表

指标	单位	合计		上海外高桥保税物流园区		天津保税物流园区	
		2008 年	比上年增长（%）	2008 年	比上年增长（%）	2008 年	比上年增长（%）
增加值	万元	135 694	88.7	31 703	9.4	14 612	61.5
营业收入		1 190 542	61.7	167 540	5.4	86 958	52.4
批准企业	个	198	-22.0	1	-88.9	0	-100.0
其中：贸易企业		176	-6.9	0	-100.0	0	-100.0
仓储物流企业		20	-67.7	0	-100.0	0	-100.0
批准三资企业	个	11	-73.8	0	-100.0	0	-100.0
其中：贸易企业		11	-45.0	0	0.0	0	-100.0
仓储物流企业		0	-100.0	0	-100.0	0	0.0
批准投资额	万美元	22 360	-64.6	5 268	-74.0	0	-100.0
其中：三资企业		4 997	-81.5	4 748	-63.2	0	-100.0
合同利用外资		2 412	-88.7	2 235	-78.2	0	-100.0
实际利用外资		5 863	78.3	0	0.0	0	-100.0
期末货物存放量	万吨	42	-25.6	22	-15.6	0	0.0
企业货运总量		1 019	7.2	0	0.0	0	0.0
期末施工房屋面积	平方米	274 600	-50.0	274 600	-50.0	0	0.0
房屋竣工面积		0	-100.0	0	0.0	0	0.0
税收总额	万元	2 101 030	67.5	10 036	61.0	1 533 546	85.0
其中：工商税收		25 027	-44.3	10 036	61.0	5 530	46.8
固定资产投资额	万元	12 847	-75.9	8 454	-24.0	0	0.0
其中：基础设施投资		0	-100.0	0	0.0	0	0.0
期末从业人员	人	5 582	19.4	792	9.8	651	28.9
其中：外资企业从业人员		997	4.8	351	12.5	338	-5.6
物流园区批准面积	平方公里	9	0.0	1	0.0	2	0.0
物流园区验收封关面积		7	0.0	1	0.0	1	0.0

续表

指标	单位	青岛保税物流园区		张家港保税物流园区		宁波保税物流园区	
		2008年	比上年增长（%）	2008年	比上年增长（%）	2008年	比上年增长（%）
增加值	万元	0	0.0	0	0.0	81 215	205.4
营业收入	万元	26 237	277.9	382 759	14.9	507 594	205.4
批准企业	个	9	-43.8	176	-3.3	2	-60.0
其中：贸易企业	个	9	-25.0	165	0.0	2	100.0
仓储物流企业	个	0	-100.0	11	-35.3	0	-100.0
批准三资企业	个	1	0.0	10	-52.4	0	-100.0
其中：贸易企业	个	1	0.0	10	-28.6	0	-100.0
仓储物流企业	个	0	0.0	0	-100.0	0	0.0
批准投资额	万美元	274	-45.5	14 016	-34.3	0	-100.0
其中：三资企业	万美元	116	0.0	133	-98.8	0	-100.0
合同利用外资	万美元	116	0.0	61	-99.2	0	-100.0
实际利用外资	万美元	83	0.0	4 679	126.8	0	-100.0
期末货物存放量	万吨	3	-33.0	17	-34.3	0	0.0
企业货运总量	万吨	92	-39.2	776	0.5	74	2 233 848.5
期末施工房屋面积	平方米	0	0.0	0	0.0	0	0.0
房屋竣工面积	平方米	0	0.0	0	0.0	0	0.0
税收总额	万元	0	0.0	372 863	8.3	57 663	205.4
其中：工商税收	万元	0	0.0	6 996	-75.8	0	0.0
固定资产投资额	万元	4 393	4.5	0	0.0	0	0.0
其中：基础设施投资	万元	0	0.0	0	0.0	0	0.0
期末从业人员	人	59	0.0	2 405	32.4	75	4.2
其中：外资企业从业人员	人	0	0.0	305	9.3	3	50.0
物流园区批准面积	平方公里	1	0.0	2	0.0	1	0.0
物流园区验收封关面积	平方公里	1	0.0	2	0.0	1	0.0

续表

指标	单位	厦门保税物流园区		深圳保税物流园区	
		2008 年	比上年增长（%）	2008 年	比上年增长（%）
增加值	万元	8 164	11.8	0	0.0
营业收入	万元	19 454	37.5	0	0.0
批准企业	个	3	-91.2	7	133.3
其中：贸易企业	个	0	-100.0	0	-100.0
仓储物流企业	个	3	-90.6	6	200.0
批准三资企业	个	0	-100.0	0	-100.0
其中：贸易企业	个	0	0.0	0	-100.0
仓储物流企业	个	0	-100.0	0	0.0
批准投资额	万美元	96	-99.5	2 706	-7.7.0
其中：三资企业	万美元	0	0.0	0	-100.0
合同利用外资	万美元	0	-100.0	0	-100.0
实际利用外资	万美元	0	-100.0	1 101	67.8
期末货物存放量	万吨	0	0.0	0	0.0
企业货运总量	万吨	54	977.2	23	3.8
期末施工房屋面积	平方米	0	0.0	0	0.0
房屋竣工面积	平方米	0	-100.0	0	0.0
税收总额	万元	84 830	80.5	42 092	379.4
其中：工商税收	万元	1 098	-74.9	1 367	-15.5
固定资产投资额	万元	0	-100.0	0	0.0
其中：基础设施投资	万元	0	-100.0	0	0.0
期末从业人员	人	1 600	6.7	0	0.0
其中：外资企业从业人员	人	0	0.0	0	0.0
物流园区批准面积	平方公里	1	0.0	1	0.0
物流园区验收封关面积	平方公里	0	0.0	1	0.0

注：

1. 由于物流园区成立时间较短，部分数据尚未进行统计。

2. 主要指标解释：增加值——指一个国家或地区所有常住单位通过劳动所创造的最终产品和劳务的价值，计算公式为"税金总额+企业利润+劳动报酬总额+折旧"；营业收入——是指区内企业通过经营服务活动所取得的全部营业收入；合同利用外资——批准证书上标明的注册资本的外方部分；实际利用外资——外方已投入到企业的资本金，反映合同利用外资的到位情况；货运总量——是指区内企业以重量单位吨计算的各种运输工具实际完成运输过程的货物数量。

3. 大连保税物流园区并入保税港区，不单独统计。

2008 年全国各保税区主要经济指标完成情况表

2008 年上海外高桥保税区主要经济指标完成情况表

指标名称	单位	2008 年	比上年增长（%）
生产总值（增加值）	亿元	953.17	16.3
销售（经营）收入	亿元	6 511.21	12.6
商品销售额	亿元	5 508.04	12.4
物流企业营业收入	亿元	2 337.24	12.7
工业总产值（现行价）	亿元	555.63	9.4
其中：高新技术产业	亿元	102.02	16.1
其中：电子信息产业	亿元	331.79	14.6
当年批准项目	个	292	-24.4
其中：外资企业	个	166	-28.4
其中：贸易类项目	个	185	-27.5
物流类项目	个	52	-22.4
加工类项目	个	13	-35.0
当年批准投资额	亿美元	14.10	-2.4
其中：外资企业	亿美元	13.08	-0.8
合同外资	亿美元	7.40	-5.1
实际利用外资	亿美元	5.74	43.9
外高桥港区货物吞吐量	万吨	13 122.80	0.4
外高桥港区集装箱吞吐量	万标箱	1 538.70	-1.2
货物流量	万吨	4 237.80	5.5
期末货物存放量	万吨	64.70	23.5
固定资产投资额	亿元	18.52	-14.6
其中：基础设施投资	亿元	3.80	10.5
施工房屋建筑面积	万平方米	69.05	-38.3
竣工房屋建筑面积	万平方米	15.02	-57.5
企业从业人员	万人	19.49	3.5
其中：中方人员	万人	18.57	3.5
各种税收收入总额	亿元	517.98	15.9
其中：海关部门税收	亿元	300.35	11.2
税务部门税收	亿元	217.63	23.1
期末保税区批准面积	平方公里	10.00	0.0
期末保税区验收封关面积	平方公里	8.90	0.0

2008年天津港保税区主要经济指标完成情况表

指标名称	单位	2008年	比上年增长（%）
增加值	亿元	385.88	30.1
销售（经营）收入	亿元	2 102.85	23.2
工业总产值	亿元	467.12	39.4
其中：高新技术产业	亿元	111.31	37.0
电子信息产业	亿元	28.20	73.8
商品销售额	亿元	976.20	37.7
物流企业营业收入	亿元	429.95	18.2
当年批准企业	个	1 348	23.1
其中：加工类	个	17	6.3
贸易类	个	998	100.4
仓储物流类	个	177	-26.9
当年批准三资企业	个	148	-9.8
其中：加工类	个	11	37.5
贸易类	个	81	15.7
仓储物流类	个	11	10.0
当年批准投资额	亿美元	71.39	-6.2
其中：三资企业	亿美元	47.61	-20.9
合同外资	亿美元	36.01	15.0
实际利用外资	亿美元	15.17	31.9
各种税收收入总额	亿元	282.12	66.7
其中：海关税收及代征税	亿元	202.95	56.2
工商税收	亿元	79.17	101.5
固定资产投资额	亿元	150.54	42.3
其中：基础设施投资	亿元	17.61	14.3
期末从业人员	万人	10.28	5.7
其中：外资企业从业人员	万人	4.56	17.3
期末保税区批准面积	平方公里	5	0.0
期末保税区验收封关面积	平方公里	3.80	0.0

2008年大连保税区主要经济指标完成情况表

指标名称	单位	2008年	比上年增长（%）
增加值	亿元	218	29.6
销售（经营）收入	亿元	897	29.8
工业总产值	亿元	81	14.5
商品销售额	亿元	505	24.7
物流企业营业收入	亿元	272	15.1
当年批准企业	个	667	24.2
其中：加工类	个	174	43.8
贸易类	个	367	6.4
仓储物流类	个	126	106.6
当年批准三资企业	个	195	13.4
其中：加工类	个	42	2.4
贸易类	个	115	0.9
仓储物流类	个	38	123.5
当年批准投资额	亿美元	26	13.8
其中：三资企业	亿美元	14	7.7
合同外资	亿美元	14	13.1
实际利用外资	亿美元	5	23.1
企业货运总量	万吨	3 120	40.2
各种税收收入总额	亿元	101	30.3
其中：海关税收及代征税	亿元	83	32.1
其中：工商税收	亿元	18	23.7
固定资产投资额	亿元	81	12.1
其中：基础设施投资	亿元	79	11.9
期末从业人员	万人	6	20.0
其中：外资企业从业人员	万人	4	33.3

2008 年深圳保税区主要经济指标完成情况表

指标名称	单位	2008 年	比上年增长（%）
增加值	亿元	142.81	-8.0
销售（经营）收入	亿元	645.21	7.4
工业总产值	亿元	862.57	-1.5
商品销售额	亿元	237.62	56.1
当年批准企业	个	98	69.0
其中：加工类	个	11	-50.0
贸易类	个	38	192.3
仓储物流类	个	23	35.3
当年批准三资企业	个	33	-19.5
其中：加工类	个	8	-50.0
贸易类	个	7	-41.7
仓储物流类	个	6	-45.5
当年批准投资额	亿美元	0.56	-47.0
合同外资	亿美元	0.40	-36.8
实际利用外资	亿美元	1.12	5.4
各种税收收入总额	亿元	52.87	9.7
其中：海关税收及代征税	亿元	43.64	15.2
工商税收	亿元	9.23	-3.2
期末从业人员	万人	5	-16.7
期末保税区批准面积	平方公里	2.90	0.0
期末保税区验收封关面积	平方公里	2.47	0.0

2008 年广州保税区主要经济指标完成情况表

指标名称	单位	2008 年	比上年增长（%）
销售（经营）收入	亿元	315.59	13.7
工业总产值	亿元	91.20	-27.4
其中：高新技术产业	亿元	56.51	-37.1
电子信息产业	亿元	56.51	-37.1
商品销售额	亿元	223.86	109.6
当年批准企业	个	38	-19.1
当年批准三资企业	个	12	0.0
当年批准投资额	亿美元	1.01	-1.1
其中：三资企业	亿美元	0.97	11.4
合同外资	亿美元	0.97	11.4
实际利用外资	亿美元	0.67	0.36

续表

指标名称	单位	2008 年	比上年增长（%）
各种税收收入总额	亿元	12.56	11.1
其中：工商税收	亿元	12.56	11.1
固定资产投资额	亿元	2.19	26.9
其中：基础设施投资	亿元	0.09	197.0
期末从业人员	万人	1	0.0
其中：外资企业从业人员	万人	1	0.0
期末保税区批准面积	平方公里	2	0.0
期末保税区验收封关面积	平方公里	2	0.0

2008 年海口保税区主要经济指标完成情况表

指标名称	单位	2008 年	比上年增长（%）
增加值	亿元	17.30	-29.6
销售（经营）收入	亿元	110.59	-13.9
工业总产值	亿元	103.25	-24.2
其中：高新技术产业	亿元	77.85	-29.6
电子信息产业	亿元	83.13	-32.1
当年批准企业	个	12	20.0
其中：加工类	个	2	-66.7
贸易类	个	10	150.0
仓储物流类	个	0	0.0
当年批准投资额	亿美元	0.12	145.5
期末货物存放量	万吨	1.07	-0.2
企业货运总量	万吨	0.65	-32.2
各种税收收入总额	亿元	10.18	-3.16
其中：海关税收及代征税	亿元	0.24	12.43
工商税收	亿元	9.94	-5.6
固定资产投资额、	亿元	0.03	-74.3
其中：基础设施投资	亿元	0.03	-74.3
期末从业人员	万人	1.12	-3.6
其中：外资企业从业人员	万人	0.01	0.0
期末保税区批准面积	平方公里	1.93	0.0
期末保税区验收封关面积	平方公里	1.93	0.0

2008年宁波保税区主要经济指标完成情况表

指标名称	单位	2008年	比上年增长（%）
增加值	亿元	135.60	31.7
销售（经营）收入	亿元	146.57	23.1
工业总产值	亿元	533.39	19.8
其中：高新技术产业	亿元	362.70	40.5
电子信息产业	亿元	450.71	48.9
商品销售额	亿元	932.37	25.0
物流企业营业收入	亿元	7.91	18.4
当年批准企业	个	517	21.9
其中：加工类	个	2	—
贸易类	个	515	22.6
仓储物流类	个	0	—
当年批准三资企业	个	14	-12.5
其中：加工类	个	2	—
贸易类	个	12	—
仓储物流类	个	0	—
当年批准投资额	亿美元	4.21	-39.6
其中：三资企业	亿美元	2.54	-49.0
合同外资	亿美元	1.20	-40.9
实际利用外资	亿美元	1.27	-23.0
期末货物存放量	万吨	5	—
企业货运总量	万吨	378	3.0
期末施工房屋面积	万平方米	97	—
竣工房屋建筑面积	万平方米	68.40	—
各种税收收入总额	亿元	37.87	31.2
其中：海关税收及代征税	亿元	18.87	47.4
工商税收	亿元	19	18.2
固定资产投资额	亿元	35.28	15.7
其中：基础设施投资	亿元	0.44	-71.0
期末从业人员	万人	4.40	—
其中：外资企业从业人员	万人	4	—
期末保税区批准面积	平方公里	2.30	0.0
期末保税区验收封关面积	平方公里	2.30	0.0

2008 年福州保税区主要经济指标完成情况表

指标名称	单位	2008 年	比上年增长（%）
增加值	亿元	4.75	7.83
工业总产值	亿元	4.27	84.1
商品销售额	亿元	3.34	—
物流企业营业收入	亿元	1.50	15.4
当年批准企业	个	42	-8.7
当年批准三资企业	个	1	100.0
当年批准投资额	亿美元	0.56	-57.58
其中：三资企业	亿美元	0.30	-69.2
合同外资	亿美元	0.14	-60.7
实际利用外资	亿美元	0.40	1 045.9
各种税收收入总额	亿元	5.11	-33.6
其中：海关税收及代征税	亿元	3.93	-43.7
工商税收	亿元	1.18	-4.6
期末从业人员	万人	0.80	—
其中：外资企业从业人员	万人	0.20	—
期末保税区批准面积	平方公里	1.80	0.0
期末保税区验收封关面积	平方公里	0.68	0.0

2008 年汕头保税区主要经济指标完成情况表

指标名称	单位	2008 年	比上年增长（%）
增加值	亿元	16.50	22.0
销售（经营）收入	亿元	22.48	11.6
工业总产值	亿元	22.99	47.0
其中：高新技术产业	亿元	12.37	8.9
电子信息产业	亿元	4.29	25.0
商品销售额	亿元	13.02	11.2
物流企业营业收入	亿元	11.32	10.8
当年批准企业	个	11	-15.4
其中：加工类	个	6	100.0
贸易类	个	2	-71.4
仓储物流类	个	3	0.0
当年批准三资企业	个	4	-42.9
其中：加工类	个	3	0.0
贸易类	个	0	—
仓储物流类	个	1	-50.0

续表

指标名称	单位	2008 年	比上年增长（%）
当年批准投资额	亿美元	0.27	-7.8
其中：三资企业	亿美元	0.27	2.8
合同外资	亿美元	0.09	-64.1
实际利用外资	亿美元	0.25	209.7
期末货物存放量	万吨	2	0.0
企业货运总量	万吨	88	-59.8
期末施工房屋面积	万平方米	8	-64.0
各种税收收入总额	亿元	2.92	-26.0
其中：海关税收及代征税	亿元	2.03	—
工商税收	亿元	0.89	47.5
固定资产投资额	亿元	1.63	-3.0
其中：基础设施投资	亿元	0.15	-58.4
期末从业人员	万人	0.38	90.0
其中：外资企业从业人员	万人	0.12	100.0
期末保税区批准面积	平方公里	2.34	0.0
期末保税区验收封关面积	平方公里	2.34	0.0

2008 年珠海保税区主要经济指标完成情况表

指标名称	单位	2008 年	比上年增长（%）
增加值	亿元	1.59	9.6
销售（经营）收入	亿元	255.91	-4.0
工业总产值	亿元	115.28	13.8
其中：电子信息产业	亿元	27.47	145.0
商品销售额	亿元	78.33	-24.4
物流企业营业收入	亿元	158.29	-4.2
当年批准企业	个	25	25.0
其中：加工类	个	8	-27.3
贸易类	个	7	600.0
仓储物流类	个	9	42.9
当年批准三资企业	个	25	38.9
其中：加工类	个	8	-27.3
贸易类	个	7	600.0
仓储物流类	个	9	50.0
当年批准投资额	万美元	6 280	2.1
其中：三资企业	万美元	6 280	2.1

续表

指标名称	单位	2008年	比上年增长（%）
合同外资	万美元	4 249	0.6
实际利用外资	万美元	5 423	31.8
期末货物存放量	万吨	5	-37.5
企业货运总量	万吨	128	-7.9
各种税收收入总额	亿元	5.17	-2.9
其中：海关税收及代征税	亿元	2.67	-8.0
工商税收	亿元	2.50	12.2
固定资产投资额	亿元	2.28	2.5
其中：基础设施投资	亿元	1.33	40.2
期末从业人员	万人	1	-35.0
其中：外资企业从业人员	万人	1	-35.0
期末保税区批准面积	平方公里	3	0.0
期末保税区验收封关面积	平方公里	3	0.0

2008年青岛保税区主要经济指标完成情况表

指标名称	单位	2008年	比上年增长（%）
增加值	亿元	66.24	2.3
销售（经营）收入	亿元	343.48	13.9
工业总产值	亿元	60.56	7.4
其中：高新技术产业	亿元	35.23	20.5
电子信息产业	亿元	30.53	11.0
商品销售额	亿元	220.07	10.8
物流企业营业收入	亿元	58.81	67.3
当年批准企业	个	354	-12.6
其中：加工类	个	1	-75.0
贸易类	个	338	-8.2
仓储物流类	个	7	-8.2
当年批准三资企业	个	23	-56.6
其中：加工类	个	1	-80.0
贸易类	个	20	-55.6
仓储物流类	个	1	0.0
当年批准投资额	亿美元	1.81	-36.9
其中：三资企业	亿美元	0.44	-69.0
合同外资	亿美元	0.13	-86.2
期末货物存放量	万吨	9.64	32.1
企业货运总量	万吨	163.73	-3.5
期末施工房屋面积	万平方米	0.54	-92.9

续表

指标名称	单位	2008 年	比上年增长（%）
竣工房屋建筑面积	万平方米	15.47	339.5
各种税收收入总额	亿元	21.59	5.5
其中：海关税收及代征税	亿元	13.49	11.0
工商税收	亿元	8.10	-2.6
固定资产投资额	亿元	4.26	17.2
其中：基础设施投资	亿元	0.20	119.3
期末从业人员	万人	2.82	1.8
其中：外资企业从业人员	万人	1.97	4.2
期末保税区批准面积	平方公里	2.50	0.0
期末保税区验收封关面积	平方公里	2.50	0.0

2008 年张家港保税区主要经济指标完成情况表

指标名称	单位	2008 年	比上年增长（%）
增加值	亿元	182.08	28.2
销售（经营）收入	亿元	1 870.01	22.6
工业总产值	亿元	558.43	27.1
其中：高新技术产业	亿元	137.75	22.2
电子信息产业	亿元	28.69	9.1
商品销售额	亿元	1 839.67	31.3
物流企业营业收入	亿元	56.63	1.1
当年批准企业	个	524	-9.8
其中：加工类	个	29	-12.1
贸易类	个	491	-6.5
仓储物流类	个	4	-82.6
当年批准三资企业	个	56	-12.5
其中：加工类	个	22	-21.4
贸易类	个	34	13.3
仓储物流类	个	0	—
当年批准投资额	亿美元	17.98	22.7
其中：三资企业	亿美元	13.25	13.8
合同外资	亿美元	7.86	3.3
实际利用外资	亿美元	3.47	31.8
期末货物存放量	万吨	26.21	-27.2
企业货运总量	万吨	998.18	7.2
期末施工房屋面积	万平方米	33.03	3 203.0

续表

指标名称	单位	2008 年	比上年增长（%）
竣工房屋建筑面积	万平方米	43.33	-33.3
各种税收收入总额	亿元	78.86	24.8
其中：海关税收及代征税	亿元	45.14	10.9
工商税收	亿元	33.72	49.9
固定资产投资额	亿元	41.42	-0.2
其中：基础设施投资	亿元	5.35	-57.2
期末从业人员	万人	4.26	6.5
其中：外资企业从业人员	万人	2.20	10.0
期末保税区批准面积	平方公里	4.10	0.0
期末保税区验收封关面积	平方公里	4.10	0.0

全国各保税区历年招商引资情况表

上海外高桥保税区历年招商引资情况表

指标	单位	历年累计
批准企业项目	个	10 242
其中：外资企业项目		7 851
投资总额	万美元	1 606 339
其中：外商投资总额		1 333 968
合同外资额		740 643

天津港保税区历年招商引资情况表

指标	单位	历年累计
批准企业项目	个	14 105
其中：外资企业项目		5 648
投资总额	万美元	3 874 892
其中：外商投资总额		3 032 338
合同外资额		1 997 899
实际利用外资		844 474

大连保税区历年招商引资情况表

指标	单位	历年累计
批准企业项目	个	5 200
其中：外资企业项目		2 202
投资总额	万美元	1 278 900
其中：外商投资总额		739 100
合同外资额		695 300
实际利用外资		279 200

深圳保税区历年招商引资情况表

指标	单位	历年累计
批准企业项目	个	1 410
其中：外资企业项目		1 167
投资总额	万美元	431 254
其中：外商投资总额		58 557
合同外资额		300 565
实际利用外资		236 372

广州保税区历年招商引资情况表

指标	单位	历年累计
批准企业项目	个	2 325
其中：外资企业项目		734
投资总额	万美元	224 995
其中：外商投资总额		188 800
合同外资额		100 741
实际利用外资		62 200

海口保税区历年招商引资情况表

指标	单位	历年累计
批准企业项目	个	720
其中：外资企业项目		97
投资总额	万美元	70 717
其中：外商投资总额		44 377
合同外资额		28 493
实际利用外资		28 626

注：以上数据均含迁出和吊销数

宁波保税区历年招商引资情况表

指标	单位	历年累计
批准企业项目	个	6 835
其中：外资企业项目		959
投资总额	万美元	782 796
其中：外商投资总额		573 461
合同外资额		369 323
实际利用外资		163 621

福州保税区历年招商引资情况表

指标	单位	历年累计
批准企业项目	个	847
其中：外资企业项目		500
投资总额	万美元	98 758
其中：外商投资总额		66 784
合同外资额		66 488
实际利用外资		15 135

汕头保税区历年招商引资情况表

指标	单位	历年累计
批准企业项目	个	222
其中：外资企业项目		190
投资总额	万美元	53 522
其中：外商投资总额		36 487
合同外资额		27 028
实际利用外资		19 858

珠海保税区历年招商引资情况表

指标	单位	历年累计
批准企业项目	个	268
其中：外资企业项目		264
投资总额	万美元	108 972
其中：外商投资总额		108 972
合同外资额		76 010
实际利用外资		57 956

青岛保税区历年招商引资情况表

指标	单位	历年累计
批准企业项目	个	4 644
其中：外资企业项目		1 348
投资总额	万美元	364 080
其中：外商投资总额		247 095
合同外资额		177 482

张家港保税区历年招商引资情况表

指标	单位	历年累计
批准企业项目	个	3 918
其中：外资企业项目		430
投资总额	万美元	906 806
其中：外商投资总额		706 091
合同外资额		371 473
实际利用外资		244 242

全国各保税区历年主要外商投资情况表

上海外高桥保税区历年主要外商投资情况表

按项目数排列			按投资额排列		
序号	国别（地区）	项目数（个）	序号	国别（地区）	投资额（万美元）
1	中国香港	1 920	1	中国香港	359 973
2	日本	1 548	2	美国	228 056
3	美国	862	3	日本	173 661
4	中国台湾	466	4	新加坡	99 352
5	新加坡	456	5	荷兰	98 241
6	维尔京群岛	339	6	维尔京群岛	51 824
7	韩国	264	7	英国	35 785
8	德国	220	8	中国台湾	31 026
9	萨摩亚	203	9	毛里求斯	26 842
10	英国	174	10	德国	24 325

大连保税区历年主要外商投资情况表

按项目数排列			按投资额排列		
序号	国别（地区）	项目数（个）	序号	国别（地区）	投资额（万美元）
1	日本	462	1	美国	116 209
2	中国香港	388	2	日本	102 122
3	美国	341	3	中国香港	92 387
4	韩国	292	4	韩国	37 356
5	中国台湾	175	5	澳大利亚	9 663
6	新加坡	103	6	德国	8 576
7	澳大利亚	91	7	中国台湾	7 769
8	加拿大	56	8	加拿大	5 272
9	英国	35	9	新加坡	5 654
10	德国	21	10	中国澳门	3 286

深圳保税区历年主要外商投资情况表

按项目数排列					
序号	国别（地区）	项目数（个）	序号	国别（地区）	投资额（万美元）
1	中国香港	74 914	6	开曼群岛	3 150
2	英属维尔京群岛	24 365	7	中国台湾	3 118
3	新加坡	20 464	8	日本	2 015
4	荷兰	13 298	9	英国	1 916
5	美国	10 153	10	萨摩亚	1 134

广州保税区历年主要外商投资情况表

按项目数排列			按投资额排列		
序号	国别（地区）	项目数（个）	序号	国别（地区）	投资额（万美元）
1	中国香港	422	1	中国香港	44 536
2	英属维尔京群岛	60	2	英属维尔京群岛	24 885
3	日本	38	3	巴巴多斯	5 640
4	中国台湾	37	4	美国	4 646
5	美国	35	5	开曼群岛	4 362
6	新加坡	20	6	日本	3 581
7	马来西亚	17	7	投资性公司投资	3 439
8	德国	12	8	新加坡	3 276
9	中国澳门	11	9	塞浦路斯	2 999
10	萨摩亚	11	10	圣其茨—尼维斯	1 650

海口保税区历年主要外商投资情况表

按项目数排列			按投资额排列		
序号	国别（地区）	项目数（个）	序号	国别（地区）	投资额（万美元）
1	中国香港	8	1	韩国	5 680
2	英国	3	2	英国	2 761
3	日本	3	3	中国香港	2 526
4	萨摩亚	2	4	中国台湾	1 303
5	中国台湾	2	5	萨摩亚	936

注：此表中数据是现有正常运作的投资项目。

宁波保税区历年主要外商投资情况表

按项目数排列			按投资额排列		
序号	国别（地区）	项目数（个）	序号	国别（地区）	投资额（万美元）
1	中国香港	189	1	中国台湾	281 268
2	中国台湾	187	2	中国香港	135 202
3	美国	95	3	美国	22 616
4	日本	39	4	日本	14 666
5	韩国	19	5	德国	2 965

汕头保税区历年主要外商投资情况表

按项目数排列			按投资额排列		
序号	国别（地区）	项目数（个）	序号	国别（地区）	投资额（万美元）
1	中国香港	41	1	中国香港	12 791
2	美国	4	2	美国	2 641
3	加拿大	3	3	加拿大	2 328
4	新加坡	1	4	新加坡	870
5	中国台湾	1	5	中国台湾	728
6	英国	1	6	英国	500

珠海保税区历年主要外商投资情况表

按项目数排列			按投资额排列		
序号	国别（地区）	项目数（个）	序号	国别（地区）	投资额（万美元）
1	中国澳门	60	1	中国澳门	24 955
2	中国香港	52	2	美国	21 632
3	德国	15	3	中国香港	20 519
4	美国	12	4	德国	20 000
5	日本	12	5	加拿大	9 440. 5
6	中国台湾	10	6	英国	5 308
7	英国	5	7	丹麦	4 362
8	加拿大	3	8	日本	3 000
9	法国	2	9	中国台湾	1 116
10	丹麦	1	10	法国	1 000

青岛保税区历年主要外商投资情况表

按项目数排列			按投资额排列		
序号	国别（地区）	项目数（个）	序号	国别（地区）	投资额（万美元）
1	韩国	267	1	中国香港	43 635
2	中国香港	126	2	韩国	34 983
3	日本	93	3	美国	23 465
4	美国	92	4	日本	14 465
5	中国台湾	35	5	加拿大	10 005
6	加拿大	20	6	中国台湾	9 183
7	新加坡	18	7	巴拿马	4 412
8	澳大利亚	13	8	英国	4 338
9	英属维尔京群岛	12	9	澳大利亚	3 268
10	德国	12	10	阿拉伯联合酋长国	3 220

张家港保税区历年主要外商投资情况表

按项目数排列			按投资额排列		
序号	国别（地区）	项目数（个）	序号	国别（地区）	投资额（万美元）
1	中国香港	99	1	中国香港	283 437
2	美国	50	2	新加坡	236 509
3	日本	49	3	英属维尔京群岛	120 216
4	中国台湾	43	4	日本	89 186
5	英属维尔京群岛	41	5	美国	49 144
6	新加坡	33	6	德国	33 620
7	韩国	31	7	马拉西亚	18 612
8	澳大利亚	21	8	萨摩亚	18 059
9	萨摩亚	15	9	中国台湾	16 541
10	马拉西亚	22	10	英国	13 437

2008 年全国各保税区出口加工企业工业产值排名表

2008 年上海外高桥保税区出口加工企业工业产值排名表

序号	企业名称	序号	企业名称
1	联想（上海）电子科技有限公司	16	维兰德金属（上海）有限公司
2	统宝光电显示系统（上海）有限公司	17	赫斯基注塑系统（上海）有限公司
3	德尔福（上海）动力推进系统有限公司	18	上海珂纳电气机械有限公司
4	上海 ABB 工程有限公司	19	上海杰世腾连接器有限公司
5	安捷伦科技（上海）有限公司	20	伟创力（上海）金属件有限公司
6	英特尔产品（上海）有限公司	21	金士顿科技（上海）有限公司
7	沙伯基础创新塑料（上海）有限公司	22	海沃氏家具（上海）有限公司
8	藤仓电子（上海）有限公司	23	伟创力电子制造（上海）有限公司
9	上海日东光学有限公司	24	明尼苏达矿业制造光学系统（上海）有限公司
10	上海莫仕连接器有限公司	25	高克联管件（上海）有限公司
11	帝人化成复合塑料（上海）有限公司	26	马瑞利动力系统（上海）有限公司
12	上海德尔福排气控制系统有限公司	27	耐克森（中国）线缆有限公司
13	伊顿流体动力（上海）有限公司	28	美卓自动化（上海）有限公司
14	安靠封装测试（上海）有限公司	29	鸿城电子（上海）有限公司
15	凯斯工程机械（上海）有限公司	30	上海理光办公设备有限公司

2008年天津港保税区出口加工企业工业产值排名表

序号	企业名称	序号	企业名称
1	天津嘉里粮油工业有限公司	16	天津鞍钢钢材加工配送有限公司
2	天津大无缝铜材有限公司	17	天津龙威粮油工业有限公司
3	天津惠鑫大豆科技开发有限公司	18	加德士润滑油有限公司
4	天津天管元通不锈钢制品有限公司	19	天津天海高压容器有限责任公司
5	天津新龙桥工程塑料有限公司	20	天津中辰番茄制品有限公司
6	天津中集集装箱有限公司	21	天津普林电路股份有限公司
7	亚实履带（天津）有限公司	22	天津大无缝彩涂板有限公司
8	天津天纺投资控股有限公司	23	亚实动力系统（天津）有限公司
9	天津华冶钢材加工有限公司	24	空中客车（天津）总装有限公司
10	天津里碑冷轧板材有限公司	25	天津凯德实业有限公司
11	天津天铁冶金集团钢板有限公司	26	天津天管元通管材制品有限公司
12	扎努西电气机械（天津）压缩机有限公司	27	天津尼彼欧制衣有限公司
13	天津港保税区瑞尔普稀贵金属有限公司	28	爱三（天津）汽车部件有限公司
14	凯赫威（天津）精密制造有限公司	29	天津塑力集团超高压电缆有限公司
15	天津汽车模具有限公司	30	达而泰（天津）实业有限公司

2008年大连保税区出口加工企业工业产值排名表

单位：万元

序号	企业名称	工业总产值	序号	企业名称	工业总产值
1	大连爱丽思欧雅玛工贸有限公司	776 097	16	大连理研玛鲁哈食品有限公司	17 532
2	大连联合包装制品有限公司	205 103	17	翔程国际工业（大连保税区）有限公司	16 641
3	大连保税区顺林石油化工有限公司	188 308	18	大连保税区樱花时装有限公司	14 405
4	大连日东塑料加工有限公司	106 786	19	大连保税区露香国际贸易有限公司	13 732
5	大连保税区协同工贸有限公司	98 121	20	大连保税区益照橡胶有限公司	13 559
6	大连保税区大显模具制造有限公司	98 098	21	大连保税区华铁国际工贸有限公司	12 000
7	大连保税区高佳化工国际工贸有限公司	82 611	22	大连京浜电子部件有限公司	11 452
8	大连保税区佐藤总研工贸有限公司	81 312	23	大连半岛海德彩色印务有限公司	9 429
9	大连第一有机化工有限公司	80 636	24	大连中荣弹簧有限公司	8 900
10	大连日报社保税区印务中心	67 551	25	大连静冈制机有限公司	8 770
11	岸本工贸（大连保税区）有限公司	67 076	26	大连保税区荣昌消防设备工程有限公司	8 190
12	大连法伏安电器有限公司	61 730	27	大连保税区三景服饰辅料有限公司	6 873
13	大连保税区新时代工贸有限公司	30 659	28	诚信电子（大连）有限公司	6 211
14	大连万方电器有限公司	23 886	29	大连丰基食品有限公司	5 452
15	大连避雷器厂	20 616	30	大连保税区新铝国际工贸有限公司	3 468

2008 年广州保税区出口加工企业工业产值排名表

序号	企业名称	序号	企业名称
1	广川科技（广州）有限公司	13	红叶工贸（广州保税区）有限公司
2	东马油脂（广州保税区）有限公司	14	广州友益电子科技有限公司
3	广上科技（广州）有限公司	15	龙记钢材制品（广州保税区）有限公司
4	广大科技（广州）有限公司	16	广州千乘研磨材料有限公司
5	海瑞克（广州）隧道设备有限公司	17	东马（广州保税区）油脂化工有限公司
6	广茂科技（广州）有限公司	18	费森尤斯卡比（广州）医疗用品有限公司
7	广合科技（广州）有限公司	19	德士马（广州）机械工程有限公司
8	广天科技（广州）有限公司	20	卡尔蔡司光学科技（广州）有限公司
9	广州卓德嘉薄膜有限公司	21	广州保税区广保电力发展有限公司
10	蒂森克虏伯不锈钢国际（广州）有限公司	22	广州保税区丰田汽车特约维修服务有限公司
11	维塔罗包装（广州）有限公司	23	派恩克（广州）礼品包装有限公司
12	广州利时德控制拉索有限公司		

2008 年海口保税区出口加工企业工业产值排名表

单位：万元

序号	企业名称	工业总产值	序号	企业名称	工业总产值
1	海马汽车	528 935	16	养生堂药业	10 286
2	金盘电气	112 061	17	中和药业	10 056
3	三星光通信技术	42 284	18	钧达汽车饰件	10 050
4	养生堂保健品	41 901	19	中化联合	9 909
5	奇力制药	32 058	20	亚洲制药	7 864
6	灵镜医疗净化工程	25 136	21	六和机械工业	6 181
7	浙江万向系统	24 818	22	全盛汽车配件	5 902
8	碧凯制药厂	21 062	23	爱科制药	5 216
9	全兴工业	16 626	24	海神同洲制药	5 021
10	宇傲气配	16 582	25	联顺金属工业	4 376
11	惠普森医药	15 778	26	明芳机械	4 164
12	瑞利工业	15 222	27	太平洋智能技术	3 017
13	中瑞康芝制药	13 417	28	邦迪汽车系统	2 729
14	华森印务	13 250	29	国瑞堂制药	2 419
15	威昌汽车配件	11 958	30	利能康泰制药	2 293

2008 年宁波保税区出口加工企业工业产值排名表

单位：万元

序号	企业名称	工业总产值	序号	企业名称	工业总产值
1	宁波技嘉科技有限公司	214 950	11	光圣科技（宁波）有限公司	18 725
2	宁波中盟钢铁有限公司	128 541	12	宁波东海敏孚汽车部件有限公司	18 000
3	宁波昇锐电子有限公司	105 850	13	宁波索宝食品有限公司	15 309
4	宁波立立电子股份有限公司	44 573	14	宁波宏盛箱包有限公司	13 712
5	宁波保税区峻凌电子有限公司	36 377	15	宁波兰羚钢铁实业有限公司	13 191
6	宁波晶元太阳能有限公司	35 675	16	宁波冠硕电子有限公司	12 979
7	宁波亚乐克汽车部件有限公司	33 870	17	莱尔德建筑五金（宁波）有限公司	12 533
8	宁波闳光电子有限公司	25 544	18	宁波精胜科技有限公司	12 197
9	晟铭电子（宁波）有限公司	23 392	19	庆达西（宁波）钢构制造有限公司	11 556
10	宁波欧琳实业有限公司	20 022	20	中纬积体电路（宁波）有限公司	11 020

2008 年福州保税区出口加工企业工业产值排名表

单位：万元

序号	企业名称	工业总产值	序号	企业名称	工业总产值
1	福州新日鲜食品开发有限公司	1 723	4	福州信日华印刷有限公司	187
2	福建省新泰格动力有限公司	256	5	福建杨振华 851 生物科技股份有限公司	178
3	福州保税区天天日日用品有限公司	213			

2008 年汕头保税区出口加工企业工业产值排名表

序号	企业名称	序号	企业名称
1	汕头万顺包装材料股份有限公司	6	西电（汕头保税区）动力设备有限公司
2	广东汕头超声电子股份有限公司覆铜板厂	7	汕头市三杰进出口贸易有限公司
3	广东华美油脂有限公司	8	汕头卜高通美实业有限公司
4	威尔信（汕头保税区）动力设备有限公司	9	荣豪（汕头保税区）实业有限公司
5	汕头保税区金光实业有限公司	10	汕头保税区三宝光晶云母科技有限公司

2008 年珠海保税区出口加工企业工业产值排名表

序号	企业名称	序号	企业名称
1	珠海保税区摩天宇航空发动机维修有限公司	16	珠海加特精密工业有限公司
2	爱普科斯电子元器件（珠海保税区）有限公司	17	波菲丽斯塑胶科技（珠海保税区）有限公司
3	珠海保税区光联通讯技术有限公司	18	珠海保税区天热宝杰数码科技材料有限公司
4	珠海保税区丽珠合成有限公司	19	帅福得（珠海保税区）电池有限公司
5	珠海泰科电子有限公司	20	茵科门控（珠海保税区）有限公司
6	珠海保税区中富聚酯啤酒瓶有限公司	21	珠海保税区美利制衣有限公司
7	比迪特自动化科技（珠海保税区）有限公司	22	珠海保税区鑫谷国际精品有限公司
8	珠海保税区御国色素有限公司	23	珠海保税区隆宇光电科技有限公司
9	珠海保税区柏劲服装有限公司	24	珠海保税区合福纤维制品有限公司
10	珠海和佳医疗设备有限公司	25	珠海保税区中富广珠瓶胚有限公司
11	康乐保（中国）有限公司	26	珠海保税区洛得电子有限公司
12	珠海保税区三晶技研模具注塑有限公司	27	珠海保税区华榕纺织股份有限公司
13	珠海保税区西尾食品有限公司	28	黑钻运动设备（珠海保税区）有限公司
14	珠海保税区额部汽配制造有限公司	29	珠海保税区新英覆铜板科技有限公司
15	珠海保税区超毅覆铜板有限公司	30	珠海保税区台商科技开发区有限公司

2008 年青岛保税区出口加工企业工业产值排名表

序号	企业名称	序号	企业名称
1	青岛松下电子部品（保税区）有限公司	16	青岛三昌精密加工有限公司
2	青岛和美饲料有限公司	17	青岛澳科仪器有限公司
3	青岛高校软控股份有限公司	18	青岛金和宇通电气设备有限公司
4	青岛赛瑞特国际物流有限公司	19	青岛保税区万象贸易有限公司
5	青岛乔瑟食品有限公司	20	青岛保税区天和精密铸造有限公司
6	青岛吉母皮亚珠宝有限公司	21	青岛三德汽车配件有限公司
7	青岛易邦生物工程有限公司	22	青岛东邦贵石贸易有限公司
8	青岛优先出锐工具有限公司	23	青岛珍可贸易有限公司
9	青岛保税区新韩金刚石有限公司	24	青岛三巨电子部件有限公司
10	青岛友和饲料有限公司	25	青岛晓成金刚石工具有限公司
11	青岛保税区双星橡胶制品有限公司	26	青岛莱特电器有限公司
12	青岛开必思工贸有限公司	27	青岛多摩电线有限公司
13	青岛茂治电子有限公司	28	青岛二和机械有限公司
14	青岛普什宝枫实业有限公司	29	青岛盈进针织有限公司
15	青岛保税区依爱电子有限责任公司	30	青岛鸿亿针织有限公司

2008 年张家港保税区出口加工企业工业产值排名表

序号	企业名称	序号	企业名称
1	东海粮油工业（张家港）有限公司	16	江苏丽天新材料有限公司
2	江苏永恒钢铁实业有限公司	17	陶氏化学（张家港）有限公司
3	双狮（张家港）精细化工有限公司	18	首能电子科技（张家港保税区）有限公司
4	益江（张家港）粮油工业有限公司	19	张家港保税区长源热电有限公司
5	张家港东华能源股份有限公司	20	顺德工业（江苏）有限公司
6	佐敦涂料（张家港）有限公司	21	瓦克化学（张家港）有限公司
7	张家港保税区天宇毛纺有限公司	22	日触化工（张家港）有限公司
8	张家港保税区光王电子有限公司	23	张家港保税区意通化纤织造有限公司
9	斯泰隆石化（张家港）有限公司	24	张家港市保税区澳丰毛纺有限公司
10	南港（张家港保税区）橡胶工业有限公司	25	道康宁（张家港）有机硅有限公司
11	陶氏丁苯胶乳（张家港）有限公司	26	杜邦一旭化成聚甲醛（张家港）有限公司
12	过产业重机（江苏）有限公司	27	江苏苏农测土配方肥料有限公司
13	雪佛龙菲利普斯化工（中国）有限公司	28	张家港迪爱生化工有限公司
14	丰田合成（张家港）科技有限公司	29	张家港保税区协友毛纺工业有限公司
15	泰柯棕化（张家港）有限公司	30	丰田合成（张家港）塑料有限公司

2008 年全国各保税区贸易企业商品销售额排名表

2008 年上海外高桥保税区贸易企业商品销售额排名表

序号	企业名称	序号	企业名称
1	明朗国际贸易（上海）有限公司	16	明格鲁国际贸易（上海）有限公司
2	上海三星半导体有限公司	17	瑞表国际贸易（上海）有限公司
3	松下电器机电（中国）有限公司	18	邦基国际贸易（上海）有限公司
4	乐金显示贸易（上海）有限公司	19	佳电国际贸易（上海）有限公司
5	上海宝钢浦东国际贸易有限公司	20	上海祥源化工有限公司
6	三菱商事（上海）有限公司	21	杜邦贸易（上海）有限公司
7	惠普贸易（上海）有限公司	22	瓯尚盈特诺（上海）国际贸易有限公司
8	日立建机（上海）有限公司	23	夏普电子（上海）有限公司
9	爱思开能源国际贸易（上海）有限公司	24	瑞韵达贸易（上海）有限公司
10	英特尔贸易（上海）有限公司	25	西门子国际贸易（上海）有限公司
11	上海伊藤忠商事有限公司	26	上海国药外高桥医药有限公司
12	金纸源贸易（上海）有限公司	27	阿特拉斯科普柯（上海）贸易有限公司
13	丰田通商（上海）有限公司	28	埃克森美孚化工商务（上海）有限公司
14	上海住友商事有限公司	29	亨斯迈化工贸易（上海）有限公司
15	东芝电子（上海）有限公司	30	明尼苏达矿业制造（上海）国际贸易有限公司

2008 年天津港保税区贸易企业商品销售额排名表

序号	企业名称	序号	企业名称
1	天津国能投资有限公司	16	天津晋燃国际贸易有限公司
2	天津物产金属国际贸易有限公司	17	天津盈通国际贸易有限公司
3	大众进口汽车销售有限公司	18	天津欧柏威国际贸易有限公司
4	丰田通商（天津）有限公司	19	天津威斯特机械设备有限公司
5	天津冶金集团贸易有限公司	20	富士通天国际贸易（天津）有限公司
6	天津港保税区瀚通国际贸易有限公司	21	天津港保税区捷丰国际贸易有限公司
7	中冀斯巴鲁（天津）汽车销售有限公司	22	天津天资棉纺织品物流有限公司

续表

序号	企业名称	序号	企业名称
8	天津住友商事有限公司	23	天津物资招商有限公司
9	天津服装进出口股份有限公司	24	美卓矿机（天津）国际贸易有限公司
10	天津中冶国际贸易有限公司	25	华利行（天津）国际贸易有限公司
11	永立建机（天津）国际贸易有限公司	26	天津港保税区海德堡印刷设备国际贸易公司
12	天津大沽贸易有限公司	27	天津港保税区亨运国际贸易有限公司
13	天津市华合金属炉料贸易有限公司	28	天津华润超级市场有限公司
14	天津中能国际贸易有限公司	29	天津罗升企业有限公司
15	天津滨海天焦国际发展有限公司	30	村田电子贸易（天津）有限公司

2008 年大连保税区贸易企业商品销售额排名表

单位：万元

序号	企业名称	商品销售额	序号	企业名称	商品销售额
1	大连伊联贸易有限公司	273 785	16	欧姆龙工贸（大连）有限公司	40 079
2	大连尊荣汽车贸易有限公司	159 800	17	大连康祺纺织有限公司	38 228
3	辽宁省石油总公司大连保税区销售中心	137 167	18	大连保税区津和国际贸易有限公司	36 661
4	大连保税区天阳石化贸易有限公司	133 531	19	大连和顺汽车贸易有限公司	35 750
5	大连保税区闻达贸易有限公司	115 756	20	大连龙禹石油化工有限公司	31 530
6	大连圣强贸易有限公司	111 224	21	大连北美能源有限公司	31 517
7	第一汽车（大连保税区）口岸通商中心	101 577	22	大连保税区兼松工贸有限公司	29 806
8	大连祥顺国际贸易有限公司	78 441	23	大连保税区昌源国际贸易有限公司	28 690
9	大连保税区环能贸易有限公司	73 636	24	大连保税区康源国际贸易有限公司	26 714
10	大连保税区海悦国际贸易有限公司	73 410	25	大连保税区济连金属有限公司	25 322
11	伊藤忠大连有限公司	54 991	26	大连保税区恒瑞国际贸易有限公司	25 125
12	大连保税区谷廪国际贸易有限公司	53 017	27	大连润霖石化有限公司	24 641
13	大连欣顺物资有限公司	52 727	28	大连保税区晋能贸易有限公司	24 600
14	大连保税区沈煤国际贸易有限公司	51 308	29	大连欣能石化有限公司	24 323
15	大连天亿石油化工有限公司	42 334	30	丰田通商（大连）有限公司	23 934

2008 年广州保税区贸易企业商品销售额排名表

序号	企业名称	序号	企业名称
1	广州市兴丽华贸易有限公司	16	广东泰菱制冷设备实业有限公司
2	广州中邮普泰移动通信设备有限责任公司	17	广州保税区大昌贸易有限公司
3	广州市国美电器有限公司	18	广州市建盛达发展有限公司
4	中海石油炼化有限责任公司销售分公司	19	富昱（广州）贸易有限公司
5	广州三星物产贸易有限公司	20	广州宝祺贸易有限公司
6	广州建元物流有限公司	21	广州市泰丰源实业有限公司
7	广州保税区本钢销售有限公司	22	广州保税区麦斯卡发展有限公司
8	广州卓兴贸易有限公司	23	保世高（广州）贸易有限公司
9	三菱商事（广州）有限公司	24	广州市建华物资贸易有限公司
10	广州长濑贸易有限公司	25	广州保税区卓兴金属废品回收有限公司
11	广州住友商事有限公司	25	广州保税区卓兴金属废品回收有限公司
12	广州佳杰科技有限公司	27	崇越（广州）贸易有限公司
13	广州伊藤忠商事有限公司	28	广州岩谷贸易有限公司
14	广州大旺食品有限公司广州分公司	29	广州市伟昊科技电子有限公司
15	丸红（广州）贸易有限公司	30	广州京炜贸易有限公司

2008 年宁波保税区贸易企业商品销售额排名表

单位：万元

序号	企业名称	商品销售额	序号	企业名称	商品销售额
1	宁波萌恒工贸有限公司	48 521	11	宁波华禧国际贸易有限公司	16 711
2	宁波力普进出口有限公司	46 505	12	宁波阜伟国际贸易有限公司	15 221
3	宁波捷美进出口有限公司	42 451	13	宁波泰达进出口有限公司	15 048
4	宁波艾迪西国际贸易有限公司	32 904	14	宁波市豪雅进出口有限公司	14 213
5	宁波佳虹进出口有限公司	25 927	15	宁波赛尔国际贸易有限公司	13 457
6	宁波海洋纺织品有限公司	25 157	16	宁波鼎源进出口有限公司	13 054
7	宁波盛博进出口有限公司	20 484	17	宁波和泰进出口有限公司	12 067
8	宁波森木进出口有限公司	19 944	18	宁波美成工贸发展有限公司	11 844
9	宁波百盈国际贸易有限公司	18 720	19	宁波海诚恒业国际贸易有限公司	11 434
10	宁波正威进出口有限公司	17 374	20	宁波佰泰进出口有限公司	10 094

2008 年汕头保税区贸易企业商品销售额排名表

序号	企业名称	序号	企业名称
1	汕头无语珠宝集团有限公司	4	汕头保税区金泰贸易有限公司
2	汕头市锦玛有限公司	5	汕头保税区伟达实业有限公司
3	汕头保税区惠信贸易有限公司		

2008 年青岛保税区贸易企业商品销售额排名表

单位：万元

序号	企业名称	商品销售额	序号	企业名称	商品销售额
1	青岛茂治贸易有限公司	74 893	16	安迈铝业贸易（青岛）有限公司	24 200
2	青岛传承国际商贸有限公司	50 741	17	海克斯康贸易（青岛）有限公司	19 515
3	青岛福临轮胎有限公司	49 108	18	青岛业瑞贸易有限公司	15 630
4	青岛保税区朋坤国际贸易有限公司	42 459	19	青岛劲时通国际贸易有限公司	13 342
5	青岛保税区韩亚国际贸易有限公司	41 420	20	青岛新康健啤酒开发有限公司	13 296
6	青岛颐杰鸿运国际物流有限公司	38 521	21	青岛钰柯临国际贸易有限公司	13 263
7	青岛住友商事有限公司	36 712	22	伊藤忠（青岛）有限公司	13 025
8	中化（青岛保税区）工贸实业有限公司	36 221	23	青岛保税区宏轮工贸有限公司	12 729
9	青岛保税区中胶粮油储运中心	35 065	24	青岛威斯特国际贸易有限公司	12 573
10	新百丽鞋业（深圳）有限公司青岛分公司	32 357	25	青岛保税区泉盛源国际贸易有限公司	12 396
11	青岛中石化中海船舶燃料有限责任公司	30 722	26	青岛佳睦纺织印染有限公司	12 271
12	青岛保税区信华德国际贸易有限公司	29 554	27	青岛康地恩药业有限公司	12 104
13	颐杰鸿泰发展集团有限公司	29 199	28	青岛科昂国际贸易有限公司	11 841
14	青岛中化建贸易有限公司	26 526	29	研光（青岛）通商有限公司	11 417
15	威伯科物流（青岛）有限公司	25 019	30	山东海化国际贸易有限公司	11 194

2008 年张家港保税区贸易企业商品销售额排名表

序号	企业名称	序号	企业名称
1	张家港保税区发源钢铁炉料贸易有限公司	16	江苏亿隆国际贸易有限公司
2	张家港保税区锦德贸易有限公司	17	张家港保税区江联国际贸易有限公司
3	张家港保税区荣德贸易有限公司	18	张家港保税区震宇贸易有限公司
4	张家港保税区兴恒得贸易有限公司	19	张家港保税区中油泰富船舶燃料供应有限公司
5	江苏丰立国际贸易有限公司	20	张家港保税区吉鑫贸易有限公司
6	丰立集团有限公司	21	张家港保税区天泰国际贸易有限责任公司
7	江苏新三中国际贸易有限公司	22	江苏长顺集团有限公司
8	江苏沙钢世富钢铁炉料有限责任公司	23	江苏华昌化工股份有限公司张家港保税区煤炭分公司
9	张家港保税区润欣贸易有限公司	24	张家港保税区永伟国际贸易有限公司
10	张家港保税区普惠贸易有限公司	25	张家港保税区宽景国际贸易有限公司
11	张家港保税区舜菱钢铁国际贸易有限公司	26	张家港保税区禾硕国际贸易有限公司
12	张家港保税区集亚国际贸易有限公司	27	张家港保税区中霄化工国际贸易有限公司
13	张家港保税区热联钢铁国际贸易有限公司	28	张家港保税区国能贸易有限公司
14	江苏沙钢三中国际贸易有限公司	29	张家港保税区华颖国际贸易有限公司
15	张家港保税区鑫东鸣贸易有限公司	30	张家港保税区佳盟贸易有限公司

2008年全国各保税区物流企业营业收入排名表

2008年上海外高桥保税区分拨企业营业收入排名表

序号	企业名称	序号	企业名称
1	全球国际货运代理（中国）有限公司	16	派克汉尼汾流体转动产品（上海）有限公司
2	强生（上海）医疗器材有限公司	17	富士施乐实业发展（上海）有限公司
3	莫仕商贸（上海）有限公司	18	欧姆龙贸易（上海）有限公司
4	泰科电子（上海）有限公司	19	美敦力医疗用品技术服务（上海）有限公司
5	爱普生（上海）信息产品有限公司	20	优派显示设备国际贸易（上海）有限公司
6	索尼物流贸易（上海）有限公司	21	优美科金属国际贸易（上海）有限公司
7	库柏电气（上海）有限公司	22	利星行机械（上海）有限公司
8	雅培贸易（上海）有限公司	23	罗氏诊断产品（上海）有限公司
9	赛默飞世尔科技（上海）有限公司	24	上海虹日国际电子有限公司
10	上海博世力士乐液压及自动化有限公司	25	安迪苏生命科学制品（上海）有限公司
11	道康宁有机硅贸易（上海）有限公司	26	三菱电机机电（上海）有限公司
12	上海国际商业机器工程技术有限公司	27	丸红（上海）有限公司
13	德利多富信息系统（上海）有限公司	28	陶氏化学（上海）有限公司
14	丰田汽车仓储贸易（上海）有限公司	29	路威酩轩时装（上海）贸易有限公司
15	山特维克国际贸易（上海）有限公司	30	安川电机（上海）有限公司

2008年天津港保税区物流企业营业收入排名表

序号	企业名称	序号	企业名称
1	中远散货运输有限公司	16	天津港太平洋国际集装箱码头有限公司
2	天津市万博物流有限公司	17	天津顺通高速公路发展有限责任公司
3	天津天惠船务企业有限公司	18	天津港航捷运船务代理有限公司
4	天津港第二港埠有限公司	19	天津荣进睿达物流有限公司
5	天津港集装箱码头有限公司	20	银河国际货运航空有限公司
6	天津五洲国际集装箱码头有限公司	21	天津港集装箱货运有限公司
7	天津振华国际船舶代理有限公司	22	天津振华国际物流运输有限公司

续表

序号	企业名称	序号	企业名称
8	天津港联盟国际集装箱码头有限公司	23	天津港信货运代理有限公司
9	天津东方海陆集装箱码头有限公司	24	天津市滨海铁路有限责任公司
10	天津港远航矿石码头有限公司	25	康新物流（天津）有限公司
11	天津港远航散货码头有限公司	26	天津港保税区隆海储运有限公司
12	天保国际物流发展有限公司	27	振华物流（天津）有限公司
13	天津中远航运有限公司	28	环世国际物流（天津）有限公司
14	天津新里程国际海运有限公司	29	天津市海运股份有限公司
15	天津汇丰能源发展有限公司	30	天津蓟港铁路有限责任公司

2008 年大连保税区物流企业营业收入排名表

单位：万元

序号	企业名称	营业收入	序号	企业名称	营业收入
1	大连港股份有限公司	320 544	16	大九国际流通有限公司	3 531
2	大连集装箱码头有限公司	62 577	17	大连国际物流园发展有限公司	3 440
3	大连港湾集装箱码头有限公司	36 218	18	大连北良物流集装箱有限公司	3 421
4	中床国际物流集团有限公司	10 165	19	大连毅都集发冷藏物流有限公司	3 251
5	大连集装箱码头有限公司	10 030	20	大连德力国际运输有限公司	3 240
6	中远鞍钢航运有限责任公司	9 927	21	大连胜通综合物流有限公司	2 734
7	大连集龙物流有限公司	8 305	22	大连鲜星国际物流有限公司	2 641
8	大连中石油国际储运有限公司	8 143	23	大连名集发港口技术服务有限公司	2 428
9	中床国际物流集团大连有限公司	5 595	24	大连口岸物流网有限公司	2 245
10	大连金港湾粮食物流有限公司	5 525	25	东芝物流（大连）有限公司	2 208
11	大连外轮理货有限公司	4 911	26	辽宁中运船务代理有限公司	2 162
12	中国外运辽宁有限公司	4 816	27	大连普集置业发展有限公司	1 899
13	大连日通外运物流有限公司	4 701	28	大连保税区 盛港集装箱物流服务	1 563
14	大连胜蛳国际集装箱有限公司	4 030	29	大连汽车码头有限公司	1 015
15	中海川崎汽车船运输有限公司	3 972	30	大连国际集装箱码头有限公司	400

2008 年宁波保税区物流企业营业收入排名表

单位：万元

序号	企业名称	营业收入	序号	企业名称	营业收入
1	沃茨（宁波）国际贸易有限公司	30 787	6	宁波浙金钢材有限公司	3 437
2	宁波奇美物流有限公司	15 475	7	宁波兰羚钢铁实业有限公司	1 574
3	宁波保税区高新货柜有限公司	12 045	8	宁波保税区华东进口商品市场开发有限公司	818
4	宁波悦晖化工有限公司	7 693	9	宁波亿源国际贸易有限公司	770
5	宁波保税区中石银国际贸易有限公司	3 694	10	宁波远大国际贸易有限公司	737

2008 年福州保税区物流企业营业收入排名表

单位：万元

序号	企业名称	营业收入	序号	企业名称	营业收入
1	福州大裕保税仓储有限公司	30 000	4	福州胜狮货柜有限公司	7 300
2	福州万全货运有限公司	28 000	5	福州金诚货运有限公司	5 700
3	福州外代储运有限公司	10 600			

2008 年汕头保税区物流企业营业收入排名表

序号	企业名称	序号	企业名称
1	威尔信（汕头保税区）动力设备有限公司	4	汕头保税区建设投资基金有限公司
2	西电（汕头保税区）动力设备有限公司	5	汕头市联兴盛物流有限公司
3	汕头市裕隆物流有限公司		

2008 年青岛保税区物流企业营业收入排名表

单位：万元

序号	企业名称	营业收入	序号	企业名称	营业收入
1	青岛赛瑞特国际物流有限公司	93 767	16	青岛海之冠机械有限公司	5 754
2	青岛骑士玻璃有限公司	38 729	17	青岛贵圣源实业有限公司	4 563
3	青岛保税区百瑞来国际贸易有限公司	37 013	18	青岛阔尔佳物流有限公司	4 052
4	中铁现代物流科技股份有限公司青岛分公司	21 586	19	青岛阔尔佳运输有限公司	3 919
5	青岛保税区济钢国际物流有限公司	20 162	20	青岛山九亚太物流有限公司	3 907
6	青岛保税区同信行国际贸易有限公司	18 073	21	青岛华棉国际物流有限公司	3 520
7	青岛保税区钰星泽国际贸易有限公司	16 777	22	青岛东港国际集装箱储运有限公司	3 282
8	青岛峰源开物流有限公司	14 329	23	青岛春伸贸易有限公司	3 128
9	青岛保税物流园区思锐佳德国际物流有限公司	10 178	24	小松物流（青岛）有限公司	3 040
10	青岛保税区启纪仓储物流有限公司	9 892	25	招商局国际码头（青岛）有限公司	2 816
11	青岛保税区维森国际贸易有限公司	8 591	26	青岛港盛国际物流冷藏有限公司	2 575
12	青岛广汇物流有限公司	8 017	27	青岛瑞诺轮胎有限公司	2 067
13	川崎振华物流（天津）有限公司青岛分公司	7 401	28	青岛保税区祥富物流有限公司	1 797
14	青岛长荣集装箱储运有限公司	6 527	29	三井物产（青岛）有限公司	1 764
15	青岛宏川物流有限公司	5 961	30	青岛赛奥卡物流有限公司	1 700

2008 年张家港保税区物流企业营业收入排名表

序号	企业名称	序号	企业名称
1	张家港东华能源股份有限公司	16	张家港保税区金海运输有限公司
2	张家港保税区中油泰富船舶燃料供应有限公司	17	张家港保税区凯腾化工仓储有限公司
3	上海丸协运输有限公司张家港保税区分公司	18	江苏逸仕路物流有限公司
4	张家港保税区沿江运输有限公司	19	张家港保税区澳丰物流有限公司
5	双狮（张家港）物流有限公司	20	张家港保税区天宇仓储有限公司
6	张家港保税区长江时代投资发展有限公司	21	张家港保税区力天仓储有限公司
7	张家港保税区越港运输有限公司	22	张家港保税区恒信物流有限公司
8	张家港保税区安平运输有限公司	23	张家港保税区丸协运输贸易有限公司
9	张家港保税区润通运输有限公司	24	张家港保税区江南国际贸易仓储有限公司
10	张家港保税区协力国际储运有限公司	25	张家港保税区长江物流有限公司
11	张家港保税区南港发展有限公司	26	张家港保税区惠宝来会国际贸易仓储有限公司
12	张家港保税区金港物流中心有限公司	27	张家港保税区大联通运输有限公司
13	张家港保税区富鼎运输有限公司	28	张家港保税区长发仓储有限公司
14	张家港保税区兵吉燕长谊物流有限公司	29	张家港保税区宏泰仓储有限公司
15	张家港保税区联合发展有限公司	30	张家港保税区江海仓储有限公司

2008 年全国各保税物流园区主要经济指标完成情况表

2008 年上海外高桥保税物流园区主要经济指标完成情况表

指标名称	单位	2008 年	比上年增长（%）
营业收入	万元	167 540	5.4
当年批准企业	个	1	-88.9
当年批准投资额	万美元	5 268	-74.0
其中：三资企业	万美元	4 748	-63.2
合同外资	万美元	2 235	-78.2
期末货物存放量	万吨	21.94	-15.6
期末施工房屋面积	万平方米	27.46	0.0
工商税收	万元	10 036	61.0
固定资产投资额	万元	8 454	-24.0
期末从业人员	人	792	10.0
其中：外资企业从业人员	人	351	13.0
物流园区批准面积	平方公里	1.03	0.0
物流园区验收封关面积	平方公里	1.03	0.0

2008 年青岛保税物流园区主要经济指标完成情况表

指标名称	单位	2008 年	比上年增长（%）
营业收入	万元	26 237	73.5
当年批准企业	个	9	-43.8
其中：贸易企业	个	9	-25.0
仓储物流企业	个	0	-100.0
当年批准三资企业	个	1	—
其中：贸易企业	个	1	—
仓储物流企业	个	0	—
当年批准投资额	万美元	274	-45.5
其中：三资企业	万美元	116	—

续表

指标名称	单位	2008 年	比上年增长（%）
合同外资	万美元	116	—
实际利用外资	万美元	83	—
期末货物存放量	万吨	3	-33.0
企业货运总量	万吨	92	-39.2
期末施工房屋面积	万平方米	0	—
竣工房屋建筑面积	万平方米	0	—
固定资产投资额	万元	4 393	4.50
期末从业人员	人	59	—
期末物流园区批准面积	平方公里	1	0.0
期末物流园区验收封关面积	平方公里	1	0.0

2008 年宁波保税物流园区主要经济指标完成情况表

指标名称	单位	2008 年	比上年增长（%）
增加值	万元	81 215	205.4
营业收入	万元	507 594	205.4
当年批准企业	个	2	-60.0
其中：贸易企业	个	2	100.0
当年批准投资额	万美元	31	-20.5
期末货物存放量	万吨	108	—
企业货运总量	万吨	737 203	—
各种税收收入总额	万元	57 663	205.0
其中：海关税收及代征税	万元	57 663	205.0
期末从业人员	人	75	—
其中：外资企业从业人员	人	3	—
期末物流园区批准面积	平方公里	0.95	0.0
期末物流园区验收封关面积	平方公里	0.95	0.0

2008 年深圳盐田港保税物流园区主要经济指标完成情况表

指标名称	单位	2008 年	比上年增长（%）
当年批准企业	个	7	133.3
其中：贸易企业	个	0	0.0
仓储物流企业	个	6	200.0
当年批准投资额	万美元	2 706	-7.7
实际利用外资	万美元	1 101	67.9
各种税收收入总额	万元	42 092	379.3
其中：海关税收及代征税	万元	40 724	475.5
期末物流园区批准面积	平方公里	0.96	0.0
期末物流园区验收封关面积	平方公里	0.96	0.0

2008 年天津保税物流园区主要经济指标完成情况表

指标名称	单位	2008 年	比上年增长（%）
增加值	万元	14 612	62.2
营业收入	万元	86 958	66.3
各种税收收入总额	万元	1 533 546	107.2
其中：工商税收	万元	5 530	50.9
期末从业人员	人	651	—
其中：外资企业从业人员	人	338	—
期末物流园区批准面积	平方公里	1.50	0.0
期末物流园区验收封关面积	平方公里	0.60	0.0

2008 年张家港保税物流园区主要经济指标完成情况表

指标名称	单位	2008 年	比上年增长（%）
营业收入	万元	382 759	14.9
当年批准企业	个	176	-3.3
其中：贸易企业	个	165	—
仓储物流企业	个	11	-35.3
当年批准三资企业	个	10	-52.4
其中：贸易企业	个	10	-28.6
当年批准投资额	万美元	14 016	-34.3
其中：三资企业	万美元	133	-98.8
合同外资	万美元	61	-99.2
实际利用外资	万美元	4 679	126.8
期末货物存放量	万吨	17.22	-34.3
企业货运总量	万吨	776.19	0.5
各种税收收入总额	万元	372 863	8.3
其中：海关税收及代征税	万元	365 867	16.0
工商税收	万元	6 996	-75.8
期末从业人员	人	2 405	32.4
其中：外资企业从业人员	人	305	9.3
期末物流园区批准面积	平方公里	1.53	-23.5
期末物流园区验收封关面积	平方公里	1.53	-23.5

全国各保税物流园区历年招商引资情况表

青岛保税物流园区历年招商引资情况表

指标	单位	历年累计
批准企业项目	个	50
其中：外资企业项目		8
投资总额	万美元	9 294
其中：外商投资总额		8 113
合同外资额		3 678
实际利用外资		3 001

宁波保税物流园区历年招商引资情况表

指标	单位	历年累计
批准企业项目	个	16
其中：外资企业项目		1
投资总额	万美元	2 766
其中：外商投资总额		100
合同外资额		100
实际利用外资		100

天津保税物流园区历年招商引资情况表

指标	单位	历年累计
批准企业项目	个	144
其中：外资企业项目		59
投资总额	万美元	12 896
其中：外商投资总额		7 705
合同外资额		5 599
实际利用外资		5 599

张家港保税物流园区历年招商引资情况表

指标	单位	历年累计
批准企业项目	个	429
其中：外资企业项目		46
投资总额	万美元	54 660
其中：外商投资总额		31 529
合同外资额		28 281
实际利用外资		8 576

全国各保税物流园区历年主要外商投资情况表

青岛保税物流园区历年主要外商投资情况表

按项目数排列			按投资额排列		
序号	国别（地区）	项目数（个）	序号	国别（地区）	投资额（万美元）
1	韩国	4	1	英属维尔京群岛	5 996
2	英属维尔京群岛	2	2	韩国	1 097
3	阿拉伯联合酋长国	1	3	美国	1 000
4	美国	1	4	阿拉伯联合酋长国	20

张家港保税物流园区历年主要外商投资情况表

按项目数排列			按投资额排列		
序号	国别（地区）	项目数（个）	序号	国别（地区）	投资额（万美元）
1	荷兰	4	1	荷兰	10 970
2	新加坡	3	2	新加坡	4 400
3	中国香港	3	3	中国香港	401
4	澳大利亚	3	4	开曼群岛	125
5	意大利	3	5	澳大利亚	95

2008 年全国各保税物流园区物流企业营业收入排名表

2008 年青岛保税物流园区物流企业营业收入排名表

单位：万元

序号	企业名称	营业收入	序号	企业名称	营业收入
1	青岛保税物流园区思锐佳德国际物流有限公司	10 178	6	青岛保税物流园区怡坤国际货代有限公司	78
2	青岛保税物流园区怡亚通供应链有限公司	341	7	青岛保税物流园区金明尚国际物流有限公司	75
3	青岛保税物流园区骏东物流有限公司	286	8	青岛保税物流园区英桥国际物流有限公司	32
4	青岛保税物流园区诚业国际货运代理有限公司	122	9	青岛保税物流园区中外运仓储物流有限公司	2
5	青岛保税物流园区共用国际物流有限公司	104			

2008 年张家港保税物流园区物流企业营业收入排名表

单位：万元

序号	企业名称	序号	企业名称
1	张家港保税区中油泰富石油有限公司	6	张家港保税物流园区金昊国际物流有限公司
2	张家港保税物流园区华芳物流有限公司	7	张家港孚宝仓储有限公司
3	东马油脂（张家港保税区）有限公司	8	张家港保税物流园区万源物流有限公司
4	百科标准件（张家港保税物流园区）有限公司	9	张家港保税物流园区恒春国际贸易有限公司
5	张家港保税区长江国际港务有限公司		

出口加工区

2008 年全国出口加工区进出口贸易统计表

名称	进出口合计		出口		进口	
	2008 年 1 月 ~2008 年 12 月		2008 年 1 月 ~2008 年 12 月		2008 年 1 月 ~2008 年 12 月	
	金额（万美元）	比上年增长（%）	金额（万美元）	比上年增长（%）	金额（万美元）	比上年增长（%）
合计	14 444 830.5	27.5	9 679 146.1	35.4	4 765 684.3	13.9
北京天竺出口加工区	32 600.7	26.7	14 419.5	13.2	18 181.2	40.0
天津出口加工区	42 246.0	-58.6	32 724.5	-55.9	9 521.6	-65.9
河北秦皇岛出口加工区	2 526.2	8.0	2 113.3	7.9	412.9	8.6
河北廊坊出口加工区	24.5	—	—	—	24.5	—
内蒙古呼和浩特出口加工区	12 539.3	—	4 767.1	—	7 772.1	—
辽宁沈阳（张士）出口加工区	5 393.2	197.4	3 248.9	210.0	2 144.3	180.1
辽宁大连出口加工区	98 831.6	27.5	73 916.6	20.5	24 915.0	54.3
吉林珲春出口加工区	6 635.9	103.4	5 996.1	107.9	639.9	69.2
上海漕河泾出口加工区	1 479 883.6	31.6	1 183 265.3	41.3	296 618.3	3.2
上海嘉定出口加工区	5 916.9	—	5 673.9	—	243.0	—
上海闵行出口加工区	159 608.9	83.3	87 605.5	106.1	72 003.4	61.6
上海松江出口加工区	3 906 690.7	1.2	2 846 379.4	10.8	1 060 311.2	-18.0
上海青浦出口加工区	32 158.3	50.2	20 610.9	51.6	11 547.5	47.6
上海金桥出口加工区（南区）	31 824.1	-21.2	20 490.7	-20.2	11 333.4	-23.0
江苏南京出口加工区	10 173.0	60.8	4 356.5	52.7	5 816.6	67.6
江苏南京出口加工区（南区）	132 165.6	-22.7	74 444.0	-25.6	57 721.6	-18.6
江苏无锡出口加工区	861 073.8	-18.3	484 081.2	4.4	376 992.5	-36.2
江苏常州出口加工区	10 530.9	371.4	7 271.7	440.3	3 259.1	267.0
江苏苏州高新区出口加工区	1 235 651.9	1 448.5	892 581.1	1 659.2	343 070.9	1 080.7
江苏南通出口加工区	40 416.5	16.3	20 495.8	21.7	19 920.7	11.3
江苏连云港出口加工区	9 300.6	12.8	5 755.7	22.5	3 544.8	0.0
江苏淮安出口加工区	1 983.4	—	978.6	—	1 004.8	—
江苏扬州出口加工区	5 338.5	753.3	182.3	—	5 156.2	724.1

续表

名称	进出口合计		出口		进口	
	2008 年 1 月 ~2008 年 12 月		2008 年 1 月 ~2008 年 12 月		2008 年 1 月 ~2008 年 12 月	
	金额（万美元）	比上年增长（%）	金额（万美元）	比上年增长（%）	金额（万美元）	比上年增长（%）
江苏镇江出口加工区	1 288. 3	-13. 8	536. 0	-47. 8	752. 3	60. 9
江苏常熟出口加工区	4 547. 3	171. 6	2 646. 1	205. 0	1 901. 2	135. 7
江苏昆山出口加工区	3 523 215. 6	11. 6	2 435 472. 3	16. 8	1 087 743. 3	1. 5
江苏吴江出口加工区	6 582. 2	7 594. 7	4 123. 3	—	2 459. 0	2 774. 6
浙江杭州出口加工区	218 834. 0	-11. 3	137 272. 5	-8. 1	81 561. 4	-16. 3
浙江宁波出口加工区	656 779. 5	45. 8	305 033. 6	40. 7	351 745. 8	50. 5
浙江嘉兴出口加工区	1 812. 3	976. 2	842. 8	655. 8	969. 5	1 604. 2
安徽芜湖出口加工区	3 207. 2	-48. 0	2 299. 4	-60. 8	907. 8	191. 8
福建福州福清出口加工区	4. 5	17. 2	—	—	4. 5	—
福建厦门杏林出口加工区	60 192. 5	45. 5	36 224. 5	44. 1	23 968. 1	47. 8
福建泉州出口加工区	170. 0	—	—	—	170. 0	—
江西南昌出口加工区	3 505. 0	19 759. 5	394. 3	—	3 110. 7	17 525. 5
江西九江出口加工区	2 090. 7	534. 1	1 394. 8	1 418. 4	695. 9	192. 6
山东济南出口加工区	5 490. 0	61. 7	5 444. 9	61. 8	45. 1	46. 2
山东青岛出口加工区	45 915. 4	21. 9	26 699. 8	16. 0	19 215. 7	31. 0
山东青岛西海岸出口加工区	1 328. 4	8 797. 6	788. 9	5 184. 0	539. 5	—
山东烟台出口加工区	859 424. 3	2 218. 4	483 356. 2	2 316. 1	376 068. 0	2 103. 8
山东潍坊出口加工区	1 527. 6	354. 8	1 209. 4	341. 3	318. 1	414. 9
山东威海出口加工区	70 315. 3	5. 7	37 028. 2	5. 9	33 287. 1	5. 4
河南郑州出口加工区	15 340. 3	2. 2	4 677. 1	57. 8	10 663. 3	-11. 5
湖北武汉出口加工区	4 733. 1	-34. 1	987. 7	-58. 1	3 745. 5	-22. 3
湖南郴州出口加工区	2 770. 7	19 591. 1	1 528. 4	—	1 242. 3	8 729. 1
广东广州出口加工区	70 410. 2	9. 4	56 684. 6	20. 9	13 725. 7	-21. 3
广东深圳出口加工区	196 340. 3	-1. 8	129 331. 6	3. 1	67 008. 7	-9. 9
广西北海出口加工区	25 406. 3	25. 9	13 342. 6	24. 5	12 063. 7	27. 5
重庆出口加工区	21 959. 5	37. 7	6 161. 6	-51. 2	15 797. 9	375. 5
四川成都出口加工区	474 992. 2	100. 9	174 311. 1	91. 2	300 681. 1	107. 0
四川绵阳出口加工区	1 036. 8	—	766. 4	—	270. 4	—
云南昆明出口加工区	40. 6	—	40. 6	—	—	—
陕西西安出口加工区	41 499. 1	151. 3	18 637. 4	186. 4	22 861. 6	128. 5
新疆乌鲁木齐出口加工区	557. 3	101. 3	551. 5	99. 2	5. 8	—

2008 年全国出口加工区主要进口产品分类表

单位：美元

商品分类	2008 年	
	进口额	比上年增长（%）
合计	149 946 200 342	41.1
第一类　活动物；动物产品	58 258 356	9.3
第二类　植物产品	24 245 571	20.7
第三类　动、植物油、脂、蜡；精制食用油脂	1 259 982	-39.1
第四类　食品；饮料、酒及醋；烟草及制品	8 471 110	10.5
第五类　矿产品	106 410 333	-4.6
第六类　化学工业及其相关工业的产品	1 669 981 486	37.2
第七类　塑料及其制品；橡胶及其制品	2 020 699 110	33.3
第八类　革、毛皮及制品；箱包；肠线制品	222 139 966	2.4
第九类　木及制品；木炭；软木；编结品	209 547 832	18.1
第十类　木浆等；废纸；纸、纸板及其制品	1 030 352 707	52.7
第十一类　纺织原料及纺织制品	461 873 960	74.0
第十二类　鞋帽伞等；羽毛品；人造花；人发品	3 771 702	-25.2
第十三类　矿物材料制品；陶瓷品；玻璃及制品	307 419 095	50.3
第十四类　珠宝、贵金属及制品；仿首饰；硬币	129 059 648	58.6
第十五类　贱金属及其制品	2 909 765 421	37.2
第十六类　机电、音像设备及其零件、附件	115 114 784 937	40.3
第十七类　车辆、航空器、船舶及运输设备	443 044 959	5.6
第十八类　光学、医疗等仪器；钟表；乐器	24 929 905 523	46.4
第十九类　武器、弹药及其零件、附件	29 325	-27.4
第二十类　杂项制品	276 962 704	127.4
第二十一类　艺术品、收藏品及古物	398	-93.9
第二十二类　特殊交易品及未分类商品	18 216 217	26.9

2008年全国出口加工区主要出口产品分类表

单位：美元

商品分类	2008年	
	出口额	比上年增长（%）
合计	154 255 448 704	43.1
第一类　活动物；动物产品	44 972 789	1.2
第二类　植物产品	23 916 620	61.4
第三类　动、植物油、脂、蜡；精制食用油脂	225 064	-55.9
第四类　食品；饮料、酒及醋；烟草及制品	59 971 935	17.8
第五类　矿产品	897 615	-83.2
第六类　化学工业及其相关工业的产品	1 110 802 388	115.1
第七类　塑料及其制品；橡胶及其制品	629 149 627	52.6
第八类　革、毛皮及制品；箱包；肠线制品	183 432 566	28.8
第九类　木及制品；木炭；软木；编结品	101 566 699	108.0
第十类　木浆等；废纸；纸、纸板及其制品	372 806 758	47.8
第十一类　纺织原料及纺织制品	479 980 118	74.3
第十二类　鞋帽伞等；羽毛品；人造花；人发品	4 721 260	-20.1
第十三类　矿物材料制品；陶瓷品；玻璃及制品	157 707 843	78.4
第十四类　珠宝、贵金属及制品；仿首饰；硬币	79 672 090	51.7
第十五类　贱金属及其制品	1 091 145 835	50.5
第十六类　机电、音像设备及其零件、附件	129 773 221 259	37.6
第十七类　车辆、航空器、船舶及运输设备	1 426 801 191	10.1
第十八类　光学、医疗等仪器；钟表；乐器	15 741 558 702	71.8
第十九类　武器、弹药及其零件、附件	128 285	-51.4
第二十类　杂项制品	2 971 781 773	591.1
第二十一类　艺术品、收藏品及古物	1 026	146.0
第二十二类　特殊交易品及未分类商品	987 261	-73.6

2008年全国出口加工区进口国别(地区)排名前30位

单位：美元

国别（地区）		2008年	
		进口额	比上年增长（%）
	合计	149 946 200 342	41.1
1	中华人民共和国	83 734 874 573	67.1
2	中国台湾	16 163 178 804	39.4
3	韩国	10 098 470 085	6.7
4	日本	8 435 569 435	64.1
5	菲律宾	7 673 455 274	-18.7
6	马来西亚	6 442 492 990	13.9
7	泰国	6 385 123 486	35.2
8	美国	3 568 614 129	17.9
9	新加坡	2 518 939 995	-3.9
10	中国香港	788 014 245	-26.2
11	德国	578 318 205	34.8
12	爱尔兰	552 398 628	178.2
13	印度尼西亚	382 723 741	-16.2
14	荷兰	377 823 238	-27.2
15	哥斯达黎加	296 988 395	-31.6
16	加拿大	281 911 306	169.7
17	法国	240 595 025	111.0
18	意大利	187 282 342	-2.2
19	英国	143 260 503	37.5
20	瑞士	130 501 183	10.1
21	澳大利亚	100 853 179	12.5
22	比利时	95 129 111	26.3
23	墨西哥	93 699 408	23.6
24	越南	85 363 293	211.8
25	以色列	65 763 010	20.7
26	奥地利	64 851 823	26.5
27	阿拉伯联合酋长国	45 315 414	-0.8
28	新西兰	37 944 906	-1.9
29	西班牙	36 774 262	28.1
30	捷克	33 423 825	-26.0

2008 年全国出口加工区出口国别(地区)排名前30位

单位：美元

国别（地区）		2008 年	
		出口额	比上年增长（%）
	合计	154 255 907 429	43.1
1	中华人民共和国	50 318 933 913	66.6
2	美国	32 392 191 833	35.3
3	荷兰	9 759 475 656	37.6
4	德国	8 325 011 032	25.6
5	中国香港	7 458 782 497	17.7
6	日本	5 966 888 837	36.5
7	韩国	3 533 786 592	38.0
8	法国	3 392 844 753	-0.5
9	卢森堡	3 320 535 819	82.4
10	英国	3 121 994 453	55.0
11	新加坡	2 935 014 276	22.1
12	马来西亚	2 398 980 561	-3.5
13	加拿大	1 898 421 245	34.0
14	中国台湾	1 893 142 654	35.1
15	澳大利亚	1 657 363 930	26.1
16	墨西哥	1 379 701 105	55.0
17	捷克	1 352 616 475	90.7
18	阿拉伯联合酋长国	1 348 247 901	76.0
19	巴西	1 157 817 445	89.6
20	爱尔兰	1 048 286 859	-21.4
21	印度	1 009 667 380	30.8
22	意大利	976 877 688	149.8
23	波兰	963 823 196	204.3
24	泰国	758 437 508	51.9
25	芬兰	632 922 117	77.9
26	西班牙	619 679 866	159.0
27	比利时	488 011 070	29.9
28	土耳其	402 904 244	23.9
29	印度尼西亚	350 144 883	127.5
30	匈牙利	319 826 315	7.5

2008年全国出口加工区企业进口额排名前30位

单位：美元

企业名称		2008年	
		进口额	比上年增长（%）
	合计	149 946 200 342	41.1
1	达功（上海）电脑有限公司	16 258 883 877	64.8
2	昆山飞力仓储服务有限公司	10 892 807 691	46.1
3	名硕电脑（苏州）有限公司	8 835 341 941	95 007.2
4	达丰（上海）电脑有限公司	6 955 280 282	-20.7
5	英顺达科技有限公司	6 111 715 095	1.3
6	仁宝资讯工业（昆山）有限公司	5 785 459 008	-5.7
7	纬新资通（昆山）有限公司	5 564 113 580	125.1
8	仁宝信息技术（昆山）有限公司	4 782 537 850	17.4
9	鸿富锦精密电子（烟台）有限公司	4 750 125 823	507 713.8
10	宁波奇美电子有限公司	4 649 588 725	51.6
11	英源达科技有限公司	4 137 064 901	6 846.6
12	纬智资通（昆山）有限公司	3 822 957 870	56.6
13	达伟（上海）物流仓储有限公司	2 772 649 674	226.8
14	希捷国际科技（无锡）有限公司	2 733 046 659	-8.4
15	英特尔产品（成都）有限公司	2 696 306 934	113.4
16	达业（上海）电脑科技有限公司	2 610 031 683	-38.4
17	仁宝电子科技（昆山）有限公司	2 044 245 925	18.6
18	纬创资通（昆山）有限公司	1 848 336 261	18.1
19	英华达（上海）科技有限公司	1 738 803 527	-8.9
20	海力士-恒忆半导体有限公司	1 720 190 090	-42.2
21	达辉（上海）电子有限公司	1 701 356 961	19.0
22	希捷科技（苏州）有限公司	1 570 344 481	33.4
23	达福（上海）电脑科技有限公司	1 334 444 900	-39.3
24	上海大众国际仓储物流有限公司	1 322 370 252	26.1
25	国基电子（上海）有限公司	1 218 570 927	17.8
26	志合电脑（苏州工业园区）有限公司	1 160 171 201	-8.4
27	东芝信息机器（杭州）有限公司	973 349 834	-9.3
28	宁波出口加工区物流中心有限公司	949 306 814	938.0
29	华宝通讯（南京）有限公司	886 043 052	-23.3
30	捷普电子（无锡）有限公司	870 195 411	1.0

2008年全国出口加工区企业出口额排名前30位

单位：美元

	企业名称	2008年	
		出口额	比上年增长（%）
	合计	154 255 907 429	43.1
1	达功（上海）电脑有限公司	16 260 272 804	65.6
2	昆山飞力仓储服务有限公司	11 181 266 590	33.0
3	名硕电脑（苏州）有限公司	8 998 672 907	64 603 769.0
4	达丰（上海）电脑有限公司	7 222 278 920	-19.3
5	英顺达科技有限公司	6 267 655 666	3.6
6	仁宝资讯工业（昆山）有限公司	5 950 802 618	-4.3
7	纬新资通（昆山）有限公司	5 467 064 009	116.4
8	宁波奇美电子有限公司	4 986 109 265	57.1
9	仁宝信息技术（昆山）有限公司	4 590 934 257	7.6
10	鸿富锦精密电子（烟台）有限公司	4 523 713 256	1 632 267.0
11	英源达科技有限公司	4 013 120 032	27 963.4
12	纬智资通（昆山）有限公司	3 778 573 878	55.7
13	希捷国际科技（无锡）有限公司	2 829 281 256	-11.2
14	达业（上海）电脑科技有限公司	2 819 339 386	-34.3
15	达伟（上海）物流仓储有限公司	2 797 536 142	273.1
16	海力士-恒忆半导体有限公司	2 287 377 415	70.9
17	英特尔产品（成都）有限公司	1 905 559 817	101.8
18	纬创资通（昆山）有限公司	1 878 596 995	22.9
19	仁宝电子科技（昆山）有限公司	1 848 850 625	5.2
20	英华达（上海）科技有限公司	1 803 679 449	-15.1
21	达辉（上海）电子有限公司	1 767 241 748	2.1
22	达福（上海）电脑科技有限公司	1 528 901 190	-31.5
23	希捷科技（苏州）有限公司	1 523 946 666	16.3
24	上海大众国际仓储物流有限公司	1 380 495 639	35.3
25	国基电子（上海）有限公司	1 256 457 713	29.4
26	志合电脑（苏州工业园区）有限公司	1 229 624 421	-1.0
27	宁波出口加工区物流中心有限公司	1 010 001 437	931.4
28	捷普电子（无锡）有限公司	948 559 550	17.3
29	东芝信息机器（杭州）有限公司	925 057 093	-12.9
30	彩晶光电科技（昆山）有限公司	858 360 883	26.6

2008 年全国出口加工区经济指标统计汇总表

指标	单位	合计		上海松江出口加工区	
		2008 年	比上年增长（%）	2008 年	比上年增长（%）
增加值	万元	5 488 867	17.5	694 566	2.1
工业总产值	万元	65 056 836	13.8	20 821 913	-2.2
其中：高新技术产业	万元	11 491 303	6.9	0	0.0
电子信息产业	万元	57 004 789	14.6	19 374 174	-6.0
工业产品销售额	万元	63 948 550	13.4	20 305 503	-5.4
工业企业利润总额	万元	1 238 404	-20.8	208 510	-14.7
物流企业营业收入	万元	70 117	99.9	7 352	98.5
综合能源耗费量（季报）	吨标准煤	683 087	24.7	95 082	8.1
批准项目数	个	167	-26.1	10	25.0
其中：外资项目批准数	个	120	-9.8	6	-25.0
仓储物流企业	个	24	-50.0	5	150.0
批准投资总额	万美元	408 086	-23.4	22 875	-32.4
其中：外资项目投资总额	万美元	358 837	-26.0	22 233	-34.3
增资额	万美元	162 509	-45.1	17 771	-33.5
合同利用外资	万美元	160 375	-30.2	12 441	-4.3
其中：增资额	万美元	63 814	-51.5	9 596	-8.4
实际利用外资	万美元	192 521	-12.0	21 992	145.6
固定资产投资额	万元	2 900 795	67.6	113 464	50.2
其中：基础设施投资	万元	164 755	4.5	0	0.0
开发公司投资	万元	201 303	44.4	0	0.0
施工房屋建筑面积	万平方米	303	7.8	2	-85.9
其中：在建厂房面积	万平方米	259	3.5	2	-85.9
房屋竣工建筑面积	万平方米	329	20.9	2	-49.7
其中：已建成厂房面积	万平方米	259	8.3	0	-100.0
已建成仓库面积	万平方米	24	16.0	2	-49.4
土地实际已租售面积	万平方米	328	-82.8	1	-96.6
已投产企业	个	104	-37.7	11	0.0
其中：投资额 5 000 万美元（含）以上	个	6	-50.0	0	0.0
投资额 3 000（含）~5 000 万美元以上	个	3	-25.0	0	0.0
投资额 1 000（含）~3 000 万美元以上	个	20	-31.0	0	0.0
税收总额	万元	441 253	43.0	114 892	32.2
其中：海关税收及代征税	万元	248 470	44.4	67 674	8.6
工商税收	万元	192 172	40.8	47 218	91.9
期末从业人员	万人	48	24.3	9	-3.9
其中：外资企业从业人员	万人	47	25.8	9	-4.1
出口加工区批准面积	平方公里	113	8.1	6	0.0
出口加工区验收封关面积	平方公里	60	9.3	4	0.0

续表

指标	单位	江苏昆山出口加工区		上海漕河泾出口加工区	
		2008 年	比上年增长（%）	2008 年	比上年增长（%）
增加值	万元	778 820	25.4	185 037	47.3
工业总产值	万元	15 894 283	26.5	8 563 407	33.1
其中：高新技术产业	万元	690 024	0.0	1 582 854	-17.8
电子信息产业	万元	14 050 686	26.7	8 538 893	32.7
工业产品销售额	万元	15 826 645	26.7	8 578 959	32.8
工业企业利润总额	万元	197 891	-19.4	6 319	-80.0
物流企业营业收入	万元	19 672	174.6	0	0.0
综合能源耗费量（季报）	吨标准煤	58 316	11.6	84 082	137.3
批准项目数	个	10	-37.5	0	-100.0
其中：外资项目批准数	个	6	0.0	0	-100.0
仓储物流企业	个	6	-50.0	0	-100.0
批准投资总额	万美元	24 925	25.5	19 541	1064.5
其中：外资项目投资总额	万美元	24 673	31.9	19 541	1064.5
增资额	万美元	20 473	26.0	19 541	30432.8
合同利用外资	万美元	10 925	15.6	7 850	862.0
其中：增资额	万美元	9 050	17.7	7 850	12768.9
实际利用外资	万美元	8 281	-14.2	7 969	1093.0
固定资产投资额	万元	137 541	9.6	144 944	154.3
其中：基础设施投资	万元	3 339	-36.9	0	-100.0
开发公司投资	万元	23 450	343.0	0	-100.0
施工房屋建筑面积	万平方米	20	-60.9	0	0.0
其中：在建厂房面积	万平方米	20	-47.3	0	0.0
房屋竣工建筑面积	万平方米	46	41.1	0	0.0
其中：已建成厂房面积	万平方米	30	1.6	0	0.0
已建成仓库面积	万平方米	16	366.7	0	0.0
土地实际已租售面积	万平方米	11	-53.1	0	0.0
已投产企业	个	2	100.0	3	-66.7
其中：投资额 5 000 万美元（含）以上	个	0	0.0	0	0.0
投资额 3 000（含）~5 000 万美元以上	个	0	0.0	0	0.0
投资额 1 000（含）~3 000 万美元以上	个	0	0.0	0	0.0
税收总额	万元	64 943	48.8	64 698	59.2
其中：海关税收及代征税	万元	19 198	83.2	58 251	56.3
工商税收	万元	45 745	37.9	6 447	91.6
期末从业人员	万人	10	18.3	3	15.7
其中：外资企业从业人员	万人	10	18.5	3	15.3
出口加工区批准面积	平方公里	3	0.0	3	0.0
出口加工区验收封关面积	平方公里	3	0.0	1	0.0

续表

指标	单位	浙江杭州出口加工区		江苏南京出口加工区	
		2008 年	比上年增长（%）	2008 年	比上年增长（%）
增加值	万元	114 412	11.9	5 967	-38.2
工业总产值	万元	1 128 506	-11.9	55 475	67.1
其中：高新技术产业	万元	0	0.0	6 631	84.5
电子信息产业	万元	945 515	-13.1	43 337	58.4
工业产品销售额	万元	1 114 840	-12.6	39 094	188.0
工业企业利润总额	万元	19 359	-67.0	516	无
物流企业营业收入	万元	3 969	10.8	467	65.0
综合能源耗费量（季报）	吨标准煤	30 589	175.4	369	0.0
批准项目数	个	1	0.0	1	-66.7
其中：外资项目批准数	个	0	-100.0	1	-50.0
仓储物流企业	个	0	-100.0	0	0.0
批准投资总额	万美元	11 490	959.0	4 500	-58.6
其中：外资项目投资总额	万美元	1 776	63.7	4 500	-54.3
增资额	万美元	1 776	77.6	0	0.0
合同利用外资	万美元	800	73.9	750	-77.5
其中：增资额	万美元	800	100.0	0	0.0
实际利用外资	万美元	2 085	77.3	3 100	0.0
固定资产投资额	万元	83 274	399.4	1 942	-2.3
其中：基础设施投资	万元	163	4.5	228	-88.5
开发公司投资	万元	0	-100.0	95	280.0
施工房屋建筑面积	万平方米	5	-55.2	22	921.0
其中：在建厂房面积	万平方米	5	-55.2	20	973.8
房屋竣工建筑面积	万平方米	12	639.5	2	0.0
其中：已建成厂房面积	万平方米	12	639.5	2	0.0
已建成仓库面积	万平方米	0	0.0	0	0.0
土地实际已租售面积	万平方米	10	49.9	0	-100.0
已投产企业	个	0	-100.0	0	-100.0
其中：投资额 5 000 万美元（含）以上	个	0	0.0	0	0.0
投资额 3 000（含）~5 000 万美元以上	个	0	0.0	0	0.0
投资额 1 000（含）~3 000 万美元以上	个	0	0.0	0	0.0
税收总额	万元	16 196	25.8	445	1 680.0
其中：海关税收及代征税	万元	6 619	88.4	0	0.0
工商税收	万元	9 577	2.3	445	1 680.0
期末从业人员	万人	1	-29.8	0	172.1
其中：外资企业从业人员	万人	1	-29.8	0	154.8
出口加工区批准面积	平方公里	3	0.0	3	0.0
出口加工区验收封关面积	平方公里	2	0.0	2	0.0

续表

指标	单位	广东深圳出口加工区		辽宁大连出口加工区	
		2008年	比上年增长（%）	2008年	比上年增长（%）
增加值	万元	160 512	-51.3	136 760	23.3
工业总产值	万元	1 003 407	-20.0	526 000	9.1
其中：高新技术产业	万元	527 645	-12.0	0	0.0
电子信息产业	万元	659 222	-8.0	0	0.0
工业产品销售额	万元	1 092 264	-13.6	522 000	9.9
工业企业利润总额	万元	181 234	-18.3	6 000	500.0
物流企业营业收入	万元	0	0.0	0	0.0
综合能源耗费量（季报）	吨标准煤	21 383	-29.0	0	0.0
批准项目数	个	3	0.0	0	0.0
其中：外资项目批准数	个	3	0.0	0	0.0
仓储物流企业	个	0	0.0	0	0.0
批准投资总额	万美元	3 876	767.1	45	0.0
其中：外资项目投资总额	万美元	3 876	767.1	45	0.0
增资额	万美元	456	794.1	0	0.0
合同利用外资	万美元	1 928	591.0	45	0.0
其中：增资额	万美元	428	739.2	0	0.0
实际利用外资	万美元	1 825	52.1	15 550	15 450.0
固定资产投资额	万元	0	0.0	267 889	2 690.5
其中：基础设施投资	万元	0	0.0	0	0.0
开发公司投资	万元	0	0.0	0	0.0
施工房屋建筑面积	万平方米	0	-100.0	16	0.0
其中：在建厂房面积	万平方米	0	-100.0	0	0.0
房屋竣工建筑面积	万平方米	6	0.0	0	0.0
其中：已建成厂房面积	万平方米	6	0.0	0	0.0
已建成仓库面积	万平方米	0	0.0	0	0.0
土地实际已租售面积	万平方米	0	0.0	0	0.0
已投产企业	个	6	20.0	0	0.0
其中：投资额5 000万美元（含）以上	个	0	0.0	0	0.0
投资额3 000（含）~5 000万美元以上	个	0	0.0	0	0.0
投资额1 000（含）~3 000万美元以上	个	2	0.0	0	0.0
税收总额	万元	5 779	48.1	5 689	0.0
其中：海关税收及代征税	万元	315	0.0	0	0.0
工商税收	万元	5 464	40.0	5 689	0.0
期末从业人员	万人	1	-10.8	1	5.8
其中：外资企业从业人员	万人	1	-10.8	1	12.0
出口加工区批准面积	平方公里	3	0.0	3	0.0
出口加工区验收封关面积	平方公里	3	0.0	2	0.0

续表

指标	单位	浙江宁波出口加工区		天津出口加工区	
		2008 年	比上年增长（%）	2008 年	比上年增长（%）
增加值	万元	666 848	69.6	44 643	-89.6
工业总产值	万元	4 347 114	23.6	268 968	-58.6
其中：高新技术产业	万元	3 951 526	30.5	0	-100.0
电子信息产业	万元	3 903 708	31.2	62 751	-85.8
工业产品销售额	万元	4 163 233	29.2	259 943	-58.5
工业企业利润总额	万元	153 014	-30.0	27 799	-68.4
物流企业营业收入	万元	0	0.0	0	0.0
综合能源耗费量（季报）	吨标准煤	39 037	40.0	10 000	18.9
批准项目数	个	1	-80.0	1	-66.7
其中：外资项目批准数	个	1	-80.0	1	-66.7
仓储物流企业	个	0	0.0	0	0.0
批准投资总额	万美元	22 130	-46.1	2 500	6.6
其中：外资项目投资总额	万美元	22 130	-46.1	2 500	6.6
增资额	万美元	21 602	-49.2	0	0.0
合同利用外资	万美元	6 724	-53.2	1 000	-35.0
其中：增资额	万美元	6 424	-53.2	0	0.0
实际利用外资	万美元	5 908	-42.7	1 000	-57.4
固定资产投资额	万元	293 170	29.1	0	0.0
其中：基础设施投资	万元	748	-91.4	0	0.0
开发公司投资	万元	0	0.0	0	0.0
施工房屋建筑面积	万平方米	90	76.6	0	0.0
其中：在建厂房面积	万平方米	90	76.6	0	0.0
房屋竣工建筑面积	万平方米	57	624.1	0	0.0
其中：已建成厂房面积	万平方米	57	624.1	0	0.0
已建成仓库面积	万平方米	0	0.0	0	0.0
土地实际已租售面积	万平方米	17	-66.7	0	-100.0
已投产企业	个	0	-100.0	0	-100.0
其中：投资额 5 000 万美元（含）以上	个	0	0.0	0	0.0
投资额 3 000（含）~5 000 万美元以上	个	0	-100.0	0	0.0
投资额 1 000（含）~3 000 万美元以上	个	0	-100.0	0	0.0
税收总额	万元	12 211	0.0	5 764	185.6
其中：海关税收及代征税	万元	12 211	0.0	4 313	118.0
工商税收	万元	0	0.0	1 451	3 620.5
期末从业人员	万人	2	51.4	1	-9.0
其中：外资企业从业人员	万人	2	51.4	1	-3.8
出口加工区批准面积	平方公里	3	0.0	3	0.0
出口加工区验收封关面积	平方公里	2	0.0	1	0.0

续表

指标	单位	山东威海出口加工区		江苏苏州高新区出口加工区	
		2008 年	比上年增长（%）	2008 年	比上年增长（%）
增加值	万元	36954	-34.7	199 823	195.4
工业总产值	万元	233805	20.0	855 604	206.2
其中：高新技术产业	万元	0	0.0	855 604	206.2
电子信息产业	万元	165387	23.5	810 184	252.0
工业产品销售额	万元	234813	21.0	849 036	202.6
工业企业利润总额	万元	-8263	无	37 559	3 320.7
物流企业营业收入	万元	0	0.0	600	0.0
综合能源耗费量（季报）	吨标准煤	1338	-87.9	16 121	618.7
批准项目数	个	4	0.0	5	0.0
其中：外资项目批准数	个	4	100.0	5	0.0
仓储物流企业	个	0	-100.0	0	-100.0
批准投资总额	万美元	1363	-60.1	84 405	52.6
其中：外资项目投资总额	万美元	1363	-59.3	84 405	52.6
增资额	万美元	40	-97.8	1 138	-96.6
合同利用外资	万美元	758	-58.4	29 682	40.3
其中：增资额	万美元	28	-96.5	625	-94.7
实际利用外资	万美元	178	-91.6	43 474	164.7
固定资产投资额	万元	21307	143.5	517 947	618.8
其中：基础设施投资	万元	697	-30.9	9 253	-19.3
开发公司投资	万元	0	0.0	10 399	-46.0
施工房屋建筑面积	万平方米	0	0.0	0	-100.0
其中：在建厂房面积	万平方米	0	0.0	0	-100.0
房屋竣工建筑面积	万平方米	0	-73.6	67	1 235.5
其中：已建成厂房面积	万平方米	0	0.0	51	926.9
已建成仓库面积	万平方米	0	-100.0	0	-100.0
土地实际已租售面积	万平方米	0	-100.0	0	-99.7
已投产企业	个	0	-100.0	6	50.0
其中：投资额 5 000 万美元（含）以上	个	0	0.0	3	0.0
投资额 3 000（含）~5 000 万美元以上	个	0	0.0	0	0.0
投资额 1 000（含）~3 000 万美元以上	个	0	-100.0	2	100.0
税收总额	万元	2014	84.9	33 974	2 003.7
其中：海关税收及代征税	万元	602	1 405.0	18 874	1 833.8
工商税收	万元	1412	34.6	15 000	2 247.4
期末从业人员	万人	1	-9.0	6	1 227.1
其中：外资企业从业人员	万人	1	-10.1	6	1 227.1
出口加工区批准面积	平方公里	3	0.0	3	0.0
出口加工区验收封关面积	平方公里	1	0.0	3	0.0

续表

指标	单位	福建厦门出口加工区		江苏南通出口加工区	
		2008 年	比上年增长（%）	2008 年	比上年增长（%）
增加值	万元	46 774	79.2	6159	24.4
工业总产值	万元	249 362	32.4	30889	67.2
其中：高新技术产业	万元	18 545	-78.7	0	0.0
电子信息产业	万元	68 390	39 431.8	9359	8.5
工业产品销售额	万元	253 946	42.9	34737	88.4
工业企业利润总额	万元	26 512	431.9	-1581	无
物流企业营业收入	万元	642	54.7	57	-89.3
综合能源耗费量（季报）	吨标准煤	7 627	5.2	1400	-30.5
批准项目数	个	8	-38.5	0	-100.0
其中：外资项目批准数	个	8	-33.3	0	-100.0
仓储物流企业	个	0	0.0	0	0.0
批准投资总额	万美元	8 245	-44.3	0	-100.0
其中：外资项目投资总额	万美元	8 245	-43.9	0	-100.0
增资额	万美元	5 829	160.9	0	-100.0
合同利用外资	万美元	3 393	-43.1	0	-100.0
其中：增资额	万美元	2 193	150.1	0	-100.0
实际利用外资	万美元	2 539	-28.8	272	-78.5
固定资产投资额	万元	970	-94.7	4 900	-17.6
其中：基础设施投资	万元	170	-88.2	0	-100.0
开发公司投资	万元	680	-96.0	0	0.0
施工房屋建筑面积	万平方米	0	-93.9	1	-87.8
其中：在建厂房面积	万平方米	0	-100.0	1	-87.8
房屋竣工建筑面积	万平方米	5	-84.6	7	142.5
其中：已建成厂房面积	万平方米	5	-84.4	7	142.5
已建成仓库面积	万平方米	0	-100.0	0	0.0
土地实际已租售面积	万平方米	23	-23.9	0	0.0
已投产企业	个	8	-55.6	0	0.0
其中：投资额 5 000 万美元（含）以上	个	0	0.0	0	0.0
投资额 3 000（含）～5 000 万美元以上	个	0	0.0	0	0.0
投资额 1 000（含）～3 000 万美元以上	个	1	-75.0	0	0.0
税收总额	万元	2 490	91.7	222	500.0
其中：海关税收及代征税	万元	2	-94.4	96	0.0
工商税收	万元	2 488	97.0	125	237.8
期末从业人员	万人	1	39.5	0	-26.7
其中：外资企业从业人员	万人	1	34.2	0	-26.9
出口加工区批准面积	平方公里	2	0.0	3	0.0
出口加工区验收封关面积	平方公里	1	0.0	1	0.0

续表

指标	单位	山东烟台出口加工区		上海金桥出口加工区	
		2008 年	比上年增长（%）	2008 年	比上年增长（%）
增加值	万元	145 258	379.4	35 678	26.4
工业总产值		3 369 347	3 377.6	155 120	-24.8
其中：高新技术产业		0	0.0	39 834	-3.4
电子信息产业		3 000 844	16 941.5	54 699	-55.3
工业产品销售额		3 228 173	3 105.7	151 963	-23.9
工业企业利润总额		105 135	无	8 117	-43.9
物流企业营业收入		2 854	695.0	0	0.0
综合能源耗费量（季报）	吨标准煤	26 391	317.0	7 422	137.7
批准项目数	个	10	-58.3	4	0.0
其中：外资项目批准数		8	-27.3	3	0.0
仓储物流企业		1	-92.3	1	0.0
批准投资总额	万美元	18 525	233.2	15 179	0.0
其中：外资项目投资总额		11 037	115.9	9 430	0.0
增资额		9 107	3 457.4	14 599	0.0
合同利用外资		5 211	22.8	293	0.0
其中：增资额		3 681	892.2	0	0.0
实际利用外资		4 882	90.1	293	0.0
固定资产投资额	万元	119 290	1 353.2	1 352	0.0
其中：基础设施投资		0	-100.0	1 352	0.0
开发公司投资		104 773	2 744.8	1 352	0.0
施工房屋建筑面积	万平方米	0	0.0	0	0.0
其中：在建厂房面积		0	0.0	0	0.0
房屋竣工建筑面积		30	2 876.4	0	0.0
其中：已建成厂房面积		0	-100.0	0	0.0
已建成仓库面积		0	0.0	0	0.0
土地实际已租售面积		0	0.0	0	0.0
已投产企业	个	13	8.3	4	0.0
其中：投资额 5 000 万美元（含）以上		0	0.0	0	0.0
投资额 3 000（含）~5 000 万美元以上		0	0.0	0	0.0
投资额 1 000（含）~3 000 万美元以上		2	0.0	0	0.0
税收总额	万元	871	269.1	5 542	495.3
其中：海关税收及代征税		0	0.0	1 389	49.2
工商税收		871	269.1	4 153	0.0
期末从业人员	万人	2	166.3	0	35.5
其中：外资企业从业人员		2	212.2	0	35.5
出口加工区批准面积	平方公里	3	0.0	3	0.0
出口加工区验收封关面积		2	0.0	2	0.0

续表

指标	单位	北京天竺出口加工区		湖北武汉出口加工区	
		2008 年	比上年增长（%）	2008 年	比上年增长（%）
增加值	万元	37 402	9.7	11 597	5.0
工业总产值	万元	91 504	-4.2	461 928	-12.9
其中：高新技术产业	万元	0	0.0	148 906	-48.8
电子信息产业	万元	75 699	-3.4	273 395	228.4
工业产品销售额	万元	88 646	3.8	421 995	-3.5
工业企业利润总额	万元	17 984	66.0	133	0.0
物流企业营业收入	万元	844	358.7	0	0.0
综合能源耗费量（季报）	吨标准煤	5 672	-25.3	1 217	-23.5
批准项目数	个	6	-14.3	2	0.0
其中：外资项目批准数	个	5	25.0	0	0.0
仓储物流企业	个	1	-66.7	0	0.0
批准投资总额	万美元	8 561	290.0	1 500	0.0
其中：外资项目投资总额	万美元	8 341	287.1	0	0.0
增资额	万美元	5 296	1 758.2	0	0.0
合同利用外资	万美元	6 564	233.9	0	0.0
其中：增资额	万美元	5 116	2 458.0	0	0.0
实际利用外资	万美元	5 014	887.0	0	0.0
固定资产投资额	万元	3 218	-81.6	13 000	0.0
其中：基础设施投资	万元	0	0.0	9 800	0.0
开发公司投资	万元	0	0.0	0	0.0
施工房屋建筑面积	万平方米	1	0.0	0	0.0
其中：在建厂房面积	万平方米	1	0.0	0	0.0
房屋竣工建筑面积	万平方米	0	0.0	8	0.0
其中：已建成厂房面积	万平方米	0	0.0	7	0.0
已建成仓库面积	万平方米	0	0.0	1	0.0
土地实际已租售面积	万平方米	0	-100.0	14	0.0
已投产企业	个	0	-100.0	4	0.0
其中：投资额 5 000 万美元（含）以上	个	0	0.0	0	0.0
投资额 3 000（含）~5 000 万美元以上	个	0	0.0	2	0.0
投资额 1 000（含）~3 000 万美元以上	个	0	0.0	0	0.0
税收总额	万元	9 808	174.7	35 406	-23.2
其中：海关税收及代征税	万元	8 975	196.7	34 800	-24.4
工商税收	万元	833	52.8	126	530.0
期末从业人员	万人	0	26.7	0	-59.8
其中：外资企业从业人员	万人	0	40.7	0	-45.0
出口加工区批准面积	平方公里	3	0.0	1	0.0
出口加工区验收封关面积	平方公里	1	0.0	1	0.0

续表

指标	单位	四川成都出口加工区		江苏无锡出口加工区	
		2008 年	比上年增长（%）	2008 年	比上年增长（%）
增加值	万元	533 719	71.9	1 069 337	19.6
工业总产值	万元	1 583 381	65.2	2 581 349	-48.1
其中：高新技术产业	万元	1 568 107	64.7	1 872 813	-44.9
电子信息产业	万元	1 214 025	59.2	2 350 566	-37.4
工业产品销售额	万元	1 518 536	60.2	2 528 691	-43.8
工业企业利润总额	万元	-34 839	无	157 353	-52.4
物流企业营业收入	万元	207	-67.7	12 514	153.5
综合能源耗费量（季报）	吨标准煤	32 219	793.7	167 651	-26.5
批准项目数	个	2	0.0	1	-80.0
其中：外资项目批准数	个	2	0.0	1	-75.0
仓储物流企业	个	0	0.0	0	-100.0
批准投资总额	万美元	2 075	25 837.5	9 960	-94.1
其中：外资项目投资总额	万美元	2 075	0.0	9 960	-93.8
增资额	万美元	100	0.0	9 950	-93.4
合同利用外资	万美元	100	0.0	3 410	-96.1
其中：增资额	万美元	100	0.0	3 400	-95.5
实际利用外资	万美元	10 864	-47.4	6 378	-93.9
固定资产投资额	万元	223 628	-48.8	423 879	113.8
其中：基础设施投资	万元	1 289	-97.0	1 100	-27.6
开发公司投资	万元	0	-100.0	150	-94.8
施工房屋建筑面积	万平方米	7	2.0	13	0.0
其中：在建厂房面积	万平方米	7	13.5	13	0.0
房屋竣工建筑面积	万平方米	2	-94.6	12	-82.8
其中：已建成厂房面积	万平方米	1	-92.5	11	-83.2
已建成仓库面积	万平方米	0	0.0	1	-77.1
土地实际已租售面积	万平方米	0	-100.0	12	-14.6
已投产企业	个	2	-80.0	0	-100.0
其中：投资额 5 000 万美元（含）以上	个	0	-100.0	0	-100.0
投资额 3 000（含）~5 000 万美元以上	个	0	0.0	0	0.0
投资额 1 000（含）~3 000 万美元以上	个	1	0.0	0	-100.0
税收总额	万元	6 865	112.8	30 459	-38.5
其中：海关税收及代征税	万元	669	19.7	3 709	27.4
工商税收	万元	6 196	132.3	26 750	-42.6
期末从业人员	万人	1	-4.5	3	4.4
其中：外资企业从业人员	万人	1	-0.3	3	3.5
出口加工区批准面积	平方公里	3	0.0	3	0.0
出口加工区验收封关面积	平方公里	2	0.0	2	0.0

续表

指标	单位	上海青浦出口加工区		重庆出口加工区	
		2008年	比上年增长（%）	2008年	比上年增长（%）
增加值	万元	42 262	-8.8	5 627	5.9
工业总产值	万元	187 948	58.2	20 899	0.3
其中：高新技术产业	万元	0	0.0	0	-100.0
电子信息产业	万元	23 968	-13.9	0	0.0
工业产品销售额	万元	181 257	42.4	21 365	0.4
工业企业利润总额	万元	5 070	-64.4	965	-56.2
物流企业营业收入	万元	82	1 540.0	556	57.5
综合能源耗费量（季报）	吨标准煤	11 832	0.0	1 442	117.5
批准项目数	个	4	-55.6	3	-25.0
其中：外资项目批准数	个	4	-50.0	0	-100.0
仓储物流企业	个	0	-100.0	0	-100.0
批准投资总额	万美元	4 900	-84.9	100	-87.4
其中：外资项目投资总额	万美元	4 900	-84.9	15	-94.0
增资额	万美元	2 800	4.6	15	0.0
合同利用外资	万美元	2 060	-81.3	15	-81.5
其中：增资额	万美元	1 720	28.6	15	0.0
实际利用外资	万美元	5 862	50.9	0	-100.0
固定资产投资额	万元	2 453	-97.0	0	0.0
其中：基础设施投资	万元	2 098	-90.9	0	0.0
开发公司投资	万元	126	-99.8	0	0.0
施工房屋建筑面积	万平方米	2	-74.1	0	-100.0
其中：在建厂房面积	万平方米	2	0.0	0	-100.0
房屋竣工建筑面积	万平方米	1	-95.6	1	75.1
其中：已建成厂房面积	万平方米	1	-95.6	1	0.0
已建成仓库面积	万平方米	0	-100.0	0	-100.0
土地实际已租售面积	万平方米	0	-99.9	0	0.0
已投产企业	个	3	-40.0	0	0.0
其中：投资额5 000万美元（含）以上	个	0	-100.0	0	0.0
投资额3 000（含）~5 000万美元以上	个	0	0.0	0	0.0
投资额1 000（含）~3 000万美元以上	个	0	-100.0	0	0.0
税收总额	万元	5 083	531.4	69	-59.6
其中：海关税收及代征税	万元	2 365	229.8	19	-24.0
工商税收	万元	2 718	2 988.6	49	-64.2
期末从业人员	万人	0	-2.3	0	-2.7
其中：外资企业从业人员	万人	0	16.1	0	-5.4
出口加工区批准面积	平方公里	3	0.0	3	0.0
出口加工区验收封关面积	平方公里	2	0.0	0	0.0

续表

指标	单位	陕西西安出口加工区(A区)		江苏连云港出口加工区	
		2008年	比上年增长(%)	2008年	比上年增长(%)
增加值	万元	101 276	60.6	2 694	4.3
工业总产值	万元	347 741	60.2	19 540	45.5
其中：高新技术产业	万元	93 889	317.0	0	0.0
电子信息产业	万元	12 576	-77.3	6 407	215.6
工业产品销售额	万元	392 573	62.2	18 570	36.3
工业企业利润总额	万元	6 134	40.3	-1 225	无
物流企业营业收入	万元	18 386	51.4	0	0.0
综合能源耗费量（季报）	吨标准煤	2 680	372.7	722	47.0
批准项目数	个	11	22.2	1	0.0
其中：外资项目批准数	个	3	0.0	1	0.0
仓储物流企业	个	3	-40.0	0	0.0
批准投资总额	万美元	6 501	514.5	1 500	11.1
其中：外资项目投资总额	万美元	5 007	1 338.8	1 500	0.0
增资额	万美元	1 100	0.0	0	0.0
合同利用外资	万美元	3 187	815.8	620	0.0
其中：增资额	万美元	275	0.0	0	0.0
实际利用外资	万美元	3 114	794.8	300	-38.0
固定资产投资额	万元	78 039	14.3	1 024	-62.2
其中：基础设施投资	万元	11 646	34.7	0	0.0
开发公司投资	万元	11 646	-28.8	0	-100.0
施工房屋建筑面积	万平方米	4	-23.6	0	0.0
其中：在建厂房面积	万平方米	4	-36.0	0	0.0
房屋竣工建筑面积	万平方米	3	72.0	1	-92.4
其中：已建成厂房面积	万平方米	3	0.0	1	-92.3
已建成仓库面积	万平方米	0	-78.0	0	0.0
土地实际已租售面积	万平方米	2	-64.8	0	-100.0
已投产企业	个	5	-50.0	1	0.0
其中：投资额5 000万美元（含）以上	个	0	0.0	0	0.0
投资额3 000（含）~5 000万美元以上	个	0	0.0	0	0.0
投资额1 000（含）~3 000万美元以上	个	0	0.0	1	0.0
税收总额	万元	2 871	1 728.7	225	-10.7
其中：海关税收及代征税	万元	2 660	0.0	156	-20.4
工商税收	万元	211	34.4	69	25.5
期末从业人员	万人	0	38.3	0	-30.9
其中：外资企业从业人员	万人	0	58.2	0	-30.9
出口加工区批准面积	平方公里	1	0.0	3	0.0
出口加工区验收封关面积	平方公里	1	0.0	1	0.0

续表

指标	单位	江苏镇江出口加工区		河北秦皇岛出口加工区	
		2008 年	比上年增长（%）	2008 年	比上年增长（%）
增加值	万元	2677	162.2	2 894	-10.0
工业总产值		7248	-23.5	11 068	-8.5
其中：高新技术产业		0	0.0	0	0.0
电子信息产业		7248	-23.5	0	0.0
工业产品销售额		7432	-19.0	11 143	-9.7
工业企业利润总额		-1367	无	179	-88.6
物流企业营业收入		0	0.0	0	0.0
综合能源耗费量（季报）	吨标准煤	0	0.0	778	-68.4
批准项目数	个	4	-20.0	0	0.0
其中：外资项目批准数		4	-20.0	0	0.0
仓储物流企业		0	0.0	0	0.0
批准投资总额	万美元	6020	-17.0	0	0.0
其中：外资项目投资总额		6020	-17.0	0	0.0
增资额		300	0.0	0	0.0
合同利用外资		3330	2.7	0	0.0
其中：增资额		150	200.0	0	0.0
实际利用外资		1517	9.7	27	-74.3
固定资产投资额	万元	4985	256.1	992	-82.8
其中：基础设施投资		4985	256.1	772	-83.8
开发公司投资		0	0.0	220	-77.8
施工房屋建筑面积	万平方米	0	-100.0	5	-1.2
其中：在建厂房面积		0	-100.0	4	0.0
房屋竣工建筑面积		2	0.0	0	-100.0
其中：已建成厂房面积		2	0.0	0	-100.0
已建成仓库面积		0	0.0	0	0.0
土地实际已租售面积		35	0.0	0	-100.0
已投产企业	个	2	0.0	0	0.0
其中：投资额 5 000 万美元（含）以上		0	0.0	0	0.0
投资额 3 000（含）~5 000 万美元以上		0	0.0	0	0.0
投资额 1 000（含）~3 000 万美元以上		2	0.0	0	0.0
税收总额	万元	0	-100.0	64	113.3
其中：海关税收及代征税		0	0.0	0	0.0
工商税收		0	-100.0	64	113.3
期末从业人员	万人	0	82.3	0	2.7
其中：外资企业从业人员		0	82.3	0	2.9
出口加工区批准面积	平方公里	3	0.0	3	0.0
出口加工区验收封关面积		1	0.0	1	0.0

续表

指标	单位	吉林珲春出口加工区		山东青岛出口加工区	
		2008 年	比上年增长（%）	2008 年	比上年增长（%）
增加值	万元	16 320	108.4	80 710	17.1
工业总产值		44 228	17.1	288 249	16.1
其中：高新技术产业		0	-100.0	100 847	14.5
电子信息产业		88	-93.6	187 190	6.5
工业产品销售额		43 568	91.9	255 437	2.9
工业企业利润总额		6 694	2 265.4	46 579	90.3
物流企业营业收入		0	0.0	0	0.0
综合能源耗费量（季报）	吨标准煤	9 849	77.5	3 500	-3.3
批准项目数	个	1	-96.8	9	12.5
其中：外资项目批准数		1	-88.9	6	-14.3
仓储物流企业		0	0.0	2	0.0
批准投资总额	万美元	36	-98.8	14 967	54.1
其中：外资项目投资总额		18	-95.8	11 238	125.3
增资额		0	0.0	2 475	92.0
合同利用外资		18	-97.6	5 683	132.7
其中：增资额		0	0.0	1 285	100.2
实际利用外资		0	-100.0	4 697	19.2
固定资产投资额	万元	1 400	-95.6	5 715	-55.8
其中：基础设施投资		0	-100.0	1 020	-40.4
开发公司投资		0	0.0	0	0.0
施工房屋建筑面积	万平方米	3	0.0	0	0.0
其中：在建厂房面积		3	0.0	0	0.0
房屋竣工建筑面积		0	-100.0	0	-100.0
其中：已建成厂房面积		0	-100.0	0	0.0
已建成仓库面积		0	0.0	0	-100.0
土地实际已租售面积		0	-100.0	6	-93.5
已投产企业	个	0	-100.0	12	50.0
其中：投资额 5 000 万美元（含）以上		0	0.0	0	0.0
投资额 3 000（含）~5 000 万美元以上		0	0.0	0	-100.0
投资额 1 000（含）~3 000 万美元以上		0	0.0	4	300.0
税收总额	万元	0	-100.0	5 069	-15.2
其中：海关税收及代征税		0	-100.0	1 679	169.9
工商税收		0	0.0	3 390	-36.7
期末从业人员	万人	0	44.7	1	7.8
其中：外资企业从业人员		0	12.5	1	4.8
出口加工区批准面积	平方公里	2	0.0	3	0.0
出口加工区验收封关面积		1	0.0	2	0.0

续表

指标	单位	广东广州出口加工区		安徽芜湖出口加工区	
		2008年	比上年增长（%）	2008年	比上年增长（%）
增加值	万元	68 639	15.4	2 932	-52.6
工业总产值	万元	381 331	5.2	27 297	-33.7
其中：高新技术产业	万元	0	0.0	2 017	0.5
电子信息产业	万元	0	0.0	10 838	71.3
工业产品销售额	万元	384 813	6.0	26 153	-35.9
工业企业利润总额	万元	9 057	-22.4	0	0.0
物流企业营业收入	万元	0	0.0	0	0.0
综合能源耗费量（季报）	吨标准煤	7 686	96.4	21 320	0.0
批准项目数	个	0	0.0	4	0.0
其中：外资项目批准数	个	0	0.0	3	0.0
仓储物流企业	个	0	0.0	0	0.0
批准投资总额	万美元	0	0.0	10 486	0.0
其中：外资项目投资总额	万美元	0	0.0	8 721	0.0
增资额	万美元	0	0.0	5 800	0.0
合同利用外资	万美元	0	0.0	5 551	0.0
其中：增资额	万美元	0	0.0	5 200	0.0
实际利用外资	万美元	0	0.0	5 551	0.0
固定资产投资额	万元	0	-100.0	39 992	947.2
其中：基础设施投资	万元	0	0.0	25 647	619.6
开发公司投资	万元	0	0.0	0	0.0
施工房屋建筑面积	万平方米	0	0.0	25	1.8
其中：在建厂房面积	万平方米	0	0.0	20	0.6
房屋竣工建筑面积	万平方米	0	0.0	3	19.9
其中：已建成厂房面积	万平方米	0	0.0	3	40.4
已建成仓库面积	万平方米	0	0.0	0	0.0
土地实际已租售面积	万平方米	0	0.0	38	6 386.4
已投产企业	个	0	0.0	2	100.0
其中：投资额5 000万美元（含）以上	个	0	0.0	1	0.0
投资额3 000（含）~5 000万美元以上	个	0	0.0	0	0.0
投资额1 000（含）~3 000万美元以上	个	0	0.0	0	0.0
税收总额	万元	0	0.0	205	56.5
其中：海关税收及代征税	万元	0	0.0	95	-27.5
工商税收	万元	0	0.0	110	0.0
期末从业人员	万人	0	-1.0	0	14.2
其中：外资企业从业人员	万人	0	-1.0	0	11.6
出口加工区批准面积	平方公里	3	0.0	3	0.0
出口加工区验收封关面积	平方公里	1	0.0	1	0.0

续表

指标	单位	上海闵行出口加工区		河南郑州出口加工区	
		2008 年	比上年增长（%）	2008 年	比上年增长（%）
增加值	万元	30 244	-46.0	15 053	37.4
工业总产值	万元	645 762	81.0	55 292	108.7
其中：高新技术产业	万元	0	0.0	5 165	9.9
电子信息产业	万元	589 363	127.0	5 165	9.9
工业产品销售额	万元	637 161	90.3	51 184	95.1
工业企业利润总额	万元	28 348	251.8	2 647	70.8
物流企业营业收入	万元	0	0.0	515	5.5
综合能源耗费量（季报）	吨标准煤	1 928	-0.8	1 483	107.1
批准项目数	个	0	-100.0	8	-20.0
其中：外资项目批准数	个	0	-100.0	3	-25.0
仓储物流企业	个	0	0.0	0	-100.0
批准投资总额	万美元	2 775	-83.1	11 425	-4.2
其中：外资项目投资总额	万美元	2 775	-79.2	10 561	-4.2
增资额	万美元	2 775	-54.8	9 900	-2.9
合同利用外资	万美元	1 193	-78.3	3 858	-25.1
其中：增资额	万美元	1 193	-40.9	3 300	-34.0
实际利用外资	万美元	0	-100.0	7 881	-9.6
固定资产投资额	万元	39 755	184.2	78 068	-27.5
其中：基础设施投资	万元	0	-100.0	3 793	950.7
开发公司投资	万元	0	-100.0	729	912.5
施工房屋建筑面积	万平方米	7	-20.8	0	-100.0
其中：在建厂房面积	万平方米	7	-20.8	0	-100.0
房屋竣工建筑面积	万平方米	0	-100.0	2	-57.8
其中：已建成厂房面积	万平方米	0	-100.0	2	-53.6
已建成仓库面积	万平方米	0	0.0	0	100.0
土地实际已租售面积	万平方米	0	-100.0	2	6.3
已投产企业	个	0	-100.0	4	33.3
其中：投资额 5 000 万美元（含）以上	个	0	0.0	0	0.0
投资额 3 000（含）~5 000 万美元以上	个	0	0.0	0	0.0
投资额 1 000（含）~3 000 万美元以上	个	0	-100.0	0	-100.0
税收总额	万元	989	114.1	648	121.9
其中：海关税收及代征税	万元	223	82.8	413	164.7
工商税收	万元	766	126.6	235	72.8
期末从业人员	万人	0	50.8	0	0.0
其中：外资企业从业人员	万人	0	52.5	0	50.0
出口加工区批准面积	平方公里	3	0.0	3	0.0
出口加工区验收封关面积	平方公里	2	0.0	1	50.0

续表

指标	单位	广西北海出口加工区		江苏南京(南区)出口加工区	
		2008 年	比上年增长（%）	2008 年	比上年增长（%）
增加值	万元	32 958	22.0	95 200	157.6
工业总产值	万元	106 174	26.8	428 497	-19.8
其中：高新技术产业	万元	0	0.0	0	0.0
电子信息产业	万元	103 327	23.4	428 253	-19.9
工业产品销售额	万元	99 805	19.2	420 557	-24.1
工业企业利润总额	万元	23 846	19.7	-7 413	无
物流企业营业收入	万元	452	209.6	228	57.2
综合能源耗费量（季报）	吨标准煤	592	45.5	5 753	95 783.3
批准项目数	个	4	-55.6	3	0.0
其中：外资项目批准数	个	2	-50.0	3	0.0
仓储物流企业	个	1	0.0	0	0.0
批准投资总额	万美元	13 844	13.6	782	-71.3
其中：外资项目投资总额	万美元	10 150	6.9	502	-81.5
增资额	万美元	0	-100.0	0	-100.0
合同利用外资	万美元	4 856	29.3	662	-63.2
其中：增资额	万美元	150	0.0	410	105.0
实际利用外资	万美元	5 737	20.3	1 246	-26.2
固定资产投资额	万元	65 930	179.9	323	-96.5
其中：基础设施投资	万元	5 580	13.9	250	-73.7
开发公司投资	万元	12 050	152.6	0	0.0
施工房屋建筑面积	万平方米	10	308.8	0	0.0
其中：在建厂房面积	万平方米	10	308.8	0	0.0
房屋竣工建筑面积	万平方米	25	159.5	0	-100.0
其中：已建成厂房面积	万平方米	25	170.2	0	-100.0
已建成仓库面积	万平方米	1	-5.0	0	0.0
土地实际已租售面积	万平方米	34	-31.0	20	0.0
已投产企业	个	3	-66.7	0	0.0
其中：投资额 5 000 万美元（含）以上	个	1	0.0	0	0.0
投资额 3 000（含）~5 000 万美元以上	个	0	0.0	0	0.0
投资额 1 000（含）~3 000 万美元以上	个	0	-100.0	0	0.0
税收总额	万元	1 060	3 212.5	1 208	-6.6
其中：海关税收及代征税	万元	0	0.0	0	0.0
工商税收	万元	1 060	3 212.5	1 179	-8.9
期末从业人员	万人	1	28.8	1	-9.7
其中：外资企业从业人员	万人	1	30.0	1	-9.7
出口加工区批准面积	平方公里	1	0.0	1	0.0
出口加工区验收封关面积	平方公里	1	0.0	1	0.0

续表

指标	单位	山东济南出口加工区		新疆乌鲁木齐出口加工区	
		2008 年	比上年增长（%）	2008 年	比上年增长（%）
增加值	万元	3 470	95.7	710	-68.8
工业总产值	万元	46 569	40.6	3 909	-20.1
其中：高新技术产业	万元	0	0.0	3 909	56.7
电子信息产业	万元	0	0.0	0	0.0
工业产品销售额	万元	45 993	39.8	4 577	12.5
工业企业利润总额	万元	1 439	76.6	46	-37.8
物流企业营业收入	万元	0	0.0	0	0.0
综合能源耗费量（季报）	吨标准煤	89	-38.5	898	186.0
批准项目数	个	8	100.0	0	0.0
其中：外资项目批准数	个	8	100.0	0	0.0
仓储物流企业	个	0	0.0	0	0.0
批准投资总额	万美元	9 242	1 360.0	7 150	27 400.0
其中：外资项目投资总额	万美元	9 242	1 360.0	0	0.0
增资额	万美元	0	-100.0	0	0.0
合同利用外资	万美元	1 781	79.5	0	0.0
其中：增资额	万美元	25	-94.0	0	0.0
实际利用外资	万美元	115	-78.8	0	0.0
固定资产投资额	万元	13 842	23.5	2 415	0.5
其中：基础设施投资	万元	807	-3.8	20	-96.3
开发公司投资	万元	188	-88.7	0	0.0
施工房屋建筑面积	万平方米	9	0.0	3	66.3
其中：在建厂房面积	万平方米	8	0.0	3	66.3
房屋竣工建筑面积	万平方米	0	-100.0	1	539.7
其中：已建成厂房面积	万平方米	0	-100.0	1	539.7
已建成仓库面积	万平方米	0	0.0	0	0.0
土地实际已租售面积	万平方米	7	100.6	12	16.8
已投产企业	个	1	-50.0	0	0.0
其中：投资额 5 000 万美元（含）以上	个	0	0.0	0	0.0
投资额 3 000（含）~5 000 万美元以上	个	0	0.0	0	0.0
投资额 1 000（含）~3 000 万美元以上	个	0	0.0	0	0.0
税收总额	万元	355	119.1	26	420.0
其中：海关税收及代征税	万元	0	0.0	0	0.0
工商税收	万元	355	119.1	26	420.0
期末从业人员	万人	0	5.2	0	-14.0
其中：外资企业从业人员	万人	0	5.2	0	0.0
出口加工区批准面积	平方公里	3	0.0	3	0.0
出口加工区验收封关面积	平方公里	1	0.0	0	0.0

续表

指标	单位	山东潍坊出口加工区		江苏扬州出口加工区	
		2008年	比上年增长（%）	2008年	比上年增长（%）
增加值	万元	538	11.9	6 031	0.0
工业总产值	万元	8 673	79.2	49 090	22 732.6
其中：高新技术产业	万元	7 683	81.5	0	0.0
电子信息产业	万元	0	0.0	0	0.0
工业产品销售额	万元	8 726	113.4	4 644	1 427.6
工业企业利润总额	万元	-31	无	3 013	0.0
物流企业营业收入	万元	0	0.0	600	0.0
综合能源耗费量（季报）	吨标准煤	41	0.0	0	0.0
批准项目数	个	5	-68.8	17	0.0
其中：外资项目批准数	个	1	-85.7	16	0.0
仓储物流企业	个	1	0.0	1	0.0
批准投资总额	万美元	3 980	-87.7	42 601	0.0
其中：外资项目投资总额	万美元	50	-99.7	42 498	0.0
增资额	万美元	0	0.0	9 666	0.0
合同利用外资	万美元	50	-99.7	29 300	0.0
其中：增资额	万美元	0	0.0	800	0.0
实际利用外资	万美元	166	-89.9	9 411	6 174.0
固定资产投资额	万元	10 451	-71.8	67 806	0.0
其中：基础设施投资	万元	1 510	-64.4	47 119	0.0
开发公司投资	万元	0	-100.0	28 045	0.0
施工房屋建筑面积	万平方米	13	-31.4	4	0.0
其中：在建厂房面积	万平方米	8	-52.1	4	0.0
房屋竣工建筑面积	万平方米	1	-96.3	12	0.0
其中：已建成厂房面积	万平方米	1	-95.9	11	0.0
已建成仓库面积	万平方米	0	-100.0	0	0.0
土地实际已租售面积	万平方米	8	-84.8	0	0.0
已投产企业	个	0	-100.0	2	0.0
其中：投资额5 000万美元（含）以上	个	0	0.0	0	0.0
投资额3 000（含）～5 000万美元以上	个	0	0.0	0	0.0
投资额1 000（含）～3 000万美元以上	个	0	0.0	1	0.0
税收总额	万元	966	53.1	104	0.0
其中：海关税收及代征税	万元	0	0.0	1	0.0
工商税收	万元	966	53.1	103	0.0
期末从业人员	万人	0	-85.3	0	184.5
其中：外资企业从业人员	万人	0	-95.6	0	469.0
出口加工区批准面积	平方公里	3	0.0	3	0.0
出口加工区验收封关面积	平方公里	2	0.0	1	0.0

续表

指标	单位	浙江慈溪出口加工区		山东青岛西海岸出口加工区	
		2008年	比上年增长（%）	2008年	比上年增长（%）
增加值	万元	132	0.0	4 703	0.0
工业总产值		141	0.0	31 248	0.0
其中：高新技术产业		0	0.0	0	0.0
电子信息产业		141	0.0	0	0.0
工业产品销售额		0	0.0	7 550	0.0
工业企业利润总额		0	0.0	-276	无
物流企业营业收入		0	0.0	116	0.0
综合能源耗费量（季报）	吨标准煤	0	0.0	370	0.0
批准项目数	个	4	300.0	3	0.0
其中：外资项目批准数		1	0.0	3	0.0
仓储物流企业		0	0.0	0	0.0
批准投资总额	万美元	390	-10.3	4 100	0.0
其中：外资项目投资总额		42	0.0	4 100	0.0
增资额		0	0.0	0	0.0
合同利用外资		11	0.0	1 680	0.0
其中：增资额		0	0.0	0	0.0
实际利用外资		8	0.0	2 186	0.0
固定资产投资额	万元	6 600	38.5	14 404	0.0
其中：基础设施投资		5 300	32.5	1 346	0.0
开发公司投资		5 900	671.2	0	0.0
施工房屋建筑面积	万平方米	5	0.0	9	0.0
其中：在建厂房面积		5	0.0	9	0.0
房屋竣工建筑面积		1	81.1	8	0.0
其中：已建成厂房面积		1	81.1	7	0.0
已建成仓库面积		0	0.0	1	0.0
土地实际已租售面积		7	1 749.1	46	0.0
已投产企业	个	1	0.0	6	0.0
其中：投资额5 000万美元（含）以上		0	0.0	1	0.0
投资额3 000（含）~5 000万美元以上		0	0.0	1	0.0
投资额1 000（含）~3 000万美元以上		0	0.0	3	0.0
税收总额	万元	0	0.0	268	0.0
其中：海关税收及代征税		0	0.0	0	0.0
工商税收		0	0.0	268	0.0
期末从业人员	万人	0	0.0	0	0.0
其中：外资企业从业人员		0	0.0	0	0.0
出口加工区批准面积	平方公里	2	0.0	2	0.0
出口加工区验收封关面积		1	0.0	2	0.0

续表

指标	单位	福建福州出口加工区		陕西西安出口加工区（B区）	
		2008年	比上年增长（%）	2008年	比上年增长（%）
增加值	万元	0	0.0	19 226	158.4
工业总产值	万元	0	0.0	25 945	117.7
其中：高新技术产业	万元	0	0.0	0	0.0
电子信息产业	万元	0	0.0	25 945	117.7
工业产品销售额	万元	0	0.0	25 945	117.7
工业企业利润总额	万元	0	0.0	3 107	无
物流企业营业收入	万元	0	0.0	4	0.0
综合能源耗费量（季报）	吨标准煤	0	0.0	1 083	0.0
批准项目数	个	0	-100.0	2	-33.3
其中：外资项目批准数	个	0	-100.0	1	-66.7
仓储物流企业	个	0	0.0	2	100.0
批准投资总额	万美元	0	-100.0	148	-99.6
其中：外资项目投资总额	万美元	0	-100.0	74	-99.8
增资额	万美元	0	0.0	0	0.0
合同利用外资	万美元	0	-100.0	74	-99.4
其中：增资额	万美元	0	0.0	0	0.0
实际利用外资	万美元	370	208.3	874	-77.1
固定资产投资额	万元	10 205	488.2	34 026	19.5
其中：基础设施投资	万元	200	0.0	635	8.5
开发公司投资	万元	0	0.0	1 500	597.7
施工房屋建筑面积	万平方米	4	30.6	5	-30.7
其中：在建厂房面积	万平方米	4	30.6	4	-44.1
房屋竣工建筑面积	万平方米	0	0.0	4	30.5
其中：已建成厂房面积	万平方米	0	0.0	4	38.3
已建成仓库面积	万平方米	0	0.0	0	-100.0
土地实际已租售面积	万平方米	0	0.0	0	-100.0
已投产企业	个	0	0.0	0	-100.0
其中：投资额5 000万美元（含）以上	个	0	0.0	0	-100.0
投资额3 000（含）~5 000万美元以上	个	0	0.0	0	0.0
投资额1 000（含）~3 000万美元以上	个	0	0.0	0	0.0
税收总额	万元	0	0.0	485	-5.3
其中：海关税收及代征税	万元	0	0.0	0	0.0
工商税收	万元	0	0.0	485	-5.3
期末从业人员	万人	0	0.0	0	0.0
其中：外资企业从业人员	万人	0	0.0	0	0.0
出口加工区批准面积	平方公里	1	0.0	1	0.0
出口加工区验收封关面积	平方公里	0	0.0	1	0.0

续表

指标	单位	内蒙古呼和浩特出口加工区		四川绵阳出口加工区	
		2008 年	比上年增长（%）	2008 年	比上年增长（%）
增加值	万元	41 269	0.0	3 036	0.0
工业总产值	万元	95 179	0.0	3 446	0.0
其中：高新技术产业	万元	15 304	0.0	0	0.0
电子信息产业	万元	0	0.0	3 446	0.0
工业产品销售额	万元	82 307	0.0	4 773	0.0
工业企业利润总额	万元	1 402	0.0	1 438	0.0
物流企业营业收入	万元	0	0.0	0	0.0
综合能源耗费量（季报）	吨标准煤	3 126	0.0	0	0.0
批准项目数	个	2	0.0	3	0.0
其中：外资项目批准数	个	2	0.0	2	0.0
仓储物流企业	个	0	0.0	0	0.0
批准投资总额	万美元	2 117	0.0	710	0.0
其中：外资项目投资总额	万美元	2 117	0.0	560	0.0
增资额	万美元	0	0.0	0	0.0
合同利用外资	万美元	1 645	0.0	310	0.0
其中：增资额	万美元	0	0.0	0	0.0
实际利用外资	万美元	1 645	0.0	210	0.0
固定资产投资额	万元	22 244	0.0	5 411	0.0
其中：基础设施投资	万元	10 888	0.0	1 000	0.0
开发公司投资	万元	0	0.0	0	0.0
施工房屋建筑面积	万平方米	2	0.0	5	0.0
其中：在建厂房面积	万平方米	2	0.0	5	0.0
房屋竣工建筑面积	万平方米	2	0.0	4	0.0
其中：已建成厂房面积	万平方米	2	0.0	3	0.0
已建成仓库面积	万平方米	0	0.0	0	0.0
土地实际已租售面积	万平方米	14	0.0	1	0.0
已投产企业	个	2	0.0	1	0.0
其中：投资额 5 000 万美元（含）以上	个	0	0.0	0	0.0
投资额 3 000（含）~5 000 万美元以上	个	0	0.0	0	0.0
投资额 1 000（含）~3 000 万美元以上	个	1	0.0	0	0.0
税收总额	万元	3 262	0.0	28	0.0
其中：海关税收及代征税	万元	3 162	0.0	0	0.0
工商税收	万元	100	0.0	28	0.0
期末从业人员	万人	0	0.0	1	0.0
其中：外资企业从业人员	万人	0	0.0	1	0.0
出口加工区批准面积	平方公里	2	0.0	1	0.0
出口加工区验收封关面积	平方公里	1	0.0	0	0.0

续表

指标	单位	辽宁沈阳（张士）出口加工区	
		2008 年	比上年增长（%）
增加值	万元	0	0.0
工业总产值	万元	0	0.0
其中：高新技术产业	万元	0	0.0
电子信息产业	万元	0	0.0
工业产品销售额	万元	0	0.0
工业企业利润总额	万元	0	0.0
物流企业营业收入	万元	0	0.0
综合能源耗费量（季报）	吨标准煤	0	0.0
批准项目数	个	2	0.0
其中：外资项目批准数	个	2	0.0
仓储物流企业	个	0	0.0
批准投资总额	万美元	2 617	0.0
其中：外资项目投资总额	万美元	2 617	0.0
增资额	万美元	0	0.0
合同利用外资	万美元	2 617	0.0
其中：增资额	万美元	0	0.0
实际利用外资	万美元	0	0.0
固定资产投资额	万元	23 000	0.0
其中：基础设施投资	万元	12 000	0.0
开发公司投资	万元	0	0.0
施工房屋建筑面积	万平方米	10	0.0
其中：在建厂房面积	万平方米	0	0.0
房屋竣工建筑面积	万平方米	2	0.0
其中：已建成厂房面积	万平方米	2	0.0
已建成仓库面积	万平方米	0	0.0
土地实际已租售面积	万平方米	10	0.0
已投产企业	个	0	0.0
其中：投资额 5 000 万美元（含）以上	个	0	0.0
投资额 3 000（含）～5 000 万美元以上	个	0	0.0
投资额 1 000（含）～3 000 万美元以上	个	0	0.0
税收总额	万元	0	0.0
其中：海关税收及代征税	万元	0	0.0
工商税收	万元	0	0.0
期末从业人员	万人	0	0.0
其中：外资企业从业人员	万人	0	0.0
出口加工区批准面积	平方公里	1	0.0
出口加工区验收封关面积	平方公里	0	0.0

注：指标“工业企业利润”增幅若为“无”，表示当年或去年同期利润为负值，应视为“不可比”。

2008 年全国各出口加工区主要经济指标完成情况表

2008 年天津出口加工区主要经济指标完成情况表

指标名称	单位	2008 年	比上年增长（%）
增加值	万元	44 643	-89.6
工业总产值	万元	268 968	-58.6
其中：电子信息产业	万元	62 751	-85.8
工业产品销售额	万元	259 943	-58.5
工业企业利润总额	万元	27 799	-68.4
综合能源耗费量	吨标准煤	10 000	19.0
当年批准项目数	个	1	-66.7
其中：外资项目批准数	个	1	-66.7
仓储物流企业	个	0	0.0
当年批准投资额	万美元	2 500	6.6
其中：外资项目投资额	万美元	2 500	6.6
合同利用外资	万美元	1 000	-35.0
实际利用外资	万美元	1 000	-57.4
历年已投产企业	个	10	—
各种税收收入总额	万元	5 764	185.6
其中：海关税收及代征税	万元	4 313	118.0
工商税收	万元	1 451	3 637.8
期末从业人员	人	7 980	-9.0
其中：外资企业从业人员	人	5 600	-3.8
期末出口加工区批准面积	平方公里	2.54	0.0
期末出口加工区验收封关面积	平方公里	1.44	0.0

2008 年河北秦皇岛出口加工区主要经济指标完成情况表

指标名称	单位	2008 年	比上年增长（%）
增加值	万元	2 894	-10.1
工业总产值	万元	11 068	-8.5
工业产品销售额	万元	11 144	-9.7
工业企业利润总额	万元	179	-88.6
综合能源耗费量	吨标准煤	778	-68.0
实际到位资金	万美元	157	59.0
其中：实际利用外资	万美元	27	-74.0
固定资产投资额	万元	992	-82.8
其中：基础设施投资	万元	772	-83.8
开发公司投资	万元	220	-77.8
期末施工房屋建筑面积	平方米	53 071	-1.2
其中：在建厂房面积	平方米	41 003	0.0
历年已投产企业	个	6	—
各种税收收入总额	万元	64	112.3
其中：工商税收	万元	64	112.3
期末从业人员	人	1 092	2.7
其中：外资企业从业人员	人	1 080	2.9
期末出口加工区批准面积	平方公里	2.50	0.0
期末出口加工区验收封关面积	平方公里	0.67	0.0

2008 年内蒙古呼和浩特出口加工区主要经济指标完成情况表

指标名称	单位	2008 年	比上年增长（%）
增加值	万元	41 269	—
工业总产值	万元	95 179	—
其中：高新技术产业	万元	15 304	—
工业产品销售额	万元	82 307	—
工业企业利润总额	万元	1 402	—
综合能源耗费量	吨标准煤	5 126	—
当年批准项目数	个	2	—
其中：外资项目批准数	个	2	—
当年批准投资额	万美元	2 117	—
其中：外资项目投资额	万美元	2 117	—
合同利用外资	万美元	1 645	—
实际到位资金	万美元	1 645	—
其中：实际利用外资	万美元	1 645	—

续表

指标名称	单位	2008 年	比上年增长（%）
固定资产投资额	万元	22 244	—
其中：基础设施投资	万元	10 888	—
期末施工房屋建筑面积	平方米	17 518	—
其中：在建厂房面积	平方米	17 518	—
竣工房屋建筑面积	平方米	23 985	—
其中：已建成厂房面积	平方米	22 435	—
已建成仓库面积	平方米	1 550	—
土地实际已租售面积	平方米	138 175	—
当年投产企业	个	2	—
其中：投资额 1 000（含）~3 000 万美元	个	1	—
各种税收收入总额	万元	3 262	—
其中：海关税收及代征税	万元	3 162	—
工商税收	万元	100	—
期末从业人员	人	1 230	—
其中：外资企业从业人员	人	1 230	—
期末出口加工区批准面积	平方公里	2.21	—
期末出口加工区验收封关面积	平方公里	1.04	—

2008 年辽宁大连出口加工区主要经济指标完成情况表

指标名称	单位	2008 年	比上年增长（%）
增加值	万元	136 760	23.5
工业总产值	万元	526 000	9.1
工业产品销售额	万元	522 000	9.9
工业企业利润总额	万元	6 000	500.0
当年批准项目数	个	1	—
其中：外资项目批准数	个	1	—
当年批准投资额	万美元	45	—
其中：外资项目投资额	万美元	45	—
合同利用外资	万美元	45	—
实际到位资金	万美元	15 550	15 450.0
其中：实际利用外资	万美元	15 550	15 450.0
固定资产投资额	万元	267 889	2 690.5
期末施工房屋建筑面积	平方米	16 300	—
历年土地实际已租售面积	平方米	740 000	—
历年已投产企业	个	60	—
工商税收	万元	5 689	—
期末从业人员	人	10 600	5.8
其中：外资企业从业人员	人	9 540	12.0
期末出口加工区批准面积	平方公里	2.95	0.0
期末出口加工区验收封关面积	平方公里	1.50	0.0

2008 年辽宁沈阳（张士）出口加工区主要经济指标完成情况表

指标名称	单位	2008 年	比上年增长（%）
当年批准项目数	个	2	—
其中：外资项目批准数	个	2	—
仓储物流企业	个	0	—
当年批准投资额	万美元	2 617	—
其中：外资项目投资额	万美元	2 617	—
合同利用外资	万美元	2 617	—
固定资产投资额	万元	23 000	—
其中：基础设施投资	万元	12 000	—
期末施工房屋建筑面积	平方米	103 100	—
竣工房屋建筑面积	平方米	21 235	—
其中：已建成厂房面积	平方米	19 500	—
已建成仓库面积	平方米	1 735	—
土地实际已租售面积	平方米	95 800	—
期末出口加工区批准面积	平方公里	0.62	—
期末出口加工区验收封关面积	平方公里	0.14	—

注：截至 2008 年年底，辽宁沈阳（张士）出口加工区尚无投产企业。

2008 年吉林珲春出口加工区主要经济指标完成情况表

指标名称	单位	2008 年	比上年增长（%）
增加值	万元	16 320	108.4
工业总产值	万元	44 228	17.1
其中：电子信息产业	万元	88	-93.6
工业产品销售额	万元	43 568	91.9
工业企业利润总额	万元	6 694	2 265.4
综合能源耗费量	吨标准煤	9 849	77.0
当年批准项目数	个	1	-96.8
其中：外资项目批准数	个	1	-88.9
当年批准投资额	万美元	36	-98.8
其中：外资项目投资额	万美元	18	95.8
合同利用外资	万美元	18	-97.6
实际到位资金	万美元	1 716	—
固定资产投资额	万元	1 400	-95.6
期末施工房屋建筑面积	平方米	29 417	—
其中：在建厂房面积	平方米	29 417	—
历年已投产企业	个	12	—
期末从业人员	人	680	44.7
其中：外资企业从业人员	人	450	12.5
期末出口加工区批准面积	平方公里	2.44	0.0
期末出口加工区验收封关面积	平方公里	0.60	0.0

2008 年上海松江出口加工区主要经济指标完成情况表

指标名称	单位	2008 年	比上年增长（%）
增加值	万元	694 566	2.1
工业总产值	万元	20 821 913	-2.2
其中：电子信息产业	万元	19 374 174	-6.0
工业产品销售额	万元	20 305 503	-5.4
工业企业利润总额	万元	208 510	-14.7
物流企业营业收入	万元	7 352	99.0
综合能源耗费量	吨标准煤煤	95 082	8.0
当年批准项目数	个	10	25.0
其中：外资项目批准数	个	6	-25.0
仓储物流企业	个	5	150.0
当年批准投资额	万美元	22 875	-32.4
其中：外资项目投资额	万美元	22 233	-34.3
其中：增资额	万美元	17 771	-33.5
合同利用外资	万美元	12 441	-4.3
其中：增资额	万美元	9 596	-8.4
实际到位资金	万美元	23 588	163.0
其中：实际利用外资	万美元	21 992	145.6
固定资产投资额	万元	113 464	50.2
期末施工房屋建筑面积	平方米	18 000	-85.9
其中：在建厂房面积	平方米	18 000	-85.9
竣工房屋建筑面积	平方米	24 500	-49.7
其中：已建成仓库面积	平方米	24 500	-49.0
土地实际已租售面积	平方米	10 082	-97.0
当年投产企业	个	11	0.0
各种税收收入总额	万元	114 892	32.2
其中：海关税收及代征税	万元	67 674	8.6
工商税收	万元	47 218	91.9
期末从业人员	人	91 727	-3.9
其中：外资企业从业人员	人	91 561	-4.1
期末出口加工区批准面积	平方公里	5.96	0.0
期末出口加工区验收封关面积	平方公里	4.28	0.0

2008 年上海金桥出口加工区（南区）主要经济指标完成情况表

指标名称	单位	2008 年	比上年增长（%）
增加值	万元	55 308	96.0
工业总产值	万元	155 120	-23.5
其中：高新技术产业	万元	39 834	-3.4
电子信息产业	万元	54 699	-55.3
工业产品销售额	万元	151 963	-23.9
工业企业利润总额	万元	8 117	-43.9
综合能源耗费量	吨标准煤	7 422	140.0
当年批准项目数	个	4	—
其中：外资项目批准数	个	3	—
仓储物流企业	个	1	—
当年批准投资额	万美元	15 179	—
其中：外资项目投资额	万美元	9 430	—
增资额	万美元	14 599	—
合同利用外资	万美元	2 264	—
其中：增资额	万美元	1 971	—
实际到位资金	万美元	4 137	—
其中：实际利用外资	万美元	2 264	—
固定资产投资额	万元	1 352	—
其中：基础设施投资	万元	1 352	—
开发公司投资	万元	1 352	—
期末施工房屋建筑面积	平方米	3 199	—
历年土地实际已租售面积	平方米	488 869	—
当年投产企业	个	4	—
各种税收收入总额	万元	5 542	495.3
其中：海关税收及代征税	万元	1 389	49.2
工商税收	万元	4 153	—
期末从业人员	人	2 483	45.1
其中：外资企业从业人员	人	2 483	45.1
期末出口加工区批准面积	平方公里	2.80	0.0
期末出口加工区验收封关面积	平方公里	1.55	0.0

2008年上海青浦出口加工区主要经济指标完成情况表

指标名称	单位	2008年	比上年增长（%）
增加值	万元	42 262	-8.8
工业总产值	万元	187 948	58.2
其中：电子信息产业	万元	23 968	-13.9
工业产品销售额	万元	181 257	42.4
工业企业利润总额	万元	5 070	-64.4
物流企业营业收入	万元	82	1 540.0
综合能源耗费量	吨标准煤	11 832	—
当年批准项目数	个	4	-55.6
其中：外资项目批准数	个	4	-50.0
当年批准投资额	万美元	4 900	-84.9
其中：外资项目投资额	万美元	4 900	-84.9
其中：增资额	万美元	2 800	4.6
合同外资	万美元	2 060	-81.2
其中：增资额	万美元	1 720	28.6
实际利用外资	万美元	5 862	50.9
固定资产投资额	万元	2 453	-97.0
其中：基础设施投资	万元	2 098	-90.9
开发公司投资	万元	126	-99.8
期末施工房屋建筑面积	平方米	20 000	-74.1
其中：在建厂房面积	平方米	20 000	-74.1
竣工房屋建筑面积	平方米	5 000	-95.6
其中：已建成厂房面积	平方米	5 000	-95.6
土地实际已租售面积	平方米	667	-100.0
当年投产企业	个	3	50.0
各种税收收入总额	万元	5 083	531.4
其中：海关税收及代征税	万元	2 365	229.8
工商税收	万元	2 718	2 988.0
期末从业人员	人	3 516	-2.3
其中：外资企业从业人员	人	3 368	16.1
出口加工区批准面积	平方公里	3	0.0
出口加工区验收封关面积	平方公里	1.60	0.0

2008 年上海漕河泾出口加工区主要经济指标完成情况表

指标名称	单位	2008 年	比上年增长（%）
增加值	万元	185 037	47.3
工业总产值	万元	8 563 407	33.1
其中：高新技术产业	万元	1 582 854	-17.8
电子信息产业	万元	8 538 893	32.7
工业产品销售额	万元	8 578 959	32.8
工业企业利润总额	万元	6 319	-79.9
综合能源耗费量	吨标准煤	84 082	137.0
当年批准投资额	万美元	19 541	1 210.7
其中：外资项目投资额	万美元	19 541	1 260.7
其中：增资额	万美元	19 541	30 532.8
合同利用外资	万美元	7 850	926.0
其中：增资额	万美元	7 850	15 392.2
实际到位资金	万美元	7 956	1 073.7
其中：实际利用外资	万美元	7 929	1 265.8
固定资产投资额	万元	144 944	350.0
已投产企业	个	3	-66.7
各种税收收入总额	万元	64 698	59.2
其中：海关税收及代征税	万元	58 251	56.3
工商税收	万元	6 447	91.6
期末从业人员	人	32 232	15.7
其中：外资企业从业人员	人	32 134	15.3
期末出口加工区批准面积	平方公里	3	0.0
期末出口加工区验收封关面积	平方公里	0.90	0.0

2008 年上海闵行出口加工区主要经济指标完成情况表

指标名称	单位	2008 年	比上年增长（%）
增加值	万元	30 244	-46.0
工业总产值	万元	645 762	81.0
其中：电子信息产业	万元	589 363	127.0
工业产品销售额	万元	637 161	90.3
工业企业利润总额	万元	28 348	251.8
综合能源耗费量	吨标准煤	1 928	-0.8
当年批准投资额	万美元	2 775	-83.1
其中：外资项目投资额	万美元	2 775	-79.2
其中：增资额	万美元	2 775	-54.8

续表

指标名称	单位	2008 年	比上年增长（%）
合同利用外资	万美元	1 193	-78.3
其中：增资额	万美元	1 193	-40.9
固定资产投资额	万元	39 755	184.2
历年已投产企业	个	10	—
各种税收收入总额	万元	989	114.1
其中：海关税收及代征税	万元	223	82.8
工商税收	万元	766	126.6
期末从业人员	人	4 021	50.8
其中：外资企业从业人员	人	3 931	52.5
期末出口加工区批准面积	平方公里	3	0.0
期末出口加工区验收封关面积	平方公里	1.90	0.0

2008 年江苏昆山出口加工区主要经济指标完成情况表

指标名称	单位	2008 年	比上年增长（%）
增加值	万元	778 820	25.4
工业总产值	万元	15 894 283	26.5
其中：高新技术产业	万元	690 024	0.0
电子信息产业	万元	14 050 686	26.7
工业产品销售额	万元	15 826 645	26.7
工业企业利润总额	万元	197 891	-19.4
物流企业营业收入	万元	19 672	174.6
综合能源耗费量	吨标准煤	58 316	11.6
当年批准项目数	个	10	-37.5
其中：外资项目批准数	个	6	0.0
仓储物流企业	个	6	-50.0
当年批准投资额	万美元	24 925	25.5
其中：外资项目投资额	万美元	24 673	31.9
其中：增资额	万美元	20 473	26.0
合同利用外资	万美元	10 925	15.6
其中：增资额	万美元	9 050	17.7
实际到位资金	万美元	8 498	-19.6
其中：实际利用外资	万美元	8 281	-14.2
固定资产投资额	万元	137 541	9.6
其中：基础设施投资	万元	3 339	-36.9
开发公司投资	万元	23 450	343.0

续表

指标名称	单位	2008 年	比上年增长（%）
期末施工房屋建筑面积	平方米	196 745	-60.9
其中：在建厂房面积	平方米	196 745	-47.3
竣工房屋建筑面积	平方米	460 382	41.1
其中：已建成厂房面积	平方米	295 525	1.6
已建成仓库面积	平方米	164 857	366.7
土地实际已租售面积	平方米	108 744	-53.1
当年投产企业	个	2	100.0
各种税收收入总额	万元	64 943	48.8
其中：海关税收及代征税	万元	19 198	83.2
工商税收	万元	45 745	37.9
期末从业人员	人	95 886	18.3
其中：外资企业从业人员	人	95 709	18.5
期末出口加工区批准面积	平方公里	2.86	0.0
期末出口加工区验收封关面积	平方公里	2.86	0.0

2008 年江苏无锡出口加工区主要经济指标完成情况表

指标名称	单位	2008 年	比上年增长（%）
增加值	万元	1 069 337	19.6
工业总产值	万元	2 581 349	-48.1
其中：高新技术产业	万元	1 872 813	-44.9
电子信息产业	万元	2 350 566	-37.4
工业产品销售额	万元	2 528 691	-43.8
工业企业利润总额	万元	157 353	-52.4
物流企业营业收入	万元	12 514	153.0
综合能源耗费量	吨标准煤	167 651	-27.0
当年批准项目数	个	1	-80.0
其中：外资项目批准数	个	1	-75.0
仓储物流企业	个	0	—
当年批准投资额	万美元	9 960	-94.1
其中：外资项目投资额	万美元	9 960	-93.8
其中：增资额	万美元	9 950	-93.4
合同利用外资	万美元	3 410	-96.1
其中：增资额	万美元	3 400	-95.5
实际到位资金	万美元	6 449	-90.0
其中：实际利用外资	万美元	6 378	-93.9

续表

指标名称	单位	2008 年	比上年增长（%）
固定资产投资额	万元	423 879	113.8
其中：基础设施投资	万元	1 100	-27.6
开发公司投资	万元	150	-94.8
期末施工房屋建筑面积	平方米	131 950	0.0
其中：在建厂房面积	平方米	131 950	0.0
竣工房屋建筑面积	平方米	120 877	-82.8
其中：已建成厂房面积	平方米	109 415	-83.2
已建成仓库面积	平方米	11 462	-77.0
土地实际已租售面积	平方米	123 667	-15.0
历年已投产企业	个	21	—
各种税收收入总额	万元	30 459	-38.5
其中：海关税收及代征税	万元	3 709	27.4
工商税收	万元	26 750	-42.6
期末从业人员	人	29 017	4.4
其中：外资企业从业人员	人	28 785	3.5
期末出口加工区批准面积	平方公里	2.98	0.0
期末出口加工区验收封关面积	平方公里	1.70	0.0

2008 年江苏南通出口加工区主要经济指标完成情况表

指标名称	单位	2008 年	比上年增长（%）
增加值	万元	6 159	24.4
工业总产值	万元	30 889	67.2
其中：电子信息产业	万元	9 359	8.5
工业产品销售额	万元	34 737	88.4
工业企业利润总额	万元	-1 581	70.9
物流企业营业收入	万元	57	-89.0
综合能源耗费量	吨标准煤	1 400	-30.0
实际到位资金	万美元	272	-78.5
其中：实际利用外资	万美元	272	-78.5
固定资产投资额	万元	4 900	-17.6
期末施工房屋建筑面积	平方米	9 292	-87.8
其中：在建厂房面积	平方米	9 292	-87.8
竣工房屋建筑面积	平方米	67 177	142.5
其中：已建成厂房面积	平方米	67 177	142.5
历年已投产企业	个	5	—

续表

指标名称	单位	2008 年	比上年增长（%）
各种税收收入总额	万元	222	500.0
其中：海关税收及代征税	万元	96	—
工商税收	万元	125	237.8
期末从业人员	人	3 012	-26.7
其中：外资企业从业人员	人	2 997	-26.9
期末出口加工区批准面积	平方公里	2.98	0.0
期末出口加工区验收封关面积	平方公里	0.75	0.0

2008 年江苏南京出口加工区主要经济指标完成情况表

指标名称	单位	2008 年	比上年增长（%）
增加值	万元	5 967	-38.2
工业总产值	万元	55 475	67.1
其中：电子信息产业	万元	43 337	58.4
工业产品销售额	万元	39 094	188.0
工业企业利润总额	万元	516	347.9
物流企业营业收入	万元	467	65.0
综合能源耗费量	吨标准煤	368.70	—
当年批准项目数	个	1	-66.7
其中：外资项目批准数	个	1	-50.0
仓储物流企业	个	0	0.0
当年批准投资额	万美元	4 500	-58.6
其中：外资项目投资额	万美元	4 500	-54.3
合同利用外资	万美元	750	-77.5
实际到位资金	万美元	5 200	—
其中：实际利用外资	万美元	3 100	—
固定资产投资额	万元	1 942	-2.3
其中：基础设施投资	万元	228	-88.5
开发公司投资	万元	95	280.0
期末施工房屋建筑面积	平方米	218 900	921.0
其中：在建厂房面积	平方米	198 000	973.8
竣工房屋建筑面积	平方米	21 440	—
其中：已建成厂房面积	平方米	21 440	—
历年已投产企业	个	3	—
工商税收	万元	445	1 680.0
期末从业人员	人	1 660	172.1
其中：外资企业从业人员	人	1 335	154.8
期末出口加工区批准面积	平方公里	2.50	0.0
期末出口加工区验收封关面积	平方公里	1.50	0.0

2008年江苏连云港出口加工区主要经济指标完成情况表

指标名称	单位	2008年	比上年增长（%）
增加值	万元	2 694	4.3
工业总产值	万元	19 540	45.5
其中：电子信息产业	万元	6 407	215.6
工业产品销售额	万元	18 570	36.3
工业企业利润总额	万元	-1 225	124.5
综合能源耗费量	吨标准煤	722	-47.0
当年批准项目数	个	1	0.0
其中：外资项目批准数	个	1	—
当年批准投资额	万美元	1 500	11.1
其中：外资项目投资额	万美元	1 500	—
合同利用外资	万美元	620	—
实际到位资金	万美元	300	-38.0
其中：实际利用外资	万美元	300	-38.0
固定资产投资额	万元	1 024	-62.2
竣工房屋建筑面积	平方米	8 255	-92.4
其中：已建成厂房面积	平方米	8 255	-92.3
历年土地实际已租售面积	平方米	231 315	—
当年已投产企业	个	1	0.0
其中：投资额5 000万美元（含）以上	个	0	0.0
投资额3 000（含）~5 000万美元	个	0	0.0
投资额1 000（含）~3 000万美元	个	1	0.0
各种税收收入总额	万元	225	-10.7
其中：海关税收及代征税	万元	156	-20.4
工商税收	万元	69	25.5
期末从业人员	人	1 680	-30.9
其中：外资企业从业人员	人	1 680	-30.9
期末出口加工区批准面积	平方公里	2.97	0.0
期末出口加工区验收封关面积	平方公里	0.71	0.0

2008年江苏苏州高新区出口加工区主要经济指标完成情况表

指标名称	单位	2008年	比上年增长（%）
增加值	万元	199 823	195.4
工业总产值	万元	855 604	206.2
其中：高新技术产业	万元	855 604	206.2
电子信息产业	万元	810 184	252.0
工业产品销售额	万元	849 036	202.6
工业企业利润总额	万元	37 559	3 321.5
物流企业营业收入	万元	600	600.0
综合能源耗费量	吨标准煤	16 121	618.7
当年批准项目数	个	5	0.0
其中：外资项目批准数	个	5	0.0
仓储物流企业	个	1	0.0
当年批准投资额	万美元	84 405	52.6
其中：外资项目投资额	万美元	84 405	52.6
其中：增资额	万美元	1 138	-96.6
合同利用外资	万美元	29 682	40.3
其中：增资额	万美元	625	-94.7
实际到位资金	万美元	43 474	164.7
其中：实际利用外资	万美元	43 474	164.7
固定资产投资额	万元	517 947	618.8
其中：基础设施投资	万元	9 253	-19.3
开发公司投资	万元	10 399	-46.0
竣工房屋建筑面积	平方米	67	1 235.5
其中：已建成厂房面积	平方米	51	926.9
当年投产企业	个	6	50.0
其中：投资额5 000万美元（含）以上	个	3	—
投资额3 000（含）~5 000万美元以上	个	0	0.0
投资额1 000（含）~3 000万美元以上	个	2	100.0
各种税收收入总额	万元	33 974	581.4
其中：海关税收及代征税	万元	18 874	1 833.9
工商税收	万元	15 100	2 018.1
期末从业人员	人	59 985	1 227.1
其中：外资企业从业人员	人	59 985	1 227.1
期末出口加工区批准面积	平方公里	2.7	0.0
期末出口加工区验收封关面积	平方公里	2.7	0.0

2008年江苏镇江出口加工区主要经济指标完成情况表

指标名称	单位	2008年	比上年增长（%）
增加值	万元	2 677	214.6
工业总产值	万元	7 248	-23.5
其中：电子信息产业	万元	7 248	-23.5
工业产品销售额	万元	7 432	-18.1
工业企业利润总额	万元	-1 367	—
当年批准项目数	个	4	-20.0
其中：外资项目批准数	个	4	-20.0
仓储物流企业	个	0	—
当年批准投资额	万美元	5 750	-10.2
其中：外资项目投资额	万美元	5 750	-10.2
其中：增资额	万美元	150	-28.6
合同外资	万美元	2 220	-37.1
实际利用外资	万美元	1 516.70	-12.6
固定资产投资额	万元	4 985	256.0
其中：基础设施投资	万元	4 985	256.0
竣工房屋建筑面积	万平方米	2.40	-160.0
其中：已建成厂房面积	万平方米	2.40	-160.0
土地实际已租售面积	万平方米	35	250.0
已投产企业	个	2	—
其中：投资额1 000（含）~3 000万美元	个	2	—
期末从业人员	人	536	82.3
其中：外资企业从业人员	人	536	82.3
出口加工区批准面积	平方公里	2.53	—
出口加工区验收封关面积	平方公里	0.91	—

2008年江苏常州出口加工区主要经济指标完成情况表

指标名称	单位	2008年	比上年增长（%）
增加值	万元	1 695	591.0
工业总产值	万元	56 103	299.0
其中：电子信息产业	万元	12 477	213.0
工业产品销售额	万元	55 154	374.0
工业企业利润总额	万元	-3 796	—
综合能源耗费量	吨标准煤	2 777	216.0
当年批准项目数	个	4	100.0
其中：外资项目批准数	个	4	100.0

续表

指标名称	单位	2008年	比上年增长（%）
当年批准投资额	万美元	14 058	175.0
其中：外资项目投资额	万美元	14 058	175.0
其中：增资额	万美元	6 698	—
合同利用外资	万美元	6 900	174.0
其中：增资额	万美元	2 800	—
实际到位资金	万美元	3 182	96.0
其中：实际利用外资	万美元	3 182	96.0
固定资产投资额	万元	42 268	3.0
其中：基础设施投资	万元	25 513	-23.0
开发公司投资	万元	17 348	-40.0
期末施工房屋建筑面积	平方米	8 700	—
其中：在建厂房面积	平方米	8 700	—
竣工房屋建筑面积	平方米	122 231	89.0
其中：已建成厂房面积	平方米	117 881	87.0
已建成仓库面积	平方米	4 350	165.0
土地实际已租售面积	平方米	70 400	186.0
已投产企业	个	3	—
其中：投资额5 000万美元（含）以上	个	1	—
各种税收收入总额	万元	481	—
其中：海关税收及代征税	万元	178	—
工商税收	万元	303	—
期末从业人员	人	1 480	74.0
其中：外资企业从业人员	人	1 480	74.0
期末出口加工区批准面积	平方公里	1.66	0.0
期末出口加工区验收封关面积	平方公里	1.33	0.0

2008年江苏扬州出口加工区经济指标完成情况表

指标名称	单位	2008年	比上年增长（%）
增加值	万元	6 031	—
工业总产值	万元	49 090	—
工业企业利润总额	万元	3 013	—
物流企业营业收入	万元	600	—
综合能源耗费量	吨标准煤	790	—
批准项目数	个	17	—
其中：外资项目批准数	个	16	—
仓储物流企业	个	1	—

续表

指标名称	单位	2008 年	比上年增长（%）
批准投资总额	万美元	42 601	—
其中：外资项目投资总额	万美元	42 498	—
其中：增资额	万美元	9 666	—
合同利用外资	万美元	29 300	—
其中：增资额	万美元	800	—
企业实际到位资金	万美元	9 514	—
其中：实际利用外资	万美元	9 411	—
固定资产投资额	万元	67 806	—
其中：基础设施投资	万元	47 119	—
开发公司投资	万元	28 045	—
施工房屋建筑面积	平方米	43 785	—
其中：在建厂房面积	平方米	43 785	—
房屋竣工建筑面积	平方米	115 249	—
其中：已建成厂房面积	平方米	113 149	—
历年已建成仓库面积	平方米	2 100	—
历年土地实际已租售面积	平方米	26 640	—
历年已投产企业	个	4	—
其中：投资额 1 000（含）－3 000 万美元	个	4	—
税收总额	万元	103.54	—
其中：海关税收及代征税	万元	0.80	—
工商税收	万元	102.74	—
期末从业人员	人	569	—
其中：外资企业从业人员	人	569	—
出口加工区批准面积	平方公里	3	—
出口加工区验收封关面积	平方公里	1.47	—

注：江苏扬州出口加工区为 2008 年新增出口加工区，故无上一年同期数据。

2008 年浙江杭州出口加工区主要经济指标完成情况表

指标名称	单位	2008 年	增幅（%）
增加值	万元	114 412	11.9
工业总产值	万元	1 128 506	－11.9
其中：电子信息产业	万元	945 515	－13.1
工业商品销售额	万元	1 114 840	－12.6
工业企业利润总额	万元	19 359	－67.0
物流企业营业收入	万元	3 969	11.0
综合能源耗费量	吨标准煤	30 589	175.0

续表

指标名称	单位	2008 年	比上年增长（%）
批准项目数	个	1	0.0
批准投资总额	万美元	11 490	959.0
其中：外资项目投资总额	万美元	1 776	63.7
其中：增资额	万美元	1 776	77.6
合同利用外资	万美元	800	73.9
其中：增资额	万美元	800	100.0
企业实际到位资金	万美元	8 370	63.7
其中：实际利用外资	万美元	2 085	77.3
固定资产投资额	万元	83 274	399.4
其中：基础设施投资	万元	163	4.5
施工房屋建筑面积	平方米	54 843	-55.2
其中：在建厂房面积	平方米	54 843	-55.2
房屋竣工建筑面积	平方米	122 621	639.5
其中：已建成厂房面积	平方米	122 621	639.5
已建成仓库面积	平方米	0	0.0
土地实际已租售面积	平方米	99 920	50.0
历年已投产企业	个	24	—
税收总额	万元	16 196	25.8
其中：海关税收及代征税	万元	6 619	88.4
工商税收	万元	9 577	2.3
期末从业人员	人	11 983	-29.8
其中：外资企业从业人员	人	11 970	-29.8
出口加工区批准面积	平方公里	2.92	0.0
出口加工区验收封关面积	平方公里	2	0.0

2008 年浙江宁波出口加工区主要经济指标完成情况表

指标名称	单位	2008 年	比上年增长（%）
增加值	万元	666 848	69.6
工业总产值	万元	4 347 114	30.3
其中：高新技术产业	万元	3 951 527	30.5
电子信息产业	万元	3 903 708	31.2
工业产品销售额	万元	4 163 233	29.2
工业企业利润总额	万元	153 014	-30.1
综合能源耗费量	吨标准煤	39 037	49.7
当年批准项目数	个	1	-80.0

续表

指标名称	单位	2008 年	比上年增长（%）
其中：外资项目批准数	个	1	-80.0
当年批准投资额	万美元	22 130	-46.1
其中：外资项目投资额	万美元	22 130	-46.1
其中：增资额	万美元	21 602	-49.2
合同利用外资	万美元	6 724	-53.2
其中：增资额	万美元	6 424	-53.2
实际到位资金	万美元	5 908	-42.7
其中：实际利用外资	万美元	5 908	-42.7
固定资产投资额	万元	293 170	29.1
其中：基础设施投资	万元	748	-91.4
期末施工房屋建筑面积	平方米	900 579	32.9
其中：在建厂房面积	平方米	900 579	32.9
竣工房屋建筑面积	平方米	572 000	793.7
其中：已建成厂房面积	平方米	572 000	793.7
土地实际已租售面积	平方米	165 000	-66.7
历年已投产企业	个	20	—
各种税收收入总额	万元	12 211	—
其中：海关税收及代征税	万元	12 211	—
期末从业人员	人	24 715	51.4
其中：外资企业从业人员	人	24 715	51.4
期末出口加工区批准面积	平方公里	3	0.0
期末出口加工区验收封关面积	平方公里	2	0.0

2008 年浙江嘉兴出口加工区主要经济指标完成情况表

指标名称	单位	2008 年	比上年增长（%）
增加值	万元	550.10	—
工业总产值	万元	6 465.50	—
其中：高新技术产业	万元	0	—
电子信息产业	万元	0	—
工业产品销售额	万元	5 940.90	—
工业企业利润总额	万元	-599.60	—
当年批准项目数	个	3	-70.0
其中：外资项目批准数	个	3	-66.7
当年批准投资额	万美元	1 920	-85.3
其中：外资项目投资额	万美元	1 920	-81.2

续表

指标名称	单位	2008 年	比上年增长（%）
合同利用外资	万美元	1 654	-75.3
实际利用外资	万美元	991	430.8
固定资产投资额	万元	62 472	—
其中：基础设施投资	万元	305	—
开发公司投资	万元	305	—
期末施工房屋建筑面积	平方米	135 300	—
其中：在建厂房面积	平方米	135 300	—
竣工房屋建筑面积	平方米	43 000	—
其中：已建成厂房面积	平方米	43 000	—
已建成仓库面积	平方米	0	—
土地实际已租售面积	平方米	51 000	—
当年投产企业	个	4	33.3
各种税收收入总额	万元	18.90	—
其中：海关税收及代征税	万元	17.40	—
工商税收	万元	1.50	—
期末从业人员	人	500	—
其中：外资企业从业人员	人	390	—
期末出口加工区批准面积	平方公里	2.98	0.0
期末出口加工区验收封关面积	平方公里	1.30	0.0

2008 年浙江慈溪出口加工区主要经济指标完成情况表

指标名称	单位	2008 年	比上年增长（%）
工业总产值	万元	141	—
其中：电子信息产业	万元	141	—
当年批准项目数	个	3	—
其中：外资项目批准数	个	1	—
当年批准投资额	万美元	390	—
其中：外资项目投资额	万美元	42	—
合同利用外资	万美元	11	—
实际利用外资	万美元	8	—

续表

指标名称	单位	2008 年	比上年增长（%）
固定资产投资额	万元	6 600	—
其中：基础设施投资	万元	5 300	—
开发公司投资	万元	5 900	—
期末施工房屋建筑面积	平方米	45 000	—
其中：在建厂房面积	平方米	45 000	—
竣工房屋建筑面积	平方米	13 586	—
其中：已建成厂房面积	平方米	13 586	—
土地实际已租售面积	平方米	70 266	—
已投产企业	个	1	—
期末从业人员	人	50	—
期末出口加工区批准面积	平方公里	2	—
期末出口加工区验收封关面积	平方公里	0. 70	—

注：浙江慈溪出口加工区为 2008 年新增出口加工区，故无上一年同期数据。

2008 年安徽芜湖出口加工区主要经济指标完成情况表

指标名称	单位	2008 年	比上年增长（%）
增加值	万元	2 932	-52. 6
工业总产值	万元	27 297	-33. 7
其中：高新技术产业	万元	2 017	0. 5
电子信息产业	万元	10 838	71. 3
工业产品销售额	万元	26 153	-35. 9
当年批准项目数	个	4	—
其中：外资项目批准数	个	3	—
当年批准投资额	万美元	10 486	—
其中：外资项目投资额	万美元	8 721	—
其中：增资额	万美元	5 800	—
合同利用外资	万美元	5 551	—
其中：增资额	万美元	5 200	—
实际到位资金	万美元	5 200	—

续表

指标名称	单位	2008 年	比上年增长（%）
其中：实际利用外资	万美元	5 551	—
固定资产投资额	万元	39 992	273.9
其中：基础设施投资	万元	25 647	139.8
开发公司投资	万元	4 345	—
期末施工房屋建筑面积	平方米	250 200	4.3
其中：在建厂房面积	平方米	200 200	6.3
竣工房屋建筑面积	平方米	33 600	40.4
其中：已建成厂房面积	平方米	33 600	40.4
已建成仓库面积	平方米	0	0.0
土地实际已租售面积	平方米	376 211	318.0
已投产企业	个	2	100.0
其中：投资额 5 000 万美元（含）以上	个	1	100.0
投资额 3 000（含）－5 000 万美元	个	0	—
投资额 1 000（含）－3 000 万美元以上	个	0	—
各种税收收入总额	万元	205	56.5
其中：海关税收及代征税	万元	95	－27.5
工商税收	万元	110	—
期末从业人员	人	2 283	14.2
其中：外资企业从业人员	人	2 232	11.6
期末出口加工区批准面积	平方公里	2.95	0.0
期末出口加工区验收封关面积	平方公里	1.10	0.0

2008 年福建厦门出口加工区主要经济指标完成情况表

指标名称	单位	2008 年	比上年增长（%）
增加值	万元	46 774	79.2
工业总产值	万元	249 362	32.4
其中：高新技术产业	万元	18 545	－78.7
电子信息产业	万元	68 390	39 431.8
工业产品销售额	万元	253 946	42.9
工业企业利润总额	万元	26 512	431.9
物流企业营业收入	亿元	642	55.0
综合能源耗费量	吨标准煤	7 627	5.0
当年批准项目数	个	8	－38.5
其中：外资项目批准数	个	8	－33.3
仓储物流企业	个	0	0.0

续表

指标名称	单位	2008 年	比上年增长（%）
当年批准投资额	万美元	8 245	-44.3
其中：外资项目投资额	万美元	8 245	-43.9
其中：增资额	万美元	5 829	160.9
合同利用外资	万美元	3 393	-43.1
其中：增资额	万美元	2 193	150.1
实际到位资金	万美元	3 749	—
其中：实际利用外资	万美元	2 539	-28.8
固定资产投资额	万元	970	-94.7
其中：基础设施投资	万元	170	-88.2
开发公司投资	万元	680	-96.0
期末施工房屋建筑面积	平方米	3 000	-93.9
竣工房屋建筑面积	平方米	48 880	-84.6
其中：已建成厂房面积	平方米	48 880	-84.4
土地实际已租售面积	平方米	230 881	-24.0
当年投产企业	个	8	-55.6
其中：投资额 1 000（含）~3 000 万美元	个	1	-75.0
各种税收收入总额	万元	2 490	91.7
其中：海关税收及代征税	万元	2	-94.4
工商税收	万元	2 488	97.0
期末从业人员	人	6 784	39.5
其中：外资企业从业人员	人	6 139	34.2
出口加工区批准面积	平方公里	2.40	0.0
出口加工区验收封关面积	平方公里	1.46	0.0

2008 年福建福州出口加工区主要经济指标完成情况表

指标名称	单位	2008 年	比上年增长（%）
当年批准项目数	个	4	—
其中：外资项目批准数	个	2	—
当年批准投资额	万美元	4 260	—
其中：外资项目投资额	万美元	4 000	—
合同利用外资	万美元	1 800	—
实际到位资金	万美元	1 050	—
其中：实际利用外资	万美元	490	—
固定资产投资额	万元	22 412	—
其中：基础设施投资	万元	11 700	—
期末施工房屋建筑面积	平方米	35 780	—
其中：在建厂房面积	平方米	35 780	—

续表

指标名称	单位	2008 年	比上年增长（%）
竣工房屋建筑面积	平方米	10 900	—
其中：已建成仓库面积	平方米	2 000	—
土地实际已租售面积	平方米	72 000	—
期末出口加工区批准面积	平方公里	1.14	—
期末出口加工区验收封关面积	平方公里	0.44	—

注：截至 2008 年 12 月，福建福州出口加工区尚无投产企业。

2008 年山东烟台出口加工区主要经济指标完成情况表

指标名称	单位	2008 年	比上年增长（%）
增加值	万元	145 258	379.4
工业总产值	万元	336 9347	3 377.6
其中：电子信息产业	万元	3 000 844	16 941.5
工业产品销售额	万元	3 228 173	3 105.7
工业企业利润总额	万元	105 135	—
物流企业营业收入	万元	2 854	695.0
综合能源耗费量	吨标准煤	2 6391	317.0
当年批准项目数	个	10	-58.3
其中：外资项目批准数	个	8	-27.3
仓储物流企业	个	1	-92.0
当年批准投资额	万美元	18 525	233.2
其中：外资项目投资额	万美元	11 037	115.9
其中：增资额	万美元	9 107	3 457.4
合同利用外资	万美元	5 211	22.8
其中：增资额	万美元	3 681	892.2
实际到位资金	万美元	4 971	94.0
其中：实际利用外资	万美元	4 882	90.1
固定资产投资额	万元	119 290	1 353.2
其中：开发公司投资	万元	104 773	2 744.8
竣工房屋建筑面积	平方米	297 644	2 876.4
当年投产企业	个	13	8.3
其中：投资额 1 000（含）~3 000 万美元	个	2	—
工商税收	万元	871.30	269.1
期末从业人员	人	15 583	166.3
其中：外资企业从业人员	人	15 269	212.2
期末出口加工区批准面积	平方公里	2.96	—
期末出口加工区验收封关面积	平方公里	1.89	—

2008年山东威海出口加工区主要经济指标完成情况表

指标名称	单位	2008年	比上年增长（%）
增加值	万元	36 954	-34.7
工业总产值	万元	233 805	20.0
其中：电子信息产业	万元	165 387	23.5
工业产品销售额	万元	234 813	21.0
工业企业利润总额	万元	-8 263	—
综合能源耗费量	吨标准煤	1 338	-88.0
当年批准项目数	个	4	0.0
其中：外资项目批准数	个	4	100.0
仓储物流企业	个	0	0.0
当年批准投资额	万美元	1 363	60.1
其中：外资项目投资额	万美元	1 363	-59.3
其中：增资额	万美元	40	-97.8
合同利用外资	万美元	758	-58.4
其中：增资额	万美元	28	-96.5
实际到位资金	万美元	2 433	51.0
其中：实际利用外资	万美元	178	-91.6
固定资产投资额	万元	21 307	143.5
其中：基础设施投资	万元	697	-30.9
竣工房屋建筑面积	平方米	1 000	-73.6
其中：已建成厂房面积	平方米	800	0.0
历年已投产企业	个	38	—
各种税收收入总额	万元	2 014	84.9
其中：海关税收及代征税	万元	602	1 405.0
工商税收	万元	1 412	34.6
期末从业人员	人	11 249	-9.0
其中：外资企业从业人员	人	11 072	-10.1
期末出口加工区批准面积	平方公里	2.60	0.0
期末出口加工区验收封关面积	平方公里	1.34	0.0

2008年山东济南出口加工区主要经济指标完成情况表

指标名称	单位	2008年	比上年增长（%）
增加值	万元	3 470	95.7
工业总产值	万元	46 569	40.6
工业产品销售额	万元	45 993	39.8
工业企业利润总额	万元	1 439	76.6

续表

指标名称	单位	2008年	比上年增长（%）
综合能源耗费量	吨标准煤	89	-39.0
当年批准项目数	个	8	100.0
其中：外资项目批准数	个	8	100.0
仓储物流企业	个	0	0.0
当年批准投资额	万美元	9 242	1 360.0
其中：外资项目投资额	万美元	9 242	1 360.0
合同利用外资	万美元	1 781	79.5
其中：增资额	万美元	25	-94.0
实际到位资金	万美元	115	0.0
其中：实际利用外资	万美元	115	-78.8
固定资产投资额	万元	13 842	23.5
其中：基础设施投资	万元	807	-3.8
开发公司投资	万元	188	-88.7
土地实际已租售面积	平方米	66 867	101.0
当年投产企业	个	1	-50.0
工商税收	万元	355	119.1
期末从业人员	人	221	5.2
其中：外资企业从业人员	人	221	5.2
期末出口加工区批准面积	平方公里	3.20	0.0
期末出口加工区验收封关面积	平方公里	1.20	0.0

2008年山东青岛出口加工区主要经济指标完成情况表

指标名称	单位	2008年	比上年增长（%）
增加值	万元	80 710	17.1
工业总产值	万元	288 249	16.1
其中：高新技术产业	万元	100 847	14.5
电子信息产业	万元	187 190	6.5
工业产品销售额	万元	255 437	2.9
工业企业利润总额	万元	46 579	90.3
综合能源耗费量	吨标准煤	3 500	-3.0
当年批准项目数	个	9	12.5
其中：外资项目批准数	个	6	-14.3
仓储物流企业	个	2	0.0
当年批准投资额	万美元	14 967	54.1
其中：外资项目投资额	万美元	11 238	125.3

续表

指标名称	单位	2008 年	比上年增长（%）
其中：增资额	万美元	2 475	92.0
合同利用外资	万美元	5 683	132.7
其中：增资额	万美元	1 285	100.3
实际到位资金	万美元	5 506	-4.0
其中：实际利用外资	万美元	4 697	19.2
固定资产投资额	万元	5 715	-55.8
其中：基础设施投资	万元	1 020	-40.4
土地实际已租售面积	平方米	59 335	-93.5
已投产企业	个	12	50.0
其中：投资额 5 000 万美元（含）以上	个	0	0.0
投资额 3 000（含）~5 000 万美元以上	个	0	200.0
投资额 1 000（含）~3 000 万美元以上	个	4	300.0
各种税收收入总额	万元	5 069	-15.2
其中：海关税收及代征税	万元	1 679	169.9
工商税收	万元	3 390	-36.7
期末从业人员	人	7 200	7.8
其中：外资企业从业人员	人	7 000	4.8
期末出口加工区批准面积	平方公里	2.80	0.0
期末出口加工区验收封关面积	平方公里	1.70	0.0

2008 年山东潍坊出口加工区主要经济指标完成情况表

指标名称	单位	2008 年	比上年增长（%）
增加值	万元	538	11.7
工业总产值	万元	8 673	79.1
其中：高新技术产业	万元	7 683	81.5
工业商品销售额	万元	8 726	113.4
工业企业利润总额	万元	-31	—
综合能源耗费量	吨标准煤	41	—
批准项目数	个	5	-68.8
其中：外资项目批准数	个	1	-85.7
仓储物流企业	个	1	—
批准投资总额	万美元	3 980	-87.7
其中：外资项目投资总额	万美元	50	-99.7
合同利用外资	万美元	50	-99.7
企业实际到位资金	万美元	1 399	-15.0

续表

指标名称	单位	2008 年	比上年增长（%）
其中：实际利用外资	万美元	166	-89.9
固定资产投资额	万元	10 451	-71.8
其中：基础设施投资	万元	1 510	-64.4
施工房屋建筑面积	平方米	130 628	-31.4
其中：在建厂房面积	平方米	76 461	-52.1
房屋竣工建筑面积	平方米	6 651	-96.3
其中：已建成厂房面积	平方米	6 651	-95.9
土地实际已租售面积	平方米	76 400	-85.0
历年已投产企业	个	3	—
工商税收	万元	966	53.1
期末从业人员	人	82	-85.3
其中：外资企业从业人员	人	20	-95.6
出口加工区批准面积	平方公里	3	0.0
出口加工区验收封关面积	平方公里	1.70	0.0

2008 年山东青岛西海岸出口加工区主要经济指标完成情况表

指标名称	单位	2008 年	比上年增长（%）
增加值	万元	4 703	—
工业总产值	万元	31 248	—
其中：高新技术产业	万元	0	—
电子信息产业	万元	0	—
工业产品销售额	万元	7 550	—
工业企业利润总额	万元	-276	—
物流企业营业收入	万元	116	—
综合能源耗费量	吨标准煤	370	—
当年批准项目数	个	3	—
其中：外资项目批准数	个	3	—
当年批准投资额	万美元	4 100	—
其中：外资项目投资额	万美元	4 100	—
合同利用外资	万美元	1 680	—
实际到位资金	万美元	3 693	—
其中：实际利用外资	万美元	2 186	—
固定资产投资额	万元	14 404	—
其中：基础设施投资	万元	1 346	—
期末施工房屋建筑面积	平方米	93 664	—

续表

指标名称	单位	2008 年	比上年增长（%）
其中：在建厂房面积	平方米	93 664	—
竣工房屋建筑面积	平方米	75 947	—
其中：已建成厂房面积	平方米	68 243	—
已建成仓库面积	平方米	7 704	—
土地实际已租售面积	平方米	456 000	—
已投产企业	个	6	—
其中：投资额 5 000 万美元（含）以上	个	1	—
投资额 3 000（含）~5 000 万美元以上	个	1	—
投资额 1 000（含）~3 000 万美元以上	个	3	—
各种税收收入总额	万元	268	—
其中：工商税收	万元	268	—
期末从业人员	人	868	—
其中：外资企业从业人员	人	810	—
期末出口加工区批准面积	平方公里	2	—
期末出口加工区验收封关面积	平方公里	2	—

2008 年河南郑州出口加工区主要经济指标完成情况表

指标名称	单位	2008 年	比上年增长（%）
增加值	万元	15 053	37.4
工业总产值	万元	55 292	108.7
其中：高新技术产业	万元	5 165	9.9
电子信息产业	万元	5 165	9.9
工业产品销售额	万元	51 184	95.1
工业企业利润总额	万元	2 647	70.8
物流企业营业收入	万元	515	6.0
综合能源耗费量	吨标准煤	1 483	107.0
当年批准项目数	个	8	-20.0
其中：外资项目批准数	个	3	-25.0
仓储物流企业	个	0	—
当年批准投资额	万美元	11 425	-4.2
其中：外资项目投资额	万美元	10 561	-4.2
其中：增资额	万美元	9 900	-2.9
合同利用外资	万美元	3 858	-25.1
其中：增资额	万美元	3 300	-34.0
实际到位资金	万美元	15 088	233.0

续表

指标名称	单位	2008 年	比上年增长（%）
其中：实际利用外资	万美元	7 881	-9.6
固定资产投资额	万元	78 068	-27.5
其中：基础设施投资	万元	3 793	950.7
开发公司投资	万元	729	912.5
竣工房屋建筑面积	平方米	20 000	-57.8
其中：已建成厂房面积	平方米	20 000	-53.6
土地实际已租售面积	平方米	17 000	6.0
当年投产企业	个	4	33.3
各种税收收入总额	万元	648	122.2
其中：海关税收及代征税	万元	413	165.4
工商税收	万元	235	72.8
期末从业人员	人	2 100	0.0
其中：外资企业从业人员	人	1 500	50.0
期末出口加工区批准面积	平方公里	2.70	0.0
期末出口加工区验收封关面积	平方公里	0.90	50.0

2008 年湖北武汉出口加工区主要经济指标完成情况表

指标名称	单位	2008 年	比上年增长（%）
增加值	万元	11 597	5.0
工业总产值	万元	461 928	-12.9
其中：高新技术产业	万元	148 906	-48.8
电子信息产业	万元	273 395	228.4
工业商品销售额	万元	421 995	-3.5
工业企业利润总额	万元	133	0.0
综合能源耗费量	吨标准煤	1 217	-23.0
批准项目数	个	2	—
批准投资总额	万美元	1 500	—
企业实际到位资金	万美元	1 500	—
固定资产投资额	万元	13 000	—
其中：基础设施投资	万元	9 800	—
房屋竣工建筑面积	平方米	78 000	—
其中：已建成厂房面积	平方米	70 000	—
已建成仓库面积	平方米	8 000	—
土地实际已租售面积	平方米	140 000	—
历年已投产企业	个	4	—
税收总额	万元	35 406	-23.2
其中：海关税收及代征税	万元	34 800	-24.4
工商税收	万元	126	530.0
期末从业人员	人	1 205	-59.8
其中：期末外资企业从业人员	人	1 100	-45.0
期末出口加工区批准面积	平方公里	1.30	0.0
期末出口加工区验收封关面积	平方公里	1.30	0.0

2008年广东深圳出口加工区主要经济指标完成情况表

指标名称	单位	2008年	比上年增长（%）
增加值	万元	160 512	-51.3
工业总产值	万元	1 003 407	-20.0
其中：高新技术产业	万元	527 645	-12.0
电子信息产业	万元	659 222	-8.0
工业产品销售额	万元	1 092 264	-13.6
工业企业利润总额	万元	181 234	-18.3
综合能源耗费量	吨标准煤	21 383	-29.0
当年批准项目数	个	3	0.0
其中：外资项目批准数	个	3	0.0
仓储物流企业	个	0	0.0
当年批准投资额	万美元	3 876	767.2
其中：外资项目投资额	万美元	3 876	767.2
其中：增资额	万美元	456	791.5
合同外资	万美元	1 928	590.6
其中：增资额	万美元	428	735.8
实际到位资金	万美元	1 825	52.0
其中：实际利用外资	万美元	1825	51.9
竣工房屋建筑面积	平方米	57 290	—
其中：已建成厂房面积	平方米	57 290	—
历年土地实际已租售面积	平方米	1 333 000	—
当年投产企业	个	6	20.0
其中：投资额5 000万美元（含）以上	个	0	0.0
投资额3 000（含）~5 000万美元	个	0	0.0
投资额1 000（含）~3 000万美元	个	2	0.0
各种税收收入总额	万元	5 779	48.1
其中：海关税收及代征税	万元	315	0.0
工商税收	万元	5 464	40.0
期末从业人员	人	13 751	-28.0
其中：外资企业从业人员	人	13 751	-28.0
出口加工区批准面积	平方公里	3	0.0
出口加工区验收封关面积	平方公里	3	0.0

2008 年广东广州出口加工区主要经济指标完成情况表

指标名称	单位	2008 年	比上年增长（%）
增加值	万元	68 639	15.4
工业总产值	万元	381 331	5.2
工业产品销售额	万元	384 813	6.0
工业企业利润总额	万元	9 057	-22.4
历年已投产企业	个	1	—
期末从业人员	人	1 100	-1.0
其中：外资企业从业人员	人	1 100	-1.0
期末出口加工区批准面积	平方公里	3	0.0
期末出口加工区验收封关面积	平方公里	0.90	0.0

2008 年广西北海出口加工区主要经济指标完成情况表

指标名称	单位	2008 年	比上年增长（%）
增加值	万元	32 958	22.0
工业总产值	万元	106 174	26.8
其中：电子信息产业	万元	103 327	23.4
工业产品销售额	万元	99 805	19.2
工业企业利润总额	万元	23 846	19.7
物流企业营业收入	万元	452	210.0
综合能源耗费量	吨标准煤	592	45.0
当年批准项目数	个	4	-55.6
其中：外资项目批准数	个	2	-50.0
仓储物流企业	个	1	0.0
当年批准投资额	万美元	13 844	13.6
其中：外资项目投资额	万美元	10 150	6.9
合同利用外资	万美元	4 856	29.3
其中：增资额	万美元	150	0.0
实际到位资金	万美元	8 318	22.0
其中：实际利用外资	万美元	5 737	20.3
固定资产投资额	万元	65 930	179.9
其中：基础设施投资	万元	5 580	13.9
开发公司投资	万元	12 050	152.6
期末施工房屋建筑面积	平方米	102 207	308.8
其中：在建厂房面积	平方米	102 207	308.8
竣工房屋建筑面积	平方米	254 316	159.5
其中：已建成厂房面积	平方米	248 616	170.2

续表

指标名称	单位	2008 年	比上年增长（%）
已建成仓库面积	平方米	5 700	-5.0
土地实际已租售面积	平方米	338 170	-31.0
当年投产企业	个	3	-66.7
其中：投资额 5 000 万美元（含）以上	个	1	0.0
工商税收	万元	1 060	3 212.5
期末从业人员	人	6 700	28.8
其中：外资企业从业人员	人	6 500	30.0
期末出口加工区批准面积	平方公里	1.45	0.0
期末出口加工区验收封关面积	平方公里	1.13	0.0

2008 年重庆出口加工区主要经济指标完成情况表

指标名称	单位	2008 年	比上年增长（%）
增加值	万元	5 627	5.9
工业总产值	万元	20 899	0.3
工业商品销售额	万元	21 365	0.4
工业企业利润总额	万元	965	-56.3
物流企业营业收入	万元	556	58.0
综合能源耗费量	吨标准煤	1 442	118.0
批准项目数	个	3	-25.0
批准投资总额	万美元	100	-87.4
其中：外资项目投资总额	万美元	15	-93.9
其中：增资额	万美元	15	0.0
合同利用外资	万美元	15	-81.1
其中：增资额	万美元	15	0.0
房屋竣工建筑面积	平方米	10 727	75.1
其中：已建成厂房面积	平方米	10 727	0.0
历年已投产企业	个	8	—
税收总额	万元	69	-60.0
其中：海关税收及代征税	万元	19	-21.6
工商税收	万元	49	-64.2
期末从业人员	人	1 382	-2.7
其中：外资企业从业人员	人	1 267	-5.4
出口加工区批准面积	平方公里	3	0.0
出口加工区验收封关面积	平方公里	0.40	0.0

2008 年四川成都出口加工区主要经济指标完成情况表

指标名称	单位	2008 年	比上年增长（%）
增加值	万元	533 719	71.9
工业总产值	万元	1 583 381	65.2
其中：高新技术产业	万元	1 568 107	64.7
电子信息产业	万元	1 214 025	59.2
工业产品销售额	万元	1 518 536	60.2
工业企业利润总额	万元	-34 839	—
物流企业营业收入	万元	207	-68.0
综合能源耗费量	吨标准煤	32 219	794.0
当年批准项目数	个	2	0.0
其中：外资项目批准数	个	2	—
仓储物流企业	个	0	0.0
当年批准投资额	万美元	2 075	25 837.5
其中：外资项目投资额	万美元	2 075	—
其中：增资额	万美元	100	—
合同外资	万美元	100	—
其中：增资额	万美元	100	—
实际利用外资	万美元	10 864	-47.4
固定资产投资额	万元	223 628	-48.8
其中：基础设施投资	万元	1 289	-97.0
期末施工房屋建筑面积	平方米	72 624	2.0
其中：在建厂房面积	平方米	72 624	13.5
竣工房屋建筑面积	平方米	15 191	-94.6
其中：已建成厂房面积	平方米	7 969	-92.5
历年土地实际已租售面积	平方米	1 963 234	—
当年投产企业	个	2	-80.0
其中：投资额 1 000（含）~3 000 万美元	个	1	0.0
各种税收收入总额	万元	6 865	112.8
其中：海关税收及代征税	万元	669	19.7
工商税收	万元	6 196	132.3
期末从业人员	人	10 032	-4.5
其中：外资企业从业人员	人	8 902	-0.3
出口加工区批准面积	平方公里	3	0.0
出口加工区验收封关面积	平方公里	2.10	0.0

2008年四川绵阳出口加工区主要经济指标完成情况表

指标名称	单位	2008年	比上年增长（%）
增加值	万元	3 036	—
工业总产值	万元	3 446	—
其中：电子信息产业	万元	3 446	—
工业产品销售额	万元	4 773	—
工业企业利润总额	万元	1 438	—
当年批准项目数	个	3	—
其中：外资项目批准数	个	2	—
当年批准投资额	万美元	710	—
其中：外资项目投资额	万美元	560	—
合同利用外资	万美元	310	—
实际到位资金	万美元	460	—
其中：实际利用外资	万美元	210	—
固定资产投资额	万元	5 411	—
其中：基础设施投资	万元	1 000	—
期末施工房屋建筑面积	平方米	50 797	—
其中：在建厂房面积	平方米	50 797	—
竣工房屋建筑面积	平方米	41 424	—
其中：已建成厂房面积	平方米	32 374	—
已建成仓库面积	平方米	1 970	—
土地实际已租售面积	平方米	9 122	—
已投产企业	个	1	—
工商税收	万元	28	—
期末从业人员	人	5 000	—
其中：外资企业从业人员	人	5 000	—
期末出口加工区批准面积	平方公里	0.56	—
期末出口加工区验收封关面积	平方公里	0.15	—

注：四川绵阳出口加工区为2008年新运行出口加工区，故没有上年同期可比数据。

2008年陕西西安出口加工区（A区）主要经济指标完成情况表

指标名称	单位	2008年	比上年增长（%）
增加值	万元	101 276	60.6
工业总产值	万元	347 741	60.2
其中：高新技术产业	万元	93 889	317.0
电子信息产业	万元	12 576	-77.3
工业产品销售额	万元	392 573	62.2
工业企业利润总额	万元	6 134	40.3
物流企业营业收入	万元	18 386	51.0
综合能源耗费量	吨标准煤	2 680	373.0
当年批准项目数	个	11	22.2
其中：外资项目批准数	个	3	0.0
仓储物流企业	个	3	-40.0
当年批准投资额	万美元	6 501	514.4
其中：外资项目投资额	万美元	5 007	1 338.7
其中：增资额	万美元	1 100	0.0
合同利用外资	万美元	3 187	815.8
其中：增资额	万美元	275	0.0
实际到位资金	万美元	3 174	812.0
其中：实际利用外资	万美元	3 114	794.9
固定资产投资额	万元	78 039	14.3
其中：基础设施投资	万元	11 646	34.7
开发公司投资	万元	11 646	-28.8
期末施工房屋建筑面积	平方米	41 734	-23.6
其中：在建厂房面积	平方米	35 000	-36.0
竣工房屋建筑面积	平方米	30 955	72.0
其中：已建成厂房面积	平方米	27 000	0.0
已建成仓库面积	平方米	3 955	-78.0
土地实际已租售面积	平方米	20 010	-65.0
当年投产企业	个	5	-50.0
各种税收收入总额	万元	2 871	4 937.6
其中：海关税收及代征税	万元	2 660	—
工商税收	万元	211	34.4
期末从业人员	人	2 136	38.3
其中：外资企业从业人员	人	989	58.2
期末出口加工区批准面积	平方公里	1.46	0.0
期末出口加工区验收封关面积	平方公里	0.92	0.0

2008 年陕西西安出口加工区（B 区）主要经济指标完成情况表

指标名称	单位	2008 年	比上年增长（%）
增加值	万元	19 226	158.4
工业总产值	万元	25 945	117.7
其中：电子信息产业	万元	25 945	117.7
工业产品销售额	万元	25 945	117.7
工业企业利润总额	万元	3 107	—
物流企业营业收入	万元	4	—
综合能源耗费量（季报）	吨标准煤	1 083	—
批准项目数	个	2	-33.3
其中：外资项目批准数	个	1	-66.7
仓储物流企业	个	2	100.0
当年批准投资总额	万美元	148	-99.6
其中：外资项目投资总额	万美元	74	-99.8
合同利用外资	万美元	74	-99.4
企业实际到位资金	万美元	948	-75.2
其中：实际利用外资	万美元	874	-77.1
固定资产投资额	万元	34 026	19.5
其中：基础设施投资	万元	635	8.5
开发公司投资	万元	1 500	597.7
施工房屋建筑面积	万平方米	5	-30.7
其中：在建厂房面积	万平方米	4	-44.1
房屋竣工建筑面积	万平方米	4	30.5
其中：已建成厂房面积	万平方米	4	38.3
历年已投产企业	个	2	—
工商税收	万元	485	-5.3
期末从业人员	人	790	—
其中：外资企业从业人员	人	787	—
出口加工区批准面积	平方公里	1.34	0.0
出口加工区验收封关面积	平方公里	0.70	0.0

2008 年新疆乌鲁木齐出口加工区主要经济指标完成情况表

指标名称	单位	2008 年	比上年增长（%）
增加值	万元	710	-68.8
工业总产值	万元	3 909	-20.1
其中：高新技术产业	万元	3 909	56.7
工业产品销售额	万元	4 577	12.5
工业企业利润总额	万元	46	-37.8
综合能源耗费量	吨标准煤	898	185.9
当年批准投资额	万美元	7 150	27 400.0
实际到位资金	万美元	347	—
固定资产投资额	万元	2 436	1.4
其中：基础设施投资	万元	20	-96.3
期末施工房屋建筑面积	平方米	25 007	66.3
其中：在建厂房面积	平方米	25 007	66.3
竣工房屋建筑面积	平方米	6 000	539.8
其中：已建成厂房面积	平方米	6 000	539.8
土地实际已租售面积	平方米	123 520	16.8
历年已投产企业	个	2	—
工商税收	万元	26	449.7
期末从业人员	人	153	-14.0
期末出口加工区批准面积	平方公里	3.0	0.0
期末出口加工区验收封关面积	平方公里	0.4	0.0

全国各出口加工区历年招商引资情况表

天津出口加工区历年招商引资情况表

指标	单位	历年累计
批准企业项目	个	19
其中：外资企业项目		11
投资总额	万美元	18 908
其中：外商投资总额		17 225
合同外资额		8 408
实际利用外资		9 046

河北秦皇岛出口加工区历年招商引资情况表

指标	单位	历年累计
批准企业项目	个	7
其中：外资企业项目		6
投资总额	万美元	1 053
其中：外商投资总额		992
合同外资额		706
实际利用外资		556

内蒙古呼和浩特出口加工区历年招商引资情况表

指标	单位	历年累计
批准企业项目	个	2
其中：外资企业项目		2
投资总额	万美元	2 117
其中：外商投资总额		2 117
合同外资额		1 645
实际利用外资		1 645

辽宁大连出口加工区历年招商引资情况表

指标	单位	历年累计
批准企业项目	个	87
其中：外资企业项目		52
投资总额	万美元	30 438
其中：外商投资总额		26 093
合同外资额		27 726
实际利用外资		27 726

辽宁沈阳（张士）出口加工区历年招商引资情况表

指标	单位	历年累计
批准企业项目	个	2
其中：外资企业项目		2
投资总额	万美元	2 617
其中：外商投资总额		2 617
合同外资额		2 617

吉林珲春出口加工区历年招商引资情况表

指标	单位	历年累计
批准企业项目	个	43
其中：外资企业项目		17
投资总额	万美元	8 167
其中：外商投资总额		4 269
合同外资额		4 597
实际利用外资		2 784

上海松江出口加工区历年招商引资情况表

指标	单位	历年累计
批准企业项目	个	88
其中：外资企业项目		80
投资总额	万美元	209 022
其中：外商投资总额		206 746
合同外资额		87 302
实际利用外资		71 764

上海金桥出口加工区（南区）历年招商引资情况表

指标	单位	历年累计
批准企业项目	个	27
其中：外资企业项目		25
投资总额	万美元	38 605
其中：外商投资总额		30 419
合同外资额		14 889
实际利用外资		18 961

上海青浦出口加工区历年招商引资情况表

指标	单位	历年累计
批准企业项目	个	20
其中：外资企业项目		18
投资总额	万美元	40 782
其中：外商投资总额		40 476
合同外资额		16 637
实际利用外资		13 638

上海漕河泾出口加工区历年招商引资情况表

指标	单位	历年累计
批准企业项目	个	17
其中：外资企业项目		14
投资总额	万美元	69 004
其中：外商投资总额		69 004
合同外资额		25 139
实际利用外资		24 909

上海闵行出口加工区历年招商引资情况表

指标	单位	历年累计
批准企业项目	个	22
其中：外资企业项目		16
投资总额	万美元	38 278
其中：外商投资总额		30 847
合同外资额		13 238
实际利用外资		4 169

江苏昆山出口加工区历年招商引资情况表

指标	单位	历年累计
批准企业项目	个	113
其中：外资企业项目		99
投资总额	万美元	194 734
其中：外商投资总额		193 324
合同外资额		93 632
实际利用外资		73 143

江苏无锡出口加工区历年招商引资情况表

指标	单位	历年累计
批准企业项目	个	33
其中：外资企业项目		26
投资总额	万美元	530 061
其中：外商投资总额		517 203
合同外资额		238 997
实际利用外资		219 330

江苏南通出口加工区历年招商引资情况表

指标	单位	历年累计
批准企业项目	个	16
其中：外资企业项目		14
投资总额	万美元	11 845
其中：外商投资总额		11 733
合同外资额		5 255
实际利用外资		2 528

江苏南京出口加工区历年招商引资情况表

指标	单位	历年累计
批准企业项目	个	8
其中：外资企业项目		5
投资总额	万美元	18 517
其中：外商投资总额		15 555
合同外资额		4 240
实际利用外资		3 340

江苏连云港出口加工区历年招商引资情况表

指标	单位	历年累计
批准企业项目	个	8
其中：外资企业项目		7
投资总额	万美元	12 260
其中：外商投资总额		10 910
合同外资额		5 250
实际利用外资		1 773

江苏苏州高新区出口加工区历年招商引资情况表

指标	单位	历年累计
批准企业项目	个	60
其中：外资企业项目		60
投资总额	万美元	226 400
其中：外商投资总额		226 400
合同外资额		97 423
实际利用外资		70 990

江苏常州出口加工区历年招商引资情况表

指标	单位	历年累计
批准企业项目	个	6
其中：外资企业项目		6
投资总额	万美元	19 153
其中：外商投资总额		19 153
合同外资额		9 410
实际利用外资		4 803

浙江杭州出口加工区历年招商引资情况表

指标	单位	历年累计
批准企业项目	个	28
其中：外资企业项目		26
投资总额	万美元	55 111
其中：外商投资总额		45 271
合同外资额		19 071
实际利用外资		17 731

浙江宁波出口加工区历年招商引资情况表

指标	单位	历年累计
批准企业项目	个	43
其中：外资企业项目		43
投资总额	万美元	165 463
其中：外商投资总额		165 463
合同外资额		87 288
实际利用外资		36 266

浙江嘉兴出口加工区历年招商引资情况表

指标	单位	历年累计
批准企业项目	个	14
其中：外资企业项目		10
投资总额	万美元	11 740
其中：外商投资总额		5 967
合同外资额		2 839
实际利用外资		1 357

安徽芜湖出口加工区历年招商引资情况表

指标	单位	历年累计
批准企业项目	个	15
其中：外资企业项目		11
投资总额	万美元	30 441
其中：外商投资总额		14 184
合同外资额		9 315
实际利用外资		9 059

福建厦门出口加工区历年招商引资情况表

指标	单位	历年累计
批准企业项目	个	42
其中：外资企业项目		36
投资总额	万美元	36 134
其中：外商投资总额		33 839
合同外资额		14 489
实际利用外资		7 026

福建福州出口加工区历年招商引资情况表

指标	单位	历年累计
批准企业项目	个	4
其中：外资企业项目		2
投资总额	万美元	4 260
其中：外商投资总额		4 000
合同外资额		1 800
实际利用外资		490

山东烟台出口加工区历年招商引资情况表

指标	单位	历年累计
批准企业项目	个	105
其中：外资企业项目		97
投资总额	万美元	50 043
其中：外商投资总额		39 208
合同外资额		28 012
实际利用外资		14 826

山东威海出口加工区历年招商引资情况表

指标	单位	历年累计
批准企业项目	个	48
其中：外资企业项目		43
投资总额	万美元	58 955
其中：外商投资总额		44 119
合同外资额		32 575
实际利用外资		31 952

山东济南出口加工区历年招商引资情况表

指标	单位	历年累计
批准企业项目	个	20
其中：外资企业项目		16
投资总额	万美元	13 054
其中：外商投资总额		11 027
合同外资额		3 315
实际利用外资		999

山东青岛出口加工区历年招商引资情况表

指标	单位	历年累计
批准企业项目	个	43
其中：外资企业项目		39
投资总额	万美元	78 778
其中：外商投资总额		68 775
合同外资额		30 360
实际利用外资		20 309

山东潍坊出口加工区历年招商引资情况表

指标	单位	历年累计
批准企业项目	个	14
其中：外资企业项目		5
投资总额	万美元	27 749
其中：外商投资总额		3 236
合同外资额		1 710
实际利用外资		286

山东青岛西海岸出口加工区历年招商引资情况表

指标	单位	历年累计
批准企业项目	个	6
其中：外资企业项目		6
投资总额	万美元	15 435
其中：外商投资总额		15 435
合同外资额		4 480
实际利用外资		3 190

河南郑州出口加工区历年招商引资情况表

指标	单位	历年累计
批准企业项目	个	25
其中：外资企业项目		13
投资总额	万美元	35 823
其中：外商投资总额		33 441
合同外资额		14 672
实际利用外资		14 672

广东深圳出口加工区历年招商引资情况表

指标	单位	历年累计
批准企业项目	个	37
其中：外资企业项目		35
投资总额	（万美元）	71 844
其中：外资投资总额		71 037
合同外资额		30 978
实际利用外资		28 499

广东广州出口加工区历年招商引资情况表

指标	单位	历年累计
批准企业项目	个	1
其中：外资企业项目		1
投资总额	万美元	5 400
其中：外商投资总额		5 400
合同外资额		5 400
实际利用外资		5 400

广西北海出口加工区历年招商引资情况表

指标	单位	历年累计
批准企业项目	个	33
其中：外资企业项目		21
投资总额	万美元	43 951
其中：外商投资总额		29 159
合同外资额		14 600
实际利用外资		15 486

四川成都出口加工区历年招商引资情况表

指标	单位	历年累计
批准企业项目	个	23
其中：外资企业项目		18
投资总额	万美元	143 341
其中：外商投资总额		133 541
合同外资额		66 228
实际利用外资		7 713

四川绵阳出口加工区历年招商引资情况表

指标	单位	历年累计
批准企业项目	个	3
其中：外资企业项目		2
投资总额	万美元	710
其中：外商投资总额		560
合同外资额		310
实际利用外资		210

陕西西安出口加工区（A区）历年招商引资情况表

指标	单位	历年累计
批准企业项目	个	48
其中：外资企业项目		17
投资总额	万美元	11 962
其中：外商投资总额		8 633
合同外资额		4 627
实际利用外资		4 208

陕西西安出口加工区（B区）历年招商引资情况表

指标	单位	历年累计
批准企业项目	个	5
其中：外资企业项目		4
投资总额	万美元	35 063
其中：外商投资总额		34 989
合同外资额		11 721
实际利用外资		6 038

新疆乌鲁木齐出口加工区历年招商引资情况表

指标	单位	历年累计
批准企业项目	个	5
其中：外资企业项目		0
投资总额	万美元	8 951
其中：外商投资总额		0

全国各出口加工区历年主要外商投资情况表

天津出口加工区历年主要外商投资情况表

按项目数排列			按投资额排列		
序号	国别（地区）	项目数（个）	序号	国别（地区）	投资额（万美元）
1	日本	3	1	中国香港	6 160
2	中国香港	3	2	日本	4 100
3	美国	2	3	美国	2 750
4	英国	2	4	英国	616
5	泰国	1	5	泰国	60

河北秦皇岛出口加工区历年主要外商投资情况表

按项目数排列			按投资额排列		
序号	国别（地区）	项目数（个）	序号	国别（地区）	投资额（万美元）
1	日本	3	1	日本	583
2	韩国	2	2	韩国	120
3	中国香港	1	3	中国香港	3

内蒙古呼和浩特出口加工区历年主要外商投资情况表

按项目数排列			按投资额排列		
序号	国别（地区）	项目数（个）	序号	国别（地区）	投资额（万美元）
1	英属开曼群岛	1	1	英属开曼群岛	1 563
2	瑞士	1	2	瑞士	82

辽宁大连出口加工区历年主要外商投资情况表

按项目数排列			按投资额排列		
序号	国别（地区）	项目数（个）	序号	国别（地区）	投资额（万美元）
1	日本	30	1	美国	250 740
2	美国	5	2	日本	18 600
3	中国香港	4	3	意大利	1 453
4	法国	3	4	韩国	1 370
5	韩国	3	5	中国香港	1 042
6	加拿大	2	6	澳大利亚	600
7	中国台湾	2	7	英属维尔京	600

上海松江出口加工区历年主要外商投资情况表

按项目数排列			按投资额排列		
序号	国别（地区）	项目数（个）	序号	国别（地区）	投资额（万美元）
1	中国台湾	22	1	中国台湾	126 343
2	日本	21	2	日本	19 271
3	萨摩亚	8	3	美国	19 201
4	新加坡	8	4	萨摩亚	18 720
5	美国	5	5	中国香港	11 264
6	中国香港	4	6	新加坡	6 840
7	德国	3	7	加拿大	1 980
8	意大利	2	8	德国	1 320
9	加拿大	1	9	模里西斯	600
10	模里西斯	1	10	挪威	444

上海金桥出口加工区（南区）历年主要外商投资情况表

按项目数排列			按投资额排列		
序号	国别（地区）	项目数（个）	序号	国别（地区）	投资额（万美元）
1	中国香港	6	1	马来西亚	19 950
2	美国	4	2	开曼群岛	7 336
3	英国	4	3	德国	2 570
4	开曼群岛	3	4	中国香港	1 506
5	德国	2	5	英国	1 389
6	加拿大	2	6	韩国	1 000
7	马来西亚	1	7	美国	896
8	韩国	1	8	新加坡	800
9	新加坡	1	9	加拿大	762

上海青浦出口加工区历年主要外商投资情况表

按项目数排列			按投资额排列		
序号	国别	项目数（个）	序号	国别	投资额（万美元）
1	美国	9	1	美国	20 561
2	欧洲	3	2	日本	6 000
3	中国台湾	2	3	中国台湾	5 420
4	马来西亚	2	2	马来西亚	4 790
5	日本	1	5	欧洲	2 205
6	新加坡	1	6	新加坡	1 500

上海漕河泾出口加工区历年主要外商投资情况表

按项目数排列			按投资额排列		
序号	国别（地区）	项目数（个）	序号	国别（地区）	投资额（万美元）
1	开曼群岛	5	1	开曼群岛	63 114
2	中国香港	2	2	毛里求斯	4 050
3	英属维尔京群岛	2	3	中国香港	1 400
4	美国	1	4	英属维尔京群岛	172
5	毛里求斯	1	5	美国	120
6	日本	1	6	日本	100
7	丹麦	1	7	丹麦	28
8	新加坡	1	8	新加坡	20

上海闵行出口加工区历年主要外商投资情况表

按项目数排列			按投资额排列		
序号	国别（地区）	项目数（个）	序号	国别（地区）	投资额（万美元）
1	日本	4	1	日本	8 640
2	中国香港	3	2	新加坡	6 000
3	美国	3	3	美国	5 549
4	澳大利亚	2	4	澳大利亚	3 680
5	新加坡	1	5	英属维尔京群岛	2 900
6	芬兰	1	6	中国香港	2 139
7	英属维尔京群岛	1	7	意大利	1 200
8	意大利	1	8	芬兰	740

江苏昆山出口加工区历年主要外商投资情况表

按项目数排列			按投资额排列		
序号	国别（地区）	项目数（个）	序号	国别（地区）	投资额（万美元）
1	中国台湾	38	1	中国台湾	104 715
2	中国香港	10	2	英属维尔京群岛	26 990
3	英属维尔京群岛	10	3	萨摩亚	23 322
4	萨摩亚	9	4	日本	11 854
5	日本	8	5	毛里求斯	5 940
6	美国	7	6	美国	5 392
7	新加坡	7	7	开曼群岛	5 109
8	开曼群岛	3	8	新加坡	4 447
9	毛里求斯	2	9	中国香港	3 277
10	韩国	2	10	韩国	1 292

江苏无锡出口加工区历年主要外商投资情况表

按项目数排列			按投资额排列		
序号	国别（地区）	项目数（个）	序号	国别（地区）	投资额（万美元）
1	韩国	6	1	韩国	389 580
2	美国	4	2	美国	55 450
3	日本	4	3	日本	31 230
4	新加坡	4	4	新加坡	12 920
5	中国香港	2	5	中国台湾	9 000
6	英国	2	6	英国	4 400
7	德国	1	7	中国香港	2 542
8	中国台湾	1	8	德国	510

江苏南通出口加工区历年主要外商投资情况表

按项目数排列			按投资额排列		
序号	国别（地区）	项目数（个）	序号	国别（地区）	投资额（万美元）
1	日本	7	1	日本	3 064
2	中国香港	3	2	中国香港	1 664
3	开曼群岛	1	3	开曼群岛	1 500
4	澳大利亚	1	4	澳大利亚	1 166
5	马来西亚	1	5	马来西亚	900
6	南非	1	6	南非	800
7	挪威	1	7	挪威	600
8	美国	1	8	美国	256

江苏南京出口加工区历年主要外商投资情况表

按项目数排列			按投资额排列		
序号	国别（地区）	项目数（个）	序号	国别（地区）	投资额（万美元）
1	毛里求斯	1	1	毛里求斯	9 800
2	韩国	1	2	以色列	4 500
3	新加坡	1	3	新加坡	1 000
4	法国	1	4	韩国	200
5	以色列	1	5	法国	55

江苏连云港出口加工区历年主要外商投资情况表

按项目数排列			按投资额排列		
序号	国别（地区）	项目数（个）	序号	国别（地区）	投资额（万美元）
1	美国	4	1	中国香港	4 980
2	中国香港	2	2	美国	4 700
3	日本	1	3	日本	1 230

江苏苏州高新区出口加工区历年主要外商投资情况表

按项目数排列			按投资额排列		
序号	国别（地区）	项目数（个）	序号	国别（地区）	投资额（万美元）
1	中国台湾	10	1	中国台湾	68 501
2	美国	7	2	维尔京群岛	54 743
3	萨摩亚	6	3	萨摩亚	26 490
4	韩国	5	4	中国香港	15 698
5	维尔京群岛	5	5	欧洲	11 751
6	中国香港	5	6	美国	9 539
7	欧洲	4	7	韩国	4 600
8	日本	2	8	沙特阿拉伯	2 500
9	新加坡	1	9	加拿大	2 500
10	加拿大	1	10	新加坡	2 500

江苏镇江出口加工区历年主要外商投资情况表

按项目数排列			按投资额排列		
序号	国别（地区）	项目数（个）	序号	国别（地区）	投资额（万美元）
1	中国香港	1	1	中国香港	4 500
2	美国	1	2	美国	150

江苏常州出口加工区历年主要外商投资情况表

按项目数排列			按投资额排列		
序号	国别（地区）	项目数（个）	序号	国别（地区）	投资额（万美元）
1	美国	3	1	美国	12 613
2	中国香港	1	2	中国香港	4 900
3	土耳其	1	3	土耳其	760
4	日本	1	4	日本	280

浙江杭州出口加工区历年主要外商投资情况表

按项目数排列			按投资额排列		
序号	国别（地区）	项目数（个）	序号	国别（地区）	投资额（万美元）
1	日本	11	1	日本	29 306
2	美国	5	2	中国香港	8 040
3	中国香港	3	3	美国	3 563
4	中国台湾	2	4	中国台湾	750
5	土耳其	1	5	土耳其	750
6	瑞典	1	6	瑞典	550
7	澳大利亚	1	7	澳大利亚	150
8	新加坡	1	8	新加坡	70

浙江宁波出口加工区历年主要外商投资情况表

按项目数排列			按投资额排列		
序号	国别（地区）	项目数（个）	序号	国别（地区）	投资额（万美元）
1	中国香港	19	1	萨摩亚	132 880
2	萨摩亚	8	2	中国香港	43 368
3	英属维尔京群岛	8	3	英属维尔京群岛	30 958
4	中国台湾	2	4	中国台湾	19 600
5	德国	2	5	文莱	5 000
6	美国	2	6	德国	2 943
7	日本	2	7	毛里求斯	2 300
8	澳大利亚	2	8	美国	1 200
9	文莱	1	9	韩国	1 150

浙江嘉兴出口加工区历年主要外商投资情况表

按项目数排列			按投资额排列		
序号	国别（地区）	项目数（个）	序号	国别（地区）	投资额（万美元）
1	中国香港	5	1	美国	3 860
2	美国	3	2	中国香港	1 917
3	英国	1	3	英国	140
4	日本	1	4	日本	50

安徽芜湖出口加工区历年主要外商投资情况表

按项目数排列			按投资额排列		
序号	国别（地区）	项目数（个）	序号	国别（地区）	投资额（万美元）
1	中国香港	4	1	中国香港	9 667
2	美国	2	2	韩国	2 195
3	中国台湾	2	3	美国	1 676
4	韩国	1	4	中国台湾	1 066

福建厦门出口加工区历年主要外商投资情况表

按项目数排列			按投资额排列		
序号	国别（地区）	项目数（个）	序号	国别（地区）	投资额（万美元）
1	中国香港	6	1	毛里求斯	10 100
2	美国	6	2	美国	4 817
3	毛里求斯	3	3	萨摩亚	4 500
4	中国台湾	3	4	中国香港	4 302
5	澳大利亚	3	5	新加坡	1 820
6	萨摩亚	2	6	荷兰	1 600
7	新加坡	2	7	中国台湾	948
8	荷兰	2	8	巴巴多斯	869
9	巴巴多斯	2	9	加拿大	700
10	英属维尔京群岛	2	10	英属维尔京群岛	700

福建福州出口加工区历年主要外商投资情况表

按项目数排列			按投资额排列		
序号	国别（地区）	项目数（个）	序号	国别（地区）	投资额（万美元）
1	中国香港	1	1	中国香港	2 000
2	土耳其	1	2	土耳其	1 000

山东烟台出口加工区历年主要外商投资情况表

按项目数排列			按投资额排列		
序号	国别（地区）	项目数（个）	序号	国别（地区）	投资额（万美元）
1	韩国	61	1	萨摩亚	12 000
2	日本	10	2	韩国	8 145
3	中国香港	9	3	中国香港	5 804
4	美国	6	4	日本	5 082
5	中国台湾	3	5	美国	2 635
6	萨摩亚	1	6	中国台湾	1 450

山东威海出口加工区历年主要外商投资情况表

按项目数排列			按投资额排列		
序号	国别（地区）	项目数（个）	序号	国别（地区）	投资额（万美元）
1	韩国	37	1	韩国	36 481
2	日本	4	2	日本	1 872
3	英属百慕大群岛	2	3	英属百慕大群岛	5 766

山东济南出口加工区历年主要外商投资情况表

按项目数排列			按投资额排列		
序号	国别（地区）	项目数（个）	序号	国别（地区）	投资额（万美元）
1	泰国	1	1	泰国	500
2	英国	3	2	英国	460
3	美国	1	3	日本	306
4	日本	2	4	美国	300
5	荷兰	1	5	荷兰	40

山东青岛出口加工区历年主要外商投资情况表

按项目数排列			按投资额排列		
序号	国别（地区）	项目数（个）	序号	国别（地区）	投资额（万美元）
1	韩国	11	1	德国	12 649
2	日本	9	2	日本	11 622
3	美国	5	3	韩国	9 172
4	德国	4	4	美国	6 900

山东潍坊出口加工区历年主要外商投资情况表

按项目数排列			按投资额排列		
序号	国别（地区）	项目数（个）	序号	国别（地区）	投资额（万美元）
1	德国	2	1	美国	2 500
2	美国	1	2	中国香港	500
3	中国香港	1	3	德国	111
4	印度尼西亚	1	4	印度尼西亚	100

山东青岛西海岸出口加工区历年主要外商投资情况表

按项目数排列			按投资额排列		
序号	国别（地区）	项目数（个）	序号	国别（地区）	投资额（万美元）
1	中国香港	2	1	中国台湾	7 500
2	中国台湾	1	2	中国香港	4 000
3	美国	1	3	美国	2 335
4	韩国	1	4	韩国	1 500
5	西萨摩亚	1	5	西萨摩亚	100

河南郑州出口加工区历年主要外商投资情况表

按项目数排列			按投资额排列		
序号	国别（地区）	项目数（个）	序号	国别（地区）	投资额（万美元）
1	中国香港	5	1	中国香港	32 500
2	美国	2	2	美国	671
3	中国台湾	2	3	韩国	143
4	韩国	1	4	中国台湾	134

广东深圳出口加工区历年主要外商投资情况表

按项目数排列			按投资额排列		
序号	国别（地区）	项目数（个）	序号	国别（地区）	投资额（万美元）
1	中国香港	20	1	中国香港	35 247
2	美国	3	2	荷兰	19 800
3	中国台湾	2	3	开曼群岛	5 000
4	新加坡	2	4	美国	4 886
5	英属维尔京群岛	2	5	英属维尔京群岛	2 782
6	荷兰	1	6	新加坡	2 638
7	加拿大	1	7	萨摩亚	285
8	英国	1	8	加拿大	140
9	日本	1	9	英国	140
10	开曼群岛	1	10	中国台湾	90

广东广州出口加工区历年主要外商投资情况表

按项目数排列			按投资额排列		
序号	国别（地区）	项目数（个）	序号	国别（地区）	投资额（万美元）
1	日本	1	1	日本	5 400

广西北海出口加工区历年主要外商投资情况表

按项目数排列			按投资额排列		
序号	国别（地区）	项目数（个）	序号	国别（地区）	投资额（万美元）
1	中国香港	7	1	中国香港	12 500
2	英属维尔京群岛	4	2	英属维尔京群岛	9 500
3	中国台湾	3	3	中国台湾	1 644
4	中国澳门	2	4	美国	1 500
5	美国	1	5	中国澳门	1 000
6	韩国	1	6	韩国	813
7	英国	1	7	英国	726
8	日本	1	8	日本	374
9	加拿大	1	9	加拿大	250

四川成都出口加工区历年主要外商投资情况表

按项目数排列			按投资额排列		
序号	国别（地区）	项目数（个）	序号	国别（地区）	投资额（万美元）
1	美国	5	1	中国香港	53 214
2	中国香港	4	2	美国	37 853
3	英国	2	3	马来西亚	21 000
4	马来西亚	1	4	开曼群岛	17 500
5	百慕大	1	5	英国	2 050
6	新加坡	1	6	百慕大	1 200
7	德国	1	7	新加坡	700
8	开曼群岛	1	8	德国	24

四川绵阳出口加工区历年主要外商投资情况表

按项目数排列			按投资额排列		
序号	国别（地区）	项目数（个）	序号	国别（地区）	投资额（万美元）
1	美国	1	1	美国	420
2	中国台湾	1	2	中国台湾	100

陕西西安出口加工区（A 区）历年主要外商投资情况表

按项目数排列			按投资额排列		
序号	国别（地区）	项目数（个）	序号	国别（地区）	投资额（万美元）
1	英国	5	1	英国	5 430
2	美国	4	2	中国香港	1 800
3	中国香港	2	3	中国台湾	875
4	新加坡	2	4	法国	200
5	法国	1	5	意大利	118
6	意大利	1	6	美国	112
7	中国台湾	1	7	新加坡	80
8	希腊	1	8	希腊	18

陕西西安出口加工区（B 区）历年主要外商投资情况表

按项目数排列			按投资额排列		
序号	国别（地区）	项目数（个）	序号	国别（地区）	投资额（万美元）
1	美国	2	1	美国	34 900
2	中国香港	2	2	中国香港	89

2008 年全国各出口加工区出口加工企业工业产值排名表

2008 年天津出口加工区出口加工企业工业产值排名表

单位：万元

序号	企业名称	工业总产值	序号	企业名称	工业总产值
1	汤浅（天津）实业有限公司	96 900	6	天津津欧包装制品有限公司	3 034
2	美克国际家私（天津）制造有限公司	73 800	7	恒杰（天津）电力设备有限公司	2 981
3	天津爱津服装有限公司	16 236	8	天津仁泰服装有限公司	2 781
4	天津长荣电池材料有限公司	10 113	9	天津中塑包装制品有限公司	1 790
5	正森木业（天津）有限公司	3 077	10	瑞森橱柜（天津）有限公司	829

2008 年河北秦皇岛出口加工区出口加工企业工业产值排名表

单位：万元

序号	企业名称	工业总产值	序号	企业名称	工业总产值
1	秦皇岛关东针织有限公司	5 314.8	4	秦皇岛途锦特种玻璃有限公司	186.6
2	秦皇岛飞凯特金属制品有限公司	3 976.5	5	秦皇岛优泰后视镜有限公司	123.4
3	秦皇岛一心西服有限公司	1 466			

2008 年辽宁大连出口加工区出口加工企业工业产值排名表

单位：万元

序号	企业名称	工业总产值	序号	企业名称	工业总产值
1	大连道氏硅业有限公司	104 413	11	大连海尔精密制品有限公司	9 743
2	大连爱丽思生活用品有限公司	98 651	12	大连迈拓家具有限公司	8 157
3	大连海尔空调器有限公司	77 160	13	凯乐蜡业（大连）有限公司	7 701
4	大连菱星汽车配件有限公司	69 212	14	新富士精器（大连）有限公司	7 405
5	大连海尔电冰箱有限公司	56 537	15	大连库利艾特医疗制品有限公司	6 373
6	大连千代田空调机器有限公司	15 735	16	大连波莱特蜡业有限公司	6 371
7	山口制作大连有限公司	14 377	17	大连凯士比埃姆里阀业有限公司	4 987
8	大连三希电机有限公司	13 669	18	荣光精密大连有限公司	4 303
9	光洋轴承大连有限公司	12 949	19	大连芳和精密机械有限公司	3 902
10	大连鑫洋食品有限公司	9 964	20	大连出口加工区好友装饰纸有限公司	3 492

2008 年上海松江出口加工区出口加工企业工业产值排名表

单位：万元

序号	企业名称	工业总产值	序号	企业名称	工业总产值
1	达功电脑（上海）有限公司	10 019 997	11	国琏电子（上海）有限公司	116 525
2	达丰电脑（上海）有限公司	4 995 153	12	大碇电脑配件（上海）有限公司	103 863
3	达业（上海）电脑科技有限公司	1 397 897	13	上海璨宇光电有限公司	101 262
4	达福（上海）电脑科技有限公司	893 606	14	庆业电子（上海）有限公司	64 636
5	国基电子（上海）有限公司	819 390	15	兆普电子（上海）有限公司	47 088
6	达研（上海）光电有限公司	490 513	16	思考电机（上海）有限公司	45 976
7	达人（上海）电脑有限公司	444 641	17	达辉（上海）电子有限公司	45 389
8	展运（上海）电子有限公司	317 014	18	达耐时工业（上海）有限公司	39 209
9	斯丹达（上海）能源有限公司	195 622	19	同和金属材料（上海）有限公司	35 209
10	上海凯虹科技电子有限公司	140 746	20	葵和精密电子（上海）有限公司	34 896

2008 年上海金桥出口加工区（南区）出口加工企业工业产值排名表

单位：万元

序号	企业名称	工业总产值	序号	企业名称	工业总产值
1	佳世达电通（上海）有限公司	43 885	9	西蒙通讯产品（上海）有限公司	3 579
2	罗克韦尔自动化制造（上海）有限公司	39 834	10	必达泰克光电设备（上海）有限公司	2 915
3	艾默生船用过程控制（上海）有限公司	28 470	11	如新华茂光电技术（上海）有限公司	1 137
4	英联川宁饮料（上海）有限公司	10 581	12	上海考萌乐付生活用品有限公司	889
5	上海乐嘉刹车系统有限公司	6 430	13	逻辑卡（上海）电子科技有限公司	740
6	美铝电子电气系统（上海）有限公司	5 563	14	安集微电子科技（上海）有限公司	675
7	埃得思自动化设备（上海）有限公司	5 290	15	钜立精密设备制造（上海）有限公司	530
8	费斯托（中国）自动化制造有限公司	4 603			

2008 年上海青浦出口加工区出口加工企业工业产值排名表

单位：万元

序号	企业名称	工业总产值	序号	企业名称	工业总产值
1	上海欧菲滤清器有限公司	55 323	7	美晶纺织（上海）有限公司	5 750
2	日立海立汽车部件（上海）有限公司	39 888	8	先进管件（上海）有限公司	4 146
3	斯伦贝谢油田设备（上海）有限公司	28 602	9	巴斯夫化学材料（上海）有限公司	3 564
4	伯乐电路（上海）有限公司	19 480	10	首固光电（上海）有限公司	780
5	美特尔金属制品（上海）有限公司	7 179	11	顶利精密电子（上海）有限公司	705
6	晶盟硅材料（上海）有限公司	5 968			

2008 年上海漕河泾出口加工区出口加工企业工业产值排名表

单位：万元

序号	企业名称	工业总产值	序号	企业名称	工业总产值
1	英顺达科技有限公司	4 123 255	6	新进电子科技上海有限公司	19 313
2	英源达科技有限公司	2 798 023	7	麦迪实信息软件（上海）有限公司	13 094
3	英华达（上海）科技有限公司	1 124 006	8	固耐宝齿科（上海）有限公司	3 444
4	英业达科技有限公司	450 404	9	诺得卡（上海）微电子有限公司	2 699
5	柯惠医疗器材制造（上海）有限公司	19 860	10	安凯精密金属零件工业（上海）有限公司	2 355

2008 年上海闵行出口加工区出口加工企业工业产值排名表

单位：万元

序号	企业名称	工业总产值	序号	企业名称	工业总产值
1	创见资讯（上海）有限公司	388 360	3	纳图兹家具（中国）有限公司	51 626
2	先锋电子科技（上海）有限公司	181 314	4	赫科玛电缆（上海）有限公司	14 638

2008 年江苏昆山出口加工区出口加工企业工业产值排名表

序号	企业名称	序号	企业名称
1	仁宝资讯工业（昆山）有限公司	11	正鹏电子（昆山）有限公司
2	纬新资通（昆山）有限公司	12	昆达电脑科技（昆山）有限公司
3	仁宝信息技术（昆山）有限公司	13	元盛电子（昆山）有限公司
4	纬智资通（昆山）有限公司	14	神讯电脑（昆山）有限公司
5	仁宝电子科技（昆山）有限公司	15	启佳通讯（昆山）有限公司
6	纬创资通（昆山）有限公司	16	昆山顺阳电子科技有限公司
7	彩晶光电科技（昆山）有限公司	17	昆山先创电子有限公司
8	牧田（昆山）有限公司	18	昆山扬明光学有限公司
9	昆山扬皓光电有限公司	19	六和轻合金（昆山）有限公司
10	凯博电脑（昆山）有限公司	20	昆山沪铼光电科技有限公司

2008 年江苏无锡出口加工区出口加工企业工业产值排名表

单位：万元

序号	企业名称	工业总产值	序号	企业名称	工业总产值
1	海力士—恒忆半导体有限公司	1 205 165	6	无锡小天鹅通用电器有限公司	89 634
2	捷普电子（无锡）有限公司	593 722	7	敦南微电子（无锡）有限公司	36 379
3	无锡村田电子有限公司	176 962	8	美德福（无锡）精密机械有限公司	32 358
4	希捷国际科技（无锡）有限公司	170 699	9	夏普科技（无锡）有限公司	26 133
5	海力士半导体（无锡）有限公司	152 873	10	康奈可科技（无锡）有限公司	19 690

2008 年江苏南通出口加工区出口加工企业工业产值排名表

序号	企业名称	序号	企业名称
1	南通新福达光电有限公司	4	南通欧曼钻机有限公司
2	南通延锋江森坐椅面套有限公司	5	依姿美（南通）服饰有限公司
3	南通静和绿色家具有限公司		

2008 年江苏南京出口加工区出口加工企业工业产值排名表

单位：万元

序号	企业名称	工业总产值	序号	企业名称	工业总产值
1	翰林泰科电子（南京）有限公司	43 337	2	南京寰宇太阳能科技有限公司	12 138

2008 年江苏连云港出口加工区出口加工企业工业产值排名表

序号	企业名称	序号	企业名称
1	连云港艾业无纺布制品有限公司	3	连云港柏科医用制品有限公司
2	连云港倚天科技有限公司	4	连云港柏学实业有限公司

2008 年江苏苏州出口加工区出口加工企业工业产值排名表

单位：万元

序号	企业名称	工业总产值	序号	企业名称	工业总产值
1	名硕电脑（苏州）有限公司	304 731	11	莱普科电子材料（苏州）有限公司	7 168
2	阿特斯太阳能光电（苏州）有限公司	232 185	12	东拓工业（苏州）有限公司	5 537
3	凯硕电脑（苏州）有限公司	88 183	13	苏州尚邦光电有限公司	4 725
4	百硕电脑（苏州）有限公司	55 621	14	盖勒定量泵（苏州）有限公司	4 697
5	铭裕科技（苏州）有限公司	40 296	15	菲霓克斯精密机械（苏州）有限公司	4 397
6	倍雅电子护理制品（苏州）有限公司	33 831	16	顺固通用工具（苏州）有限公司	4 067
7	苏尔特科技（苏州）有限公司	22 511	17	雅龙材料科技（苏州）有限公司	3 542
8	苏州源成铝制品制造有限公司	15 981	18	苏州韩京姬电器有限公司	2 841
9	铭友科技（苏州）有限公司	13 011	19	苏州东韩电子有限公司	2 807
10	强茂电子（苏州）有限公司	11 572	20	富兰半导体（苏州）有限公司	2 297

2008 年江苏镇江出口加工区出口加工企业工业产值排名表

单位：万元

序号	企业名称	工业总产值	序号	企业名称	工业总产值
1	镇江高博能源技术有限公司	4 111	4	迪讯（镇江）电子有限公司	513
2	镇江吉福装饰有限公司	1 515	5	建兴照明（镇江）有限公司	206
3	先进光电科技（镇江）有限公司	790	6	镇江稳特可金属配件有限公司	111

2008 年江苏常州出口加工区出口加工企业工业产值排名表

单位：万元

序号	企业名称	工业总产值	序号	企业名称	工业总产值
1	雅柯斯发电机（常州）有限公司	43 626	3	派纳维斯工具（常州）有限公司	618
2	高博能源材料有限公司	11 859			

2008年浙江杭州出口加工区出口加工企业工业产值排名表

单位：万元

序号	企业名称	工业总产值	序号	企业名称	工业总产值
1	东芝信息机器（杭州）有限公司	632 950	11	杭州泰谷诺石英有限公司	7 635
2	杭州矢崎配件有限公司	244 852	12	瑞奇包装系统（杭州）有限公司	6 713
3	杭州松下住宅电器设备（出口加工区）有限公司	77 199	13	莱蒙斯密封件（杭州）有限公司	5 591
4	中日龙电器制品（杭州）有限公司	36 245	14	杭州全镒橡塑制品有限公司	3 906
5	杭州东芝家电技术电子有限公司	31 069	15	聪缙电子（杭州）有限公司	3 658
6	希赛瓶盖系统（杭州）有限公司	18 507	16	杭州万事达装饰用品有限公司	3 630
7	矢野电子（杭州）有限公司	18 100	17	盛康橡胶（杭州）有限公司	2 122
8	晟铭电子（杭州）有限公司	9 514	18	新日东电子工业（杭州）有限公司	1 973
9	真珠乐器（杭州）有限公司	8 933	19	永正称重科技（杭州）有限公司	1 173
10	运萨（杭州）包装制品有限公司	7 677	20	杭州拜罗纺织有限公司	1 008

2008年浙江宁波出口加工区出口加工企业工业产值排名表

单位：万元

序号	企业名称	工业总产值	序号	企业名称	工业总产值
1	宁波奇美电子有限公司	3 160 654	11	宁波奇美光电有限公司	21 377
2	冠捷科技（宁波）有限公司	263 807	12	宁波旺泉电子有限公司	20 635
3	宁波中集物流装备有限公司	208 277	13	宁波富敬电子有限公司	16 472
4	宁波菱茂光电有限公司	195 150	14	宁波奥威尔轮毂有限公司	16 121
5	宁波璨宇光电有限公司	110 403	15	初田（宁波）消防器材有限公司	6 189
6	宁波大亿科技有限公司	89 269	16	宁波东捷电子科技有限公司	3 407
7	宁波海天华远机械制造有限公司	76 913	17	宁波京能泵业有限公司	3 330
8	宁波奇信电子有限公司	75 348	18	宁波智涌塑胶有限公司	3 259
9	宁波保税区提爱思泉盟汽车内饰有限公司（2家）	43 262	19	宁波玛琅泰克门控有限公司	1 529
10	宁波斯易安清洁设备有限公司	27 898	20	宁波美林机械制造有限公司	1 360

2008年浙江嘉兴出口加工区出口加工企业工业产值排名表

序号	企业名称	序号	企业名称
1	浙江嘉盛汽车部件制造有限公司	5	嘉兴固安金属制品有限公司
2	嘉兴市迅雷轴承有限公司	6	嘉兴智伟龙电子科技有限公司
3	嘉兴捷翔清洁用品有限公司	7	洛克沃德汉纳斯酒业（嘉兴）有限公司
4	嘉兴我爱妻日用品有限公司	8	艾克森光电（嘉兴）有限公司

2008 年安徽芜湖出口加工区出口加工企业工业产值排名表

单位：万元

序号	企业名称	工业总产值	序号	企业名称	工业总产值
1	中达电子（芜湖）有限公司	7 655	6	芜湖维德视频设备有限公司	1 752
2	芜湖奇瑞汽车零部件有限公司	6 809	7	联合玻璃陶瓷（芜湖）有限责任公司	1 741
3	芜湖永之升机械有限公司	2 865	8	芜湖市海晟塑业有限公司	1 410
4	芜湖华烨工业用布有限公司	2 718	9	芜湖市海力渔网制造有限公司	261
5	固镒电子（芜湖）有限公司	2 017	10	芜湖大雁生物技术有限公司	69

2008 年福建厦门出口加工区出口加工企业工业产值排名表

序号	企业名称	序号	企业名称
1	厦门嘉鹭金属有限公司	11	崇仁（厦门）医疗器械有限公司
2	柯达（厦门）数码影像有限公司	12	三立（厦门）汽车配件有限公司
3	百得（厦门）工业有限公司	13	美磁（厦门）科技有限公司
4	赫比（厦门）精密塑胶制品有限公司	14	声普（厦门）通讯设备有限公司
5	厦门朋鹭金属有限公司	15	快乐时光（厦门）糖果有限公司
6	海拉宏发（厦门）汽车电子有限公司	16	麦克罗加（厦门）防护用品有限公司
7	受兴家居饰品（厦门）有限公司	17	依诺丝（厦门）礼服有限公司
8	博格步（厦门）轻工制品有限公司	18	强安（厦门）电池有限公司
9	联达科技（厦门）有限公司	19	腾扬科技（厦门）有限公司
10	威鸿（厦门）光学有限公司	20	厦门金美纸塑有限公司

2008 年山东威海出口加工区出口加工企业工业产值排名表

单位：万元

序号	企业名称	工业总产值	序号	企业名称	工业总产值
1	威海世一电子有限公司	62 306	11	威海新韩精工有限公司	4 612
2	威海广濑电机有限公司	25 595	12	威海日都食品有限公司	4 435
3	威海艾迪姆汽车配件有限公司	24 476	13	威海格瑞斯金属制品有限公司	3 773
4	威海海纳开碧生活日用品有限公司	24 330	14	威海侑昵机电有限公司	3 746
5	威海世比亚食品有限公司	14 176	15	威海仁昌电子有限公司	3 556
6	威海日月光半导体有限公司	13 277	16	威海兴宝纺织有限公司	2 519
7	威海东源食品有限公司	10 535	17	威海元晟电子有限公司	1 401
8	威海金海食品有限公司	9 279	18	威海佳友电子有限公司	1 376
9	威海久映汽车配件爱你有限公司	5 375	19	威海美京电子有限公司	1 270
10	威海碧海光电子有限公司	5 331	20	威海多星电子有限公司	1 196

2008 年山东济南出口加工区出口加工企业工业产值排名表

单位：万元

序号	企业名称	工业总产值	序号	企业名称	工业总产值
1	山东冠世时装加工有限公司	38 044	4	济南优科模具有限公司	538
2	济南尼克焊接技术有限公司	5 970	5	济南新世纪生物化工有限公司	504
3	济南派克焊接技术有限公司	1 196	6	毅石机械制造（济南）有限公司	318

2008 年山东青岛出口加工区出口加工企业工业产值排名表

单位：万元

序号	企业名称	工业总产值	序号	企业名称	工业总产值
1	泰科电子（青岛）有限公司	80 630	6	青岛奥技科光学有限公司	9 930
2	星电高科技（青岛）有限公司	69 804	7	青岛晓源电子有限公司	5 390
3	安德烈斯蒂尔动力工具（青岛）有限公司	28 590	8	青岛万林食品有限公司	4 501
4	青岛丹庵电子有限公司	27 030	9	青岛恩利旺精密工业有限公司	2 533
5	青岛尖能办公用品有限公司	22 098	10	青岛宇进工艺品有限公司	2 488

2008 年山东潍坊出口加工区出口加工企业工业产值排名表

单位：万元

序号	企业名称	工业总产值	序号	企业名称	工业总产值
1	山东日科塑胶有限公司	5 950	3	潍坊迪威信家庭用品有限公司	1 040
2	潍坊雷力发电设备有限公司	1 786			

2008 年山东青岛西海岸出口加工区出口加工企业工业产值排名表

序号	企业名称	序号	企业名称
1	青岛成霖科技工业有限公司	3	青岛金联发金属制品有限公司
2	青岛海利直升机制造有限公司		

2008 年河南郑州出口加工区出口加工企业工业产值排名表

单位：万元

序号	企业名称	工业总产值	序号	企业名称	工业总产值
1	郑州傲世实业有限公司	16 329	8	郑州柏域工业研磨有限公司	1 103
2	郑州硕达钻石有限公司	13 764	9	郑州润嘉食品有限公司	1 056
3	郑州朝歌纺纱有限公司	10 588	10	河南阿拉丁科技有限公司	513
4	晶诚（郑州）科技有限公司	3 960	11	子喜屋（郑州）纺织品有限公司	205
5	河南飞鸿安全玻璃有限公司	2 488	12	郑州鑫达利电子科技有限公司	192
6	郑州东盛车辆部件有限公司	2 480	13	郑州艾斯加钻石有限公司	136
7	郑州泰克电子玻璃有限公司	2 438			

2008 年广东深圳出口加工区企业工业产值排名表

单位：万元

序号	企业名称	工业总产值	序号	企业名称	工业总产值
1	日立环球存储产品（深圳）有限公司	527 644	11	安柏家庭用品（深圳）有限公司	17 701
2	主力实业（深圳）有限公司	71 424	12	肯发科技（深圳）有限公司	17 066
3	迪高乐实业（深圳）有限公司	66 035	13	阿特拉斯螺栓（深圳）有限公司	15 493
4	乐得力钟表（深圳）有限公司	52 872	14	中汇洲电子（深圳）有限公司	12 972
5	奥仕达主力电器（深圳）有限公司	41 914	15	柯仕达家具（深圳）有限公司	11 847
6	深圳顶海电子有限公司	31 602	16	深圳东红开发磁盘有限公司	7 923
7	山能科技（深圳）有限公司	31 077	17	田岛金属（深圳）有限公司	7 276
8	怡程金属（深圳）有限公司	26 162	18	艾斯特林电子（深圳）有限公司	6 800
9	华粤五金（深圳）有限公司	22 811	19	景全精密五金（深圳）有限公司	4 849
10	全能电业科技（深圳）有限公司	19 590	20	美商西尔屋礼品（深圳）有限公司	3 327

2008 年广西北海出口加工区出口加工企业工业产值排名表

序号	企业名称	序号	企业名称
1	北海惠科电子有限公司	9	北海顶业电子科技有限公司
2	北海西盟科技有限公司	10	北海富达兴电子科技有限公司
3	北海美达电子有限公司	11	北海创利体育用品有限公司
4	北海华洲机电设备有限公司	12	北海爱飞数码科技有限公司
5	北海大发电子科技有限公司	13	皓凯机电（北海）有限公司
6	卓群电子（北海）有限公司	14	北海惠科高分子材料有限公司
7	北海双赢洋弓制造有限公司	15	鉴隆实业（北海）有限公司
8	永昶科技电子（北海）有限公司	16	北海味莱鲜海洋生物科技有限公司

2008 年四川成都出口加工区出口加工企业工业产值排名表

序号	企业名称	序号	企业名称
1	英特尔产品（成都）有限公司	6	莫仕连接器（成都）有限公司
2	飞博创（成都）科技有限公司	7	四川高龙机械有限公司
3	成都成芯半导体制造有限公司	8	成都芯源系统有限公司
4	中芯国际集成电路制造（成都）有限公司	9	成都住矿精密制造有限公司
5	宇芯集成电路封装测试有限公司	10	四川安好精工机械有限责任公司

2008 年陕西西安出口加工区（A 区）出口加工企业工业产值排名表

单位：万元

序号	企业名称	工业总产值	序号	企业名称	工业总产值
1	碧辟普瑞太阳能有限公司	90 646	6	西安阿尔斯通永济电气设备有限公司	5 057
2	西安西航集团莱特航空制造技术有限公司	26 793	7	西安葵花针织制衣有限公司	1 225
3	西安商泰机械制造有限公司	16 348	8	西安宜林门窗工业有限公司	887
4	西安彩辉显示技术有限公司	10 968	9	西安鸿瑞光显部品有限公司	775
5	西安风城精密机械有限公司	10 000	10	西安西普机械制造有限责任公司	510

2008年陕西西安出口加工区（B区）出口加工区出口加工企业工业产值排名表

单位：万元

序号	企业名称	工业总产值	序号	企业名称	工业总产值
1	应用材料（西安）有限公司	16 146	2	美光半导体（西安）有限责任公司	9 798

2008 年全国各出口加工区出口加工企业产品销售额排名表

2008 年天津出口加工区出口加工企业产品销售额排名表

单位：万元

序号	企业名称	产品销售额	序号	企业名称	产品销售额
1	美克国际家俬（天津）制造有限公司	75 100	6	天津津欧包装制品有限公司	3 034
2	汤浅（天津）实业有限公司	48 500	7	天津仁泰服装有限公司	3 001
3	天津爱津服装有限公司	16 330	8	恒杰（天津）电力设备有限公司	2 653
4	天津长荣电池材料有限公司	10 113	9	天津中塑包装制品有限公司	1 790
5	正森木业（天津）有限公司	3 473	10	瑞森橱柜（天津）有限公司	497

2008 年河北秦皇岛出口加工区出口加工企业产品销售额排名表

单位：万元

序号	企业名称	产品销售额	序号	企业名称	产品销售额
1	秦皇岛飞凯特金属制品有限公司	5 269	4	秦皇岛途锦特种玻璃有限公司	308
2	秦皇岛关东针织有限公司	3 977	5	秦皇岛优泰后视镜有限公司	123
3	秦皇岛一心西服有限公司	1 466			

2008 年辽宁大连出口加工区出口加工企业产品销售额排名表

单位：万元

序号	企业名称	产品销售额	序号	企业名称	产品销售额
1	大连道氏硅业有限公司	104 413	11	大连海尔精密制品有限公司	9 743
2	大连爱丽思生活用品有限公司	83 912	12	大连迈拓家具有限公司	8 511
3	大连菱星汽车配件有限公司	69 592	13	凯乐蜡业（大连）有限公司	7 838
4	大连海尔空调器有限公司	65 749	14	大连库利艾特医疗制品有限公司	6 373
5	大连海尔电冰箱有限公司	56 500	15	大连波莱特蜡业有限公司	6 318
6	大连千代田空调机器有限公司	15 627	16	新富士精器（大连）有限公司	5 847
7	山口制作大连有限公司	14 377	17	荣光精密大连有限公司	4 238
8	大连三希电机有限公司	13 367	18	大连芳和精密机械有限公司	4 213
9	光洋轴承大连有限公司	12 949	19	大连凯士比埃姆里阀业有限公司	4 177
10	大连鑫洋食品有限公司	9 964	20	大连出口加工区好友装饰纸有限公司	3 375

2008年上海松江出口加工区出口加工企业产品销售额排名表

单位：万元

序号	企业名称	产品销售额	序号	企业名称	产品销售额
1	达功电脑（上海）有限公司	9 660 920	11	国琏电子（上海）有限公司	126 264
2	达丰电脑（上海）有限公司	4 797 915	12	大碇电脑配件（上海）有限公司	107 192
3	达业（上海）电脑科技有限公司	1 494 038	13	上海瓈宇光电有限公司	104 722
4	达福（上海）电脑科技有限公司	912 560	14	庆业电子（上海）有限公司	67 498
5	国基电子（上海）有限公司	796 294	15	兆普电子（上海）有限公司	50 096
6	达研（上海）光电有限公司	441 583	16	达辉（上海）电子有限公司	45 389
7	达人（上海）电脑有限公司	395 347	17	思考电机（上海）有限公司	41 350
8	展运（上海）电子有限公司	303 466	18	达耐时工业（上海）有限公司	40 113
9	斯丹达（上海）能源有限公司	226 459	19	葵和精密电子（上海）有限公司	34 896
10	上海凯虹科技电子有限公司	144 225	20	同和金属材料（上海）有限公司	33 188

2008年上海金桥出口加工区（南区）出口加工企业产品销售额排名表

单位：万元

序号	企业名称	产品销售额	序号	企业名称	产品销售额
1	佳世达电通（上海）有限公司	41 023	9	西蒙通讯产品（上海）有限公司	3 579
2	罗克韦尔自动化制造（上海）有限公司	39 834	10	必达泰克光电设备（上海）有限公司	2 915
3	艾默生船用过程控制（上海）有限公司	28 364	11	如新华茂光电技术（上海）有限公司	1 137
4	英联川宁饮料（上海）有限公司	10 488	12	上海考萌乐付生活用品有限公司	993
5	上海乐嘉刹车系统有限公司	6 430	13	逻辑卡（上海）电子科技有限公司	740
6	美铝电子电气系统（上海）有限公司	5 477	14	安集微电子科技（上海）有限公司	560
7	埃得思自动化设备（上海）有限公司	5 290	15	钜立精密设备制造（上海）有限公司	530
8	费斯托（中国）自动化制造有限公司	4 603			

2008年上海青浦出口加工区出口加工企业产品销售额排名表

单位：万元

序号	企业名称	产品销售额	序号	企业名称	产品销售额
1	上海欧菲滤清器有限公司	52 327	7	晶盟硅材料（上海）有限公司	5 101
2	日立海立汽车部件（上海）有限公司	39 877	8	先进管件（上海）有限公司	3 721
3	斯伦贝谢油田设备（上海）有限公司	28 685	9	巴斯夫化学材料（上海）有限公司	1 711
4	伯乐电路（上海）有限公司	19 692	10	首固光电（上海）有限公司	638
5	美特尔金属制品（上海）有限公司	7 386	11	顶利精密电子（上海）有限公司	608
6	美晶纺织（上海）有限公司	5 600			

2008年上海漕河泾出口加工区出口加工企业产品销售额排名表

单位：万元

序号	企业名称	产品销售额	序号	企业名称	产品销售额
1	英顺达科技有限公司	4 123 255	6	新进电子科技上海有限公司	19 313
2	英源达科技有限公司	2 798 023	7	固耐宝齿科（上海）有限公司	3 444
3	英华达（上海）科技有限公司	1 112 872	8	诺得卡（上海）微电子有限公司	2 699
4	英业达科技有限公司	450 404	9	安凯精密金属零件工业（上海）有限公司	2 214
5	柯惠医疗器材制造（上海）有限公司	19 860			

2008年上海闵行出口加工区出口加工企业产品销售额排名表

单位：万元

序号	企业名称	产品销售额	序号	企业名称	产品销售额
1	创见资讯（上海）有限公司	376 169	3	纳图兹家具（中国）有限公司	51 626
2	先锋电子科技（上海）有限公司	189 684	4	赫科玛电缆（上海）有限公司	10 003

2008年江苏昆山出口加工区出口加工企业产品销售额排名表

序号	企业名称	序号	企业名称
1	仁宝资讯工业（昆山）有限公司	11	凯博电脑（昆山）有限公司
2	纬新资通（昆山）有限公司	12	昆达电脑科技（昆山）有限公司
3	仁宝信息技术（昆山）有限公司	13	元盛电子（昆山）有限公司
4	纬智资通（昆山）有限公司	14	昆山顺阳电子科技有限公司
5	仁宝电子科技（昆山）有限公司	15	神讯电脑（昆山）有限公司
6	纬创资通（昆山）有限公司	16	启佳通讯（昆山）有限公司
7	彩晶光电科技（昆山）有限公司	17	昆山先创电子有限公司
8	牧田（昆山）有限公司	18	昆山扬明光学有限公司
9	昆山扬皓光电有限公司	19	六和轻合金（昆山）有限公司
10	正鹏电子（昆山）有限公司	20	昆山沪铼光电科技有限公司

2008年江苏无锡出口加工区出口加工企业产品销售额排名表

单位：万元

序号	企业名称	产品销售额	序号	企业名称	产品销售额
1	海力士—恒忆半导体有限公司	1 204 793	6	无锡小天鹅通用电器有限公司	83 616
2	捷普电子（无锡）有限公司	579 218	7	敦南微电子（无锡）有限公司	37 047
3	希捷国际科技（无锡）有限公司	170 699	8	美德福（无锡）精密机械有限公司	34 848
4	无锡村田电子有限公司	149 181	9	夏普科技（无锡）有限公司	25 730
5	海力士半导体（无锡）有限公司	145 164	10	康奈可科技（无锡）有限公司	18 526

2008年江苏南通出口加工区出口加工企业产品销售额排名表

单位：万元

序号	企业名称	序号	企业名称
1	南通新福达光电有限公司	4	南通欧曼钻机有限公司
2	南通延锋江森坐椅面套有限公司	5	依姿美（南通）服饰有限公司
3	南通静和绿色家具有限公司		

2008年江苏南京出口加工区出口加工企业产品销售额排名表

单位：万元

序号	企业名称	产品销售额	序号	企业名称	产品销售额
1	翰林泰科电子（南京）有限公司	27 056	2	南京寰宇太阳能科技有限公司	12 038

2008 年江苏连云港出口加工区出口加工企业产品销售额排名表

序号	企业名称	序号	企业名称
1	连云港艾业无纺布制品有限公司	3	连云港柏科医用制品有限公司
2	连云港倚天科技有限公司	4	连云港柏学实业有限公司

2008 年江苏苏州高新区出口加工区出口加工企业产品销售额排名表

单位：万元

序号	企业名称	产品销售额	序号	企业名称	产品销售额
1	名硕电脑（苏州）有限公司	306 575	11	莱普科电子材料（苏州）有限公司	7 168
2	阿特斯太阳能光电（苏州）有限公司	248 751	12	盖勒定量泵（苏州）有限公司	5 983
3	凯硕电脑（苏州）有限公司	78 421	13	东拓工业（苏州）有限公司	5 537
4	百硕电脑（苏州）有限公司	53 413	14	菲霓克斯精密机械（苏州）有限公司	4 354
5	铭裕科技（苏州）有限公司	37 025	15	雅龙材料科技（苏州）有限公司	3 581
6	倍雅电子护理制品（苏州）有限公司	34 227	16	顺固通用工具（苏州）有限公司	3 425
7	苏尔特科技（苏州）有限公司	22 511	17	苏州尚邦光电有限公司	3 375
8	苏州源成铝制品制造有限公司	20 530	18	苏州东韩电子有限公司	2 807
9	强茂电子（苏州）有限公司	11 604	19	苏州韩京姬电器有限公司	2 294
10	铭友科技（苏州）有限公司	11 061	20	富兰半导体（苏州）有限公司	2 297

2008 年江苏镇江出口加工区出口加工企业产品销售额排名表

单位：万元

序号	企业名称	产品销售额	序号	企业名称	产品销售额
1	镇江高博能源技术有限公司	4 206	4	迪讯（镇江）电子有限公司	513
2	镇江吉福装饰有限公司	1 515	5	建兴照明（镇江）有限公司	180
3	先进光电科技（镇江）有限公司	922	6	镇江稳特可金属配件有限公司	95

2008 年江苏常州出口加工区出口加工企业产品销售额排名表

单位：万元

序号	企业名称	产品销售额	序号	企业名称	产品销售额
1	雅柯斯发电机（常州）有限公司	42 680	3	派纳维斯工具（常州）有限公司	615
2	高博能源材料有限公司	11 859			

2008 年浙江杭州出口加工区出口加工企业产品销售额排名表

单位：万元

序号	企业名称	产品销售额	序号	企业名称	产品销售额
1	东芝信息机器（杭州）有限公司	630 561	11	运萨（杭州）包装制品有限公司	7 605
2	杭州矢崎配件有限公司	234 193	12	瑞奇包装系统（杭州）有限公司	6 713
3	杭州松下住宅电器设备（出口加工区）有限公司	75 350	13	莱蒙斯密封件（杭州）有限公司	5 591
4	中日龙电器制品（杭州）有限公司	35 902	14	盛康橡胶（杭州）有限公司	3 940
5	杭州东芝家电技术电子有限公司	31 069	15	杭州全镒橡塑制品有限公司	3 906
6	希赛瓶盖系统（杭州）有限公司	18 301	16	聪缙电子（杭州）有限公司	3 658
7	矢野电子（杭州）有限公司	18 100	17	杭州万事达装饰用品有限公司	3 473
8	晟铭电子（杭州）有限公司	10 896	18	新日东电子工业（杭州）有限公司	1 973
9	真珠乐器（杭州）有限公司	8 886	19	杭州杭琦电子有限公司	952
10	杭州泰谷诺石英有限公司	7 644	20	永正称重科技（杭州）有限公司	865

2008年浙江宁波出口加工区出口加工企业产品销售额排名表

单位：万元

序号	企业名称	产品销售额	序号	企业名称	产品销售额
1	宁波奇美电子有限公司	3 078 083	11	宁波奇美光电有限公司	21 778
2	冠捷科技（宁波）有限公司	232 901	12	宁波旺泉电子有限公司	20 310
3	宁波中集物流装备有限公司	186 719	13	宁波奥威尔轮毂有限公司	16 120
4	宁波菱茂光电有限公司	185 398	14	宁波富敬电子有限公司	13 654
5	宁波璨宇光电有限公司	99 668	15	宁波东捷电子科技有限公司	6 871
6	宁波大亿科技有限公司	86 856	16	初田（宁波）消防器材有限公司	5 748
7	宁波海天华远机械制造有限公司	76 913	17	宁波京能泵业有限公司	3 702
8	宁波奇信电子有限公司	49 080	18	宁波智涌塑胶有限公司	3 259
9	宁波保税区提爱思泉盟汽车内饰有限公司（2家）	43 328	19	宁波玛琅泰克门控有限公司	1 529
10	宁波斯易安清洁设备有限公司	27 483	20	宁波美林机械制造有限公司	1 286

2008年浙江嘉兴出口加工区出口加工企业产品销售额排名表

序号	企业名称	序号	企业名称
1	浙江嘉盛汽车部件制造有限公司	5	嘉兴固安金属制品有限公司
2	嘉兴市迅雷轴承有限公司	6	嘉兴智伟龙电子科技有限公司
3	嘉兴捷翔清洁用品有限公司	7	洛克沃德汉纳斯酒业（嘉兴）有限公司
4	嘉兴我爱妻日用品有限公司	8	艾克森光电（嘉兴）有限公司

2008年安徽芜湖出口加工区出口加工企业产品销售额排名表

单位：万元

序号	企业名称	产品销售额	序号	企业名称	产品销售额
1	中达电子（芜湖）有限公司	7 558	6	芜湖维德视频设备有限公司	1 797
2	芜湖奇瑞汽车零部件有限公司	6 553	7	联合玻璃陶瓷（芜湖）有限责任公司	1 685
3	芜湖华烨工业用布有限公司	2 628	8	芜湖市海晟塑业有限公司	1 074
4	芜湖永之升机械有限公司	2 501	9	芜湖市海力渔网制造有限公司	178
5	固镒电子（芜湖）有限公司	2 110	10	芜湖大雁生物技术有限公司	69

2008年福建厦门出口加工区出口加工企业产品销售额排名表

序号	企业名称	序号	企业名称
1	厦门嘉鹭金属有限公司	11	威鸿（厦门）光学有限公司
2	柯达（厦门）数码影像有限公司	12	三立（厦门）汽车配件有限公司
3	赫比（厦门）精密塑胶制品有限公司	13	美磁（厦门）科技有限公司
4	百得（厦门）工业有限公司	14	声普（厦门）通讯设备有限公司
5	厦门朋鹭金属有限公司	15	麦克罗加（厦门）防护用品有限公司
6	海拉宏发（厦门）汽车电子有限公司	16	快乐时光（厦门）糖果有限公司
7	受兴家居饰品（厦门）有限公司	17	强安（厦门）电池有限公司
8	博格步（厦门）轻工制品有限公司	18	依诺丝（厦门）礼服有限公司
9	联达科技（厦门）有限公司	19	腾扬科技（厦门）有限公司
10	崇仁（厦门）医疗器械有限公司	20	艾尔孚（厦门）医疗器械有限公司

2008 年山东烟台出口加工区出口加工企业产品销售额排名表

单位：万元

序号	企业名称	产品销售额	序号	企业名称	产品销售额
1	烟台鸿富锦精密电子有限公司	3 086 707	6	烟台瑶辰化妆用品有限公司	5 537
2	烟台赤外线桑拿制品有限公司	15 180	7	烟台韩科电子有限公司	4 856
3	威埃迈（烟台）机械有限公司	14 181	8	烟台海杰食品有限公司	4 274
4	烟台利时得拉索系统有限公司	12 324	9	烟台但马汽车部件有限公司	4 024
5	烟台凯德电源有限公司	8 162	10	烟台尖端仪表有限公司	3 578

2008 年山东威海出口加工区出口加工企业产品销售额排名表

单位：万元

序号	企业名称	产品销售额	序号	企业名称	产品销售额
1	威海世一电子有限公司	62 306	11	威海新韩精工有限公司	4 608
2	威海广濑电机有限公司	25 595	12	威海日都食品有限公司	4 313
3	威海艾迪姆汽车配件有限公司	24 476	13	威海格瑞斯金属制品有限公司	3 773
4	威海海纳开碧生活日用品有限公司	24 330	14	威海侑昵机电有限公司	3 746
5	威海世比亚食品有限公司	14 176	15	威海仁昌电子有限公司	3 556
6	威海日月光半导体有限公司	13 277	16	威海兴宝纺织有限公司	2 519
7	威海东源食品有限公司	10 254	17	威海东夏电子有限公司	1 543
8	威海金海食品有限公司	9 735	18	威海元晟电子有限公司	1 401
9	威海久映汽车配件爱你有限公司	5 375	19	威海佳友电子有限公司	1 376
10	威海碧海光电子有限公司	5 331	20	威海美京电子有限公司	1 270

2008 年山东济南出口加工区出口加工企业产品销售额排名表

单位：万元

序号	企业名称	产品销售额	序号	企业名称	产品销售额
1	山东冠世时装加工有限公司	37 758	4	济南优科模具有限公司	538
2	济南尼克焊接技术有限公司	5 845	5	济南新世纪生物化工有限公司	504
3	济南派克焊接技术有限公司	1 105	6	毅石机械制造（济南）有限公司	243

2008 年山东青岛出口加工区出口加工企业产品销售额排名表

单位：万元

序号	企业名称	产品销售额	序号	企业名称	产品销售额
1	泰科电子（青岛）有限公司	79 618	6	青岛奥技科光学有限公司	9 240
2	星电高科技（青岛）有限公司	68 957	7	青岛晓源电子有限公司	5 187
3	青岛丹庵电子有限公司	25 074	8	青岛万林食品有限公司	4 004
4	安德烈斯蒂尔动力工具(青岛)有限公司	24 528	9	青岛恩利旺精密工业有限公司	2 443
5	青岛尖能办公用品有限公司	21 168	10	青岛宇进工艺品有限公司	2 233

2008 年山东潍坊出口加工区出口加工企业产品销售额排名表

单位：万元

序号	企业名称	产品销售额	序号	企业名称	产品销售额
1	山东日科塑胶有限公司	5 950	3	潍坊迪威信家庭用品有限公司	1 040
2	潍坊雷力发电设备有限公司	1 786			

2008 年山东青岛西海岸出口加工区出口加工企业产品销售额排名表

序号	企业名称	序号	企业名称
1	青岛成霖科技工业有限公司	3	青岛金联发金属制品有限公司
2	青岛海利直升机制造有限公司		

2008 年河南郑州出口加工区出口加工企业产品销售额排名表

单位：万元

序号	企业名称	产品销售额	序号	企业名称	产品销售额
1	郑州硕达钻石有限公司	13 764	8	郑州柏域工业研磨有限公司	1 065
2	郑州傲世实业有限公司	12 784	9	郑州润嘉食品有限公司	702
3	郑州朝歌纺纱有限公司	10 631	10	河南阿拉丁科技有限公司	470
4	晶诚（郑州）科技有限公司	3 960	11	郑州鑫达利电子科技有限公司	192
5	郑州东盛车辆部件有限公司	2 480	12	子喜屋（郑州）纺织品有限公司	170
6	河南飞鸿安全玻璃有限公司	2 403	13	郑州艾斯加钻石有限公司	136
7	郑州泰克电子玻璃有限公司	2 387			

2008 年广东深圳出口加工区出口加工企业产品销售额排名表

单位：万元

序号	企业名称	产品销售额	序号	企业名称	产品销售额
1	日立环球存储产品（深圳）有限公司	535 278	11	安柏家庭用品（深圳）有限公司	18 152
2	主力实业（深圳）有限公司	67 143	12	发财制造（深圳）有限公司	15 674
3	迪高乐实业（深圳）有限公司	66 035	13	阿特拉斯螺栓（深圳）有限公司	14 302
4	乐得力钟表（深圳）有限公司	48 716	14	柯仕达家具（深圳）有限公司	11 783
5	奥仕达主力电器（深圳）有限公司	43 883	15	田岛金属（深圳）有限公司	8 405
6	山能科技（深圳）有限公司	31 647	16	深圳东红开发磁盘有限公司	7 923
7	深圳顶海电子有限公司	31 602	17	艾斯特林电子（深圳）有限公司	6 730
8	怡程金属（深圳）有限公司	26 162	18	景全精密五金（深圳）有限公司	4 784
9	华粤五金（深圳）有限公司	20 146	19	美商西尔屋礼品（深圳）有限公司	3 327
10	全能电业科技（深圳）有限公司	18 387	20	亚逊帕包装（深圳）有限公司	1 641

保税港区（综合保税区）

2008年全国保税港区进出口贸易统计表

名称	进出口合计		出口		进口	
	2008年1月~2008年12月		2008年1月~2008年12月		2008年1月~2008年12月	
	金额（万美元）	比上年增长（%）	金额（万美元）	比上年增长（%）	金额（万美元）	比上年增长（%）
合计	954 035.5	29.0	521 969.0	18.7	432 066.5	44.0
天津东疆保税港区经济区	4 023.1	—	639.0	—	3 384.1	—
大连大窑湾保税港区	79 035.6	399.4	37 786.9	420.4	41 248.7	381.5
上海洋山保税港区	85 965.9	1 707.8	17 450.0	1 496.3	68 515.9	1 770.9
苏州工业园综合保税区	785 010.9	9.2	466 093.1	8.1	318 917.8	10.8

注：苏州工业园综合保税区数据包含两部分，一部分是自身的范围内（即苏州工业园综合保税区），另一部分是比照保税港区管理的部分苏州工业园出口加工区的进出口值。

2008 年全国各保税港区主要经济指标完成情况表

2008 年上海洋山保税港区主要经济指标完成情况表

指标名称	单位	2008 年	比上年增长（%）
当年批准企业	个	12	-7.69
其中：加工类	个	0	0.0
贸易类	个	2	100.0
仓储物流类	个	5	-16.70
当年批准三资企业	个	3	0.0
其中：加工类	个	0	0.0
贸易类	个	2	—
仓储物流类	个	1	-66.70
外商投资总额	万美元	3 480	-40.38
合同外资	万美元	1 467	-42.18
实际利用外资	万美元	2 800	28.96
期末施工房屋面积	万平方米	20.38	—
竣工房屋建筑面积	万平方米	23.82	92.56
工商税收	万元	6 912	-25.42
固定资产投资额	万元	1 416 840	812.83
其中：基础设施投资	万元	4 250	-54.67
期末从业人员	人	2 430	—
其中：外资企业从业人员	人	261	—
期末保税港区批准面积	平方公里	8.14	0.0
期末保税港区验收封关面积	平方公里	8.14	0.0

2008年苏州工业园综合保税区主要经济指标完成情况表

指标名称	单位	2008年累计	历年累计
当年批准企业	个	38	160
其中：外资项目	个	22	114
其中：加工类	个	8	92
贸易类	个	23	35
仓储物流类	个	6	32
当年批准投资额	万美元	15 439	294 040
其中：外资项目投资额	万美元	10 030	286 522
合同外资	万美元	4 320	108 211
实际利用外资	万美元	10 868	78 180
企业货运总量	万吨	197	—
固定资产投资额	万元	0	400 000
其中：基础设施投资	万元	0	200 000
期末施工房屋面积	万平方米	22	—
竣工房屋面积	万平方米	19	96.50
各种税收收入总额	万元	206 602	—
其中：海关税收及代征税	万元	195 167	—
工商税收	万元	11 435	—
期末从业人员	人	25 000	25 000
其中：外资企业从业人员	人	20 000	20 000
综合保税区批准面积	平方公里	5.28	5.28
综合保税区验收封关面积	平方公里	4.20	4.20

注：苏州工业园综合保税区于2007年8月28日通过国家九部委联合验收，2008年1月15日正式封关运作，部分指标名称及相比上年增长率的相关数据暂无。

全国各保税港区历年招商引资情况表

上海洋山保税港区历年招商引资情况表

指标	单位	历年累计
批准企业项目	个	63
其中：外资企业项目		17
投资总额	万美元	826 289
其中：外商投资总额		19 979
合同外资额		7 587
实际利用外资		6 572

全国各保税港区历年主要外商投资情况表

上海洋山保税港区历年主要外商投资情况表

按项目数排列			按投资额排列		
序号	国别（地区）	项目数（个）	序号	国别（地区）	投资额（万美元）
1	中国香港	6	1	中国香港	3 657
2	比利时	1	2	开曼群岛	1 241
3	澳大利亚	1	3	新加坡	700
4	芬兰	1	4	比利时	621
5	加拿大	1	5	巴巴多斯	250
6	巴巴多斯	1	6	澳大利亚	110
7	开曼群岛	1	7	芬兰	81
8	新加坡	1	8	加拿大	66

苏州工业园综合保税区历年主要外商投资情况表

按项目数排列			按投资额排列		
序号	国别（地区）	项目数（个）	序号	国别（地区）	投资额（万美元）
1	新加坡	22	1	瑞士	87 100
2	中国香港	18	2	新加坡	44 206
3	美国	17	3	美国	40 730
4	英国	10	4	中国香港	41 920
5	韩国	7	5	英国	18 806
6	荷兰	6	6	荷兰	14 579
7	英属维京群岛	3	7	英属维京群岛	14 508
8	德国	3	8	毛里求斯	4 100
9	瑞士	3	9	意大利	3 850
10	日本	3	10	马来西亚	3 600

2008 年全国保税港区物流企业营业收入排名表

2008 年上海洋山保税港区物流企业营业收入排名表

序号	企业名称	序号	企业名称
1	达飞物流（中国）有限公司	3	上海商神国际物流有限公司
2	上海深水港国际物流有限公司		

2008 年苏州工业园综合保税区物流企业营业收入排名表

序号	企业名称	序号	企业名称
1	苏州得尔达国际物流有限公司	6	苏州工业园区大田国际物流有限公司
2	苏州锦海捷亚国际物流有限公司	7	苏州新港国际物流有限公司
3	苏州工业园区联合储运有限公司	8	苏州飞格国际物流有限公司
4	苏州工业园区伟创国际物流有限公司	9	苏州宏高货运有限公司
5	苏州邦达新物流有限公司	10	江苏美集国际物流有限公司